Paul Rassinier

Le Drame des juifs européens

Paul Rassinier

Le Drame des juifs européens

1964

Publié par
Omnia Veritas Ltd

www.omnia-veritas.com

INTRODUCTION 9

CHAPITRE I : M. RAUL HILBERG, SA DOCTRINE ET SES MÉTHODES 18

CHAPITRE II : TÉMOINS, TÉMOIGNAGES & DOCUMENTS 39
    I - Généralités 39
    II - Le témoin Rudolf Hoess 51
    III - Le témoin Miklos Nyizli 62
    IV - Le témoin Kurt Gerstein 69
    V - Conclusion 93
    Appendice au Chapitre II : Les deux versions françaises du document Gerstein 109
        Le document Gerstein (première version) 110
            A. Introduction de Poliakov.. 110
            B. Texte du document 110
            C. Conclusion de Poliakov 114
        Le document Gerstein (seconde version) 115
            A. Introduction du tribunal 115
            B. Texte du document 116
            C. Conclusion du tribunal de Jérusalem 119

CHAPITRE III : STATISTIQUES : SIX MILLIONS OU… ? 122
    I - Statistiques d'après-guerre 128
    II - Statistiques d'avant et d'après-guerre 133
    III - La migration juive ou « le juif errant » 142
    IV - Le mouvement de la population juive européenne de 1933 à 1945 ... 158
        Pologne 191
        Russie 197
        Pays baltes 198
        Tchécoslovaquie 199
        Hongrie 201
        Yougoslavie 212
        Italie 215
        Roumanie 216
        Bulgarie 220
        Grèce 221
        Allemagne 224
        Autriche 227
        Danemark et Norvège 228

CONCLUSION 230

Souvent, il semble que l'esprit s'oublie, se perde, mais à l'intérieur il est toujours en opposition avec lui-même. Il est progrès intérieur — comme Hamlet dit de l'esprit de son père « Bien travaillé, vieille taupe ! »

HEGEL

Nous reconnaissons notre vieil ami, notre vieille taupe qui sait si bien travailler sous terre pour apparaître brusquement : la Révolution.

MARX

Ce qu'il y a de terrible quand on cherche la vérité, c'est qu'on la trouve.

PAUL RASSINIER

INTRODUCTION

En 1950, écrivant *Le Mensonge d'Ulysse*, j'avais classé en trois catégories les témoins-sic du phénomène concentrationnaire que j'y étudiais :

— ceux que rien ne destinait à être des témoins fidèles et que, sans aucune intention péjorative d'ailleurs, j'appelais des témoins mineurs ;

— les psychologues victimes d'un penchant, à mon sens un peu trop prononcé pour l'argument subjectif

— Et les sociologues ou réputés tels.

Je n'avais pas trouvé d'historiens — du moins qui fussent dignes de ce nom.

En garde jusque contre moi-même, pour n'être point accusé de parler de choses qui se fussent situées un peu trop à l'écart de ma propre expérience, de tomber à mon tour dans le défaut que je reprochais aux autres, à savoir de risquer quelque entorse aux règles de la probité intellectuelle, j'avais délibérément renoncé à présenter un tableau complet de la littérature concentrationnaire de l'époque.

Le nombre des témoins mis en cause était donc forcément limité dans chaque catégorie et pour l'ensemble : trois témoins mineurs[1] (l'abbé Robert Ploton, Frère Birin des écoles chrétiennes d'Épernay, l'abbé Jean-Paul Renard), un psychologue (David Rousset), un sociologue (Eugen Kogon). Hors catégorie : Martin-Chauffier. Un bienheureux hasard ayant voulu à la fois qu'à l'exception d'un seul, leur expérience portât sur les mêmes camps où j'avais fait la mienne et qu'ils fussent les plus représentatifs, cette méthode du reste assez simple, comportait bien des avantages.

Depuis, soutenue et encouragée par la politique qui commande les rapports américano-russes, la littérature concentrationnaire qui soutient à son tour cette politique, n'a fait que croître et embellir. Ce n'est un secret pour personne que, dans la politique générale des États-

---

[1] Je prie qu'on ne voie aucune intention maligne d'anticléricalisme par la bande, dans le fait qu'ils soient trois prêtres.

Unis, un certain nombre d'articles sont uniquement destinés à ne pas couper radicalement les ponts avec la Russie : le mythe du danger d'une renaissance du nazisme et du fascisme en Europe est de ceux-là. Staline et Truman (digne héritier de Roosevelt) l'ont, de concert, exploité à fond, le premier pour empêcher l'Europe de prendre conscience d'elle-même et de s'intégrer l'Allemagne, le second par déficience mentale. Et Khrouchtchev continue à jouer avec Kennedy le jeu de Staline avec Truman... Avec un peu moins de chances ? Il y paraît mais là-dessus on ne peut pas encore se prononcer définitivement.

Quoiqu'il en soit, aux environs de 1950, renaquit et prit corps chez beaucoup de bons esprits l'idée que l'Europe existait. Jadis provoquée par la hantise des guerres germano-françaises, cette prise de conscience épisodique l'était, cette fois, par une autre à deux enseignes complémentaires : d'une part, la quasi-certitude que, divisée contre elle-même, l'Europe était une proie facile pour le bolchevisme, de l'autre, celle qu'il n'y avait pas d'Europe possible sans que l'Allemagne y fût intégrée. À Moscou, à Tel-Aviv, on avait, dès son premier souffle, senti que ce vent venait de loin : s'il dégénérait en tempête, il ne pouvait manquer d'aboutir à une Europe unie qui eût signifié pour la Russie l'isolement et, pour Israël, la fin de ces subventions d'une importance vitale qui lui sont versées par l'Allemagne au titre des réparations (recevant M. Gerstenmayer, président du Bundestag, M. Ben Gourion a déclaré le 30 novembre 1962 que leur montant s'élevait à 850 millions de dollars au 1er avril 1962 : une paille !) La contre-offensive ne se fit pas attendre : deux attaques aussi remarquablement synchronisées que si elles avaient été concertées et jumelées partirent en flèche de deux entreprises de fabrication et de falsification de documents historiques, l'une sous la raison sociale d'un Comité pour la recherche des crimes et des criminels de guerre dont le siège est à Varsovie, l'autre sous celle du Centre mondial de documentation juive contemporaine dont les deux plus importantes succursales sont à Tel-Aviv et à Paris. Objet : l'Allemagne. Thème : les horreurs et les atrocités commises pendant la seconde guerre mondiale par le nazisme, vocation naturelle de l'Allemagne — le thème précisait que le gouvernement de Bonn en avait repris les principes nationalistes et militaristes fondamentaux — qui en faisait un peuple à tenir sous contrôle serré, très soigneusement à l'écart. Le premier fruit de cette contre-offensive fut, à ma connaissance, *Documentation sur l'extermination par les gaz* (1950) de H. Krausnik, le second *Médecin à Auschwitz* (1951) d'un certain Dr Miklos Nyiszli, Israélite hongrois déporté dans ce camp en mai 1944 et le troisième *Le Bréviaire de la Haine* (1951) de Léon Poliakov. Depuis, ça n'a plus arrêté : chaque fois qu'est apparu le moindre signe de rapprochement entre l'Allemagne et les autres peuples européens (C.E.C.A., Marché Commun, Traité franco-allemand, etc.) nous avons eu, estampillé par le Comité de Varsovie ou par un membre important du Centre mondial de documentation juive, ou encore par l'*Institut für Zeitgeschichte* de Munich qui est une association des deux, une étude de ce genre qui fut, chaque fois, un acte d'accusation plus terrible que le précédent contre l'Allemagne de Bonn et sur laquelle la presse mondiale montait une campagne spectaculaire de publicité. C'est ainsi qu'ont été successivement publiés : *Le IIIe Reich et les juifs* (1953) de Léon Poliakov et Wulf, l'*Histoire de Joël Brandt, un échange de 10 000 camions contre un million de juifs* (1955), *Le Lagerkommandant d'Auschwitz parle, Mémoires de Rudolf Hoess*[2] (1958) etc. pour ne citer que les plus retentissants, car s'il fallait les citer tous, à elle seule la liste sans commentaires nécessiterait un volume. Tout récemment, une anthologie de cette littérature a été dressée par un Comité d'étude de la seconde guerre mondiales dont le siège est à Paris et dont les animateurs sont une dame, Olga Wurmser, du Centre de documentation juive et un illustre inconnu à tout faire du nom de Henri Michel : elle a emprunté des textes à 208 auteurs témoins et encore dois-je ajouter qu'elle ne cite que ceux qui définissent sans la moindre erreur la ligne dans laquelle il convient de témoigner car, sur les rayons de ma bibliothèque de travail, il en figure presque autant qui n'y sont pas cités quoiqu'aussi accusateurs et souvent plus intelligemment, bien qu'avec aussi peu de respect pour la vérité historique. Il allait de soi que

---

[2] Une édition de ces mémoires avait été publiée en Pologne en 1951, mais, à ma connaissance, elle n'avait pas franchi le rideau de fer avant 1958.

je n'y fusse pas cité. Titre de cette anthologie : *Tragédie de la Déportation* (1962). Le plus navrant, c'est qu'il se soit trouvé des historiens assez malfaisants pour cautionner ces témoignages de leur autorité : Labrousse et Renouvin en France, Rothfels en Allemagne, etc... Les États-Unis viennent à leur tour d'en apporter un à la cause du Comité de Varsovie et du Centre mondial de documentation juive : Raoul Hilberg dont le livre, *The Destruction of the European Jews* (1961) est sûrement le plus important de tous les travaux qui ont été publiés sur la question et celui qui a réussi à se donner au mieux les apparences — les apparences, seulement d'une étude sérieuse. Un monument, d'ailleurs non encore publié en Europe à l'heure où j'écris, les communautés juives européennes s'y opposant en raison des aveux qu'il contient et qui fournissent à cette étude un de ses principaux arguments.

L'avantage de cette surproduction littéraire est que, chacun de ces bavards étant surtout préoccupé de se montrer plus original que son compagnon d'attelage — et mieux informé — les mêmes faits sont présentés d'une manière différente par les uns et par les autres, qu'ils se contredisent les uns les autres, que de temps en temps, un subterfuge de l'un est mis en évidence par l'autre, et qu'entre tous ils ont fini par démontrer le contraire de ce qu'ils voulaient démontrer. Tant et si bien que, *le jugement du Procès de Jérusalem* (1961) étant venu couronner le tout, on est maintenant à peu près exactement fixé sur ce qu'il en est des six millions de juifs exterminés pendant la seconde guerre mondiale, dans les chambres à gaz des camps de concentration ou autrement.

Et qu'on en peut enfin parler avec la certitude de ne commettre que des erreurs négligeables, ce qui n'était pas le cas au temps où j'écrivais *Le Mensonge d'Ulysse*, et ce qui est la raison pour laquelle je ne m'y étais pas aventuré. Bref : aujourd'hui on sait beaucoup de choses et c'est ce qu'on sait que cette étude se propose de faire connaître.

Pour être complet, il eût aussi fallu citer les films destinés à mettre l'opinion publique en condition qui ont été tirés de cette littérature : *La dernière étape*, *Kapo*, *les Documents de Nuremberg*, etc... J'y ai renoncé : ici, c'eût été entreprendre de dresser le catalogue du Roman chez la portière de 1946 à nos jours. Et je ne suis pas l'archiviste du Syndicat des concierges.

Telle qu'elle se présente, cette étude me parait — on m'en excusera — suffire amplement au but qu'elle se propose et qui, je ne crois pas qu'on en puisse disconvenir, est assez bien défini par les deux informations suivantes dont j'ai fait état déjà dans *Le véritable procès Eichmann ou les vainqueurs incorrigibles*[3] et qui furent rendues publiques à seize années de distance, l'une à la barre même du Tribunal de Nuremberg le 29 janvier 1946, l'autre le 24 février 1962 par le ministre des anciens combattants :

À Nuremberg, requérant au nom de la France, le procureur général Dubost avait déclaré le 29 janvier 1946 :

« Les recensements auxquels nous avons procédé en France, permettent d'affirmer qu'il y eut plus de 250 000 déportés de France : 35 000 seulement sont rentrés. Le document F. 497 déposé sous le n° R.F. 339 indique que sur les 600 000 arrestations auxquelles les Allemands ont procédé en France, 350 000 furent faites en vue d'un internement en France ou en Allemagne. Nombre total des déportés : 250.000. Nombre des déportés rentrés : 35 000 (T. VI, p. 338 du C. R. des débats) ».

Le pourcentage des survivants s'élevait donc à 14% et celui des morts à 86%. Mais, à une question qui lui était posée sur ce sujet par un député, le ministre des anciens combattants et victimes de la guerre du gouvernement français, répondait ainsi par la voie du Journal officiel, le 24 février 1961 (Débats parlementaires, p.229) :

« Selon les renseignements statistiques relevés à la date du 1er décembre 1961 dans le fichier mécanographique des déportés et internés de la guerre 1939-1945, tenu par l'Institut national de la statistique et des études économiques, le nombre de cartes délivrées à

---

[3] Le lecteur au fait de mes précédents ouvrages, trouvera dans celui-ci un certain nombre de faits qu'il connaît déjà et dont la reprise s'imposait ici parce qu'ils servent de points d'appuis à un autre raisonnement, qu'autrement, il n'eût sans doute que très difficilement compris.

des déportés et internés ou à leurs ayants-cause s'élève à :

	Vivants	Décédés
Déportés (Résistants)	16 1702	9 783
Déportés (Politiques)	13 415	9 235
Internés (Résistants)	9 911	5 759
Internés (Politiques)	10 117	2 130
Totaux :	50 145	26 907

Pour les déportés, les chiffres se présentaient donc ainsi :
Total des déportés : 49 135
Total des morts : 19 018 (soit environ 38%)
Survivants : 30 117 (soit environ 62%) à la date du 24 février 1962. Il est, évidemment, assez difficile de déterminer à partir de ces données de base, le nombre exact des survivants et des morts à la date du 8 mai 1945 : rentrant des camps après y avoir fait un séjour plus ou moins long, les survivants représentaient une population très fragile et dans laquelle le coefficient annuel de mortalité est, évidemment, très supérieur à la normale. Je ne serais pas surpris si on me disait que, sur les 19 108 manquants à la date du 24 février 1962, 35 à 45% sont morts après leur retour. Dans ce cas, il faudrait alors admettre qu'à la date du 8 mai 1945, les proportions étaient les suivantes : 75 à 80% de survivants, 20 à 25% de morts, ce qui, pour être déjà passablement tragique ne se situe pas moins très loin des 86% de morts et des 14% de survivants qui se déduisent des chiffres produits à Nuremberg par le procureur Dubost, si loin même qu'il s'agit presque de proportions inverses !

Ces deux informations se pourraient même assortir de deux autres tout aussi significatives :

1. Le 16 mars 1962, dans un discours qu'il fit à Dachau même devant les représentants de 15 nations qui y étaient venus commémorer la libération du camp, Mgr Neuhäussler, évêque auxiliaire de Munich fit un discours dont *Le Figaro* du lendemain rendait compte en ces termes :

« Cet après-midi, par un froid rigoureux et en dépit de la tourmente de neige, les pèlerins se sont rassemblés au camp de Dachau où trente mille hommes furent exterminés parmi les deux cent mille originaires de trente-huit nations qui y furent internés de 1933 à 1945. »

Et tous les journaux du même jour publièrent les mêmes chiffres.

2. Mais, le pasteur Niemöller avait prétendu, dans une conférence prononcée le 3 juillet 1946 et éditée sous le titre « *Der Weg ins Freie* » chez Franz M. Helbach à Stuttgart, que « 238 756 personnes furent incinérées à Dachau », soit un nombre supérieur à celui des internés.

Le drame des juifs européens dans tout cela ? Précisément il est, non pas que six millions d'entre eux ont été exterminés comme ils le prétendent mais seulement dans le fait qu'ils l'ont prétendu et que, le jugement de Jérusalem l'a confirmé, après toutes les publications de source juive ci-dessus citées, l'exagération du Centre mondial de documentation juive contemporaine en la matière, soit du même ordre que celle du procureur Dubost mise en évidence par le Ministre des anciens combattants et que celle du pasteur Niemöller mise en évidence par Mgr Neuhäussler.

Car on ne ment jamais impunément et voici venir le temps de l'expiation. Il ne faut, en effet, pas oublier que c'est pour se procurer les fonds nécessaires à l'édification de l'État d'Israël (Indemnisations allemandes proportionnées au nombre des victimes) que ce mensonge a été commis. Or...

Or, de facto, l'état d'Israël est actuellement construit sur une superficie de 20 000 km^2. De jure, il ne compte que les 10 000 km2 environ qui lui ont été consentis par la Convention de l'O.N.U. du 29 novembre 1947. Si donc, les 17 457 800 juifs du monde qui résultent de l'étude de la statistique du Centre mondial de documentation juive contemporaine[4], ou les 18 142 084 qui résultent de l'étude de celle de M. Raul Hilberg[5] allaient s'y installer à demeure, la densité de la population y serait portée soit à 875 habitants au km^2, soit à 915 environ (densité calculée sur sa superficie de facto) ce que, à peine de pratiquer avec succès contre les autochtones arabes, une politique du *Lebensraum*

---

[4] Cf. page 237.
[5] Cf. page 237.

inspirée du national-socialisme allemand, cet état ne pourrait, économiquement parlant, absolument pas supporter : avec ses 2 270 000 habitants actuels avoués, soit une densité qui se situe entre 110 et 115 au km^2, sa vie économique est déjà singulièrement compromise, puisque son budget annuel est, chaque année en déficit de 85 à 100 millions de dollars et n'est, chaque année aussi, remis en équilibre que par les indemnisations allemandes, les subventions des communautés juives de la Diaspora (euphémisme pour désigner des banques comme Rothschild, Kühn Loeb and Co, etc. qui récupèrent ces dons sur la population mondiale qu'elles mettent en coupe réglée) et les prêts ou gracieusetés à fonds perdus de différents États du monde. Même si la population juive mondiale n'était actuellement que de treize millions de personnes environ comme le prétend le Mouvement sioniste international, il n'y aurait pas grand-chose de changé dans ce phénomène : s'ils se rendaient tous en Israël, la densité de la population y serait encore portée à 650 habitants au km^2 et son économie ne pourrait pas davantage le supporter.

Parmi les états européens qui participent aux dons et gracieusetés à fonds perdus, une certaine politique, celle du général de Gaulle, tend même à les augmenter et, pour les augmenter plus et plus facilement, à les faire prendre en compte par le Marché commun. Il ne fait pas de doute dans mon esprit que, si le Marché commun s'orientait dans cette voie, pour peu que d'autres États du Monde atlantique lui emboîtent le pas, l'État d'Israël ainsi encouragé ne pourrait que s'engager de façon plus prononcée dans cette politique du *Lebensraum* définie par Ben Gourion sans prononcer le mot (*Le peuple et l'État d'Israël*, éditions de Minuit 1959, pp. 75-81) qui l'a déjà poussé à s'emparer de 10 000 km^2 de plus que ne lui en avait consenti la Convention de l'O.N.U. du 29 novembre 1947 (Negueef, Pays d'Ammon, Eilath, etc.) Et, au terme de l'évolution des événements dans ce sens, il y aurait alors peu de chances qu'un troisième conflit mondial — pour des raisons de pétrole auxquelles l'U.R.S.S. ne saurait rester indifférente, dirait, avec raison, mon ami Pierre Fontaine — puisse être évité.

Lorsque, par conséquent, le Mouvement sioniste international prétend que six millions de juifs ont été exterminés dans des chambres à gaz par les Allemands, il fournit à Krouchtchev le principal argument dont il use et abuse pour démontrer, en l'assortissant de la renaissance du nazisme et du militarisme prussien, que le peuple allemand est un peuple de barbares qu'il serait très dangereux d'intégrer à l'Europe à part entière, et donc il vise à tuer dans l'œuf l'Europe inconcevable sans l'Allemagne. Présentant, d'autre part, la facture qui correspond à ce chiffre (six millions de fois cinq mille marks) il n'a d'autre souci que d'alléger d'autant la charge que le déficit permanent de l'état d'Israël fait peser sur les banquiers de la Diaspora, voire de la supprimer et de la transformer en un bénéfice appréciable.

Et tout cela, en fin de compte, pour créer, au Moyen-Orient, les conditions d'un troisième conflit mondial.

Que la vérité historique éclate assez tôt, avec assez d'ampleur et avec assez de force pour renverser le cours actuel des événements et faire que cette expiation ne prenne pas cette forme dans laquelle le monde entier serait, une fois de plus, le rédempteur du péché de quelques-uns, c'est, en fonction de cette appréhension, la grâce que je nous souhaite.

P. R. juillet 1963.

Chapitre I :

M. Raul Hilbert, sa doctrine et ses méthodes

Entre les Commentaires des Saintes Écritures de saint Thomas d'Aquin (1225- 1274) et ce commentaire exhaustif des documents de Nuremberg qu'est *The Destruction of the European Jews* de M. Raul Hilberg, il n'y a d'évidence, aucune commune mesure : on peut, en effet, tenir pour assuré que, dans sept siècles, ou bien on ne parlera plus du second, ou bien, si on en parle encore, ce ne sera plus que comme d'une chose indigne d'être signalée autrement qu'à titre d'exemple des aberrations les plus scandaleuses de notre temps. Qu'après sept siècles, si on parle encore de saint Thomas d'Aquin ce ne soit plus guère que pour le signaler comme étant à l'origine d'une philosophie elle aussi aberrante, qualifiée d'*ancilla theologica* dès le 17e siècle par les humanistes et les libertins, j'en suis bien d'accord, mais cette philosophie n'en fut pas moins celle des siècles de la foi : elle était substantielle, elle ouvrait des fenêtres sur un monde qui était le rêve de l'époque et, à ce titre, elle méritait de devenir le thomisme auquel il est, aujourd'hui, indispensable de faire référence si on veut expliquer correctement les grands courants de la philosophie contemporaine. Pour bâtir son système, l'homme avait besoin, certes, de mutiler la pensée d'Aristote mais, au 13e siècle, on n'avait pas encore découvert l'imprimerie, les manuscrits étaient rares et les moyens d'investigation des intellectuels étaient si rudimentaires qu'il n'y eut que lui à le savoir : trois siècles après, c'est d'ailleurs parce qu'ils avaient découvert la supercherie que les humanistes et les libertins parlèrent d'*ancilla theologica*. Mais il n'y eut pas scandale : on mit la fraude au compte d'une connaissance imparfaite des écrits d'Aristote. Aujourd'hui, nous avons plus de lumières sur cette affaire. Mais le thomisme a fait carrière. Tandis qu'il n'y aura pas de « Hilbergisme ». Et les 790 pages grand format fondées sur près de 1400 références documentaires (une somme, aussi !) de *The Destruction of the European Jews*, si elles sont un jour accusées d'avoir été ancilla de quelque chose, ce ne sera que d'une politique d'assez peu noble inspiration.

Là est la différence et elle n'est pas mince.

Étant admis que, ni par leur personnalité, ni par la valeur et la portée de leurs travaux respectifs, les deux hommes ne sont comparables, si j'ai néanmoins pensé à saint Thomas d'Aquin après avoir lu M. Raul Hilberg, il y avait tout de même des raisons et la plus importante de toutes est celle-ci qui est le thème central de ce chapitre : les documents de Nuremberg au moyen desquels M. Raul Hilberg nous démontre (p. 767) que 5 100 000 juifs ou (p. 670) 5 419 500 ont été exterminés par les Allemands pendant la seconde guerre mondiale, dont 1 000 000 dans les chambres à gaz d'Auschwitz, 950 000 dans celles de cinq autres camps industriellement beaucoup moins bien équipés, 1 400 000 (si j'ai bien compris ses calculs compliqués et souvent en contradiction avec eux-mêmes) par les *Einsatzgruppen* et le reste, soit 1 750 000 selon la page 767 ou 2 069 500 selon la page 670 dans des camps et des opérations qu'on peut dire de bricolage si on les compare avec les autres, sont de même nature et de même valeur que ceux dans lesquels, comme tous les Pères de l'Église avant lui, saint Thomas d'Aquin a trouvé la preuve que le premier acte de la Création du monde, la séparation de la lumière et des ténèbres, se situait exactement en l'an 4001 avant Jésus-Christ, que Josué avait arrêté le soleil dans sa course, que Jonas avait séjourné dans le ventre de la baleine, etc.

Et puis, il y a le problème de la forfaiture : M. Raul Hilberg faisant dire aux documents de Nuremberg ce qu'ils ne disent qu'après avoir été soigneusement isolés de leur contexte et rewrités, c'est, en tout petit, ce que fût en grand Saint-Thomas d'Aquin donnant des écrits d'Aristote cette interprétation qui orienta le monde intellectuel du Moyen Age européen vers la célèbre formule *Aristoteles dixit* alors qu'Aristote n'avait pas dit. À cet égard, ils relèvent tous deux de cette morale assez bien mise au point, à peu près à égale distance de l'un et de l'autre dans le temps, par un certain saint Ignace de Loyola et selon laquelle, la fin justifiant les moyens, tous les moyens sont bons pour justifier la fin.

Mais, ici encore, pour permettre une juste appréciation de l'un et de l'autre, il faut donner les coordonnées de ce point qu'ils ont en commun : saint Thomas d'Aquin se trouvait en présence des écrits d'Aristote alors répandus en Europe occidentale avec tant de succès par les rabbins juifs et les clercs arabes qu'ils menaçaient d'ébranler la pensée chrétienne et il s'agissait pour lui, d'un problème purement philosophique, tandis que, dans le cas de M. Raul Hilberg, il ne s'agit que de justifier par un nombre proportionnel de cadavres, les subventions énormes que, depuis la fin de la guerre, l'Allemagne verse annuellement à l'état d'Israël au titre de réparations d'un dommage qu'au surplus elle ne lui a, ni moralement, ni juridiquement causé puisqu'au temps des faits incriminés il n'existait pas et ce n'est qu'un problème purement et très bassement matériel.

Peut-être me permettra-t-on ici de rappeler que l'état d'Israël n'a été fondé qu'en mai 1948, que les victimes juives des nazis étaient des ressortissants de divers états sauf celui d'Israël et de souligner l'ampleur de cette escroquerie sans nom dans aucune langue : d'une part, l'Allemagne verse à Israël des sommes calculées sur environ 6 000 000 de morts, de l'autre, comme les 4/5 au moins de ces 6 000 000 étaient bien vivants à la fin de la guerre, à titre individuel, elle verse à ceux qui vivent encore dans d'autres états du monde qu'Israël et aux ayants-droit de ceux qui y sont décédés depuis, de substantielles réparations au titre de victimes du nazisme, ce qui signifie que, pour ceux-là, c'est-à-dire pour l'énorme majorité, elle paie deux fois.

Toutes ces indemnités si généreusement accordées semblent d'ailleurs avoir fait rêver les Tsiganes au point que l'on pourrait dire que l'état d'Israël et le sionisme ont fait école : si on en croit le *Monde* du 29 décembre 1961, voici maintenant que les Gitans se sont donné un roi, que sous le nom de S.M. Vaïda Voïevod III, ce roi se prétend « Chef suprême et spirituel du peuple tsigane » et qu'il entend obtenir de l'O.N.U. un coin du monde où prendrait fin la grande errance des caravanes comme, théoriquement, la création de l'état d'Israël devait mettre fin (?) à la Diaspora. Si on lui demande quel coin du monde il revendique et où il se trouve, il répond qu'il s'agit du Ramanestan et il le situe, tantôt dans une île du Pacifique, tantôt dans un pays proche d'Israël. Il précise, en outre, que le nombre de ses sujets qui déambulent sur toutes les routes d'Europe s'élève à 12 millions et que, s'il n'est pas plus élevé, c'est que de 1939 à 1945, les nazis lui en ont exterminé 3 millions et demi. Mais ici, il y a des statistiques et elles situent le nombre des victimes tsiganes du nazisme entre 300 et 350 000 seulement, ce qui est d'ailleurs suffisamment atroce déjà. Comme, d'autre part, nous n'en sommes pas encore au point d'être suspectés d'anti-romanestanisme aussi facilement qu'on l'est d'antisémitisme chaque fois qu'on parle des statistiques fantaisistes du Centre de documentation juive contemporaine, et qu'en tout cas, on ne risque pas d'être accusé des mêmes intentions inavouables si on parle des 3 500 000 victimes du nazisme de S.M. Vaïda Voïevod III sur le mode humoristique, on ne s'en prive pas. Si donc, dit-on, l'O.N.U. accordait un jour aux Tsiganes le droit de se regrouper dans ce Romanestan dont seule la situation géographique est à préciser, il ne resterait plus à l'Allemagne qu'à les prendre en subsistance. Car, ayant accordé à l'état d'Israël une appréciable et substantielle indemnisation des victimes que le nazisme a fait dans le peuple juif, il lui serait difficile d'en refuser autant au Romanestan dont l'O.N.U. ne pourrait manquer de soutenir les revendications comme elle l'a fait de l'état d'Israël. Les 3 500 000 Tsiganes exterminés par les nazis disputeraient alors la vedette aux 6 000 000 de juifs dans la presse mondiale. Mais le R.P. Fleury, Aumônier général des Gitans de France prévient déjà que S.M. Vaïda Voïevod III n'est qu'un imposteur et beaucoup de gens sont de cet avis. Il faut convenir qu'à ce jour, le nombre de gens qui en pensent autant des dirigeants de l'état d'Israël et de leurs supporters, dont la politique en tous points semblable, aussi peu fondée et aussi peu sérieuse a pourtant réussi, est cependant beaucoup moins grand. Dans la mesure où elle fait apparaître que le sionisme d'après-guerre est si proche parent de ce qu'on pourrait appeler le romanestanisme, l'histoire burlesque du héros de cette aventure méritait d'être citée ici, ne serait-ce que pour donner au lecteur une idée aussi précise que possible de la valeur du travail auquel M. Raul Hilberg s'est livré.

Mais je voudrais revenir au problème de la forfaiture, et, qu'à ce propos, on m'entende bien. Qu'après avoir passé un nombre appréciable de mois, une, deux, trois années et parfois beaucoup plus dans les horribles conditions matérielles et Morales d'un camp de concentration — on peut me croire, je sais de quoi je parle et ce que je discute c'est seulement le degré de l'horreur parce que la vérité suffit bien, et ses causes parce que les sciences humaines ont besoin d'être fixées — un pauvre diable inculte du type de ce curé ou de cet autre que je cite par ailleurs, viennent nous raconter qu'ils ont vu, l'un, des milliers de personnes entrer dans les chambres à gaz du camp où nous étions internés ensemble et où il n'y en avait pas, l'autre qu'il a vu des têtes d'hommes enterrés vivants jusqu'au cou écrasées par les roues des brouettes poussées par des détenus sur ordre des SS, je comprends cela : ce sont des victimes animées par un ressentiment à la mesure de ce qu'ils ont souffert et le coupable c'est le juge qui les a crus. Qu'un général d'une *Einsatzgruppe*, témoignant sous menace de mort raconte ce qui lui paraît le plus susceptible de lui sauver la vie, qu'un Hoess, ancien commandant du camp d'Auschwitz en fasse autant, et combien d'autres, cela va de soi et n'appelle pas d'explication. Que, pour s'attirer les bonnes grâces de ses supérieurs, un autre pauvre diable de S.S. d'une *Einsatzgruppe* leur rende compte que son unité a exterminé des milliers ou des « dizaines de milliers de juifs », comme cela se voit dans les documents cités par M. Raul Hilberg, il n'y a là rien d'étonnant. Qu'un Martin-Chauffier qui a bien des choses à se reprocher se les veuille faire pardonner en hurlant avec les loups, qu'un David Rousset dont le seul souci au camp était de s'attirer la protection des communistes, qu'un Eugen Kogon qui n'en a eu d'autre que de s'assurer un équilibre aussi confortable que possible entre les SS et les communistes, aient raconté ce qu'ils ont raconté, tout cela fait partie de la psychologie du témoin et c'est le métier du juge et du spécialiste des sciences humaines d'y démêler le vrai du faux. Si je suis heurté par le fait qu'ils n'y arrivent ni l'un ni l'autre et surtout parce qu'ils ne font ni l'un ni l'autre beaucoup d'efforts pour y arriver, je le suis beaucoup moins quand un journaliste fait d'emblée confiance à tous ces gens : on sait bien que les journalistes se recrutent généralement parmi les ratés des métiers académiques !

J'irai même plus loin : un homme comme le Dr François Bayle que j'ai cité à propos de *Croix Gammée contre Caducée* dont il est l'auteur, placé devant les documents et témoignages de Nuremberg n'est qu'à moitié responsable des conclusions qu'il en tire.

Le Dr François Bayle est un médecin, qui plus est, un médecin de la Marine, donc un militaire. À le lire, on le devine passionné de psychosomatologie et de psychanalyse. Les accusés de Nuremberg lui paraissent être, avant tout, des malades ou des tarés, ce qui revient au même : comme il voudrait avoir la possibilité de dresser leur fiche ! C'est un sujet brillant et les circonstances le servent : le 19 octobre 1946, il est nommé à la Commission scientifique des crimes de guerre et, bientôt, il est à même de travailler en direct sur les originaux des documents et témoignages du Procès de Nuremberg auquel il assiste et dans les coulisses duquel il a libre accès. C'est un militaire : il ne se pose pas de question quant à la valeur probante des documents au contact desquels il est mis par les autorités dont il relève. Dans l'armée plus que partout ailleurs, le principe fondamental sur lequel repose la hiérarchie est que « tout subordonné doit à son supérieur une obéissance entière et une soumission de tous les instants » et il repose lui-même sur ce postulat qu'un supérieur ne peut pas abuser son subordonné. Dans cette disposition d'esprit, le Dr François Bayle ne pouvait pas se poser de ces questions et, s'en fût-il posé que, n'ayant pas été préparé au travail vers lequel on le laissa s'orienter en l'y encourageant, il n'aurait pas été à même d'y répondre correctement. Il est donc excusable. Ceux qui ne le sont pas, ce sont ceux qui l'ont laissé s'orienter dans cette voie et qui l'y ont encouragé. Au fond, tout s'est passé ici, comme dans *Le Figaro* de Beaumarchais où une place de calculateur pouvait être attribuée à un danseur : il fallait un historien à celle-ci, on y mit un médecin. Il y fallait aussi un médecin, puisqu'il s'agit d'expériences médicales ? D'accord, mais ce que je soutiens seulement, c'est que le médecin, s'il n'avait pas assisté lui-même à ces expériences et s'il n'était pas en même temps historien, ne pouvait absolument pas les étudier correctement s'il n'était assisté d'un historien qui eût, au préalable, vérifié tous les témoignages et documents qui en attestaient la matérialité et décrivaient, non pas le milieu scientifique — car ici, c'est l'historien qui n'eût pas été qualifié — mais le milieu social, le moment historique dans lequel elles avaient été faites. Surtout dans une époque passionnelle comme celle dont il s'agissait et si, comme c'était le cas, elles étaient imputées à crime. Le responsable de ces mœurs déplorables ? Personne si ce n'est celui de la distribution des connaissances et de la formation des élites de notre temps, qui, en même temps qu'il pousse à la spécialisation à outrance au détriment de la culture générale sous prétexte que la civilisation industrielle a surtout besoin de bons techniciens dans des secteurs bien définis et étroitement limités, laisse croire et, au besoin, fait croire que n'importe quel spécialiste est qualifié pour parler ex-cathedra de toutes les spécialités. Et, ce responsable-là, je crois bien que si ce n'est personne, c'est aussi un peu tout le monde.

Le cas de M. Raul Hilberg est bien différent de celui de tous ces gens. Il n'a pas été déporté, il n'est pas victime du nazisme, il n'a pas de raisons apparentes d'avoir aussi mauvaise conscience qu'un Martin-Chauffier, un David Rousset ou un Eugen Kogon. Il n'est un être ni aussi inculte que ce pauvre curé que je cite comme inventeur des chambres à gaz de Buchenwald et de Dora, ni un barbouillé d'une culture de raccroc comme les aventuriers aux moyens d'existence avant-guerre assez mal définis que sont MM. David Rousset et Eugen Kogon et qui, outre le besoin de se donner une bonne conscience, ont très probablement raconté tout ce qu'ils ont raconté pour s'en assurer de meilleurs et plus stables, ce en quoi ils ont, d'ailleurs l'un et l'autre, remarquablement réussi. Il n'est même pas comme M. François Bayle un médecin fourvoyé dans l'étude de documents historiques : il est un « *political scientist* » dûment parcheminé, dit sa notice biographique, un « *Professeur specialized in international relations and American Foreign Office* » et malgré toutes ses lacunes et toutes ses imperfections, il n'est pas possible que le système de distribution des connaissances et de formation des élites qui l'a préparé à l'exercice d'un métier dans lequel la science statistique tient une place si importante, ne l'ait pas mieux armé pour l'étude des documents et témoignages sur lesquels elle se fonde, et de l'histoire dans laquelle les phénomènes sociaux qui font l'objet des statistiques plongent leurs racines. Si donc M. Raul Hilberg se comporte comme s'il n'avait aucune idée, ni du crédit qu'on peut accorder à un témoin et à son témoignage, ni des conditions que doit remplir un document pour être admis comme probant ou, ce qui revient au même, comme si tous ceux qu'il examine pouvaient l'être, il ne lui reste qu'une excuse et c'est la mauvaise foi. Je dis « excuse » parce que, continuant la lecture de sa notice biographique, j'y trouve qu'il est un collaborateur de la *Jewish Encyclopedy Handbooks* et tout s'explique. Ceci, bien sûr, ne vaut pas que pour M. Raul Hilberg, mais encore pour quantité d'autres : pour Mme Hannah Arendt, par exemple, qui est de même formation intellectuelle, qui se réfère souvent à lui dans les comptes rendus du procès Eichmann que *The New Yorker* a publiés d'elle sur cinq numéros (février-mars 1963) qui fut et est encore *Forschungsleiterin* de la *Conference on Jewish Relations*, *Verwaltungsleiterin* de la *Jewish Cultural Reconstruction*, *Stipendiatin* de la *Guggenheim Stiftung*, etc. et qui nous informe froidement (*The New Yorker*, 2/23/63) que 3 millions de juifs polonais ont été massacrés dans les premiers jours de la guerre » ceci étant naturellement expliqué par cela. Mme Hannah Arendt ferait bien, selon moi, d'écrire à M. Raul Hilberg pour lui demander de bien vouloir lui indiquer où il a trouvé les quelques « 2 000 000 de juifs polonais qui furent menés à la mort en 1942-43 » dont il parle p. 311 de son livre. Car il s'agirait de s'entendre : y avait-il, en Pologne, de 3 à 3,3 millions de juifs avant la guerre, comme le prétendent à l'unanimité tous les statisticiens, y compris ceux qui sont juifs, ou bien 5 700 000 comme est obligée de le prétendre Mme Hannah Arendt puisqu'en voici 5 000 000 d'exterminés et que, brandissant son titre de professeur d'histoire juive à l'université de Columbia, M. Shalon Baron a prétendu, le 24 avril 1961, devant le tribunal de Jérusalem, que 700 000 d'entre eux étaient encore vivants lorsque, en 1945, le pays fut libéré par les troupes russes ? En vérité, on a envie d'inviter tous ces gens — ces trois-là et la multitude de tous les autres qui sont dans le même cas — à bien vouloir s'expliquer entre eux et se mettre d'accord avant d'entreprendre de nous expliquer à nous. Pour ce qui est plus spécialement de M. Raul Hilberg, on pourrait même lui conseiller de se mettre d'accord avec lui-même : à la page 670 de son livre, il nous explique en effet que, sur les 9 190 000 juifs qui, dit-il, vivaient dans les territoires occupés par les armées allemandes pendant la guerre, 3 770 500 seulement ont survécu, ce qui fait 5 419 500 morts mais, à la page 767, par on ne sait quel mystère mathématique, ces 5 419 500 morts deviennent 5 100 000. Il faut en outre préciser que, pour la Pologne qui, avec la Russie et les pays danubiens, est le nœud du problème statistique, il n'a trouvé que 50 000 survivants alors que son collègue Shalom Baron en a trouvé 700 000 et que, prétend un journal de langue française publié en Suisse (*Europe Réelle*, Lausanne, n° 44 – décembre 1961) le périodique israélien *Jedioth Hazem* paraissant à Tel-Aviv (numéro 143 de l'année 1961) écrit sans sourciller que « le nombre des juifs polonais vivant actuellement hors de Pologne approche des deux millions ». Par contre, et sans doute pour faire compensation, dans la portion de Russie occupée par les troupes allemandes où les centres de documentation juive de Paris et de Tel-Aviv ont, d'un commun accord chiffré le nombre des juifs exterminés à 1 500 000 (*Figaro Littéraire*, 4 juin 1960) et l'*Institut of Jewish Affairs World Jewish Congress* (*Eichmann's confederates and the Third Reich Hierarchy*, déjà cité) à 1 000 000, M. Raul Hilberg n'en trouve que 420 000. Tout ceci ne fait pas très sérieux et j'ai un peu honte pour la corporation qu'à des professeurs spécialisés ces documents qui sont les mêmes pour tous parlent un langage si différent.

Ceci étant dit, rendons à César ce qui est à César : à ma connaissance, de tout ce qui a été publié jusqu'ici dans ce genre de littérature où l'on malaxe et remalaxe sans cesse les documents de Nuremberg et les témoignages annexés, d'une année sur l'autre toujours plus nombreux, où on les torture et se torture inlassablement les méninges pour leur trouver des vertus toutes plus probantes mais aussi plus contradictoires les unes que les autres dans le cadre de la thèse qui postule qu'un peu plus ou un peu moins de 6 000 000 de juifs ont été exterminés par les Allemands pendant la seconde guerre mondiale, *The Destruction of the European Jews* est sans aucun doute, ce qui a été fait de plus précis et de plus complet par le nombre de ses références. Par là même, sans être plus probant que tout ce qui a été publié avant dans cette voie, il est le plus vulnérable et il a cet avantage unique qu'en mettant ses faiblesses en évidence, on fait en même temps apparaître celles de tous les autres. J'ai donc décidé de le prendre comme fil conducteur de cette nouvelle étude. On comprendra aisément, je pense, que je ne prenne pas une à une ces 790 pages dont il n'est à peu près aucune qui n'appelle une mise au point : pour passer jusqu'au détail tout cela au banc d'épreuve, j'aurais besoin d'autant de pages qu'il en a fallu à M. Raul Hilberg pour mettre sa thèse en forme et ce serait fastidieux. J'ai déjà dit que M. Raul Hilberg n'avait réussi à faire dire ce qu'elles disent à ses pièces à conviction que parce qu'il les avait acceptées telles qu'on les lui a livrées, c'est-à-dire rewritées, puis triées et isolées de leur contexte. C'est donc ce contexte qu'en les confrontant avec d'autres je m'efforcerai de reconstituer et en ne m'arrêtant que par incidence à ses artifices les plus grossiers.

Au seuil de cette étude des pièces à conviction de M. Raul Hilberg, ma pensée va d'abord aux étudiants de la section des Sciences politiques de l'université de Vermont : j'espère pour eux que, dans cette université, le professeur de science politique est doublé par un professeur d'histoire, sinon dans le cas où l'un d'entre eux se trouverait, de hasard, appelé un jour à l'honneur de représenter les États-Unis en Allemagne comme ambassadeur, d'entrée de jeu, les Allemands unanimes le prendront sûrement pour un envoyé de la Lune car, s'il n'a d'autres lumières sur le national-socialisme, ses origines, sa politique générale et surtout sociale, que celles qui lui sont actuellement distribuées par M. Raul Hilberg, je ne vois pas comment il pourrait accomplir ses premiers pas dans l'exercice de ses fonctions sans commettre un certain nombre de bévues qui seront pour eux incompréhensibles et, pour lui — pour les États-Unis aussi, hélas ! — autant de douloureuses humiliations. Quant aux autres, qui ne sont pas promis à de si hautes destinées, ils ne sont pas non plus sans poser de délicats problèmes : si les notions d'Économie politique que M. Raul

Hilberg distribue à tous sont de la même veine que celles qu'il leur distribue en histoire — ce dont on ne peut guère douter après avoir pris connaissance de ses statistiques — ceux d'entre eux qui deviendront à leur tour des professeurs, nous placent devant le phénomène de la transmission de la médiocrité d'une génération à l'autre et, je n'ose pas penser aux effets désastreux que pourront avoir sur la définition de la politique générale des États-Unis, ceux qui, devenus de grands commis de l'État, auraient à l'élaborer.

À ne rien celer, tout cela me fait, en réalité, très peur. Pour me faire bien comprendre, il me faut ouvrir ici une courte parenthèse dont le thème sera la proposition suivante : l'histoire est une suite de moments historiques. Vérité de M. de Lapalisse ? Dans la forme, oui. Par ses implications, c'est bien autre chose. Certains historiens pensent que chaque moment historique ne propose aux hommes que des problèmes qui ne comportent qu'une seule solution : la carte forcée. Il s'ensuit que, depuis le commencement des temps, tous les moments historiques se sont placés dans le prolongement exact les uns des autres sur une sorte de ligne droite qui est le sens de l'histoire et qu'en analysant correctement chacun d'eux, on peut prévoir le suivant : le déterminisme historique. La seule question que l'homme se puisse poser, ce n'est ni où il veut aller, ni ce qu'il doit faire pour y arriver mais seulement où il va. Pour y répondre, il lui suffit de regarder derrière lui et de prolonger la ligne : en se retournant, devant lui, il voit le socialisme. Au maximum, il pourrait avoir des mouvements de recul (devant la figure qu'a pris le socialisme en Russie, par exemple), ralentir la marche. En aucun cas, il ne peut ni s'arrêter, ni changer de direction — le sol brûle sous ses pas et, de chaque côté de la route, il y a des précipices mortels. Alors, il va au socialisme : plus ou moins vite seulement. Ces historiens-là sont les marxistes et ils ont eu la faveur du XIXe siècle. Mais, réduisant à rien ou presque le rôle de l'individu dans l'histoire, cette conception était si simpliste qu'ils ont perdu celle du XXe et que leur race est, aujourd'hui, en voie de disparition.

Dans leur ensemble, les historiens d'aujourd'hui pensent en effet que chaque moment historique propose à l'homme une infinité de problèmes ; qu'aux yeux de l'homme, chacun d'entre eux comporte une infinité de solutions bien que, peut-être et même sans doute, une seule soit rationnelle et bonne, les autres étant toutes plus ou moins mauvaises, le choix de l'homme dépend d'une prise de conscience plus ou moins correcte des données du problème.

Ils pensent en outre que, dans cette infinité de problèmes, il en est que l'homme peut côtoyer toute une vie sans même soupçonner leur existence ; que parmi ceux qu'il décèle, il en est de plus ou moins importants, de plus ou moins graves, de plus ou moins urgents ; que ne pouvant résoudre ceux-là tous à la fois, l'homme est obligé de les prendre un à un, dans un ordre à déterminer ; et que la détermination de cet ordre, à elle seule, suppose déjà une prise de conscience aussi correcte, qu'une fois déterminé le choix entre les solutions qui s'offrent. Selon la qualité de ses prises de conscience — il faut noter ici qu'il s'agit de prises de conscience collectives devant des problèmes collectifs et que l'âge mental des collectivités est inversement proportionnel au nombre des individus qui les composent — l'homme de chaque moment historique voit un plus ou moins grand nombre de problèmes qui lui sont proposés, et ceux qu'il ne voit pas ne sont pas forcément les plus négligeables. Sa représentation de la conjoncture à laquelle il est affronté est fonction du nombre et du caractère des problèmes qu'il en appréhende. Comme, en dernière analyse, c'est en fonction de cette représentation qu'il décide à la fois du degré d'importance, de gravité et d'urgence de chacun d'eux, donc de l'ordre de priorité dans lequel il les résoudra et de la solution qu'il convient de leur donner, les conjonctures qui résultent de son intervention dans les événements peuvent être les plus diverses. Les plus contradictoires aussi. Et tout cela fait du sens de l'histoire une ligne qui avance, qui recule, fait des zigzags, tourne en rond ou vire, va dans tous les sens et peut tout être, sauf une ligne droite.

Ramenée à ses deux principes fondamentaux, cette théorie se présente alors ainsi : elle fait une très large place au rôle de l'individu dans l'histoire et, en même temps, elle dit qu'affronté comme, à tous les moments de son histoire, l'individu l'a toujours été, à des conjonctures toujours nouvelles qui l'ont toujours surpris et dépassé, ce rôle, il a toujours été condamné à le jouer empiriquement, c'est-à-dire un peu comme l'apprenti sorcier de la tradition joue le sien et avec aussi peu de succès. C'est tout le problème de la Connaissance et des limites de la science dont le prolongement est celui des limites de l'homme dans ses possibilités. Parce qu'ils ont conscience de l'immense distorsion qui existe entre l'extrême complexité des problèmes de la conjoncture de chaque moment historique et la très grande faiblesse des moyens, notamment de connaissance, dont l'homme dispose pour les résoudre, parce qu'ils savent, d'autre part — et c'est une de leurs rares certitudes — que cette conjoncture est la résultante des réactions additionnées des générations qui l'ont précédé, non une création de l'homme qui les doit résoudre ; qu'il n'a d'autre alternative que d'accepter d'y être affronté sans inventaire préalable ou de refuser par le suicide ; que, pour tout dire, il n'est responsable, ni de la situation dans laquelle il se trouve, ni des moyens limités dont il dispose pour en sortir, les historiens et, d'une manière générale, les spécialistes des sciences humaines dont cette théorie est l'hypothèse de travail font preuve de beaucoup d'indulgence dans leurs jugements sur son comportement quand ils ont à y redire.

On ne sera pas insensible à un autre de leurs mérites : cartésiens dans l'âme et, comme leur maître, ne recevant jamais « aucune chose pour vraye » qu'ils ne la connussent « évidemment être telle », ils se méfient des idées reçues d'où naissent les dogmes qu'ils ont en horreur et ils n'ont d'autre doctrine que les résultats de leurs observations prolongées par des analyses serrées et profondes. Partant de cette observation banale que, n'ayant jamais eu à sa disposition tous les moyens de la connaissance, ne pouvant, par voie de conséquence, pas non plus avoir tous ceux de la réflexion, l'homme historique a, au long des âges, le plus souvent joué son rôle, sinon antérieurement à toute réflexion morale, du moins n'ayant déduit de sa réflexion que des vues erronées ou incomplètes sur la portée de ses actes, c'est-à-dire plus ou moins — et plutôt plus que moins — empiriquement, ils pensent à la fois qu'il a orienté l'histoire dans les sens les plus divers et qu'il en sera ainsi tant qu'il ne dominera pas tous les moyens de la connaissance. La méthode a le double avantage d'orienter les investigations de l'homme du présent à la fois vers les horizons les plus divers de sa destinée historique, c'est-à-dire d'ouvrir devant lui toutes les voies qui conduisent à l'universalisme de la pensée par quoi se caractérise ce que nous appelons la culture, et vers la recherche de moyens nouveaux de la connaissance, toujours plus modernes et mieux adaptés à ses besoins. On lui doit, par exemple, la sociologie et la bio sociologie qui sont, il est vrai, des instruments encore très rudimentaires puisque l'une n'a qu'à peine cent ans d'âge, l'autre venant tout juste de naître, mais dont, pour peu que l'homme reste historiquement orienté dans cette voie, il semble qu'il y ait lieu d'espérer beaucoup.

Il en va tout autrement des historiens et spécialistes des sciences humaines dont l'autre théorie est l'hypothèse de travail. Chez ceux-ci, tout est idées reçues et dogmes. Un seul horizon : la société sans classes vers laquelle les sociétés évoluent fatalement, tous les autres irrémédiablement bouchés. Un seul rôle assigné à l'homme historique : presser plus ou moins fort ou pas du tout sur un accélérateur défini comme étant la lutte des classes et encore n'est-ce que, ainsi qu'il a déjà été dit, pour y arriver plus ou moins rapidement. Tous les stades intermédiaires sans importance et à peu près ignorés.

Là-dessus, d'autres dogmes plus ou moins artificiellement greffés : la mission historique du prolétariat, la dialectique dans une acception outrageusement sophistiquée, le matérialisme historique, la conscience de classe, etc.

Et tout cela décrété entre 1840 et 1850, c'est-à-dire à peu près sans référence aux réalités puisque la philosophie positive étant encore dans les langes, ni la sociologie, ni à plus forte raison la bio sociologie qui, toutes deux en découlent, n'étaient nées. Des vérités révélées, en somme et, au surplus, aujourd'hui dépassées par l'histoire. Une méthode infantile : *Hegel dixit, Marx dixit, Lénine dixit, Staline dixit, Roosevelt* ou *Ben Gourion dixit*... Pas le moindre besoin de vérifier les prophètes. Ces gens ne s'aperçoivent, par exemple, pas que nous ne sommes plus au temps de Hegel ou de Marx, que, depuis eux, beaucoup d'eau a passé sous les ponts de toutes les rivières du monde, que les classes sociales sont en voie de disparition dans les sociétés civilisées, qu'elles s'y sont dissoutes en une infinité de catégories très proches les unes des autres, en tout cas, beaucoup moins opposées entre elles que ne l'étaient les classes et que, par voie de conséquence, ils invitent l'homme du présent à presser sur un accélérateur qui n'existe plus et à remplir une mission historique, un prolétariat purement hypothétique ou peu s'en faut. Par-là, ils ressemblent étrangement à ces militaires dont on dit qu'ils sont, dans leurs techniques, toujours en retard d'une guerre, en ce sens qu'eux, c'est d'une époque ou d'un moment historique qu'ils sont en retard.

M. Raul Hilberg est même en retard de plusieurs moments historiques : *Luther dixit*, en est-il encore à ânonner. En 1963 ! Je n'invente rien : dans l'introduction de *The Destruction of the European Jews*, il nous explique le plus sérieusement du monde et en substance que le national-socialisme descendait en droite ligne de l'antisémitisme moyenâgeux des Allemands, de leur catholicisme et de Luther. Et ceci appelle plusieurs observations :

1. Luther n'était pas un anti-sémite, mais un anti-juif, ce qui est bien différent... Les historiens considèrent, en effet, qu'il y eut huit peuples sémitiques (Assyriens, Chaldéens, Phéniciens, Hébreux, Samaritains, Syriaques, Arabes et Ethiopiens) dont trois au moins existent encore aujourd'hui (Arabes, Hébreux ou juifs et Éthiopiens) et ce n'est qu'aux juifs que le catholicisme moyenâgeux et Luther en avaient.

2. Cet anti-judaïsme n'avait que des références religieuses — également universalistes, l'Église romaine de l'époque et Luther pensaient que tous les peuples de la Terre sauf les juifs étaient perméables aux séductions de leur système de propagation de la Foi : ça n'allait pas plus loin.

3. Tout le Moyen âge européen a été religieusement antijuif et avec la même intensité partout. Dans des pays comme la Hollande où le luthéranisme est resté identique à ce qu'il était au temps de Luther, dans d'autres comme l'Espagne et la Hongrie où c'est l'Église romaine

qui est restée ce qu'elle était au Moyen âge, les sentiments anti-juifs se sont considérablement atténués au cours de ces six derniers siècles et aucun d'entre eux n'a été le théâtre d'un phénomène semblable au national- socialisme sous cet angle. Mieux : de nos jours, c'est en Allemagne que l'Église, aussi bien luthérienne que romaine est le plus accessible aux problèmes de la science !

4. Le national-socialisme, lui, était antisémite, mais il ne l'était que parce qu'il était raciste. Il entretenait, par exemple, les meilleures relations avec les Arabes. Il eût aussi entretenu les meilleures avec les juifs, s'ils n'avaient émis la prétention de vivre en peuple distinct — élu par surcroît ! — en Allemagne même, et ses relations n'eussent pas été meilleures avec les Arabes s'ils avaient émis la même prétention. Son attitude, sur ce point, était définie, d'une part doctrinalement par sa conception de la notion de peuple (sur un sol déterminé, une seule race protégée contre le métissage), de l'autre, par le mouvement sioniste international auquel il attribuait un rôle déterminant à la fois dans le déclenchement de la première guerre mondiale (pour obtenir la Palestine, prétendait-il) et dans les décisions prises à Versailles (qui réservaient, prétendait-il encore, toutes les possibilités pour le peuple juif ayant obtenu la Palestine, d'obtenir par la suite, tout le Moyen-Orient, en s'appuyant sur le bolchevisme).

C'est ainsi que, dès sa naissance, le national-socialisme accusa les juifs d'être responsables de tous les malheurs de l'Allemagne après Versailles. Au pouvoir, il ne cessa de les accuser de chercher à provoquer une seconde guerre mondiale et d'être en collusion permanente avec le bolchevisme, dans l'espoir d'y arriver, d'anéantir l'Allemagne et, du même coup, mériter l'aide du bolchevisme au Moyen- Orient.

Telles sont les deux principales raisons fondamentales de la politique du national-socialisme à l'égard des juifs. Antisémitisme ? C'est à la fois trop et trop peu dire. Racisme est le mot juste. Elles n'ont, de toutes façons, aucune parenté, ni par association ni par filiation, avec l'antijudaïsme de l'Église romaine du Moyen âge ou avec Luther et on est quelque peu gêné d'avoir à le rappeler, si ce n'est à l'apprendre, à un professeur américain dûment parcheminé et, apparemment solidement accrédité, de sciences politiques. Mais, depuis 1933 (M. Raul Hilberg était un gamin) et, plus particulièrement depuis 1945 (il sortait à peine de l'adolescence) tant de journaux ont expliqué à l'opinion que le national-socialisme plongeait ses racines jusque dans le catholicisme romain moyenâgeux et chez Luther, que donc l'antisémitisme et le racisme étaient une tradition bien allemande, foncièrement allemande, que M. Raul Hilberg, homme par excellence des idées reçues et des dogmes, l'a accepté sans éprouver le besoin de vérifier. Dans son cas, ce n'est même pas *Luther dixit* qu'il eût fallu dire mais *Vox populi dixit*. Et c'est grave pour un universitaire. Pour être correctement renseigné, il eût pourtant suffi qu'il lût *Das Weltbild des Judentums : Grundlagen des Antisemitismus* de l'Autrichien Bruno Amman (Wien 1939) ou *Warum-woher-Aber Wohin* de l'Allemand Hans Grimm (Lippoldsberg 1954) qui, bien qu'écrits, le premier par un partisan, l'autre par un esprit indépendant mais qui eut, sous le national-socialisme des amitiés solides dans les hautes sphères du Parti et du Gouvernement, sont les deux études les plus sérieuses parce que les plus documentées sur les origines du racisme national-socialiste et les solutions qu'il entendait apporter au problème juif. Mais voilà : M. Raul Hilberg, comme tous ses pareils, ne pense pas que, pour être correctement renseigné, on ait besoin de lire autre chose, que ce qui vient des prophètes et des amis politiques.

Une fois dans cet engrenage, on n'a plus d'autre souci que de démontrer que les prophètes et les amis politiques ont raison. Et on va d'erreur en erreur, car tout s'enchaîne. Exemple : ayant une idée fausse des origines du racisme national- socialiste, M. Raul Hilberg ne pouvait avoir une idée juste de sa véritable figure historique. C'est ainsi qu'il pose en principe que Hitler avait décidé d'exterminer les juifs : Chaim Weizmann et Ben Gourion *dixerunt*. À l'appui de cette thèse, il donne (p. 257) un passage du célèbre discours prononcé le 30-1-1939 devant le Reichstag :

« Today I want to be a prophet once more : if international finance Jewry inside and outside of Europe should succeed once more in plunging nations into another world war, the consequence will not be the bolshevisation of the earth and thereby the victory of Jewry, but the annihilation of the Jewry race in Europe. »

J'ai déjà eu l'occasion de faire remarquer (à propos du document Hossbach) que les propos menaçants de ce genre abondent dans la littérature des hommes d'État du monde entier. Les historiens les considèrent généralement comme une survivance du défi que se lançaient les héros antiques et ne leur attribuent aucune signification. Entre les deux guerres, les hommes d'état russes en ont proféré à foison contre le capitalisme et, après cette guerre, à la session de l'O.N.U. de 1960, on m'excusera de me répéter, frappant son pupitre de son soulier, M. Khrouchtchev a encore adressé, mot pour mot, exactement la même menace aux Américains. À Nuremberg, on a cité une seule fois ce passage de ce discours (T. III, p. 527) mais sans y attacher d'importance : il ne figure pas dans le réquisitoire. M. Raul Hilberg considère sans doute que c'est à tort et il insiste lourdement en citant (p. 266) au titre de confirmation de cette décision d'extermination, un autre passage d'un autre discours prononcé au Sport-Palace le 30 septembre 1942 :

« At one time, the Jews of Germany laughed about my prophecies. I do not know whether they are still laughing or whether they have already lost all desire to laugh. But right now I can only repeat : they will stop laughing everywhere, and I shall be right also in that prophecy »

Mais, non seulement ce passage n'a pas été retenu à Nuremberg : il n'a même pas été cité. Ce n'est pas sérieux, la preuve : le 30 janvier 1939, la concentration des juifs dans des camps n'avait pas encore commencé (d'après l'historien juif Til Jarman, il y avait seulement 6 camps de concentration en Allemagne au début de la seconde guerre mondiale et ils contenaient, à eux tous, 21 300 internés dont 3 000 juifs. *The Rise and Fall of Nazy Germany*, N-Y. 1956) et, au 30 septembre 1942, la, concentration des juifs qui n'avait encore eu lieu qu'en Pologne (1940-1941) venait seulement de commencer (mars 1942) à l'échelle de l'Europe occupée par les troupes allemandes.

Sans doute, M. Raul Hilberg avait prévu l'observation car, sur près de 700 pages, il nous expose un plan méthodique en quatre étapes dont la dernière seulement était l'extermination, les trois autres se suivant dans l'ordre : définition du juif, expropriation et concentration (en vue de l'extermination, bien sûr, et pour que tout soit plus facile). M. Raul Hilberg pourrait alors nous répondre que, pour mener à son terme une entreprise d'une telle envergure, il faut du temps et qu'en 1942, on ne pouvait pas être très avancé dans ce travail, mais qu'il n'empêche que c'était prévu. Sur quoi cette conviction se fonde, on n'en sait rien. M. Raul Hilberg n'avance aucun document corroborant ce plan qui suppose, en tout cas, qu'en pleine paix il fallait beaucoup plus de temps (1933-1939) pour définir et exproprier environ 600 000 (?) juifs (total pour l'Allemagne en 1933 + l'Autriche à partir de 1938 + la Tchécoslovaquie 1939) que les Allemands ont eu sous la main pendant cette période, que pour en transporter et exterminer six millions en pleine guerre (1942-1944). Ce qui n'est pas moins surprenant, c'est qu'après nous avoir dit (p. 177) que les intentions du national-socialisme étaient d'exterminer les juifs selon ce plan méthodique, M. Raul Hilberg nous dit (pp. 257-58) que « Hitler hésita sur la politique d'extermination, jusqu'à ce qu'il fût convaincu qu'il n'y avait plus d'autre choix. De 1938 à 1940, il a fait les plus extraordinaires efforts pour faire aboutir un vaste plan d'émigration ». J'ai parlé du sérieux de M. Raul Hilberg : à un autre endroit de son livre (p. 256) il nous veut démontrer que 1,4 million de juifs ont été exterminés par les *Einsatzgruppen* mais, après avoir utilisé tous ses moyens de preuve (C.R. des chefs de ces unités, témoignages de victimes survivantes, etc.) il lui manque cinq cent mille cadavres pour arriver à son total, alors, froidement, il en ajoute d'autorité deux cent cinquante mille pour « omission » et deux cent cinquante mille autres pour « lacunes dans nos sources ». Dans le genre hurluberlu, je ne pense pas qu'on puisse trouver beaucoup mieux.

D'ailleurs, sur tous ces ordres d'extermination donnés par Hitler qui reviennent toutes les cinquante ou cent pages dans le livre de M. Raul

Hilberg, à toutes les dates, à tout propos et hors de propos, comme sur les plans méthodiques en découlant, la lumière est aujourd'hui faite et, en 1961, M. Raul Hilberg était seulement en retard d'une découverte historique : ainsi que je l'ai déjà dit, dans *La Terre Retrouvée* (Paris) du 15 décembre 1960, le Dr Kubovy, Directeur du Centre mondial de documentation juive contemporaine de Tel Aviv a convenu qu'il n'existait aucun ordre d'extermination de Hitler, Himmler, Heydrich, Goering, etc.

À descendre dans le détail, on n'en finirait pas de citer les entreprises de sollicitation des faits dont M. Raul Hilberg s'est rendu coupable : sa présentation de la *Kristallnacht* (9 au 10 novembre 1938) au sujet de laquelle l'accusation qu'il porte contre les autorités du IIIe Reich de l'avoir préparée, repose sur des télégrammes de commissaires de police ou de responsables de la N.S.D.A.P., tous datés du 10 novembre 1938 et n'émanant que de toutes petites gens (pp.19 et 655) ; les *Einsatzgruppen* qu'il montre en action en Pologne en 1939, alors qu'elles n'ont été créées qu'en mai 1941 (Ohlendorff-Nur. 3-1-46, T. IV, p. 322) ; son interprétation de l'expression allemande « *Judenfrei* » qui, appliquée à un territoire conquis, signifie qu'il doit être « libre de juifs » par transfert de ceux-ci dans des camps et dont il prétend que c'est par leur « extermination » qu'il doit être rendu libre d'eux ; ses sollicitations de documents comme le protocole de Wannsee dans lequel il trouve l'expression « *weitere Lösungsmöglichkeit = new solution possibility* » qu'il traduit (p.264) par « *further solution possibility* » ; les juifs qu'il fait mourir deux fois, comme ceux de Simféropol « *libérée de 10 000 juifs qui y vivaient en décembre 1941 pour que l'armée puisse passer la Noël tranquille* » (p. 192), puis exterminés en février 1942 (p. 245) ; tous ces juifs dont il nous dit (p. 192) que « *sur la route de Smolensk à Moscou et dans beaucoup de villes les Soviets avaient évacué entièrement la population juive* » (derrière l'Oural d'où ils partirent par leurs propres moyens vers l'Est jusqu'à Hong Kong, ou vers le Sud en Turquie et au Moyen-Orient pour se rapprocher de la Palestine à défaut d'y pouvoir arriver), les 10 000 de Chernigor qui n'étaient plus que trois cents à l'arrivée des Allemands (*ibid.*) les 100 000 de Dniepropetrovsk qui n'étaient plus que 30 000 (*ibid.*) ceux de

Marioupol et de Taganrog évacués jusqu'au dernier par les Soviets (*ibid.*), en tout 1 500 000 personnes (p. 190), qui ne paraissent pas avoir été déduites de la statistique générale des pertes totales juives, car il ne serait possible, ni d'arriver à un total de 5 419 500 (p. 670) ou même seulement 5 100 000 (p.767) ; des erreurs de calcul aussi grossières que celle-ci : 3 350 000 juifs donnés comme vivant en Pologne en 1939 (p.670), 3 000 000 de morts en 1945 (p.767) mais seulement 50 000 survivants (p.670), etc., etc.

Mais à quoi bon insister ? Je pense avoir donné une idée assez complète de la méthode et des petits procédés de M. Raul Hilberg pour que le lecteur soit fixé et que soit venu le moment, pour moi, de lui parler de ses témoins, de ses témoignages et de ses documents.

Chapitre II :

Témoins, témoignages & Documents

I - Généralités

Dépliant mon journal habituel, le 17 mai 1963, je suis tombé en arrêt sur l'information suivante : « Erreur judiciaire découverte en Autriche : des innocents ont passé quinze ans en prison. » Suivait l'explication dans la forme d'une dépêche de presse datée de la veille, en provenance de Vienne (Autriche) :

« Condamnés il y a seize ans aux travaux forcés à perpétuité, deux Autrichiens, Hubert Ranneth, 43 ans et Joseph Auer, 30 ans, ont été mis hier en liberté.
À la suite d'une nouvelle enquête ordonnée en novembre dernier par le ministre autrichien de la justice, la lumière a été faite sur ce qui constitue une des plus graves erreurs judiciaires du siècle.
En 1947, Ranneth et Auer avaient été condamnés pour avoir assassiné à coups de barre de fer, trois ouvriers dans une aciérie. Mais ce n'est qu'en novembre dernier qu'un fait important fut connu : les « aveux complets » d'Auer sur lesquels l'accusation était basée avaient été obtenus sous l'effet d'une piqûre de scopolamine, médicament euphorique et paralysant à fortes doses. Enfin, les médecins légistes ont établi que la barre de fer, à l'époque, pièce à conviction, n'avait pu être utilisée pour l'assassinat des victimes. »

Beaucoup de bons esprits pensent que cette information donne l'explication des aveux sensationnels des célèbres procès de Moscou. Il ne semble pas que le moyen utilisé par la justice autrichienne en l'occurrence, l'ait été à Nuremberg. Du moins au cours des 13 grands procès. Qu'il l'ait été dans l'infinité de petits procès qui ont eu lieu en Allemagne depuis, contre les anciens S.S. ou employés subalternes de l'appareil du IIIe Reich, c'est bien possible : la plupart d'entre eux ne sont venus en audience qu'après une longue détention des accusés, après avoir été plusieurs fois repoussés, et cela autorise toutes les suspicions. Ce paraît être le cas, notamment, dans le procès des « Autobus de la mort » (mars 1963) où les accusés ont donné, sur l'opération, des détails techniques que des techniciens ne peuvent pas accepter. Ce pourrait l'être encore dans le cas du procès du second commandant du camp d'Auschwitz à l'instruction depuis trois années et repoussé quatre fois déjà de six mois en six mois, le procureur général n'ayant pas encore réussi, à l'heure où j'écris, à faire la preuve que 437.000 juifs hongrois ont été gazés à Auschwitz entre le 16 mai et la mi-octobre 1944. Et c'est peut-être pourquoi, au lieu de se suicider comme Gerstein (voir plus loin) l'accusé a pris soudain le parti de mourir d'une « crise cardiaque » : en 1963, il est devenu bien difficile de suicider les gens... Ce pourrait l'être, enfin, dans le cas Eichmann où, une première piqûre ayant été avouée, on est autorisé à penser que d'autres ont pu suivre, ce qui expliquerait beaucoup de choses.

Un second moyen à la disposition de la justice de la saison est la contrainte par mauvais traitements (Streicher, Pohl, Ohlendorf) : se reporter à leurs déclarations devant les tribunaux ou à leurs récits publiés *ante* ou *post mortem*) la menace (Sauckel dont les neuf enfants et la femme aux mains des Russes ont, selon ses déclarations au Procès des grands criminels de guerre, été utilisés comme moyens de pression contre lui par les instructeurs soviétiques) l'investissement psychologique ou tout simplement la situation dans laquelle se trouvait l'accusé au regard des faits reprochés (Hoess, Kurt Becher, Hoettl, Wisliceny, Bach-Zelewski) etc. Tous ces cas ayant déjà été cités et expliqués au cours de mes précédents travaux de recherche, je n'y reviendrai pas, si ce n'est pour Hoess dont Mr. Raul Hilberg fait une utilisation vraiment trop abusive.

Viennent ensuite les témoins que les faits reprochés ne mettaient pas en cause et qui ont déposé hors de toute contrainte : les partisans à mauvaise conscience. On comprend aisément que le médecin communiste tchèque Blaha, par exemple, ait vu en action la chambre à gaz de Dachau qui n'a jamais existé : c'était la doctrine communiste et, d'autre part, détenu appartenant à la self direction du camp de Dachau, cet individu ne pouvait pas avoir la conscience nette. On comprend tout aussi aisément une déclaration analogue du S.S. Hoellriegel à propos d'une autre chambre imaginaire à Mauthausen : la mauvaise conscience à l'état pur d'un bonhomme qui avait à ne faire pardonner sa participation au drame et qui, au surplus, pouvait passer d'un jour à l'autre du rôle de témoin à celui d'accusé. J'ai expliqué le cas de Martin-Chauffier, David Rousset, Eugen Kogon. J'aurais pu allonger la liste des noms de tous ces gens qui, comme le R.P. Riquet de la Société de Jésus, le professeur de Faculté Pierre Bertaux et combien d'autres qui, ayant délivré, sous l'occupation allemande, des certificats de bonne conduite civique a des collaborateurs ou à des agents de la Gestapo, n'en ont été, par la suite, que de plus farouches gardiens de l'orthodoxie résistantialiste pour se le faire pardonner.

Le cas le plus typique de cette mauvaise conscience me paraît être le pasteur allemand Martin Niemöller dont voici l'histoire dans ses grandes lignes, d'après une documentation fournie à la *Deutsche National Zeitung* (16-4-1963) par M. Paul Heinz, qui fut un de ses proches, sa biographie parue sous le titre *Martin Niemöller* (chez Rowohlt, Hambourg – octobre 1959) et son livre *Vom U-Boot zur Kanzel* (Berlin-Dahlem 1935) :

« Martin Niemöller, fils de pasteur, né le 14 janvier 1892 à Lippstadt en Westphalie, se sentait, depuis sa prime jeunesse, invinciblement attiré par la mer. Il entra en 1910 dans la Marine impériale, devint un excellent officier de torpilleur, servit comme officier patrouilleur sur des sous-marins sous les ordres de commandants réputés et devint finalement lui-même commandant de l' « U.C.-67 » en Méditerranée. Après la révolution, il ramena son bateau pavoisé au pays et en 1919 il en abandonna le commandement en refusant catégoriquement de livrer deux sous-marins à l'Angleterre. Il se retira parce qu'il ne voulait pas servir un État qui s'était instauré en république communiste. Avec l'éclatement de la monarchie, un monde s'était écroulé pour Niemöller.

Telle est la carrière d'un nationaliste allemand comme il n'y en avait que fort peu en 1919. Martin Niemöller quitta l'uniforme mais resta toujours du fond du cœur un soldat. Il prit part en tant que chef de bataillon aux combats des corps-francs dans la Ruhr et, lors du baptême de son deuxième enfant, il accrocha derrière les fonts baptismaux le dernier pavillon de son sous-marin. Il devint pasteur et ne fut plus qu'un soldat de Jésus- Christ comme ce fut le cas pour beaucoup d'officiers après les deux guerres.

Martin Niemöller fut un bon soldat du Christ et demeura un nationaliste allemand convaincu. Adversaire d'une république, il adhéra au mouvement national-socialiste. Depuis 1924, il faisait partie du N.S.D.A.P. et souhaitait sa victoire. Après que Hitler eût pris le pouvoir en 1933, Niemöller accorda toute sa sympathie au nouveau chancelier. Lorsqu'en 1933, il apprit que les communistes étaient internés dans des camps de concentration, il pensa : « Dieu soit loué, nous sommes délivrés du danger athée ! »

Les juifs — d'après ses propres termes — lui restaient antipathiques et étrangers, ce qui lui permettait d'approuver les mesures prises par le nouveau gouvernement. Il avait également assisté avec ses enfants à la marche sur Berlin le 30 janvier 1933. Niemöller fut un des cosignataires du télégramme de félicitations à Hitler après le retrait de l'Allemagne de la Société des Nations. Le nouveau chancelier pouvait y lire : « En ces heures déterminantes pour le peuple et la patrie allemands, nous saluons notre Führer... nous lui promettons solennellement fidélité et l'assurons de nos pensées ferventes. » »

Vraisemblablement, ces mots auraient-ils pu être mal interprétés par une partie de la communauté protestante, ce qui amena le pasteur Niemöller en tant que président de la fédération des pasteurs, à publier une circulaire mettant nettement les choses au point.

« Les membres de la Fédération des pasteurs se rangent inconditionnellement derrière le Führer Adolf Hitler », (Variante : se rallient inconditionnellement au Führer Adolf Hitler).

C'était une déclaration dont la chaleur ne pouvait se manifester que chez un vieil adhérent politique. C'était un témoignage que Niemöller s'identifiait avec les idées de Hitler sur la conception du monde. D'une partie de celles-ci, le contestable théologue Karl Barth — qui de la Suisse excitait les forces de l'Est au réarmement contre l'Allemagne — disait au printemps de 1958 : « Je n'ai jamais constaté que Niemöller s'était élevé contre le Troisième Reich en tant que tel ! »

Et Niemöller s'éleva pourtant, moins contre les buts politiques du Reich que beaucoup plus contre l'application de la religion d'État, « l'Église allemande ». Lorsque l'on réussit à introniser un nouvel évêque d'État, l'opposition de Niemöller grandit contre ce dernier et son « Église allemande » : Hitler que ces discussions à l'intérieur des Églises dérangeaient, provoqua le 25 janvier 1934 une conférence entre les deux parties. Niemöller rédigea un mémorandum à l'adresse de Hitler dans lequel il soulignait :

Nous n'avons pas besoin de vous dire combien nous vous sommes reconnaissants d'avoir arraché le peuple à la désintégration intérieure et extérieure et d'avoir libéré ses forces pour un nouveau développement. »

Niemöller fut arrêté le 1er juillet 1937, mais six mois plus tard venait son procès. Le jugement prononcé le 2 mars 1938 surprit : sept mois de forteresse et 2 000 RM d'amende. Il fut déporté au camp de Sachsenhausen.

Voici son arrivée au camp :

« Le lendemain matin, apparut, dans son splendide uniforme S.S., le commandant du camp, un homme dont le nom était Baranowsky. Vingt ans plus tard, Niemöller avait encore dans l'oreille la conversation qui s'engagea :

– « Etes-vous le pasteur Niemöller ? », demanda l'officier supérieur S.S.

– « Oui, je le suis. »

– « Vous nous avez été remis comme prisonnier personnel du Führer. Jusqu'ici je ne sais rien de plus. Je n'ai pas encore reçu d'instructions sur la façon dont il faut vous traiter. Avez-vous des doléances ou des souhaits à formuler ? »

– « Prisonnier personnel du Führer ! ». Pour Niemöller, il restait qu'il avait reçu quittance pour ce 25 janvier 1934 ; Hitler n'avait pas oublié sa loyauté. À la question de savoir s'il avait un vœu à formuler, que lui avait posée le commandant du camp, Niemöller avait répondu : « Certainement ». Les choses qu'on lui avait prises dans la nuit. Et avant tout : « Rendez-moi ma Bible. Et cela tout de suite, s'il vous plaît. »

Visiblement, Baranowsky était impressionné par le fait qu'un prisonnier osât lui parler de cette façon et ne savait trop quelle attitude adopter. Ce qui arrivait n'était qu'une défaite. Il devait se composer un visage. Niemöller le sentait fort bien.

— « Vous désirez avoir votre Bible ? », gronda-t-il. « Comment pouvez-vous demander cela ? Il n'y a rien de ce genre au camp ! Il ne manquerait plus que nous autorisions ici un livre aussi dangereux ! »

Mais ensuite se produisit l'incroyable. Il donna ordre à son adjudant, qui était resté à la porte, d'un ton mi méprisant, mi embarrassé : « Allez au bureau et ramenez à cet homme sa Bible. Elle se trouve sur mon secrétaire. »

Quatorze jours ne s'étaient pas passé que Niemöller recevait également en retour sa bague, sa montre, ses lettres et son livre de cantiques. »

Lorsque la deuxième guerre mondiale éclata, Niemöller écrivit au grand-amiral Raeder :

« Comme j'attends depuis longtemps en vain mon ordre de reprendre du service... je me présente formellement comme volontaire... je suis âgé de 47 ans, parfaitement apte de corps et d'esprit et je vous prie de m'affecter à un emploi quelconque dans les services de la Marine. »

Voici maintenant comment il fut traité pendant son internement :

« Il put rendre visite à son père, à Elberfeld, quelque temps avant sa mort ; il put, en 1944, fêter ses noces d'argent à Dachau avec sa femme et souper avec elle, il put même prêcher. »

Un homme qui, en somme, eût pu figurer au banc des accusés de Nuremberg, sous l'inculpation de « Crimes commis contre la paix » pour participation au « Complot » dont ce chef d'accusation faisait état, puisqu'il y a participé au minimum de 1920 à 1936, si ce n'est 1937.

Je n'ose pas citer des extraits de son livre *Vom U-Boot zur Kanzel* — il faudrait d'ailleurs le citer en entier ! — paru en Allemagne en 1935 alors que Hitler était au pouvoir depuis deux années et écrit sur le thème « *Damals versank mir eine Welt* » : le plus dur de tous les réquisitoires contre le bolchevisme qu'il m'ait été donné de lire jusqu'ici, la plus étroite profession de foi de nationalisme chauvin aussi, et... la plus entière adhésion à la politique générale de la N.S.D.A.P.

Pour se faire pardonner tout cela, dans la conférence déjà citée qu'il a prononcée le 3 juillet 1946 et qui fut éditée sous le titre *Der Weg ins Freie* (F.M. Hellbach, Stuttgart 1946), le pasteur Martin Niemöller, président du Conseil de l'Église protestante allemande, a témoigné que 238 756 personnes avaient été exterminées à Dachau alors qu'on sait aujourd'hui qu'il y en eut, en réalité, environ 30 000, confirmé l'existence d'une chambre à gaz dans ce camp, alors qu'on sait aujourd'hui qu'il n'y en avait pas, et, depuis 1945, chaque fois qu'il a ouvert la bouche pour parler, prêché la responsabilité unilatérale de l'Allemagne et collective du peuple allemand dans la guerre de 1939-1945. Il est, aujourd'hui, à la tête d'un mouvement pacifiste au sein duquel il défend, sans aucune exception, toutes les thèses sur lesquelles s'appuie la politique extérieure de la Russie des Soviets. S'il ne s'était pas comporté ainsi, il ne fait aucun doute qu'il eut été un des points de mire des accusations que les Soviets ne cessent de porter contre l'Allemagne. Telle est l'explication : la même que celle de l'attitude de tous ces gens qui appartenaient à la gentry parisienne ou au monde français des Lettres et des Arts, qui ont mené la *Dolce Vita* en compagnie des plus hautes personnalités allemandes du Paris occupé, se réjouissant au champagne des victoires des armées hitlérien nes et qui, dès que le vent a tourné, ont porté leur adhésion au Parti communiste et sont devenus les plus sévères accusateurs des collaborateurs dans la France de l'après-guerre, uniquement animés par le souci d'éviter le banc des accusés.

Ce sont ces gens-là qui ont fourni aux procureurs et aux juges de Nuremberg leurs arguments les plus percutants, qui continuent à enrichir les archives de Rehovot (Israël) et de Varsovie (Pologne) de tous ces documents aussi fantaisistes que nouveaux qu'on découvre de temps à autre et publie à son de trompe pour entretenir dans le monde les sentiments antiallemands sur lesquels s'appuie la politique mondiale du bolchevisme.

À Nuremberg, le procureur et les juges ont obtenu des résultats sensationnels par ce moyen. Témoin ce curieux document P.S. 3319 (Nur. T. XXXII pp. 159-92) que M. Raul Hilberg cite et commente (p. 502-790) : il s'agit de l'organisation par le ministère des affaires étrangères du IIIe Reich d'un congrès anti-juif à Kruminhübel les 3 et 4 avril 1944 avec la participation de tous les représentants de ce ministère en poste à l'étranger. En 27 pages (op. cit.) un certain Ludwig Kohlhammer, *Landesgruppenleiter*, nous rend compte d'une façon très précise à la fois du nombre des participants — trente et une personnes — avec leurs noms et de ce que chacune a dit.

Or, ce congrès n'a jamais eu lieu. Voici comment l'affaire s'est présentée devant le Tribunal de Nuremberg :

17 mars 1946, Steengracht (secrétaire d'État aux affaires étrangères du IIIe Reich) est interrogé par le col. Philimore, substitut du procureur général anglais qui lui demande :

— « Je voudrais maintenant aborder la question des juifs. Vous nous avez dit hier que, vous-même et M. von Ribbentrop aviez empêché la mise sur pied du congrès anti-juif de 1944. Est-ce vrai ? »

— « Oui, répond Steengracht. » (T. X, p. 137).

La veille, voici ce qu'il avait déclaré sur question posée par le D r Horn, avocat de Ribbentrop :

« Notre agent de liaison auprès de Hitler nous informa que celui-ci, informé par Bormann avait chargé les services de Rosenberg d'organiser un congrès anti-sémite. Ribbentrop ne voulait pas le croire, mais après s'être entretenu avec son agent de liaison, il dut se rendre à l'évidence. Puisque cette décision nous enlevait tout moyen d'empêcher la chose par la voie officielle, nous nous efforçâmes de la rendre impossible par une politique d'hésitation, de lenteur et d'obstruction. Et, bien que l'ordre en ait été donné au printemps 1944 et que la guerre ne fût pas encore terminée en avril 1945, le congrès n'eut jamais lieu. » (T. X, p. 125).

2 avril 1946. Cette fois, c'est Ribbentrop qui est interrogé par M. Edgar Faure, qui fut par la suite président du conseil en France et qui était alors substitut du procureur général français :

M. Edgar Faure (à Ribbentrop) : « Pendant l'interrogatoire de votre témoin Steengracht, le ministère public anglais a produit le document P.S. 3319 qui a reçu le numéro anglais G.B. 287. Je désirerais me référer à ce document simplement pour une question : Dans ce document figure le procès-verbal d'un congrès, d'une réunion à laquelle assistaient tous les rapporteurs des questions juives dans les différentes missions diplomatiques en Europe. Ce congrès s'est tenu à Krummhübel les 3 et 4 avril 1944. Il avait été organisé par Schleier. On a lu cela l'autre jour. Vous avez été au courant de ce congrès, je suppose ? »

Ribbentrop : « Non, j'en entends parler pour la première fois. Qu'est-ce que c'était que ce congrès ? Je n'ai même jamais entendu dire qu'un tel congrès eût lieu. De quelle sorte de congrès s'agissait-il ? »

M. Faure : « Le document a été déposé au Tribunal et je désire simplement vous poser une question. Vous avez témoigné que vous n'aviez pas été au courant de cette réunion à laquelle assistaient trente et une personnes qui appartenaient presque toutes au personnel diplomatique. Je vous indique qu'au cours de cette réunion, le conseiller d'ambassade von Thadden a fait une déclaration qui a été inscrite dans les termes suivants :

« L'orateur expose pourquoi la solution sioniste de Palestine et les autres solutions similaires doivent être rejetées et pourquoi il y a lieu de réaliser la déportation des juifs dans les « territoires de l'Est. »

Je suggère que cette déclaration faite par un conseiller d'ambassade devant trente et une personnes de vos services représentait votre propre doctrine sur la question. »

Ribbentrop : « Oui, mais je ne sais pas du tout ce que vous voulez dire. Voudriez-vous mettre le document à ma disposition afin que je puisse répondre ? »

M. Faure : « Je n'ai pas l'intention de vous montrer ce document... (T. X, p. 420). »

C'était la preuve du faux. C'était aussi une violation caractéristique de la règle de procédure numéro 2 du Tribunal lui-même, qui disposait en son paragraphe *a 3°* que « tous les documents annexés à l'acte d'accusation devaient être mis à la disposition des accusés dans un délai d'un mois au moins avant le Procès » (T. 1, p. 21). On ne parla plus jamais de cette affaire. Si, dans l'index des noms (T. 24) on cherche à se renseigner sur le *Landesgruppenleiter* Ludwig Kohlhammer il n'y figure pas. Mais, le document P.S. 3319 fut admis comme preuve... On ne comprend d'ailleurs pas pourquoi. Si M. Edgar Faure voulait prouver que la solution finale et les autres solutions similaires étaient, d'après la doctrine du ministère des affaires étrangères du Reich à rejeter en avril 1944, point n'était besoin d'inventer un document — il était de notoriété publique que les principaux obstacles venaient de la situation opérationnelle stratégique et que, l'aventure de Joël Brand en a fait la preuve le mois suivant, les Alliés refusaient cette solution par la voie des neutres. On comprend encore moins que, dix-sept années après, M. Raul Hilberg, professeur de Sciences politiques à l'université de Vermont (U.S.A.) ne sache pas encore que ce document était un vulgaire faux.

Parlerai-je à M. Raul Hilberg de son principal témoin sur les missions des *Einsatzgruppen*, le Gruppenführer Ohlendorf ? Le 3-1-1946, à la séance du matin, il déclare que « Sur la question des juifs et des commissaires communistes, les chefs des *Einsatzgruppen* recevaient des ordres verbaux (sic) avant chaque Mission » que, « en territoire russe (admirons la précision) cela signifiait qu'ils devaient être assassinés » (T.IV, p.322) et, à la séance du soir, à la question de savoir si c'était prévu dans l'accord passé entre l'O.K.W. et le R.S.H.A. que « il ne se souvient plus mais que, en tout cas, cette tâche de liquidation n'était pas mentionnée » (T. IV, p.319). À deux heures d'intervalle, on lui demande si « la plupart des chefs des *Einsatzgruppen* venaient du R.S.H.A. », il répond que « ils pouvaient venir d'un peu partout dans le Reich » (op. cit. p. 25) puis à la même question que « ils étaient fournis par la police d'État, la Kripo et, dans une moindre mesure la S.D. » (op. cit. p.332). Le pauvre, sur qui pesait une menace de condamnation à mort — il fut d'ailleurs pendu en 1951, malgré son évidente complaisance et après avoir été soumis à quels traitements ! — avait totalement perdu la tête et ne savait plus à quel saint se vouer pour échapper à son destin. À son procès, en 1948, quand on voulut produire contre lui ce qu'il avait déclaré à Nuremberg en 1945-1946, il dit que toutes ses déclarations antérieures lui ayant été arrachées par la pression étaient sans valeur. Alors ? Tout ce qui précède ne vise que les témoins, témoignages et documents anciens sur lesquels M. Raul Hilberg est directement branché. J'ai dit qu'à Rehovot (Israël) et Varsovie (Pologne) on était depuis une quinzaine d'années axé sur la recherche de documents nouveaux pour consolider les anciens et ne pas laisser s'éteindre la vague de haine dirigée contre l'Allemagne et qui fait le jeu du bolchevisme. Le plus célèbre de tous les témoignages qui aient pris place sur les rayons des bibliothèques de ces deux centres est sûrement *Le Journal d'Anne Frank* (Paris, en traduction de l'allemand 1958, chez Calmann Levy). Ce document n'a pas retenu l'attention de M. Raul Hilberg. Il se pourrait qu'un jour, il fût amené à en traiter. Loin de moi l'idée de prétendre que ce document est un faux : il y a du côté de Hambourg un instituteur qui l'a prétendu et qui a été lourdement condamné. Très peu pour moi. Aussi bien, je dois avouer que cette question ne m'a pas tellement préoccupé bien que je l'aie suivie d'assez près et que, outre les commentaires dont il a été l'objet, ce qui m'a surtout frappé, c'est que, si on lit les éditions en différentes langues, on n'y trouve pas les mêmes choses et que, si on compare ces éditions avec un autre livre, *Spur eines Kindes* de l'Allemand Ernst Schnabel (1959) l'écriture attribuée à Anne Frank diffère de l'un à l'autre. Voici donc deux spécimens de l'écriture de Anne Frank : l'un (fig. 2) est, prétend son père, la dernière page du manuscrit, l'autre (fig. 1) dit *Life* d'après Schnabel, est sa photocopie dédicacée par elle :

Qu'on m'entende bien : je ne dis pas que le *Journal d'Anne Frank* est un faux. Pas d'histoires ! Je demande seulement qu'on me dise que ces deux écritures sont de la même personne car je ne suis pas un expert en graphologie. Après quoi je conclurai sur l'authenticité du document.

Si M. Raul Hilberg veut se pencher sur ce problème…

Et maintenant, du général au particulier : parlons un peu de feu MM. Rudolf Hoess, Kurt Gerstein et Miklos Nyiszli, à des degrés divers, témoins de choc de M. Raul Hilberg.

II - LE TÉMOIN RUDOLF HOESS

(*Der Lagerkommandant von Auschwitz spricht*)

Né à Baden-Baden le 15 novembre 1900, Rudolf Hoess fut un combattant de la première guerre mondiale. Membre de la N.S.D.A.P. à partir de 1922. En mai 1923, avec deux complices, il tua Walter Kadow qui avait livré aux troupes françaises d'occupation dans la Ruhr, Al. Schlageter, organisateur de sabotages dans ce secteur d'occupation. Condamné à dix ans de prison, il en purgea six puis fut amnistié.

Membre des S.S. à partir de 1934. Chef de Block (*Blockführer*) à Dachau à fin 1934, puis administrateur des biens des détenus. Adjoint au commandant du camp de Sachsenhausen. Commandant du camp d'Auschwitz de mai 1940 (le camp ne fut prêt à recevoir des prisonniers que le 14 juin) à fin novembre 1943. Arrêté une première fois à Heide (Schleswig-Holstein) en mai 1945 par les Anglais, relâché presque aussitôt, il est arrêté à nouveau en mai 1946 à Flensburg (Schleswig-Holstein), interrogé à « la cravache et à l'alcool », dit-il dans son livre (p. 211 édition française), emmené au bout de quelques jours « à Minden sur la Weser, centre des interrogatoires de la zone anglaise » où il subit « un traitement plus brutal de la part du procureur militaire, un commandant anglais » (ibid.). Arrivé à Nuremberg au début d'avril comme témoin à décharge de Kaltenbrünner. Réclamé comme criminel de guerre par la Pologne, il est transféré le 25 mai et, le 30 juillet, il est incarcéré à la prison de Krakau. Entre temps, il a déposé à Nuremberg le 15 mai, sous menace d'être livré aux Soviétiques dont il sait le sort qu'ils lui réservent et il est naturel qu'il dise ce qu'il croit être de nature à décider les Américains à ne pas le livrer à eux.

Le professeur Gustave Gilbert, psychologue attaché au procès est là qui, entretenant cet espoir, lui suggère adroitement ce qu'il faut dire. Il ne se plaint pas du traitement dont il est l'objet, au contraire : « une cure en sana », écrit-il (p. 211) auprès de ce qu'il a dû supporter à Heide et à Minden. À Cracovie, changement de décor : bien pire encore qu'à Heide et à Minden et a sans l'intervention du procureur on m'aurait effectivement achevé physiquement », dit-il (p. 214). Son procès est instruit du 11 au 29 mars 1947. Condamné à mort le 2 avril par la Cour suprême de Varsovie. Pendu le 4 à Auschwitz.

Dans sa prison, attendant son procès, il écrit ses *Mémoires :* on lui a prêté non pas une plume et de l'encre mais « un crayon ». Pour ceux qui les exploitent, l'avantage est que les fac-similés qu'on en peut produire — et sûrement l'original aussi — sont, en grande partie, à peu près illisibles : de ce fait, l'authentification ne peut relever que de spécialistes éprouvés du genre de ceux qui travaillent sur les palimpsestes égyptiens et l'original n'a, jusqu'ici, été soumis à aucun, si je suis bien informé. Cet original se trouve au musée d'Auschwitz, le *Comité international* de ce camp en a la garde et le monopole d'exploitation : essayez d'aller contrôler sur place ! À ma connaissance, une partie en a été publiée en langue allemande sous le titre *Autobiographie* (1951) mais elle ne semble pas avoir fait l'objet de traductions en d'autres langues, sauf en polonais — à ma connaissance toujours — et seules quelques bribes citées par quelques auteurs plus chanceux que moi (notamment M. Michel Borewicz, *Revue d'histoire de la seconde guerre mondiale*, octobre 1956, pp. 56-87) sont parvenues jusqu'à moi. Une autre partie a été publiée sous le titre *Le Commandant d'Auschwitz parle...* (1959) en français, anglais, allemand et polonais. Il paraît que tout n'a pas encore été publié et qu'actuellement, des spécialistes étudient et mettent au point ce qui reste : au « crayon » aussi sans doute et il y a encore de beaux jours pour les historiens. Bref, avec la déposition de l'auteur à Nuremberg, sur les mêmes événements, nous disposons de trois textes de la même personne : que disent ces textes ?

Le jugement de la Cour Suprême de Varsovie qui a condamné Hoess à la peine de mort et qui sert d'introduction à *Le Commandant d'Auschwitz parle...* (pp. 9 à 13 de l'édition française) retient contre lui la participation à l'assassinat de :

« environ 300 000 personnes enfermées dans le camp en qualité de prisonniers inscrits sur le registre du camp. »
« un nombre de personnes dont il est difficile d'établir le chiffre exact mais s'élevant au moins à 2 500 000 dont principalement des juifs

amenés au camp par fourgons en provenance de différents pays d'Europe en vue d'une extermination directe et ne figurant pas sur le registre du camp pour cette raison. »

« au moins 12 000 prisonniers de guerre soviétiques enfermés dans le camp de concentration, contrairement aux prescriptions du droit des nations sur le régime des prisonniers. »

En tout donc 2 812 000 personnes pour la période qui va de mai 1940 à fin novembre 1943. Tenant ce chiffre pour exact et y ajoutant ceux qui ont été exterminés de fin novembre 1943 à janvier 1945, les témoins de Nuremberg ont parlé de 4 500 000 et, à la date du 1er octobre 1956, M. Henri Michel, ancien déporté français, rédacteur en chef de la Revue d'histoire de la seconde guerre mondiale, évalue le nombre total des morts à Auschwitz à 4 000 000 dans la forme suivante :

« Ce camp fut la plus internationale et la plus occidentale des usines de mort et sa terre s'est engraissée des cendres de quatre millions de cadavres. » (p.3).

Interrogé à Nuremberg le 15 avril 1946, à la question qui lui est posée par le Dr Kaufmann, avocat de Kaltenbrünner : « Eichmann vous a-t-il dit qu'au camp d'Auschwitz, plus de 2 000 000 de juifs ont été anéantis ? » Hoess répond : « Oui, c'est exact » (T. XI, p. 409). Dans les coulisses du procès, interrogé par le psychologue américain Gustave Gilbert (de Long Island) attaché au Tribunal, il lui aurait dit : « Deux trains amenaient chaque jour 3 000 personnes et cela pendant 27 mois (donc pendant la totalité de la durée de la déportation, de mars 1942 à juillet 1944). On arrive ainsi au total de près de 2 500 000 personnes. » (Déclaration du professeur devant le tribunal de Jérusalem chargé de juger Eichmann, le 30 mai 1961.)

Mais, quand il s'agit de donner les détails de ces 2 500 000 personnes, dans *Le Commandant d'Auschwitz parle*, il écrit (p. 239 de l'édition française), ai-je déjà dit dans *Le véritable procès Eichmann ou les vainqueurs incorrigibles* :

« Moi, pour ma part, je n'ai jamais connu ce total et ne dispose pas de point de repère pour l'établir. »

Et il poursuit :

« Je me souviens uniquement du chiffre des actions les plus importantes qui m'ont souvent été indiquées par Eichmann ou ses délégués :

« De Haute-Silésie ou du gouvernement général de Pologne	250 000
D'Allemagne ou de Theresienstadt	100 000
De Hollande	95 000
De Belgique	20 000
De France	110 000[6]
De Grèce	65 000
De Hongrie	400 000
De Slovaquie	<u>90 000</u>
Total	**1 130 000**

Les chiffres concernant les actions de moindre importance ne sont pas restés gravés dans ma mémoire, mais ils étaient insignifiants en comparaison de ceux indiqués ci-dessus.

Je considère le chiffre de deux millions et demi comme beaucoup trop élevé. »

Ces chiffres concernent, eux aussi, toute la durée de la déportation et Hoess le tient d'Eichmann : décidément, il en a dit, des choses, Eichmann et, par la confrontation de la déposition de Hoess à Nuremberg avec son livre, on voit que ces choses ne concordent pas toujours.

Mon opinion : Auschwitz n'a reçu qu'un nombre insignifiant de

---

[6] L'attendu numéro 100 du jugement de Jérusalem (Procès Eichmann) ne fait état que de 52 000 à la date du 21 juillet 1943, aucune déportation postérieure à cette date n'y étant notée.

déportés juifs venant d'autres pays que ceux qui figurent sur cette liste, ou de ces pays en dehors de ces actions. Il se pourrait que ce total correspondît à la réalité bien qu'il soit encore très élevé. Vraisemblablement, l'*Institute of Jewish Affairs* l'a admis dans *Eichmann's confederates and the Third Reich Hierarchy* cité par ailleurs et ce doit être à partir de lui qu'il a fait ses calculs pour arriver à cette conclusion (p. 18) que « *Auschwitz (with its daughter camps, best known among them Birkenau) to the south not far front Cracow, where about 900 000 jews perished.* » Probablement, M. Raul Hilberg s'y est-il, lui aussi, référé pour évaluer (p. 572) à un million, le nombre de juifs qui y sont morts. Sur quoi se fondent ces deux estimations qui concluent, l'une à 230 000 survivants, l'autre à 130 000 ? Ni dans *Eichmann's Confederates and the Third Reich Hierarchy*, ni dans *The Destruction of the European Jews*, on ne trouve le moindre élément d'appréciation. Elles restent donc purement conjecturales. Et, dans le cas de M. Raul Hilberg, c'est assez ennuyeux puisque (p.670) il ne trouve que 50 000 survivants pour toute la Pologne, ce qui est pour le moins étonnant s'il y en avait 130 000 pour Auschwitz...

Mais, n'anticipons pas : il s'agit ici du témoin Hoess, non de statistique générale. Et, sur ces deux trains qui, pendant 27 mois ont amené chaque jour 3 000 personnes à Auschwitz, le témoin Hoess ne paraît pas non plus très fixé. À leur sujet, voici trois propositions sur lesquelles j'invite le lecteur à méditer quelques instants :

1. « Pour autant que je me souvienne, les convois qui arrivaient à Auschwitz ne comportaient jamais plus de 1.000 « personnes » » (p.229 de son livre).

2. « À la suite de retards dans les communications, il nous arrivait cinq convois par jour au lieu des trois attendus » » (p.236).

3. « Pour l'extermination des juifs hongrois, les arrivées des convois se succédaient à raison de 15 000 personnes par « jour » » (p.239).

D'où il appert que, dans certaines circonstances : 1 000 x 5 = 15 000. Devant le Tribunal, le 15 avril 1946, Hoess avait déclaré que ces trains contenaient 2 000 personnes (T. XI, p. 412). Au Professeur Gustave

Gilbert, il dit qu'ils en contenaient 1 500[7] et, dans son livre, il descend à 1 000. Ce qui est certain, c'est que, pour la période donnée, aucune de ces estimations sur la contenance des trains ne correspond à un total de 1 130 000. La dernière qui est la plus proche de la vérité, ne donne encore qu'une approximation faisant apparaître un écart de 300 000 en exagération. Et, comme M. Raul Hilberg considère six « *killing centers* » s'il exagère de 300 000 pour chacun, l'exagération d'ensemble est de l'ordre de près de deux millions. Sur six millions, c'est tout de même important.

Même observation pour les chambres à gaz, quant à la solidité de ce témoignage :

« Au cœur du printemps de 1942, des centaines d'êtres humains ont trouvé la mort dans les chambres à gaz », lit-on p. 178.

Mais, le document de Nuremberg N.O. 4401 établit irréfutablement que ce que les thèses officielles ont décrété « chambres à gaz » n'ont été commandées, pour Auschwitz que le 8 août 1942 et le document N.O. 4463 qu'elles n'ont été définitivement installées que le 20 février 1943. À Nuremberg, Hoess avait déjà déclaré dans sa déposition : « En 1942, Himmler est venu visiter le camp et il a assisté à une exécution depuis le début jusqu'à la fin. » (T. XI, p. 413) et personne ne lui avait fait remarquer que, s'il était possible que Himmler soit venu à Auschwitz en 1942, il n'était pas possible qu'il ait assisté à une exécution puisque les chambres à gaz n'étaient pas construites. De toutes façons d'ailleurs, il était impossible que Himmler eût assisté à une exécution : depuis 1946, nous avons appris par son médecin Kersten que c'était un spectacle qu'il n'eût pu supporter.

Même observation encore pour la capacité d'extermination des chambres à gaz et d'incinération des fours crématoires

« Le chiffre maximum de gazés et d'incinérés par 24 heures s'est élevé un peu au-delà de 9 000 pour toutes les installations (p.236).

---

[7] 3 000 pour deux trains.

Mais :

« Comme je l'ai déjà dit, les crématoires-I et II pouvaient incinérer environ 2 000 CORPS en 24 heures : il n'était pas possible de faire plus si on voulait éviter les dégâts. Les installations III et IV devaient incinérer 1 500 CADAVRES en 24 heures. Mais, pour autant que je sache, ces chiffres n'ont jamais été atteints. » (p.245).

Comment ne pas déduire de ces contradictions flagrantes qu'il s'agit là d'un document falsifié après coup, hâtivement et par des illettrés ?

Cette falsification après coup se devinait d'ailleurs déjà rien qu'à la présentation du livre : écrit au crayon et précieusement conservé dans les archives du musée d'Auschwitz, où à moins d'être un communiste reconnu, personne ne peut aller contrôler ; portant la date de février-mars 1947, connu depuis cette date et publié seulement en 1958 ; attribué à un mort qui, de toutes façons, ne peut pas protester contre les déclarations qui portent sa signature, etc. tout cela en dit, à soi seul, trop long.

Enfin, une perle :

« Vers la fin de 1942, toutes les fosses communes furent nettoyées (les fours crématoires n'étaient pas construits et on incinérait dans des fosses communes). Le nombre des cadavres qui y avaient été enterrés s'élevait à 107 000. Dans ce chiffre, précise plus loin Rudolph Hoess, sont compris non seulement les convois de juifs gazés depuis le début jusqu'au moment où on procéda aux incinérations, mais aussi les cadavres de tous les détenus morts au camp d'Auschwitz-Birkenau » (p.231).

De quoi l'on peut inférer qu'en près de trois années, il était mort 107 000 personnes. Je dis « près de trois années » parce que les deux termes « vers la fin de 1942 » et « jusqu'au moment où l'on procéda aux incinérations » sont antinomiques puisque les incinérations n'ont pu commencer, selon les thèses officielles, avant le 20 février 1943 et que donc, pour que les deux événements soient concomitants, ce qui s'impose, il faut absolument qu'ils se soient tous deux produits à cette dernière date. Comme le camp était ouvert depuis le 14 juin 1940, c'est donc bien de presque trois années qu'il faut parler. D'où : 107 000 cadavres avant février 1943, tout le reste postérieurement. Compte tenu que, de février 1943 à octobre 1944, fin officielle des exterminations, il y a 17 mois et que, nous dit le Rapport Kasztner, pendant 8 à 9 mois (automne 43 à mai 44) les chambres à gaz d'Auschwitz ont été hors d'état de fonctionner, il reste à établir combien il a été possible d'exterminer de personnes en plus de ces 107 000, de février 43 à octobre 44, le camp étant équipé de quatre fours crématoires de chacun 15 cornues. Je serais fort étonné si, interrogé sur ces données, un technicien de la crémation répondait qu'il a été possible de crémer le million de cadavres de M. Raul Hilberg ou même les 900 000 de l'*Institute of Jewish Affairs*. Encore convient-il de rappeler qu'Eichmann situait au 15 mai 1944 l'ordre donné par Himmler d'arrêter les exterminations et que, dans ce cas, la période durant laquelle elles ont eu lieu — si elles ont eu lieu — n'excéderait pas 5 à 6 mois (mars automne 43).

Ici, c'est le crédit qu'on peut accorder aux différentes déclarations de Hoess qui est en cause et, d'après ce qui précède, on conviendra, je suppose, que ce crédit doit être très limité. Ce qui suit n'est, malheureusement pour M. Hilberg, pas beaucoup plus convaincant. Témoin ce qu'il dit de l'évolution de la solution finale vers l'extermination.

D'après une citation de l'*Autobiographie* de Hoess, visitant le camp d'Auschwitz en mars 1941, Himmler lui fit part de son intention de transformer ce camp en une puissance centrale d'armements qui occuperait 100 000 prisonniers de guerre.

À cette date donc, Auschwitz n'était pas prévu pour l'extermination des juifs et voilà qui anéantit la thèse de M. Raul Hilberg selon laquelle depuis le discours de Hitler du 30.1.39, cette extermination était décidée selon un plan progressif méthodiquement établi.

Et voici la suite :

La première utilisation du gaz pour tuer des détenus a été perpétrée sans ordre aucun, avec un gaz de fortune et alors que parmi les responsables du camp, du haut en bas de l'échelle hiérarchique, personne ne s'y attendait :

« Pendant l'un de mes voyages d'affaires (1942) mon suppléant, le Schutzhaftlager Fritzsch fit usage des gaz contre un lot de fonctionnaires politiques de l'armée rouge. Il employa en l'occurrence la préparation de cyanure (cyclon B) qu'il avait sous la main parce qu'on l'utilisait constamment et au bureau comme insecticide. Il m'en informa dès mon retour » (p. 172).

Ainsi, sur l'initiative fortuite d'un subalterne, serait née une méthode qui aurait été utilisée en grand contre les juifs.

À plusieurs reprises, dans le corps de l'ouvrage, Rudolf Hoess dit (ou on lui fait dire) que les plus hautes instances gouvernementales du IIIe Reich et particulièrement Himmler, lui ont verbalement réitéré les ordres d'exterminer les juifs par les gaz, mais : « On n'a jamais pu obtenir sur ce sujet une décision claire et nette de Himmler » (p. 233). Et, alors qu'il était, lui, Hoess, pour la gazéification en grand : « J'ai souvent traité de cette question dans les rapports mais je ne pouvais rien contre la pression de Himmler qui voulait toujours avoir plus de détenus pour l'armement » (p.189) et donc s'y opposait.

De toutes façons, on ne voit pas bien comment Himmler aurait pu avoir « toujours plus de détenus pour l'armement » s'il en faisait exterminer toujours de plus en plus par les gaz.

Il faut au surplus noter que, Himmler ayant verbalement demandé à Hoess de construire des chambres à gaz à Auschwitz (en été 1941), Hoess lui « soumit un plan détaillé des installations projetées » à propos duquel il déclara : « je n'ai jamais reçu de réponse ou de décision à ce sujet » (page 227). Les chambres à gaz ont cependant été construites parce que, dit Hoess, « par la suite, Eichmann me dit en passant — donc verbalement : tout est verbal dans cette affaire — que le Reichsführer était d'accord » (p. 227).

Himmler n'aurait alors jamais donné l'ordre de construire ces chambres à gaz — l'aveu est de taille ! — dont il aurait réclamé qu'elles anéantissent à la fois beaucoup et le moins possible de monde.

À la page 191, on peut encore lire :

« Les détenus spéciaux (c'est-à-dire les juifs) soumis à sa compétence (de Himmler) devaient être traités avec tous les égards... On ne pouvait pas se passer de cette main-d'œuvre massive et, en particulier, dans les industries d'armements. »

Allez vous y reconnaître !

Les choses ne deviennent pas plus claires si on se penche sur la façon d'exterminer. On a vu plus haut que le gaz employé était un insecticide, le cyclon B, qui fut utilisé, nous dit Hoess, dans toutes les asphyxies postérieures à celles des fonctionnaires de l'Armée rouge dont il est question ci-dessus : il est pour le moins bizarre que, pour l'exécution d'un tel ordre, même verbalement donné, on n'ait pas prévu un gaz spécial autre qu'un insecticide.

Quoiqu'il en soit, voici ce qu'est le cyclon B :

« Le cyclon B se présente sous la forme de cailloux bleus, livrés en boîte, d'où le gaz se dégage sous les jets de vapeur d'eau » (p. 228). Alors que, on le verra plus loin, le Dr Miklos Nyiszli prétend que c'est au contact de l'air que le gaz se dégage. Son maniement est si dangereux que, lorsqu'on l'utilise dans une pièce, avant d'y pénétrer à nouveau, « IL FAUT L'AÉRER PENDANT DEUX JOURS » (p. 229) mais la gazéification des juifs « dure en moyenne une demi-heure » (p. 174), après quoi « on ouvre les portes et le *Sonderkommando* commence AUSSITÔT son travail de déblaiement des cadavres » (p. 230) ... « traînant les cadavres en mangeant et en fumant » (p. 180) sans qu'il n'arrive jamais le moindre accident. Mieux : pour la première extermination, on la fit dans une morgue et, pour y faire pénétrer le gaz, « tandis qu'on déchargeait les camions (de futures victimes) on perça rapidement plusieurs trous dans les parois de pierre et de béton de la morgue » (page 172).

Il n'est pas dit comment en fit arriver la vapeur d'eau nécessaire, ni comment on reboucha les trous après introduction des cailloux bleus : hâtivement aussi, sans doute, et avec de vieux chiffons...

Non, vraiment, tout cela n'est pas sérieux : « le roman chez la portière » et c'est ce roman qu'on nous présente comme un document probant.

J'ajouterais bien qu'en plus des contradictions qu'on relève d'une page à l'autre dans *Le Commandant d'Auschwitz parle...* et de celles que fait apparaître sa comparaison avec ce que son auteur a dit à Nuremberg, le témoignage qu'il apporte sur le camp d'Auschwitz-Birkenau est rédigé dans un style qui le fait étrangement ressembler aux confessions publiques des accusés des célèbres procès de Moscou que personne n'a pris au sérieux en Europe occidentale.

Mais à quoi bon ?

Là-dessus, en publiant son célèbre livre *Le Zéro et l'Infini*, Arthur Koestler — qu'on me passe la référence ! — a tout dit.

III - LE TÉMOIN MIKLOS NYIZLI

(Médecin à Auschwitz)

En mars 1951, dans *Les Temps Modernes*, revue mensuelle dirigée par Jean- Paul Sartre, un certain Tibère Krémer présentait sous le titre *S.S. Obersturmführer Docteur Mengele* et le sous-titre *Journal d'un médecin déporté au crématorium d'Auschwitz*, un faux témoignage sur ce camp qui restera une des plus abominables gredineries de tous les temps. L'auteur en était, disait-il, un juif hongrois du nom de Miklos Nyiszli, médecin de profession, ainsi qu'il est dit dans le sous-titre. Suivaient 27 pages (1655-1672) d'extraits choisis. Le numéro d'avril de la revue en publiait trente et une autres pages (1855-1886). Ce faux témoignage venait d'être présenté à l'opinion américaine par M. Richard Seaver avec une préface du Professeur Brune Bettelheim. Ce n'est qu'en 1961 qu'il a été publié intégralement, en langue allemande, par l'illustré munichois *Quick* en cinq livraisons (janvier-février) sous le titre Auschwitz et en langue française en un volume de 256 pages par l'éditeur Julliard sous le titre *Médecin à Auschwitz* et le sous-titre *Souvenirs d'un médecin déporté*.

En 1951, il fit sensation en France : on était en plein procès du *Mensonge d'Ulysse* et je n'en parus que d'âme plus noire aux yeux de l'opinion. En 1961, il fit de nouveau sensation, mais, dans le monde cette fois : on était en plein procès Eichmann.

C'est qu'il en disait des choses, ce Dr Miklos Nyiszli ! Et, en outre, il apportait le premier récit détaillé d'à peu près toutes les horreurs dont le camp d'Auschwitz avait été le théâtre, notamment des exterminations dans les chambres à gaz. Entre autres choses, il prétendait que, dans ce camp, quatre chambres à gaz de 200 m de long (sans préciser la largeur) doublées de quatre autres de mêmes dimensions pour la préparation des victimes au sacrifice, asphyxiaient 20 000 personnes par jour et que quatre fours crématoires, chacun de 15 cornues à 3 places les incinéraient au fur et à mesure. Il ajoutait que, par ailleurs, 5 000 autres personnes étaient, chaque jour, aussi, supprimées par des moyens moins modernes et brûlées dans deux immenses foyers de plein vent. Il ajoutait encore que, pendant six mois, il avait personnellement assisté à ces massacres systématiques.

Enfin (ceci se trouve p. 50 de l'édition en volume par Julliard) il précisait qu'au moment où il était arrivé au camp (fin mai 1944 au plus tôt) les exterminations par les gaz au rythme ci-dessus défini, duraient depuis quatre ans.

Première constatation : ce bonhomme ne savait pas que s'il y avait eu des chambres à gaz à Auschwitz, elles n'ont été définitivement installées et en état de fonctionner que le 20 février 1943 (Document N.O. 4463, déjà cité).

Seconde constatation : il ne savait pas non plus que les chambres à gaz avaient officiellement et respectivement 210 m^2 de superficie pour la première (celle, justement, dont il parle) 400 m^2 pour la seconde et 580 m^2 pour les deux dernières. Autrement dit, la chambre à gaz qu'il a vue et dont il décrit minutieusement le fonctionnement avait 1,05 m. de large. Un long couloir, en somme. Comme il précise qu'au milieu il y avait une file de colonnes à trous d'où le gaz s'échappait (ces colonnes débouchaient sur le toit, d'où, par une ouverture, des infirmiers portant brassard de la Croix-Rouge, jetaient les tablettes de Zyklon B) et, de chaque côté le long des murs, des bancs où l'on pouvait s'asseoir (sûrement pas larges, ces bancs !) et que 3 000 personnes (on procédait par fournées de 3 000 !) y circulaient aisément. Je prétends que, de deux choses l'une : ou bien ce Dr Miklos Nyiszli n'a jamais existé, ou bien s'il a existé, il n'a jamais mis les pieds dans les lieux qu'il décrit.

Troisième constatation : si les chambres à gaz d'Auschwitz et le foyer de plein vent ont exterminé 25 000 personnes par jour pendant quatre ans et demi (puisqu'elles ont, selon ce « témoin » continué d'exterminer pendant six mois après son arrivée au camp) cela fait un total de

$$365 \times 4{,}5 = 1\ 642 \text{ jours.}$$

Et, en cadavres :

$$25\ 000 \times 1\ 642 = 41 \text{ millions de personnes}$$

dont un peu plus de 32 millions dans les chambres à gaz et un peu moins de 9 millions dans les foyers de plein vent.

J'ajoute que, s'il avait été possible aux quatre chambres à gaz d'asphyxier 20 000 personnes par jour (à 3 000 par fournée dit le témoin), il ne l'eût absolument pas été que les quatre fours crématoires aient pu les incinérer au fur et à mesure. Même s'ils étaient à quinze cornues de trois places. Et même si l'opération ne nécessitait que 20 minutes, comme le prétend le Dr Nyiszli Miklos, ce qui est encore faux.

En prenant ces chiffres comme base, la capacité d'absorption de tous les fours fonctionnant parallèlement, n'eût malgré tout été que de 540 à l'heure, soit 12 960 par jour de 24 heures. Et, à ce rythme, il n'eût été possible de les éteindre que quelques années après la Libération. À condition, bien entendu, de ne pas perdre une minute pendant près de dix ans. Si maintenant on se renseigne au Père-Lachaise, sur la durée d'une incinération de trois cadavres dans une cornue, on s'apercevra que les fours d'Auschwitz brûlent encore et qu'on n'est pas près de les éteindre !

Je passe sur les deux foyers de plein vent (qui avaient, dit notre auteur, 50 mètres de long, 6 de large et 3 de profondeur) au moyen desquels on aurait réussi à brûler neuf millions de cadavres pendant les quatre ans et demi.

Il y a d'ailleurs une autre impossibilité au moins en ce qui concerne l'extermination par les gaz puisque, s'il y eut des chambres à gaz à Auschwitz, elles n'ont, officiellement, pu fonctionner que du 20 février 1943 au 17 novembre 1944, soit pendant 17 à 18 mois. Le nombre des exterminations par ce moyen se trouverait, sur les données du Dr Miklos Nyiszli, ramené à environ 11 millions et, si on y ajoute les neuf millions des foyers de plein vent, à une vingtaine de millions qui, par on ne sait quelle vertu des mathématiques, sont ramenés à six millions par Tibère Krémer dans sa présentation de ce « témoignage ». Consternant. Surtout si, comme le prétend le Dr. Kasztner, pendant huit à neuf de ces dix-sept à dix-huit mois, elles ont été hors d'état de fonctionner.

Mais, ce n'est pas tout : en contradiction avec tous ceux qui ont témoigné avant ou après lui sur Auschwitz, ce Dr Miklos Nyiszli ne l'est pas moins avec lui-même. Avec les autres, c'est lui qui nous dit (p.

56) que le gaz se dégage de tablettes de Zyklon B « au contact de l'air », Hoess nous ayant dit que c'était « au contact de la vapeur d'eau » ; c'est lui qui nous dit (p. 56) que, « en cinq minutes », tout le monde est mort, le Zyklon B de Hoess ayant besoin « d'une demi-heure » ; c'est encore lui qui nous dit (p. 36) que les juifs hongrois ont été transportés à Auschwitz au rythme de « quatre ou cinq trains par jour », de quarante wagons, contenant chacun quatre-vingt-dix personnes (p. 15) soit 3 600 au total mais « environ cinq mille personnes » (p. 18)...

Cette dernière affirmation ne peut manquer de surprendre si on sait que la déportation des juifs hongrois a duré 52 jours (16 mai-7 juillet 1944) d'après le *Rapport Kasztner* et « *Histoire de Joël Brand* » d'accord sur ce point, Hoess ayant dit à Nuremberg une période de quatre à six semaines (T. XI, p. 412).

Calculons sur les quatre hypothèses possibles

— 1e hypothèse : 4 trains de 3 600 personnes 14 400 personnes par jour. Et, pendant 52 jours : 748 800 personnes.

— 2e hypothèse : 4 trains de 5 000 personnes = 20 000 personnes par jour. Et, pendant 52 jours : 1 040 000 personnes.

— 3e hypothèse : 5 trains de 3 600 personnes = 18 000 personnes par jour. Et, pendant 52 jours : 936 000 personnes.

— 4e hypothèse : 5 trains de 5 000 personnes = 25 000 personnes par jour. Et, pendant 52 jours : 1 300 000 personnes.

Or, dans les statistiques d'origine juive elles-mêmes, celle qui retient pour les juifs hongrois, le chiffre le plus élevé, dit : 437 000 personnes. Je laisse au lecteur le soin de conclure sur les données chiffrées de ce singulier témoin. J'ajoute que le Rapport Kasztner nous dit que, le 19 mars 1944, Eichmann est arrivé à Budapest avec un commando de 150 hommes et que 1 000 wagons étaient à sa disposition pour effectuer l'opération de transport des juifs. Si, comme le dit le Dr Miklos Nyiszli, le voyage durait quatre jours — ce qui est vraisemblable : de Compiègne à Buchenwald il a fallu ce temps au convoi auquel j'appartenais — à partir du 6e jour, il n'y avait plus de wagons en gare de Budapest et l'opération était bloquée jusqu'au 9e. Ceci établi sans tenir compte du nombre de wagons nécessaires pour amener, de tous les points du territoire hongrois, tous les juifs à des points de rassemblement. Le jugement du Tribunal de Jérusalem qui a condamné Eichmann à mort a d'ailleurs anéanti complètement ce témoignage en déclarant (attendu 112) que, « en moins de deux mois, 434 351 personnes furent déportées dans 147 trains de marchandises à raison de 3 000 par train, hommes, femmes et enfants, soit 2 à 3 trains par jour en moyenne » et ainsi qu'on le verra plus loin, cette nouvelle version ne vaut pas mieux.

Les passages du témoignage du Dr Miklos Nyiszli où il se met en contradiction avec lui-même, ne se comptent pas : le crématoire étant en action, son nez et sa gorge sont saisis « par l'odeur de la chair qui brûle et des cheveux qui grillent » (p. 19) mais, « on tond les morts » (p. 60) après la sortie de la chambre à gaz et avant de les incinérer, puis, « des mains grossières ont coupé les tresses de leurs cheveux soignés » (p. 168) avant de les envoyer à la baignade et à la chambre à gaz ensuite. Et tout à l'avenant.

Mais, ce qui est le plus significatif, c'est ce qu'on découvre si on compare cette version française de ce prétendu témoignage avec sa version allemande parue dans l'illustré munichois *Quick* en livraisons à partir du 15 janvier 1961. Dans cette dernière version, les crématoires n'incinèrent plus, tous ensemble, que 10 000 personnes par jour au lieu de 20 000. Un tireur au pistolet qui fait mouche à 40-50 m en français n'y arrive plus que de 20 à 30 m en allemand. Un institut qui est « le plus célèbre du IIIe Reich » dans le premier cas est devenu « le plus célèbre du monde » dans le second. « De jolis tapis » deviennent « des tapis persans ». Le camp d'Auschwitz qui pouvait contenir « jusqu'à 500 000 personnes » n'est plus que « géant », la précision ayant sans doute disparu parce qu'entre 1951 et 1961, l'auteur — d'ailleurs mort depuis longtemps ainsi qu'on le verra plus loin — a découvert par personne interposée qu'à Nuremberg, Hoess avait déclaré « qu'il avait contenu jusqu'à 140 000 personnes » (T. XI, p. 416). Une distance de 3 km est réduite à 500 m, etc., etc.

De deux choses l'une : ou bien il s'agit d'un document authentique et il doit être le même en 1951 et en 1961, dans sa version française et dans sa version allemande, ou bien il s'agit d'un document apocryphe. Le fait que les deux versions ne concordent entre elles à peu près sur rien et ni l'une ni l'autre avec, par exemple, la description des lieux qui se déduit des documents produits à Nuremberg autorise, pour le moins, à prétendre que ce Miklos Nyiszli n'a jamais mis les pieds à Auschwitz. J'insiste : pour le moins. J'aurais dû m'en douter dès la première page de son témoignage : n'y dit-il pas du convoi dont il faisait partie que « laissant derrière nous le Tatra, nous passons devant les gares de Lublin et de Cracovie » (pour aller à Auschwitz de la frontière hungaro-roumaine) ce qui prouve, au surplus que, ne connaissant pas le camp d'Auschwitz et ne l'ayant jamais vu, il ne connaissait pas non plus la route qui y conduisait.

Et il s'est trouvé, à Paris, une maison d'édition pour mettre cette imbécillité en circulation dans l'opinion !

En avril 1951, lorsque les extraits de son témoignage furent publiés par *Les Temps Modernes*, je lui avais écrit. Le 24 octobre de la même année, il me répondait par l'intermédiaire de M. Tibère Krémer qu'en réalité, il y avait eu « 2 500 000 personnes exterminées dans les chambres à gaz d'Auschwitz »...

En février 1961, après en avoir lu le texte intégral dans *Quick*, j'ai voulu écrire à M. Tibère Krémer : la lettre m'est revenue avec la mention « n'habite plus à l'adresse indiquée ». J'ai écrit à *Quick* : on m'a répondu qu'on ne pouvait pas transmettre au Dr Nyiszli parce qu'il était mort (!)

En novembre 1961, après avoir lu le texte intégral dans sa version française, j'ai écrit à l'éditeur Julliard en le priant de bien vouloir transmettre les observations ci-dessus, au moins à M. Tibère Krémer dont il devait, lui, avoir l'adresse puisqu'il en tenait la traduction qu'il venait de publier. J'ajoutais :

« Les documents historiques ont droit au respect et on n'en doit pas publier à la légère des versions qu'on ne peut garantir. En l'occurrence, depuis dix ans, mes travaux l'impliquant, je recherche l'original de celui-ci et jamais personne n'a pu me dire où on le pouvait consulter. Les historiens les « plus qualifiés du monde en ignorent tout. Les versions qui en a sont rendues publiques sont divergentes et se contredisent d'une page à l'autre. L'auteur parle de lieux qu'il n'a visiblement jamais visités, etc. Si donc il vous était possible de me donner assez de certitudes pour me permettre d'écrire la mention « document authentique » sur la fiche du Docteur Nyiszli dans les références de mes travaux, je vous en serais particulièrement reconnaissant. »

Le 8 décembre, au nom de l'éditeur Julliard dont il est un des directeurs littéraires, M. Pierre Javet me répondait :

« Je vous remercie bien vivement de m'avoir fait parvenir la copie dactylographiée de votre lettre du 16 novembre.

Je la transmets aujourd'hui même à M. Tibère Krémer, traducteur du Docteur Miklos Nyiszli « Médecin à Auschwitz » afin qu'il vous réponde.

Je puis cependant vous dire qu'il est vrai que le Docteur Nyiszli est mort, mais sa femme est toujours de ce monde. J'ai d'ailleurs montré son livre à plusieurs déportés qui m'en ont confirmé l'authenticité.

Je vous prie de trouver ici, Monsieur, l'assurance de mes sentiments très distingués.

Signé Pierre JAVET. »

J'attends toujours la réponse de M. Tibère Krémer.

Il est vraisemblable que je ne la recevrai jamais. D'abord, ainsi qu'il a été dit, en date du 24 octobre 1951, M. Tibère Krémer m'a transmis une réponse du Dr Nyiszli à ma lettre d'avril 1951. Ensuite, les recherches auxquelles je continue à procéder relativement à ce singulier témoin m'ont valu, de New York où le livre a été publié en 1951 une information selon laquelle le Dr Nyiszli était mort bien avant que son témoignage ne fût publié pour la première fois.

Si c'était vrai, ce témoin mort — un de plus — aurait cette particularité qu'il m'aurait écrit lui-même après sa mort.

Et on comprendrait alors le silence de M. Tibère Krémer. Sans autre commentaire

IV - LE TÉMOIN KURT GERSTEIN

6 juin 1961. Le tribunal de Jérusalem qui jugea Eichmann se trouve en présence des témoignages qui l'accablent au sujet des exterminations de juifs qui sont réputées avoir été perpétrées au camp de Belzec. Les journalistes qui rendent compte des débats de l'audience s'expriment à peu près tous comme celui-ci qui est l'envoyé du *Figaro* (Paris) :

« Le troisième camp d'extermination dont il a été question (à l'audience du 6 juin au procès Eichmann), celui de Belzec, entre Lublin et Lemberg, n'a laissé qu'un seul survivant au lendemain de la guerre, lequel est mort depuis.
Le ministère public s'appuie sur une série de dépositions faites devant les officiers alliés par Kurt Gerstein, lieutenant du service de santé des Waffen S.S., qui se pendit ensuite dans une prison militaire de Paris. Gerstein avait été chargé par Eichmann d'étudier des poisons plus rapides. » (*Le Figaro* 7 juin 1961).

Et voici de nouveau en vedette le dénommé Kurt Gerstein qui le fut en janvier 1946 au procès de Nuremberg et qui, depuis le procès de Jérusalem, y a récemment été remis en Europe par une pièce de théâtre, *Der Stellvertreter* ou *Le Vicaire* (éditée par Rowohlt, Reinbck bei Hamburg -1963) d'un certain Rolf Hochhuth. C'est une histoire aussi macabrement fantasmagorique que celle du Dr Miklos Nyiszli.

Dans les tout premiers jours de mai 1945 (le 5, paraît-il), les troupes alliées (françaises) entrant dans Rottweil (Würtemberg) auraient trouvé et fait prisonnier dans un hôtel un certain Kurt Gerstein : il portait l'uniforme des S.S. à tête de mort et, sur l'uniforme, l'épaulette d'*Obersturmführer*. On l'achemina sur Paris où il fut interné, dans une prison militaire, disent les uns, au Cherche-Midi, disent d'autres, à Fresnes, précisent d'autres encore, où il se serait suicidé. Bref, on ne sait pas exactement où. Un matin de juillet, le 25 disent à peu près tous les commentateurs et notamment le Professeur H. Rothfels (*Vierteljahrshefte für Zeitgeschichte*, n° 2 avril 1953 p. 185) mais rien n'est moins certain : à la date du 10-3-1949, Madame Veuve Gerstein aurait communiqué qu'elle avait seulement reçu de la *Commission œcuménique pour l'aide spirituelle aux prisonniers de guerre*, dont le siège est à Genève, le lapidaire communiqué suivant sur le sort de son mari :

« Leider war es trotz mehrfacher Bemühungen nicht möglich, nähere Auskunft über den Tod Ihres Gatten zu erfahren, und auch die Lage des Grabes ist nicht festzustellen ».

Sur le moment, ni l'arrestation ni la mort de l'homme ne semblent avoir été rendues publiques. À ma connaissance, du moins. De toutes façons, c'est seulement le 30 janvier 1946, soit neuf mois après, qu'elles prirent, l'une et l'autre, un caractère sensationnel, par l'attention que leur portèrent soudain des gaffeurs de marque.

Le premier et le plus notoire de ces gaffeurs fut, sans conteste, M. Dubost, procureur français près le Tribunal de Nuremberg (Procès des grands criminels de guerre) : dans les archives de la délégation américaine, il avait découvert un certain nombre de factures de Cyclon B fourni aux camps de concentration d'Auschwitz et d'Oranienburg par la Degesch-Geseilschaft de Frankfurt/M. portant la date du 30 avril 1944, annexées à un récit en français signé Kurt Gerstein, *Obersturmführer* de la S.S. et relatif aux exterminations des juifs dans les chambres à gaz des camps de Belzec, Chelmno, Sobibor, Maïdanek et Treblinka (T. VI, pp. 345-47). Dans la suite, nous dit M. Rothfels (*Vierteljahreshefte für Zeitgeschichte*, op. cit. p. 177) ce document a été utilisé en langue allemande dans ses principaux passages comme moyen de preuve par l'accusation au procès des médecins à Nuremberg le 16-1-1947. Puis la partie qui concerne le Zyklon B et les factures annexées, au procès de la Degesch Gesellschaft à Frankfurt en janvier 1949.

La date que portait ce document a été rendue publique pour la première fois au Procès des Médecins : 26 avril 1945. Et, jusqu'à l'article de H. Rothfels ci-dessus cité, il n'a été question que d'une version française que, pour les besoins des poursuites judiciaires, on traduisit en allemand. Dans *Le Bréviaire de la Haine* (Paris 1961, pp. 220 et suivantes), M. Poliakov donne, toujours sans date, cette version française. En 1959, Heydecker et Leeb dans *Le Procès de Nuremberg* font de même. Dans *Der Gelbe Stern* (Hambourg 1961), M. Schoenberner donne la date du 4 mai 1945. Mais, en 1961, l'attendu 124 du jugement du Tribunal de Jérusalem qui a condamné Eichmann ne donne pas de date et, en plus, la version française qui s'y trouve ne ressemble en rien à celle qu'a publiée M. Poliakov en 1951. Ce qui est remarquable, c'est que c'est aussi grâce à M. Poliakov que nous connaissons cette seconde version (*Le Procès de Jérusalem*, Paris 1962, pp. 224 et suivantes) et qu'il nous la donne, apparemment sans se souvenir que nous lui devions la première.

Il fallut aussi attendre le procès des médecins le 16 janvier 1947, celui de la *Degesch Gesellschaft* en janvier 1949 et surtout l'article ci-dessus cité de H. Rothfels pour savoir comment ce document était arrivé dans les archives de la délégation américaine où le procureur Dubost l'avait trouvé (Kurt Gerstein avait été interrogé le jour même de son arrestation et les suivants par le major D.C. Evans et J.W. Haught) et que n'y étaient pas seulement annexées deux factures de la *Degesch Gesellschaft* mais douze échelonnées entre le 14 février et le 31 mai 1944. Par la même occasion aussi, on apprenait qu'à la version française comprenant six pages dactylographies terminées par une formule manuscrite certifiant l'authenticité du contenu suivie de la signature de l'auteur (*Vierteljahrshefte für Zeitgeschichte*, op. cit., p. 178) étaient jointes deux pages également manuscrites et signées mais en anglais portant la même date où il dit que pas plus de quatre à cinq personnes ont pu voir ce qu'il a vu et qu'il s'agissait de nazis, plus une page où il demandait qu'on ne rende pas publique sa déclaration avant de savoir si le pasteur Niemöller était mort à Dachau ou avait survécu, plus 24 pages dactylographiées en allemand avec une mention manuscrite, datée du 4 mai 1945 mais non signée (*Vierteljahreshefte für Zeitgeschichte*, op. cit., p.179). Il paraît, du moins H. Rothfels qui nous raconte tout cela le prétend, que cette version allemande en vingt-quatre pages et la version française, sont « en gros, en tous points identiques ». Comme il y a deux versions françaises différentes, celle publiée par M. Poliakov en 1951 et celle qui figure à l'attendu 124 du jugement de Jérusalem, on ne risque rien à lui demander laquelle des deux il prend comme terme de comparaison.

Pour en revenir à cette ou à ces deux versions françaises, en janvier 1946, les Américains ne s'étaient, eux, pas encore aperçus de l'importance de ce document en partie double — triple même, si on en croit H. Rothfels — et ils ne l'avaient pas jugé digne d'être produit comme preuve contre les accusés devant le Tribunal.

Heureusement, M. Dubost était là. Le 30 janvier 1946, il le sortit de sa serviette et le déposa sous la référence P.S. 1553-RF. 350.

Et voici ce qui arriva...

Mais d'abord, qui était Kurt Gerstein ?

À cette première question, la lecture des 42 volumes du compte rendu du procès de Nuremberg ne permet pas de répondre : pour des raisons que le lecteur ne tardera pas à comprendre, le Tribunal, en effet, n'a voulu entendre parler ni de Kurt Gerstein ni de son récit ; de la liasse de documents produits par M. Dubost, il n'a retenu que deux factures à la date du 30 avril 1944 de chacune 555 kg de Cyclon B, l'une pour Auschwitz, l'autre pour Oranienburg.

Le lendemain 31 janvier 1946, dans une forme telle que personne ne pouvait douter de sen authenticité et de son admission comme preuve par le Tribunal, les journaux du monde entier reproduisaient sans sourciller et chacun à sa manière, ce document dont la lecture avait été refusée à l'audience de la veille.

C'est de cette « offensive de presse » que date l'exploitation qu'ont faite de ce document depuis quinze ans — on gagne sa vie comme on peut ! — ces historiens éminents que sont M. Poliakov (*Le Bréviaire de la Haine*) et quelques autres comme les Allemands H. Krausnik (*Documentation sur l'extermination par les gaz*), J.-J. Heydecker et J. Leeb (*Le Procès de Nuremberg*), Gerhardt Schoenberner (*L'Étoile Jaune*), etc, etc. (On m'excusera, je n'ai lu que ceux-là et on ne peut pas tout lire, surtout dans ce genre de littérature !) qui ont fait leurs choux gras du procès Eichmann.

Après une année de publicité autour de ce dernier procès, on les a vus, en effet, tous les uns après les autres, remonter au premier plan de l'actualité comme la lie sur les fonds de tonneaux — difficilement, il est vrai, car nous ne sommes plus en 1946 et l'opinion est heureusement un peu plus difficile. Bref...

Autant que l'on puisse déduire des écrits de ces brillants historiens, Kurt Gerstein était un ingénieur-chimiste. En 1938, il eut maille à partir avec la Gestapo et fut interné au camp de concentration de Welzheim. Comment il réussit à en sortir, on ne le sait pas. Toujours est-il qu'en 1941, on le retrouve dans la S.S. (où il s'est engagé, dit-il, pour saboter de l'intérieur l'œuvre d'extermination !) et, en 1942, dans la Waffen-SS, avec le grade d'Obersturmführer, à la « section hygiène » (*Abt. der Entwesung und der Entseuchung*) du service sanitaire central (*Hauptamt des Sanitartsdienstes*). En cette qualité, il était chargé de recevoir les commandes de Cyclon B utilisé comme désinfectant par la Reichwehr depuis 1924, puis par la Wehrmacht, qui n'avaient pas la chance de connaître le D.D.T. Ces commandes, il les transmettait avec ordre de livrer à la *Degesch Gesellschaft* de Frankfurt/M. ou à sa filiale, la Testa de Hambourg. Tout naturellement, il recevait les factures...

Les faits qu'il raconte — qu'on trouve dans le récit qui lui est attribué, serait plus exact — se situent en 1942.

Le 8 juin de cette année-là donc, il reçut dans son bureau le S.S. Sturmführer Günther qui lui dit avoir un besoin urgent de 100 kg de Cyclon B pour les conduire dans un lieu que seul le chauffeur du camion devait connaître.

Quelques semaines après, le chauffeur du camion en question se présente accompagné de Günther : on charge les 100 kg de Cyclon B, on embarque Gerstein et on part pour Prague d'abord, pour Lublin ensuite où l'on arrive le 17 août. Le même jour, on rencontre le *Gruppenführer* (général) Globocnick chargé de l'extermination des juifs dans le Warthegau et qui n'a encore trouvé d'autre moyen de conduire sa tâche à bien que... le gaz d'échappement des moteurs Diesel (!!) qu'il fait arriver dans des chambres spécialement aménagées à cet effet.

Naturellement, le *Gruppenführer* qui a le sens de la logique, commence par raconter. Dans sa région, il existe trois installations pour exterminer les juifs au gaz Diesel : Belzec d'abord (sur la route de Lublin à Lwow) avec une capacité de 15 000 personnes par jour ; Sobibor (il ne sait pas exactement où ça se trouve !) avec une capacité de 20 000 personnes par jour ; Treblinka (à 120 km au N.-N.-E. de Varsovie, sans indication de capacité d'après M. Poliakov, mais MM. Heydecker et Leeb précisent : 20 000 personnes par jour, car ce singulier document ne parle pas le même langage aux uns et aux autres !) Une quatrième installation, Maïdanek, est en préparation, mais aucune indication n'est donnée par personne, ni sur sa situation, ni sur la capacité prévue. Pour être complet sur ce point, il faut dire que, dans *L'Étoile jaune* (édition allemande) de M. Gerhardt Schoenberner, cette partie du document n'est pas reproduite : sans doute s'agit-il encore d'une autre méthode historique. Citant cependant ces quatre localités, M. Gerhardt Schoenberner met sous la plume de Gerstein une capacité totale de 9 000 personnes par jour pour les quatre installations.

Du *Bréviaire de la Haine* de M. Poliakov et de la *Documentation sur l'extermination par les gaz* de M. Krausnick, on déduit encore que le Führer était à Lublin l'avant-veille 15 août (on ne recule apparemment devant rien dans les usines de fabrication de faux historiques !) avec Himmler et qu'ils ont donné l'ordre « d'accélérer toute l'action ». Mais cette partie du document n'est reproduite ni dans *L'Étoile Jaune* de Schoen berner, ni dans *Le Procès de Nuremberg* de MM. Heydecker et Leeb.

Enfin, Globocnick met — toujours d'après ces deux auteurs seulement — Kurt Gerstein au courant de sa mission : améliorer le service des chambres à gaz, notamment au moyen d'un gaz plus toxique et d'un usage moins compliqué.

Puis, on se quitte après avoir décidé d'aller sur place, à Belzec le lendemain. Et, après avoir dit ce qu'on lui a raconté, Gerstein raconte ce qu'il a vu...

En arrivant à Belzec le 18 août, M. Kurt Gerstein a commencé par visiter le camp sous la conduite d'une personne que Globocnick met à sa disposition. M. Poliakov n'a pas pu lire le nom de cette personne. Mais en s'appliquant un peu, il a cru déceler « Wirth » : plus heureux que lui, M. Schoenberner a pu lire clairement « SS. Hauptsturmführer Obermeyer de Pirmasens », le malheur étant seulement que, quand il parle du S.S. Wirth, qui est une autre personne que celle dont parle M. Poliakov, il lui colle le grade de « *Hauptmann* » qui... n'a jamais existé dans la S.S. !...

Quoiqu'il en soit, au cours de cette visite, il a vu les chambres à gaz opérant au gaz d'échappement de Diesel et il les a mesurées : 5 x 5 = 25 m^2 de superficie, 1,90 m de hauteur = 45 m^3, calcule-t-il. On ne dira rien pour les 2,5 m^3 d'erreur. MM. Krausnick, Heydecker, Leeb et Schoenberner n'ont d'ailleurs rien dit non plus. Plus soucieux de la vraisemblance, M. Poliakov a corrigé le document (comme on a l'honneur de vous le dire !) : 93 m^2 de superficie, a-t-il évalué (*Bréviaire de la Haine*, p. 223, deuxième édition — je n'ai pas lu la première !) sans autres indications et c'était plus prudent. Mais dans le Procès de Jérusalem (Paris 1962) le Tribunal ayant admis comme preuve la version qui donne 25 m^2, M. Poliakov qui n'est pas contrariant à ce point, l'admet aussi.

Comme il a eu raison de corriger le document ! Dans la suite, Kurt Gerstein raconte, en effet, que, le lendemain 19 août, il a vu les chambres à gaz — quatre, disent les uns, dix protestent les autres — en action.

Au petit jour, un train de juifs de 6 700 personnes — 6 000 a lu M. Poliakov — hommes, femmes, enfants, contenus dans 45 wagons (entre 148 et 150 personnes par wagon donc, et pour ceux qui connaissent les wagons polonais de marchandises, la bonne mesure) arrive de Lemberg en gare de Belzec située en bordure même du camp : il est certain qu'avec ses 6 700 ou 6 000 personnes seulement, ce train de 45 wagons a été le plus cauchemardesque de tous les trams de déportés. On est prié de se rappeler que le Dr Miklos Nyiszli n'a pas osé aller au-delà de « 5 000 personnes environ » par train. Ce Kurt Gerstein n'a décidément pas le compas dans l'œil et, pour un ingénieur, ce n'est pas très flatteur.

Mais continuons :

200 Ukrainiens, cravache de cuir à la main, se ruent sur les portières, les arrachent (!) et font descendre tout le monde sous la protection d'autres Ukrainiens, fusil chargé à la main... Le « *Hauptmann* de la S.S. »

Wirth dirige la manœuvre, assisté de quelques-uns de ses S.S... Se déshabiller complètement, se faire couper les cheveux après avoir remis les valeurs et en route pour les chambres à gaz.

« Les chambres s'emplissent. Bien se serrer, a ordonné le Hauptmann Wirth. Mes gens se tiennent sur la pointe des pieds. 700 à 800 sur 25 m^2 en 45 m^3. Le S.S. bourre autant qu'il peut. Les portes se ferment », dit M. Schoenberner dans *L'Étoile jaune* ; mais, au style près, les autres disent la même chose, à l'exception de Poliakov qui tient à au 93 m^2 de superficie.

Où tout le monde est d'accord, par contre, c'est sur la durée de l'opération mesurée par Gerstein, chronomètre en main : d'abord les 700 à 800 personnes entassées dans les chambres à gaz ont dû attendre 2 heures et 49 minutes que le moteur Diesel, consente à se mettre en marche, après quoi, il a fallu encore 32 minutes pour que tout le monde soit mort. Chronomètre en mains, je le répète...

C'est cette histoire macabrement rocambolesque que M. Dubost — pas n'importe qui : un procureur et sans doute réputé puisqu'il a été choisi parmi tous ses pairs pour représenter la France à Nuremberg — a voulu faire admettre par le Tribunal international le 30 janvier 1946.

Le Tribunal n'a pas marché : rendons à César... En précisant toutefois que, pour qu'il n'ait pas marché, il fallait que ce soit un peu gros, car, en d'autres circonstances, il a avalé apparemment sans sourciller, bien d'autres couleuvres de cette taille.

Il n'empêche que, le lendemain 31 janvier 1946, la presse mondiale a présenté l'histoire à dormir debout et à pleurer en dormant de ce Kurt Gerstein comme un document authentique et indiscutable.

Aujourd'hui encore, quinze ans après, des hommes qui prétendent au titre d'historien osent encore la présenter comme authentique et indiscutable dans des livres et n'en perdent pas pour autant l'estime et la faveur de la presse mondiale.

Il en a été fait état au procès Eichmann et, ainsi qu'il est dit ci-dessus, elle a été récemment mise en scène en Allemagne sur texte écrit par le dénommé Rolf Hochhuth visiblement à la recherche d'une publicité littéraire par le scandale.

Dans le cas du procès Eichmann, le récit de Kurt Gerstein est présenté par le ministère public dans « une série de dépositions faites (par l'intéressé) devant les officiers alliés ». À cette série de dépositions, le jugement de Jérusalem ne fait pas référence et elles n'ont jamais été rendues publiques. Une constatation d'abord : nous ne connaissons pas tout du dossier Gerstein. Et une question : pourquoi ? J'ai peur que la réponse à cette question tienne dans ce tout petit fait : dans l'article de H. Rothfels (op. cit.) on trouve que « *So fehlt insbesondere die im französichen Text eingefügte, verallgemeinernde und sehr übertreibende Schätzung der Gesamtzahl an Opfern* » (p. 179) et en note (p. 180) « *G. schätzt hier auf 25 Millionen (« Nicht nur Juden, sondern vorzugsweise Polen und Tschechen »)* ». C'était en effet, un peu gros. Ce qui est étonnant, c'est que les utilisateurs de ce singulier document n'aient pas trouvé que les chambres à gaz de 25 m² de superficie qui pouvaient contenir 700 à 800 personnes constituaient une exagération d'un caractère plus scandaleux encore et cela en dit long. Retenons toutefois l'aveu, car il est de taille : des déclarations de Kurt Gerstein n'ont été rendues publiques et utilisées devant les tribunaux que celles qui furent considérées comme objectives (*Sachlich*, dit ce H. Rothfels, p. 179) et donc vraies. Encore un témoignage tripatouillé. Mon opinion est que les gens qui ont été chargés de tripatouiller ces déclarations et en ont retenu ce qu'ils en ont retenu relèvent tout simplement de la psychiatrie et que, dans le cas de ceux qui enseignent, il est très grave que les gouvernements qui les emploient ne songent pas à protéger contre leur déséquilibre mental évident, la santé morale de la jeunesse estudiantine du monde.

Dans le cas de la pièce de théâtre, ne sont à signaler que les garanties d'authenticité sur lesquelles son auteur s'appuie pour reprendre à son compte toutes les assertions contenues dans le document Gerstein tel qu'il a été porté à la connaissance du public, notamment « les 700 à 800 personnes asphyxiées » dans des chambres à gaz de « 25 m² de superficie au sol ». Au nombre de ces garanties figure naturellement le pasteur Martin Niemöller (dont on a pu voir ce que valait son témoignage à propos de Dachau et dont le portrait qui est fait de lui p. 35 et suivantes renseigne sur sa moralité) un certain Professeur Golo

Mann qui atteste des exterminations dans une chambre à gaz de Mauthausen — où il n'y en avait pas ! — dès 1942, différentes personnalités de même niveau moral et de même valeur, des articles de journaux émanant de gens non qualifiés, des rumeurs, etc. et jusqu'à l'évêque Dibelius jusqu'alors réputé — à mes yeux au moins — comme ayant beaucoup plus de discernement.

Tout cela dépasse l'entendement. Il est vrai qu'il ne faut s'étonner de rien : à ce procès Eichmann, les juges ont accepté pour vrais, à longueur de journée, des récits de gens qui ont vu — de leurs yeux vu — en action les chambres à gaz de Bergen-Belsen desquelles il n'est pas jusqu'à l'*Institut für Zeitgeschichte de Munich*, parangon du résistantialisme mondial qui n'ait convenu qu'elles... n'avaient jamais existé.

Et, sans doute pour faire un pendant digne de lui au *Vicaire* du dénommé Rolf Hochhuth, on vient de publier en France *Tragédie de la déportation* (fin 1962) où, sous la caution de Mme Olga Wormser et de M. Henri Michel, il n'est pas jusqu'à des gens comme Mlle Geneviève de Gaulle et la douce Germaine Tillon qui ne viennent réaffirmer l'existence de chambres à gaz et la pratique systématique d'extermination par ce moyen dans l'un ou l'autre de ces camps où l'*Institut für Zeitgeschichte* de Munich affirme qu'il n'y en avait pas.

Tous les jours, avec des trémolos dans la plume, la grande presse s'étonne de la renaissance du nazisme, du racisme et de l'antisémitisme — entre lesquels d'ailleurs elle ne fait pas de différence. Ce qui m'étonne, moi, c'est que les tripatouillages de textes des Poliakov et Cie n'aient, jusqu'à ce jour, pas réussi à donner plus de virulence encore, au moins au racisme et à l'antisémitisme, qui vise les juifs.

Car ils n'ont rien négligé pour.

Si l'on sait que Kurt Gerstein était un ingénieur et s'il est vrai qu'il ait fait la déclaration dont on vient de lire le résumé (on la trouvera *in-extenso* en appendice à ce chapitre dans la version française deux fois donnée sous deux formes très différentes par Poliakov) cet homme n'était visiblement pas ou plus en possession de toutes ses facultés et il importe de se demander pourquoi. À ce sujet, les indications qui sont données sur les circonstances de sa mort sont, à mon sens, révélatrices. Si l'on en croît L'hurluberlu H. Rothfels (op. cit. p. 185, note 25) Mme Veuve Gerstein aurait été informée qu'il s'était pendu, avec la précision suivante : « ...La mort est due à la pendaison. Cette manière de se donner la mort ne peut absolument pas être évitée dans une prison ». C'est bien possible mais ce n'est pas une raison pour ne savoir ni où l'événement s'est produit, ni ce qu'on a fait du cadavre et cette double ignorance avouée des autorités officielles me semble expliquer bien des choses.

Supposé par exemple que les deux *minus habens* armés jusqu'aux dents dont il est dit qu'ils ont procédé à l'interrogatoire de Kurt Gerstein se soient trouvés en présence d'un homme qui, au moment où il a été remis entre leurs mains pour cet office, n'avait encore rien écrit, ou, entre la date de son arrestation et celle de son premier interrogatoire, seulement ce qu'il avait réellement vu et qui devait être déjà passablement horrible si l'on connaît le caractère de sauvagerie qu'avait pris la guerre à l'Est de part et d'autre de la ligne de feu : à lire les mémoires de tous ceux qui ont été arrêtés en Allemagne dans cette période et dans ces conditions, c'est généralement ce qui s'est passé avec eux, invités comme ils l'ont été par ceux qui les avaient arrêtés, à écrire leur confession, et cette supposition n'est alors pas entièrement gratuite. Que Kurt Gerstein ait écrit la sienne en français ou en allemand est sans importance : il l'a d'ailleurs fait dans les deux langues, du moins on le dit. Supposé ensuite, ce qui n'est pas non plus entièrement gratuit si l'on connaît les mœurs des militaires et des policiers, qu'à partir du texte français, ils aient entrepris de lui faire dire de force ce qui est contenu dans ce document qui porte son nom et qui représentait leur opinion du moment sur les événements en question : dans le camp des Alliés c'était en gros, le thème central de la propagande anti-allemande et, si on connaît le niveau intellectuel des militaires et des policiers dans tous les pays du monde, il n'est pas étonnant que ces deux-là en aient fait leur profession de foi. Ils auraient alors, eux-mêmes, procédé à la rédaction du texte français qu'ils auraient alors soumis à Kurt Gerstein pour signature en l'invitant à écrire quelques lignes de sa main au bas de la dernière feuille pour en rendre l'authenticité indiscutable. On imagine la scène : ingénieur — et un peu médecin dit-on — Kurt Gerstein aurait refusé de contresigner et d'authentifier toutes ces impossibilités techniques qui ne résistent pas à l'examen et les deux instructeurs de l'affaire lui auraient fait subir le traitement d'usage dans ces cas-là. En y allant, toutefois, un peu fort, ce qui est encore très vraisemblable, Kurt Gerstein étant généralement présenté comme n'étant pas homme à dire sans résister ce qu'il ne voulait pas dire. Un traitement approprié à sa résistance, en somme. Même scène pour le texte allemand qui est donné comme beaucoup plus long mais comme se présentant de la même façon : écrit à la machine avec une mention manuscrite mais non signé. Précision supplémentaire : ici, la mention manuscrite est plus courte, il y manque aussi la formule de certification par serment qui figure sur le texte français. D'où ma conclusion : supposé, enfin, que Kurt Gerstein ait été si correctement interrogé qu'il soit tombé sans connaissance ou dans le coma puis mort avant d'en être arrivé à la formule et de signer...

Tout serait alors très clair : mort en cours d'interrogatoire à Rottweil même (Allemagne) des suites du traitement qui lui a été infligé pour obtenir des aveux, Kurt Gerstein n'aurait jamais été transféré à Paris pour y être mis à la disposition de la Sécurité Militaire et ce transfert imaginaire n'aurait été allégué comme effectif que pour escamoter son cadavre sur lequel, à défaut d'une autopsie, un simple examen aurait rendu lisibles à l'œil nu les causes réelles de sa mort. Et pour éviter l'inévitable scandale consécutif. Cette hypothèse expliquerait en outre que les Américains aient laissé dormir le document qui porte sa signature dans les archives de leur délégation à Nuremberg où le procureur Dubost l'a découvert : on comprend aisément que, dans de telles conditions, ils n'aient eu aucune envie de faire remonter ce cadavre à la surface en produisant son soi-disant témoignage à la barre du Tribunal. Un le refusant comme non probant et en empêchant M. Dubost même de le lire, le Président de l'audience du 30 janvier 1946t savait très bien ce qu'il faisait. Mais M. Dubost qui n'en a jamais été à une gaffe près l'avait communiqué à la presse et, dès lors, il n'y eut plus moyen de reculer, il fallait soutenir son authenticité pour ne pas perdre la face devant l'opinion ainsi et dans ce sens alertée.

Il n'y a que trois autres hypothèses possibles :

— ou bien à Rottweil même, interrogé comme Kurt Gerstein l'a sûrement été pour obtenir de lui des aveux aussi manifestement en rupture de ban avec les vérités techniques, il a pu penser qu'on exigerait qu'il les vînt confirmer à la barre d'un tribunal, qu'alors il ne pourrait faire autrement que de les rétracter en disant comment ils lui avaient été arrachés et, jugeant du traitement qui lui serait ensuite infligé par celui qu'il venait de subir, dans un moment un dépression, il a voulu en finir plus vite en souffrant moins et il s'est suicidé. Mais il n'en fallait pas moins faire disparaître le cadavre pour faire disparaître les traces qu'il portait ;

— ou bien il a été réellement transféré à Paris où, pour lui en faire dire plus encore on a continué à le traiter comme il l'a été à Rottweil et, pour la même raison que précédemment il s'est suicidé : pour la même raison aussi que précédemment, il fallait encore faire disparaître le cadavre ;

— ou bien, enfin, à Rottweil ou à Paris, jugeant à la fois qu'ils ne pourraient ni obtenir de lui plus qu'il n'avait dit, ai éviter qu'il vint se rétracter à la barre d'un tribunal, ceux qui l'interrogeaient l'ont froidement supprimé pour permettre que son prétendu témoignage fût présenté par l'accusation sans risque aucun d'être contredit par l'intéressé et il fallait toujours faire disparaître le cadavre étant donné l'état dans lequel il était et qui eût controuvé la thèse du suicide.

Dans tous les cas, on le voit, il fallait faire disparaître le cadavre.

Je soutiens que la plus vraisemblable de ces quatre seules hypothèses possibles est la première. Pour la raison suivante : en juillet 1945, tous les services administratifs fonctionnaient de nouveau, sinon à la perfection, du moins normalement dans toute la France et, dans toutes les prisons militaires ou civiles, le registre d'écrou était tenu à jour. De deux choses l'une : ou bien le nom de Kurt Gerstein figure sur le registre de l'une d'elles à la colonne « écroué le... », la colonne « écrou levé le... » est vide et, à la colonne « observations » figurent la date, l'heure et les circonstances de sa mort, la personne ou l'organisme à qui le corps a été remis et l'endroit où il a été enterré ; ou bien, comme c'est le cas, on ne sait rien de tout cela et Kurt Gerstein n'a jamais été écroué dans aucune prison militaire ou civile de Paris. Cela signifierait alors que, s'il a quitté Rottweil à destination de Paris, jamais il n'y est arrivé. Assassiné en cours de route ? C'est possible. En tout cas, le plus précis de tous ceux qui nous ont dit où il s'était suicidé est toujours l'inénarrable Rothfels qui écrit « *Gerstein ist dann* (après son arrestation) *von der französischen Besatzungsmacht zunächst in einer Art Ehrenhaft gehalten worden, mit der Erlaubnis sich zwischen Tübingen* (où habitait sa famille) *und Rottweil zu bewegen. Dann wurde er nach Paris ins Gefängnis gebracht* (à quelle date, il ne le dit pas). *Dort hat er am 25 juli 1945, in Prison militaire de Paris Selbstmord begangen* » (op. cit. p.185).

Outre cette liberté de mouvement qui, pendant qu'il était encore à Rottweil, fut laissée à ce prisonnier et qui, à soi seule, n'est déjà pas un mince sujet d'étonnement, la plus curieuse mention de ce récit est qu'il s'est suicidé à « la Prison militaire de Paris », car, à Paris, il n'y a pas une, mais des prisons militaires, chacune étant administrativement désignée par un nom particulier et dont la plus célèbre est la « Prison militaire du Cherche-Midi ». En 1915, étant donné le nombre extraordinaire de gens, militaires ou civils, qui ont été incarcérés, il y avait, en outre, des « Divisions militaires » à la Santé, à Fresnes, etc. La pièce administrative qui fait mention de la mort de Gerstein ne peut donc porter, comme en-tête que « Subdivision militaire de Paris - Prison militaire du Cherche-Midi » (ou du Fort de Montrouge, ou de la Caserne Reuilly, etc.) ou « Administration pénitentiaire - Prison de la Santé (ou de Fresnes), Division militaire ». Selon l'échelon administratif qui a fait la communication elle pourrait, évidemment, porter d'autres mentions.

Par exemple : « Sécurité militaire » ou « Sûreté Générale », etc. mais, en aucun cas « Prison militaire de Paris » et, si elle la porte néanmoins ou, si un communiqué sous un autre timbre n'informe de la mort de Gerstein que dans ces termes entre guillemets, il ne s'agit que d'une pièce fabriquée pour la circonstance par n'importe qui, en tout cas par quelqu'un qui ne connaissait rien des services français de police et de sécurité ou de sûreté militaires et civils. Pour tout dire, un faux grossier : encore un !

Tout ceci qui, en fin de compte, nous a conduits à la découverte d'un faux jusqu'ici passé inaperçu pour expliquer seulement que, si les déclarations imputées à Kurt Gerstein paraissent d'un homme qui n'était pas en possession de toutes ses facultés, cet homme avait beaucoup de raisons très valables : dans cette hypothèse, au moment où elles ont été présentées à sa signature, il avait été mis à l'article de la mort par les procédés employés pour les obtenir de lui et il n'a eu le temps que d'en signer la version française avant de mourir. Il n'est pas jusqu'à la forme même de cette version française qui, telle qu'elle est reproduite dans l'attendu 124 du procès de Jérusalem ne milite en faveur de cette thèse : à mes yeux de Français qui a la prétention de connaître assez bien sa langue maternelle, elle ressemble beaucoup plus à du français écrit en direct par un Américain (ou un Anglais) qu'à du français écrit en direct par un Allemand. Je ne serais pas surpris si, le jour où il sera possible de consulter ce document, les spécialistes découvraient qu'il a été dactylographié sur une machine à écrire anglaise ou américaine car, si on en juge par sa teneur, le niveau intellectuel de ceux qui l'ont voulu faire avaliser par Kurt Gerstein paraît si bas qu'ils n'ont très probablement pas pensé qu'il était indispensable de le dactylographier sur une machine à écrire allemande. Dans l'état actuel de la question, il n'est même pas tellement aventureux de se demander si les mentions manuscrites qui figurent sur la version française et sur la version allemande sont vraiment de la main de Kurt Gerstein.

Le crédit qu'on peut accorder au document Gerstein étant ainsi défini, ce qu'il importe maintenant de définir, c'est celui qui lui est accordé par M. Raul Hilberg. Je dirai donc tout de suite qu'ici, pour une fois, M. Raul Hilberg est très prudent : deux pages seulement (570-572) et deux pages qui font état, non pas de l'opération d'extermination à laquelle le document dit que son auteur a assisté, non pas des données chiffrées qu'il contient sur l'importance des exterminations par les gaz, mais seulement des factures de Zyklon B qui y sont annexées et dont elles ne sont qu'un commentaire. Je dois bien préciser qu'à partir de ces factures (au nombre de douze), et de celles qui ont été produites à la barre du Tribunal qui, en 1949, a jugé la *Degesch Gesellschaft* productrice du Zyklon B, M. Raul Hilberg évalue (p. 570) les quantités de ce produit qu'en 1943 et 1944 cette société a livrées à l'Armée allemande (160 tonnes) et aux services sanitaires de la S.S. (125 tonnes, dont 12 sont allées à Auschwitz en 1943, aucune en 1944, mais 7,5 tonnes en 1942).

Dans leurs grandes masses, ces chiffres me paraissent vraisemblables, en tout cas bien proportionnés (dans leurs grandes masses seulement) : si, de 1942 à la fin de la guerre, l'Armée allemande a commandé et s'est fait livrer 160 tonnes de Zyklon B, il est bien possible que, jugeant de leurs besoins d'après les nécessités auxquelles ils avaient dû faire face pendant la première campagne de Russie au cours de l'année 1941, les services sanitaires de la S.S. les aient évalués à 125 tonnes pour la suite. Dans le détail, je suis beaucoup plus réservé et la mention qui concerne Auschwitz me chagrine plus particulièrement : dans les douze factures annexées au document Gerstein et échelonnées entre le 14 février et le 31 mai 1944, il y en avait, en effet, qui concernaient Auschwitz, nous ont dit MM. Dubost et Rothfels, or, à ces dates, il n'en figure pas dans l'évaluation de M. Raul Hilberg. Et c'est très fâcheux pour l'exactitude de son calcul.

N'étant pas un spécialiste de ces choses, je ne suis pas en mesure de me prononcer sur la signification d'une livraison globale de 19,5 tonnes de Zyklon B, au camp d'Auschwitz, compte tenu qu'il en a été livré une quantité supérieure puisque M. Raul Hilberg a oublié de faire entrer les livraisons de 1944 dans ses calculs. Le serais-je d'ailleurs, qu'il me manquerait beaucoup d'éléments d'appréciation. Voici donc tout ce que je puis dire :

1. Que du Zyklon B ait été livré à un camp de concentration ne suffit pas pour conclure qu'il l'était aux fins d'asphyxier les internés, sans quoi il faudrait aussi conclure qu'il a été livré aux mêmes fins dans les autres camps où aucune extermination par ce moyen n'a été relevée, et même à l'Armée allemande.

2. Auschwitz était un *Stammlager* (camp central) ce qui signifie qu'il avait des kommandos extérieurs au nombre desquels je soupçonne, sans toutefois pouvoir l'affirmer, que figuraient Chelmno, Belzec, Maïdanek, Sobibor et Treblinka. Cette livraison globale ne concernait donc pas le seul camp d'Auschwitz, mais quels qu'aient été, tous ses kommandos extérieurs aussi, dont, à ma connaissance, la liste n'a jamais été publiée. Bien que n'étant pas spécialiste, je crois pouvoir dire que 19,5 tonnes + les livraisons de 1944, c'est encore un peu beaucoup, même dans cette hypothèse.

3. Pour apprécier correctement, il faudrait savoir combien de tonnes de cette livraison globale ont été utilisées et combien ne l'ont pas été, combien de personnes sont passées dans ces camps et combien il a fallu de kilos de Zyklon B pour désinfecter leurs vêtements à raison de 1 500 à 2 000 personnes par convoi à traiter à l'arrivée et, dans la suite, d'un minimum d'une désinfection des sous-vêtements de toute la population du camp et de ses kommandos tous les quinze jours. Je sais : si on arrive à savoir un jour à peu près de combien de personnes il s'agissait, et combien de tonnes de Zyklon B il a, en gros, fallu, on ne saura tout de même jamais combien de tonnes ont été effectivement utilisées parce qu'on ne saura jamais, n'en ayant pas fait l'inventaire, combien ne l'ont pas été. Dans ces conditions, il ne sera jamais possible de faire la comparaison et de dire s'il a été utilisé beaucoup plus de Zyklon B que nécessaire pour les opérations de désinfection — et alors, on pourrait sans doute parier d'exterminations par ce moyen — ou à peu près ce qu'il fallait. Cela signifie donc qu'il faudra chercher jusqu'à ce qu'on ait trouvé d'autres moyens d'appréciation.

4. Tout le Zyklon B livré à Auschwitz a été utilisé ? Dans ce cas, la preuve serait faite qu'il en a été utilisé plus que de raison et il faudrait se rendre à l'évidence, mais ce cas est exclu. Tous les camps étaient abondamment pourvus de ce produit et je n'en veux citer qu'un exemple : le train qui m'a évacué de Dora, qui a quitté le camp à la dernière minute, que j'ai abandonné puis retrouvé dans les conditions que j'ai dites (cf. *Mensonge d'Ulysse*) comprenait un wagon aux trois-quarts plein de caisses cerclées de fer portant des étiquettes en tous sens

annonçant, les unes « *Blausäure* » sur fond rouge et les autres sur fond blanc « *Vorsicht* ». En-dessous de ce « *Vorsicht* » il y avait aussi quelques lignes en plus petits caractères que je n'ai pas lues. J'avais d'autres soucis que celui de me préoccuper de substances annoncées comme dangereuses : je cherchais un sac et des souliers qui ne pouvaient, évidemment, pas se trouver là et je ne m'y suis pas intéressé. J'étais d'ailleurs loin, très loin de me douter de quoi il s'agissait : c'est plus tard, beaucoup plus tard, après avoir lu Kogon, que j'ai fait le rapprochement. Mais, ce que je voulais seulement dire, c'est qu'il n'y a aucune raison pour que les autres camps, à plus forte raison Auschwitz, ne fussent pas, proportionnellement aussi abondamment pourvus que ne l'était Dora, donc que la quantité globale de Zyklon B qui a été livrée à Auschwitz n'a pas été plus entièrement utilisée que celle qui a été livrée à Dora. Et nous voici, à nouveau, devant l'insoluble question : dans quelle mesure l'a-t-elle été ?

Si on ne peut pas répondre à cette question, autant dire qu'on ne peut donner aucune signification aux livraisons de Zyklon B qui ont été faites à Auschwitz et qu'étale si complaisamment — et, hélas, si incomplètement ! — M. Raul Hilberg, que ce produit était, par définition, non un homicide, mais un désinfectant utilisé comme tel depuis 1924 par tous les services sanitaires allemands, militaires et civils. Les factures produites ne sont, en tout cas, pas L'argument qui permet d'aller au-delà de cette constatation sans sombrer dans des suppositions et conjectures, les unes et les autres absolument, indiscutablement et, le plus souvent scandaleusement gratuites : ce qu'on vient de lire sur ce point ne le prouve que trop.

Ceci dit, M. Raul Hilberg a été bien inspiré de ne retenir ni la description d'une extermination par le gaz telle que le document Gerstein dit que son auteur l'a vue (Rappelons : 700 à 800 personnes dans une pièce de 25 m^2 de superficie au sol !) ni les données statistiques qui concernent les camps de Belzec, Treblinka et Sobibor : au moins évite-t-il la mésaventure qui arriva à ce pauvre Rothfels.

Rappelons aussi ces données statistiques telles qu'elles figurent dans le texte allemand (dans le texte français qui figure au *Bréviaire de la Haine* de Poliakov, elles ne sont pas les mêmes et, sans doute pour les mêmes raisons que M. Raul Hilberg, l'attendu 124 du jugement de Jérusalem ne les retient pas) publié à la suite de l'article de Rothfels (op. cit. p.187-94) et d'après lesquelles les possibilités d'extermination de ces camps sont les suivantes

- Belzec : 15 000 personnes par jour
- Treblinka : 25 000 personnes par jour
- Sabidor : 20 000 personnes par jour

Là-dessus, Rothfels écrit (op. cit. p. 181) que 600 000 personnes ayant péri à Belzec, l'évaluation de Gerstein à 13 000 personnes par jour n'a rien d'invraisemblable (« *von 15 000 pro Tag nichts unwahrscheinlihes* »). Ce camp ayant officiellement commencé à exterminer en mars 1942 et cessé en décembre de la même année (Poliakov, op. cit., p. 224) cela fait neuf mois : 270 jours = 15 000 x 270 = 4 050 000 personnes et non 600 000. Telle est la qualité des professeurs qui enseignent dans nos universités !

Poursuivons le raisonnement : Treblinka et Sobibor ont, officiellement exterminé de « mars 1942 à l'automne 1943 », soit pendant 18 mois, 540 jours. Ceci donne :

- pour le premier : 25 000 x 540 = 13 500 000 personnes
- pour le second : 20 000 x 540 = 10 800 000 personnes

En tout, pour ces trois camps seulement : 28 350 000 personnes. Toutes juives. Et sans compter celles qui ont été exterminées par le même procédé à Chelmno que le document Gerstein ne cite pas et à Maïdanek qu'il cite comme étant « en préparation » au moment de sa visite en août 1942, donc sans pouvoir évaluer ses possibilités.

Voilà ce qu'on ose nous présenter comme un témoignage « digne de foi » ! Pour compléter le tableau, précisons que, lorsqu'ils se résument et nous donnent leurs évaluations du total des juifs exterminés dans chacun de ces camps, ceux qui nous présentent ces âneries comme sérieuses, arrivent à des chiffres de l'ordre de celui que Rothfels trouve pour Belzec. On trouvera ci-dessous un tableau qui donne ces pertes évaluées par la Commission polonaise des crimes de guerre (d'après

Poliakov, op. cit. p. 224) et M. Raul Hilberg (op. cit., p. 572) :

Évaluation des pertes

Camps	Commission polonaise	M. Raul Hilberg
Chelmno	300 000	over a hundred thousand
Belzec	600 000	hundreds of thousands
Sobibor	250 000	hundreds of thousands
Treblinka	700 000	hundreds of thousands
Maïdanek	200 000	tens of thousands
Totaux	2 050 000	950 000[1]

On se demande comment la Commission de Varsovie et Mr Raul Hilberg ont fait pour arriver à ces conclusions[8] : de toute évidence ils ne se sont pas référés au document Gerstein mais ils ne citent pas d'autres références documentaires dignes du nom Pour Auschwitz, dans le même tableau, M. Raul Hilberg arrive à un million de morts alors qu'à ma connaissance, personne n'est jamais descendu au-dessous de deux[9] le plus grand nombre des témoins parlant de quatre. Je ne crois pas m'aventurer beaucoup en disant que si, mesurant un même événement, des gens qui se prétendent aussi qualifiés que la Commission polonaise des crimes de guerre et M. Raul Hilberg, professeur à l'université de Vermont (U.S.A.), peuvent arriver à des résultats aussi distants l'un de l'autre que ces deux-ci, c'est que leurs unités de mesure, je veux dire leurs références de base, sont purement conjecturales, ne reposent sur rien de positif et proviennent de sources à la fois différentes et superlativement douteuse. La preuve m'en est d'ailleurs fournie par cette commission et M. Raul Hilberg eux-mêmes. J'ai sous les yeux une bonne centaine de références sur lesquelles s'est appuyée la première pour arriver aux chiffres qui figurent sous sa responsabilité dans ce tableau. On y trouve des choses comme celles-ci : Crimes allemands en Pologne (Varsovie 1948) qui est un ramassis de contradictions de gens dont on ne peut même pas affirmer qu'ils

---

[8] Pour obtenir ce total, j'ai pris le total général des pertes juives donné par M. Raul Hilberg (p. 767) pour ces cinq camps et le camp d'Auschwitz, soit 1 950 000 et j'en ai déduit son évaluation des pertes juives à Auschwitz (p. 570) soit 1 000 000 = 950 000. Pour ne rien négliger, il faut préciser que dans son tableau à lui (p. 570) Maïdanek figure sous la dénomination « Lublin district ».

[9] À l'exception de l'*Institut of Jewish Affairs* du *World Jewish Congress* dans *Eichmann's Confederates and the Third Hierarchy* (op. cit.) qui dit 900 000 (p. 28).

existent et qui sont donnés comme « survivants » ou « *Témoignage du Dr Rothbalsam* (mort !) *recueilli par Mme Nowitch* » ou encore « *Belzec* » (Cracovie 1946) qui est un livre de souvenirs sur le camp par un dénommé Reder donné comme « unique survivant » dont on nous a dit, au procès de Jérusalem (audience du 6 juin 1961) qu'il était « mort depuis », etc.

Quant à M. Raul Hilberg, à toutes les pages de son livre ou presque, on trouve en note des preuves comme celles-ci : « Affidavit by Rudolf Schönberg, survivor » (p. 165 note 174 et 180) ou « Ghettoverwaltung, signed Ribbe » (p. 311 note 14), ou « Bor Komorowski, *The Secret Army* » (p. 315, note 32) ou un témoignage d'un survivant non nomme recueilli par Cohen « *in Human Behaviour in the Concentration Camp* » (p. 625, note 22) ou encore un autre témoignage d'un autre survivant, nommé cette fois mais tout aussi hypothétique, recueilli par un certain Friedman dans son livre *Osviecim* (p. 622, note 8), etc. etc. Abondent aussi les extraits de journaux parus pendant la guerre ou depuis sa fin. Dans le premier cas, il s'agit de journaux publiés sous contrôle allemand : on y trouve des fragments de statistiques pas toujours d'accord entre eux, commentés ou évalués par des journalistes, non des spécialistes, des mesures de spoliation, de ghettoïsation ou de concentration, des mauvais traitements, etc.… dont les juifs ont été victimes, mais jamais quoi que ce soit qui puisse justifier une interprétation dans le sens de l'assassinat ou de l'extermination par les gaz ou autrement. Le mot « Judenfrei » y revient souvent appliqué à un territoire, une contrée ou une région, mais il signifie « libéré des juifs » non leur extermination comme l'insinue M. Raul Hilberg. Pour le second cas, il s'agit de journaux publiée librement, la guerre étant finie. On y trouve, commentés par des non-témoins, des récits faits par des témoins le plus souvent non- nommés ou, s'ils le sont, le plus souvent donnés comme « morts depuis » qu'en tout cas si, de hasard ils existent toujours, il n'a jamais été et ne sera jamais possible de soumettre à des contre-interrogatoires de contrôle par des gens qualifiés. Ce n'est pas plus sérieux que ce qui nous vient de la commission de Varsovie. Comment, en effet, peut-on, par exemple, penser que, dans le cas où ils existent toujours, des gens qui avouent que, depuis qu'ils sont revenus des camps de concentration, tous les actes de leur vie leur ont été et leur sont encore dictés par la haine qu'ils ont à jamais vouée aux Allemands — de cette espèce il en est venu un bon nombre à la barre du tribunal de Jérusalem pour attester qu'ils avaient vu des chambres à gaz dans des camps où il est reconnu par tout le monde qu'il n'y en avait pas et, si l'on en croit *L'Express* (Paris, 20 juin 1963, p. 22) M. Simon Wiesenthal qui, entre Linz et Vienne, gagne son pain en faisant la chasse aux anciens de la N.S.D.A.P. — sont des témoins objectifs ?

Des accusateurs, tous ces gens-là, pas des témoins. Des accusateurs qui réclament des réparations pour ce qu'ils ont subi, à qui on en verse déjà, mais qui les voudraient plus substantielles. Dans toute cette affaire d'extermination, il n'y a d'ailleurs que des accusateurs qui s'épaulent les uns les autres et aucun témoin, ou seulement des faux-témoignages grossièrement fabriqués dont l'authenticité n'est attestée que par des faux-témoins. Et, comme Rothfels en présence du document Gerstein, avec une effroyable inconscience et un inimaginable mépris des règles les plus élémentaires de son métier, M. Raul Hilberg feint de ne l'avoir pas vu. Nous voici donc, une fois de plus, ramenés au problème fondamental de notre temps : l'extraordinaire effondrement intellectuel et moral des élites.

Ceci ne s'adresse ni à la *Commission des crimes de guerre de Varsovie*, ni par exemple, à Mme Hannah Arendt : ceux-ci n'appartiennent, de toute évidence, pas aux élites. La première a été créée de l'autre côté du Rideau de fer, non pas pour définir une vérité historique mais pour mettre au point des arguments susceptibles d'être utilisés par une certaine propagande. Pour en faire partie, point n'est besoin d'être historien, il suffit d'être communiste. Comme au camp de concentration pour être médecin quand on était terrassier ou ajusteur de profession. Mais la Russie n'est- elle pas un immense camp de concentration dont la Pologne n'est qu'un Kommando ?

Quant à la seconde, elle est visiblement un agent du sionisme c'est-à-dire d'une propagande parallèle sur ce point et, apparemment, c'est son seul moyen d'existence. Les nomenclatures dont elle assortit son compte rendu du procès d'Eichmann (*The New-Yorker* op. cit.) s'appuient sur ce qu'elle a lu dans le livre de M. Raul Hilberg, qu'elle n'a assimilé qu'au niveau de ses moyens et qu'elle nous recrache encore plus maladroitement qu'il ne nous les avait servis. Je veux dire en faisant des aveux plus clairs et plus substantiels. M. Robert Kempner, cet ancien commissaire de police de Prusse dont la guerre a fait un procureur américain à Nuremberg, qui est un agent du Sionisme d'un beaucoup plus haut rang, n'est d'ailleurs pas du tout content de la façon dont elle s'acquitte de sa tâche : dans *Aufbau* (Vol. XXIX - Numéro 15 - 12 avril 1963) il lui administre une de ces volées de bois vert dont je recommande la lecture.

Pour en revenir au document Gerstein et pour en terminer avec lui, je pose maintenant la question suivante : s'il n'est pas vrai que les chambres à gaz de Belzec, Treblinka et Sobibor pouvaient asphyxier entre 15 000 et 25 000 personnes par jour, s'il n'est pas vrai qu'une chambre à gaz de 25 m^2 de superficie au sol puisse contenir 700 à 800 personnes, s'il n'est pas vrai qu'un train de 45 wagons puisse en transporter 6 700, s'il n'est pas vrai que Hitler se trouvait à Belzec le 15 août 1942, comme il ne contient rien d'autre, je demande ce qu'il contient de vrai. Les factures de Zyklon B qui y sont annexées ? Peut-être, mais comme elles ne prouvent rien...

De tous ceux qui ont cautionné l'authenticité de ce document, un seul m'a peiné : l'évêque de Berlin Dibelius dont j'avais remarqué la belle indépendance d'esprit et la sûreté du jugement, notamment à propos du Procès de Nuremberg (cf. Procès Eichmann). D'après Rothfels (op. cit., pp. 181-82) il aurait écrit à l'*Institut für Zeitgeschichte* de Munich une lettre datée du 22 novembre 1949 et dans laquelle, après une série de louanges à l'adresse de Gerstein se trouve la phrase suivante :

« *Dadurch war ich in der Lage, festzustellen, dass Gersteins Mitteilung an mich, soweit seine schwedische Bekanntschaft in Frage kam, absolut wahrheitgetreu gewesen war. So wird es sein eigentlicher Bericht auch gewesen sein.* »

Des autres, des Eugen Kogon, David Rousset, Golo Mann, Rothfels, Hannah Arendt, Raul Hilberg, etc. étude faite du cas particulier de chacun d'eux, il ne paraît pas qu'on eût pu s'attendre à autre chose de leur part.

V - CONCLUSION

Relativement aux chambres à gaz, l'impressionnant défilé de faux-témoins et de documents apocryphes ou falsifiés auquel j'ai convié le lecteur tout au long de cette longue étude et plus particulièrement dans ce chapitre, n'établit pourtant indiscutablement qu'une chose, et c'est que jamais, à aucun moment, les autorités qualifiées du IIIe Reich n'ont prévu et ordonné des exterminations de juifs par ce moyen[10] mais absolument pas qu'il n'y en a pas eu effectivement. Y en a-t-il eu sans ordre ? À cette question qui me hante depuis quinze ans, c'est ce que j'ai dit du plus faux et du plus immoral de tous ces témoignages, le document Gerstein, qui m'a indirectement mis en mesure de répondre enfin d'une manière précise.

Nous étions en juin 1963. Le véritable procès Eichmann venait de sortir en langue allemande sous le surtitre « *Zum Fall Eichmann* » et le titre « *Was ist Wahrheit ?... oder die unbelehrbaren Sieger* ». Depuis quinze ans, chaque fois que, dans un endroit quelconque de l'Europe non occupée par les Soviétiques, on m'avait signalé un témoin qui prétendait avoir assisté lui-même à des exterminations par les gaz, je m'étais immédiatement transporté sur les lieux pour recueillir son témoignage. Et, chaque fois, l'expérience s'était terminée de la même façon : mon dossier en mains, je posais à ce témoin tant de questions précises auxquelles il ne pouvait répondre que par des mensonges évidents jusqu'à ses propres yeux, qu'il finissait par me déclarer qu'il n'avait pas vu lui-même mais qu'un de ses bons amis, mort dans l'aventure et dont il ne pouvait pas mettre la bonne foi en doute, lui avait raconté la chose. J'ai fait, ainsi, des milliers et des milliers de

---

[10]On a vu (*Le Véritable Procès Eichmann*) que le Dr Kubovy, directeur du Centre de documentation juive contemporaine de Tel Aviv en était d'accord. En vertu de quoi dans *The New Yorker* (op. cit. 9-4-64) Mme Hannah Arendt qui fait de l'ordre d'extermination des juifs par le Führer, le thème central de cette partie de son reportage sur le procès de Jérusalem se fatigue inutilement : c'est là un problème à régler entre elle et le Dr Kubovy et on ne peut que lui conseiller de se mettre, avant toute chose, d'accord avec cet Important personnage du Sionisme qui, pour une fois — hasard, inadvertance ou bonne foi ? — est, lui, en accord avec la vérité historique.

kilomètres à travers l'Europe.

Un jour du mois de juin 1963, je reçus une étrange visite un Allemand, grand, portant beau, paraissant la soixantaine (dans la conversation, j'appris qu'il était, en réalité, beaucoup plus âgé) quelque chose de militaire dans l'allure, d'une extrême distinction et d'une exquise politesse. En mains, mon tout premier ouvrage sur la question : la version allemande du *Mensonge d'Ulysse*. À une page, un signet qui dépassait.

D'abord, il se présenta et me dit l'objet de sa visite dont il voulait qu'absolument elle gardât un caractère confidentiel. Je le lui promis et c'est la raison pour laquelle, aussi bien les circonstances de cette rencontre que la présentation du personnage ne se trouvent ici qu'en des termes qui ne puissent absolument pas permettre de l'identifier, le contenu de la conversation que nous eûmes étant, seul, rigoureusement authentique.

Voici pourquoi il ne voulait pas que son nom fût cité : il s'était trouvé que, pendant la guerre, il avait été un officier supérieur d'un rang très élevé dans un service très important. Un militaire, non : un civil de ce grade par assimilation. Le service en question était d'ailleurs un service civil réquisitionné.

Il ne me cacha pas, d'autre part, que s'il n'avait pas été un militant du National-socialisme, il avait pourtant donné son adhésion au Parti en 1933. La guerre terminée, il avait échappé de justesse à Nuremberg mais il avait été dénazifié comme tout le monde et il avait perdu sa situation antérieure. Les ennuis qu'on lui avait faits étaient sans nombre, il arrivait au terme et il ne voulait pas que ça recommence. La vérité qu'il portait en lui l'accablait depuis vingt ans et il fallait excuser la lâcheté qui lui avait commandé de la garder jusque-là pour lui : la guerre terminée, il avait cinq enfants tous en bas-âge sur les bras et, à plus de cinquante ans, une situation à se refaire.

J'excusai très volontiers. Très sincèrement aussi : je sais la misère morale — et matérielle souvent — dans laquelle ont vécu et vivent encore des millions et des millions d'Allemands réduits au silence et qui ne le rompent que pour aller voter périodiquement pour le chancelier

Adenauer[11] bien que sa politique ne leur plaise pas, mais dont ils jugent qu'il est le seul Allemand capable de les protéger un peu contre les entreprises punitives de cette sorte de Torquemada germanique qu'est le Procureur général Bauer.

Les présentations faites, ses conditions ayant été acceptées par moi, mon interlocuteur ouvrit *Le Mensonge d'Ulysse* à la page marquée par le signet, le posa devant lui et, sans détour, engagea le fer :

— Vous assurez et je vous crois, me dit-il en substance, qu'aucun des témoins qui ont prétendu avoir assisté à des exterminations par les gaz n'a, jusqu'ici, jamais pu le soutenir en votre présence. Je viens de lire votre dernière étude de la question et je vous sens — notez que je vous comprends — sur le point de conclure qu'il n'y en a pas eu. Étant donné le retentissement de vos travaux, j'ai pensé que ce serait très grave à la fois pour vous et pour l'Allemagne, car, si vous en arriviez là, vous ne pourriez manquer d'être discrédité à plus ou moins brève échéance, ce que vous ne méritez pas et, du coup, l'Allemagne aurait perdu son seul défenseur qui ait quelqu'audience. Alors, je viens vous dire que, moi, j'ai assisté à une extermination par les gaz.

— Je ne vous comprends plus, lui répliquai-je. Il ne me semble pas que, si vous déclariez publiquement cela, vous risquiez, comme vous le prétendez, d'être de nouveau jeté en prison. Des témoins de ce genre, le Procureur Bauer et le Mouvement sioniste international qui n'en ont, jusqu'ici, trouvé aucun qui ne soit récusable, en cherchent et, si vous êtes sûr de vous, allez les trouver, ils vous feront un pont d'or.

— Soyez patient, coupa-t-il. En Allemagne, pour n'être pas jeté en prison, il ne suffit pas de déclarer qu'on a été témoin d'une extermination par les gaz. Encore faut-il la décrire exactement comme elle l'a été par le document ou le témoin officiellement reconnus comme dignes de foi et ce n'est pas mon cas. Vous allez comprendre : j'étais en mission à Lublin et je venais d'entrer chez Globocnik quand Gerstein s'est fait annoncer ; les circonstances ont voulu que je me retrouve encore avec lui à Belzec le lendemain et... si je disais que j'ai

---

[11]Depuis que ceci a été écrit, le chancelier Adenauer a été remplacé par le chancelier Ehrardt.

assisté, moi aussi, à l'extermination dont le document qui lui est attribué fait état, je serais obligé d'ajouter que tout ce qui y est dit relativement à cette extermination, comme aux conditions dans lesquelles il y a assisté, au camp de Belzec même, aux autres camps cités, et à sa conversation avec Globocnik est, de bout en bout archifaux, ce qui me vaudrait d'être automatiquement et immédiatement jeté en prison.

Je comprenais de moins en moins :

— Si tout est faux de bout en bout, risquai-je, il n'y a donc pas eu d'extermination et...

— Il y a eu, coupa-t-il. Mais commençons par le commencement. Et il raconta.

De ce long récit, dont on comprendra que je l'abrège, pour n'en retenir que l'essentiel, il résultait que :

1. Dans la conversation qu'à Lublin, il avait eue avec Gerstein, en présence de deux ou trois personnes dont mon interlocuteur n'avait retenu les noms que parce qu'ils figuraient dans le document Gerstein, Globocnik n'avait parlé que de Belzec mais absolument pas des autres camps cités et, relativement aux possibilités d'extermination, il n'avait cité aucun chiffre. Il n'avait d'ailleurs pas commencé par parler d'extermination mais seulement de désinfection de vêtements. C'est au bout d'un certain temps que, déplorant les faibles possibilités de désinfection du camp de Belzec, il dit qu'il avait trouvé, lui, un moyen très expéditif qui résolvait en même temps radicalement la question juive : son moteur Diesel de Belzec.

— Mais, précisa Globocnik, ce n'est pas assez expéditif, c'est une installation de fortune, il me faudrait un gaz plus puissant, d'une utilisation plus simple et c'est pourquoi j'ai envoyé Günther à Gerstein dans le but d'obtenir de lui ce que son service possédait de mieux adapté à cette tâche, car alors, on pourrait procéder en grand à la solution de la question juive de cette manière. Si Günther et Gerstein me ramènent ce que j'ai demandé, on pourra faire construire par les juifs eux-mêmes d'autres installations en plus de Belzec.

— Je fus horrifié, me dit mon interlocuteur. Mon grade d'assimilation faisait de moi le seul des auditeurs de Globocnik à pouvoir risquer une observation. Mais enfin, dit-il à Globocnik c'est un crime et vous êtes sûr que c'est cela que le Führer entend par solution définitive ?...

— Si j'en suis sûr, se borna à répondre Globocnik en haussant les épaules. Et, d'un air entendu, sans préciser de qui il tenait sa mission mais de telle sorte qu'on pouvait croire que c'était du Führer lui-même, il insista sur son caractère secret — ultra secret.

Contrairement à ce qui est dit dans le document Gerstein, il ne précisa pas que Himmler et Hitler étaient à Lublin l'avant-veille : pure invention.

2. Dans la conversation, mon interlocuteur avait remarqué que Globocnik avait dit qu'il avait envoyé Günther à Gerstein pour obtenir un gaz plus toxique et d'une utilisation moins compliquée. Il en avait déduit que ce n'était pas normal : pourquoi ne s'était-il pas adressé au service lui-même et par lettre ? Plus qu'anormal, c'était louche. Il savait, d'autre part, que Globocnik n'avait été envoyé dans le Warthegau qu'en punition d'un certain nombre de méfaits et de crimes dont il s'était rendu coupable dans l'exercice de sa précédente mission de Gauleiter de la région de Vienne. À Berlin, il avait une très mauvaise réputation, paraît-il — mon interlocuteur, du moins, le prétendait. Alors, dans l'intention de parler de cette affaire dès son retour à Berlin, il décida de se rendre à Belzec où sa mission ne l'appelait pas, pour être à même d'en parler en toute connaissance de cause.

À Belzec, il vit le camp : un tout petit camp, quelques baraquements qui pouvaient contenir quatre ou cinq cents personnes. Il les vit se promener dans ce camp, gras, bien portants, tous juifs. Il les interrogea : tour, se félicitaient du traitement qui leur était appliqué. Une toute petite gare à laquelle, par une voie unique, arrivaient, de temps à autre, une rame de quelques wagons pleins de leurs coreligionnaires : ils lui dirent qu'ils étaient chargés de les accueillir et de les exterminer au gaz de Diesel dans une petite maison qu'ils lui montrèrent et sur laquelle un écriteau annonçait effectivement « Fondation Heckenholt » — le nom du juif chargé de mettre en marche et d'entretenir le moteur. Ils racontaient cela en mangeant des tartines de marmelade que des nuées de mouches tentaient de prendre d'assaut et que, sans cesse, ils étaient obligés de chasser de la main. Une odeur infecte de tombe fraîchement ouverte pesait sur tout le camp : mouches et odeur étaient le fait des inhumations massives auxquelles on procédait après chaque extermination. Le capitaine de police Wirth, ancien officier de la police criminelle de Stuttgart, commandant de ce camp qui avait accueilli mon interlocuteur à son arrivée et un officier de la S.S. son adjoint qui l'accompagnaient dans sa visite, ne cessaient, l'un et l'autre, de se plaindre du Kommando auquel ils avaient été affectés et de le supplier, dès son retour à Berlin, de les faire affecter à un autre. Ils ne pouvaient ni l'un ni l'autre, comprendre qu'on leur fasse faire un tel travail et ils étaient persuadés qu'à Berlin, en ne savait rien de ce qui se passait ici.

— Pourquoi ne sollicitez-vous pas vous-même une autre affectation ? leur dit mon interlocuteur. Après l'avoir obtenue, vous pourriez dénoncer ce scandale...

— C'est bien ce que semble redouter Globocnik, lui fut-il répondu. Une autre affectation, nous ne pourrions la solliciter que par la voie hiérarchique, c'est-à-dire en passant par lui et, de peur d'être dénoncé, ou bien il ne la transmettrait pas, ou bien il nous ferait aussitôt fusiller sous un prétexte quelconque. Nous connaissons des cas... Heureusement, vous êtes venu ici et vous pouvez, en même temps que nous en sortir par vos relations à Berlin, faire cesser ce honteux scandale... Heureusement aussi, il n'arrive ici qu'une rame de quelques wagons de temps à autre, deux ou trois jusqu'à ce jour[12], sans quoi, même s'il ne s'agit que de petits convois de quelques centaines chaque fois, avec le peu de moyens dont nous disposons pour enterrer les cadavres, nous vivrions dans un véritable foyer d'infection générateur

---

[12] Nous étions au 18 août 1942. La construction de ce camp décidée en application des décisions de la conférence de Wannsee avait commencé à la fin du mois de mars et elle avait pris énormément de temps, en raison surtout de la voie ferrée à simple circulation qu'il avait aussi fallu construire en la greffant sur la plus proche. Or, la plus proche était celle qui allait de Budapest à Varsovie en passant par Przemysl et Lublin, ou celle de Budapest à Wilna en passant par Lvov. Mon interlocuteur n'a pu me dire si le branchement avait été fait aux environs de Przemesl ou de Lvov : dans l'un et l'autre cas, il s'agissait de 50 km au moins et cette voie n'était utilisable que depuis fin juillet.

de toutes les maladies possibles et imaginables... Vous tombez bien par surcroît : demain, une rame doit justement arriver, elle est annoncée pour les environs de 7 heures du matin...

3. Mon interlocuteur me dit qu'il décida de rester. Accompagné de Wirth et de son adjoint S.S., il visita encore la petite maison affectée aux exterminations et me la décrivit. Un rez-de-chaussée surélevé, un couloir, avec, de chaque côté, trois petites pièces qu'il n'a pas mesurées mais dont il pense que la superficie était sûrement inférieure à 5 x 5 — peut-être 4 x 5 au maximum et, en tout cas, rectangulaires, non carrées. Au fond du couloir, la salle où se trouvait le moteur Diesel, au milieu, sur un socle en ciment et un peu en contre-bas. J'interrogeai sur ce moteur et le raccordement de son pot d'échappement aux six pièces : un moteur de camion, dont les dimensions pouvaient être environ 1 m 50 de long, un peu moins de 1 m de large et, en hauteur, un bon mètre avec le socle en ciment. Sa puissance, il ne la connaissait pas : peut-être 200 CV réels, dit-il. Je lui fis remarquer qu'on avait dit qu'il s'agissait d'un moteur de la marine, donc qu'il devait être bien plus grand s'il avait été destiné à un bateau : sûrement pas, dit-il, un moteur de camion - du moins ses dimensions permettaient de se le représenter sur un camion. Il se souvenait du nombre de cylindres : six sur un seul rang. Quant au raccordement de son échappement aux six pièces, pour aller plus vite, il me fit un dessin. Sur ce dessin, je remarquai que le gaz — qui est, cependant, plus lourd que l'air — arrivait de bas en haut. Les techniciens auxquels, comme on le verra plus loin, j'ai soumis la question en ont fait la remarque mais ont ajouté que c'était sans inconvénient technique notable car il s'agit, en l'occurrence, d'un gaz propulsé.

— Je ne suis pas étonné, fis-je, que Globocnik ait été à la recherche d'un moyen plus expéditif : ce devait être horriblement long...

— Un quart d'heure, répliqua-t-il...

Si, jusque-là, ce récit m'avait paru acceptable, à partir de là, ce quart d'heure pesa lourdement sur la suite de notre conversation : nous en discutâmes longtemps et nous y revînmes souvent, moi soutenant que c'était absolument impossible, lui que c'était pourtant vrai. J'avais déjà étudié le document Gerstein en compagnie de spécialistes du moteur à explosion et d'experts en toxicologie et j'avais des arguments : il n'en avait pas sauf qu'il avait vu et que, comme il disait « c'était pourtant vrai ». En vain, je lui exposai que, fût-il d'une puissance de 200 CV, et même plus élevée, un moteur Diesel ne pouvait pas obtenir, en un quart d'heure, la concentration toxique indispensable, dans ce volume de 250 à 300 m^3 d'air ; que si, au risque d'aboutir à cette impossibilité qui consistait à faire entrer 700 à 800 personnes — quarante à cinquante au maximum, corrigea mon interlocuteur — dans les quelques 40 à 45 m^3 de chacune des pièces, c'était justement parce que, connaissant les possibilités du moteur Diesel, Gerstein avait voulu réduire à presque rien le volume à rendre toxique, et qu'encore ce volume n'avait alors été toxique pour tout le monde qu'au bout de 32 minutes ; que si, la veille, Globocnik avait dit lui-même que ce moyen n'était pas très expéditif, c'était encore une preuve que l'opération devait durer longtemps ; qu'après vingt ans, la mémoire d'un homme aussi ébranlé par le spectacle pouvait n'être pas très fidèle, etc., etc... Rien n'y fit : de ce quart d'heure, il ne voulut démordre qu'en disant qu'il n'avait pas vérifié sur sa montre et, qu'évidemment, c'était une estimation à quelques minutes près. Pas le moindre trouble sur son visage, qui, pas un instant, ne cessa de traduire la plus indiscutable bonne foi.

Depuis, j'ai interrogé, croquis en mains, bien des spécialistes des moteurs à explosion, de la combustion des fluides et de la toxicologie : aucun n'a voulu admettre une durée de moins de 1 h 1/2 à 2 heures...

Je dois dire que, dans la suite de la conversation, je ne relevai rien qui me permît une autre contestation : mais l'objet de celle-ci reste quand même de taille et très troublant. Il y avait bien aussi, une autre donnée aberrante dans le dispositif asphyxiant : je n'ai pas compris pourquoi celui qui en avait eu l'idée l'avait cloisonné en six pièces au lieu de le laisser en une seule, ce qui eût été moins coûteux, moins compliqué et eût nécessité moins de temps à la construction, mais je n'insistai pas.

4. Entre-temps, Gerstein était arrivé avec trois ou quatre militaires, mon interlocuteur ne se souvenait plus bien. Globocnik qui les avait accompagnés n'avait fait que toucher borne. La veille, chez Globocnik, Gerstein avait raconté que son voyage de Berlin à Lublin n'avait pas été sans incident : ce qu'il transportait, ce n'était pas du Zyklon B en tablettes comme on pourrait être tenté de le croire, mais de l'acide prussique (cyanhydrique) liquide en bouteilles et, les cahots innombrables d'une route en très mauvais état, avaient fait qu'une ou deux de ces bouteilles s'étaient cassées dans le camion. Son chauffeur et lui avaient eu très peur. Mon interlocuteur lui demanda comment s'était passé son voyage de Lublin à Belzec : très bien, lui répondit-il, nous avons laissé la marchandise à Lublin.

On refit ensemble la visite du camp et, le soir, ensemble aussi, on mangea, servis par des juifs internés... L'atmosphère était lourde : le plus disert était Gerstein. Il paraissait surexcité et, tout ce qu'il disait, semblait en faire un comparse de Globocnik. Il n'inspira confiance à personne, du moins mon interlocuteur me dit qu'il avait eu cette impression et que, plusieurs années après, quand un de ses amis qui avait eu Gerstein comme étudiant à la Faculté lui dit qu'il s'agissait d'un psychopathe, il n'en avait pas été étonné... Le lendemain matin, entre 7 et 8 heures, le convoi de juifs annoncé arriva : une rame de quatre ou cinq wagons, 250 à 300 personnes environ, hommes, femmes, enfants, vieillards et non 6 000 à 6 700 entassés dans 45 wagons, comme le prétend le Document Gerstein. De même, les 200 Ukrainiens du Document étaient, en réalité, des juifs du camp et leur nombre s'élevait au maximum à deux douzaines. Pas de sévices, pas de portes arrachées aux wagons, pas de coups de gummi : un accueil fraternel par des coreligionnaires visiblement préoccupés de créer un climat de confiance chez les arrivants.

Préparation des victimes au sacrifice : mise en rangs, défilé au guichet d'une banque improvisée pour déposer valeurs et bijoux contre récépissé, passage chez le coiffeur, se déshabiller. Ce fut l'opération la plus longue : presque toute la matinée. Les malheureux interrogeaient sur leur sort leurs coreligionnaires qui les réceptionnaient ainsi sous la surveillance armée de quelques S.S. distraits : il leur était répondu qu'ils allaient subir une désinfection et qu'ils seraient ensuite répartis dans les kommandos de travail selon leurs aptitudes. Des conseils leur étaient donnés relativement à leur comportement pendant la désinfection : respirer un bon coup… Spectacle affreux pour qui savait.

Puis on les fit entrer dans le bâtiment du crime : au petit bonheur, ils se répartirent dans les six pièces — 40 à 50 par pièce, répéta mon interlocuteur. Les portes donnant sur le couloir furent bouclées, les lumières éteintes et, à ce moment, on entendit que les malheureux se mirent à prier. Des cris d'effroi aussi, des femmes et des enfants… Le moteur se mit en marche et, un quart d'heure après, on sortit les corps que le kommando des juifs du camp affectés à cette sinistre besogne, se mit derechef à transporter dans une tombe toute préparée.

— Mais, cette tombe, interrompis-je, ils ont bien dû la voir, car tout de même, pour 250 à 300 personnes, elle devait être de dimension.

— Non. Elle était creusée à une certaine distance derrière la maison et ils ne pouvaient pas la voir. Les corps furent retirés par des portes latérales donnant de chaque pièce, directement sur l'extérieur : des sortes de portes de garage. Les dimensions de la tombe ? J'ai idée qu'elle devait avoir une vingtaine de mètres de long, cinq de large et à peine deux de profondeur…

Et il m'expliqua les dangers de ce genre d'inhumation : Wirth lui avait dit que, dans cette tombe gigantesque, on versait bien de l'essence sur cette masse de cadavres qu'on tentait de brûler ainsi, mais on n'y arrivait que très superficiellement. On recouvrait de terre et au bout de deux ou trois jours, cette terre se soulevait sous la pression des gaz qui se dégageaient et empuantissaient l'atmosphère laquelle, par surcroît, se peuplait de nuées de, ces mouches qu'on voyait partout.

Jugeant qu'il en savait assez, il n'assista pas à cette opération : sans attendre, il partit où sa mission l'appelait.

J'essayai de ramener la conversation sur le quart d'heure qu'avait, selon lui, duré cette extermination, en opinant que, peut-être, les 2 heures et 49 minutes de panne du Diesel dont parlait le Document Gerstein s'expliquaient, non par une panne mais par l'impossibilité pour ce moteur de rendre l'atmosphère toxique en moins de temps. Sans succès : pas la moindre panne, un quart d'heure.

La mission de mon interlocuteur dans la région de Lublin dura plus de temps qu'il n'avait prévu : il dut passer par Lodz où il fut retenu durant une bonne quinzaine et il ne put être de retour à Berlin que vers le 15 septembre. Au débotté, il se rendit, me dit-il, directement chez le Dr Grawitz qui était son ami et un collaborateur direct de Himmler. Au récit qu'il lui fit, celui-ci bondit, épouvanté et, sans attendre, se précipita chez Himmler.

— Je ne puis plus bien préciser les dates, ajouta-t-il, mais une dizaine de jours après, le Dr Grawitz vint lui-même me dire en me félicitant de mon intervention, qu'une enquête était en cours sur les faits que je lui avais rapportés et, quelques semaines après — je me souviens, c'était peu de jours après la Toussaint — que le camp était fermé et Globocnik une nouvelle fois déplacé[13]. C'est tout ce que je sais.

Je lui parlai de la déposition à Nuremberg du Dr Morgen, les 7 et 8 août 1945 (I.M.T. Tome XX, pp. 520-553) : il la connaissait et il ne lui accordait aucun crédit. Le portrait qu'il avait fait de Wirth en le présentant comme un criminel sans scrupule ne correspondait absolument pas avec ce qu'il lui avait été donné d'en connaître. Morgen en faisait le commandant de quatre camps et le *Deus ex-machina* de toute l'affaire (op. cit. pp. 528. 29) alors qu'il n'était que le commandant désespéré de celui de Belzec au surplus terrorisé par Globocnik. D'autre part, il avait rencontré Wirth et, s'il l'avait rencontré, ce ne pouvait être qu'à Belzec : or il situait la date de cette rencontre « à la fin de 1943 » (op. cit. p. 527) alors que le camp avait été fermé au plus tard en décembre 1942. Un homme, ce Dr Morgen, qui avait été un personnage important de la S.S. (chef d'un service de la police

---

[13] D'après les sources juives unanimes, ce camp n'aurait été fermé qu'au début de décembre de la même année 1942. Toutefois, s'il fut effectivement fermé, il ne paraît pas que Globocnik ait été déplacé. De toute façon, s'il l'a été, la sanction était légère. Surtout si on la compare à celle qui frappa Koch, le célèbre commandant de Buchenwald qui fut fusillé pour beaucoup moins.

criminelle du Reich avec pouvoirs spéciaux et très étendus de Himmler lui-même) et qui avait probablement beaucoup de choses à se faire pardonner, conclut mon interlocuteur.

Je n'eus aucune peine à partager ce point de vue : Morgen avait rencontré Hoess comme commandant du camp d'Auschwitz « vers la fin de 1943, début de 1944 » (op. cit., p. 540) alors qu'il ne l'était plus depuis fin novembre 1943 ; il situait les exterminations par les gaz à Monovitz (op. cit., p. 540) alors que tous les témoins les ont postérieurement situés à Birkenau ; il prétendait que Wirth recevait directement ses ordres de la Chancellerie du Führer (op. cit., p. 531), etc., etc.

5. C'est à ce moment de la conversation que mon interlocuteur jeta les yeux sur *Le Mensonge d'Ulysse* ouvert devant lui et auquel jusque-là, il n'avait fait aucune allusion.

— J'ai lu vos autres livres, continua-t-il. Mon opinion est que votre critique des témoignages et documents produits à Nuremberg est impeccable et qu'un jour elle portera ses fruits. Grâces vous en soient rendues. Mais, ce qui m'intéresse (il prit le livre ouvert à deux mains) c'est le problème des exterminations par les gaz, le seul par lequel l'honneur de l'Allemagne est vraiment engagé. Alors, c'est ceci que je suis venu vous dire : ici (il me montrait le livre) vous en avez donné, en 1950, une interprétation des plus correctes lorsque, formulant votre opinion vous avez conclu qu'il y avait eu très peu d'exterminations de ce genre et qu'elles ne relevaient, je vous cite, « que d'un ou deux fous parmi les S.S. ». À votre place, j'aurais dit « un ou deux criminels sadiques ». Croyez-moi, j'ai bien connu ce milieu : dans sa grande masse, c'était un milieu correct, mais il n'était pas exempt — comme tous les milieux sociaux — de quelques sadiques capables des crimes les plus inimaginables et Globocnik en était sûrement un. Je n'ai connu Hoess que par ce que j'en ai entendu dire à Berlin par les gens de mon service qui le connaissaient : il n'avait pas non plus une bonne réputation. Et il se pourrait qu'à Auschwitz, il se soit comporté comme Globocnik dans la région de Lublin. Je n'en sais rien, je dis seulement que c'est possible. Et que cela lui était d'autant plus facile que, d'après ce que vous avez vous-même écrit de ce camp, ses instillations le lui permettaient sans qu'il ait besoin de créer des chambres à gaz spéciales comme Globocnik à Belzec.

J'en convins d'autant plus volontiers que, si je n'en avais jamais fait application à aucun camp nommément désigné — en raison justement du peu de crédit qu'on pouvait accorder à cette multitude de faux témoins et de faux documents — c'était une des hypothèses que j'avais moi-même avancée pour l'ensemble des camps et que, tous mes efforts tendaient à prouver que, s'il y avait eu des exterminations par les gaz, ce ne pouvait être que dans ces limites extrêmement étroites et, à défaut de preuves indiscutables, en raison surtout du vieil adage français qui veut qu'il n'y ait pas « de fumée sans feu ». Mon interlocuteur me le rappelait d'ailleurs fort pertinemment.

— Des exterminations par les gaz, il y en a eu, conclut-il, je vous en ai apporté un exemple. Elles n'ont pas été massives et délibérément ordonnées par les autorités du IIIe Reich, comme le prétend la documentation créée de toutes pièces et justifiée par des individus sans scrupule qui avait été présentée à Nuremberg, mais ce fut le fait de quelques rares criminels. Ce qui est sûr, dit-il encore, c'est que, chaque fois que les autorités du IIIe Reich ont été informées de faits de ce genre, elles y ont mis fin, je vous en ai apporté une preuve. À Nuremberg, on a tout simplement utilisé ces rares crimes individuels pour bâtir une vérité générale insoutenable et déshonorer l'Allemagne : c'est un peu comme si on prétendait que les Français ont, systématiquement, abattu tous les prisonniers allemands qu'ils ont faits pendant la guerre, en s'appuyant sur le fait que le cas s'est produit à Annecy le 19 août 1944 (cf. *Procès Eichmann*). Des criminels, il y en a chez tous les peuples et la guerre qui débride leurs instincts, en peut porter les effets à des dimensions incroyables : voyez l'exemple de la Résistance française dans laquelle ceux que, malheureusement, la France possède au même titre et dans les mêmes proportions que l'Allemagne ou n'importe quel autre peuple, se sont précipités pour commettre leurs méfaits en son nom et sous son couvert... Voyez votre Milice, sous l'occupation allemande...

Il prit un temps, puis :

— Restez-en là, Monsieur, il y va de l'honneur de l'Allemagne qui sera sauf lorsqu'il sera définitivement établi que les exterminations par les gaz n'ont été que l'exception et seulement le fait d'un ou deux criminels désavoués aussitôt qu'ils ont été démasqués. Le reste, ma foi, le reste, c'était la guerre et là, nous sommes à égalité avec les adversaires de l'Allemagne.

Je le rassurai en lui disant que, si je discutais pied à pied avec une telle opiniâtreté tous les documents et témoignages sur lesquels s'appuyait la monstrueuse accusation dont l'Allemagne était victime, et que si ma documentation me permettait d'affirmer qu'il ne s'agissait que de faux vulgaires et grossiers, elle ne me permettait pas d'affirmer qu'il n'y avait jamais eu d'exterminations par les gaz, que, d'ailleurs, je ne l'avais jamais prétendu.

— Je suis heureux d'avoir eu peur pour rien. Excusez-moi : l'honneur de l'Allemagne vous doit tant... Et vous méritez tant qu'il vous doive jusqu'au bout.

Ce fut le mot de la fin. La discussion se perdit et mourut dans quelques vérités générales auxquelles nous revînmes par le cas de Globocnik dont je soutenais que, s'il n'avait été que déplacé, ce qui au surplus ne me paraissait pas certain, la sanction avait vraiment été très légère.

— Cela, répondit mon interlocuteur, c'est le propre des systèmes totalitaires : ces gens envoyés si loin de Berlin l'avaient été avec des pouvoirs de procurateurs romains... Totalitaire, l'État hitlérien était, au surplus, raciste, et il ne considérait pas les crimes commis contre les juifs comme les autres : il était plus indulgent pour ceux qui s'en rendaient coupables. Le cas de Koch, commandant de Buchenwald, qui fut fusillé pour des crimes bien moindres commis contre des détenus considérés comme aryens en est la preuve. Mais, voyez par exemple, le comportement de l'état d'Israël qui réclame la peine de mort contre tous les kapos qui se sont rendus coupables de crimes, dans l'exercice de leurs fonctions de garde-chiourmes dans les camps de concentration s'ils sont aryens et qui, s'ils sont juifs, juge qu'ils ont beaucoup d'excuses et ne relèvent que du blâme ou, tout au plus, de quelques mois de prison avec sursis.

Je fais grâce au lecteur des autres sujets sur lesquels, à bâtons rompus, nous avons bifurqué : le Traité de Versailles responsable du national-socialisme allemand et, par voie de conséquence, de la seconde guerre mondiale, la sottise du capitalisme responsable du Traité de Versailles et de l'expansion du bolchevisme, la guerre, les guerres, etc., etc.

Si j'ai tenu à conclure ce chapitre sur ce témoignage, c'est, d'une part parce qu'un historien digne de la qualification, ne doit rien cacher de ce qu'il sait, de l'autre, parce que je n'ai pu sérieusement le contester que sur un point et que, à tort ou à raison, la bonne foi de son auteur et sa sincérité m'avaient paru évidentes. C'est une des lois de l'histoire qu'on ne peut pas récuser un témoignage s'il ne semble incohérent que par un point : l'histoire n'offre d'ailleurs que pour ainsi dire pas d'exemple de témoignages parfaitement cohérents. Enfin, celui-ci représentait assez bien l'opinion que, d'après l'étude d'ensemble des documents et témoignages produits à Nuremberg, je me suis faite de cette affaire d'extermination des juifs par les gaz.

Tout ceci, d'ailleurs, ne signifie nullement que je cautionne ce témoignage : *testis unus, testis nullus*, c'est aussi une des lois de l'histoire et je ne sais que trop à quel point la sagesse des nations a raison de prétendre que rien, plus que la parfaite mauvaise foi, ne ressemble à la parfaite bonne foi. Sans aller jusqu'à prétendre que cet aphorisme s'applique à mon interlocuteur dont je suis loin de vouloir dissimuler le plaisir et l'intérêt que j'ai pris à sa conversation, je dois tout de même lui dire que, malgré tout ce qui plaide en sa faveur et bien que son entrée en scène regrettablement tardive puisse être excusée par les circonstances, son témoignage ne peut être pris en considération qu'avec les plus expresses réserves. Ce qu'on en peut seulement dire c'est qu'il est beaucoup plus acceptable que ceux auxquels on nous a, jusqu'ici, habitués et dont on nous a submergés au-delà de toute mesure. Ce qu'il vaut exactement on ne le saura que, si ceux qui gardent si jalousement sous le boisseau une vérité historique qu'ils connaissent, renoncent aux mesures drastiques par lesquelles ils l'empêchent de venir au jour et favorisent enfin le retour à un climat de libre discussion dans lequel tous ceux qui savent ou croient savoir quelque chose sur l'un quelconque des événements de la guerre, le pourront dire publiquement sans risquer d'être jetés en prison.

Appendice au Chapitre II : Les deux versions françaises du document Gerstein

On trouvera ci-après la version française du document Gerstein telle qu'elle a été donnée par L. Poliakov en 1951 (*Bréviaire de la Haine*, pp. 220-24) avec cette précision : « Ce récit a été rédigé directement, en un français hésitant : nous en avons, dans l'essentiel, respecté le style » et, à onze années de distance, en 1962, par le même Poliakov dans son livre *Le Procès de Jérusalem* d'après l'attendu 124 du jugement, avec cette précision : « Ce document a été rédigé par Gerstein en français directement. Nous le restituons ici tel quel ». Ces deux versions sont mises en parallèle, la première, page de gauche, la seconde, page de droite, pour permettre au lecteur de se rendre compte à quel point ce Poliakov n'a rien fait d'autre qu'en « respecter dans l'essentiel le style ». Je serais étonné qu'il n'y trouve pas aussi quelques énormes différences quant au fond. Mais que penser d'un document qui, à onze années d'intervalle, peut être présenté dans deux versions aussi contradictoires ? On remarquera que le tribunal de Jérusalem n'a retenu, ni les possibilités quotidiennes d'extermination des camps cités, ni la visite de Hitler à Belzec. Et que penser d'un homme comme Poliakov qui, à onze années d'intervalle, peut, sans sourciller, présenter ces deux versions d'un même texte ?

J'ajoute que du même Poliakov, une troisième version du document Gerstein se trouve dans *Le IIIe Reich et les juifs* (1955 - pp. 107 à 119). Cette troisième version comprend des paragraphes entiers qui ne figurent ni dans l'une, ni dans l'autre de ces deux-ci. Elle en comprend aussi d'autres qui sont en contradiction sur de nombreux points, avec l'une et avec l'autre. Et, comme ces deux-ci, elle porte la mention « reproduit tel quel » — avec un additif pourtant :

« D'après la revue historique allemande *Viertel-Jahreshefte für Zeitgeschichte*, numéro 2, avril 1953 ».

Nul doute qu'à ce rythme M. Poliakov ne soit bientôt l'impresario d'une multitude de « documents Gerstein » tous différents et tous contradictoires, mais tous authentiques!

Dernière remarque : aucune des trois ne fait mention d'une évaluation qui figure à l'original et selon laquelle le nombre des victimes juives européennes « s'élève à 25 millions ».

Le document Gerstein (première version)

Première version française attribuée à Gerstein par Poliakov en 1951, dans le Bréviaire de la Haine

A. Introduction de Poliakov

Les victimes ne sont plus là pour témoigner devant le monde ; les bourreaux, eux aussi ont disparu, ou se sont terrés. Parmi les rares témoignages qui nous sont parvenus sur le fonctionnement des camps, en voici un qui émane d'un tragique héros de la résistance allemande, l'ingénieur chimiste Kurt Gerstein Son récit a été rédigé directement en Français hésitant ; nous en avons dans l'essentiel respecté le style.

B. Texte du document

Toute la partie qui suit, en italique, a été omise par le tribunal de Jérusalem.

...En janvier 1942, je fus nommé chef des services techniques de désinfection de la Waffen-SS, comprenant aussi une section de gaz sévèrement toxiques.

En cette qualité, je reçus le 8 juin 1942, la visite du S.S. Sturmführer Günther du R.S.H.A. habillé en civil. Il m'était inconnu. Il ne donna l'ordre de lui procurer immédiatement, pour une mission ultra-secrète, 100 kg d'acide prussique et de les amener en un lieu qui n'était connu que du chauffeur du camion.

Quelques semaines plus tard, nous partîmes pour Prague. Je pouvais m'imaginer à peu près à quoi l'acide prussique devait servir, et de quel genre était cet ordre, mais j'acceptai, car le hasard me donnait l'occasion, attendue depuis longtemps, de pénétrer au fond de toutes ces choses. Je possédais d'ailleurs en tant qu'expert pour l'acide prussique, une telle autorité et compétence qu'il m'était facile de déclarer, sous un prétexte quelconque que l'acide prussique était inutilisable ; décomposé ou quelque chose de ce genre, et d'empêcher son utilisation pour l'extermination. Nous prîmes avec nous, plutôt par hasard, le professeur dr. méd. Pfannenstiel, SS-Obersturmbannführer, titulaire de la chaire d'hygiène de l'Université de Marburg-sur-la-Lahn.

Nous partîmes ensuite avec le camion à Lublin (Pologne). Le SS-Gruppenführer Globocnik nous y attendait. À l'usine de Collin j'ai laissé entendre exprès que l'acide était destiné à tuer des êtres humains. L'après-midi un homme montra beaucoup d'intérêt pour notre camion. Il se sauva à toute vitesse lorsqu'il se sentir observé. Globocnik nous dit : « C'est une des affaires les plus secrètes qui soient et c'est même la plus secrète. Celui qui en parlera sera fusillé aussitôt. Hier encore, deux bavards furent fusillés ». Il nous expliqua alors :

Actuellement — c'était le 17 août 1942 — il existe trois installations :

1°) Belzec, sur la toute Lublin-Lwow. Maximum par jour 15 000 personnes.

2°) Sobidor (je ne sais exactement où) 20 000 personnes par jour.

3°) Treblinka, à 120 kilomètres N.-N.-E. de Varsovie.

4°) Maïdanek, près de Lublin (en préparation).

Globocnik dit : « Il vous faudra faire la désinfection de très grandes quantités de vêtements provenant de juifs, Polonais, Tchèques, etc. Votre autre devoir sera d'améliorer le service de nos chambres à gaz, fonctionnant par échappement d'un moteur Diesel. Il faut un gaz plus toxique et fonctionnant plus vite, tel que l'acide prussique. Le Führer et Himmler — ils étaient ici avant-hier le 15 août — m'ont prescrit d'accompagner moi-même tous ceux qui doivent voir l'installation. »

Le professeur Pfannenstiel lui demanda : « Mais que dit le Führer ? ». Globocnick répondit : « Le Führer ordonne d'accélérer toute l'action ». Le docteur Herbert Linden, qui était avec nous hier m'a demandé : « Mais ne serait-il pas plus prudent de brûler les corps au lieu de les enterrer ? Une autre génération jugerait plutôt ces choses d'une autre manière ».

Je répliquai : « Messieurs, si jamais, après nous, il y avait une génération si lâche, si molle qu'elle ne comprendrait pas notre œuvre si bonne et si nécessaire, alors messieurs, tout le national-socialisme aura été pour rien. Au contraire, il faudrait enterrer des tables de bronze mentionnant que ce fut nous, nous qui eûmes le courage de réaliser cette œuvre gigantesque ! » Le Führer dit alors : « Oui, mon brave

Globocnick, vous avez raison ».

Fin de la partie du texte qui précède a été omise par le tribunal de Jérusalem.

« Le lendemain, nous partions pour Belzec. Globocnick me présenta à SS...[14] qui me fit voir les installations. Ce jour on ne vit pas de morts, mais une odeur pestilentielle recouvrait toute la région. À côté de la gare, il y avait une grande baraque « vestiaire » avec un guichet « valeurs ». Plus loin, une salle avec une centaine de chaises, « coiffeur ». Ensuite un couloir de 150 mètres en plein vent, barbelés de deux côtés et affiches : « Aux bains et aux inhalations ». Devant nous, une maison genre établissement de bains ; à droite et à gauche, grands pots de béton avec des géraniums ou d'autres fleurs. Au toit, l'étoile de David. Sur le bâtiment, l'inscription : « Fondation Heckenholt ».

« Le lendemain, peu avant 7 heures, on m'annonce :

« Dans dix minutes, le premier train arrivera ! » En effet, quelques minutes plus tard, un train arrivait de Lemberg : 45 wagons contenant plus de 6 000 personnes.

Deux cents Ukrainiens affectés à ce service, arrachèrent les portières et, avec des cravaches de cuir, ils chassèrent les juifs de l'intérieur des voitures. Un haut-parleur donna les instructions : enlever tous les vêtements, même les prothèses et les lunettes. Remettre toutes valeurs et tout argent au guichet « valeurs ». Les femmes et les jeunes filles se faire couper les cheveux dans la baraque du « coiffeur ». (Un Unterführer SS de service me dit : « C'est pour faire quelque chose de spécial pour les équipages de sous-marins »).

« Ensuite, la marche commença. À droite et à gauche les baraques, derrière deux douzaines d'Ukrainiens, le fusil à la main. Ils s'approchent. Moi-même et Wirth, nous nous trouvons devant les chambres de la mort. Totalement nus, les hommes et les femmes, les bébés, les mutilés, ils passent. Au coin, un grand SS, à haute voix pastorale dit aux malheureux : « Il ne vous arrivera rien de pénible ! Il

---

[14] Ce nom est mal lisible. Wirth ? dit en note Poliakov.

faut seulement respirer très fort, cela fortifie les poumons, c'est un moyen de prévenir les maladies contagieuses, c'est une bonne désinfection ! » Ils lui demandaient quel allait être leur sort. Il leur dit : « Les hommes devront travailler, construire des maisons et des rues. Les femmes n'y seront pas contraintes ; elles s'occuperont du ménage et de la cuisine. »

« C'était, pour certains de ces pauvres gens, un dernier petit espoir, assez pour les faire marcher sans résistance vers les chambres de la mort. La majorité sait tout, l'odeur l'indique ! Ils montent un petit escalier de bois et entrent dans les chambres de la mort, la plupart sans rien dire, poussés par les autres qui sont derrière eux. Une juive de quarante ans environ les yeux comme des flambeaux, maudit les meurtriers, recevant quelques coups de cravache de la part du capitaine Wirth lui-même, elle disparaît dans la chambre à gaz. Beaucoup font leur prière, d'autres demandent : « Qui est-ce qui nous donnera de l'eau pour la mort ? » (rite israélite). Dans les chambres, des SS pressent les hommes : « Bien remplir » a ordonné Wirth. 700 - 800 sur 93 m^2 ! Les portes se ferment. À ce moment, je, comprends la raison de l'inscription « Heckenholt ». Heckenholt, c'est le chauffeur de la Diesel, dont les gaz d'échappement sont destinés à tuer les malheureux. SS-Unterscharführer Heckenholt s'efforce de mettre en marche le moteur. Mais il ne marche pas ! Le capitaine Wirth arrive. On le voit, il a peur, car j'assiste au désastre. Oui je vois tout et j'attends. Mon chronomètre « stop » a fixé le tout, 50 minutes, 70 minutes, le Diesel ne marche pas ! Les hommes attendent dans les chambres à gaz. En vain. On les entend pleurer « comme à la synagogue » dit le professeur Pfannenstiel, l'œil fixé à une fenêtre agencée dans la porte de bois. Le capitaine Wirth, furieux, envoie quelques coups de cravache à l'Ukrainien qui est l'aide de Heckenholt. Après 2 heures 49 minutes — la montre a tout enregistré — le Diesel se met en marche. 25 minutes passent. Beaucoup sont déjà morts, c'est ce qu'on voit par la petite fenêtre, car une lampe électrique éclaire par moment l'intérieur de la chambre.

Après 32 minutes, enfin, tous sont morts ! De l'autre côté, des travailleurs juifs ouvrent les portes en bois. On leur a promis — pour leur service terrible — la vie sauve, ainsi qu'un petit pourcentage des valeurs et de l'argent trouvés. Comme des colonnes de basalte, les hommes sont encore debout, n'ayant pas la moindre place pour tomber ou pour s'incliner. Même dans la mort, on reconnaît encore les familles se serrant les mains. On a peine à les séparer, en vidant les chambres pour le prochain chargement. On jette les corps bleus, humides de sueur et d'urine, les jambes pleines de crotte et de sang périodique. Deux douzaines de travailleurs s'occupent de contrôler les bouches qu'ils ouvrent au moyen de crochets de fer. « Or à gauche, pas d'or à droite ! » D'autres contrôlent anus et organes génitaux en cherchant monnaie, diamants, or, etc... Des dentistes arrachent au moyen de martels les dents d'or, ponts, couronnes. Au milieu d'eux, le capitaine Wirth. Il est dans son élément et, me montrant une grande boîte de conserves, remplie de dents, il me dit : « Voyez vous-même le poids de l'or ! C'est seulement d'hier et d'avant-hier ! Vous ne vous imaginez pas ce que nous trouvons chaque jour, des dollars, des diamants, de l'or ! Vous verrez vous-même ! » Il me guida chez un bijoutier qui avait la responsabilité de toutes ces valeurs. On me fit voir encore un des chefs du grand magasin berlinois « Kaufhaus des Westens » et un petit homme auquel on faisait jouer du violon, les chefs des commandos de travailleurs juifs. « C'est un capitaine de l'armée impériale autrichienne, chevalier de la croix de fer allemande ! » me dit Wirth.

« Ensuite les corps furent jetés dans de grands fossés de 100 x 20 x 12 mètres environ, situés auprès des chambres à gaz. Après quelques jours, les corps se gonflaient et le tout s'élevait de 2 à 3 mètres à cause des gaz qui se formaient dans les cadavres. Après quelques jours, le gonflement fini, les corps se tassaient. Par la suite, m'a-t-on dit, sur des rails de chemin de fer, on a brûlé les cadavres à l'aide d'huile Diesel, afin de les faire disparaître... »

C. CONCLUSION DE POLIAKOV

Il ne nous reste pas grand-chose à ajouter à cette description, valable pour Treblinka ou Sobibor aussi bien que pour le camp de Belzec. Les installations y étaient conçues sensiblement de la même manière, et l'oxyde de carbone, produit par un moteur Diesel, était la méthode adoptée pour administrer la mort. À Maïdanek, qui fut créé plus tard et qui subsista jusqu'aux derniers jours de l'occupation allemande, le procédé d'asphyxie au moyen de l'acide prussique (Cyclon B) fut introduit à l'instar d'Auschwitz ; nous avons signalé, d'autre part, que Maïdanek n'était pas un camp d'extermination immédiate.

Les travaux de la Commission des crimes de guerre polonaise ont établi que le nombre total des victimes fut de près de 600 000 à Belzec, de 250 000 à Sobidor, de plus de 700 000 à Treblinka et de 300 000 à Chelmo (300). Ce furent des juifs polonais pour plus de 90% ; il n'y eut pas de nationalité européenne, cependant, qui ne fût pas représentée dans les 8 à 10% restants. En particulier, sur les 110 000 juifs déportés des Pays-Bas, au moins 34 000 furent exterminés à Sobidor (301).

Après neuf mois d'activité intense, le camp de Belzec cessa de fonctionner en décembre 1942. En automne 1943, une fois la « solution finale » pratiquement parachevée en Pologne, Sobidor et Treblinka furent également supprimés, et leurs traces effacées dans la mesure du possible, les bâtiments démontés ou détruits, et le terrain soigneusement reboisé. Seul, le camp de Chelmno, le premier en place, fonctionna sans interruption jusqu'au mois d'octobre 1944, et ne fut définitivement liquidé qu'en janvier 1945.

Le document Gerstein (seconde version)

Seconde version française attribuée à Gerstein par le Tribunal de Jérusalem en 1961, présentée au public par le même Poliakov dans Le Procès de Jérusalem

A. INTRODUCTION DU TRIBUNAL

Attendu 124. Voici maintenant une description due à la plume d'un Allemand du processus d'extermination au camp de Belzec qui ressemblait beaucoup à celui de Treblinka. L'auteur est un officier de S.S. du nom de Gerstein dont la conscience ne le laissait pas en repos et qui, dès 1942, essaya de dévoiler au monde la vérité sur ce qui se passait dans les camps d'extermination.

Immédiatement après la guerre, il rédigea le document que nous allons citer et le remit à des officiers alliés. Nous reviendrons ultérieurement sur les communications de Gerstein à ce sujet. Pour le moment, nous dirons seulement que les déclarations de Gerstein sont recoupées en tous points par les dépositions que nous avons entendues, de sorte que ces preuves s'épaulent mutuellement. Nous considérons la description faite par Gerstein comme étant la description de ce qu'il a réellement vu. Voici ce qu'il écrit (T/1309 (1) :

(N.B. - Ce document a été rédigé par Gerstein en français directement. Nous le restituons ici tel quel) :

B. Texte du document

« L'autre jour, nous partions à Belzec. Une petite gare spéciale de deux quais s'incline à la colline de sable jaune immédiatement au nord de la route et du chemin de fer. Au sud, près de la chaussée, quelques maisons de service avec l'affiche « Lieu de service Belzec de la SS armée ». Globocnick me présente à SS Hauptsturmführer Obermeyer de Pirmasens, qui me fit voir avec grande retenance les installations. Ce jour, on ne vit pas les morts, mais l'odeur de toute la région, aussi de la grande chaussée était pestilente. À côté de la petite gare, il y avait une grande baraque « garde-robe » avec un guichet « valeurs ». Alors, une chambre à 100 chaises, « coiffeur ». Alors un corridor de 150 mètres en plein vent, fils barbelés de deux côtés et affiches « Aux bains et inhalations ! »

Avant nous, une maison comme institut de bain ; à droite et à gauche, grand pot de béton avec géranium ou autres fleurs. Après avoir monté un petit escalier, à droite et à gauche, trois et trois chambres comme de garages, 4 x 5 mètres, 1m90 d'altitude. Au retour, pas visibles, sorties de bois. Au toit, l'étoile David en cuivre. Avant le bâtiment, inscription : « Fondation Heckenholt ».

De plus — cet après-midi — je n'ai aperçu.

Autre matin, quelques minutes avant 7 heures, on m'annonça : « Après dix minutes, le train arrivera ! »

— Vraiment après quelques minutes, le premier train arriva de Lemberg. 45 wagons contenant 6 700 personnes, 1.450 déjà mortes à leur arrivée.

Derrière les petites lucarnes aux fils barbelés, des enfants, jaunes, pleins de peur, femmes, hommes.

Le train arrive : 200 Ukrainiens, contraints à ce service, arrachent les portes et avec cravaches de cuir ils chassent les personnes en dehors des voitures. Alors un grand haut-parleur donne les instructions : « Au plein vent, quelques dans la baraque, se déshabiller de tout vêtement, aussi prothèses et lunettes. Avec petit morceau de ficelle, offert par un petit garçon juif de 4 ans, joindre, ensemble les chaussures. Rendre tout valeur, tout argent au guichet ». Valeurs sans bon, sans reçu. Alors, les femmes, les jeunes filles au coiffeur faire couper un ou deux coups les cheveux qui disparaissent dans des grands sacs de pommes de terre « pour en faire quelques choses spéciales pour les sous-marins, épaisseurs, etc. », me dit le SS-Unterscharführer du service.

Alors la marche commence : à droite, à gauche le fil barbelé, en derrière deux douzaines Ukrains avec fil. Guidés d'une jeune fille extraordinairement belle, ils s'approchent. Moi-même avec le Hauptmann Wirth, police, nous nous trouvons avant les chambres de la mort. Totalement nus, les hommes, les femmes, les jeunes filles, les enfants, les bébés, les à une seule jambe, tous nus passent. Au coin, un SS fort qui, à haute voix pastorale, dit aux pauvres : « Il vous arrivera rien que vivement respirer, cela fait forts les poumons, cette inhalation, c'est nécessaire contre maladies contagieuses, c'est une belle désinfection ! — Demandé quel serait leur sort, il leur dit : « Vraiment les hommes doivent travailler, bâtir des rues et des maisons. Mais les femmes ne sont pas obligées. Seulement, si elles veulent, elles peuvent aider au ménage ou dans la cuisine. » — Pour quelques de ces pauvres gens, petit espoir encore une fois, assez pour les faire marcher sans résistance aux chambres de la mort, la majorité sait tout, l'odeur leur indique le sort ! — Alors ils montent le petit escalier et — voyant la vérité ! Mères, nourrices, les bébés à la poitrine, nues, beaucoup d'enfants de tout âge — nus — ils hésitent, mais ils entrent dans les chambres de la mort, la plupart sans mot dire, pressés des autres derrière eux, agités par les cravaches des SS. — Une juive, 40 ans environ, les yeux comme des flambeaux cite le sang de leurs enfants sur leurs meurtriers. Recevant 5 coups de cravache au visage de la part de Hauptmann de police Wirth lui-même, elle disparaît dans la chambre à gaz. Beaucoup font leurs prières, d'autres disent : « Qui est-ce qui nous donne de l'eau pour la mort ? » (Rite israélitique). Dans les chambres, les SS presse les hommes. « Bien remplir », le Hauptmann Wirth a ordonné. Les hommes nus sont debout aux pieds des autres. 700-800 à 25 mètres carrés à 45 mètres cubes ! — Les portes se ferment. Cependant, le reste du train, nus, attendent. On me dit. « Aussi en hiver nus. » — « Mais ils ne peuvent emporter la mort ! — C'est pour cela donc qu'ils sont ici », était la réponse ! À ce moment je comprends pourquoi « Fondation Heckenholt » — Heckenholt c'est le chauffeur du Diesel « dont les échappements sont destinés à tuer les pauvres ! » SS-Unterscharführer Heckenholt se donne quelque peine pour faire en marche le moteur Diesel. Mais il ne marche pas ! — le Hauptmann Wirth arrive. On voit, il a peur, parce que, moi je vois le désastre. Oui je vois tout, et j'attends. Mou chronomètre « stop » a fixé tout. 50 minutes, 70 minutes, le Diesel ne marche pas ! — les hommes attendent dans leurs chambres à gaz. En vain. On les écoute pleurer « comme à la synagogue » dit le SS- Sturmbannführer Professor Dr Pfannenstiel, ordinarius de l'hygiène de l'université de Marbourg-Lahn, l'oreille à la porte de bois. Le Hauptmann Wirth, furieux, fait 11, 12 coups de cravache au visage de l'Ukrain, qui est en aide de Heckenholt. — Après deux heures 49 minutes — la montre « stop » a tout enregistré — le Diesel commence. Jusqu'à ce moment, les hommes dans les 4 chambres déjà remplies vivent, vivent 4 fois 750 personnes à 4 fois 45 mètres cubes ! — De nouveau 25 minutes passent. Beaucoup c'est vrai, sont morts. C'est ce qu'on voit par la petite fenêtre, par laquelle la lampe électrique fait voir pour un moment l'intérieur de la chambre. Après 28 minutes, encore peu qui survivent. Après 32 minutes, enfin, tout est mort ! — De l'autre côté, des travailleurs juifs ouvrent les portes de bois. On leur a promis — pour leur service terrible — la liberté et quelques procents du résultat des valeurs et de l'argent trouvés. Comme des colonnes de basalte, les morts sont encore debout, étant pas la moindre place de tomber ou de s'incliner.

Même morts, on connaît encore les familles qui se serrent encore les mains. On a peine de les séparer, pour faire vides les chambres pour prochaine charge. »

C. Conclusion du Tribunal de Jérusalem

Il ressort du rapport de la commission polonaise qui a enquêté sur le camp de Belzec (T. 1316) que ce camp servit surtout à l'extermination de juifs du sud-est de la Pologne ; mais des juifs de Tchécoslovaquie, d'Autriche, de Roumanie, de Hongrie et d'Allemagne y furent également tués. La commission estime à 600 000 au moins le nombre des personnes qui trouvèrent la mort à Belzec.

125. – Les témoignages sur le camp de Sobibor nous ont donné une image semblable à celle des camps de Treblinka et de Belzec. Les juifs qui y furent exterminés venaient de la Pologne et des Territoires que les Allemands occupaient en Russie soviétique ainsi que de Tchécoslovaquie, de Slovaquie, d'Autriche et d'Allemagne. Ce camp fut liquidé à la suite d'une révolte des prisonniers juifs qui y éclata en octobre 1943. Suivant les estimations de la Commission polonaise, 250 000 personnes au moins y périrent.

126. – Le camp de Maïdanek, un grand camp de concentration près de Lublin, servait également de lieu d'extermination de juifs. Ils y étaient tués par fusillades et par les gaz. Le témoin joseph Reznik nous a relaté (audience 64) un massacre de juifs par fusillade qui eut lieu en novembre dans le « 5e champ de Maïdanek ». On trouve dans le rapport de la commission polonaise le nombre de victimes qui furent tuées en l'espace d'un seul jour, le 3 novembre 1943 : 18 000 juifs. Des chambres à gaz furent également installées à Maïdanek. Les juifs étaient déportés dans ce camp de Pologne, de Slovaquie, de Tchécoslovaquie et d'Europe occidentale et méridionale. La commission estime à 200 000 le nombre de juifs qui y périrent. Le camp de Maïdanek avait des succursales dont le camp de Travniki, qui a déjà été mentionné comme lieu de destination de convois de juifs d'Allemagne.

N.B. – Le manuscrit de cette étude était à l'impression lorsque le scandale du *Vicaire* éclata à Paris. Au journal *Le Monde* qui soutenait la pièce, j'écrivis que le Document Gerstein était un faux historique si faux que le Tribunal de Nuremberg lui-même l'avait écarté comme non-probant, le 30 janvier 1946. *Le Monde* (26-12-1963) publia l'information que je lui donnais en la faisant suivre de la note de la rédaction suivante :

« Il est exact que pendant le procès de Nuremberg le président écarta cette pièce des preuves apportées par l'accusation française. Tirée des documents de la délégation américaine, elle n'avait pas encore été authentifiée sous serment. Cela se passait le 30 janvier 1946 à l'audience du matin. Lorsque les débats reprirent dans l'après-midi, l'avocat général britannique, Sir Maxwell-Fyfe, expliqua que ce rapport ainsi que tous ceux de la série PS avaient été authentifiés par des officiers américains. La Cour décida alors de le prendre en considération. »

J'écrivis à nouveau au *Monde* pour lui signaler qu'« authentifié par des officiers américains » et « pris en considération par la Cour » ne signifiait pas « retenu à charge ». En précisant :

1. Qu'à la séance de l'après-midi en question il avait surtout été décidé (C.R. des débats p. 377) d'un commun accord par le Président du Tribunal et M. Dubost, que le Document P.S. 1553 se composait uniquement de 12 factures de Cyclon B et que la déclaration de Gerstein n'en faisait pas partie, — qu'elle n'y avait été introduite que par la phrase suivante de M. Dubost : « *Au document P.S. 1553 est* (sic) *JOINTE* la déposition de Gerstein et les explications du chef de service américain qui a recueilli ce document »...

2. Que tous les documents P.S. « authentifiés par des officiers américains » ne l'avaient pas été forcément — loin de là ! — par le Tribunal, que tous ceux qui l'avaient été pour ce dernier figuraient, soit

dans l'un des livres rendant compte des débats, soit dans la liste (volume 24) des documents retenus et dans l'un ou l'autre des 18 volumes de documents, ce qui n'était pas le cas de la déclaration de Gerstein. En effet, ce qui, du document P.S. 1553 a été retenu à charge par le Tribunal, figure au volume 27 pp. 340-42 : on n'y trouve que deux factures de Cyclon B (sur 12) mais, de la déclaration de Gerstein, pas un mot.

En date du 30-12-1963, M. Jacques Fauvet me répondit qu'en effet la déclaration de Gerstein n'avait pas été prise en considération mais qu'il... « hésitait à prolonger la controverse ».

En somme, j'avais raison mais les lecteurs du Monde ne devaient pas le savoir. La controverse resta ouverte dans ses colonnes, mais seulement à ceux qui soutenaient le bien-fondé de l'argument de la pièce.

Tel est le mécanisme de la mise en condition de l'opinion.

Sans autre commentaire.

Chapitre III :

Statistiques : Six Millions ou... ?

Remontant le cours de l'histoire, en quinze années de recherches, je suis arrivé à la conclusion suivante : c'est en 1943 que, pour la première fois, l'Allemagne nationale-socialiste a été accusée d'exterminer massivement et systématiquement les juifs européens dans des chambres à gaz. L'auteur de cette première, horrible et infamante accusation était un juif polonais réfugié en Angleterre, juriste de son état : le professeur Rafael Lemkin. Et il la porta dans un livre publié à Londres et en anglais cette année-là : *Axis rule in occupied Europe*. Sur le moment, ce livre ne sembla pas avoir été pris au sérieux. En novembre 1943, lorsque je fus arrêté par la Gestapo, il était encore totalement inconnu dans les milieux les mieux renseignés de la Résistance française et je n'entendis parler de chambres à gaz pour la première fois qu'à Dora, vers le milieu de l'année 1944. En 1945-1946, pourtant, *Axis rule in occupied Europe* faisait l'objet de toutes les conversations dans les coulisses du Procès des grands criminels de guerre à Nuremberg où il fut cité à charge contre Seyss-Inquart (T. XIX, pp. 70 et 92) et le point de vue qui y était défendu était soutenu par le *Rapport Kasztner* sur la tragédie des juifs hongrois qui, lui aussi, faisait l'objet de toutes les conversations dans les coulisses de ce procès. Il faut toutefois préciser que c'est seulement à partir du 30 janvier 1946, date à laquelle le Procureur français Dubost rendit publique la découverte du document Gerstein, que ces deux écrits prirent de l'importance : c'est, en effet, ce jour-là que, dans la presse mondiale, les chambres à gaz se mirent à danser tous les tons et sur un rythme endiablé, cette sarabande effrénée et pleine de faux-pas qu'elles n'ont jamais cessé d'y danser depuis.

Essayons de reconstituer les faits. jusqu'au 30 janvier 1946, outre *Axis rule in occupied Europe* et le *Rapport Kasztner*, qui n'étaient que des témoignages de seconde main, le ministère public et les juges de

Nuremberg ne disposaient que de témoignages directs qui, juridiquement, n'étaient pas beaucoup plus probants étant donné la forme dans laquelle ils étaient produits par leurs auteurs : tous ces gens avaient bien été internés à Auschwitz, mais, les chambres à gaz, ils ne les connaissaient ou ne savaient comment elles avaient été utilisées que par ce que leur en avaient dit de leurs camarades de détention « dignes de foi » que, généralement, ils ne nommèrent pas ou qui étaient morts s'ils les nommaient. Encore des témoignages de seconde main. Le type même en était celui du Dr Benedikt Kautsky[15], lequel ne vint pas à la barre mais ainsi qu'on l'a vu, écrivit un livre qui témoignait dans cette forme et eut son heure de courte célébrité. Ou celui de Mme Vaillant-Couturier qui arriva au camp d'Auschwitz en janvier 1943q qui était communiste, qui, pour cette raison, fut « planquée » à l'hôpital où elle était un personnage important du self-government, et qui à la question de savoir si l'hôpital était ouvert aux juives en cas de maladies répondit froidement au procureur français Dubost : « Non, quand nous sommes arrivées, les juives n'avaient pas le droit d'y aller, elles étaient (dans ce cas) directement conduites à la chambre à gaz ». (I.M.T. Tome VI, p. 219). Or, jamais faux-témoignage ne fut, à mon sens, produit à la barre d'un tribunal avec autant de tranquille assurance car, en janvier 1943, il n'y avait — s'il y en eut jamais ! — pas de chambre à gaz à Auschwitz, la thèse officielle étant qu'elles n'y ont été installées qu'à la fin février 1943 (Doc. N.O. 4463). Mais on n'en finirait pas de citer tous les faux-témoins de ce genre. Toujours est-il qu'avec le document Gerstein, pour la première fois, on avait un témoin de première main. Il était mort ? Oui, mais il avait écrit ou, au minimum, signé une déclaration du moins le prétendait-on. Cette déclaration ne concernait pas Auschwitz ? Non, pour ce qu'il disait avoir vu ; mais des factures de cyclon B livré à ce camp y étaient annexées, et, d'autre part, sa description de l'extermination par les gaz dans d'autres camps portait l'opération à un tel degré d'horreur, que les journalistes accrédités au procès décidèrent que la campagne sur ce thème pouvait commencer à rouler. Les juges, eux, accordèrent beaucoup moins d'importance à tout

---

[15]Cf. *Le Véritable procès Eichmann*, p. 82.

cela, mais ils laissèrent les mains libres aux journalistes et, s'ils ne les encouragèrent pas, jamais ils ne démentirent leurs allégations qui les mettaient en cause ainsi que ce fut le cas du document Gerstein, présenté à l'opinion comme s'il avait été admis comme preuve alors qu'il avait précisément été refusé (cf. chapitre précédent).

Le livre du Dr Benedikt Kautski ne parut qu'à fin 1946 : il ne put donc en être question au procès des grands criminels de guerre. Témoignage de seconde main sur les chambres à gaz, il n'eût d'ailleurs pas été d'un très grand secours. Pour avoir sur les opérations d'extermination par les gaz au camp d'Auschwitz une description aussi précise que celle du document Gerstein en ce qui concernait le camp de Belzec, il fallut attendre 1951 et *Médecin à Auschwitz* du docteur-ectoplasme Miklos Nyiszli dont on a aussi vu ce qu'il fallait penser au chapitre précédent. Depuis, plus rien : pas d'autres témoins de visu. La littérature concentrationnaire, les historiens du type Rothfels, Golo Mann ou Raul Hilberg, la *Commission des crimes de guerre de Varsovie* et les *Centres de documentation juive contemporaine*, leurs propagandistes du type Poliakov ou Hannah Arendt, l'*Institut für Zeitgeschichte de Munich* et les saltimbanques ou les montreurs du type Piscator (metteur en scène de *Der Stellvertreter* du dénommé Hochhuth) n'ont, à ma connaissance, jamais pu produire que ces deux-là qui sont, je crois l'avoir démontré, visiblement apocryphes. Je n'insisterai donc pas.

N'ayant pas mieux que cela réussi à établir la matérialité des exterminations par les gaz d'ordre gouvernemental, les champions de l'accusation n'eurent pas beaucoup plus de chance lorsqu'ils voulurent chiffrer les dégâts en vies humaines. En 1945-1946, au procès des grands criminels de guerre, ils se trouvèrent devant la situation suivante :

— le Professeur Rafael Lemkin disait seulement : « des millions » ;

— le Dr Rudolf Kasztner ne parlait que des juifs hongrois dont il évaluait le nombre à environ 800 000 (p. 1 de son Rapport) et estimait (p. 8) que « 500 000 avaient été déportés sur la ligne Kaschau-Oderberg entre le 15 mai 1944 et le début de juillet » — le début de juillet, c'est-à-dire le 7, précise-t-il un peu plus loin ;

— les données chiffrées du document Gerstein aboutissaient à des résultats tellement astronomiques qu'elles étaient absolument inutilisables (il n'est peut-être pas inutile de rappeler que le reste de son contenu ne fût, à l'époque, utilisé que dans la presse, le président du Tribunal ayant refusé même d'en entendre la lecture de la bouche du procureur français Dubost) ;

— fort heureusement, en trouva Hoettl et Wisliceny qui, dans les circonstances que l'on sait parlèrent, le premier de 6 millions, le second de 5 millions, évaluations que l'un et l'autre disaient tenir d'Eichmann.

C'est dans ces conditions que, ainsi qu'on l'a vu, M. Justice Jackson déclara dans son réquisitoire le 21 novembre 1945 :

« Des 9 600 000 juifs qui vivaient dans l'Europe dominée par les nazis, on estime en toute connaissance de cause à 60% le nombre de ceux qui périrent : 5 700 000 juifs manquent dans les pays où ils vivaient auparavant et plus de 4 500 000 ne peuvent être portés ni au compte du taux naturel des décès, ni à celui de l'immigration dans les autres pays ». (*I.M.T.*, Tome 11, page 128)

Telle fut, au départ, l'accusation : 4 500 000 exterminés.

Mais on ne voit pas bien comment, entre le 8 mai 1945 et le 21 novembre, M. justice Jackson a pu être mis « en toute connaissance de cause ». Aucune opération officielle de recensement n'ayant eu lieu dans ce laps de temps comment d'ailleurs eût-elle été possible dans un tel chaos de populations déplacées par les événements et en mouvement dans tous les sens ? il ne s'agit là, de toute évidence, que d'une évaluation purement conjecturale. Quoiqu'il en soit, le jugement prononcé contre les grands criminels de guerre ne la retint pas et, quant à la presse mondiale, c'est celle de Hoettl qu'elle retint : depuis, à l'exception de M. Gerald Reitlinger qui est le seul à arriver à un résultat concordant à peu près avec celui de M. Justice Jackson (4 200 000 à 4 600 000) tout s'est passé comme si, ayant posé en principe que cette évaluation de Hoettl d'après Eichmann était fondée, tous les autres statisticiens qui ont travaillé sur les chiffres dans les dispositions d'esprit de la *Commission de Varsovie*, des *Centres de documentation juive contemporaine* ou de l'*Institut für Zeitgeschichte* de Munich, n'avaient jamais eu d'autre but que de démontrer que les évaluations de Hoettl et Wisliceny correspondaient à la réalité. Ce qui est, dès l'abord remarquable, c'est que, s'ils arrivent tous à un résultat global qui se situe autour de ces 6 millions, ils n'y arrivent pas tous par les mêmes voies, la répartition détaillée de ce résultat global par pays présentant, dans presque tous les cas des différences considérables. L'exemple le plus suggestif de ces différences me paraît être la Pologne où M. Shalom Baron, titulaire de la chaire d'histoire juive à l'université de Columbia trouva, dès l'arrivée des troupes russes dans ce pays, 700 000 juifs survivants (sa déclaration du 24 avril 1961 au Procès Eichmann), le *Centre mondial de documentation juive de Paris* 500 000 (communiqué au *Figaro Littéraire* du 4 juin 1960, l'*Institute of Jewish Affairs* 400 000 (*Eichmann's Confederates and the Third Reich Hierarchy*, op. cit. p. 59) et M. Raul Hilberg seulement 50 000 (*The Destruction of the European Jews*, p. 670). La répartition par camp ou par secteur de destruction non plus n'est pas la même et présente des différences aussi considérables selon qu'on se réfère à l'un ou à l'autre de ces singuliers statisticiens. Exemples :

— 4 000 000 environ à Auschwitz, le reste dans d'autres camps d'extermination ou en campagne par les *Einsatzgruppen*, nous disent Poliakov, Olga Wormser, Henri Michel, etc. Cette répartition tient manifestement compte du jugement de Varsovie qui condamna Hoess à la pendaison sous l'accusation d'avoir fait périr à Auschwitz 2 812 000 personnes dont 2 500 000 juifs de mai 1940 à décembre 1943, ce qui ne doit pas être très loin des 4 millions, pour toute la durée du camp.

— 1 950 000 pour tous les camps dont 1 million à Auschwitz (900 000 corrige l'*Institute of Jewish Affairs*), 1 400 000 par les *Einsatzgruppen* et le reste en campagne (« Mobile opérations ») nous dit M. Raul Hilberg (op. cit. cf. chap. I). Il faut, en outre, préciser qu'il ne sait pas bien lui-même, s'il doit arriver à un total de 5 100 000 (p. 767) ou 5 419 500 (p. 670).

M. Pour tous les camps d'extermination autres qu'Auschwitz, 950 000 nous dit M. Raul Hilberg, mais, nous disent la *Commission de*

Varsovie et le *Jugement du Tribunal de Jérusalem*, 2 050 000 pour les cinq autres des six (Chelmno, Belzec, Sobibor, Maïdanek et Treblinka).

Tout cela dit le sérieux de ces calculs et le crédit qu'on peut accorder aux documents sur lesquels ils se fondent qui, étant les mêmes pour tous les statisticiens, parlent à chacun d'eux un langage si différent qu'il ne les met d'accord entre eux que sur le total général des pertes juives situé par tous, lorsqu'ils font leurs additions, entre 5 et 6 millions de vies humaines exceptés Reitlinger plus modeste et Poliakov qui dit « entre 5 et 7 millions » (*Le Troisième Reich et les juifs*) pour, finalement, se ranger aux 6 millions qui sont la moyenne arithmétique des deux : on admirera l'originalité de la méthode !

Le lecteur comprendra aisément qu'en présence de ce fatras de calculs si contradictoires, plutôt que de reprendre toutes les références une à une et de refaire, une à une aussi, toutes les additions, j'aie préféré, au moyen de statistiques toutes d'origine juive, essayer de reconstituer dans son détail par pays, la population juive mondiale en 1946 et la comparer à ce qu'elle était, dans la même présentation, à l'arrivée au pouvoir du national-socialisme en Allemagne en 1933. À tort ou à raison, ce procédé m'a paru être le meilleur moyen, chemin faisant, de mettre en évidence les falsifications éhontées de la *Commission de Varsovie*, du *Centre mondial de documentation juive contemporaine*, de l'*Institut für Zeitgeschichte* de Munich et de tous leurs supporters, littérateurs, saltimbanques, montreurs, historiens ou autres juifs ou autres aussi. Que les données statistiques qui suivent ne puissent pas être considérées comme justes à une unité près, le lecteur le comprendra, je suppose, très aisément aussi : en matière de populations, où la statistique ne repose que sur l'interrogatoire des intéressés dont les réponses sont toujours sujettes à caution quand on peut les atteindre, où il n'est pas possible de les atteindre tous, étant donné les défectuosités ou même l'absence des services de l'état-civil dans un très grand nombre de pays, il n'est jamais possible que d'arriver à des conclusions approchantes seulement.

En matière de population juive, l'aversion qu'indistinctement tous les juifs ont, depuis Hérode, toujours témoignée pour tous les recensements, est un autre facteur d'erreurs. Ces deux réserves étant des constantes qui condamnent toutes les statistiques à l'approximation, il suffit pourtant, tous les statisticiens l'admettent, que deux ou plusieurs statistiques comparées soient de même origine pour que les conclusions qu'on en tire par différence ne présentent que des erreurs assez minimes pour être considérées comme insignifiantes.

Ceci étant dit, où en est la question en ce mois de juillet 1963 ?

I - STATISTIQUES D'APRÈS-GUERRE

En 1951, le *World Almanac* publiait une statistique de laquelle il résultait qu'il n'existait plus que 11 303 350 juifs dans le monde contre 16 643 120 en 1939. Elle était donnée comme étant le fruit des travaux de l'*American Jewish Comittee Year Book* et du *Jewish Statistic Bureau of the Synagogue Council* qui avaient passé les années 1949 et 1950 à l'établir.

Présentée comme elle l'était, on a beaucoup de raisons de penser que cette statistique du *World Almanac* de 1951 avait pour premier souci de répondre à une étude parue le 22 février 1948 dans le *New York Times* sur les données statistiques de son expert en matière de population juive, Hanson W. Baldwin. Celui-ci prétendait qu'en 1947, d'un recensement secret auquel les juifs avaient eux-mêmes procédé, il résultait qu'il y avait cette année-là, vivant dans le monde, un nombre de juifs qui se situait entre un minimum de 15 000 000 et un maximum de 18 000 000. Il prétendait, en outre, que 650 000 à 700 000 d'entre eux vivaient en Palestine et 500 000 dans les autres états du Moyen-Orient. En octobre 1959, l'*American Mercury* (pp. 14 à 17) a repris tous ces chiffres en les considérant comme sérieux et, ainsi, ramené la controverse au premier plan de l'actualité. En réponse, l'édition de 1960 du *World Almanac* donne, pour l'année 1959, une population juive mondiale de 12 299 780 personnes. Une dernière information de source juive répercutée dans le monde entier par toute la presse dans la forme où l'a donnée *Die Welt*, quotidien de Hambourg le 1-4-1963, c'est-à-dire ainsi :

« Nur 13 Millionen Juden (Sad. 31-3-63) London, 31. März (sad.)

« Nur noch etwa 13 Millionen Juden gibt es in der Welt, 1939 waren es 16 763 000. Das gab das Institut für jüdische Angelegenheiten in London am Wochenende bekannt.

Die meisten Juden, etwa 5,5 Millionen, leben heute in den U.S.A. In Israel gibt es 2,045, in der Sowjetunion 2,3 und in Grossbritannien 0,45 Millionen Juden. »[16]

Mais, dans l'*Israel Almanach* (5719 de l'ère juive, 1958-1959 de l'ère vulgaire p.282) un M. Eric Peretz nous dit que « la population juive de l'état d'Israël représente un huitième de la population juive mondiale » et la fixe à « un million huit cent mille » (en toutes lettres) et un M. Marc Cohen fixe (p. 9) ce huitième à « deux millions » : cette année-là, donc, les 13 millions de juifs recensés dans le monde de 1962 par l'*Institut des Affaires juives* de Londres étaient, soit 14 400 000 si l'on s'en tient à l'estimation du premier, soit 16 millions, si l'on s'en tient à celle du second. L'*Israël Almanach* est publié à Jérusalem par « le Département de la jeunesse et du Hehabouts de l'Organisation sioniste mondiale ». Sans autre commentaire.

Je ne donne que par souci d'information la déclaration infantile que, brandissant son titre de professeur d'histoire juive à l'université de Columbia, M. Shalom Baron est venu faire à la barre du Tribunal de Jérusalem le 24 avril 1961 (d'après *Le Figaro* du lendemain) et qui se résume à ceci :

1. « Le taux de croissance de la population juive dans le monde par rapport à 1945 est de 20%.

2. En 1939, nous étions environ 16 millions dans le monde. Nous devrions donc être environ 19 millions aujourd'hui et nous ne sommes que 12 millions. »

À défaut de bien connaître l'histoire qui est son métier, celui-ci, au

---

[16] *Die Welt* ne le dit pas, mais ces estimations sont tirées d'une étude publiée quelques jours auparavant par *The Jewish Communities of the World*, organe officiel du *World Jewish Congress*. Elles ont été reprises par *The Jerusalem Post Weekly* le 19-4-63 et, dans la suite, à des dates différentes, par toute la presse mondiale Il y a lieu de préciser que, pour l'année 1962, le *World Almanac* de 1963 donne (p. 259) une population juive mondiale de 12 296 180 personnes. Autrement dit, par rapport à 1959, non seulement la population juive mondiale n'a pas augmenté, mais elle a décru.

moins, connaît bien l'arithmétique : 16 millions - 6 millions = 10 millions + 20% = 12 millions. Arithmétiquement indiscutable ! Il ne reste plus au professeur décidément, depuis la guerre, il y a de tout et n'importe qui dans ce métier ! qu'à établir, premièrement que le taux d'accroissement de la population juive mondiale est bien de 20 en 16 ans, deuxièmement que 6 millions de juifs ont bien été exterminés. Bref, passons.

Passons à un détail de l'information de *Die Welt* : la population juive des États-Unis. En 1950, l'*American Jewish Comittee Year Book* et le *Jewish Statistical Bureau of the Synagogue Council* l'évaluait à 5 185 000 pour l'année 1949 et, en 1959, à 5 260 000 pour l'année 1958. De quoi l'on peut déjà conclure que, si la population juive dans le monde a cru de 20%, en 1961 par rapport à 1945, soit 1,25% par an, ainsi que l'a proclamé le singulier professeur Shalom Baron devant le tribunal de Jérusalem, l'Amérique, au moins, a fait exception à cette règle — en moins-value.

Et pour la Russie, l'information de l'*Institut of Jewish Affairs* de Londres qui y évalue la population juive à 2,3 millions de personnes en 1962 ne paraît guère plus sérieuse si on en croit M. Nahoum Goldman qui, dans un Rapport présenté au *World Jewish Congress* le 12-9-63 s'exprimait ainsi : « De 1948 à 1963, la culture juive en U.R.S.S. se résume pour environ TROIS MILLIONS DE JUIFS, à cinq livres d'auteurs disparus, à un almanach et à deux périodiques... » (*Figaro* - Paris 13-9-63). En 1961, M. Nahoum Goldman avait d'ailleurs déjà produit ce chiffre de trois millions devant le *World Jewish Congress* : de 2,3 millions à 3 millions, il y a tout de même une marge de 700 000...

Pendant toute l'année 1959, la population juive des États-Unis a fait, aux États-Unis mêmes, l'objet de controverses très serrées à partir d'un livre, *The Iron Curtain over America* publié en 1951 et dans lequel l'auteur, le professeur John Beaty se plaignait que la loi de 1924 sur l'immigration fût si constamment violée et que, « depuis la fin de la seconde guerre mondiale, le problème de l'entrée illégale se soit épouvantablement accru ». Et il citait l'immigration juive... Ici encore, c'est l'*American Mercury* (op. cit.) qui a donné toute sa signification à cette controverse.

Pour ce qui est plus particulièrement de l'immigration juive, il soulignait deux faits :

1. « Les principales organisations sionistes mondiales proclament orgueilleusement que les deux tiers des juifs du monde vivent actuellement aux États-Unis ». Et il en tirait la conclusion que, si les chiffres de Hanson W. Baldwin rendus publics par le *New York Times* du 22 février 1948 correspondaient à des réalités, c'était non pas de 5 185 000 ou 5 260 000 qu'il fallait parler comme le prétendaient les statistiques d'origine juive mais de 10 766 666 ou 12 800 000 (en 1947 !) De toutes façons, les statistiques juives pour l'année 1959 prétendant que la population juive mondiale s'élevait, cette année-là, à 12 299 780 personnes et s'il est vrai que les deux tiers vivaient aux États-Unis, cela fait tout de même 8 200 000 ou, d'après l'information de *Die Welt* (de source juive elle aussi) 8 667 000 pour l'année 1962 et non 5,5 millions comme le prétend cette information.

2. L'autre aspect du problème sur lequel l'*American Mercury* (op. cit.) mettait l'accent, c'est que, dans le courant de l'année 1959, les services de la population des États-Unis ayant décidé d'organiser un recensement en 1960 pour déterminer l'importance de l'immigration illégale dont ils se sentaient victimes, toutes les organisations sionistes mondiales ont immédiatement protesté (et avec succès, précise *American Mercury*) pour le cas où les services s'adresseraient aux Églises (donc aux synagogues) dans le dessein d'obtenir d'elles le nombre de leurs ressortissants. Les chefs sionistes déclarèrent, toujours d'après *American Mercury*, qu'il y aurait là « une violation du principe de la séparation de l'Église et de l'État » et même que « cela attirerait la colère de Dieu que de vouloir dénombrer le peuple ». On devine la raison de cette opposition : un tel recensement opéré de cette manière aurait mis en évidence l'importance de l'immigration juive aux États-Unis depuis 1933 et irrémédiablement anéanti le mythe des six millions d'exterminés. Que d'aucuns en aient immédiatement tiré la conclusion qui leur paraissait s'imposer et évalué à 12 millions la population juive des États-Unis, il n'y a là rien d'étonnant. Surtout s'ils avaient lu l'article du *New York Times* !

Depuis, ce chiffre de 12 millions a fait des progrès dans l'opinion américaine, témoin cet entrefilet extrait du *National Observer* du 2 juillet 1962 :

Assaut collectif sur un problème.

« Les principaux groupes nationaux religieux, représentant plus de quarante confessions, protestants, orthodoxes orientaux, catholiques romains et juifs ont uni leurs efforts pour aborder un des problèmes les plus épineux : les relations entre races.

Ils ont convoqué pour janvier prochain à Chicago une conférence nationale sur la religion et la race. Environ 600 chefs religieux et laïcs, représentant près de 100 000 000 d'Américains, y participeront. L'objectif poursuivi par la conférence est de démontrer l'anxiété des chefs religieux à propos de la ségrégation raciale par un « examen de conscience ».

Y participeront : le National Council of Churches, une organisation de trente-trois confessions protestantes et orthodoxes orientales avec près de quarante millions de membres ; la National Catholic Welfare Conference, le bureau administratif des évêques catholiques (ils sont quarante-trois millions de Catholiques dans le pays) et le Synagog Council of America représentant des groupes juifs à l'échelle nationale (groupes des rabbins de l'Orthodox Conservative and Reformed judaïsm sont représentés. Ils sont environ douze millions de juifs aux États-Unis). — Robert Schultz - Chicago. »[17]

---

[17] Texte original : « JOINT ASSAULT ON PROBLEM » « The nation's major religious groups, representing more than 40 Protestant, Eastern Orthodox, Roman Catholic, and Jewish denominations have joined forces to tackle one of the countries thorniest domestic problems : Race relations. They have called the first National Conference on Religion and Race to be held next January in Chicago. About 600 clerical and lay leaders, representing nearly 100 000 000 Americans, are expected to participate. One stated objective of the conference is to demontrate the concern of religious leaders over racial segregation by a « statement of conscience ». Participating will be the National Council of Churches, an organisation of 33 Protestant and Eastern Orthodox denominations with nearly 40 000 000 members ; The National Catholic Welfare Conference, the administrative agency of Catholic bishops (There are 43 000 000 Catholics in the nation) ; and the Synagog Council of America, which is representative of Jewish bodies at the National level. (Rabbinic bodies of Orthodox, Conservative, and Reform Judaism are represented. There are about 12 000 000 Jews in the United States.).

Tels sont les points de vue qui s'affrontent. On verra plus loin que, pour la Pologne, la Russie et, d'une manière générale, toute l'Europe centrale et balkanique, les statistiques d'origine juive ne posent pas de façon moins brutale, le problème de leur falsification évidente.

II - STATISTIQUES D'AVANT ET D'APRÈS-GUERRE

En 1932, un journal juif de New York, le *Menorah Journal* (n° 2, Février1932) publiait une analyse de la population juive mondiale dont les données étaient empruntées au plus réputé des statisticiens juifs de l'époque, le Dr Arthur Ruppin[18]. Ce dernier, disait le *Menorah Journal*, avait classé les juifs du monde entier, par professions et par pays. Par professions, il donnait la conclusion du statisticien telle qu'il l'avait formulée. Par pays, il ne donnait, en ordre décroissant, que ceux dans lesquels il y avait plus de 100 000 juifs, se contentant, pour les autres, de les classer en trois catégories entre 50 000 et 100 000, entre 10 000 et 50 000, et au-dessous de 10 000. Voici ce que cela donnait :

A) Par professions

Commerce	6 100 000 soit	38,6%
Industrie et artisanat	5 750 000 —	36,4%
Rentiers	2 000 000 —	12,7%
Professions libérales	1 000 000 —	6,3%
Agriculture	625 000 —	4%
Domestiques, ouvriers, etc.	<u>325 000</u> —	<u>2%</u>
Totaux	**15 800 000 soit**	**100%**

B) Par pays

Etats-Unis	4 500 000
Pologne	3 100 000
Russie	3 000 000

---

[18] Chargé du cours de sociologie juive à l'université hébraïque de Jérusalem. Son œuvre maîtresse *Les juifs dans le Monde moderne* d'où le *Memorah Journal* a extrait les chiffres qui suivent n'a été publiée en France, chez Payot qu'en 1934.

Roumanie	900 000
Allemagne	500 000
Angleterre	330 000
France	250 000
Palestine	250 000
Argentine	240 000
Autriche	230 000
Canada	170 000
Lithuanie	60 000
Pays-Bas	120 000
Maroc français	120 000
Irak	120 000
Autres pays du monde	1 890 000
Total	**15 800 000**

Les autres pays du monde se présentaient ainsi :

1. *Pays comptant entre 50 000 et 100 000 juifs :*

Lettonie, Grèce, Yougoslavie, Belgique, Italie, Turquie, Bulgarie, Algérie, Afrique du Sud, Tunisie, Egypte.

2. *Pays comptant entre 10 000 et 50 000 juifs :*

Suisse, Brésil, Mexique, Uruguay, Perse, Syrie, Yémen, Inde, Afghanistan, Chine, Maroc Espagnol, Tripolitaine, Australie.

3. *Pays comptant moins de 10 000 juifs :*

Dantzig, Suède, Danemark, Esthonie, Irlande, Espagne, Rhodes, Memel, Portugal, Norvège, Finlande, Cuba, Chili, japon, Singapour, Nouvelle-Zélande.

Enfin, les chiffres produits dataient de 1926 à 1928 selon le cas.

En 1932, les mouvements de population ne m'intéressaient que professionnellement, c'est-à-dire dans leurs grandes lignes de force et, en ce qui concernait celui de la population juive, sur le moment, cette statistique me parut en rendre assez bien compte pour que je me juge suffisamment renseigné sur ce point. Je me souviens d'avoir noté que de 1877 à 1932, la population juive des États-Unis était passée de 230 000 personnes à 4 500 000, celle de la France de 150 000 à 250 000 de 1850 à la même date et conclu que la migration des juifs européens allait en direction des États-Unis via l'Europe occidentale. Des pays à pogroms aux pays de liberté. Pour moi, c'était l'essentiel. En 1934, donc, lorsque parut en France *Les juifs dans le Monde moderne*, d'Arthur Ruppin, je ne m'y reportai pas. J'eus tort : j'aurais sûrement remarqué que *Menorah Journal* avait, par exemple, omis de mentionner la Hongrie et la Tchécoslovaquie. J'eus encore plus tort de n'avoir pas prévu que, plus tard, j'aurais besoin de chiffres plus précis que ceux que cette publication donnait pour la Belgique, la Yougoslavie, la Grèce, etc. Après cette guerre, quand j'eus besoin de tout cela, il ne me fut possible de mettre la main sur l'étude d'Arthur Ruppin mystérieusement disparue de la circulation qu'en employant des ruses de Sioux : en 1960, quand je publiai *Ulysse trahi par les siens*, je n'y étais pas encore parvenu et, pour la Hongrie et la Tchécoslovaquie, je dus me contenter de faire figurer, en note à la statistique qui y figurait, les chiffres du *Centre mondial de documentation juive contemporaine*, en laissant au lecteur le soin de les ajouter au total que je trouvais pour la population juive européenne des pays occupés par l'Allemagne et qui s'élevait à 8 700 000, mais en le prévenant qu'ils étaient manifestement exagérés (424 000 pour la Hongrie, 315 000 pour la Tchécoslovaquie). On excusera ma légèreté de 1934 : malgré les deux faits inquiétants que constituaient, d'une part, la montée du National-Socialisme en Allemagne et la politique de bascule du bolchevisme entre lui et les démocraties, ce qu'en somme je n'avais pas prévu, c'est la seconde guerre mondiale et que je serais un jour entraîné dans une polémique aussi misérable.

Voici maintenant ce que disait la statistique d'Arthur Ruppin pour les pays de l'Europe occupée par les Allemands :

Pologne	3 100 000
Russie	3 000 000
Roumanie	900 000
Allemagne	500 000
Hongrie	320 000
Tchécoslovaquie	260 000
France	250 000
Autriche	230 000

Lithuanie	160 000
Pays-Bas	120 000
Lettonie	80 000
Grèce	75 000
Yougoslavie	70 000
Belgique	60 000
Italie	50 000
Bulgarie	50 000
Danemark	7 000
Estonie	5 000
Norvège	2 000
Finlande	2 000
Luxembourg	2 000
Total	**9 243 000**

De 1932 à 1939, philosémites ou antisémites, tous ceux qui ont parlé de la population juive européenne ou mondiale se sont référés à Arthur Ruppin : en Europe, les premiers attiraient l'attention sur le fait qu'environ neuf millions de juifs européens étaient menacés par le national-socialisme, les seconds utilisaient sa classification par professions pour conclure que, d'après les juifs eux-mêmes, peu d'entre eux travaillaient réellement et, en Allemagne, ce ne fut pas un des moindres arguments du national-socialisme pour les accuser de parasitisme social.

Je dois préciser que, dans son étude, Arthur Ruppin prévenait qu'en raison des difficultés que présentaient tous les travaux de statistique en matière de population et plus particulièrement en matière de population juive, les chiffres qu'il donnait n'avaient pas une valeur indiscutable et absolue. En vertu de quoi je conclurai que :

1. les 9 243 000 juifs dans l'Europe occupée par les Allemands peuvent être aussi bien 9 millions que 9,5 millions.

2. et qu'en les évaluant à 9,6 millions, M. Justice Jackson n'avait pas tellement exagéré. Beaucoup moins, énormément moins, en tout cas que les statisticiens d'après-guerre du *World Almanac* (cf. p. 112, l'évaluation de la population juive en 1938 d'après son édition de 1948).

C'est même à peine si on peut parler d'exagération de sa part : il n'avait oublié personne, c'est tout. Son grand tort est de n'avoir pas pensé qu'en 1939, la population juive de ces pays n'était pas la même qu'en 1932, c'est-à-dire de n'avoir pas tenu compte de l'émigration juive pendant cette période au fur et à mesure que le national-socialisme la menaçait directement. Et surtout d'avoir déclaré absolument sans preuve, n'étant pas et ne pouvant pas être « en connaissance de cause » comme il le prétendait effrontément, que 60% de cette population de toutes façons considérablement surévaluée par lui (voir plus loin l'étude du mouvement de la population juive entre 1933 et 1945) manquaient à l'appel au moment où il prononçait son réquisitoire.

On trouvera enfin pages 122 et 123, mises en parallèle, deux évaluations des pertes juives publiées, l'une par le *Centre Mondial de Documentation juive contemporaine* de Paris (*Figaro Littéraire*, 4 juin 1960), l'autre par M. Raul Hilberg en 1961 (*The Destruction of the European Jews*, p. 670).

Mon intention première était de mettre en parallèle, non pas deux mais trois statistiques, la troisième étant celle qui a été publiée par l'*Institute of Jewish Affairs* dans *Eichmann's Confederates and the Third Reich Hierarchy* (op. cit. p. 59) en 1961 aussi. Mais elle se borne à donner le détail des pertes juives par pays sans autres références à leur population en 1939 que des pourcentages. En forçant encore un peu sur les chiffres de M. Raul Hilberg pour la Pologne, la Tchécoslovaquie et la Russie, elle arrive au total de 5 717 030 exterminés représentant, précise-t-elle, 68% de la population juive de ces pays en 1939. D'où l'on peut conclure que cette population juive s'y élevait à 8 400 000 personnes. Elle n'est significative que pour ta Pologne où elle trouve 400 000 survivants alors que M. Raul Hilberg n'en trouve que 50 000, le professeur Shalom Baron 700 000 et le Centre mondial de documentation juive contemporaine de Paris 500 000 — pour la Russie où elle trouve 2 millions de survivants, la Tchécoslovaquie où elle fait vivre 360 000 juifs en 1939, M. Raul Hilberg se contentant de 315 000 et Arthur Ruppin de 260 000 et quelques autres petites forfaitures. La dose de fantaisie m'ayant, à la réflexion, paru bien suffisante pour une seule fois avec deux statistiques de ce genre, j'ai finalement renoncé à citer encore celle-ci.

Examinons, maintenant, nos deux statistiques. En commun, elles ont ceci :

1. Par rapport à la statistique d'Arthur Ruppin, elles rendent toutes deux compte de la migration juive entre 1933 et 1939, mais pour l'Allemagne et l'Autriche seulement - assez exactement, d'ailleurs pour ce qui est de celle du *Centre mondial de documentation juive contemporaine* de Paris, tout le monde, y compris les services officiels du IIIe Reich (statistique en date du 17 avril 1943, de Korherr, chef du Bureau de la population du IIIe Reich) étant, fait rare, tombé d'accord pour estimer l'émigration juive de ces deux pays à 300 000 pour l'Allemagne et 180 000 pour l'Autriche. L'exagération de M. Raul Hilberg est sans importance puisqu'étant de même grandeur et allant dans le même sens dans les deux colonnes, elle ne se répercute pas sur le nombre des exterminés obtenu par différence. Elle n'appelle qu'un commentaire : une pièce du dossier qu'il ne connaissait pas.

2. Les victimes, qu'ainsi perdent leurs auteurs, ils les récupèrent largement en majorant la population juive d'*avant*-guerre et en minimisant celle d'après, un peu partout mais particulièrement en Pologne, en Hongrie et en Tchécoslovaquie. On remarque que, pour l'avant-guerre, ces majorations se situent entre 50 000 et 100 000 par pays, parfois plus (200 000 pour la Pologne !) et que s'ils ont minimisé dans la même proportion le monde des survivants, en supposant que dix pays sur les vingt que compte cette statistique soient affectés d'une exagération de cet ordre (elle n'était évidemment pas possible partout, en Norvège ou au Danemark, par exemple) au minimum de 50 000 par pays, elle se répercuterait par un million sur le nombre des exterminés obtenu par différence et, à 100 000 par pays, elle deviendrait 2 millions. Mais, cela n'est qu'une supposition que j'avoue gratuite et je ne la fais ici que pour montrer comment un petit ruisseau peut facilement devenir une grande rivière. On verra plus loin ce qu'il en est exactement de la valeur de ces deux statistiques. Chaque chose en son temps.

Centre mondial de documentation juive

Pays	en 1939	en 1945	Pertes
France	300 000	180 000	120 000
Belgique	90 000	50 000	40 000
Hollande	150 000	60 000	90 000
Danemark	7 000	6 500	500
Norvège	1 500	600	900
Esthonie	5 000	1 000	4 000
Lettonie	95 000	10 000	85 000
Lithuanie	150 000	15 000	135 000
Pologne	3 300 000	500 000	2 800 000
Allemagne	210 000	40 000	170 000
Tchécoslovaquie	315 000	55 000	260 000
Autriche	60 000	20 000	40 000
Hongrie	404 000	204 000	200 000
Yougoslavie	75 000	20 000	55 000
Roumanie	850 000	425 000	425 000
Italie	57 000	42 000	15 000
U.R.S.S.	2 100 000	600 000	1 500 000
Bulgarie	50 000	43 000	7 000
Grèce	75 000	15 000	60 000
Luxembourg	3 000	1 000	2 000
Totaux	8 297 500	2 288 100	6 009 400

— Pertes juives : 6 009 400 —

Note : En réalité, dans la statistique ci-dessus, le *Centre mondial de documentation juive contemporaine* avait remplacé par des points d'interrogation les pertes juives en Bulgarie, fait figurer la Macédoine à part et omis le Luxembourg. C'est seulement dans la suite que les précisions concernant ces trois pays ont été données officiellement et je n'avais pas pu en faire état dans *Ulysse trahi par les siens*.

M. Raul Hilberg

Pays	en 1939	en 1946	Pertes
France	270 000	200 000	70 000
Belgique	90 000	50 000	40 000
Hollande	140 000	20 000	120 000
Danemark	6 500	5 500	1 000
Norvège	2 000	1 000	1 000
Esthonie	4 500	—	4 500
Lettonie	95 000	—	95 000
Lithuanie	145 000	—	145 000
Pologne	3 350 000	50 000	3 300 000
Allemagne	240 000	80 000	160 000
Tchécoslovaquie	315 000	44 000	271 000
Autriche	60 000	7 000	53 000
Hongrie	400 000	200 000	200 000
Yougoslavie	75 000	12 000	53 000
Roumanie	800 000	430 000	370 000
Italie	50 000	33 000	17 000
U.R.S.S.	3 020 000	2 600 000	420 000
Bulgarie	50 000	47 000	3 000
Grèce	74 000	12 000	62 000
Luxembourg	3 000	1 000	2 000
Totaux	9 190 000	3 770 500	5 419 500

— Pertes juives : 5 419 500 —

Note : Elles résultent de cette statistique qui figure à la page 670 du livre, mais, page 767, elles sont données au niveau de 5 100 000 ainsi qu'il a déjà été dit.

Et voici les divergences qu'elles présentent :

1. Le nombre total des survivants varie de 1,5 million de l'une à l'autre, et celui des exterminés d'un peu moins de 600 000 dans les deux cas, c'est important comme marge.

2. À y regarder de près, cette divergence provient des évaluations respectives qui concernent la Russie et la Pologne. Pour la première, le chiffre de 2 100 000 avancé par le Centre mondial de documentation juive contemporaine de Paris ne concerne pas toute la Russie mais seulement la partie qui en a été occupée par les troupes allemandes : ne peuvent le savoir que ceux qui ont lu *Le IIIe Reich et les juifs* (op. cit.) de Poliakov d'où cette statistique est extraite et où cette particularité est indiquée. Si l'on y réintègre, dans les deux colonnes, le million de juifs que M. Poliakov en a très arbitrairement distrait, l'estimation des survivants diffère exactement d'un million de l'une à l'autre pour ce pays, le nombre total des exterminés pour tous les pays continuant toujours à différer d'un peu moins de 600 000. On ne sait pas comment M. Poliakov a réussi à chiffrer à 2 100 000 le nombre des juifs qui vivaient dans la portion de Russie occupée par les troupes allemandes : il ne le dit pas. Mais, on peut être sûr qu'il ne s'agit pas d'une évaluation recensée, opération absolument impossible dans tous les pays du monde à des échelons locaux qui ne sont pas des circonscriptions administratives, ce qui était le cas ici, l'O.K.W. n'ayant pas décidé de conquérir la Russie circonscription administrative par circonscription administrative mais en fonction des impératifs géographiques de la stratégie. Une évaluation purement conjecturale, donc, et qui tient pour assuré que les juifs de cette région, loin de fuir devant une invasion qu'ils savaient meurtrière pour eux, ont gentiment attendu sur place l'arrivée de leurs bourreaux. On ne sait pas non plus comment M. Poliakov a réussi à y évaluer à 600 000 le nombre des survivants à la date de 1946, date à laquelle on peut aussi tenir pour assuré que, la guerre n'étant terminée que depuis une année, l'ordre n'était pas suffisamment rétabli pour qu'une opération de recensement fût possible : encore une évaluation à vue de nez ! Qu'elle fasse apparaître une perte de 1,5 million de juifs était sans doute ce qui

importait avant tout à M. Poliakov et sans doute aussi avait-il fixé à l'avance ce résultat auquel il devait arriver pour qu'il cadrât avec la légende des six millions… Il ne pensait pas que M. Raul Hilberg passerait derrière lui !

3. En lisant le commentaire de M. Raul Hilberg, on s'aperçoit qu'il a, lui, tenu compte de la fuite des juifs devant l'avance des troupes allemandes en Russie. Dans une mesure qui correspond à la réalité ? C'est ce qu'on verra plus loin. Force est, en tout cas, de reconnaître que lorsqu'il fixe à 3 020 000 le nombre des juifs vivant en Russie en 1939, il est d'accord avec Arthur Ruppin et que, lorsqu'il évalue à 2 600 000 le nombre de ceux d'entre eux qui ont survécu, soit les pertes à 420 000, il est aussi en accord avec le journaliste juif David Bergelson qui, dans *Die Einheit*, édition de Moscou (5-12-1942) écrivait : « Grâce à l'évacuation, la majorité (80%) des juifs d'Ukraine, de Russie Blanche, de Lithuanie et de Lettonie a été sauvée » (cité d'après *Der Weg*, Buenos-Ayres janvier 1953). Où M. Raul Hilberg n'est plus d'accord, c'est avec lui-même : si, comme il le dit, 2 600 000 juifs russes ont été sauvés, comment peut-il soutenir (p. 190) que pour la Lettonie, la Lithuanie et la Russie, 1,5 million seulement se sont « échappés derrière les lignes russes » lors de l'avance des troupes allemandes ? Et comment, d'autre part, peut-il soutenir aussi comme il le fait dans sa statistique elle-même, qu'aucun des juifs lettoniens n'a survécu ?

4. Pologne. Ici, les deux statistiques à peu près d'accord sur la population juive de 1939, ne le sont plus du tout sur le nombre des survivants : 500 000 pour l'une, 50 000 pour l'autre, résultats dans le rapport de 1 à 10 — de 1 à 14 par comparaison avec ceux du professeur Shalom Baron. On ne sait pas comment le *Centre mondial de documentation juive contemporaine* de Paris est arrivé à cette conclusion : aucune référence. Quant à M. Raul Hilberg, il est irrémédiablement perdu dans le brouillard de chiffres qu'il crée autour de lui : on a vu, en effet (cf. ci-dessus) qu'à la page 767 de son livre, il donnait 3 000 000 de juifs polonais exterminés et seulement 50 000 survivants sur 3 350 000, et toute autre explication est superflue.

5. Petit jeu. Ces deux statistiques étant indifféremment et souvent

même simultanément cautionnées par le *Centre mondial de documentation juive contemporaine* et le *Mouvement sioniste international*, le lecteur conserve, entre les deux, la liberté du choix. Se mettre à la place de quelqu'un qui trouverait plus proche de la réalité la population juive de 1939, telle qu'elle est donnée dans la statistique du centre de Paris et plus proche de la réalité le nombre des survivants tel qu'il est donné dans celle de M. Raul Hilberg. Ou inversement. Dans cette sarabande de chiffres, il n'y a pas d'hypothèse plus vraisemblable. Dans le premier cas, on obtient : 8 297 500 - 3 770 500 = 4 527 000 victimes.

Et dans le second : 9 190 000 - 2 283 100 = 6 901 900 victimes.

Soit un écart impressionnant.

À poursuivre plus avant l'étude comparée de ces deux statistiques, on pourrait sans doute mettre en évidence des anomalies plus frappantes encore. Mais à quoi bon ?

Le moment me semble venu de parler de choses plus sérieuses : de ce mouvement de la population juive européenne entre 1933 et 1939 auquel je n'ai, jusqu'ici, que fait allusion et qui, parce qu'il n'a été étudié correctement par aucun des auteurs de ces statistiques à l'emporte-pièce, lesquels l'ont le plus souvent passé sous silence, laisse planer sur cette affaire une infinité de points d'interrogation, qui permettent toutes les jongleries. S'il est vrai, comme le prétend l'*American Mercury* (op. cit.) que le mouvement sioniste international se refuse à un recensement de la population juive mondiale — quel aveu ! — et, par-là, le rende impossible, je ne vois guère où on pourrait trouver la vérité ailleurs que là.

Si tant est qu'on la puisse trouver.

III - LA MIGRATION JUIVE OU « LE JUIF ERRANT »

Pour bien comprendre le mouvement de la population juive européenne entre 1933 et 1945, un rapide survol historique de la migration juive à l'échelle du monde me paraît indispensable : l'histoire du « juif errant » en somme.

Successivement ou simultanément popularisé sous les noms de

Cartaphilus, Ahasvérus ou Laquedem selon les lieux et les époques, *le juif errant* paraît être entré dans la tradition européenne aux environs du XIIIe siècle. L'image et la chanson l'y ont définitivement fixé au XVIIIe dans une complainte naïve en vingt-quatre couplets avec un « Portrait dessiné d'après nature par les bourgeois de Bruxelles, lors de la dernière apparition du juif, le 22 avril 1774 » et qui traduit à sa manière une des plus anciennes et des plus originales réalités historiques : la migration juive.

Une des plus anciennes : sous les espèces des pérégrinations de la branche, présentée comme légitime des descendants de Noé par Sem et Abraham[19] elle est, dans sa forme légendaire et mythique, toute la substance de l'*Ancien Testament* qui date ses premiers pas du non moins légendaire et mythique Déluge universel. La plus originale : entrée dans l'histoire à une date toujours incertaine mais très probablement contemporaine de l'invasion de l'Égypte par les Hyksos (18e siècle av. J.-C.) en tout cas, entre le 20e et le 12e siècles avant J.-C., alors que toutes les autres migrations humaines se sont depuis longtemps fixées, soit qu'elles aient assimilé les populations du territoire d'expansion qu'elles avaient choisi, soit qu'elles s'y soient assimilées, non seulement celle-ci n'est pas terminée, mais vingt siècles après J.-C., elle se présente clans les mêmes termes que dans la légende et elle a toujours les mêmes mobiles. « La vocation commerciale du peuple juif, disait Otto Heller (*La fin du judaïsme*, Guilde, Paris 1933) est une longue tradition. » De fait, de Sumer qui, si on en croit l'*Ancien Testament*, fut son premier but, à New York qui semble être son actuel point de mire, la migration juive a suivi, comme toutes les migrations humaines, les grandes artères naturelles, mais non pas, comme elles, à l'aventure, en se dirigeant sur

---

[19] Dans cette version de la généalogie des peuples, les Arabes qui descendent, eux aussi, de Noé — comme tout le monde, parbleu ! — mais par les relations d'Abraham avec Agar servante de son épouse Sarah, sont considérés comme la branche illégitime et nous qui n'en descendons que par Japhel, ainsi que ceux qui n'en descendent que par Chanaan, maudit par le Vieux, comme de vagues collatéraux en fin de lignées, dégénérés et au surplus à jamais perdus de réputation pour avoir sombré dans toutes les hérésies. Telle est la justification fondamentale de la qualification de « peuple élu » à laquelle prétend Israël — merci pour nous ! — et elle est enseignée comme une donnée historique dans toutes les universités hébraïques. Au seuil du XXIe siècle !

la course du soleil et en ne les considérant que comme des voies de communication d'un point à un autre : au fur et à mesure, seulement, que ces artères naturelles sont devenues des artères commerciales et, avec un esprit de suite certain, en se dirigeant constamment vers les points ou les régions du globe qui avaient atteint le plus haut degré de développement économique. C'est la raison pour laquelle, au lieu d'aller carrément de l'Est vers l'Ouest comme toutes les autres migrations humaines, celle-ci s'est déplacée en zigzag un peu dans toutes les directions. Que des circonstances historiques accidentelles et notamment l'hostilité dont elle fut l'objet dans certaines des zones d'expansion qu'elle s'était choisies, ne soient pas étrangères à ce déplacement en zigzag est certain, mais ces circonstances n'ont qu'à peine modifié son mouvement par rapport aux buts qu'elle s'est toujours fixés. Cette hostilité ne fut d'ailleurs, historiquement parlant, jamais, ni systématique, ni permanente et ce fut sans doute parce que, contrairement aussi à toutes les autres migrations humaines, elle ne fut toutefois non plus, pour ainsi dire jamais, ni massive, ni agressive : la souplesse du commerçant par vocation. À deux exceptions près : Dans sa phase biblique durant la période où, successivement Saül, David et Salomon tentèrent de l'installer à demeure et de force au point d'intersection des deux grandes artères commerciales de leur temps qui reliaient en se croisant l'Europe et l'Afrique à l'Asie, je veux dire en Palestine, dans l'espoir d'y vivre en prélevant une dîme sur tous les échanges alors forcés d'emprunter ce passage ; et aujourd'hui, toujours en Palestine où le mouvement sioniste international projette de reconstituer dans la forme d'un État-comptoir, le royaume de Salomon, ce pays se trouvant de nouveau sur la plus importante artère commerciale du monde moderne qui, allant de New York à New York, fait le tour de la Terre en passant par Londres, Paris, Tel-Aviv, Calcutta, Singapour, Hong-Kong, Shangaï et Tokyo. C'est, en tout cas, ce qui ressort de la lecture attentive du petit livre d'un certain Kadmi Cohen, porte-parole du Sionisme international qui eut son heure de célébrité entre les deux guerres mondiales : *L'État d'Israël* (Kra - Paris 1930) dont la thèse quoique présentée en termes volontairement assez vagues pour ne pas laisser percer le bout de l'oreille, semble bien être que le mouvement sioniste international ne doit pas se fixer pour but de rassembler tous les juifs du monde dans un État porté aux dimensions du royaume de Salomon et de les y organiser en nation moderne, mais seulement son aile marchante avec mission d'en faire le port d'attache d'une diaspora rationnellement répartie aux points de convergence des richesses du monde et qui les rabattrait sur lui. À l'échelle du monde moderne, ce serait en quelque sorte, la répétition de l'opération réalisée au 1er siècle avant J.-C. à l'échelle du monde romain, décrite par Cicéron dans son célèbre plaidoyer *Pro Flacco* et qui se traduisait par des chargements périodiques, sur des galères à destination de la Judée, de tout l'or de ce monde qui convergeait alors vers Rome. Si, à deux reprises, Rome mandata Titus (70 ans ap. J.-C.) puis Hadrien (135 ap. J.-C.) pour détruire le royaume de Judée et en disperser tous les habitants dans l'Empire, entre autres raisons, elle avait au moins celle-ci : récupérer ce qu'elle considérait comme son or jusqu'à Titus, elle avait été très bienveillante pour les juifs, l'affaire Bérénice en est la preuve.

Aujourd'hui, c'est, pour parler par métaphore, l'or de Fort Knox qui est visé. Si l'opération réussissait il suffirait que la branche américaine du mouvement sioniste international mît la main sur Wall Street, pour qu'il en soit ainsi le port d'attache israélien de la diaspora deviendrait non seulement le Toit commercial du monde atlantique mais, le pétrole étant la source énergétique par excellence de son développement, et son contrôle lui étant assuré en totalité du Moyen-Orient au Texas, le poste de commande aussi de toute son industrie. « Tu gagneras ton pain à la sueur de ton front » dit l'Éternel à Adam, et à Eve : « Tu enfanteras dans la douleur », en chassant le couple du Paradis terrestre qu'il avait créé à leur intention et pour leur descendance. Les femmes d'Israël continueraient, bien sûr, à enfanter dans la douleur, mais leurs hommes, c'est à la sueur du front des autres qu'ils leur gagneraient leur pain et celui de leurs enfants : le moins qu'alors on pourrait dire, c'est que la qualification de « Peuple élu » à laquelle les juifs prétendent prendrait toute sa signification.

Les chances de réussite de cette opération ? En 1932, Arthur Ruppin (*Les juifs dans le monde moderne* - op. cit.) nous dit qu'en 1927, aux États-Unis, les 4 500 000 juifs disposaient d'une propagande écrite se décomposant ainsi : 9 quotidiens, 68 hebdomadaires, 18 mensuels, 16 sans périodicité assurée. Il précisait, en outre, que : 65 de ces publications étaient présentées en langue anglaise, 41 en yiddish, 3 en hébreu, 2 en allemand. Et que, le plus lu des quotidiens, le *New York Vorwaerts* tirait à 250 000 exemplaires. Il ne s'agissait là que de la presse interne au judaïsme et dont le but était seulement d'assurer son homogénéité, c'est-à-dire, aucun compte n'étant tenu des participations financières juives dans la grande presse d'opinion dont Arthur Ruppin dit seulement qu'elles étaient très importantes. Ce qu'il en est aujourd'hui ? On le verra plus loin quant à ce qu'on peut penser de l'importance de la population juive aux États-Unis. Quant à l'importance de la presse interne du mouvement sioniste, je n'ai aucune donnée qui me permette de l'évaluer : il n'est pas pensable qu'elle soit inférieure à ce qu'elle était en 1927. Et quant à celle des participations financières juives dans la presse d'opinion, il me suffira, pour en donner une idée, de noter que cette presse vulgarise avec un remarquable ensemble et en les reprenant à son compte, toutes les thèses de l'*American Council for judaïsm*. Que ces thèses ne soient pas toujours en parfaite concordance avec celles du *Centre mondial de documentation juive contemporaine* et de ses succursales dont la propagande est inspirée par M. Ben Gourion, il en faut voir la raison dans le dissentiment politique qui oppose ce dernier à M. Nahoum Goldman, inspirateur de celle de l'*American Council for judaïsm*. Les discordances entre les deux hommes et les deux organismes ne portent, du reste, que sur des détails et ne se traduisent que par des nuances ; lorsqu'il s'agit de conclure ils se retrouvent toujours d'accord sur le thème général. Et leurs supporters respectifs imitent leur exemple, M. Raul Hilberg et Mme Hannah Arendt nous en fournissent la plus belle illustration qui, au service de M. Nahoum Goldman, mettent au compte d'Auschwitz, un million de juifs exterminés (près de trois millions de moins que les Poliakov et autres Olga Wormser ou Henri Michel du *Centre mondial de documentation juive contemporaine* et de ses succursales !) et 950 000 à celui des cinq autres centres d'extermination par les gaz (plus d'un million de moins : en tout, une marge de divergence de près de quatre millions sur un total général de six !) mais qui, lorsqu'ils font leurs additions pour établir le bilan général des pertes juives, n'en trouvent pas moins le moyen d'arriver quand même à un chiffre voisin ou, en tout cas du même ordre de grandeur (ici est la nuance dans le thème général) que les six millions du *Centre mondial de documentation juive contemporaine* et de ses succursales au service de M. Ben Gourion. Même remarque pour l'analyse des pertes juives par pays, où, selon qu'on se rapporte aux thèses de l'*American Council for judaïsm* mises en forme par M. Raul Hilberg ou M. Shalom Baron, ou à celles du *Centre mondial de documentation juive contemporaine* mises en forme par la bande Poliakov, on arrive à un nombre de survivants qui peut varier de 50 000 à 700 000 pour la Pologne, de 500 000 à 2 600 000 pour la Russie, de 0 à 85 000 pour la Lettonie et de 0 à plusieurs millions pour chacun d'une dizaine d'autres pays sans que le total général des pertes pour tous les pays en soit sensiblement affecté.

Et tout cela fait que, dans le thème général qui leur est commun des six millions de juifs exterminés ou à peu près, ces deux thèses se détruisent mutuellement l'une par l'autre lorsqu'elles en donnent le détail.

Mais, revenons à notre migration juive qui fait leur malheur — commun aussi.

Des circonstances historiques accidentelles qui ont influé sur la direction générale de la migration juive, les plus importantes paraissent être la captivité de Babylone (588-536 av. J.-C.), l'intervention de Titus (70 ap. J.-C.) et Hadrien (135), les réactions de la chrétienté moyenâgeuse (plus particulièrement du 13e au 16e siècle), la politique des Tsars de Russie dans la seconde moitié du 19e, le bolchevisme et l'hostilité pour ainsi dire atavique de la population polonaise depuis la fin de la première guerre mondiale, et enfin, Hitler de 1933 à 1945. Mais il n'y eut pas que des circonstances hostiles : depuis 1850, l'accession progressive des États-Unis au leadership industriel et commercial du monde est un facteur d'attrait qui a été décisif sur l'orientation actuelle de la migration juive et l'a singulièrement accélérée dans cette orientation. Les chiffres sont significatifs : 230 000 juifs aux États-Unis en 1877 — 475 000 en 1896 — 1 775 000 en 1906 — 3 300 000 en 1916 — 4 461 184 en 1926, si l'on en croit M. John Beaty (*The Iron Curtain over America*, op. cit.) qui dit citer d'après les différents recensements officiels de la population américaine. Et cela signifie que, pendant ces cinquante années, la population juive des États-Unis s'est multipliée par 20 : une véritable invasion. Il est vrai que, pendant ces cinquante années, il n'est pas que les juifs qui aient été attirés par les États-Unis. En 1926, dit la dernière statistique officielle à laquelle se réfère M. John Beaty, sur une population totale de 150 millions d'habitants, les Blancs représentaient 107 millions. Dans ces 107 millions, 33 millions, étaient ou nés d'étrangers à la première génération ou étrangers eux-mêmes. (*Larousse, XXe siècle*). C'est que ces cinquante années ont correspondu à ce qu'en Europe nous avons appelé la ruée vers l'or dont le branle avait été donné en 1848 par la découverte des mines d'or de Californie qui fut à l'origine de la fondation et de l'extraordinaire développement de San Francisco.

Si l'on tient compte qu'en 1926, les Allemands ou fils d'Allemands qui représentaient le plus fort groupe ethnique ou national d'étrangers aux États-Unis étaient 7 250 000, les Anglais 5 millions, les Italiens 3 500 000, avec ses 4 461 184 unités, le groupe juif était, avec les Irlandais (4 millions) celui qui par rapport à son importance mondiale, représentait proportionnellement le plus fort contingent — et de loin ! Il faut encore remarquer que, tandis que tous les autres groupes étrangers se sont installés aux États-Unis entre 1850 et 1900, les juifs n'ont commencé à y arriver massivement qu'aux environs de 1900, surtout après 1906 et que, dit la statistique, ils étaient, pour la plupart, Russes et Polonais d'origine, ceux qui ne l'étaient pas, étant presque tous Allemands. Il semble donc qu'on puisse associer les débuts de la migration massive des juifs vers les États-Unis à deux événements qui lui sont contemporain : l'échec de Théodore Herzl (mort en 1904) dans sa tentative de fonder un état juif en Palestine, ce qui intéressait surtout les juifs russes et polonais victimes de pogroms périodiques, et les premières mesures prises par les États-Unis de contingenter l'immigration chez eux (1901-1903) qui, d'après les chiffres ci-dessus cités, font apparaître celle des juifs comme ayant été clandestine dans sa presque totalité entre 1906 et 1926. Ce qu'elle fut depuis cette date, on en aura une idée dans un instant : dès maintenant, on ne risque rien à dire que les juifs russes, polonais et allemands n'y tiennent pas moins de place qu'au début de ce siècle et que, surtout entre 1933 et 1945, elle ne fut pas moins clandestine malgré le renforcement des mesures de contrôle de l'immigration prises en 1924 (*The national origins Law*) qu'étant donné les événements dont les juifs étaient victimes en Europe on ne fit — c'est à l'honneur de l'Amérique — pratiquement jamais jouer contre eux pendant cette période, bien que, dans la théorie, jamais ils n'y aient été officiellement soustraits.

Si, chaque fois que le problème juif s'est posé dans le monde, il l'a été par les juifs russes, polonais et allemands — dans ce que nous appelons la période contemporaine de l'histoire, tout au moins — c'est à Titus et Hadrien qu'on le doit, leur intervention fracassante en Palestine ayant déplacé ce qu'on pourrait appeler au choix, le centre de gravité ou le bassin d'alimentation de la migration juive dans le triangle européen défini par les embouchures de la Volga, du Danube et de la Vistule : maltraités comme ils le furent alors par Rome, les rescapés des massacres ne furent pas tentés par l'Égypte, elle aussi romaine, comme leurs pères l'avaient été au temps d'Hérode, et ils préférèrent gagner l'extérieur du limes, la plus grande partie par le Caucase, le reste s'allant installer en Babylonie jadis assignée à leurs ancêtres par Nabuchodonosor au temps de la grande captivité (6e siècle av. J.-C., cf. Otto Heller op. cit.). Sous le règne tolérant des Arsacides, ceux-ci y formèrent une sorte d'État vassal qui, du IIIe au Ve siècle, rayonna intellectuellement sur tout le monde juif par ses académies théologiques de Sora, Poumbadita et Nahardea. Là et à cette époque, le Talmud dit de Babylone fut mis au point. Mais, cette branche regagna progressivement le gros de la migration et s'y réincorpora.

Leur expérience palestinienne les avait-elle instruits ? C'est très probable. Toujours est-il que tous les auteurs qui ont relaté ces événements ou les ont commentés sont d'accord sur ce point : de l'autre côté du Caucase, les juifs étaient très bien accueillis par les populations autochtones auxquelles ils apparaissaient, non pas comme les racistes que sont leurs descendants d'aujourd'hui, mais comme des porteurs d'une religion nouvelle en faveur de laquelle ils se livraient au prosélytisme. Au rythme des conversions qu'ils opérèrent parmi elles, ils se mélangèrent à elles et, essaimant ainsi, gagnèrent d'abord une ligne qui alla très rapidement de l'embouchure du Danube à celle de la Volga puis, les habiles commerçants qu'ils étaient restés se sentant attirés par la mer Baltique, forma bientôt, avec celle de la Vistule, un triangle où passaient obligatoirement toutes les voies terrestres, routes et fleuves, qu'empruntaient les échanges entre l'Europe continentale et l'Asie par la mer Noire et la Caspienne.

Caracalla ayant levé les mesures d'exception prises contre eux sous Titus et Hadrien, durant tout le IIIe siècle et jusqu'à Constantin qui les rétablit (début du IVe) leur essor commercial fut favorisé par la normalisation de leurs relations avec leurs coreligionnaires restés dans l'Empire et ils apparurent aussi comme porteurs d'un bien-être jusque-là inconnu des populations barbares de ces régions et qui les attira vers eux tout autant, sinon plus que leur religion. Les conversions et les métissages consécutifs aidant, les deux ou trois douzaines de milliers de juifs qui, fuyant devant les soldats de Titus et d'Hadrien, avaient franchi le Caucase étaient, au Moyen-Age, devenus des centaines de milliers qui vivaient en communautés commerçantes fermées aux non-initiés et dont les synagogues étaient à la fois le ciment et la clef de voûte, mais dont l'ensemble formait un groupe ethnique très différent du groupe originel. À la veille de la guerre de 1939, ils étaient plusieurs millions dits *Askenazim* dans la communauté juive mondiale, par opposition aux *Sephardim*, descendant de ceux qui avaient gagné l'Europe occidentale par les rives de la Méditerranée sans se mélanger aux populations autochtones des pays traversés et avaient gardé le type originel.

Je profite de l'occasion qui se présente ici pour dire que, des *Askenazim* aux *Sephardim*, la communauté juive mondiale du XXe siècle est composée d'hommes et de femmes d'une infinité de types très nettement différenciés dans leurs caractères somatiques — il y a même des juifs jaunes et des juifs noirs ! — seulement unis entre eux par une religion, des coutumes, un genre de vie ou, pour tout dire, une tradition qui est le ciment d'une unité de vues et d'une solidarité à toute épreuve mais ne suffit pas à définir une race dans le sens biologique que nous donnons au mot. En vertu de quoi, donnant l'un et l'autre un caractère racial à leur combat, Hitler et Ben Gourion commirent la même erreur : celui-ci en voulant, par la création de l'État d'Israël, non seulement sauver des hommes, mais un type d'homme qui n'existe pas ou plus, celui-là, en voulant protéger du métissage par cet homme imaginaire, une communauté allemande qu'il disait du type germanique mais qui, racialement, ne l'était pas plus qu'aujourd'hui la communauté israélienne n'est juive. Car, envisagé sous l'angle de sa population, voici ce qu'est l'état d'Israël de M. Ben Gourion : un rassemblement de types humains qui va du juif yéménite bâtardé d'Arabe, au juif allemand bâtardé de Germain, en passant par le juif russe, roumain ou hongrois bâtardé de Slave, tous ces types n'ayant entre eux que peu ou pas de caractères somatiques communs. Le seul résultat que le mouvement sioniste peut espérer d'un rassemblement aussi hétéroclite, c'est ethniquement ou racialement parlant, la naissance d'un nouveau type humain de juif, à la longue issu du brassage de tous ces types, si tant est qu'ils consentent à se brasser, et, politiquement, un État théologique, c'est-à-dire dans la forme la plus archaïque actuellement connue de cet organisme et qui n'aurait d'autre avantage que de correspondre à ce qui semble être le niveau intellectuel moyen de cette masse, lequel est peut-être très élevé du point de vue religieux ou mystique mais assurément assez bas ou très en retard sur notre temps du point de vue philosophique. Par quoi l'on voit que le mouvement sioniste international n'a pas, pour des populations aussi arriérées, voire aussi primitives que les juifs du Yémen avec lesquels il projette, en théorie au moins, de fondre tous les juifs du monde en un seul peuple sur la terre d'ancêtres qui, de toute évidence leur sont beaucoup moins communs qu'il ne le prétend, la même et aussi insurmontable répulsion dont, depuis le temps où Théodore Herzl le tenait sur les fonts baptismaux, il n'a cessé de faire preuve à l'endroit des populations européennes à la pointe de la civilisation : on sait, je suppose, avec quelle obstination indignée le mouvement sioniste international n'a jamais cessé de repousser les thèses de celui qui me semble être le plus grand philosophe juif de tous les temps, je veux dire Moïse Mendelsohn (1729-1786) qui, voulant mettre fin au judaïsme d'apartheid, prônait l'assimilation des juifs aux populations des pays dans lesquels ils vivaient. Explication de ce comportement : tentant d'élever le judaïsme du plan de la religion et du mythe de la race à celui de la philosophie, les thèses de Moïse Mendelsohn signifiaient, si elles avaient été prises en considération, la mort du rabbinat, paravent commode dans l'ombre duquel est née et n'a cessé de prospérer, la plus ambitieuse, la plus vaste et la plus solide entreprise commerciale de tous les temps. Menacée de mort ou, pour le moins, du détournement de ses profits en faveur d'une communauté beaucoup plus large par l'assimilation des juifs aux populations civilisées européennes, cette entreprise commerciale ne courait aucun risque du fait de leur croisement avec les juifs yéménites sur le territoire d'Israël — au contraire ! Mais on frémit à la pensée de ce que pourrait être le type juif de l'avenir si, le judaïsme proliférant parmi les noirs et les jaunes comme il a proliféré en Europe et, le mouvement sioniste international les séduisant à leur tour, il prenait fantaisie à ces juifs noirs et jaunes de venir, eux aussi, participer à cette entreprise de croisement sur une terre, ma foi, à eux aussi « promise ».

Voici, maintenant, ce qu'était l'Allemagne de Hitler vue sous le même angle : une communauté d'hommes d'une infinité de types parmi lesquels le type germain caractérisé par la réunion en une seule personne de la haute taille, de la dolichocéphalie et de la carence pigmentaire (pâleur du teint, blondeur des cheveux) ne représentait qu'une toute petite minorité. « Entre 1874 et 1877, nous dit Pierre Gaxotte (*Histoire de l'Allemagne*, Paris 1963, chez Flammarion, tome I, p. 21) une enquête faite dans les écoles allemandes et qui portait sur six millions d'enfants, n'a révélé que trente et un pour cent de blonds. Selon d'autres recherches, précise-t-il, les Allemands du nord que la tradition représente cependant comme les mieux préservés, ne comptent plus que dix-huit dolichocéphales sur cent. » Que les Allemands n'en soient pas déçus : une enquête analogue qui se fixerait pour but de rechercher l'importance que représente, par exemple, le type celtique dans la population française aboutirait à des résultats du même ordre. Dans une Europe occidentale dont les populations sont le résultat du grand brassage plusieurs fois millénaire de toutes les migrations qui s'y sont donné rendez-vous et croisées en s'entretuant, il n'y a pas de peuple homogène au regard de l'anthropologie, ni même, dans lequel le type d'homme représentatif de l'une quelconque de ces migrations soit à la fois majoritaire et parfaitement conservé. En admettant qu'il soit possible de définir le type juif originel avec autant de précision que le type germain ou celtique, il est très probable que si on procédait à des investigations de même nature dans la communauté juive mondiale, on arriverait à des résultats du même ordre en ce qui te concerne : les juifs *sephardim* qui sont assurément les plus proches de ce type originel n'y représentent en tout cas qu'une infime minorité. Et ceci dit à quel point Hitler et Ben Gourion se sont, l'un et l'autre, fourvoyés dans un combat contre un mythe. Au plan racial, tout au moins. Que l'humanité du XXe siècle soit affrontée à un problème racial ne paraît pas douteux : celui, par exemple, des rapports qui peuvent ou doivent exister entre la race blanche et les races de couleur et entre ces races entre elles, c'est-à-dire, qui se pose à la fois à une autre échelle et à un niveau intellectuel un peu plus en rapport avec les données de la science moderne en matière d'anthropologie. En ce qui concerne plus particulièrement les juifs, ce n'est pas une race qu'ils représentent aujourd'hui mais un genre de vie et des aspirations, et ce n'est pas un problème racial qu'ils posent mais, l'état d'Israël ne le prouve que trop, d'ordre économique et social dans la mesure où, à l'abri d'une tradition d'essence religieuse, ils ambitionnent de s'ériger en une féodalité commerciale qui, ainsi qu'il a déjà été dit, coifferait le monde entier.

Cette parenthèse se fermant d'elle-même sur cette conclusion à laquelle on revient toujours, pour reprendre la migration juive au point où son ouverture l'a laissée, il faut d'abord dire que c'est par les juifs *askenazim*, de loin les plus nombreux, que l'Europe occidentale y a été intéressée et qu'y sont aujourd'hui, les États-Unis : de Constanza par l'artère danubienne qui fut à peu près leur seule voie vers l'Ouest jusqu'aux environs du XIe siècle, de Varsovie par les pays de la Hanse (dont l'essor commercial ne pouvait manquer de les attirer !) qui leur furent dans la suite, une voie complémentaire, ils gagnèrent progressivement la grande artère Rhône-Rhin reliant la mer du Nord à la Méditerranée. L'Angleterre les intéressa, certes, au temps de la Ligue hanséatique mais surtout à partir de la découverte de l'Amérique. Une mention spéciale pour l'Espagne et le Midi de la France, régions qui attirèrent leurs coreligionnaires restés dans l'Empire romain à partir de la chute de sa portion occidentale (4e siècle) et des mesures d'exception rétablies contre eux par Constantin, lesquelles ne furent levées dans sa portion orientale que progressivement au fur et à mesure de sa dislocation, dans les contrées qui s'en détachaient, puis définitivement lors de sa chute et de sa conquête par les Turcs (XVe siècle) : c'est la branche de la migration qui gagna l'Europe occidentale par les rives de la Méditerranée. Au moment de la découverte de l'Amérique, elle était sur place — ou plutôt, ce qui en restait, car, entretemps, l'Inquisition avait passé sur elle — et la pointe avancée du judaïsme se trouvait portée sur une ligne Madrid-Londres qui était justement celle sur laquelle s'étaient déplacés les centres nouveaux d'un commerce qui, d'Eurasiatique était devenu mondial.

Dans l'Europe occidentale affranchie des empereurs romains, il semble qu'on puisse dater du Xe siècle[20] les premières réactions violentes contre les juifs. Or, c'est aussi au Xe siècle que l'influence de l'Église chrétienne consacrée par Charlemagne et que les Croisades y ont définitivement assise comme la plus importante des forces spirituelles, commence à s'y faire sentir un peu partout. Frappés par la coïncidence, la plupart des historiens ont noté ces réactions violentes

---

[20] Avant cette date, le roi Wisigoth Sisébrut les avait chassés d'Espagne (613) avec tout ce qui était d'origine orientale et le roi Dagobert de France (629) mais ces bannissements avaient été de courte durée.

en les portant au compte de la chrétienté, le mot étant pris dans le sens de christianisme. L'inquisition — dont on a facilement tendance à oublier qu'elle visait, non seulement les juifs mais toutes les hérésies et que, par voie de conséquence, elle ne peut absolument pas être considérée comme d'inspiration antisémite ou raciste — qui, à cheval sur le XIIe et le XIIIe siècle, fut, en Espagne et dans le sud de la France, la plus tragique de toutes celles de cette époque, les confirma dans cette opinion. L'Église, c'est exact, n'aimait pas les juifs : elle leur reprochait, non pas leur race car en dépit qu'on en ait, il faut tout de même reconnaître que c'est une des constantes historiques de sa doctrine, jusque dans ses pires entreprises obscurantistes, d'avoir toujours été universaliste et de n'avoir jamais considéré les hommes qu'en fonction de leurs hérésies par rapport à ses dogmes — mais ce qu'elle considérait comme le plus grand de tous les crimes : la crucifixion du Christ. L'hostilité dont les juifs furent l'objet de la part des populations de l'Europe occidentale est pourtant très antérieure à l'époque où l'Église chrétienne eut une influence sur elles et il semble bien aussi qu'elle ait son origine dans le caractère des communautés qu'ils créèrent au fur et à mesure de leur progression vers l'ouest et qui, par le commerce et le prêt usuraire, drainèrent vers elles toutes les richesses en espèces des régions où elles s'installaient. Aussi, par peur de tomber entre leurs mains et de se trouver expropriée, ce qui, semble-t-il encore, ne pouvait manquer de se produire étant donné leur génie commercial, au fur et à mesure qu'elles apparaissaient, la féodalité naissante interdit-elle à leurs membres qu'elle accusait de gruger le peuple, de se rendre acquéreurs de richesses foncières : contre eux, alors même qu'on ne parlait pas encore du christianisme, le patriciat romain avait eu la même réaction de défense. En vertu de quoi, il me paraît légitime de penser que l'Église chrétienne n'a fait qu'ajouter des raisons religieuses à celles d'essence économique de la féodalité ou du patriciat romain et non l'inverse. Si cette manière de voir était justifiée, ce que j'appelle une confusion de la part des historiens n'aurait d'ailleurs d'importance que dans la mesure où il s'agit de fixer la cause originelle des réactions de l'Europe moyenâgeuse contre les juifs. Elle s'expliquerait même très bien, cette confusion : d'une part, au moment où les premières de ces réactions furent notées, la conscience que l'Europe avait d'elle- même c'était d'être, non pas l'Europe, notion alors politiquement inconnue, mais la *chrétienté* qui s'affirmait contre le paganisme synonyme de barbarie ; de l'autre, ce fut l'Église qui, catholique ou réformée, prit la tête du combat contre les juifs et, soit en revendiqua l'honneur dans sa lutte contre les hérétiques, soit en porta la responsabilité aux yeux de ceux qui la lui imputèrent à crime. Mais c'est là un problème pour mandarins : quelle que soit l'hypothèse, la réalité tangible pour les juifs, c'est que, de ce Xe siècle au XVIe environ, dans toute la chrétienté, ils furent ici ou là, périodiquement dépouillés de richesses qu'ils étaient réputés avoir mal acquises, par les princes, les rois ou les empereurs, soit avec la bénédiction, soit à l'instigation de l'Église associée au partage des bénéfices de l'opération. Le procédé était simple : la confiscation des biens assortie de la prison ou de l'exil. Et le motif toujours le même : l'usure ou la profanation d'un lieu ou d'un objet de piété ou les deux. On peut même citer de nombreux cas de bourgeois — car, au cours de cette période, la bourgeoisie de vocation commerciale était née dans les villes et ils étaient pour elle de très dangereux concurrents — qui accusèrent des juifs d'une profanation quelconque devant l'autorité ecclésiastique pour obtenir qu'on les mît en prison ou qu'on les exilât et, ainsi, se libérer de dettes qu'ils avaient contractées envers eux.

La période qui, sans aucun doute fut la plus dure pour les juifs est celle qui s'étale sur les XIIIe, XIVe et XVe siècles[21] au cours desquels on nota un reflux de leurs communautés vers l'Est européen resté assez libéral à leur endroit pour qu'on y enregistrât toujours des conversions au judaïsme. C'est, en effet, plus tard, au fur et à mesure que la religion orthodoxe gagna ces régions et que la notion d'empire de toutes les Russies y naquit que, parallèlement, y naquit aussi l'hostilité contre les juifs, mais alors elle s'y traduisit par des mesures bien terribles qu'à l'Ouest : le mot *pogrom* appartient au vocabulaire russe. À l'Ouest, c'est

---

[21] Par mesure de bannissement, ils sont refoulés d'Angleterre (1220), de France (1394), d'Espagne (1492).

l'apparition de l'humanisme dans le mouvement intellectuel qui apporta les premiers allègements à la condition des juifs et c'est celle des encyclopédistes qui porta le coup décisif à l'hostilité dont ils étaient l'objet. La Révolution française les fit citoyens comme tout le monde (1791) et le mouvement gagna l'Europe, la Prusse (1812), la Confédération germanique (1848), l'Angleterre (1858), l'Italie (1870). Mais l'ère des « pogroms » avait commencé dans « toutes les Russies ». La migration n'en reprit que de plus belle dans la direction de l'Ouest où, dans la seconde moitié du XIXe siècle, elle fit apparaître, par réaction, le mot *antisémitisme* dans tous les dictionnaires et la chose qu'il désignait — assez improprement ainsi qu'il a déjà été dit — dans toutes les politiques nationales.

C'est dans cette seconde moitié du XIXe siècle que ses premiers éléments franchirent l'Atlantique où la *ruée vers l'or* les entraîna et où, venant principalement de « toutes les Russies », Pologne comprise et d'Allemagne, les juifs qui avaient mis plus de vingt siècles à devenir, selon leurs statistiques, un peu plus de 10 millions dans le reste du monde n'eurent pas besoin de plus de cinquante ans pour avoisiner les cinq millions aux États-Unis (cf. ci-dessus) c'est-à-dire pour y devenir aussi nombreux que dans ce qui, avant 1914, était l'empire des Tsars.

Au XXe siècle, la Révolution russe, la politique générale de la Pologne, plus particulièrement à partir du moment (1932) où le Colonel Beck commença d'y jouer un rôle, et enfin Hitler, accélérèrent encore le mouvement vers les États-Unis, seuls ceux qui n'avaient pas les moyens de les gagner s'arrêtant encore en Hollande, en Belgique, en Angleterre et en France. Une partie d'entre eux essaya d'atteindre le « Foyer national juif » créé en Palestine par la Commission Balfour (2 nov. 1917) et y réussirent malgré l'hostilité de l'Angleterre qui avait fixé des quotas d'entrée. Mais les États-Unis restaient le centre d'attraction par excellence. En 1928, la politique stalinienne de la Russie qui n'était pas particulièrement bienveillante pour les juifs mais les voulait quand même garder dans ses frontières, leur ferma comme à tous les sujets russes les portes de sortie par l'Ouest et érigea, pour le mettre à leur disposition, le Birobidjan situé aux frontières de la Mandchourie, en

Territoire autonome dans le sein de l'U.R.S.S. : très vite, Staline s'aperçut que si le nombre des juifs diminuait en Ukraine et en Russie Blanche, il n'augmentait pas au Birobidjan où pourtant ils se dirigeaient, et qu'ils ne s'y dirigeaient que pour fuir le régime en franchissant la frontière toute proche de la Chine ce qui était un jeu avec la complicité des Chinois alors hostiles à l'U.R.S.S. et, de là, par Hong-Kong et Shangaï, gagner les États-Unis où la complicité de ceux qui les avaient précédés et y étaient devenus, politiquement très puissants, leur permettait d'entrer clandestinement. À la veille de la guerre, en Russie, personne ne parlait plus du Territoire juif autonome du Birobidjan. Dans le reste du monde non plus, d'ailleurs. On faillit en reparler pendant la guerre dans des circonstances qui seront définies plus loin et dont pour l'instant, il suffit de dire que, faisant reprendre aux juifs la route de la Sibérie — de l'Asie centrale disaient les nouvelles venues de Russie — elles donnèrent une consistance très importante à leur mouvement de migration vers les États-Unis par l'Est.

IV - LE MOUVEMENT DE LA POPULATION JUIVE EUROPÉENNE DE 1933 À 1945

En 1933, l'aire de départ de la migration juive ou, si l'on veut, son bassin d'alimentation, n'est plus le triangle défini par l'embouchure de la Vistule, celle du Danube et celle de la Volga : s'y sont joints successivement, les pays de l'Europe danubienne que l'instabilité politique et les troubles consécutifs à la première guerre mondiale les incitaient à quitter et, en dernier lieu, l'Allemagne, l'Autriche et la Tchécoslovaquie. Au surplus, outre les États-Unis, depuis 1917 (Convention Balfour) il y a un second point d'arrivée : la Palestine.

Malgré la confusion créée et, fort heureusement pour la vérité historique, beaucoup plus systématiquement que savamment ou adroitement entretenue par le *Mouvement sioniste international* autour de la période postérieure à 1933 de cette migration, il y a, de son aire de départ à ses deux points d'arrivée, un certain nombre de faits aujourd'hui parfaitement connus et indiscutablement établis, qui, dans le temps comme dans l'espace, jalonnent les voies qu'elle a empruntées et détruisent irrémédiablement la thèse des six millions de juifs exterminés.

Pour la plupart d'entre eux, c'est d'ailleurs, par sa politique générale à l'égard de l'Allemagne et, notamment, le nombre devenu incalculable de procès qu'il a réclamés contre des Allemands pour prouver et prouver sans cesse que ces six millions de juifs avaient bien été exterminés, le mouvement sioniste international lui-même qui nous a révélé ces faits si nous les ignorions ou en a confirmé la matérialité dans nos esprits si nous ne faisions que soupçonner leur existence : un nombre incalculable de procès demande un nombre plus incalculable encore de témoins pour appuyer l'accusation, de journalistes pour rendre compte des débats et, c'est la loi des grands nombres, il était fatal que, parmi eux, se trouvassent des sots du type Shalom Baron (professeur à l'université de Columbia, ne l'oublions pas témoin au procès Eichmann et qui, par-dessus le marché n'avait rien vu !) ou Hannah Arendt (journaliste envoyée spéciale du *The New Yorker* au même procès — voir son pedigree par ailleurs) pour vendre la mèche. Il n'était pas moins fatal qu'arrivât un jour à la barre du Tribunal de l'histoire, un hurluberlu en mal d'originalité comme M. Raul Hilberg et que cet hurluberlu y utilisât tous ces procès de telle sorte, non seulement que tout ce qui avait été dit avant lui s'en trouvât réduit en miettes, mais encore, par ricochet, tout ce qu'il disait lui-même. « Qui veut trop prouver… » dit le proverbe.

Pour être aujourd'hui parfaitement connus et indiscutablement établis, tous ces faits qui nous ont mis sur la voie de la vérité historique, ne le sont, malheureusement que des spécialistes dont, par indifférence, par souci politique ou par intérêt, la plupart les taisent ou s'évertuent mal, on l'a vu et en le verra encore en ce qui concerne ceux du mouvement sioniste international à les tenir sous le boisseau. Je suis de ceux qui, par respect de ma profession et soumission aux impératifs moraux qui lui sont propres, attachent une très grande importance à ce qu'ils soient aussi connus du grand public. Par souci aussi de l'évolution générale des sociétés que leur méconnaissance oriente vers les impasses et les catastrophes. Car, c'est parce que la politique se fonde généralement sur des conjectures, le plus souvent sinon toujours, élaborées en fonction de leurs intérêts personnels par les politiciens qui les avancent, et non en fonction des vérités établies, que les sociétés sont périodiquement jetées dans ces impasses et précipitées dans ces catastrophes. D'où la nécessité de rechercher et d'établir, à l'intention de la masse des honnêtes gens, ces vérités qui leur permettront de se défendre contre les entreprises intéressées des politiciens.

L'histoire, disent les historiens, s'enseigne en suivant son cours et se vérifie en le remontant. Dans leur langage, les policiers expriment cette idée en disant que c'est en « remontant les filières » non en les descendant, que la vérité se découvre.

Comme il s'agit de vérifier une statistique, donc une addition, empruntons encore au langage des mathématiciens qui enseignent à l'usage des comptables que, vérifier une addition, c'est la refaire en totalisant de bas en haut si elle a été faite en totalisant de haut en bas, ou inversement. Le haut, dans celle-ci, c'est l'aire de départ de la migration juive : l'Europe où s'est produit le drame, une forêt de témoignages n'exprimant que des vues partielles d'événements imbriqués les uns dans les autres et, au surplus, faussées par les éléments constitutifs de la psychologie du témoin. C'est par ce haut que les historiens et statisticiens du *Mouvement sioniste international* ont commencé à totaliser leurs morts en feignant, parce qu'ils désiraient qu'il en fût ainsi, de ne pas voir que la somme obtenue ne pouvait qu'être démultipliée à l'infini, comme, à l'infini aussi, serait agrandi un paysage reconstitué en mettant bout à bout toutes les photographies partielles qui en ont été prises et dont, au préalable, on n'aurait pas, dans chacune d'elles, fait disparaître ce qui figure aussi dans une ou plusieurs autres par raison de chevauchement des vues. Les vues partielles des témoins se chevauchent comme celles des objectifs des appareils photographiques et, un paysage naturel n'est pas plus la somme des secondes non retouchées par les topographes qu'un paysage historique n'est la somme des premières non recensées par les historiens. Jusqu'à ce que ce recensement général soit fait, tout restera confus, donc incertain et conjectural, sur les lieux mêmes du drame. Or, il apparaît que nous ne sommes pas à la veille qu'il soit fait : la loi absurde des cinquante ans ou le bon plaisir des politiciens. Jusqu'à l'expiration de ce délai, si les historiens sont néanmoins tentés d'éclaircir les circonstances de ce drame — et la nécessité urgente de la lutte contre le mensonge historique les y contraint quotidiennement — ils resteront condamnés à procéder par approches successives à partir des faits établis. Et c'est dans ce contexte que s'inscrit la démarche de cette étude.

Le bas de l'addition, ce sont les deux points d'arrivée de la migration : les États-Unis et Israël où, par contre, presque tout est connu, bien que noyé dans ce qu'on pourrait appeler le film *Nuit et Brouillard* de la propagande sioniste. Suivre le conseil des historiens en remontant le cours de l'histoire, la filière si l'on suit celui des policiers, ou refaire l'addition en commençant par le bas si l'on suit celui des mathématiciens, c'est refaire l'inventaire de la population juive mondiale en partant de ce qu'elle est aujourd'hui aux États-Unis et en Israël. La méthode offre cet avantage insigne qu'elle obéit à la règle d'or de toutes les investigations scientifiques : partir du connu pour aller à l'inconnu et en dissiper les mystères au moyen de ce connu.

À tout seigneur, tout honneur : Israël d'abord.

En 1926, nous dit Arthur Ruppin (cf. statistique p.129) il y avait 250 000 juifs en Palestine. Mais, les statistiques officielles reproduites par M. André Chouraqui (*L'État d'Israël* op. cit. p. 62) nous disent qu'il y en avait seulement 150 000 en 1927 et 174 610 en 1931, veille de l'accession au pouvoir du colonel Beck (ministère des Affaires étrangères) en Pologne et de Hitler en Allemagne. Cette étude visait à démontrer, outre qu'elles ne concordent pas entre elles, que toutes les statistiques de source juive publiées après la guerre ne concordent pas non plus avec celle d'Arthur Ruppin publiée avant-guerre et prise comme base de référence, il faut, si l'on veut faire des comparaisons valables avec la seconde, d'abord savoir exactement ce que disent les premières relativement à l'évolution de la population juive en Israël. Et, pour la période postérieure à 1931, voici ce que M. André Chouraqui leur fait encore dire : 1947 = 629 000 ; 1952 = 1 450 000 ; 1957 = 1 763 000.

Sur le niveau qu'elle y atteint en 1962, nous possédons, d'autre part, deux informations peut-être contestables mais, en tout cas concordantes, dont la première est déjà connue du lecteur :

– Le communiqué du 31-3-63 de l'*Institut des Affaires juives* de Londres publié le l'avril par *Die Welt de Hambourg* (cf. p. 124) où il est dit que cette population s'élève à 2 045 millions[22].

– Un discours prononcé le 17 juillet 1963 devant la Knesseth (Parlement israélien) par M. Levi Eskhol (successeur de M. Ben Gourion) où il est dit que, sur les 2,27 millions d'habitants que compte l'état d'Israël, il y a 2,05 millions de juifs.

Nous admettrons que M. Levi Eskhol, président du conseil de l'état d'Israël, est très probablement mieux renseigné que l'*Institut des affaires juives* de Londres et retiendrons son chiffre. De toutes manières, à 5 000 unités près, c'est sans importance.

Nous voici donc en présence de quatre points significatifs de l'évolution de la population juive israélienne : 1931 (veille de l'accession au pouvoir du colonel Beck en Pologne et de Hitler en Allemagne) 1947 et 1952 (veille et lendemain de la création de l'état d'Israël) et enfin 1962.

Pour déterminer l'importance de l'immigration juive en Israël de 1931 à 1962, il nous manque une troisième information : le taux d'accroissement naturel de la population juive mondiale. Or, M. Shalom Baron, professeur (d'histoire juive, il est vrai — « d'histoires juives » serait d'ailleurs plus indiqué) à l'université de Columbia, nous en a fourni un lorsque, le 23 avril 1961, il est venu déclarer à la barre du Tribunal de Jérusalem que par rapport à ce qu'elle était en 1945, la population juive mondiale s'est accrue de 20%.

Une fois n'est pas coutume : d'entrée de jeu, à simple vue, je refuse

---

[22] *The Jerusalem Post Weekly* (19-4-63 op. cit. cf. p. 108, note 1) dit 2,3 millions. D'autre part, dans son livre *Le peuple et l'État d'Israël*, M. Ben Gourion dit 2 millions en 1958 (p. 66). S'il n'y en a que 2,045 millions en 1962, cela signifie non seulement que le taux d'accroissement naturel de 1% par an n'est pas atteint en Israël, mais encore que l'immigration est stoppée. Peut-être même pourrait- on parler d'émigration...

catégoriquement d'accepter une telle estimation comme fondée. Un taux d'accroissement naturel de 20% calculé sur 16 années, c'est, en effet, un taux annuel moyen de 1,25%, c'est-à-dire celui de la population mondiale dont les démographes estiment qu'à son rythme actuel de prolifération, elle doublerait tous les 80 ans. Mais, ce taux, c'est seulement à la quatre-vingtième année qu'elle l'atteint. Ce qu'il est à la seizième, il ne paraît pas qu'on l'ait calculé ou, si on l'a fait, je ne l'ai pas su : ce qui est certain, c'est qu'il est de beaucoup inférieur. La France qui, paraît-il, prolifère au rythme mondial est, par exemple, passée d'un peu moins de 42 à un peu plus de 46 millions d'habitants pendant ces 16 années, soit un taux global d'accroissement de 10% et annuel moyen de 0,62%. Pendant la même période, l'Italie qui prolifère à un rythme supérieur au rythme mondial n'est tout de même passée que d'un peu plus de 43 à un peu moins de 50 millions, soit un taux global de 14% et annuel moyen de 0,89%. Les États-Unis, eux, paraissent être parallèlement passés de 168 à 186 millions, soit un taux global d'environ 12% et annuel moyen de 0,75%, mais il faut, ici, compter avec une immigration importante que les mesures législatives de 1901 à 1924 n'ont pas réussi à endiguer. Ce qu'il en est de la population juive mondiale ? Voici d'abord, reportée à l'échelle des 80 années de référence des démographes et du siècle, ce que donne l'estimation du professeur Shalom Baron, c'est-à-dire ce qu'il n'en est sûrement pas :

— à la 16e année :

10 millions + 20% = 12 millions (+ 1,25% par an).

— à la 32e année :

12 millions + 20% = 14,4 millions (+ 1,37% par an).

— à la 48e année :

14,4 millions + 20% = 17,28 millions (+ 1,51% par an).

— à la 64e année :

17,18 millions + 20% = 20,76 millions (+ 1,68% plus que doublée !)

— à la 80e année :

20,76 millions + 20% = 24,83 millions (+ 1,86% par an).

— à la 96e année :

24,83 millions 20% = 29,86 millions (+ 2,06% par an)

Ce qui signifie que, plus que doublée dès la 64e année, la population juive mondiale serait presque triplée dès la quatre-vingt-seizième : autant dire que les juifs sont, sinon *plus*, du moins *aussi* prolifiques que les Chinois, ce que leurs autres affirmations sur le sujet ne rendent tout de même pas évident.

En l'absence de toute information vérifiée en ce qui les concerne, je me suis interrogé sur le taux annuel moyen d'accroissement naturel qu'il convient de leur appliquer et je suis arrivé aux conclusions suivantes :

— La population juive mondiale est toujours en état de migration.

— Les populations en état de migration s'accroissent proportionnellement moins que les populations sédentaires.

— Une population sédentaire qui double tous les 80 ans atteint un taux annuel moyen de 1% à partir de la 64e année.

— Limitée à une extrémité par l'année 1931, à l'autre par l'année 1962, les périodes considérées dans les calculs qui suivent, non seulement ne pourront pas dépasser 31 années mais seront même de 16, de 10 ou seulement de 5 et de 4 années, ce qui signifie que le taux annuel moyen de 1%, si on le retient dans les calculs, sera, pour les juifs en état de migration, supérieur à celui des Italiens sédentaires, c'est-à-dire à la normale.

Soyons beau joueur : retenons-le quand même — en vertu du principe qui veut que le doute profite toujours à l'accusé.

Méthode de calcul maintenant : l'accroissement naturel d'une population étant la différence entre le nombre de ceux qui en naissent et celui de ceux qui y meurent, si on réussit, à partir des quatre points significatifs de l'immigration juive en Israël, à déterminer l'accroissement naturel de chacune des quatre grandes vagues, il devrait suffire de la retrancher de la population juive de l'État d'Israël en 1962 et d'ajouter le nombre des morts sur place ou résultat obtenu pour avoir le nombre des immigrants réels de la période 1931-62. Dans ce cas particulier, il faudra aussi tenir compte de ceux que l'expérience a déçus et qui ayant émigré en Israël en sont repartis, donc les ajouter aussi au résultat obtenu.

1. Accroissement naturel :

— de 1931 à 1962, les 174 610 juifs recensés en Palestine en 1931, se sont accrus de 31% = **54 129**.

— de 1947 à 1962, les 629 000 recensés en 1947 se sont accrus de 15% = **94 350**.

— de 1952 à 1962, les 1 450 000 recensés en 1952 se sont accrus de 10% = **145 000**

À quoi il faut ajouter l'accroissement naturel :

— de ceux des 629 000 juifs recensés en 1947 qui sont arrivés en Israël entre 1931 et 1947 ;

— de ceux des 1 450 000 recensés en 1952 qui y sont arrivés entre 1947 et 1952 ;

—de ceux, enfin, des 2 050 000 recensés en 1962 qui y sont arrivés entre 1952 et 1962.

Voici ce que donne cette deuxième série de calculs mise en forme selon les règles qu'on m'a enseignées à l'école élémentaire :

a) de 1931 à 1947, les 174 610 juifs recensés en 1931 se sont accrus de 16% et sont devenus : (174 610 x 116) / 100 = 205 547.

Il s'ensuit que, leur accroissement naturel compris, les nouveaux arrivants de cette période représentent : 629 000 - 205 547 = 426 453 et, leur accroissement naturel lui-même : (426 453 x 16) / 100 = **58 821**

b) de 1947 à 1952, les 629 000 juifs recensés en 1947, se sont accrus de 5% et sont devenus : (629 000 x 105) / 100 = 660 450

Il s'ensuit que, leur accroissement naturel compris, les nouveaux arrivants de cette période, représentent : 1 450 000 - 660 450 = 789 550 et, leur accroissement naturel lui-même : (789 550 x 5) / 105 = **37 598**

c) de 1952 à 1962, les 1 450 000 juifs recensés en 1952 se sont accrus de 10% et sont devenus : (1 450 000 x 110) / 100 = 1 595 000

Il s'ensuit que, leur accroissement naturel compris, les nouveaux arrivants de cette période représentent : 2 050 000 - 1 595 000 = 455 000 et, leur accroissement naturel lui-même : (455 000 x 10) / 110 = **41 364**

Accroissement naturel total[23] : 431 262

2. *Immigrants réels pendant cette période* (mortalité sur place non comprise). Pour en obtenir le nombre, il faut, non seulement déduire ce chiffre de la population juive de l'état d'Israël en 1962, mais aussi les 174 610 personnes recensées en 1931 qui y sont comprises, ce qui donne : 2 050 000 - (431-262 + 174.610) = **1 444 128**[24]

3. *La mortalité sur place parmi les immigrants.* Sur le taux de mortalité, les sources juives ne sont pas prolixes. Sur le taux de natalité non plus, d'ailleurs. À ma connaissance, du moins. En ce qui concerne le second, en trouve de temps à autre des informations de ce genre : « La moyenne des enfants par famille est de 3,8 » (*L'État d'Israël* - André Chouraqui p. 77) qui ne signifient rien. En ce qui concerne le premier, de temps à autre aussi, un journaliste lance un chiffre : 13 ‰, 14 ‰, certains descendent à 10 ‰. Les spécialistes du genre Shalom Baron sont fascinés par le taux d'accroissement naturel seulement et ils l'établissent au niveau de la population juive mondiale, non en fonction du nombre des naissances et de celui des décès mais en fonction de la représentation qu'ils désirent en donner au monde aux deux dates de 1946 et 1962 après avoir, au préalable, déduit les six millions d'exterminés. C'est un taux décrété par soumission à des impératifs politiques. Et aberrant, on l'a vu. La population juive israélienne est une population jeune : dans toutes les migrations, ce sont les jeunes qui partent, les vieux qui restent à Buchenwald où il y avait des juifs internés, je n'ai pas le souvenir d'en avoir rencontré qui fussent âgés de moins de cinquante ans. Chez les peuples d'Europe occidentale, le taux de mortalité se situe aux environs de 17 ‰. Qu'il soit de 13 à 14 ‰ en Israël est vraisemblable. Mais, en 1946, 1947 et 1948, il y a eu les événements de la guerre qui l'ont un peu élevé pour l'ensemble de la

---

[23] Total des nombres en gras.
[24] Si on refaisait ces calculs à partir du taux annuel moyen d'accroissement naturel de 1,25% (ou de 20% tous les 16 ans) du professeur Shalom Baron, l'accroissement global pour la période 1931-1962 se trouverait porté à 523 308 unités, soit augmenté de 92 046 et le nombre des immigrants réels actuellement vivants dans le pays diminué d'autant, soit ramené à 1 444 128 - 92 046 = 1 352 082.

période. Disons donc : 14 ‰. De toute façon, si erreur je commets, elle ne peut être que de quelques centaines, ou, au plus, quelques milliers et je suis tout disposé à la corriger éventuellement. Mortalité comprise, l'immigration entre 1931 et 1962 devient alors : (1 444 128 x 1 000) / 986 = **1 464 632**

    4. *Émigration.* Il y a ceux que l'expérience a déçus. Mais il y a aussi ceux qui ont considéré la Palestine d'abord, Israël ensuite, comme une étape imposée par les circonstances pour aller ailleurs. Jusqu'en 1939, par exemple, un certain nombre de juifs polonais, russes ou allemands, etc. n'eurent pas les moyens financiers d'aller plus loin : certains même n'ont pu dépasser l'Afrique du Nord, soit pour cette raison, soit que l'Angleterre eût limité l'immigration. Entre 1939 et 1945, la Palestine était devenue, pour ceux qui continuaient à fuir clandestinement, soit par Istanbul, soit par Constanza, le seul lieu de refuge accessible. Pour ceux que les armées allemandes ont refoulés au-delà des Ourals et de la Volga, dont le nombre est considérable, qui, en 1962, n'ont pas encore tous réussi à quitter le territoire soviétique, Israël reste le plus accessible s'ils en sont plus proches que de la Chine où, ceux qui en sont le plus proches passent pour gagner les États-Unis par Hong-Kong et Shangaï. Bref : M. André Chouraqui nous dit que « sur cent émigrants, 95 ont réussi à vaincre les difficultés de l'adaptation au pays et à y faire souche, tandis que 5 renonçaient à l'expérience » (op. cit. p. 75). C'est peu, mais ne discutons pas[25]. Immigration totale donc : (1 464 632 x 100) / 95 = **1 541 718** entre 1931 et 1962.

Et maintenant, dernière opération pour en finir avec Israël faire la part de ceux de ces 1 552 437 immigrants qui sont venus d'Europe. Ici, l'élément d'appréciation nous est fourni par M. André Chouraqui :

> « L'Asie, nous dit-il (op. cit. p. 65) a fourni depuis 1948, 258 181 immigrants en Israël, représentant 28,8% de l'immigration totale. Ces 258 181 personnes venaient de Turquie (34 797), d'Irak (122 987),

---

[25] Dans un ouvrage destiné aux étudiants de l'École des hautes études commerciales (*Principes et tendances de la planification rurale en Israël* - Paris 1963) le professeur Albert Meister prétend que « un immigrant en Israël sur dix (soit 10%) retournerait dans la Diaspora » après un bref séjour.

d'Iran (31 274), du Yémen (45 887) ; la Syrie, le Liban, Aden, d'Inde même et la Chine fournirent un contingent global de 14 092 âmes. L'Afrique vint en troisième rang (24,8%) après l'Europe (43,4%) et l'Asie (28,8%) ; elle fournit à Israël un contingent de 222 806 immigrants représentant 24,8% de l'immigration récente. L'Afrique du Nord, en tête du contingent africain fournit plus de 150 000 immigrants originaires principalement du Maroc et de Tunisie. »

Note importante : ceci a été écrit en 1958, publié en 1959 et les informations données le sont à la date du 31 décembre 1957.

Première conclusion : Le style amphigourique dans lequel est rédigée cette information sème le doute sur l'authenticité du pourcentage des immigrants d'origine africaine présenté dans une phrase comme une proportion de « l'immigration totale » et, dans la suivante, comme une proportion de « l'immigration récente ». Par voie de conséquence, on peut penser que les autres pourcentages ne sont ni plus authentiques, ni plus signifiants.

Seconde conclusion : Les 3% qui ne sont pas comptabilisés dans cette énumération (100% - 24,8%, - 43,4% - 28,8% = 3%) et dont, en vertu de ce qui précède, on ne sait pas s'ils sont une proportion de l'immigration totale ou de l'immigration récente, concernent le continent américain et le continent australien. Il est pourtant assez précis pour signifier que peu de juifs sont venus de ces deux continents.

Troisième conclusion : À l'exception de ceux du Yémen dont l'odyssée bien connue pourrait fournir un thème non dépourvu d'intérêt à un roman d'humour noir[26] tous les autres immigrants dont M. André Chouraqui fait état peuvent être, soit des juifs qui ont quitté l'Europe après 1931, soit leurs descendants au premier ou second degré nés en Afrique ou en Asie. Je dis bien « peuvent être » et non « sont », je prie

---

[26] Quand l'avion qui, en plusieurs voyages, les a ramenés dans une Terre promise qu'ils n'espéraient plus et dont la plupart d'entre eux ne savaient même pas où elle se trouvait, nous dit à peu près M. Léon Uris (*Exodus*) ils ont d'abord cru à la fin du monde annoncée dans les Écritures pour « le jour où les hommes voleront ». Et ils sont arrivés en Israël pour découvrir des choses aussi insoupçonnées d'eux qu'une table, une chaise ou une fourchette, etc., mais aussi avec la conviction d'être « le peuple élu » prédestiné à la prise en charge, au XXe siècle, de l'avenir du monde.

qu'on le note. La Palestine, par exemple, c'est l'Asie et tous ceux qui sont arrivés en Israël de sa partie non israélienne après 1948, peuvent figurer comme ayant été « fournis » par l'Asie dans l'information de M. André Chouraqui. Passe pour ceux qui y sont nés, mais leurs parents ? La Turquie, l'Irak, l'Iran, la Syrie, le Liban, c'est aussi l'Asie et ce sont précisément ces pays qui, avant et pendant la guerre étaient pratiquement les plus accessibles aux juifs européens. Souvent les seuls. Il y en a qui ont gagné l'Afrique par la France, notamment jusqu'en 1939 et on peut faire le même raisonnement à leur propos. Mettez-vous à la place du juif polonais qui a quitté son pays en 1932 ou 1933, ne pouvant arriver en Israël avant 1948, puisque l'état du même nom n'existait pas, il n'y est, dans beaucoup de cas, arrivé qu'après 1948, souvent longtemps après, avec les enfants qu'il a eu entre temps, c'est-à-dire après avoir passé quinze, seize années ou plus en Palestine, en Irak, en Syrie, en Algérie, en Tunisie ou au Maroc, etc. et, si on lui demande d'où il vient, il n'y a rien d'étonnant à ce qu'il désigne celui de ces pays où il a vécu en dernier lieu car, le cosmopolitisme étant, pour ainsi dire par atavisme, un des traits caractéristiques de l'âme juive, il y a longtemps qu'il n'est plus polonais, s'il se souvient de l'avoir été. Pour lui, la Pologne où il est né n'a jamais été une patrie mais un « pays d'accueil », expression employée par tous les juifs du monde pour désigner le pays où ils vivent, même s'ils y sont nés... quand ils en parlent entre eux. Dans son esprit, la Pologne est devenue le pays qui l'a mal accueilli et son véritable « pays d'accueil » est celui où il a pu se réfugier quand il a été obligé de la quitter. Et de même de tous ceux qui, entre les années 1939-45, ont réussi à quitter clandestinement, non seulement la Pologne mais aussi la Tchécoslovaquie, la Hongrie, la Bulgarie, la Roumanie, la Russie même s'ils n'ont pas été refoulés au-delà des Ourals ou de la Caspienne, et qui ne sont arrivés en Israël que ces toutes dernières années ou y arrivent seulement. M. André Chouraqui n'étudie que l'immigration en Israël : c'est seulement ce qui l'intéresse, cet homme, et c'est son droit. C'est même le sujet qu'il traite et on ne peut lui reprocher de se limiter à son sujet. Mais c'est bien commode : il peut ainsi diminuer à son gré le nombre de juifs européens qui ont immigré en Israël en les faisant arriver de leur dernière résidence antérieure à 1948 — pardon : du dernier « pays d'accueil » — qui était en Afrique ou en Asie. Et augmenter d'autant le nombre des exterminés. Dans quelle mesure ce subterfuge a-t-il été utilisé ? L'élément capital de la réponse à cette question nous est fourni par le paragraphe qui suit.

Quatrième et dernière conclusion : Le livre de M. André Chouraqui porte la date de 1959 et la situation qu'il nous présente est celle de 1957, ai-je dit. Or, nous dit-il, en 1957, « l'Asie avait fourni depuis 1948, 258.181 immigrants représentant 28,8% de l'immigration totale (se reporter à la citation p. 149) à la date du 31 décembre 1957. D'où immigration totale : (258 181 x 100) / 28,8 = 896 642

Or, encore, la population juive israélienne est passée de 1 763 000 au 31 décembre 1957 (André Chouraqui, op. cit. p.74 et statistique officielle pour cette année-là dixerunt) à 2 050 000 au 31 décembre 1962 et cela signifie une augmentation de : 2 050 000 - 1 793 000 = 257 000 qui, déduction faite de l'accroissement naturel, représentent 159 381 immigrants[27] nouveaux pendant cette période de 5 années. Comme il y en a eu, au total, 1 552 437 (cf. p. 163) au 31 décembre 1957, il y en avait déjà : 1 552 437 - 159 381 = 1 393 056, non 896 642. Et, calculée sur ses propres chiffres, l'erreur de M. André Chouraqui, je veux dire le coefficient de minimisation, est de 1,55.

Autre exemple : celui des juifs marocains et tunisiens qui nous dit M. André Chouraqui, ont rallié Israël au nombre de 150 000. Voyons un peu. Au Maroc, ils étaient 120 000 en 1926, nous a dit M. Arthur Ruppin et, en Tunisie, 60 000. Total pour les deux pays : 180 000. En 1948, ils auraient dû être : 180 000 + 22% = 219 600. Si 150 000 d'entre eux ont rallié Israël, il en restait à cette date : 219 600 - 150 000 = 69 600. Qui, en 1962, sont devenus : 69 600 + 14% = 79 344. Or, l'étude de *The Jewish Communities of the World* (op. cit. ci-dessus p. 113, note 10) nous apprend qu'en 1962, il restait : 125 000 juifs au Maroc + 35 0010

---

[27] Pour éviter une répétition fastidieuse, je n'ai pas fait le calcul sous les yeux du lecteur : s'il éprouve le besoin de vérifier, il peut le faire lui-même, la méthode lui étant donnée pp. 147 et suivantes à l'occasion de calculs en tous points identiques.

en Tunisie = 160 000. *The Jewish Post Weekly* (du 19-4-63, op. cit.) confirme. D'où il appert que 160 000 - 79 344 = 80 656 des juifs donnés comme Marocains et Tunisiens par M. André Chouraqui ne l'étaient pas : ceux-là sont ceux qui n'ont pu aller plus loin en raison de circonstances personnelles ou autres. N'étaient donc réellement Marocains et Tunisiens que : 150 000 - 80 656 = 69 344. Ici, c'est d'un coefficient d'exagération qu'il s'agit (c'est la même chose, cette manipulation des chiffres dans les deux sens n'ayant d'autre but que d'augmenter le nombre des exterminés en Europe en diminuant par tous les moyens le nombre de ceux qui ont réussi à la quitter) et il va plus que du simple au double : de 1 à 2,16 exactement.

Troisième exemple : les juifs allemands. « Les juifs allemands, nous dit M. André Chouraqui (op. cit. p. 66) ont été presque totalement exterminés par les Nazis ». Or, on sait, tous les historiens et statisticiens juifs en sont d'accord et M. André Chouraqui lui-même, que, sur les 500 000 donnés par M. Arthur Ruppin comme vivant en Allemagne en 1926 ou les 540 000 donnés par les statistiques juives d'après-guerre comme y vivant en 1933, 300 000 environ ont quitté le pays entre 1933 et 1939, que 40 000 selon M. Poliakov et le *Centre mondial de documentation juive contemporaine*, 80.000 selon M. Raul Hilberg (cf. ci-dessus les deux statistiques côte-à-côte) étaient encore vivants en 1945. D'où total des rescapés : 300 000 + 40 000 = 340 000 ou 300 000 + 80 000 = 380 000. Sur 500 000 ou 540 000 : « presque totalement exterminés » traduit le bonhomme. Par quoi l'on voit que le style amphigourique qui permet de semer la confusion (cf. ci-dessus conclusions 1 et 2) permet aussi de cultiver l'effet de sensation. Il ne dispense malheureusement pas de la légèreté : le chiffre de l'immigration totale à la date du 31 décembre 1957, est de 896 462 d'après sa donnée de la p. 65, de 896 085 d'après une autre de la p. 66 et, finalement, quand il le produit d'après la statistique elle-même, il devient 905 655. De même pour la population totale de l'État d'Israël qui, toujours à la date du 31 décembre 1957, est de 1 954 954 (p. 64) et devient : 1 763 000 juifs + 213 000 chrétiens et musulmans 1 976 000 (p. 74). S'il s'agissait d'ordres de grandeur, on comprendrait et passerait mais, dans tous les cas, ce sont là des estimations données à l'unité près. Alors, c'est un test. Mme Hannah Arendt et M. Raul Hilberg, je l'avoue, n'ont pas fait beaucoup mieux.

On n'en finirait pas de citer les exemples. Bref : ce que je veux dire ici, c'est que si ces coefficients d'exagération sont du même ordre — et pourquoi pas, puisqu'il ne s'agit pas d'erreurs mais d'un calcul délibéré ? — en ce qui concerne les pourcentages des juifs européens, africains ou asiatiques qui ont, selon lui, immigré en Israël, il suffira de leur appliquer le coefficient moyen d'exagération pour les rétablir approximativement dans leurs rapports réels entre eux.

Coefficient moyen :

(1.55 + 2.16) / 2 = 1,85

D'où, pour les juifs d'Afrique et d'Asie :

(24,8% + 28,8%) / 1,85 = 29%

Et, pour les juifs européens : 43,4% + (53,6% - 29%) 68%. Il manque toujours les 3% non comptabilisés (cf. ci-dessus, 1re conclusion sur l'information de M. André Chouraqui).

Traduit en chiffres, le nombre des immigrants d'origine européenne devient alors :

— calculé sur l'immigration totale (mortalité et émigration comprises) : (1 541 718 x 68) / 100 = 1 048 368.

— calculé sur celle qui a survécu et s'est fixée :

(1 444 128 X 68) / 100 = 982 007

Ainsi parle l'arithmétique du moins celle que j'ai apprise. Au surplus, c'est très vraisemblable et voici pourquoi : ces chiffres concordent presque parfaitement avec ceux que, sur renseignements à lui fournis par son expert Hanson W. Baldwin, le *New York Times* publiait le 22 février 1948 et que, pour éviter tout malentendu, je me permets de citer dans le texte même : « *There are 650 000 to 700 000 Jews in Palestine. Another 500 000 inhabit other countries in the Middle East... In these countries the Jews are tied by bonds of religion to the rest of the fifteen to eighteen million Jews of the world.* » Dans ces 1 150 000 à 1 200 000 juifs signalés ainsi comme se trouvant en Palestine et dans les autres pays du Moyen-Orient en 1947, déduction faite de ceux qui, de source juive, y vivaient en 1931, il y avait un peu plus ou un peu moins de 750 000 immigrants, selon qu'on fonde son opinion sur les statistiques juives d'avant ou d'après-guerre. Et ces immigrants venaient presque tous d'Europe pour la simple et bonne raison qu'à l'exception près, ceux d'ailleurs n'avaient pas de motifs d'éprouver en masse le besoin de s'y rendre et ne l'éprouvaient pas. Ceux-là ont été les premiers à rallier Israël parce que, pratiquement, ils étaient sur place. Qu'ils aient été rejoints dans la suite par 200 à 250 000 autres juifs européens et, pour l'immigration de cette origine, nous tombons dans des chiffres de l'ordre de ceux qui résultent de mes calculs.

Si j'invoque Hanson W. Baldwin à l'appui de ma thèse, ce n'est pas seulement parce que ses estimations sont vraisemblables mais pour une raison plus solide : en ce qui concerne la population juive palestinienne, elles ont été confirmées par la statistique officielle de source israélienne publiée au début de 1949 pour l'année 1947, laquelle donnait le chiffre de 629 000. Elles l'ont été aussi, toujours pour la Palestine, par M. Ben Gourion soi-même qui, à la date de mai 1948 y estimait la population juive à 650 000 (*Le Peuple et l'État d'Israël* - Paris 1959 - p. 102). Elles n'ont donc rien de conjectural : sur ce point au moins, il s'agit d'une estimation vérifiée. Et elle vérifie les miennes.

Je dirai même plus : si Hanson W. Baldwin était aussi bien renseigné sur le niveau de la population juive palestinienne en 1947, il n'y a pas de raison qu'il l'ait été moins bien sur le niveau de la population juive mondiale et qu'il ne soit pas aussi proche de la vérité en le situant entre 15 et 18 millions à la même date. Si ce que dit le *New York Times*, à savoir que ces informations venaient des juifs eux-mêmes (en propres termes : « *from the secret census made by them in every country in the world* ») tout s'explique très bien : par un moyen ou par un autre, Hanson W. Baldwin a eu connaissance de ce « *secret census* ». Mais c'est égal : si ce « *secret census* » a vraiment eu lieu, si le Mouvement sioniste international est si parfaitement fixé sur les pertes juives réelles, il s'agit alors d'une affaire d'extorsion de fonds (Indemnisation à Israël par l'Allemagne) montée avec préméditation — et beaucoup mieux que l'attaque qui défraie encore la chronique tandis que j'écris ceci, du train Glascow-

Londres par des gangsters. Je dis bien : « si ». Et je prie qu'on note la nuance, car je ne crois guère à ce « *Secret Census* ».

Mais revenons à nos juifs européens qui ont immigré en Israël entre 1931 et 1962 : 1 048 368, mortalité et re-émigration d'Israël comprises, avons-nous dit. Les sources juives en avouent 388 901 à la date du 31 décembre 1957 et, en 1963, c'est à ce chiffre que la presse mondiale continue à faire de la publicité. Voici donc déjà : 1 048 000 - 388 901 = 659 467 juifs européens qui n'ont pas été exterminés par les nazis mais qui figurent quand même à la colonne des exterminés dans les statistiques de source juive. Ou, si l'on aime mieux, 1 048 368 à déduire des 9 243 000 donnés par Arthur Ruppin (cf. sa statistique p. 131) comme vivant dans l'espace européen contrôlé par les Nazis à des dimensions et pendant des durées diverses et variables entre 1933 et 1945 ou des 9,6 millions donnés à Nuremberg par le Justice Jackson. Au choix.

Les estimations qui résultent de mes calculs sont données aussi à l'unité près, mais c'est seulement parce que, lorsque l'on calcule on ne peut échapper à cette servitude, les mathématiciens n'ayant, à ma connaissance, pas encore inventé d'autre méthode de calcul. Le lecteur a compris, je pense, qu'il ne s'agissait que d'ordres de grandeur à arrondir. Tous les éléments qui sont entrés dans ces calculs ayant été retenus au niveau le plus bas possible pour qu'on ne puisse pas m'accuser de porter un tort plus grand qu'il ne convient aux thèses du *Mouvement sioniste international*, du *Centre mondial de documentation juive contemporaine*, et tutti quanti, mon opinion est qu'en ordres de grandeur, ces estimations signifient 1 100 000 juifs européens à déduire de la statistique antérieure à l'accession de Hitler au Pouvoir en Allemagne et 700 000 à déduire des six millions annoncés, selon qu'on préfère l'une ou l'autre méthode. Si des informations nouvelles venaient, en effet, à être découvertes qui en imposent la révision, il ne fait pas de doute dans mon esprit que ce sera sûrement en hausse, non en baisse. Justement parce que, à force de vouloir retenir au niveau le plus bas possible et avec un tel esprit de système, il n'a pu manquer de m'arriver plus d'une fois de retenir à un niveau trop bas le nombre des survivants.

À l'intention des amateurs de vues panoramiques voici — en ordre de grandeur quoique présenté à l'unité près — un tableau récapitulatif de l'étude qui précède et qui donne, en même temps que la structure de la population juive israélienne eu 1962, celle de l'immigration de 1931 à 1962. (V. p. suivante)

Et, maintenant, passons aux États-Unis.

L'étude de la population juive israélienne ne nous a permis de retrouver que les juifs européens qui avaient réussi à gagner la Palestine puis l'État d'Israël, cela va de soi, et qui y étaient arrivés, soit par l'ouest, soit par la voie du Danube via Constanza ou Constantinople ou les deux. Il y a un autre aspect de la migration des juifs européens entre 1933 et 1945 : son mouvement vers l'Est.

Cet autre aspect nous est révélé par au moins deux sources juives : le Dr Reszo Kasztner (*Bericht des Komittees zur Rettung der ungarischen Juden* op. cit.) et Alex Weisberg en collaboration avec Joël Brand (*L'histoire de Joël Brand - Un troc monstrueux : un million de juifs pour dix mille camions* - op. cit.). Et il est confirmé par M. Raul Hilberg soi-même — par Mme Hannah Arendt aussi bien sûr, mais cette dernière m'excusera : au risque de paraître peu galant, je me permettrai de dire que sa caution a beaucoup moins de valeur et de signification.

Voici ce que dit le premier :

« Bis zum 19. März 1944 galt unsere Arbeit hauptsächlich der Rettung und Betreuung polonischer, slowakischer, jugoslawischer Flüchtlinge. Mit der deutschen Besetzung Ungarns erstreckten sich unsere Anstrengungen auf die Verteidigung der ungarischen Juden. Die Besetzung brachte das Todesurteil für die nahezu 800 000 Seelen zählende ungarische Judenheit. » (op. cit. p. 1 - Einleitung).[28]

---

[28] [1] Je préviens le lecteur non familiarisé avec les études démographiques que, s'il était tenté de penser que l'accroissement naturel doit correspond au nombre de juifs qui vivent actuellement en Israël et qui sont âgés de moins de 31 ans, il commettrait une grave erreur : ceux qui, par exemple, ont quitté l'Allemagne en 1938 sur les bras de leurs parents n'ont en 1962 que 24 ans et figurent dans les 1 444 128 immigrants. De même de tous les enfants d'Européens qui sont nés en Afrique du Nord ou ailleurs.

Structure de la population israélienne

Immigration juive entre 1931 et 1962				Population juive de 1931 à 1962		
Nature	Européenne	non européenne	Totaux	en 1931	Accroissement naturel	en 1962
Globale	1 048 368	493 350	1 541 718	↓	↓	↓
Fixée	982 007	462 121	1 444 128	+ 174 610 + 431 262[1]	= 2 050 000	
Mortalité	13 943	6 561	20 504[2]		↓	
Émigration	52 418	24 668	77 086[3]	Discours de M. Levi Eskhol[4]		
Vérification[5]	1 048 368	493 350	1 541 718		= 2 050 000	

La Hongrie, où les juifs n'étaient pas persécutés par le gouvernement de l'amiral Horthy (un juif, le banquier Stern, y était même Conseiller aulique et de nombreux autres y étaient députés) fut, en effet, un lieu d'asile pour les juifs polonais, tchécoslovaques et yougoslaves. En même temps qu'il établit la matérialité des faits, ce texte en donne l'importance : 800 000 - 320 000 (Arthur Ruppin dixit) = 480 000 juifs polonais, tchécoslovaques et yougoslaves en Hongrie à la date du 19 mars 1944.

Comment le *Comité pour le salut des juifs de Budapest* s'occupait-il de les sauver, le Dr Reszo Kasztner vous le dit aussi, mais le couple Alex Weisberg-Joël Brand est plus précis : par l'émigration via Constanza en les munissant de passeports vrais ou faux. Arrivés à Constanza, ils étaient sauvés : la Roumanie n'avait persécuté les juifs que pendant une très courte période entre 1939 et 1945. Pour couper court à toute discussion, citons nos deux auteurs associés :

« Dans leur hâte à se débarrasser des juifs, il importait peu aux Allemands qu'ils disparaissent à l'étranger ou dans les fours crématoires... Les passeports étrangers constituaient la plus sûre protection... En quelques semaines (après le 19 mars 1944) il y eut plus de ressortissants (en Hongrie) de la République de San Salvador que de tous les autres pays réunis... À la suite d'une intervention du pape et du

---

Parmi eux, il en est qui sont arrivés sur les bras de leurs parents en 1957 ou 58, n'étaient âgés que de 4 ou 5 ans en 1982 et ne pouvaient quand même pas figurer dans la colonne de l'accroissement naturel sur place. Ils sont des immigrants au même titre que leurs parents. 2 Mortalité calculée p. 148 paragraphe 3 et répartie dans la proportion de 2/3 — 1/3 qui est celle des européens et des non européens dans l'immigration. 3 Émigration calculée p. 148 paragraphe 4 et répartie dans la même proportion pour les mêmes raisons. 4 Par addition dans chaque colonne des chiffres qui figurent aux lignes 2, 3 et 4, le total devant reproduire les chiffres de la ligne 1.

président Roosevelt, les gouvernements suédois et suisse délivrèrent des milliers de passeports et nous en ajoutâmes trente à quarante mille. Les possesseurs de ce viatique étaient immunisés contre la déportation. » (op. cit. pp. 55-56)

Pour qu'un mouvement puisse mettre impunément « trente à quarante mille » faux-passeports suédois et suisses en circulation dans un pays aussi surveillé par la double police allemande et hongroise que l'était la Hongrie, il fallait que la Suède et la Suisse en eussent délivré sinon beaucoup plus, du moins autant. Et comme il en circulait « plus de la République de San Salvador que de tous les autres pays réunis », cela ne doit pas faire très loin de 200.000 « immunisés contre les déportations ».

Mais, pour autant, ces, « immunisés » n'étaient pas absolument tranquillisés sur leur sort par leurs passeports vrais ou faux : la plupart ne cherchaient à s'en procurer que pour quitter plus facilement la Hongrie. Il y en eut même qui la quittèrent sans passeport. Presque avec la complicité d'Eichmann car, nous disent nos auteurs, celui-ci « qui avait pratiqué avant-guerre, l'émigration massive des juifs... interrompue par l'entrée en guerre de l'Allemagne contre la Russie... avait repris cette idée, dès son arrivée à Budapest » (op. cit. p. 93). Plus loin, ils nous disent — en substance — qu'avec ou sans passeports, ils gagnaient Constanza et, de là, essayaient de trouver un bateau qui les transportât jusqu'à Haïfa, ce qui n'était pas toujours facile, précisent-ils. S'ils n'en trouvaient pas, ils essayaient de gagner au moins Constantinople. Il n'était pas toujours facile non plus de débarquer à Haïfa. Ceux qui réussissaient ne pouvaient pas tous rester en Palestine en raison de la limitation de l'immigration par l'Angleterre et, pour n'être point arrêtés, beaucoup furent obligés de s'éparpiller dans les autres pays du Moyen-Orient d'où ils essayèrent de gagner Hong Kong et, de là, les États-Unis ou un autre pays du continent américain (Argentine, Brésil, Canada...). Même mouvement par les mêmes voies à partir de Constantinople.

Mais c'est M. Raul Hilberg qui, par les renseignements qu'il nous donne involontairement si bien et qu'il interprète si mal, justement parce qu'il ne s'aperçoit même pas qu'il nous les donne, nous permet de reconstituer entièrement et dans toute son ampleur le mouvement de la population juive européenne en direction du continent américain via Hong-Kong. À vrai dire, il serait plus juste de dire que, par ces renseignements, il ne fait que nous apporter confirmation de leur authenticité, car nous les possédions déjà et même avions déjà utilisés et rendus publics la plupart d'entre eux. Je veux parler ici des juifs polonais et russes qui, entre 1939 et 1945 ne se sont, dans les opérations de guerre, jamais trouvés du côté allemand de la ligne de feu. Le nombre de ceux-ci était considérable et l'étude des horreurs de la seconde guerre mondiale à laquelle je me livre depuis une bonne quinzaine d'années m'a convaincu que c'était des États-Unis qu'on en avait la représentation à la fois la plus claire et la plus juste — plus exactement : du continent américain étudié en commençant par les États-Unis. Accessoirement, les quelques crochets que nous serons amenés à faire en Europe en cours d'étude, nous fixeront sur le nombre de ceux qui ont réussi à l'atteindre par l'Ouest.

En ce qui concerne les États-Unis qui sont le point de départ de notre périple, voici le mensonge évident qui, en tout premier lieu, saute aux yeux : il n'est pas vrai que, comme le prétend l'*Institut des Affaires juives* de Londres (cf. p. 124), 5,5 millions de juifs y vivaient en 1962. À la date de 1926, Arthur Ruppin nous a donné le chiffre de 4 500 000 et les services officiels de recensement des É.U., celui de 4 461 184 : évaluations concordantes. Chose curieuse : pour une fois, tous les historiens et statisticiens juifs sont, eux aussi, d'accord sur ce chiffre. Appliquons le coefficient d'accroissement naturel de 1% annuellement et, à la date de 1962, soit trente-six années plus tard, nous obtenons une population juive américaine de : 4 461 184 + 36 = 6 067 210. Si j'avais appliqué celui du professeur Shalom Baron (le lecteur m'excusera mais celui-ci s'est présenté à la barre de Jérusalem en brandissant son titre de « professeur à l'université de Columbia », avec tant d'ostentation et il y a dit des choses d'une si incontestable sottise, que j'avoue un malin plaisir à lui reconnaître, avec non moins d'ostentation, ce titre chaque fois que son nom vient sous ma plume) de 20% tous les seize ans,

j'aurais obtenu :
$$4\ 461\ 184 + 20\% = 5\ 353\ 421 \text{ en } 1942$$
$$5\ 353\ 421 + 20\% = 6\ 424\ 105 \text{ en } 1958$$
$$\text{Et } 6\ 424\ 105 + 5\% = 6\ 745\ 310 \text{ en } 1962$$
et je n'eusse pas demandé mieux que de pouvoir accuser l'*Institut des Affaires juives* de Londres d'une exagération de 1 245 310 au lieu de 567 000 et quelques seulement. Mais ce n'est pas là mon genre et il me suffit de montrer à quel point deux autorités juives sont en désaccord entre elles. Ci, donc : 6 067 210. Attention : sans tenir compte de l'immigration. C'est important. Sans tenir compte non plus, il est vrai, de l'émigration mais elle est négligeable : M. André Chouraqui nous dit en effet (op. cit. p. 67) que, des Amériques et d'Océanie, 7 232 immigrants seulement sont venus en Israël entre 1933 et 1957. Et l'on ne voit pas bien quelles raisons eussent pu en pousser d'autres à se rendre ailleurs.

De toutes façons, c'est l'immigration juive aux États-Unis que nous recherchions.

Nous avons déjà vu comment, depuis 1848, mais surtout depuis 1880, elle s'était inscrite dans le mouvement général des peuples européens connu sous le nom de *Ruée vers l'or*. Entre les deux guerres, en France où l'on était le mieux placé pour l'observer parce que, par l'ouest, la France est un point de passage quasi obligatoire, le courant fut assez lent jusque vers les années 1930. À partir de 1932, date de l'accession du colonel Beck au poste de ministre des affaires étrangères en Pologne, nous avons vu les juifs polonais commencer à arriver massivement. Et, à partir de 1933, les Allemands. Les premiers s'y installèrent dans le commerce et y appliquèrent des méthodes à la fois si peu connues des commerçants indigènes et si peu orthodoxes qu'elles provoquèrent souvent des protestations indignées de leur part. Puis, un beau jour, ils disparaissaient mais on s'apercevait bientôt qu'ils avaient été remplacés à la tête de leur commerce par d'autres juifs polonais. Les juifs allemands, eux, ne faisaient généralement que passer. À la fin de 1937 sont apparus les juifs autrichiens dont le courant s'est renforcé en 1938 après l'Anschluss. Et, fin 1938-début 1939 les juifs tchécoslovaques. Jusqu'en 1932 et depuis la fin de la première guerre mondiale, nous n'avions principalement noté le passage ou la fixation que des juifs russes, roumains ou bulgares auxquels quelques juifs polonais seulement s'étaient mêlés, les uns et les autres chassés de leurs pays respectifs par la tempête bolchevique et l'instabilité qui la suivit. En petit nombre, je le répète. Pour l'ensemble du mouvement, ce qui confirme bien qu'il ne s'agissait que d'une transhumance, c'est que, de source juive comme de source gouvernementale, la population juive n'était passée que de 250 000 à 300 000, de 1926 à 1939[29] — à 270 000 selon M. Raul Hilberg — soit tout juste le taux d'accroissement naturel ou, à peine plus.

Combien sont ainsi passés et où allèrent-ils ?

Pour les juifs allemands, il est assez facile de répondre quant à leur nombre. En 1939, il n'en restait plus que 210 000 en Allemagne selon le *Centre mondial de documentation juive contemporaine* et 240 000 selon M. Raul Hilberg. Les statistiques officielles de source allemande et notamment celle de M. Korherr, chef des services hitlériens de la population, donnent des chiffres voisins : 220 000, disent-elles. Si donc l'on dit que 300 000 juifs environ avaient quitté l'Allemagne avant 1939, tout le monde sera d'accord. Or, nous dit M. André Chouraqui (op. cit. p.66) « 120 000 ont immigré en Israël entre 1933 et 1939 », ce qui signifie que 180 000 au moins sont allés ailleurs. Ici, on me permettra d'invoquer mon témoignage personnel. À Belfort, ville proche de la frontière franco-allemande et qui se trouvait sur l'itinéraire du plus grand nombre parce qu'en même temps, elle était proche de la frontière franco-suisse, j'étais entre 1933 et 1939 le leader du Parti socialiste. À ce titre, ceux qui étaient sociaux-démocrates et qui réussissaient à passer la frontière savaient en général mon adresse et, pour aller plus loin, préféraient avoir recours à mon aide plutôt qu'à celle de la communauté juive : la plupart m'ont déclaré qu'ils se proposaient de gagner les États-Unis où ils avaient des parents, ce qui leur permettrait facilement, à la fois d'y entrer et d'y rester malgré la loi des quotas sur l'immigration dont ils savaient d'ailleurs qu'en raison des circonstances on la leur

---

[29] Pourtant, le *World Almanac* de 1945 n'en note que 240 000 (p. 494).

opposait assez rarement. Quelques-uns m'ont indiqué le Canada : pour la même raison. Très peu le Brésil ou l'Argentine : dans ces deux derniers pays, c'est seulement après la guerre que l'immigration juive prit des proportions. Sous l'occupation, à Belfort toujours, mais où j'étais cette fois comme responsable du mouvement de résistance le plus important, le plus sérieux et le plus sage (Libération-Nord) la seule filière efficace pour eux, mêmes réponses, à ceci près qu'il fallait d'abord les faire passer en Suisse où, avec l'aide du *Joint Distribution* dont Sally Mayer était le représentant, ils espéraient un passeport régulier pour le continent américain, de préférence pour les États-Unis ou le Canada. Aucun, jamais, ni avant ni pendant la guerre, ne m'indiqua l'Angleterre pour laquelle ils nourrissaient tous une haine solide.

En 1937-1938, même phénomène avec les juifs autrichiens et en 1938-1939 avec les juifs tchécoslovaques. De ces deux dernières nationalités, on ne vit plus en France pendant la guerre : ils empruntaient la voie du Danube, les premiers depuis l'Anschluss, les seconds depuis la conclusion de l'affaire des Sudètes. Pour les premiers, la statistique du *Centre mondial de documentation juive contemporaine* et celle de M. Raul Hilberg sont d'accord avec les sources allemandes : avant 1939, 180 000 sur 240 000 avaient réussi à quitter l'Autriche. Et M. André Chouraqui (op. cit.) trouve si peu important le nombre des juifs autrichiens qui ont immigré en Israël, qu'il n'éprouve même pas le besoin de le mentionner. Où, alors, sont-ils allés ? Je ne puis que répéter : tous ceux qui se sont adressés à moi, avant comme pendant la guerre, m'ont indiqué les États-Unis par préférence et, en tout cas un pays du continent américain.

Voici donc 300 000 + 180 000 = 480 000 juifs allemands et autrichiens qui ont réussi à quitter l'Europe entre 1933 et 1939. Ceux-ci, par exception, aussi bien le *Centre mondial de documentation juive contemporaine* que M. Raul Hilberg ont eu l'honnêteté de ne les pas faire figurer au nombre des exterminés dans leurs statistiques. S'ils les ont fait figurer tous au nombre de ceux qui ont augmenté la population juive des pays autres qu'Israël où ils se sont obligatoirement rendus puisqu'ils ne sont plus en France, c'est ce que nous verrons au tableau récapitulatif des émigrants européens réels.

Sur le nombre des juifs polonais ou des pays danubiens qui sont passés par l'Ouest pour gagner le continent américain — ou l'Afrique — je ne possédais pas d'indications précises qui m'eussent permis de le fixer autrement que par la formule « un nombre très appréciable ». Fort heureusement, mon excellente collaboratrice, Mme Hannah Arendt est venue très utilement compléter ma documentation. M. Raul Hilberg aussi, bien sûr, à qui elle a emprunté à peu près tout ce qu'elle dit. Si je préfère citer Mme Hannah Arendt, c'est qu'elle présente les choses beaucoup plus clairement : elle ne sait rien, elle emprunte tout, mais il lui faut reconnaître la clarté. C'est à propos des juifs français, luxembourgeois, belges et hollandais qu'elle a utilement complété ma documentation sur ceux de la Pologne et des pays danubiens qui ont quitté l'Europe par l'ouest.

En France, nous dit-elle (*The New Yorker*, 9 mars 1963) il y avait 300 000 juifs environ en 1939 cela je le savais et, en février-mars 1940, avant les événements qui déclenchèrent l'occupation du pays, 170 000 juifs étrangers étaient venus s'y ajouter : c'est ce que je ne savais que de façon très imprécise. À l'époque, tous les journaux français avaient, je m'en souvenais, parlé des quelques 200 000 juifs étrangers qui avaient fui leur pays devant le nazisme et qu'on avait le devoir d'aider. Mais je n'avais gardé aucune coupure : j'étais beaucoup plus préoccupé de les aider que de les compter. Parmi eux, 40 000 Belges et autant de Hollandais. Les autres ? Pas de précision. Au total, en tout cas, ils étaient 170 000 : on peut être sûr, toutefois, que Mme Hannah Arendt n'a pas forcé la dose, Le gouvernement du maréchal Pétain ayant refusé de livrer les juifs français aux autorités allemandes et leur ayant créé tant de difficultés au sujet des juifs étrangers, poursuit-elle en substance, de cette masse de 300 000 + 170 000 = 470 000 personnes, 52 000 seulement dont 6 000 de nationalité française avaient été déportés à la fin de l'été 1943, soit en dix-huit mois (les opérations de déportations massives n'ont commencé qu'en mars 1942). En avril 1944, deux mois avant le débarquement, il y avait encore 250 000 juifs en France, dit-elle, et aucune mesure ne fut plus prise contre eux. Donc ils furent sauvés.

Ceci n'empêche pas M. Raul Hilberg de n'en faire figurer que 200 000 à la colonne des survivants de sa statistique. Il ne faut pourtant pas croire que la différence, soit 470 000 - 250 000 = 220 000 fut déportée. Sur cette différence, hormis son indication de « 52 000 dont 6 000 de nationalité française » à la fin de l'été 1943, Mme Hannah Arendt ne nous donne aucun renseignement. Mais le *Centre mondial de documentation juive contemporaine* nous dit qu'en tout 120 000 juifs ont été déportés de France, sans préciser le nombre de ceux de nationalité française, ce qui ne l'empêche pas, lorsqu'il fait le compte des survivants, de déclarer péremptoirement que 470 000 - 120 000 = 180 000, ainsi qu'on le verra au tableau récapitulatif pour la France, la Belgique, la Hollande et le Luxembourg. Tout simplement, il n'a calculé cette différence que sur le nombre de ceux qui existaient en France en 1939 sans tenir compte de l'immigration.

Pour la Belgique, voici son tableau : les 40 000 qui ont fui en France devant l'invasion allemande + 25 000 étrangers au pays qui ont, dit-elle, été presque tous déportés et exterminés + les 50 000 que le Centre mondial de documentation juive contemporaine y a retrouvés vivants en 1945 = 115.000. Mais, les statistiques de source juive officielle ne donnent que 90.000 juifs en Belgique en 1939. Précision importante : aucun juif belge n'a été déporté parce que — c'est Mme Hannah Arendt qui le dit, voyez comme elle est — en Belgique, il n'y avait pas de Conseil juif (*Judenrat*) pour les enregistrer et les désigner à la déportation. Les juifs étrangers à la Belgique l'ont, par contre, tous été : ils étaient presque tous Polonais ou Russes et leur allure les désignait aux autorités allemandes à simple vue, dit-elle encore.

Et voici pour la Hollande : les 40 000 qui ont fui en France + 118 000 qui ont été déportés (et exterminés naturellement) + les 60 000 survivants que le Centre mondial de documentation juive contemporaine y a retrouvés vivants en 1945 = 218 000. Mais, de source juive officielle, il n'y avait que 150 000 juifs en Hollande en 1939.

Au Luxembourg : 3 000 juifs en 1939, 2 000 déportés et exterminés = 1 000 en 1945.

Si donc on dresse un tableau récapitulatif pour les quatre pays à la date de 1945, voici comment il se présente[30] :

La déportation des juifs de l'ouest

Pays	1939	1940[a]	Déportés	Survivants en 1945			Exterminés officiellement
				Réelle-ment	+ ou - qu'en 1939	Officiel-lement	
France	300 000	470 000	120 000[2]	350 000	+ 50 000	180 000	120 000
Belgique	90 000	115 000	25 000	90 000	=	50 000	40 000
Hollande	150 000	218 000	118 000	100 000	- 50 000	60 000	90 000
Luxembourg	3 000	3 000	2 000	1 000	- 2 000	1 000	2 000
Totaux	543 000	806 000	265 000	541 000	- 2 000	291 000	252 000

Ainsi, un certain nombre de juifs ayant été arrêtés en France[31], en Belgique, en Hollande et au Luxembourg pendant la guerre, 265 000 d'entre eux ayant été exterminés dans les camps de concentration où ils ont été déportés, la guerre terminée, il en restait encore 541 000 dans l'ensemble des quatre pays, soit 2 000 seulement de moins qu'en 1939. Ce n'est pas moi qui le dis : ce sont là les propres chiffres de Mme Hannah Arendt et du *Centre mondial de documentation juive contemporaine*. Mais, sans qu'on sache comment, ni pourquoi, lorsqu'il s'agit de conclure à partir de ces chiffres, ce dernier qui a rang de porte-parole officiel décrète qu'il n'y a eu que 291 000 survivants. À la colonne des exterminés, il trouve un chiffre voisin : 252 000.

Pour se distinguer, sans doute, faire preuve d'originalité ou de personnalité, sans qu'on sache mieux comment ni pourquoi, M. Raul Hilberg trouve 261 000 survivants et 242 000 exterminés. À partir des mêmes chiffres. Et, naturellement, Mme Hannah Arendt lui emboîte le pas lorsqu'elle conclut. Dans « *Eichmann's Confederates and the third Reich Hierarchy* » (op. cit. p. 59) *Institute of Jewish Affairs* du *World Jewish Congress* trouve 261 000 survivants et 292 000 exterminés. Donc, à la nuance

---

[30] En réalité, pour l'année 1940, deux colonnes devraient figurer à ce tableau : une avec les données d'avant l'invasion de la Hollande et de la Belgique (printemps) et c'est celle-ci, une avec les données d'après cette invasion et qui ferait état des 40 000 juifs belges et des 40 000 juifs hollandais qui ont fui en France. Elle se présenterait alors ainsi : 75 000 juifs en Belgique, 178 000 en Hollande et 550 000 en France en juillet 1940. Le total général pour les 4 pays n'en eût pas été changé, ni les autres données du problème, ni les circonstances et il n'a pas été jugé utile de compliquer des calculs qui eussent abouti au même résultat et aux mêmes conclusions.

[31] Je répète que l'attendu du n° 100 du Tribunal de Jérusalem n'a essayé de justifier que 52 000 déportés de France — et pas tous Français, loin de là — à la date du 21-7-1943 (cf. note p. 46).

près, tous d'accord.

Le mécanisme de cette opération d'une grossièreté qui crève les yeux et qu'on retrouve dans tous les calculs de tous ces gens est, au demeurant, assez simple sinon assez simpliste : en 1945, dès les lendemains immédiats de la tourmente, les communautés juives de chaque pays étant supposées avoir été invitées à communiquer leurs pertes assez rapidement pour que le Justice Jackson en puisse faire état dans l'Acte d'accusation du procès de Nuremberg — car enfin, pour déclarer (Nur. T. 11, p. 128) que « on estime en toute connaissance de cause »[32] etc. (cf. page 121) si peu scrupuleux qu'on le connaisse, il est certain, bien qu'il ne dise pas pourquoi, qu'il a fondé son opinion sur quelque chose et que ce quelque chose ne pouvait être qu'un renseignement de cette source elles les ont calculées, non pas en fonction de tous les juifs qui étaient survivants dans le pays, mais seulement en fonction de ceux qui en possédaient la nationalité et comptaient au nombre de leurs membres en 1939. Aux communautés des autres pays de tenir compte des juifs d'autres nationalités qu'elles avaient sous les yeux. Mais, dans tous les autres pays européens, on a fait de même et, dans le cas présent, il s'ensuit que 541 000 - 291 000 = 250 000 juifs n'ont été comptés comme survivants nulle part et ont figuré partout dans la colonne des exterminés des statistiques. C'est par ce procédé multiplié par le nombre de pays qu'on est arrivé aux six millions de juifs européens exterminés.

Car, rien que pour ces quatre pays, il n'est pas que ceux-là qui soient dans ce cas : il y a aussi ceux qui en possédaient la nationalité et qui n'y étaient pas encore revenus beaucoup n'y sont jamais revenus — donc n'y étaient pas présents au moment où cet inventaire truqué a été dressé. Manquants, ceux-là ont été considérés comme exterminés. Or,

---

[32] C'est encore un des machiavélismes de Nuremberg que, chaque fois que les accusateurs produisaient une accusation dont ils ne voulaient pas ou ne pouvaient pas divulguer la source, ils employaient l'expression « en toute connaissance de cause » ou « de source certaine » — c'était généralement le cas quand la source était juive — à charge pour les accusés de prouver leur innocence. Car, à Nuremberg, ce n'était pas l'accusation qui devait faire la preuve de la culpabilité, mais l'accusé qui devait faire celle de son innocence. À l'exception près, s'entend.

la plupart avaient émigré. On ne le pouvait pas démontrer en 1945 : aujourd'hui on le peut. On sait, par exemple — ne serait-ce que par le couple Hilberg-Hannah Arendt — qu'au moment de l'arrivée des troupes allemandes, en Belgique, il n'y restait pas plus de 5 000 juifs qui en possédaient la nationalité et que, parce qu'aucun Conseil juif ne les a dénoncés aux Allemands, aucun d'entre eux n'a été arrêté. (Hannah Arendt, op. cit.). D'où l'on peut déduire :

–que, comme il y en avait 60 000 en 1926 (Arthur Ruppin dixit), donc, pas loin de 70 000 en 1939, taux d'accroissement naturel compris, ce n'est pas 40 000 qui ont fui en France comme Mme Hannah Arendt le dit, mais entre 60 000 et 65 000. Cette excellente personne qui emprunte beaucoup, rend tout ce qu'elle emprunte, mais sans vérifier la monnaie.

–et que lorsque le *Centre mondial de documentation juive contemporaine* fait figurer 40 000 juifs belges dans la colonne des exterminés, il s'agit d'une abominable escroquerie.

De même pour la France où l'on sait aussi qu'à la fin de l'été 1943 seulement 6 000 juifs qui en possédaient la nationalité avaient été déportés. Ici encore, le couple Raul Hilberg-Hannah Arendt est d'accord. Pour la période qui va de la fin de l'été 1943, à la fin de la guerre, aucune donnée précise n'a été à ma connaissance, rendue publique. Mais MM. Poliakov (*Le IIIe Reich et les juifs*) Michel Borcwicz (*Les solutions finales à la lumière d'Auschwitz-Birkenau* dans la *Revue d'Histoire de la seconde guerre mondiale*, oct. 1956) et M. Joseph Billig (*Le Dossier Eichmann*) disent tous que c'est au cours de l'année 1942 que le plus grand nombre de juifs français ont été arrêtés et déportés, pour conclure sur la formule d'un admirable jésuitisme que « au total environ 120 000 juifs ont été déportés de France ». Mais, si le plus grand nombre des juifs français déportés a été 6 000, il y a peu de chance qu'arithmétiquement, le nombre total dépasse 11 999. Car, le plus grand nombre étant 6 000, arithmétiquement, le plus petit ne peut pas être supérieur à 5 999. Question : où sont passés les autres 110 000 environ (au minimum 108 000) qui figurent dans les 120 000 exterminés français alors que, c'est établi, ils n'ont même pas été arrêtés et, à plus forte raison, pas déportés. Si je réponds qu'ils avaient quitté la France, je ne pense pas qu'on puisse m'accuser de conjecturer. Car, s'ils n'ont pas été déportés, donc pas été exterminés et s'ils n'y étaient plus, il faut bien qu'ils soient allés quelque part.

C'est de Hollande que le plus grand nombre de juifs de la nationalité ont été déportés. Combien ? Les données contradictoires du tableau récapitulatif autorisent deux réponses également contradictoires, et dont l'une est forcément sans valeur :

–d'une part, si 40 000 juifs hollandais ont fui en France d'où ils n'ont pas été déportés et où on ne les a pas retrouvés en 1945 et si en 1945 en en a retrouvé 60 000 qui ont survécu en Hollande, par référence à la statistique de 1939, c'est 150 000 - (40 000 + 60 000) = 50 000 de la nationalité qui ont été réellement déportés et ne sont pas revenus - du moins n'étaient pas revenus en 1945 ;

–d'autre part, si sur les 543 000 de la statistique d'ensemble pour les quatre pays considérés en bloc et qui y vivaient en 1939, 291 000 qui possédaient l'une ou l'autre des quatre nationalités ont seulement été retrouvés en 1945, c'est que 541 000 - 291 000 = 250 000 de ceux-là ne possédaient ni l'une ni l'autre, y étaient étrangers et y avaient remplacé, nombre pour nombre, 250 000 juifs français, belges, hollandais ou luxembourgeois qui n'y avaient pas été arrêtés, n'en avaient pas été déportés et, cependant, n'y étaient plus. Parmi eux, on sait, de source certaine que figuraient au minimum 108 000 Français et 60 000 Belges. Il y avait 1 000 Luxembourgeois qui, eux, étaient officiellement là. Donc un maximum de : 250 000 - (108 000 + 60 000 + 1 000) = 81 000 juifs hollandais. À la colonne des déportés non revenus en 1945 en figureraient alors 150 000 - 81 000 = 69 000. Et cela, c'est la seule vérité qui peut être donnée comme vérifiée par les sources juives elles-mêmes au regard des détails qu'elles donnent. Qu'elle le soit aussi au regard de la réalité, c'est une autre histoire. Et que ces 69 000 déportés hollandais aient été exterminés, c'en est encore une autre : c'est en tout cas, loin d'être établi car il faudrait qu'aucun ne soit revenu de déportation, ce qui est insoutenable et ceci ne vaut pas seulement pour la Hollande mais aussi pour la France et le

Luxembourg. Pour la Belgique pas de problème puisqu'aucun juif belge n'a été déporté — à l'exception près au moins.

Pour la France, la Belgique, la Hollande et le Luxembourg considérés en bloc, la conclusion qui s'impose est la suivante : un maximum de 12 000 juifs français + 0 Belge + 69 000 Hollandais + 2 000 Luxembourgeois = 83 000 juifs ont été déportés d'après les détails donnés par les sources juives et non 252 000 comme elles le prétendent en bloc. Même si aucun n'était revenu, ce qui est exclu, cela ferait encore une exagération de 252 000 - 83 000 = 169 000 juifs à déduire de la colonne des exterminés. Pour ces quatre pays seulement.

Mais, d'autres conclusions s'imposent encore :

—au regard des 250 000 juifs de ces quatre pays qui n'ayant pas été déportés et donc pas exterminés n'étaient plus ni dans l'un ni dans l'autre en 1945. De deux choses l'une : ou bien ils y sont revenus postérieurement à 1945 et, dans ce cas il faut les réinclure dans la population juive européenne, ou bien ils n'y sont pas revenus et il faut alors les inclure dans celle des pays où ils se sont rendus et où ils sont restés. C'est le second cas qu'il faudra envisager puisqu'ils ne sont donnés par aucune statistique de source juive comme y étant revenus. Question : où se trouvent-ils alors ? Aux Etats-Unis ? Au Canada ? En Argentine ? En Afrique du Nord ou du Sud ? À ces questions, il ne sera possible de répondre que lorsque nous connaîtrons le total des juifs qui ont réussi à quitter l'Europe et par un examen d'ensemble de la population juive de tous les pays où elle a augmenté à propos desquels il n'y a qu'une seule inconnue de source juive : les États-Unis. De toute façon, n'étant pas officiellement revenus en Europe, ces 250 000 qui ne peuvent avoir quitté l'Europe que postérieurement à 1940 sont à ajouter aux 300 000 Allemands + 180 000 Autrichiens qui, eux, l'avaient quittée avant 1940 **730 000** émigrants européens.

—au regard des 250 000 juifs qui ne possédaient la nationalité ni de l'un, ni de l'autre des quatre pays, qui ont remplacé, nombre pour nombre, les 250 000 du paragraphe précédent et qui y ont été retrouvés vivants en 1945 : dans la statistique des pays d'où ceux-ci sont venus, ils figurent dans la colonne des exterminés et, pour faire le compte arithmétique des vivants et des

morts de ces pays, ce qui est la toute première opération qui s'impose, il les y faudra réintégrer comme vivants. Mais, réintégrés dans la statistique, ils ne seront pas pour autant revenus dans ces pays : officiellement, aucun n'y est revenu, puisqu'aucun n'a été officiellement réintégré dans la statistique et, en fait non plus, parce qu'à l'exception de l'Allemagne occidentale, ces pays sont de l'autre côté du Rideau de fer. Pour la même raison, ils ne sont plus non plus ni en France, ni en Belgique, ni en Hollande, ni au Luxembourg. La seconde opération qui s'impose sera donc de les réintégrer dans la statistique des pays où ils sont allés après qu'on les aura déterminés. De toutes façons, il est déjà possible de dire que voici encore 250 000 nouveaux juifs européens qui ont émigré et qu'à ce moment du discours, cela fait, au total, 730 000 (cf. ci-dessus) + 250 000 = **980 000**.

—au regard enfin des 265 000 juifs qui ont été arrêtés en France, en Belgique, en Hollande et au Luxembourg : parmi ceux-ci, 83 000 on l'a vu, possédaient la nationalité de l'un ou l'autre de ces quatre pays. D'où il s'ensuit que 265 000 - 83 00 = 182.000 ne possédaient la nationalité, ni de l'un, ni de l'autre. Même raisonnement que ci-dessus, à ceci près que ces 182 000, c'est à la colonne des exterminés (il serait plus exact de dire : des manquants en 1945) des pays d'où ils étaient venus qu'il les faudra réintégrer.

Pour réintégrer correctement ces 250 000 vivants donnés comme morts + ces 182 000 exterminés qui ne l'ont sûrement pas tous été = 432 000 juifs dans les statistiques des pays d'où ils étaient venus, il importe d'abord de connaître ces pays. Le peut-on exactement ? Mme Hannah Arendt s'est laissé dire par M. Raul Hilberg qu'ils étaient « des Polonais, des Russes, des Allemands, etc... » (op. cit.). Or, en ne voit pas bien, déjà, ce que peut recouvrir cet « etc. » : les Yougoslaves qui voulaient quitter l'Europe passaient, soit par l'Italie, soit par la Grèce, soit par la Hongrie ; depuis l'Anschluss, les Autrichiens empruntaient, soit la voie du Danube, soit celle de la Suisse, la Tchécoslovaquie empruntait aussi la voie du Danube par la Hongrie, le Dr Kasztner le précise ; les Russes ne pouvaient plus partir que par Constantinople, les rives de la Caspienne ou le Birobidjan. Depuis la guerre, seuls les

Allemands continuaient à émigrer clandestinement par la Hollande et la Belgique ou le Luxembourg pour la raison qu'il leur fallait franchir le Rhin s'ils étaient sur l'autre rive et que c'était plus facile pour eux en territoire allemand que là où il est frontière. Il y avait donc des Allemands. En nombre appréciable sans doute mais sûrement pas important : seulement ceux qui avaient quitté l'Allemagne postérieurement à septembre 1939 — les autres, nous a dit M. Chouraqui, avaient déjà quitté l'Europe et 120 000 d'entre eux se trouvaient en Israël — auxquels les ayant rattrapés et dépassés, les armées allemandes (offensive de mai 1940) avaient coupé la route de l'émigration libre. Restent les Polonais : pour eux, l'émigration vraiment massive avait commencé au printemps de 1939, quand les choses commencèrent non moins vraiment à se gâter entre l'Angleterre et l'Allemagne et, la Belgique, la Hollande et la France étant aussi leur itinéraire — jusqu'à fin août 1939, ils purent même traverser l'Allemagne avec des passeports polonais — ils constituaient la presque totalité de ces 432 000 juifs qui n'étaient ni Français, ni Belges, ni Hollandais, ni Luxembourgeois et se trouvaient dans l'un ou l'autre de ces pays en mai 1940...

Je ne dispose d'aucune information précise qui me permette de répartir exactement ces 432 000 juifs entre toutes les nationalités ci-dessus citées et, comme il se doit puisqu'ils n'y pouvaient plus être comptés, de les retrancher séparément de la statistique de source juive donnée pour chacune d'elles à la date de 1939 ou de les réintégrer dans celle de 1945 en faisant la part des morts et des vivants. Hormis ceci : tous ceux d'entre eux qui n'étaient ni polonais, ni allemands n'y représentaient que l'exception, soit quantité négligeable. Les Allemands eux-mêmes n'y constituaient qu'un faible contingent : 20 000, 30 000, 40 000 peut-être, on ne sait pas. De cet ordre en tout cas. Dès lors, deux méthodes étaient possibles :

—ou bien étudier globalement la population juive de tous les pays ci-dessus cités, en retranchant globalement au départ ces 432 000 personnes de la statistique de 1939 et, aux termes des calculs, en ajoutant à la date de 1945, les 182 000 qui ont été arrêtés dans la colonne correspondante. Comme nous recherchons les juifs européens, non les juifs par nationalité, arithmétiquement et à ce niveau, aucune erreur n'eût été coin, mise. Mais, deux circonstances s'y opposent : la répartition des juifs polonais entre zone russe et zone allemande après l'invasion germano-russe, et leur migration en direction de la Hongrie qui, toutes deux calculées en faisant abstraction d'une masse aussi importante que 350 000 à 400 000 juifs polonais ne pouvait conduire qu'à des résultats dont le caractère aberrant au plan de la Pologne n'eût pas non plus manqué de se répercuter en se multipliant à l'échelle de l'Europe.

—ou bien, puisque ces 432 000 juifs étaient polonais dans leur énorme majorité, les considérer arithmétiquement comme étant tous polonais, les réintégrer dans la statistique polonaise seulement : aux termes des calculs, les résultats n'étaient plus faussés que par les 20 000, 30 000 ou 40 000 d'entre eux qui n'étaient pas polonais, mais l'erreur ne dépassait plus, au total, une ou deux dizaines de milliers de personnes au plan des nationalités et, d'autre part, arithmétiquement, elle pouvait se trouver automatiquement et exactement corrigée au plan de la population juive européenne, par une erreur exactement correspondante en sens inverse, si je décidais de ne pas tenir compte non plus de ces 20 000, 30 000 ou 40 000 dans l'étude de la population juive allemande.

C'est cette seconde méthode que j'ai adoptée : la solution d'un problème, en somme, par le procédé enfantin bien connu de la fausse supposition.

Cette explication indispensable à la compréhension de ce qui suit étant donnée, passons au détail...

POLOGNE

En Pologne, nous dit Arthur Ruppin, il y avait 3 100 000 juifs en 1926. En 1939, il y en avait 3 300 000 nous disent le Centre mondial de documentation juive contemporaine et l'*Institute of Jewish Affairs* de New York, et M. Raul Hilberg porte la surenchère à 3 350 000. En période normale, il est certain qu'entre 1926 et 1939, la population juive polonaise fût passée de 3 100 000 à 3 350 000. Mais, penser que cela fut, alors qu'elle était en état de migration plus que très sensible depuis 1932 est un non-sens. Disons donc : 3 100 000 au printemps de 1939, alors que commença la migration massive. Nous avons décidé qu'arithmétiquement 432 000 se trouvaient sur les routes de Hollande, de Belgique et de France au moment de l'invasion de ces pays par les troupes allemandes. Auraient alors dû rester au moment de l'invasion de la Pologne : 3 100 000 - 432 000 = 2 668 000. En réalité, il y en avait moins car des juifs polonais avaient aussi essayé de gagner la voie du Danube : le Rapport Kasztner, nous l'avons vu, nous dit qu'un certain nombre de ceux-là se trouvaient encore en Hongrie le 19 mars 1944 mêlés à des Tchécoslovaques et à des Polonais. Et que c'est seulement le 19 mars 1944, lors de l'invasion de la Hongrie qu'ils sont tombés sous la coupe des Allemands. Combien ?

Et d'abord, combien globalement pour les trois nationalités ? Il y avait, nous précise le Dr Kasztner (op. cit.) 800.000 juifs en Hongrie à peu près en permanence depuis le début de la guerre. En 1926, Arthur Ruppin en avait recensé 320 000. Avec l'accroissement naturel ces 320 000 étaient devenus 320 000 + 13% = 361 600 en 1939, non 404 000 comme le prétend le *Centre mondial de documentation juive contemporaine*. Ensemble, Polonais, Tchécoslovaques et Yougoslaves représentaient donc 800 000 - 361 600 = 438 400 personnes. Et en détail, chacune des trois nationalités :

1. Tchécoslovaques : les statistiques établies par l'Allemand Korherr (déjà cité) pour la Conférence de Wannsee qui devait avoir lieu le 9 décembre 1941 et n'a pu se tenir que le 20 janvier 1942 (cf. *Protocole de Wannsee in Eichmann und Komplizen* de Robert Kempner (op. cit.) donc avant que ne commencent les entreprises de déportation des juifs, disent qu'en Bohême-Moravie, il en restait encore 74.200, les autres ayant fui en Slovaquie lors du démembrement de la Tchécoslovaquie (1938-39) et 88 000 en Slovaquie. La statistique d'Arthur Ruppin pour l'année 1926, dit 260 000. Avec l'accroissement annuel moyen de 1% retenu tout au long de cette étude, cela fait 260 000 + 13% = 293 800

en 1939 et non 315 000. Et cela signifie qu'en Hongrie où, continuant leur route ils avaient fui, il pouvait y avoir 293 800 - (74 200 + 88 000) = 131 600 juifs tchécoslovaques.

2. Yougoslaves : Mme Hannah Arendt tient de M. Raul Hilberg que, lorsque Hermann Krumey arriva à Zagreb à la fin de 1943 il trouva un certain nombre de juifs dans le pays et en déporta 30 000. Sur ce point, toutes les informations de source juive sont d'accord. Le Protocole de Wannsee fait état de 40 000 à la fin de 1941. Les autres avaient fui en Italie et en Hongrie. Au total, il y avait 75 000 juifs en Yougoslavie en 1926, dit Arthur Ruppin et c'est ce chiffre que retient le *Centre mondial de documentation juive contemporaine* : il se peut, après tout, que l'émigration juive yougoslave ait été égale à l'accroissement naturel car c'est un pays où, de tout temps, non seulement les juifs mais tous les groupes ethniques ont été numériquement très mouvants. La différence, soit 75 000 - 40 000 = 35 000 a pu se répartir équitablement entre l'Italie et la Hongrie, soit 17 500, un peu plus ou un peu moins de part et d'autre. Le *Centre mondial de documentation juive contemporaine* en avait retrouvé 20 000 en 1945, cela signifierait que, des 40 000 déportés par Krumey, 20 000 sont revenus des camps de concentration où ils avaient été envoyés et 50% de morts dans ces camps.

3. Polonais : 438 400 - (131 600 Tchécoslovaques + 17 500 Yougoslaves) = 289 300. Sans compter ceux qui, avec ou sans passeports vrais ou faux qui leur étaient délivrés par le Comité de salut des juifs de Budapest (Joël Brand dixit) avaient réussi à quitter la Pologne puis la Hongrie depuis 1939.

Conclusions : sont restés en Pologne sous mainmise germano-russe : 2 668 000 - 289 300 = 2 378 700 juifs et c'est ce nombre qui s'est réparti entre la zone allemande et la zone russe, non 3 100 000, 3 300 000 ou 3 350 000.

Question suivante : comment se sont répartis ces 2 378 700 juifs entre les deux zones ? Avec la belle inconscience qui semble lui interdire absolument de faire exactement les opérations les plus simples, M. Raul Hilberg qui trouve 3 350 000 juifs polonais à la date de 1939, en place 2 100 000 dans la zone allemande et 1 200 000 dans la zone russe. Du moins, c'est ce qu'on croit comprendre. Estimation sans valeur : en fonction de ce qui précède et qui est aussi historiquement que démographiquement irréfutable, elle ne résiste pas à l'examen.

Alors, combien, de part et d'autre ? Pour répondre aussi exactement que possible, il faut tenir compte de deux éléments : la fuite des juifs devant les troupes allemandes s'enfonçant en Pologne et les mesures prises contre eux à partir de juillet 1940.

Comme les juifs hollandais et belges, les juifs polonais ont fui devant les troupes allemandes, soit en direction de la Hongrie, soit dans celle de la zone polonaise destinée à être occupée par les Russes. Dans quelle proportion en direction de cette dernière, on ne le pourra déterminer, semble-t-il, que si on réussit à déterminer le nombre de ceux qui n'ont pas pu l'atteindre. Un nombre important sans aucun doute ont fui car, il y eut pendant un temps, une politique allemande qui consistait à livrer aux Russes les juifs de la zone affectée à l'Allemagne et ceci est attesté par deux témoins à charge au Procès de Jérusalem, MM. Zwi Patcher et Yacov Goldfine qui le sont venus déclarer à la barre le 1er mai 1961. Voici ce que déclara le premier :

« On nous avait raflé tout notre argent et tous nos bijoux. Puis, en colonne par quatre, nous fûmes dirigés vers l'Est. C'était en décembre. Il faisait froid, pluvieux et nous grelottions. Quand l'un de nous tombait de fatigue, il était conduit à l'écart et un coup de pistolet mettait fin à ses souffrances.

Mais, défense aux autres de tourner la tête, sans quoi ils étaient exécutés eux aussi. Au bout de trois jours, notre malheureuse troupe avait été largement décimée. Nous arrivâmes à la frontière de la zone d'occupation soviétique en Pologne. Nos bourreaux nous avaient ordonné de mettre nos mains sur la tête et de crier « Vive Staline ! » Mais les sentinelles russes nous refoulèrent néanmoins dans une localité allemande où nous fûmes enfin abandonnés à nous-mêmes. Pendant la nuit, nous traversâmes la frontière pour rejoindre un petit village juif situé en zone russe où nos coreligionnaires nous hébergèrent. » (*Le Figaro*, 2 mai 1961).

Le second fit une déclaration analogue.

Aidés, fût-ce aussi brutalement, par les Allemands à gagner la zone russe, les juifs polonais ne pouvaient qu'être nombreux à réussir.

L'histoire des mesures prises contre eux est plus précise. Mme Mary Berg nous raconte (*Le Ghetto de Varsovie*, Paris, 1947) et M. Léon Poliakov qui semble tenir le renseignement d'elle, confirme (*Le Bréviaire de la Haine*, op. cit.) qu'en Pologne, les Allemands ne s'occupèrent sérieusement des juifs que les opérations de guerre terminées à l'Ouest, c'est-à-dire courant juillet 1940. Jusque-là, les juifs étaient surveillés et faisaient l'objet de brimades et de vexations sans nombre, mais, par exemple, ils n'étaient pas assignés à résidence : ils en profitèrent pour gagner la Hongrie via la Slovaquie. À partir du jour où la construction du ghetto de Varsovie fut achevée (16 octobre 1940) ce ne leur fut plus possible que dangereusement : ils y furent tous assignés à résidence et la chasse aux juifs commença aux fins de les y concentrer tous. Mais, en juillet 1941, la population juive de Varsovie recensée en 1939 n'était passée, en neuf mois que de 359 827 h à environ un demi-million tous concentrés dans le ghetto.

Conclusion : dans toute la zone allemande, les autorités allemandes de police n'en avaient trouvé que 140 000 à 150 000. Pour échapper aux mesures de concentration, les juifs se mirent à fuir vers tous les coins perdus, dans les montagnes et dans les bois. Découverts, ils étaient, au surplus, considérés comme des partisans : il y eut des combats au cours desquels beaucoup périrent. Mais, même si les Allemands qui les traquèrent partout, ne réussirent qu'à en récupérer le quart ou le cinquième pendant cette période — pour qui connaît les méthodes de leur police d'alors c'est bien un minimum, mais c'est vraisemblable : en France c'est à un résultat de cet ordre qu'ils arrivèrent quand ils se mirent à faire la chasse aux assujettis au travail obligatoire — cela ne situerait tout de même la population juive de toute la zone, ghetto de Varsovie compris, qu'aux environs de 1 100 000. Sur les 2 378 700 qui constituaient la population juive totale des deux zones, cela faisait : 2 378 700 - 1 100 000 = 1 278 700 dans la zone russe. Et, en admettant que M. Raul Hilberg sût faire une soustraction, ce chiffre ne se fût pas trouvé si éloigné du sien. Félicitons-le tout de même. En regrettant, toutefois, qu'il n'ait pas trouvé un résultat aussi approchant pour la zone allemande. Pour ce qui est des juifs passés derrière les lignes russes, leur cas est connu : le journaliste juif David Bergelson nous a dit (*Die Einheit*, 5-12-1942, op. cit.) que grâce aux mesures d'évacuation, ils ont été sauvés à 80% et transportés en Asie centrale par les autorités soviétiques. D'où : 1 278 700 x 20 / 100 = 255 740 seulement sont tombés aux mains des Allemands et 1 278 700 x 80 / 100 = 1 022 960 n'y sont pas tombés.

Et dans la zone allemande ? Ici semble-t-il, c'est seulement par différence qu'on peut arriver à le savoir. D'une part, voici 1 022 960 survivants retrouvés dans la zone russe. De l'autre, en 1945, notre très célèbre professeur Shalom Baron a retrouvé 700 000 survivants pour les deux zones (sa déclaration à la barre du tribunal de Jérusalem, op. cit.). Total des non-retrouvés en 1945 : 2 378 700 - (1 022 960 + 700 000) = 655.740 pour toute la Pologne mais auxquels il convient d'ajouter les 172 000 arrêtés en Hollande, Belgique, France et Luxembourg, soit : 655 740 + 182 000 = 837 740. De source juive puisqu'il n'est pas un seul des chiffres cités dans ces calculs qui ne le soit. Qu'ils aient tous été arrêtés, on n'en discutera pas ; qu'ils aient été tous exterminés, il est tout de même permis d'en douter.

Enfin, total des survivants — car il faut aussi réintégrer dans la statistique les 250.000 qui, en 1945, ont été retrouvés vivants en Hollande, en Belgique, au Luxembourg et en France : 1 022 960 de la zone russe + 700 000 du professeur Shalom Baron + ces 250 000 = 1 972 960 calculés seulement sur le total des juifs qui sont restés en Pologne après 1939. Il faudrait encore ajouter les survivants de ceux qui ont été arrêtés soit sur les routes de l'Ouest, soit en Hongrie : je ne vois, malheureusement aucun moyen d'en faire un décompte exact. Total approximatif donc, et minimum.

Mais, ne quittons pas encore la Pologne : M. Raul Hilberg y a trouvé 50 000 survivants, l'*Institute of Jewish Affairs* de New York, 400 000 ; le *Centre mondial de documentation juive contemporaine*, 500 000 ; et il résulte des calculs faits sur la donnée du professeur Shalom Baron replacée dans son contexte historique il a parfois son utilité qu'il y en a eu effectivement un minimum de 1 972 960.

Dès 1945, il était possible au Centre mondial de documentation juive contemporaine de faire facilement ces calculs en demandant à toutes les communautés juives une situation de leurs effectifs par nationalité et c'est cette dernière qui eût dû figurer dans sa statistique. Il eût même pu y faire figurer aussi les juifs polonais déportés et retrouvés vivants en Hongrie, ce qui nous eût dispensé de faire tous ces calculs, s'il avait honnêtement donné le résultat de ses investigations. Au lieu de cela, pour la Pologne, il donne 500 000 survivants seulement. Soit 1 972 960 - 500 000 = 1 472 960 considérés comme morts dans les statistiques européennes mais qui sont vivants et ne figurent à ce titre daims aucune statistique d'aucun pays des autres continents. De ceux-là, au terme de notre étude des pays de l'Ouest, nous avions déjà trouvé 980 000. Nous voici à : 980 000 + 1 472 960 = **2 452 960**.

RUSSIE

Ici, pas de longs développements, situation très claire. M. Raul Hilberg qui trouve 3 020 000 juifs à la date de 1939 conclut à 420 000 exterminés et 2 600 000 survivants. Arthur Ruppin donnait 3 000 000 de juifs en 1926. Qu'entre 1926 et 1939, l'émigration ait à peu près correspondu à l'accroissement naturel est dans le domaine des choses possibles, les juifs russes étant en état de migration endémique depuis toujours. Et, si l'on s'en rapporte à David Bergelson, on obtient 3 000 000 x 80 : 100 = 2 400 000 survivants certains et 600 000 manquants à la date de 1945. M. Raul Hilberg ne trouvant que 420 000 exterminés, cela ne peut signifier qu'une chose et c'est que, si 600 000 sont tombés aux mains des Allemands, 600 000 - 420 000 = 180 000 n'ont pas été exterminés — peut-être même pas arrêtés et pas déportés ou, s'ils l'ont été, sont revenus des camps où ils avaient été internés. Pourcentage d'exterminés dans ce dernier cas : 70% (420 000 sur 600 000) et des survivants : 30%. C'est encore effroyable. Le *Centre mondial de documentation juive contemporaine* trouve 1 500 000 exterminés (dans la zone allemande, aucun dans la zone russe) ce qui signifie 1 500 000 survivants, mais, pour faire sensation, dit 600 000 pour la zone allemande dans une forme telle que le lecteur croit que c'est pour les deux zones. Sur les mêmes données l'*Institute of Jewish Affairs* de New York trouve, lui, 1 000 000 d'exterminés et 2 000 000 de survivants (op. cit. p. 59).

Mais, en somme, M. Raul Hilberg accuse l'*Institute of Jewish Affairs* d'avoir commis une exagération de 1 000 000 - 420 000 = 580 000 déportés exterminés dans sa statistique et le *Centre mondial de documentation juive contemporaine* d'en avoir commis une de : 1 500 000 - 420 000 = 1 080 000 dans la sienne. C'est sur la statistique de ce dernier que nous calculons cette exagération. Conclusion : voici de nouveau 1 080 000 juifs qui figurent à tort dans la colonne des exterminés, qui étaient bien vivants en 1945 et qui s'ils ne sont plus ni en Russie, ni ailleurs en Europe vivent forcément — avec leur progéniture depuis 1945 ! — dans un autre pays d'un autre continent. Au terme de notre étude de la population juive polonaise, nous étions arrivés à 2 452 960. Nous voici à : 2 452 960 + 1 080 000 = **3 532 960**.

Pays baltes

Le cas des juifs des Pays baltes est aussi clair que celui des juifs russes. À ma connaissance, personne n'a jamais fait état de juifs finlandais exterminés. Pour les trois autres pays, Arthur Ruppin donnait en 1926 : Esthonie, 5 000, Lettonie, 80 000, et Lithuanie, 160 000. Total : 245 000. En déplaçant 10 000 à 15 000 personnes d'un pays à l'autre, le *Centre mondial de documentation juive contemporaine* arrive au même total et M. Raul Hilberg à 244 500 à la date de 1939. Accroissement naturel de 1926 à 1939 ? Il n'en est pas fait état. Possible aussi qu'il ait été compensé par l'émigration. Bref, nous n'en sommes pas à 500 unités près, disons 245 000. D'après David Bergelson il y aurait alors 245 000 x 80 : 100 196 000 survivants certains et 245 000 - 196 000 = 49 000 manquants en 1945. Le *Centre mondial de documentation juive contemporaine* trouve 219 000 exterminés et 26 000 survivants. Quant à M. Raul Hilberg, il se distingue une fois encore par la surenchère : 244

500 exterminés, aucun survivant. Passons. Car on ne voit pas pourquoi les autorités russes qui évacuaient les juifs sur toute la ligne du front M. Raul Hilberg convient du fait s'il n'est pas d'accord avec son importance auraient délibérément fait exception pour ceux des Pays baltes. M. Raul Hilberg le prétend mais ne l'explique pas. Bref, voici encore 196 000 26 000 (de la statistique officielle) 170 000 juifs survivants portés à la colonne des exterminés et qui, n'étant plus dans les pays baltes, courent par le monde avec leur progéniture née depuis 1941-1942. Au total à ce stade de l'investigation : 3 532 960 (cf. total précédent p. 194) + 170 000 = **3 702 960**.

TCHÉCOSLOVAQUIE

Ici, nous avons vu que les 260 000 juifs recensés en 1926 par Arthur Ruppin pouvaient au maximum être devenus 293 800 en 1939 et non 315 000 comme le prétendent les sources juives. Nous avons vu aussi que 131 600 d'entre eux avaient sûrement fui en Hongrie par la Slovaquie et que, lorsque commencèrent les déportations, il en restait 162 200 dans le pays, selon le statisticien allemand Korherr qui avait plutôt tendance à exagérer ce qu'il appelait « le danger juif » qu'à l'amoindrir. (En Europe, il trouvait 11 millions de juifs en 1941 !) Le *Centre mondial de documentation juive contemporaine* a retrouvé 55 000 survivants en 1949. Logiquement n'ont donc pu être déportés de Tchécoslovaquie que 162 200 - 55 000 = 107 200. Même si on prend au sérieux l'attendu 83 du jugement de Jérusalem qui fait état de la déportation fort contestée de 15 000 juifs du protectorat à Lodz à la date du 15 octobre 1941, cela ne ferait tout de même que 107 200 + 15 000 = 122 200. Postérieurement au 15 octobre 1941, le jugement de Jérusalem ne fit état d'aucune autre déportation de Bohême-Moravie (le Protectorat) que pour donner un total général sans justification aucune 35 000. Et même si on l'accepte, le total ne fait encore que 122 200 + 20 000 = 142 000. Outre cette indication, tous les autres juifs du Protectorat y sont donnés comme ayant été victimes de l'émigration forcée organisée par Eichmann de Prague avant la guerre. (Attendu 66 qui ne précise aucun chiffre). C'est seulement pour la Slovaquie que le jugement de Jérusalem donne une évaluation des pertes juives : globalement plus de 70 000 sur 90 000 - (attendu 104) dont 58 000 jusqu'à fin mai 1942 et plus de 12 000 de septembre 1944 à mars 1945. Si donc l'on s'en rapporte à ce jugement pour évaluer les pertes juives de toute la Tchécoslovaquie, on trouve 70 000 en Slovaquie + 35 000 en Bohême-Moravie = 105 000. Et cela signifie que, lorsqu'il prétend n'y avoir retrouvé que 55 000 juifs vivants en 1945, le *Centre mondial de documentation juive contemporaine* a essayé de promouvoir une vérité que les juges du Tribunal de Jérusalem n'ont pas admise puisque c'est sur documentation officiellement fournie par lui qu'ils ont fondé leur conviction. Mais, ce désaveu prend toute son importance au regard du nombre des juifs tchécoslovaques annoncés dans sa statistique générale par cet organisme comme ayant été exterminés puisqu'il fixe ce nombre à 315 000 - 55 000 = 260 000 (!). En réalité, le décompte devait s'établir ainsi :

—population juive tchécoslovaque en 1939   293 800

—Passés en Hongrie (où le décompte des déportés et des retrouvés vivants parmi eux sera englobé dans les totaux qui résulteront des calculs faits sur la Hongrie parce qu'il est impossible de faire autrement[33].   131 600

Restaient   162 200

—Décrétés par le Tribunal de Jérusalem comme Ayant été déportés 105 000

—non déportés de Tchécoslovaquie   57 200

—Décrétés par le Centre mondial de documentation juive contemporaine comme n'ayant pas été déportés   55 000

Soit en moins 2 200

---

[33] Les juifs tchécoslovaques passés en Hongrie y ont été arrêtés pêle-mêle avec leurs coreligionnaires polonais et yougoslaves sans distinction de nationalité. Les survivants et les déportés qui résulteront des calculs au chapitre de la Hongrie ne pourront non plus être distingués les uns des autres puisqu'aucune donnée ne le permet. Ceci qui peut avoir son importance au plan des pertes par nationalité, n'en a aucune au plan des pertes européennes et c'est ce que nous recherchons.

Et voici encore 2 200 juifs européens qui figurent à la statistique des morts qui étaient bien vivants en 1945 et qui, puisqu'ils ne sont plus en Europe — officiellement — doivent figurer à la statistique des vivants dans un autre pays d'un autre continent. Au terme de l'étude de la population juive des Pays baltes, nous étions arrivés à 3 702 960 pour l'ensemble de ceux qui sont dans le même cas. Nous voici donc à : 3 702 960 + 2 200 = **3 705 160**.

Hongrie

La situation des effectifs juifs y était aussi compliquée qu'en Pologne. Arthur Ruppin y avait recensé 320 000 juifs en 1926 et nous avons vu (p. 172) qu'ils pouvaient être devenus 361 600 en 1939. Le *Centre mondial de documentation juive contemporaine* en donne 404 000 et M. Raul Hilberg 400 000[34]. Le Dr Kasztner, avons-nous vu aussi, en donne 800 000 en permanence depuis le début de la guerre[35] en y comprenant 205 800 Tchécoslovaques, 215 000 Polonais et 17 500 Yougoslaves. Total des Hongrois : 800 000 - (131 600 + 289 300 + 17 500) = 361 600. Nous retiendrons donc ce chiffre vérifié par calculs en sens inverse. Mais c'est sans importance puisque c'est seulement sur la donnée de Kasztner que nous pouvons raisonner. La question est : combien de ces 800 000 juifs ont été arrêtés et déportés ? Et ici, c'est la bouteille à l'encre. C'est au sujet de la déportation et du sort des juifs hongrois que les divergences dans les récits des témoins du *Mouvement sioniste international* et les interprétations qui nous en ont été données par ceux qui, depuis la fin de la guerre, font métier de commenter le drame juif, sont tout à la fois les plus nombreuses, les plus profondes et les plus contradictoires. De ces divergences, le lecteur a déjà une idée par l'analyse que j'ai faite du témoignage de Hoess, commandant du camp d'Auschwitz et du docteur ectoplasme Miklos Nyiszli dont mes quelques allusions au Rapport du Dr Kasztner et au livre de Joël Brand ont confirmé la pertinence sur tous les points. Elles rendaient les thèses

---

[34] Le Jugement du Tribunal de Jérusalem dit 480 000 dans son attendu 111
[35] Chiffre confirmé par l'attendu 111 du tribunal de Jérusalem.

du *Mouvement sioniste international* si vulnérables dans l'ensemble que c'est sur la déportation des juifs hongrois que, dans l'espoir de promouvoir une vérité officielle susceptible de rallier tout le monde, le jugement du Tribunal de Jérusalem a été le plus précis : il est bien évident, par exemple, que les cinq trains par jour, de chacun 4 000 personnes à un endroit de son témoignage et 5 000 à un autre étaient une imbécillité qu'il fallait absolument mettre hors circuit en ce sens qu'autrement, pendant les cinquante-deux jours qu'a duré la déportation des juifs hongrois, cela faisait 260 trains et entre 1 040 000 et 1 300 000 déportés d'un pays où, au maximum, on n'en pouvait trouver que 800 000, dont par ailleurs on précisait que 200 000 n'avaient pas été déportés[36].

Le jugement du Tribunal de Jérusalem a donc décrété que, du 16 mai au 7 juillet 1944, en moins de deux mois, 434 351 « personnes furent déportées dans 147 trains de marchandises, à raison d'environ 3 000 personnes par train, hommes, femmes et enfants, soit 2 à 3 trains par jour en moyenne » (attendu 112) ; que « 12 000 furent tuées à Kamenetz-Zodolsk au cours de l'été 1941 », que « 15 000 à 50 000 périrent au travail en Galicie et en Ukraine en 1941-1942 » (attendu 111) ; que « 1 500 au camp de Kistarzca furent déportées le 20 juillet 1944 » (attendu 113) ; que « 50 000 quittèrent Budapest à pied en direction de la frontière autrichienne (220 km) à partir du 10 novembre » (attendu 115) ; et enfin « 15 000 envoyés en Autriche au camp de Vienne-Strasshof pour être conservés dans la glacière » (attendu 116) à une date donnée sans autre précision qu'» après le 30 juin 1944 ». Au total : 557 851 à 562 851. L'attendu 115 qui fait état des 50 000 juifs partis à pied de Budapest ne le dit pas mais, le Rapport du Dr Kasztner précise que cette marche fut interrompue sur ordre de Himmler vers le 17 ou 18 novembre, que 7 500 personnes furent sauvées et ramenées à Budapest et que 38 000 seulement[37] atteignirent l'Allemagne. Indépendamment de cette considération — car tout le monde n'est pas supposé avoir lu le Rapport Kasztner, et d'autant

---

[36] 300 000 dit le Dr Kasztner (« 800 000 dont 500 000 ont été déportés », p. 1 de son Rapport).

[37] Chiffre donné par le Dr Kasztner comme lui venant d'Eichmann lui-même.

moins qu'il n'a été rendu public (dans quel état, grands Dieux !) qu'en 1961 par l'éditeur Kindler de Munich — si l'on tient compte des 200 000 survivants donnés par la statistique du *Centre mondial de documentation juive contemporaine* (ci-dessus p. 122) il y aurait donc eu, en Hongrie, 757 851 ou 762 861 juifs au total le 19 mars 1944. Et c'est sans doute parce que, comme moi, il avait lu le Rapport Kasztner dans l'original, que M. Raul Hilberg a ramené ce nombre à environ 750 000. Voyez comme nos méthodes et nos tempéraments diffèrent : j'en tire, moi, la conclusion que sur « les 800 000 âmes de la communauté juive hongroise » (attendu 111) il y en a 40 000 à 50 000 dont le jugement de Jérusalem n'a pu expliquer ce qu'elles étaient devenues.

Bref, reprenons toute l'affaire en détail :

1. *Le nombre de trains.* Si nous sommes renseignés avec un luxe de détails sur l'arrivée de ces trains à Auschwitz-Birkenau, nous le sommes beaucoup moins sur leur départ de Hongrie. Je commence donc par dire que, rassembler 3 000 personnes dans une gare et les charger dans 40 wagons n'est pas une petite affaire et, pour le faire comprendre à qui n'est pas spécialiste des transports, je ne saurais mieux faire que citer mon propre exemple : le départ du camp de Compiègne du train dans lequel je fus déporté à Buchenwald.

Le camp de Royallieu où nous étions au préalable rassemblés pouvait contenir une dizaine de milliers de personnes. Chaque semaine, à la fin de 1943, il en arrivait environ 1 500 et il en repartait autant. Le transport dans lequel je fus inclus était de 1 500 personnes valides et une cinquantaine de malades.

Réveillés à 6 heures du matin, rassemblés sur la place d'appel, groupés 5 par 5 et par paquets de 100, nous arrivons à quitter le camp un peu avant huit heures, les 15 paquets de cent en tête, un camion suivant au ralenti qui transportait la cinquantaine de malades. C'est long, un cortège de 15 paquets de 100 personnes qui se suivent 5 par 5 dans chaque paquet, deux soldats l'arme au bras en serre-file en tête et en queue de chaque côté : 350 à 400 mètres avec l'intervalle entre les paquets, un important service de sécurité en tête et en queue de la colonne.

Un peu avant 9 heures, nous nous retrouvons alignés sur le quai de la gare, chaque paquet de 100[38] faisant face au wagon dans lequel il doit monter. Le train : une longue file — elle nous paraît immense — de wagons de marchandises. Combien ? je n'ai pas compté. Un wagon pour chaque paquet = 15. Plus un spécial pour la cinquantaine de malades. Tour, les trois wagons, nous en remarquons un dont le toit est armé d'une mitrailleuse et d'un autre engin dont, dans mon paquet de 100, nous décidons qu'il s'agit d'un projecteur. En tête et en queue, deux wagons de voyageurs : le personnel d'accompagnement qui renforcera, si besoin est en cours de route, la sécurité répartie dans les wagons blindés. En tout, 25 à 30 wagons — 25 est un minimum. Et c'est aussi très long un train de 25 à 30 wagons. Et ça ne transporte tout de même que moins de 1 600 personnes à 100 par wagon.

Un peu après 10 heures, le train semble être prêt à partir : plus personne sur le quai, annoncent ceux qui sont placés près des lucarnes en tête et en queue du wagon. Il ne part pas. Un cheminot nous explique : ça ne part pas facilement un train qui n'est pas prévu dans les horaires, il faut d'abord prévenir toutes les gares du sillon et ça ne se fait qu'au moment où il est prêt à partir. Une longue heure d'attente encore : un peu avant midi, le train s'ébranlait...

Au total, une bonne demi-journée. Et nous en avons entendu des *Los !...* et des *Schnell !...*. À l'arrivée à Buchenwald, nous avons été déchargés un peu plus lestement et un peu plus rapidement ; chaque wagon, pourtant, étaient séparément amené à quai, le quai de débarquement étant moins long que le train deux bonnes heures au moins pour libérer entièrement tous les wagons et leur permettre de repartir à vide jusqu'à Weimar.

Que ce qui se passait à Compiègne se reproduisait à Budapest point par point, ce n'est pas ce que je veux dire, mais seulement qu'ici et là on était soumis aux mêmes servitudes, fût-ce à des degrés divers, qu'on

---

[38] En France et en Allemagne, les wagons de marchandises sont plus grands qu'en Pologne, en Tchécoslovaquie et en Hongrie, j'en ai fait l'expérience lorsqu'on nous a évacués de Dora en avril 1945 à 80 par wagon dans un train formé au moyen de ces derniers : nous y étions aussi serrés, sinon plus qu'à 100 dans un wagon français.

y appliquait les mêmes méthodes en fonction des mêmes principes. Ici et là, par exemple, il fallait concentrer des gens à déporter, charger des wagons, etc... toutes choses qui prenaient à peu près autant de temps partout.

De la lecture du Rapport Kasztner et du livre de Joël Brand, on garde l'impression qu'il y avait 200 000 à 250 000 juifs à Budapest, sans toutefois pouvoir avancer une estimation précise que ni l'un ni l'autre ne donne : les organisations à la tête desquelles ils étaient, apparaissent, en effet, s'être efforcées d'éviter une trop grande concentration de juifs dans la capitale et de disséminer dans tout le pays les quelque 400 000 Polonais, Tchécoslovaques et Yougoslaves qui y arrivèrent à flot continu. Où ils ne pouvaient éviter la concentration, c'était dans les régions frontières de la Hongrie et de la Roumanie que tous cherchaient à gagner et c'est pourquoi, outre Budapest, un ou deux centres de ces régions (à l'Est de la Theiss) furent choisis comme points de rassemblement d'où des trains pussent partir directement pour Auschwitz sans passer par Budapest. À Budapest même, les juifs paraissent avoir été d'abord dirigés sur un endroit assez éloigné de la gare que le Dr Kasztner et Joël Brand désignent sous le nom de « la briquetterie » et dont, sans pouvoir donner un chiffre exact qu'ils ne donnent ni l'un ni l'autre non plus, on peut estimer qu'au maximum il était possible d'y grouper une dizaine de milliers de personnes. Dans la thèse officielle : de là sur la gare par colonnes de 3 000 hommes, femmes, enfants, vieillards — et bagages, précisent tous les témoins qui prétendent que les juifs emportaient avec eux tout ce qu'ils pouvaient.

De toutes façons, en-deçà ou au-delà de la Theiss, il fallait concentrer : par camions sur la gare la plus proche — ou à pied — par fer, de la gare la plus proche au point de rassemblement. Chose curieuse : à Budapest, ce ne sont pas les juifs de la ville, en grande majorité hongrois, que l'on concentre sur « la briquetterie » mais ceux des autres régions qu'on allait chercher à 100, 150 kilomètres et même plus loin. « La briquetterie » ne pouvait d'ailleurs contenir que sa dizaine de milliers à la fois - qu'officiellement on déportait par fournées de 3 000, chacune d'elles y étant remplacée par une fournée à peu près égale. Bref : sur « la briquetterie » de Budapest ou ailleurs, il fallait des wagons pour concentrer et ces wagons, il les fallait distraire du lot de 1 000 que, nous a dit Kasztner, le Kommando Eichmann avait à sa disposition. Comme les deux opérations se faisaient en même temps puisque, dans les points de rassemblement, on ne pouvait remplacer les juifs que par quantités égales à celles qu'on déportait, si on allait les chercher pour les rassembler, aussi loin qu'on les déportait, il aurait fallu autant de wagons pour l'une et pour l'autre opération. Mais on les déportait à environ 500 ou 550 kilomètres, au maximum 600 selon le cas, et on allait les chercher à 100, 150 ou 200.

Conclusions : deux tiers des wagons seulement pouvaient être affectés à la déportation, à peine plus. Disons 700. Et raisonnons : 4 jours pour aller à Auschwitz + 4 jours pour en revenir + une bonne demi-journée pour charger et décharger les 3 000 personnes et chaque train ne pouvait revenir à vide à son point de départ pour en repartir chargé que le soir du neuvième jour après être parti. À trois trains de quarante wagons par jour, le système était donc bloqué depuis le sixième jour après le départ du deuxième train. À deux trains par jour, il n'était bloqué que le neuvième après le départ du premier train, mais, le soir, après le retour du premier qui revenait d'Auschwitz, le deuxième pouvait repartir. Et le système pouvait fonctionner à condition que les trains marchent avec une régularité d'horloge[39].

En fait, dans ce qu'il a raconté à Sassen et d'où *Life* (28-11 et 5-12-1960) a tiré l'abominable gredinerie qui fut présentée à ses lecteurs comme des Mémoires authentiques, Eichmann dit qu'il n'a réussi que très rarement à faire partir deux trains par jour de la gare de Budapest. Pas digne de foi parce qu'intéressé à minimiser ? Bien sûr. Mais, à en juger par les attendus de la sentence qu'ils ont rendue, pas beaucoup moins que les juges de Jérusalem et leurs témoins qui, eux, étaient

---

[39] On voit alors ce qu'il en eût été dans le système de Joël Brand : « chaque jour, déclare-t-il aux juifs de Constantinople en prenant contact avec eux vers le 18 juin 1944, 12 000 juifs sont jetés dans des wagons (*Histoire de Joël Brand*, p. 125). Conclusion : 4 trains par jour et le système était bloqué avant le soir du cinquième jour !

intéressés dans l'autre sens et ne se sont visiblement pas privés de dramatiser au-delà de toute mesure.

— *Le nombre de personnes par train.* Comme à peu près toutes les données de source juive, le jugement du tribunal de Jérusalem est en désaccord flagrant avec lui-même : il nous dit, à l'attendu 112, que les juifs ont été déportés de Hongrie à raison « d'environ 3 000 personnes par train » à l'attendu 127, il n'y a plus que « en moyenne 2 000 juifs par train ». Et, sur ce point, au moins une négligence trahit cette thèse : on ne voit pas pourquoi, si Eichmann, présenté comme avide de déporter le plus possible de juifs, avait l'habitude d'entasser « environ 3 000 personnes par train » à raison de « 70 à 100 personnes par wagon et même plus » dit l'attendu 154 — les 3 000 de l'attendu 112 font une moyenne de 70 à 80 par wagon d'un train qui en comprend 40 — à n'en aurait chargé que 1 500 comme le dit l'attendu 113 dans le train qui fit son plein au camp de Kistarzca.

Je rappelle qu'à Nuremberg, Höss a dit au professeur Gustave Gilbert que les convois étaient de 1 500 personnes et à la barre du tribunal qu'ils étaient en moyenne de 2 000 personnes (cf. ci-dessus p.53). Dans sa confession, il parle « de 5 trains de chacun 3 000 personnes par jour » mais aussi qu'ils « ne comportaient jamais plus de 1 000 personnes » (cf. p.53). Eichmann, lui, toujours dans ce qu'il a raconté à Sassen, prétend qu'il a déporté en tout un maximum de 200 000 juifs de Hongrie mais ne donne aucune indication très précise sur l'importance numérique de chaque convoi. Il remarque les cinq qu'a mentionnés Höss et c'est à cette occasion qu'il dit que le maximum de deux, il ne l'a pas souvent atteint. En protestant véhémentement. Il remarque aussi 3 000 par convoi et proteste non moins véhémentement. Les 2 000 dont a parlé Höss à Nuremberg ne le font pourtant pas sursauter : c'est déjà beaucoup, dit-il.

Mon opinion est, au contraire, que c'est très possible. Ce qui ne l'est pas, c'est 3 000 personnes. Combien en moins, alors ? Raisonnons un peu : entre Budapest et Auschwitz, il y a 500 kilomètres environ et les trains mettent quatre jours au moins pour parcourir cette distance, soit une vitesse moyenne de 125 km par jour. Pour deux raisons : la première c'est qu'ils ne sont pas prévus dans les horaires — « hors sillon » disent les cheminots dans leur langage — et qu'ils doivent faire de longues pauses, à tout bout de chemin, pour laisser passer les trains réguliers ; la seconde, c'est que nous étions en pleine guerre et, aux mois de mai-juin 1944, c'est-à-dire qu'ils étaient fréquemment stoppés par des attaques aériennes — menacés aussi d'attaques de partisans. Ils avaient donc besoin d'être protégés sur tout le parcours par des services sédentaires régulièrement répartis entre le point de départ et le point d'arrivée mais ils devaient aussi assurer en partie eux-mêmes leur propre protection, ce qui signifie qu'ils étaient accompagnés. On a vu que, pour transporter moins de 1 600 personnes dans 16 wagons, de Compiègne à Buchenwald, il avait fallu un train qui ne comportait pas moins de 25 wagons. Sur les quarante wagons de ceux qui partaient de Hongrie, il pouvait bien y en avoir un minimum de 10 pour transporter le personnel d'accompagnement et de sécurité (10 = 1 sur 4). De marchandises aussi mais ne contenant qu'une quinzaine de personnes chacun avec leurs armes et des vivres pour huit jours, soit 150 hommes armés et pour accompagner un convoi de quarante wagons, c'est un minimum. Dans tout ce que j'ai lu sur la déportation des juifs hongrois, je n'ai jamais trouvé nulle part la moindre mention de cet aspect du problème. Il est pourtant de notoriété qu'aucun convoi de cette sorte n'a jamais été lancé seul sur aucune voie de chemin de fer par les Allemands pendant la guerre : si résignés qu'aient été les juifs à se laisser aller au sort qui leur était promis, si plombés qu'aient été les wagons, à une vitesse de 125 km par jour, il n'est pas un train qui ne fût arrivé à peu près vide à Auschwitz. D'autant plus que dans tout ce qu'ils emportaient avec eux, il y avait sûrement tout ce qu'il faut pour scier, couper, arracher toutes les planches de tous les wagons. Et en toute sécurité s'ils avaient été sans surveillance. Mais, 147 trains à 150 personnes environ pour la surveillance et la sécurité = 22 050 gendarmes hongrois puisque le Kommando Eichmann n'était que de 150 hommes et qu'il n'a jamais été mentionné nulle part que des unités de la SS, de la Wehrmacht ou autres de l'armée et de la police allemandes lui aient été envoyées pour l'aider dans ce travail.

Et je repose une question : combien de juifs ? Réponse : 30 wagons maximum par train 2 400 personnes au maximum à 80 par wagon. C'est alors seulement ce chiffre de 80 par wagon qui est discutable. Une fois encore, mon témoignage personnel : les juifs hongrois dont le convoi parti de Budapest pour Auschwitz était arrivé à Dora fin mai 1944. Des quelque 1 500 qui faisaient partie de ce convoi, un certain nombre avaient été dirigés sur d'autres camps dépendant de Dora dès leur arrivée (Hellrich ou autres). Combien nous étaient restés, je ne sais pas : le contenu d'un bloc. Les principes antiracistes du nazisme voulurent qu'ils fussent totalement isolés des autres détenus : ce bloc avait été entouré de fil de fer barbelé. De ce bloc ainsi protégé, ils allaient au travail comme tout le monde, mais en Kommando à part. Pour eux, l'appel avait lieu au bloc même, avant le départ au travail et après le retour. Nous les enviions. Quinze jours après leur arrivée, quand on vous avait volé vos claquettes pendant la nuit, dérobé votre pain, si vous vouliez du tabac ou quoi que ce soit, le matin entre le réveil et le rassemblement pour l'appel ou le soir avant l'extinction des feux, il vous suffisait de faire un saut rapide jusqu'au bloc des juifs et, en échange d'autre chose, vous aviez à peu près tout ce que vous vouliez : un véritable marché. Nous les admirions : à la porte du camp, on les avait fait se déshabiller complètement pour les envoyer à la désinfection, ils y étaient entrés tout nus, leur contact avec les autres détenus étaient limités et… ils avaient quand même réussi à se procurer un peu de tout ce qu'on ne pouvait trouver dans le camp qu'avec d'énormes difficultés et au prix fort.

Au bout d'un certain temps, la surveillance particulière dont ils étaient l'objet, ne fut plus guère que de façade : à l'occasion de ces contacts, nous pûmes alors échanger quelques mots avec eux et même avoir de courtes conversations. C'est ainsi que nous apprîmes leur odyssée : ils nous parlaient de ce qu'ils avaient dû laisser à l'entrée du camp[40] et, comme nous étions des anciens à leurs yeux, nous

---

[40] À Auschwitz, les « bagages » ainsi récupérés par l'administration du camp étaient

demandaient s'ils le récupèreraient, quand, comment, etc. Bref : ils avaient été transportés de Hongrie à Dora par wagon de 70 à 80 personnes, avec tous leurs bagages. Ils avaient fait un long périple de 6 à 7 jours avant d'arriver. On leur avait dit, au départ, qu'on les conduisait à Auschwitz et quand ils avaient su que c'était à Dora qu'ils débarqueraient, ils avaient été heureux. Sur Auschwitz, ils racontaient les choses les plus effroyables. Circonstance curieuse : il n'y avait ni femmes ni enfants parmi eux. Ceux-ci en avaient été séparés au départ et, sur le moment, nous n'en avons pas été étonnés puisque c'était ce qui nous était arrivé à nous.

Conclusion : les « 70 à 100 personnes et même plus par wagon » dont parle l'attendu 154 du jugement de Jérusalem signifient une moyenne de 80 par wagon, la répartition des juifs s'étant faire dans les wagons, sur le quai de la gare de départ en fonction de ce qu'ils emportaient avec eux : plus dans l'un, moins dans l'autre. Avec ses « 3 000 personnes environ par train » c'est, prétendant que tous les wagons étaient occupés par des juifs déportés, une moyenne de 75 par wagon que l'attendu 112 admet.

Tous les trains n'avaient d'ailleurs pas la même charge de juifs : celui

---

rassemblés dans un coin du camp qui, d'après les plans officiels produits à Nuremberg et autres procès, comprenaient 30 blocks isolés les uns des autres st sévèrement gardés : « Le Canada » disaient les déportés. La thèse officielle dit qu'à l'approche des armées russes, la garde SS essaya d'y mettre le feu mais n'y réussit pas. À leur arrivée, les troupes russes trouvèrent dans les six blocks réservés à l'habillement : 348 820 complets d'hommes, 836 525 complets de femmes mais seulement 5 255 paires de chaussures pour hommes et 38 000 paires de chaussures pour dames. Il y avait aussi 13 694 tapis. (*Auschwitz*, Communication officielle de la Commission du musée d'Auschwitz - Panstwowe Museum w Oswiecimiu - éditée à Cracovie en 1947). On a ainsi l'idée de tout ce que les juifs emportaient avec eux. Les femmes restaient femmes jusque dans les pires circonstances : comparer ce qu'on a trouvé sur elles avec ce qu'on a trouvé sur les hommes. D'autres baraques contenaient des objets de valeur les plus divers. La commission n'en donne pas le dénombrement ni l'estimation en valeur marchande mais il fallut des trains et des camions pour emporter tout cela. Mais toutes ces choses tenaient sûrement beaucoup de place dans les wagons « de 70 à 100 personnes et même plus » dont parle l'attendu 154 du jugement de Jérusalem. Conclusion : dans les wagons des juifs qui emportaient le plus de choses, Il y avait moins de personnes et dans les autres plus que prévu.

qui fut chargé à Kistarzca de l'attendu 113 n'en emportait officiellement que 1 500. Il était probablement aussi de 40 wagons dont une dizaine pour la surveillance et la sécurité comme tous les autres, d'où une moyenne de 50 par wagon... Ce qui est donc probable pour l'ensemble, c'est que la charge se situait, dans les faits, entre le minimum de 1 500 indiqué par Hoess au professeur Gilbert et le maximum possible de 2 400. Si bien que la moyenne de 75 par wagon de l'attendu 112 peut être la moyenne générale qui donne environ 2 200 par train. C'est ce qu'il y a de plus vraisemblable, en tout cas.

Cette thèse a cet avantage que, s'il était vrai, comme il le prétend, qu'Eichmann a réussi à déporter en tout 200 000 juifs hongrois environ, dont 32 000 à pied, cela ferait 168 000 par fer et 168 000 : 2 200 = 77 trains environ pendant les 52 jours qu'a duré la déportation des juifs hongrois. Elle aurait, en outre, cet autre avantage qu'elle est dans le domaine des choses techniquement possibles — à la limite du possible ! — avec 1 000 wagons, et que, lorsqu'Eichmann prétend qu'il n'a réussi que rarement à faire partir 2 trains par jour, on pourrait penser qu'il ne s'agit là que de l'impression d'un employé zélé qui n'atteint pas le but qu'il s'est fixé et qui exagère son échec à ses propres yeux : 77 trains en 52 jours, cela fait tout de même 2 trains par jour, un jour sur 2. Et, dans les conditions données, c'est une réussite à 75%.

3. *Bilan général de la déportation des juifs en Hongrie*

—Au 19 mars 1944   800 000

—À fin novembre 1944 : déportés   200 000 non déportés 600 000

—l'attendu 111 au procès de Jérusalem fait état de 57 000 morts[41] en Hongrie et on n'en trouve pas d'autres dans le jugement

—Survivants parmi les non déportés 543 000

La statistique officielle du *Centre mondial de documentation juive contemporaine* ne fait état que de 200 000 retrouvés vivants en 1945, soit 543 000 - 200 000 = 343 000 qui étaient bien vivants, qui n'étaient sans aucun doute pas tous hongrois, mais qui figurent à la statistique des morts soit en Hongrie, soit dans les autres pays d'où ils étaient venus. De ces gens qui ne figurent nulle part dans aucune statistique

---

[41] En réalité, il dit : 57 000 à 62 000.

de vivants en Europe et qui ne sont plus en Europe donc — officiellement au moins — nous étions arrivés au total de 3 813 160 au terme de notre étude de la population juive tchécoslovaque (cf. p.197). D'où total au terme de cette étude de la population juive hongroise : 3 705 160 + 343 000 = **4 048 160** qui vivent ailleurs — avec leur progéniture depuis 1945 — s'ils ne sont pas en Europe. Il y faut naturellement ajouter, comme partout, tous ceux qui, ayant été déportés sont revenus vivants et se trouvent, eux aussi, dans le même cas.

Liées à la Hongrie : la Yougoslavie par le courant des juifs qui lui en venaient et la Roumanie vers laquelle ils allaient. La Yougoslavie est elle-même liée à l'Italie par ceux des juifs qui y ont fui.

YOUGOSLAVIE

Nous avons vu que le *Centre Mondial de Documentation juive contemporaine* y plaçait 75 000 juifs en 1939 dont seulement : 20 000 avaient été retrouvés vivants en 1945 (cf. pp. 135 et 173). En avril 1941, la Yougoslavie fut envahie par les troupes allemandes et dépecée. Deux États y furent créés par la diplomatie de l'axe Berlin-Rome : la Croatie déclarée indépendante et la Serbie sous occupation allemande. L'Italie recevait, en outre, la Slovénie qu'elle occupait ainsi qu'une grande partie de la Croatie où elle contrecarrait systématiquement la politique antijuive du gouvernement Pavlevich plus hitlérien que mussolinien. À l'Est, la région du Haut Vardar avec Skopje et Monastir était attribuée à la Bulgarie. Dans ce puzzle, voici comment le jugement du tribunal de Jérusalem (attendus 105 et 106) répartit les juifs yougoslaves : 30 000 en Croatie et 47 000 en Serbie, soit au total 77 000. Ne commentons pas : nous sommes habitués aux discordances entre les sources juives. Autre discordance : le jugement du tribunal de Jérusalem trouve (attendus 105 et 106 toujours) qu'en 1945 survivaient seulement : 1 500 juifs en Croatie + 5 000 en Serbie = 6.500. Voici plus grave : de ce qui précède, il résulte que toute la population juive de Slovénie où, en raison de la proximité de Trieste elle a, historiquement, toujours été la plus dense, s'est précipitée en Croatie et en Serbie pour être, soit plus proche des Allemands, soit sous leur coupe directe. Entre l'Allemagne et la Bulgarie qui n'était pas antisémite, ceux de la région du Haut-Vardar n'ont pas non plus hésité : ils se sont précipités en Serbie zone d'occupation allemande. Enfin, aucun non plus n'est allé en Hongrie où le Dr Kasztner en a trouvé un assez grand nombre pour les noter dans son Rapport. On serait même tenté de croire que 2 000 (ceux que le jugement du tribunal de Jérusalem trouve de plus que la statistique du *Centre mondial de documentation juive contemporaine*) sont venus d'endroits où ils ne risquaient rien pour être plus certains d'être exterminés. Il a souvent été remarqué que les juifs européens avaient accepté leur sort avec beaucoup de résignation : les juifs yougoslaves n'étaient alors pas seulement des résignés mais des masochistes.

Jusqu'au procès de Jérusalem, la Yougoslavie posait une énigme : porte-parole officiel du *Centre mondial de documentation juive contemporaine*, M. Poliakov nous avait expliqué (*Bréviaire de la Haine* et *Le IIIe Reich et les juifs*) qu'en Yougoslavie, « les juifs s'étaient réfugiés par milliers dans les zones d'occupation italiennes » ; qu'en Croatie où Krumey était arrivé le 16 octobre 1943, il n'avait pu réussir qu'à déporter moins de juifs que de Nice son collègue Aloïs Brünner qui n'avait réussi là qu'à en diriger 10 000 sur les camps de concentration[42], qu'après le coup d'État de Badoglio (sept. 1943) les juifs avaient suivi les troupes italiennes se retirant de Croatie, etc. Tout ceci ne cadre pas très bien, on le voit, avec les attendus 105 et 106 du jugement de Jérusalem. En parfaite contradiction en tout cas, à la fois avec la répartition des juifs dans les différentes zones après le démembrement et avec le nombre des déportés en Croatie, dont l'attendu 105 nous dit qu'ils furent au nombre de 28 500, à porter au compte de Krumey à l'exception de 2 800.

Sur la Serbie, M. Poliakov était à peu près muet quant aux détails : sous le timbre du *Centre mondial de documentation juive contemporaine*, « pas de déportations en Serbie, tous les juifs exterminés sur place », il se

---

[42] Dans le *Bréviaire de la Haine*, il précise même : « 3.000 déportés, en tout, de Croatie » (p.181).

bornait à décréter 20 000 survivants et 55 000 exterminés pour l'ensemble de la Yougoslavie (*Bréviaire de la Haine*, p. 180). Pour avoir des détails précis, il fallait se reporter à d'autres auteurs (MM. Michel Borcwicz, Joseph Billig, etc.) mais le malheur voulait que, si l'on faisait le total de tous les détails glanés, on arrivait péniblement à 30 000. Et on en concluait que les estimations sans fondement de M. Poliakov étaient pure fantaisie. Par voie de conséquence que ce chiffre de 30 000 étant étayé par des justifications vraisemblables, c'était celui-ci qu'il fallait prendre en considération pour l'ensemble de la Yougoslavie en l'assortissant de cette autre conclusion que, tout le monde étant d'accord sur le fait que les Italiens n'avaient jamais consenti à livrer aux Allemands aucun juif de leur zone d'occupation, M. Poliakov avait sûrement raison en ce qui concerne ceux de Croatie, que donc c'étaient ceux de Serbie qui avaient payé le plus lourd tribut à la déportation et à la mort. C'était, au surplus, logique : les Allemands les traquaient depuis 1941 et même s'ils ne les déportèrent pas avant 1942, ils étaient prêts à le faire dès qu'ils l'eurent décidé, tandis qu'ils n'y étaient pas en Croatie.

En suivant les événements dans l'ordre dans lequel ils se sont succédé, on faisait une autre découverte : la statistique établie à la fin de 1941 pour la Conférence de Wannsee par l'Allemand Korherr — donc avant que les mesures de déportation ne fussent prises en Yougoslavie[43]— faisait état de 40 000 juifs qui se trouvaient encore dans l'ensemble de la Yougoslavie. Il en fallait conclure que 75 000 – 40 000 = 35 000 avaient fui en Hongrie et en Italie (cf. p. 189) puisqu'ils n'étaient plus là et n'avaient pas été arrêtés. Si on en déduisait aussi que c'est sur ces 40 000 là que les 30 000 environ, donnés en détail comme ayant été arrêtés, avaient été pris, c'était dans la logique des choses. Et en Serbie puisqu'à environ 10 000 près les Croates avaient suivi les troupes italiennes en retraite depuis septembre 1943, ça l'était encore.

Le *Centre mondial de documentation juive contemporaine* n'était alors autorisé à faire figurer que 30 000 juifs à la colonne des exterminés à la

---

[43] Elles ont été décidées le 19 janvier 1943 pour la Croatie et n'ont commencé sérieusement qu'après l'arrivée de Krumey, le 16 octobre 1943. Et elles ont été mises en route en mars 1942.

condition qu'ils l'aient tous été après avoir été arrêtés de sa statistique. Il en a fait figurer 55 000, soit 55 000 - 30 000 = 25 000 en trop. Étant donné que les juifs yougoslaves qui ont été arrêtés et qui sont morts en plus de ces 30 000 considérés comme justifiés, ont déjà été inclus pour partie dans les résultats des calculs faits sur la population juive hongroise et que le reste le sera dans les calculs qui seront faits sur l'Italie, on peut dire que voici encore 25 000 juifs européens vivants à ajouter aux 4.048.160 dans le même cas, auxquels nous sommes arrivés au terme de notre étude de la population juive hongroise, soit 4 048 160 + 25 000 = **4 073 160**.

ITALIE

Ici, Arthur Ruppin donnait 50 000 juifs en 1926 et le Centre mondial de documentation juive contemporaine en donne 57 000 en 1939. C'est très possible : au taux annuel moyen d'accroissement naturel, on trouve : 50 000 + 13% = 56 500. Accepté pour 57 000. Il y faut toutefois ajouter les 16 500 juifs yougoslaves (cf. p.189) soit : 57 000 + 16 500 = 73 300. En 1943, le Centre mondial de documentation juive contemporaine a trouvé 15 000 déportés exterminés et 42 000 vivants. Logiquement, il eût dû trouver 73 500 - 15 000 = 58 600 survivants et l'exagération partant sur le nombre des morts eût été de 58 600 - 42 000 16 500. En réalité, elle est plus importante car, même M. Rolf Hochhuth qui se distingua récemment par l'abominable gredinerie qu'est, sur le thème du Document Gerstein, *Le Vicaire* (op. cit.) n'a trouvé que 8 000 juifs arrêtés en Italie et déportés, les juges de Jérusalem n'ayant trouvé, eux, que « 7 500 déportés dont le nombre des survivants ne dépasse pas 600 » (attendu 109) = 6 900 exterminés. Nombre de survivants dans ce cas : 73 500 - 6 900 = 66 600. Et exagération du Centre mondial de documentation juive contemporaine : 66 600 - 42 000 = 24 600. À ajouter aux 4 073 160 qui vivent hors statistiques auxquels nous sommes arrivés au terme de l'étude de la population juive yougoslave et ne sont — officiellement ! — plus en Europe : 4 073 160 + 24 600 = **4 097 760**.

ROUMANIE

Arthur Ruppin y avait recensé 900 000 juifs en 1926 et le *Centre mondial de documentation juive contemporaine* n'en trouve plus que 850 000 en 1939 (L'*Institute of Jewish Affairs* est d'accord mais M. Raul Hilberg n'en trouve que 800 000) : rien d'anormal, de Roumanie, la population juive a toujours émigré dans de fortes proportions. Au chapitre des déportés exterminés et des survivants, le premier nommé dit moitié-moitié, le second est d'accord à 5 000 près dans chaque poste et le troisième est naturellement en total désaccord : 380 000 survivants et 420 000 exterminés, dit-il. Autre remarque qui prouve à quel point tous ces gens sont conscients de ce qu'ils disent : l'auteur de la statistique du *Centre mondial de documentation juive contemporaine* est, on le sait, M. Poliakov (cf. p. 124) et, commentant les chiffres de sa propre statistique (*Bréviaire de la Haine*, p. 186), il nous dit qu'en 1939, il y avait 700 000 juifs en Roumanie et, en 1945, 250 000 seulement (op. cit. p. 188). L'attendu 110 du jugement de Jérusalem qui résume le drame des juifs roumains est très prudent : « C'est ainsi qu'environ la moitié du judaïsme roumain fût sauvée de l'extermination », déclare-t-il en fondant ce décret sur la déposition écrite du Dr Safran, grand rabbin de Roumanie mais sans référence aucune à ce qui est contenu dans cette déposition.

Pour le reste, si le rédacteur de cet attendu s'était fixé pour but de démontrer qu'aucun juif roumain n'avait jamais été déporté par les Allemands, je ne crois pas qu'il eût mieux réussi : il n'y est, en effet, cité qu'un seul projet de déportation de 200 000 juifs décidée une première fois le 26 juillet 1942 pour commencer le 16 septembre suivant, rediscuté une seconde fois le 17 septembre, puis le 26 et le 28 septembre, date à laquelle seulement on a réussi à se mettre d'accord. Mais, le 22 octobre, alors que les déportations n'ont pas encore commencé, le gouvernement roumain fait savoir à son interlocuteur allemand qu'il a changé d'avis et qu'il se chargera lui-même de régler le problème juif en Roumanie.

Jusque-là, la doctrine de l'Allemagne avait justement été que les

Roumains se devaient eux-mêmes charger de leurs propres juifs, et toute une correspondance diplomatique atteste que ceux-ci n'avaient cessé de proposer aux Allemands de les leur livrer mais sans aucun succès : les Allemands ne les voulaient pas. Au moment où ils voulurent bien les accepter, les Roumains ne voulurent plus les leur livrer.

Le grand-rabbin de Roumanie prétend dans sa déposition — du moins les auteurs des compte rendus de presse du procès de Jérusalem le disent — que jusqu'en août 1942, les Roumains qui ne réussissaient pas à faire accepter leurs juifs par les Allemands, les exterminaient. Et il cite les massacres de juifs d'Odessa par l'armée roumaine (60 000 victimes) des pogroms à Bucarest, Ploesti, Jassy, Constanza, etc. qui firent « des victimes par dizaines de milliers » sans autres indications plus précises. Au total, il estime que, de février 1941 à août 1942, c'est

« 250 000 à 300 000 juifs qui ont été ainsi exterminés ». Par les Roumains, pas par les Allemands.

Cette thèse est fort contestable : à Paris, à la même époque, tous ceux, dont j'étais, qui se trouvaient en jalons de secours sur les filières de l'émigration juive européenne pendant la guerre, savaient, des juifs eux-mêmes avec lesquels ils entraient en contact, qu'en Roumanie, si le gouvernement ne leur témoignait pas une sympathie particulière, du moins il leur accordait un passeport touristique qui leur permettait d'aller plus loin moyennant la redevance de 1 000 dollars. Le Grand-rabbin assure que c'est seulement à partir d'octobre 1942 que cette politique fut mise en usage et que c'est justement parce que le gouvernement Antonesco venait de le découvrir que, brusquement, après avoir tant supplié les Allemands d'accepter les juifs qu'il leur voulait livrer, il refusa au moment où ils étaient prêts à accepter. Mme Hannah Arendt se fait son écho (*The New Yorker*, 16-3-1963). Un seul désaccord avec les renseignements que nous possédions à Paris en plus de la date : le prix du passeport qui était, paraît-il, non de 1 000 mais de 1 300 dollars.

Bref, cette thèse qui sur la moitié du judaïsme roumain (= 420 000 juifs sur 850 000) exterminée porte au compte de la déportation par les

Allemands la différence entre « 250 000 à 300 000 » et 425 000, soit 125 à 175 000 juifs roumains, est fort contestable pour une autre raison : les remaniements territoriaux dont la Roumanie fut l'objet entre 1939 et 1945.

En août 1939, le Pacte germano-russe avait fait payer un lourd tribut aux contractants et à leurs amis : abandon de la Bukovine du Nord et de la Bessarabie à l'U.R.S.S. (juin 1940) ; une importante partie de la Transsylvanie à la Hongrie et la Dobroudja à la Bulgarie (août 1940). Le mouvement de la population juive de ces régions à l'occasion de ces transfèrements n'a fait l'objet d'aucune étude qui soit parvenue à ma connaissance : la thèse généralement admise est qu'elle est restée sur place ou n'a que peu bougé. Il y eut d'ailleurs des accords de transfèrement de population qui n'étaient pas tous réglés lorsqu'éclata le conflit germano-russe en juin 1941. Pour ceux qui sont intéressés par ces accords, je renvoie à l'excellente étude de l'Institut national de la Statistique et des études économiques de Paris, parue en 1946 aux Presses Universitaires de France sous le titre : *Les Transferts internationaux des populations.*

On pense bien que depuis 1940, la Roumanie avait guetté, dans l'évolution des rapports germano-russes, les chances de récupérer les territoires dont elle avait été amputée et, notamment la Bessarabie qui était plus que les deux autres, dans le domaine des possibilités de récupération : en juin 1941, elle entra en guerre contre la Russie aux côtés de l'axe, et, non seulement la Bessarabie, mais encore une zone d'occupation qui fut appelée la Transnistrie et qui s'étendait de sa frontière de 1939, le Dniester, jusqu'au Bug, lui furent attribuées. L'Allemagne s'accordait la zone au-delà du Bug et jusqu'au Dnieper.

On pense bien aussi qu'évacuant la Bukovine et la Bessarabie, les Russes avaient aussi évacué le maximum de la population, laquelle s'évacuait d'ailleurs d'elle-même en fuyant comme partout devant les troupes allemandes. Toujours est-il que, du 11 au 21 décembre 1943, le Comité International de la Croix-Rouge envoya un de ses délégués en Roumanie : M. Charles Kolb. Il y fit un séjour du 11 décembre 1943 au 14 janvier 1944. À son retour, il rédigea un rapport dans lequel il notait que 206 700 juifs manquaient en Bessarabie-Transnistrie et 88 600 en Bukovine. Ailleurs, il ne remarqua rien d'anormal. Sur le vu de ce rapport, on peut penser que la totalité de ces 206 700 + 88 600 = 295 300 juifs roumains devenus russes et qui se trouvaient dans les lignes russes ont fui devant les troupes allemandes comme leurs coreligionnaires polonais en septembre 1939 et ont été sauvés de la déportation par les Allemands. On peut le penser mais on ne peut pas l'assurer. De toutes façons, M. Poliakov qui cite ce rapport (*Bréviaire de la Haine*, p. 371) convient « qu'à la veille de l'attaque allemande, une partie de la population juive a pu être évacuée par les Russes ». De toutes façons, ce rapport étant établi sur une enquête faite en 1943-1944, c'est-à-dire à un moment où les juifs ne risquaient plus rien en Roumanie, comme il ne note aucun manquant ailleurs, on peut conclure avec certitude que, à cette date-là : 800 000 - 295 300 = 504 700 y vivaient encore et n'ont été ni arrêtés, ni déportés, ni massacrés postérieurement. On le peut penser avec d'autant plus d'assurance qu'on se sent en quelque sorte cautionné par l'attendu du jugement de Jérusalem (attendu 119) qui ne note aucune déportation de juifs roumains par les Allemands et que, s'il en notait, ce ne pourrait être qu'antérieurement au 22 octobre 1942, ce qui ne peut pas non plus être le cas puisque, jusque-là, les Allemands avaient toujours refusé de céder aux sollicitations du gouvernement roumain.

Coïncidence étrange : ces 295 300 juifs dont M. Charles Kolb a constaté qu'ils n'étaient pas en Roumanie sont dans les limites des « 250 000 à 300 000 » donnés par le grand rabbin comme ayant été exterminés par les Roumains. De là à penser qu'ils sont les mêmes et que pour pendre Antonesco, les Russes qui les avaient sauvés, aient prétendu qu'il les avait exterminés...

Quant à M. Raul Hilberg, il est encore plus subtil : après avoir examiné les méfaits des *Einsatzgruppen* en Russie et intégré dans la statistique de la Russie les juifs qu'ils ont exterminés dans des villes comme Odessa, Chisinau Cernauti, par exemple (op. cit. p. 190) il fait le compte de ceux qui manquent en Transnistrie où se trouvait Odessa de 1941 à 1944 et en Bukovine où se trouvaient les deux autres, pour les intégrer dans sa statistique de la Roumanie (pp. 485-509), c'est-à-dire qu'il les compte deux fois.

Conclusion sur la Roumanie : pour savoir exactement combien de juifs doivent y être portés manquants en 1945, il faudrait savoir tout aussi exactement combien des 295 300 manquants recensés par M. Charles Kolb à fin décembre 1943-début janvier 1944, ont été évacués par les Russes et combien sont restés sous la coupe des Allemands ou des Roumains. Or, on ne le sait pas. Il faudrait aussi savoir combien ont émigré et il doit y en avoir un certain nombre puisque les juifs roumains étaient de tous les mieux placés, ceux qui avaient le moins de chemin et le moins d'efforts à faire pour quitter l'Europe. Mais si les Russes avaient sauvé la moitié des manquants recensés par M. Charles Kolb et si l'autre moitié, tombée aux mains des Roumains, avaient été massacrés dans les pogroms d'Odessa, de Bucarest, de Ploesti, de Constanza, etc. (cf. ci-dessus) la population juive roumaine de 1939 pourrait se répartir ainsi :

—massacrés : 295 300/2 = 147 650

—sauvés par les Russes : 295 300/2

—émigrés ou retrouvés vivant en 1945 : 800 000 – 295 300 = 504 700

Total : 632 350

—officiellement retrouvés vivants par le Centre mondial de documentation juive : 425 000

Soit 227 350 quoique bien vivants en 1945 auraient été portés abusivement dans la colonne des exterminés du *Centre mondial de documentation juive contemporaine.* À peu de chose près, c'est très vraisemblablement ce qui s'est passé.

Et voici encore 227 350 juifs européens qui vont rejoindre les 4 097 760 dans le même cas qu'eux, retrouvés au terme de notre étude de la population juive italienne, soit en tout à ce moment du discours : 4 097 760 + 227 350 = **4 325 110**.

BULGARIE

La statistique qui figure à la page 122 ne mentionnait la Bulgarie qu'au titre de sa population juive de 1939 sans indiquer les pertes. Depuis, le *Centre mondial de documentation juive contemporaine* a communiqué d'autres statistiques dans lesquelles la Bulgarie figurait pour 7 000 exterminés sur 50 000 personnes à la date de 1939. M. Raul Hilberg en trouve 3 000 et l'attendu 108 du jugement de Jérusalem fait seulement état de 4.000 déportés de Thrace + 7 000 de Macédoine = 11 000 sans mentionner les pertes. Pas de problème : 50 000 en 1939, 11.000 déportés dont 7 000 exterminés et 43 000 survivants. Les 7 000 exterminés sur 11 000 déportés ne sont justifiés par aucun fait précis : on ne sait ni d'où ils sont partis, ni où ils sont allés. M. Poliakov qui commente la statistique dont il est l'auteur (*Bréviaire de la Haine*, p. 188) ne peut même pas se citer fidèlement : 13 000 déportés sur 20 000 au projet, dit-il, et rien du nombre des survivants.

GRÈCE

Même remarque que pour la Bulgarie. Ici, la statistique que j'ai citée p. 122 notait la Macédoine séparément avec 7 000 exterminés sans qu'on sache sur combien à la date de 1939. Depuis, cette mention particulière a disparu de la statistique officielle et la Grèce y reste seule avec 75 000 juifs à la date de 1939 et 60 000 déportés exterminés à la date de 1945, donc 15 000 survivants. M. Raul Hilberg, lui, donne les chiffres suivants : 74 000 en 1939, 62 000 exterminés et 12 000 survivants.

L'attendu 107 du jugement de Jérusalem fait état de 80 000 en 1939, 70 000 exterminés et 10 000 survivants. Enfin, Arthur Ruppin avait déjà recensé 75 000 juifs en Grèce en 1926 : émigration égale à l'accroissement naturel ? C'est possible.

La Grèce était partagée en deux zones d'occupation : au Nord, les Allemands qui avaient leur quartier général à Salonique ; au Sud, les Italiens qui avaient le leur à Athènes. Les juifs se répartissaient ainsi : 55 000 à 60 000 concentrés autour de Salonique en zone allemande, 15 000 à 20 000 dans la zone italienne, concentrés eux aussi autour d'Athènes. Toutes les sources juives sont d'accord pour dire que les Allemands ne commencèrent à s'occuper des juifs grecs qu'en juillet 1942 (port de l'étoile jaune) mais seulement en zone allemande : en zone italienne, rien. C'est seulement en février 1943 que commença leur rassemblement dans des ghettos à Salonique et autour. Ces mesures et opérations furent conduites par le Dr Max Merten, administrateur de la zone, avec l'aide de deux envoyés du R.S.H.A., Wislisceny et Günther à partir du 15 janvier 1943.

M. Poliakov prétend (op. cit. p. 182) que les déportations commencèrent le 15 mars 1943 et se terminèrent le 9 mai dans un premier temps : 43 000 juifs en 16 convois (2 700 personnes par convoi, un convoi tous les 3 ou 4 jours = ici, où les juifs étaient groupés, les opérations de déportation n'allaient pas si vite qu'en Hongrie où les juifs non groupés pouvaient partir à raison de 2 à 3 convois de 3 000 personnes par jour, c'est la conclusion qui s'impose) furent déportés à Auschwitz. Le reste soit une bonne douzaine de milliers fut déporté en juillet-août 1943 en trois convois : à raison donc, de 4 000 par convoi, au moins. Le voyage Salonique- Auschwitz durait une dizaine de jours en moyenne et, précise M. Poliakov, à l'arrivée, les juifs étaient envoyés directement et en bloc à la chambre à gaz, sans sélection préalable des valides, tellement ils étaient en mauvais état. C'est, en effet, ce que, disant le tenir de Hoess, commandant du camp, Wisliceny a prétendu à Nuremberg, mais Hoess n'a pas confirmé ! Avec cet aspect de la déportation des juifs grecs, l'attendu 107 du jugement de Jérusalem n'est pas d'accord : « Les 56 000 juifs de la région de Salonique ont été tous déportés du 15 mars à fin mai 1943 », dit-il, donc pas de convoi en juillet-août, mais il ne précise ni le nombre des convois, ni le nombre de personnes par convoi. L'avocat Max Merten (condamné à vingt-cinq années de prison en 1946, mais remis en liberté presque aussitôt, témoin à décharge au procès de Jérusalem) prétend que, grâce à Eichmann et malgré les efforts en sens contraire de Wisliceny, environ 20 000 juifs ont échappé à la déportation. Il prétend, en outre, que, dès qu'on leur imposa l'étoile jaune (juillet 1942) et que l'on commença à les concentrer dans des ghettos (février 1943) beaucoup de juifs de la zone allemande gagnèrent la zone italienne et que, n'étant pas d'accord avec les mesures de déportation envisagées parce qu'ils ne lui causaient aucun ennui, non seulement il n'y voyait aucun inconvénient, mais encore il les y aida autant qu'il le pût faire sans éveiller l'attention de Wisliceny et Günther. C'est d'ailleurs pourquoi, après avoir été condamné à 25 années de prison, il fut libéré.

En zone italienne, les juifs ne furent inquiétés qu'après le coup d'État de Badoglio de septembre 1943. Les opérations de déportation furent confiées à Wisliceny et à Günther. Devant le Tribunal de Bratislava qui le condamna à la peine de mort, le premier a prétendu (27 juin 1947) dans une déposition écrite que 8 000 à 10 000 de ceux de cette zone avaient été déportés. Pour la ville d'Athènes, dit l'attendu 107 du jugement de Jérusalem, « une grande partie étaient toutefois parvenus entre temps à se cacher et à prendre la fuite, de sorte qu'il n'en restait plus que 12 000 ». Il fallait donc rechercher tous les autres, les rassembler au préalable : pour en déporter 8 000 à 10 000, Wisliceny a dû y mettre de la bonne volonté et on voit qu'il n'a pas essayé d'amoindrir sa culpabilité. Admettons ce chiffre et raisonnons :

— Nous ne savons pas combien de juifs de la zone allemande ont réussi à passer en zone italienne, mais nous savons que ceux de cette zone ont été déportés en 19 convois et qu'après il n'en restait plus. À la moyenne de 2 200 par train de 40 wagons, établie et retenue dans nos calculs pour la Hongrie, nous arrivons à un total de 2 200 x 19 = 41 800.

— Avaient fui dans la zone italienne : 56 000 (chiffre du jugement de Jérusalem) - 41 800 = 14 200, ce qui porte la population juive de cette zone qui devait être de 75 000 - 56 000 = 19 000, à 19 000 + 14 200 = 33 200.

— Si, comme il le dit, Wisliceny en a déporté 8 000 à 10 000 il devait en rester 33 200 - 8 000 à 10 000 = 23 200 à 25 200 rescapés pour toute la Grèce.

Exagération minimum du *Centre mondial de documentation juive contemporaine* : 25 200 - 15 000 = 10 200. À condition que 19 trains soient bien partis de Salonique emportant chacun en moyenne 2 200 personnes, ce qui est possible, mais non certain.

À ajouter au total obtenu au terme de l'étude de la population juive roumaine (ci. p. 197) : 4 325 110 + 10 200 = **4 335 310**.

Restent à étudier : Allemagne, Autriche, Danemark, Norvège.

ALLEMAGNE

Il en a déjà été question à propos de l'étude de la population juive de Hollande, de Belgique, du Luxembourg et de France (cf. pp. 160 à 165). On se souvient qu'au moment de l'invasion de la France par les troupes allemandes, les chiffres de source juive faisaient apparaître 250 000 juifs étrangers dont il était impossible de déterminer la nationalité, sauf à dire qu'à une trentaine ou, au maximum une quarantaine de milliers près qui étaient allemands, les autres étaient tous polonais. Recherchant seulement les survivants européens, il n'y avait aucun inconvénient à les déclarer tous polonais (ou tous allemands) puisqu'on ne pouvait faire la part des uns et des autres. Mais il faudra, maintenant, tenir compte que 40 000 juifs allemands sont déjà comptés si on ne veut pas qu'ils le soient deux fois.

En 1939 donc, voici comment se présentait la structure de la population juive allemande : 210 000 restés en Allemagne et 300 000 émigrés sur 510 000, d'après le *Centre mondial de documentation juive contemporaine*. M. Raul Hilberg dit : 240 000 restés en Allemagne et 300 000 émigrés sur 540 000. Compte tenu de l'accroissement naturel, il devrait être plus proche de la vérité, mais il n'en est rien : de 1926 à 1933, nous dit M. Poliakov (*Bréviaire de la Haine*, op. cit. p. 11) la courbe démographique des communautés juives, inquiètes de leur sort devant la montée de l'hitlérisme, était en décroissance. Disons : 210 000 juifs en Allemagne en 1939. Officiellement, 40 000 seulement auraient été retrouvés vivants en 1945, ce qui signifie 170 000 exterminés.

À l'appui des détails qu'il donne pour justifier ces 170 000 exterminés et ces 40 000 survivants, M. Poliakov invoque la statistique dressée sur demande de Himmler, le 17 avril 1943 à la date du 31 décembre 1942, et qu'il présente comme ayant été « élaborée avec beaucoup de compétence » (*Bréviaire de la Haine*, op. cit. pp. 383-394). Je suis de cet avis : l'Allemand Korherr paraît avoir été un homme compétent et c'est la raison pour laquelle il m'est arrivé, à moi aussi, de me référer à ses informations : une tendance fâcheuse, toutefois, à voir un peu trop de juifs partout. Mais, ceci dit, si j'accepte le tableau du judaïsme allemand tel qu'il le voit à la date du 31 décembre 1942, je ne vois vraiment pas comment M. Poliakov qui l'accepte aussi, l'a lu pour en tirer les conclusions qu'il en tire. Voici ce qui y est dit au tableau récapitulatif au sujet des juifs allemands :

—ont été arrêtés en tout jusqu'au 31 décembre 1942 : 100 516

—n'avaient pas encore été arrêtés : 51 327

Total : 151 843

Il est vrai que cette situation est présentée comme concernant « l'ancien Reich et les Sudètes » mais, c'est sans importance : le 17-5-1939, il ne restait que 2 649 juifs dans les Sudètes, les autres ayant fui en Bohême-Moravie, puis en Hongrie, puis... À un millier près, autant dire que ce bilan ne concernait que l'Allemagne.

Je répète : M. Poliakov accepte ces chiffres.

Mais s'il ne restait en Allemagne que 151 843 juifs au 31 décembre 1942 (libres ou en camp de concentration) et si on n'avait pu en arrêter en tout que 100 516, cela signifie que 210 000 - 151 843 = 58 157 avaient réussi à émigrer postérieurement à 1939. Cela signifie, d'autre part, que, postérieurement au 31-12-1942, il n'a pas été possible d'en arrêter plus de 51 327. Le 1er juillet suivant, c'était fait : la loi déclarant l'Allemagne « Judenfrei » (libérée de ses juifs) fut promulguée et, nous dit M. Poliakov, « il ne restait plus un seul juif en liberté sauf les conjoints d'Aryens » (op. cit. p. 68) qui, nous dit Korherr dans son rapport, étaient au nombre de 16.760. On mit que, dans la suite, ceux-ci furent à leur tour arrêtés aussi et déportés — officiellement du moins.

Réparons maintenant l'erreur obligatoire que nous avons délibérément commise en décrétant, parce qu'alors nous ne pouvions faire autrement que de résoudre le problème par le procédé élémentaire bien connu de la fausse supposition à propos de 40 000 juifs européens retrouvés vivants en Hollande, France, Belgique et Luxembourg qu'ils étaient polonais tout en sachant qu'ils ne l'étaient pas : c'est parmi ces 58 157 juifs qui ont quitté l'Allemagne postérieurement à 1939 et avant le 31-12-1942 qu'ils se trouvent et ils ont été compris dans l'étude de la population juive polonaise. Si nous ne voulons pas qu'ils soient comptés deux fois, il faut les retrancher des émigrés allemands et ne compter au nombre de ceux-ci que 58 157 - 40 000 = 18 157

Et calculons le nombre maximum de juifs allemands qui ont pu, ayant été arrêtés et déportés n'être jamais revenus : si sur ces 151 843, le *Centre mondial de documentation juive contemporaine* a retrouvé 40 000 survivants en 1945, c'est que 151 843 - 40 000 = 111 843 ne sont jamais revenus (n'étaient pas revenus en 1945). Et, comme il déclare 170 000 juifs à la colonne des exterminés, cela fait en trop : 170 000 - 111 843 = 58 157

Total des juifs allemands vivants qui ont été considérés comme morts, qui ne sont officiellement plus en Allemagne, ni en Europe et doivent figurer à la colonne des vivants dans un autre pays d'un autre continent = 76 314

À ajouter au total trouvé au terme de l'étude de la population juive grecque soit 4 335.310 + 76 314 = **4 411 624**.

On m'excusera d'avoir traité le cas des juifs allemands sans aucune référence au jugement du tribunal de Jérusalem : dam ses attendus (56, 57, 75, 77, 83, 90 et 91) qui font le bilan, c'est à peine s'il peut justifier de 10 à 15 000 arrêtés et déportés. Et c'eût été, en soulignant le ridicule par lequel il se caractérise de bout en bout, se rendre ridicule soi-même que de prendre cela, je ne dirai pas au sérieux, mais seulement en considération[44].

---

[44] Il faut pourtant souligner ici la méthode des juges de Jérusalem : le cas des juifs allemands est étudié dans leur jugement globalement avec celui des juifs autrichiens et de ceux de Bohême-Moravie. Pour dissimuler le ridicule du nombre des juifs allemands dont ils étaient en mesure de faire état, et contrairement à la méthode qu'ils ont adoptée pour les autres pays, ils n'ont pas fait de total. Pour donner l'impression d'une quantité appréciable, ils ont inclus dans le cas des juifs allemands, celui des 55 000 Polonais qui se trouvaient en Allemagne, lorsque, le 7 octobre 1938, le gouvernement polonais a décidé de leur faire perdre la nationalité polonaise en ne leur renouvelant pas leur passeport. De ce fait, ils étaient apatrides et l'Allemagne

AUTRICHE

À la date de 1939, le *Centre mondial de documentation juive contemporaine* fait état de 60 000 juifs qui s'y trouvaient encore (chiffre calculé sur 240 000 en tenant compte d'une émigration de 180 000 depuis l'accession de Hitler au pouvoir en Allemagne) et de 20 000 survivants retrouvés en 1945, soit 40 000 exterminés. Arthur Ruppin comptait 230 000 juifs autrichiens en 1926 : même cas que les juifs allemands relativement à la courbe démographique et à l'accroissement naturel.

Sur le drame des juifs autrichiens, la littérature sioniste n'est pas très prolixe. Le jugement de Jérusalem non plus. Étudié globalement avec les juifs allemands et de Bohême-Moravie (cf. note ci-dessus) et dans les mêmes attendus, ce jugement fait apparaître l'arrestation et la déportation de 5 000 d'entre eux le 15 octobre 1941 et de 3 000 autres les 25, 28 novembre et 2 décembre suivants. À la date de 1943-1944, le Rapport Kasztner et Joël Brand notent une communauté juive clandestine et relativement peu traquée, dont ils ne donnent pas les effectifs mais qui, à en juger par les termes dont ils en parlent, devait être assez importante. L'attendu 97 du jugement de Jérusalem note qu'en Autriche, les arrestations et déportations n'étaient pas du ressort du R.S.H.A. comme partout ailleurs, mais du Centre d'émigration juive créé à Vienne par Eichmann en 1938 et qui subsista pendant toute la guerre : cela explique sûrement qu'ils furent traqués et persécutés avec moins de zèle et de brutalité. À la date du 31 décembre 1942, la statistique de l'Allemand Korherr (op. cit.) dit qu'en tout, 47 655 d'entre eux ont été arrêtés et qu'il en reste 8 102 en liberté. Au total et pendant toute la guerre, cela signifie alors 47 655 + 8 102 = 55 757 et seulement 60 000 - 55 757 = 4 243 émigrés postérieurement à 1939. Cela signifie aussi que, si de ces 55 757 juifs seulement, 20 000 ont été retrouvés

---

d'alors ne voulait pas de gens sans passeport sur son territoire national. La Pologne qui les avait fait apatrides non plus. Comme aucune autre nation n'en voulait davantage, ce fut un drame affreux. On sait qu'il est à l'origine de l'assassinat du Conseiller von Rath à Paris le 7 novembre 1938 par Grynspan, le fils de l'un de ces 55 000 juifs polonais, et de la « Kristallnacht » du 9 au 10 novembre en Allemagne.

vivants en 1945, l'exagération du *Centre mondial de documentation juive contemporaine* ne serait que de ces 4 243 émigrés postérieurement à 1939, abusivement considérés comme morts. Je dis bien : si seulement 20 000 ont été retrouvés vivants. Or, je l'ai déjà souligné, le bilan des pertes juives a été dressé entre mai et octobre 1945 — il porte la date d'août, précise M. Poliakov (*Le IIIe Reich et les juifs*, op. cit. p. 196) — pour être mis assez tôt à la disposition du Justice Jackson et, dans le maquis de *displaced persons* qu'était alors l'Europe centrale, beaucoup de juifs qui avaient été déportés et étaient vivants n'avaient pas encore réintégré leur domicile antérieur. Tous ceux-ci ont été considérés comme morts et, depuis, s'ils ont été retrouvés vivants à leur domicile ou ailleurs (beaucoup aussi n'y sont jamais revenus) jamais les correctifs n'ont été faits dans les statistiques.

Conclusion pour l'Autriche : 4 243 juifs européens certains à réintégrer dans la colonne des vivants des statistiques à la date de 1945 et à ajouter au total précédent, soit : 4 411 624 + 4 243 = **4 415 867**.

Danemark et Norvège

Pour terminer : 7000 juifs au Danemark en 1939 et 1 500 en Norvège, dit le *Centre mondial de documentation juive contemporaine*. Total : 8 500 pour les deux pays. Et total des exterminés : 500 au Danemark (dans les jours qui précédèrent celui qui était prévu pour leur arrestation, le gouvernement danois, au courant, avait prévenu la communauté juive nationale) et 900 en Norvège = 1400. Le jugement de Jérusalem donne le total des pertes, à l'unité près : 737 en Norvège et 422 au Danemark = 1159.

Exagération du *Centre mondial de documentation juive contemporaine* : 1 400 − 1 159 = 241. On peut considérer que cette exagération est à mettre au compte de l'arrondissement des chiffres, c'est-à-dire qu'elle n'est pas intentionnelle. À ajouter quand même au total précédent, dont (exception faite des 480 000 juifs allemands et autrichiens émigrés avant 1939 qui y figurent et ont été reconnus vivants par tout le monde en 1945) on peut dire que c'est le total général des juifs européens abusivement inscrits à la colonne des exterminés dans la statistique du Centre mondial de documentation juive contemporaine : 4 415 867 + 241 = 4 416 108 abusivement inscrits.

Ci, total général de la distorsion **4 416 108**

CONCLUSION

La logique voudrait que cette étude démographique se terminât au moins sur une statistique générale comportant, pour chacune des nations européennes que je viens de passer en revue quatre postes :

1. Le nombre des juifs qui y vivaient à la veille de l'accession au Pouvoir du Colonel Beck en Pologne (1932) et de Hitler en Allemagne (1933) ;

2. Le nombre de ceux d'entre eux qui, pour échapper à la persécution, en ont émigré entre ce double événement et 1945 ;

3. Le nombre de ceux qui y ont été retrouvés vivants en 45 ;

4. Enfin, le nombre des morts.

Pour que cette sombre histoire fût parfaitement tirée au clair, cette Statistique se devrait accompagner d'une autre qui donnerait la structure de la population juive mondiale à la fin de l'année 1962. En quatre postes aussi pour chacune des nations des autres continents :

1. Le nombre des juifs qui y vivaient avant l'accession au pouvoir du Colonel Beck en Pologne et de Hitler en Allemagne ;

2. L'accroissement naturel de 1932 à 1962 ;

3. Le niveau de la population juive à la fin de 1962 ;

4. Enfin, le nombre des émigrants juifs obtenus par différence entre les totaux des colonnes 2 et 3 : nul doute alors que cette différence fût de l'ordre de 4 416 108.

Telle était mon intention au départ. À l'arrivée, ce double travail se révéla impossible : la seconde statistique ne peut être établie qu'à la condition que le *Mouvement Sioniste international* accepte le principe d'un recensement mondial de la population juive et, on a vu (cf. p.127) que, ce principe, il n'était pas à la veille de l'accepter. Quant à la première statistique, c'est à toute une série de difficultés d'un autre ordre que son établissement se heurte encore malgré toutes les précisions que l'étude à laquelle je viens de procéder nous a apportées.

La plus insurmontable de ces difficultés et qui les résume toutes est la suivante : si nous savons, maintenant, qu'un minimum de 4 524 108 juifs a réussi à quitter l'Europe entre 1931 et 1945, nous sommes beaucoup moins renseignés sur la nationalité de chacun d'eux. Pour des pays comme le Danemark, la Norvège, l'Allemagne, l'Autriche, la Bulgarie et un ou deux autres encore, les Pays Baltes, par exemple, la Grèce même, pas de problème ils ne se trouvaient pas sur l'itinéraire de la migration juive, les Allemands n'y ont rencontré que des nationaux juifs de ces pays et tout y est clair. Mais il n'en est pas de même des autres : en Hollande, en Belgique, en France, en Italie, en Hongrie, en Roumanie, qui ont été des pays de refuge ou de passage avant d'être occupés par les troupes allemandes, les juifs ont été arrêtés et déportés pêle-mêle et nous sommes dans l'impossibilité de répartir par nationalités, aussi bien ceux qui l'ont été que ceux qui ont réussi à ne pas l'être. La Hongrie est le type même de cette difficulté : nous avons bien réussi à établir que, sur les 800 000 juifs qui y existaient au 19 mars 1944, 543 000 n'avaient pas été déportés, que 200 000 environ l'avaient été, que 57 000 avaient très probablement été massacrés dans des opérations de police et que 343 000 avaient réussi à émigrer, mais… Mais, dans chacune de ces catégories, qui était Hongrois, qui était Yougoslave, qui était Tchécoslovaque et qui était Polonais ? Même question pour la Roumanie où nous avons trouvé 147 650 massacrés et 652 350 survivants dont 227 350 émigrés. Même question encore pour la Hollande, la Belgique, le Luxembourg et la France où nous avons trouvé que 83 000 juifs seulement de l'une ou l'autre de ces quatre nationalités avaient pu être arrêtés et déportés : ici, nous savons qu'il n'y avait pas de Belges parmi eux, que le nombre des Français se situe obligatoirement entre 6 000 et 11 999, celui des Luxembourgeois entre 0 et 2 000, les autres étant des Hollandais mais, ce sont tout de même là, des données qui ne sont pas assez précises pour figurer dans une statistique. Pour la Pologne, nous savons que 829 040 juifs y ont été arrêtés, soit sur le sol national, soit sur la route de l'émigration par l'Ouest, mais des 289 300 qui avaient tenté d'émigrer par la voie danubienne, combien ont été arrêtés en Hongrie, combien en Roumanie ? Autant de questions auxquelles il n'est pas possible de répondre et qu'on se peut également poser pour les Tchécoslovaques qui ont fui en Hongrie, les Yougoslaves qui ont fui en Italie, etc.

En dernière analyse, plutôt que de mettre en circulation une statistique par nationalités, dont toutes les données eussent été discutables et d'ajouter à la confusion créée par les historiens et statisticiens du *Mouvement sioniste international*, j'ai préféré établir cette statistique au seul plan où nous avons des certitudes, c'est-à-dire à celui de l'Europe. Ici, pas de discussion possible : nous pouvons affirmer qu'un minimum de 4 524 108 juifs européens ont réussi à émigrer assez tôt pour n'avoir pas été arrêtés et déportés dans des camps de concentration et nous les pouvons ajouter à ceux que les historiens et statisticiens du *Mouvement sioniste international* ont retrouvés vivants en Europe en 1945.

Voici alors, sur les données du *Centre mondial de documentation juive contemporaine*, ce que devient à l'échelle de l'Europe, notre statistique à quatre postes en y intégrant, à la date de 1931, 1 300 000 juifs allemands + les 180 000 juifs autrichiens donnés comme ayant quitté l'Europe pour fuir Hitler + le million de juifs de la zone russe qui n'a jamais été occupée par les troupes allemandes et qu'il en avait arbitrairement distraits :

Nature des indications	1931	1945	Pertes officielles	Émigrés retrouvés	Pertes réelles
Totaux de la statistique de la page 122	8 297 500	2 288 100	6 009 400	—	—
Émigrés allemands reconnus	300 000	300 000	—	—	—
Émigrés autrichiens reconnus	180 000	180 000	—	—	—
Juifs russes sauvés par les autorités soviétiques	1 000 000	1 000 000	—	—	—
Totaux réels du centre mondial de documentation juive contemporaine à la date de 1945	9 777 500	3 768 100	6 009 400		—
Totaux réels tels qu'ils résultent de cette étude	9 777 500	3 768 100	—	4 416 108	1 593 292

Même statistiques sur les données de M. Raul Hilberg (celui-ci n'a pas séparé la Russie en deux zones, mais il a, lui aussi, reconnu 300 000 juifs émigrés allemands et 180 000 autrichiens)

Nature des indications	1931	1945	Pertes officielles	Émigrés retrouvés	Pertes réelles
Totaux de la statistique de la page 123	9 190 000	3 770 500	5 419 500	—	—
Émigrés allemands reconnus	300 000	300 000	—	—	—
Émigrés autrichiens reconnus	180 000	180 000	—	—	—
Totaux réels du centre mondial de documentation juive contemporaine à la date de 1945	9 670 000	4 250 500	5 419 500		
Totaux réels tels qu'ils résultent de cette étude	9 670 000	4 250 500	—	4 416 108	1 003 392

Voici donc où nous en sommes :

— L'étude de la statistique du Centre mondial de documentation juive contemporaine fait apparaître, sur ses propres données, 1 593 292 juifs européens morts des persécutions nazies, en camp de concentration ou autrement ;

— l'étude de celle de M. Raul Hilberg n'en fait apparaître que 1 003 392.

À deux reprises, je m'étais moi-même penché sur ce problème : dans *Ulysse trahi par les siens*, publié en France en 1960 et dans une communication à la revue allemande *Deutsche Hochschullehrer-Zeitung* (Tübingen n° 1/2, février 1963). Je l'avais fait chaque fois en fonction des données de source juive rendues publiques à l'époque. Mais, la première fois, ni le Jugement du Procès de Jérusalem, ni, à plus forte raison, l'étude de *The Jewish Communities of the World* de février 1963 n'avaient été mis en circulation. Et, en fonction de ce qui était connu, ma conviction avait été que le nombre des juifs européens morts des persécutions nazies, en camp de concentration ou autrement, devait se situer aux environs d'un million, un peu plus ou un peu moins. La seconde fois, j'étais en possession du jugement de Jérusalem et j'avais suivi jour par jour, les débats du Procès mais je n'avais pas encore connaissance de l'étude de *The Jewish Communities of the World*, alors non encore publiée : en conclusion de ma communication à *Deutsche Hochschullehrer Zeitung* (op. cit. pp. 61-62) j'avais prétendu que, si ce nombre était supérieur à un million, il ne pouvait de toute façon, pas dépasser 1 655 300 victimes. Aujourd'hui en mains, tous ces documents qui manquaient alors, on peut dire que, calculé sur les informations antérieures du *Centre mondial de documentation juive contemporaine*, le nombre des victimes est 1 593 292, et 1 003 392 calculé sur celles de M. Raul Hilberg. Pour arriver à plus de précision, il faut attendre que de nouvelles sommités sionistes du type Shalom Baron, Poliakov, Borewicz, etc. passent à de nouveaux aveux ou qu'un nouveau procès du type de celui de Jérusalem nous apporte de nouvelles lumières sur la question : j'ai peur de faire rire le lecteur en lui disant que, tels qu'on connaît les milieux sionistes, non seulement ni l'une, ni l'autre de ces deux hypothèses ne sont exclues mais encore qu'elles sont, l'une et l'autre, plus que probables. Dans ces milieux ne manquent, en effet, ni les bavards inconscients et en mal d'une publicité tapageuse, ni — hélas ! — les juges en mal de vengeance. Je mise aussi beaucoup sur deux autres ordres de raisons : les dissentiments latents et continus qui existent entre M. Ben Gourion et Nahoum Goldmann et la brouille survenue entre MM. Khrouchtchev et Mao Tsé Toung.

Depuis fort longtemps, M. Nahoum Goldmann donne des signes de fatigue et d'impatience devant la politique de M. Ben Gourion à l'égard de l'Allemagne. On savait déjà, il l'avait publiquement déclaré, qu'il n'avait pas été emballé par l'arrestation d'Eichmann et le procès qui a suivi. Par des indiscrétions, de temps à autre, on apprend qu'il ne prise pas beaucoup tous ces procès intentés en Allemagne à d'anciens membres de l'une ou l'autre des organisations nazies du temps de Hitler. En Israël même, de très grosses discussions opposent ceux de son clan à ceux de celui de M. Ben Gourion, chaque fois que ce dernier trouve un ministre allemand assez sot pour accepter l'invitation qu'il lui adresse dans le seul but de le faire injurier publiquement en Israël par ses partisans et d'avoir ainsi un motif d'attirer l'attention du monde entier sur la dette qu'en se ralliant à Hitler en 1933, l'Allemagne a contractée à l'égard d'Israël.

Tout se passe comme si, n'osant prendre publiquement position contre M. Ben Gourion à propos de sa politique à l'égard de l'Allemagne, M. Nahoum Goldmann s'efforçait, dans la coulisse, de mettre une sourdine à son thème central. Et, le fait qu'en matière de juifs exterminés, les statistiques qui nous viennent du Mouvement sioniste américain soient généralement plus modérées que celles qui nous viennent de sa branche européenne (c'est le cas de celle de M. Raul Hilberg comparée à celle du *Centre mondial de documentation juive contemporaine*) pourrait bien être le reflet des dissentiments qui existent entre les deux hommes. Ainsi s'expliqueraient alors les divergences et contradictions relevées dans les sources juives en matière de statistiques.

Quant à la brouille survenue entre MM. Khrouchtchev et Mao Tsé Toung, elle pourrait avoir des conséquences en raison du fait qu'avec celle des États-Unis, la population juive de la Russie est l'autre des deux plus grandes énigmes qui pèsent sur la solution du problème. L'*Institut des affaires juives de Londres* et *The Jewish Communities of the World* nous ont bien dit qu'en 1962, il y avait 2,3 millions de juifs en Russie. Mais, M. Raul Hilberg nous a révélé qu'il y en avait 2 600 000 en 1946 et cette évaluation qui peut être considérée comme confirmée par le journaliste David Bergelson (*Die Einheit*, 5-12-1942 op. cit.) peut l'être aussi comme étant beaucoup plus proche de la vérité. Dans ce cas, ce n'est pas 2,3 millions de juifs qu'il y aurait en Russie en 1962 mais 2 600 000 + 16% = 3 016 000. Si l'on prenait au mot notre vieille connaissance le professeur Shalom Baron, ce serait même : 2 600 000 + 20% = 3 120 000. Mais ne nous laissons pas tenter : 3 016 000. Laissons-nous d'autant moins tenter qu'en réalité, il y en a de toutes façons beaucoup plus que 3 016 000 car le journaliste juif David Bergelson nous a aussi dit, ne l'oublions pas, que 80% des juifs baltes, polonais et roumains qui se trouvaient dans les lignes russes pour avoir fui devant les troupes allemandes en 1941-1942, avaient été sauvés et acheminés vers l'Asie centrale par les autorités soviétiques. À la fin de 1942, il estimait aux environs de 5,2 millions dont 3 millions de Russes, le nombre des juifs qui se trouvaient en territoire soviétique et, en cela, il était d'accord avec la statistique du 17 avril 1943 de l'Allemand Korherr déjà cité. Question : que sont devenus ces 2,2 millions de juifs non russes ? Réponse : une partie a réussi à s'échapper et à gagner soit le continent américain, soit Israël, une partie n'y a pas encore réussi. Combien de part et d'autre ? On ne saurait le dire. Mais, on peut assurer que, tant que MM. Khrouchtchev et Mao Tsé Toung s'entendaient bien, il n'a sûrement pas été facile aux juifs transportés en Asie centrale pendant la guerre de gagner le continent américain par la Chine et que ceux qui y ont réussi ne l'ont pu que très clandestinement. La brouille entre les deux grands hommes du bolchevisme pourrait avoir pour conséquence que Mao Tsé Toung aidât les juifs à quitter le territoire soviétique comme la Chine de Tchang Kaï-Chek les y aidait avant la seconde guerre mondiale et pour les mêmes raisons. Dans ce cas, il se pourrait aussi que la présence d'un nombre très important de juifs se révélât soudain, un jour, dans tous les pays du continent américain, peut-être même également en Israël, et, dans la mesure où l'événement ne pourrait être tenu sous le boisseau, éclairât d'un jour nouveau les dernières statistiques des sommités du mouvement sioniste international. Cette hypothèse non plus n'est pas exclue. Et, si les États-Unis adoptaient enfin une politique rationnelle à l'égard de la Russie, très vite, la vérité éclaterait.

Mais revenons à notre problème dans ses données telles qu'elles se présentent actuellement à nous : le nombre des juifs européens qui sont morts victimes des persécutions nazies étant établi, soit à 1 485 292 personnes sur les données du *Centre mondial de documentation juive contemporaine* confrontée aux attendus du jugement de Jérusalem et à l'étude parue en février 1963 de *The Jewish Communities of the World*, soit à 896 892 sur celles de M. Raul Hilberg soumises à la même confrontation, il reste à savoir comment se sont répartis dans les autres parties du monde les 4 524 108 juifs qui étaient vivants en 1945 et qui, ne figurant pas à ce titre dans les statistiques européennes de source juive sont forcément réputés avoir quitté l'Europe entre 1931 et 1945. C'est le problème de la seconde statistique, dans mon esprit destinée à donner la structure par pays de la population juive mondiale en 1962. Et cette statistique est tout aussi impossible à établir que la précédente.

Nous savons déjà une chose qui nous a été révélée par l'étude de la population juive israélienne et c'est qu'elle comprend 1 048 368 juifs européens qui ont immigré en Israël entre 1931 et 1962 (cf. p. 157).

Restent à répartir : 4 416 108 - 1 048 368 = 3 367 740 juifs européens dans le reste du monde. Et c'est sur ce dernier aspect du problème que les sources juives sont le plus discrètes : extrêmement rares sont, dans l'étude de *The Jewish Communities of the World* et dans le *World Almanac* de 1963, les pays non européens où la population juive avouée est supérieure de plus que son accroissement naturel à ce qu'elle était en 1926-27 ou 28 (selon le cas) dans la statistique d'Arthur Ruppin. Il y en a même où le taux d'accroissement normal n'est pas atteint et c'est, on l'a vu, le cas des États-Unis qui ne seraient passés si on en croit ces honorables publications, que de 4 461 184 en 1926 à 5 500 000 en 1962 : or, on a vu (cf. p. 160) qu'au taux annuel moyen d'accroissement naturel de 1%, il ne peut pas y avoir moins de 6 067 210 juifs aux États-Unis et qu'au taux d'accroissement du professeur Shalom Baron, il devrait y en avoir 6 745 310 (6 745 312 exactement, en comptant les deux émigrés certains que sont Mme Hannah Arendt et M. Robert W. Kempner, mais sans compter les autres qui font beaucoup moins de bruit et sur lesquels nous avons beaucoup moins de renseignements). Bref : comme pays des autres continents que l'Europe où le Mouvement sioniste international avoue en 1962, une population juive supérieure de plus que son accroissement naturel par rapport à ce qu'elle était en 1926, je n'ai noté que l'Argentine, le Canada, le Brésil et l'Afrique du Sud. Pour ces quatre pays, voici la statistique qu'on peut dresser :

Pays	1926	Accroissement naturel : 36 %	1962		Immigration accroissement naturel compris
			Normale	Avouée	
Argentine	240 000	86 400	326 400	450 000	123 600
Canada	170 000	61 200	231 200	254 000	22 800
Brésil	40 000	14 400	54 400	140 000	85 600
Afrique du Sud	60 000	21 600	81 600	110 000	28 400
Totaux	510 000	183 600	693 600	954 000¹ (1)	260 400

Accroissement défalqué, cela ne doit pas faire très loin de 200 000 émigrants d'origine européenne pour ces quatre pays. À condition que les chiffres rendus publics par les autorités du *Mouvement sioniste international* pour 1962 soient exacts et il serait étonnant qu'ils le soient.[45]

---

[45] Le total permet d'admirer, une fois de plus, le sérieux des statistiques de source juive. Pour l'Argentine, le Canada et le Brésil, le total est : 844 000. Or, il y a encore quelques juifs dans d'autres pays du continent américain, notamment au Mexique (70

S'ils le sont, il nous reste encore 3 367 740 - 200 000 = 3 167 740 juifs européens à répartir. Pour y arriver, il faudrait pouvoir faire, pour tous les pays du monde, les mêmes calculs que pour l'Argentine, le Canada, te Brésil et l'Afrique du Sud, mais on ne le peut pas puisque ceux-ci sont les seuls à propos desquels le Mouvement sioniste international donne des chiffres qui accusent une immigration.

Il faut pourtant bien que, s'ils ne sont plus en Europe et pas en Israël, ces 3 167 740 juifs qui étaient bien vivants en 1945, soient quelque part ailleurs — avec le nombre de ceux dont ils se sont naturellement accrus depuis !

Où ? Pour le dire, il faut, ici encore, attendre les nouvelles révélations que les bavards inconscients et en mal de publicité du *Mouvement sioniste international* ne manqueront pas de faire par mégarde un jour ou l'autre. D'ici là, on ne peut que conjecturer et ce n'est pas mon genre. Je me permettrai donc seulement de dire quels sont les principes de base qui définissent l'orientation dans laquelle se poursuivent les recherches auxquelles je continue à me livrer et qui sont les mêmes que ceux qui m'ont jusqu'ici guidé :

1. Il n'est pas probable, mais il est possible qu'en août 1945, date à laquelle M. Poliakov nous a dit (*Le IIIe Reich et les juifs*, op. cit. p. 196) que les communautés juives européennes avaient procédé à l'inventaire de leurs pertes pour le compte du Justice Jackson et n'avaient trouvé que 3 768 100 survivants (cf. p. 210) selon le Centre mondial de documentation juive contemporaine ou 4 250 500 selon M. Raul Hilbert (cf. p. 211). Si je dis que c'est possible, c'est pour deux raisons : le chaos de *displaced persons* qu'à cette date-là était l'Europe et qui rendait impossible tout recensement sérieux et la méthode employée par les

---

000), en Uruguay (60 000), au Chili (15 000, etc.). Au total donc, pour ces six pays : 844 000 + 70 000 + 60 000 + 15 000 = 989 000. Et, pour tout le continent américain, la même statistique donne un total de 6,3 millions que *The Jerusalem Post Weekly* (19-4-63 op.cit.) se plaît à mettre en évidence. Si, de ce total, pour tout le continent, on retranche ces 989 000 personnes il reste pour les Etats-Unis : 6 300 000 - 989 000 = 5 311 000 et non 5,5 millions comme le prétendent le communiqué de l'*Institute of the Jewish Affairs* de Londres et le *World Almanac* de 1963 (p. 159). C'est à quoi on arrive à force de vouloir cacher le total réel de la population juive aux États-Unis et aussi d'écrire sans réfléchir !

communautés juives qui, partout, ne recensaient que les juifs de la nationalité dans chaque pays, ont pu faire qu'elles arrivent à un résultat aussi aberrant.

2. Même si ce résultat n'était pas aberrant (ce qui est exclu) il est certain que, si tous les juifs qui avaient quitté l'Europe entre 1931 et 1945 n'y étaient pas encore revenus en août 1945, beaucoup d'entre eux y sont revenus postérieurement, en Europe occidentale au moins, car, pour ce qui est de l'Europe de l'autre côté du Rideau de fer, on peut considérer comme tout aussi certain que ceux qui y sont retournés ne sont que l'exception. Le cas de la France est, à ce sujet, typique : 300 000 juifs en 1939, entre 450 000 et 500 000 à la fin de 1962 après que 130 000 juifs algériens et une vingtaine de milliers de juifs marocains et tunisiens y fussent venus chercher refuge au lendemain de l'accession à l'indépendance de ces trois pays : 300 000 à 350 000 nationaux français en 1962, soit un chiffre normal par rapport à sa population de 1939. Mais la statistique du *Centre mondial de documentation juive contemporaine* continue à prétendre, au regard du monde entier 180 000 en 1945 + le taux d'accroissement naturel de 16% 208 800 (216 000 si on applique le taux d'accroissement naturel de cette vieille baderne de Professeur Shalom Baron)… Il est très probable que, si on s'en donnait la peine, on pourrait faire des constatations du même genre pour la Belgique (où sont revenus, en plus, 20 000 à 25 000 juifs du Congo) la Hollande, l'Autriche, etc… et peut-être même l'Allemagne. Or, tous ces juifs qui sont revenus en Europe postérieurement au mois d'août 1945, dont on ne pourra donner le nombre exact tant que le *Mouvement sioniste international* refusera de nous le communiquer de lui-même (puisque pour ne pas « provoquer la colère de Dieu » (sic) il s'oppose à tout recensement officiel) sont sûrement quelques centaines de milliers, figurant au nombre de ces 3 268 471 qu'aucune source juive ne nous permet de situer où que ce soit.

3. Le problème des juifs polonais, baltes et roumains qui, dans les années 1941-42 ont été évacués sur l'Asie centrale et qui, si on en croit le journaliste juif David Bergelson auraient été au nombre d'environ 2 à 2,2 millions en 1942 puisqu'il y avait 3 millions de juifs en Russie en

1939 et qu'à la fin de 1942, il en trouvait environ 5,2 millions. Combien de ceux-là vivent encore en « Asie centrale » (lire : Sibérie) avec leur progéniture ? Combien ont réussi à s'en échapper depuis 16 ans ? Où sont-ils allés ? Tout indique que ceux qui ont réussi à s'en échapper clandestinement ont gagné le continent américain qui était pour eux le plus facile à atteindre. À leur sujet, une hypothèse qui ne vaut que ce qu'elle vaut et que je me garderai de donner comme une certitude, trotte dans mon esprit : en seize ans, il est possible que la moitié d'entre eux aient réussi, au prix de difficultés sans nombre, à quitter l'Asie centrale pour le Continent américain. Dans ce cas, comme le *Mouvement sioniste international* ne les situe ni en Argentine, ni au Canada, ni au Brésil, ni en aucun autre pays de ce continent, ils sont forcément aux États-Unis et la statistique qui pourrait être établie pour la Russie et les Etats-Unis se présenterait de la façon suivante :

A. RUSSIE		
– Retrouvés vivants par M. Raul Hilberg en 1945		2 600 000
– Vivants en Asie centrale selon M. David Bergelson		+ 2 200 000
Total en 1945		4 800 000
– Auraient réussi à quitter l'Asie centrale pour les États-Unis		– 1 100 000
Restés en Russie		3 700 000
– Accroissement naturel de 16 % depuis 1947		+ 592 000
Total en Russie en 1962		4 292 000
B. ÉTATS-UNIS.		
– Statistique de 1926		4 461 184
– Accroissement naturel de 36 % depuis 1926		+ 1 606 026
Total en 1962		6 067 210
– Seraient venus d'Asie centrale depuis 1946 :	1 100 000	
+ leur taux d'accroissement naturel de 16 %	+ 176 000	
Total	1 276 000	+ 1 276 000
Total en 1962		7 343 210

Mais ce total de 7 344 210 ne comprend que l'immigration venue d'Asie centrale et pas ceux qui, comme Mme Hannah Arendt et M. Robert W. Kempner sont venus d'une autre région d'Europe, et dont on peut affirmer qu'ils sont tout de même plus de deux... Combien de ces derniers, on ne sait pas ou pas encore. Tout ce qu'on peut dire, c'est qu'il y en a et que, sûrement, la population juive des États-Unis est supérieure à 7 343 210 personnes. On peut aussi, certes, assurer que lorsque le *National Observer* (op. cit. 2-7-1962, cf. ci-dessus p. 116) prétend qu'il y avait 12 000 000 de juifs aux États-Unis en 1962, il s'agit là d'une exagération dans l'autre sens, visiblement inspirée d'un antisémitisme sans plus de vergogne que le sionisme, mais je ne serais pas étonné si, un jour, une révélation par inadvertance d'une sommité sioniste venait à mettre en évidence qu'en 1962, il y avait environ 8 millions de juifs aux États-Unis.

Je répète que ce ne sont là que conjectures et non certitudes : l'hypothèse de travail dont tous les chercheurs ont besoin comme base de départ de leurs recherches et qui oriente les miennes. À mes yeux, elle garde d'autant plus de vraisemblance et elle exprime d'autant plus ma conviction profonde que, jusqu'ici, non seulement elle ne m'a conduit à aucune impasse et à aucun errement, mais encore elle m'a permis d'annoncer avec dix ans d'avance sur eux... les conclusions qui se déduisent du jugement de Jérusalem et de l'étude de *The Jewish Communities of the World*.

4. Il s'agit ici d'une considération qui est très voisine de la certitude, au moins au niveau de l'ordre de grandeur : la population juive mondiale en 1962. Au moyen de statistiques datant pour chaque pays du monde, soit de 1926, soit de 1927, soit de 1928, selon les cas, Arthur Ruppin l'évaluait globalement à 15 800 000 personnes. On a vu (p. 112) que le *World Almanac* de 1951, l'évaluait à 16 643 120 en 1939 : le taux d'accroissement naturel des juifs européens ayant considérablement baissé entre 1925 et 1939 (Poliakov dixit cf. ci-dessus p. 201), comparée à celle d'Arthur Ruppin, cette évaluation est admissible. Voici donc ce qu'était la population juive mondiale de 1962, si on la calcule sur les données corrigées du *Centre mondial de documentation juive contemporaine* :

–Population juive mondiale en 1939	16 643 120
–Victimes du nazisme	-1 593 292
Restait en 1945[46]	15 049 828
–Accroissement naturel de 16 depuis 1946	+2 407 972
Total en 1962	17 457 800

---

[46] « Entre 15 et 18 millions en 1947 » avait dit Hanson W. Baldwin

Et voici ce qu'elle était calculée sur les données de M. Raul Hilberg :

—Population juive mondiale en 1939	16 643 120
—Victimes du nazisme	-1 003 392
Restait en 1946[47]	15 639 728
—Accroissement naturel de 16% depuis 1946	+2 502 356
Total[48]	18 142 084

Et nous voici au terme de cette étude. Il ne me reste plus qu'à présenter mes excuses au lecteur : tout ceci est évidemment assez long et d'une lecture difficile à suivre. Comme tout ce qui est de caractère technique. Mais une étude démographique ne peut être que de caractère technique. Ce dont le lecteur doit m'excuser, c'est d'avoir pensé que, jusqu'ici, les adversaires dont je suis des thèses officielles sur les horreurs de la guerre, ne leur avaient jamais opposé que des arguments de journalistes, souvent vagues et spécieux, que c'était la principale raison de leurs insuccès, qu'il fallait briser avec cette méthode, et que, pour briser avec quelque chance de réussite, le seul moyen était de leur opposer des arguments de spécialiste.

Voilà qui est fait.

---

[47] On ne doit pas oublier que ce total est celui qui ressort de l'étude des statistiques de source juive, c'est-à-dire, telles qu'elles ont été rendues publiques soit par le mouvement sioniste International, soit par le Rabbinat après enquête dans les synagogues. Mais, s'il est vrai comme le prétend Arthur Koestler (*À l'ombre du Dinosaure*, op. cit.) que pas plus des 2/3 des juifs du monde soient inscrits dans les synagogues, il y a lieu de penser que ce chiffre doit être corrigé en augmentation dans la même proportion.

[48] On ne doit pas oublier que ce total est celui qui ressort de l'étude des statistiques de source juive, c'est-à-dire, telles qu'elles ont été rendues publiques soit par le mouvement sioniste International, soit par le Rabbinat après enquête dans les synagogues. Mais, s'il est vrai comme le prétend Arthur Koestler (*À l'ombre du Dinosaure*, op. cit.) que pas plus des 2/3 des juifs du monde soient inscrits dans les synagogues, il y a lieu de penser que ce chiffre doit être corrigé en augmentation dans la même proportion

Amicus Plato sed magis Amica veritas.

LA SAGESSE ANTIQUE

Laissez dire ; laissez-vous blâmer, condamner, emprisonner ; laissez-vous pendre, mais publiez votre pensée. Ce n'est pas un droit, c'est un devoir. La vérité est toute à tous...

Parler est bien, écrire est mieux ; imprimer est excellente chose... Si votre pensée est bonne on en profite ; mauvaise, on la corrige et l'on en profite encore. Mais l'abus ?...

Sottise que ce mot ; ceux qui l'ont inventé, ce sont eux vraiment qui abusent de la presse en imprimant ce qu'ils veulent, trompant, calomniant et empêchant de répondre...

PAUL-Louis COURIER

Il n'est pas possible, Athéniens, que l'injustice, le parjure et le mensonge acquièrent une puissance durable. Ces artifices peuvent, un temps, faire illusion. Mais bientôt ils s'effondrent.

DÉMOSTHÈNE

PAUL RASSINIER

LES RESPONSABLES DE LA 2ÈME GUERRE MONDIALE

PAUL RASSINIER

LES RESPONSABLES DE LA
DEUXIÈME GUERRE MONDIALE

1967

PUBLIÉ PAR
OMNIA VERITAS LTD

www.omnia-veritas.com

Déclaration d'intention 252

PREMIÈRE PARTIE - LE TRAITÉ DE VERSAILLES, L'ALLEMAGNE HITLÉRIENNE ET LE DÉSARMEMENT GÉNÉRAL **257**

Chapitre Premier – Le traite de Versailles et l'accession de Hitler au pouvoir en Allemagne 257

1 - Les élections du 14 septembre 1930 257
2 - Les élections présidentielles. 265
3 - Les élections des 31 juillet et 6 novembre 1932 270
4 - Hitler chancelier 280

Chapitre II – La politique étrangère de Hitler 289

1 - Du traité de Versailles au désarmement général 289
2 - La France contre le désarmement général 295
3 - Hitler propose le désarmement général 304
4 - Le relèvement économique de l'Allemagne 311
5 - La politique du président Roosevelt 313
6 - La note Barthou du 17 avril 1934 319

Chapitre III – Vers la guerre 325

1 - La course aux armements 325
2 - L'Angleterre se rapproche de l'Allemagne 333
3 - Le pacte franco-soviétique 340

Chapitre IV – La question juive 354

1 - Hitler et les juifs 354
2 - Les lois raciales de septembre 1935 359
3 - La conférence d'Évian 361
4 - La nuit de cristal 363

DEUXIÈME PARTIE - ENTRE LA GUERRE ET LA PAIX **370**

Introduction à la deuxième partie : l'année 1938 370

Chapitre V – L'Anschluss 376

1 - La mission de l'Autriche, pays allemand 376
2 - L'Autriche et le national-socialisme 381
3 - Des polémistes sans scrupules 389

Chapitre VI – Les Sudetes 393

1 - Un puzzle de minorités 393
2 - Hitler et le problème tchécoslovaque 398
3 - Le combat de Chamberlain pour la paix 407
4 - Les accords de Munich 417

Le mot de la fin 425

TROISIÈME PARTIE - LA GUERRE **432**

CHAPITRE VII – LE DÉMEMBREMENT DE LA TCHÉCOSLOVAQUIE 432
  1 - *Au lendemain de Munich* 432
  2 - *Les Tchèques violent les accords de Munich* 439
  3 - *Le revirement polonais* 446
  4 - *Intervention de Pie XII* 458
  5 - *Le pacte germano-soviétique* 465

CHAPITRE VIII – LE CALENDRIER DES DERNIERS JOURS 479
  23 août 1939 486
  24 août 488
  25 août 490
  26 août 492
  27 août 495
  28 août 497
  29 août 499
  30 août 502
  31 août 506
  1er septembre 509
  2 septembre 513
  3 septembre 518

Les Responsables de la Deuxième Guerre Mondiale

Le mensonge triomphant qui passe...

(Jean Jaurès)

Ô toi historien, qui d'encre non menteuse
Écris de notre temps l'histoire monstrueuse,
Raconte à nos enfants tout ce malheur fatal,
Afin qu'en te lisant ils pleurent notre mal
Et qu'ils prennent exemple aux péchés de leurs pères
De peur de tomber en de pareilles misères.

Ronsard (*Discours sur les misères de ce temps à la reine Catherine de Médicis*)

« Dans la détermination de la responsabilité, il n'existe point de domaine plus débattu que celui de la causalité ».

Guy Raïssac, Secrétaire général de la Haute-Cour de Justice en 1944. (*Un combat sans merci : l'Affaire Pétain-de Gaulle*, p. 352.)

Déclaration d'intention

« Je sauverais Juda, si j'étais Jésus-Christ »

Victor Hugo (Les châtiments)

L'auteur de cet ouvrage a été un résistant de la première heure. Avec Georges Bidault et deux autres grands honnêtes hommes, le regretté Henri Ribière qui fut Secrétaire de l'Office national des Anciens Combattants et l'humble, mais courageux et trop oublié commandant Lierre, il fut un des fondateurs du Mouvement *Libération-Nord*. À ce titre, il fut arrêté par la Gestapo en 1943, déporté dans les camps de concentration allemands où il passa dix-neuf mois. Il en est revenu invalide de guerre à 100% plus cinq degrés, dans l'impossibilité de reprendre son poste dans l'enseignement. Titulaire de la médaille de vermeil de la Reconnaissance française et de la médaille de la Résistance.

Il est aussi un socialiste. Secrétaire général de la Fédération socialiste du Territoire de Belfort pendant une quinzaine d'années, il en a été le député à la seconde Constituante. Dans le Parti socialiste, il appartenait à la tendance pacifiste de Paul Faure, ce qui signifie qu'il était Munichois. Et ce qui explique que les thèses qu'il soutient ne sont ni celles de la Résistance, ni celles du Parti socialiste actuel.

Pour beaucoup de gens, c'est un paradoxe.

Il n'est, en effet, pas facilement accessible que les atroces souffrances qui lui ont été infligées dans les camps de concentration allemands ne retentissent pas sur les spéculations intellectuelles d'un ancien déporté et n'infléchissent pas tous ses raisonnements. En tout premier lieu, l'auteur doit donc dire qu'il est rentré de déportation sans ressentiment contre les hommes. La loi du Talion (« œil pour œil, dent pour dent... ») est une réaction de primaire, sinon de primitif, et il faut la laisser aux adeptes attardés de l'Ancien Testament.

Combien plus séduisant est le pardon des offenses. L'extraordinaire fortune du *Nouveau Testament*, tout aussi mythique et d'aussi peu de valeur historique que l'Ancien, lui vient de ce qu'il a fait sa loi fondamentale de cette valeur morale rationnelle qui a ouvert les portes de la fraternité à l'humanité et l'a sortie des ornières de la vengeance et de la haine. Le jour où le pardon des offenses sera la loi fondamentale de notre civilisation, à lui seul il fera toute sa noblesse et il faudra rendre grâce au christianisme, si contestable sur tant d'autres points, de le lui avoir apporté.

Qui ne voit déjà que, si l'on en faisait une application conforme, dès à présent, on en déduirait que ce ne sont pas les hommes qu'il faut maudire, mais les événements que, pauvres d'eux ! ils n'arrivent pas à maîtriser ? En l'occurrence la guerre : c'était la guerre ! Plaignons ceux qui ne comprennent pas cette vérité élémentaire. Laissons-les à leurs réactions d'hommes des cavernes et continuons à aller de l'avant dans le sens de la fraternité humaine.

Il ne faudrait pas gratter très profondément l'écorce du socialisme pour s'apercevoir qu'il est une doctrine relevant d'une philosophie bâtie sur cette toile de fond. Et, si l'on sait que ce sont les Esséniens, à qui l'on doit l'esprit du Nouveau Testament, qui ont fait les premiers essais, connus au monde, d'application pratique de cette doctrine, on ne peut manquer de faire le rapprochement. Beaucoup de bons esprits, d'ailleurs, l'ont fait qui ont prétendu que le Christ avait été « le premier socialiste du monde ».

Le socialisme est, en effet, la doctrine par excellence de la fraternité humaine et c'est par là que, la tirant de principes rationnels, il rejoint le Christianisme qui la tire de ses mythes. Il ne reconnaît pas la division des hommes en classes sociales ou en nations concurrentes : il la subit et veut l'abolir. Par la violence ? L'Anglais Robert Owen (1771-1858), les Français Saint-Simon (1760-1835), Fourrier (1772- 1837), Louis Blanc (1811-1882) et tous ces socialistes de cette époque qu'on a, si sottement, dit « utopistes » étaient des pacifiques. C'est Karl Marx, avec sa théorie de la lutte des classes, de la prise du pouvoir sur les barricades et de la dictature du prolétariat, qui a introduit la violence et la haine dans le Socialisme.

Sans doute, Karl Marx n'a-t-il bâti sa théorie qu'au niveau des classes sociales et dans le dessein de lancer les classes pauvres à l'assaut des classes riches : la guerre civile. Au nom du Socialisme, ses héritiers spirituels l'ont étendue aux nations riches et aux nations pauvres : la guerre tout court.

Le Socialisme, pourtant, est étranger à tout cela, aussi bien dans sa philosophie que dans sa doctrine et, en 1914, au prix de sa vie, nul n'a, mieux que Jean Jaurès, fait la preuve qu'il était une doctrine non de lutte mais d'entente entre tous les hommes et tous les peuples. Sur le moment, les socialistes ne l'ont pas suivi : ils sont entrés dans la guerre. Mais, en 1917 (Kienthal et Zimmerwald) beaucoup d'entre eux avaient pris conscience de leur indignité et, en 1919, en se prononçant contre le Traité de Versailles, tous s'inscrivaient de nouveau dans sa foulée.

Dans cette foulée, l'auteur de cet ouvrage est resté.

Il n'a jamais compris et, très vraisemblablement, il ne comprendra jamais qu'à vingt ans d'intervalle le Parti socialiste qui décrétait, en 1919, que le Traité de Versailles « qui viole ouvertement le droit des peuples à disposer d'eux-mêmes, qui multiplie les nouveaux risques de guerre, qui réduit en esclavage des nations entières, qui s'accompagne enfin de mesures de violence contre tous les mouvements de libération, non seulement en Russie et en Hongrie, mais dans tous les pays de l'ancien Empire habsbourgeois, dans tout l'Ouest et en Allemagne, ne peut à aucun titre recevoir un suffrage socialiste... qu'il doit subir, non pas seulement une révision partielle... mais une transformation complète[49] » ait pu décider en 1938, à son Congrès de Royan, qu'il « saurait défendre l'indépendance nationale et l'indépendance de toutes les nations couvertes par la signature de la France », c'est-à-dire le Traité de Versailles dans les termes mêmes où il avait été conçu et qui ne pouvait, à l'époque, « recevoir à aucun titre, un suffrage socialiste ».

En 1938, alors que toutes les conditions étaient réunies pour la révision de ce Traité qu'il réclamait en 1919 !

Il serait, d'ailleurs, beaucoup plus juste de dire que l'auteur n'a que trop bien compris : en 1938, comme encore aujourd'hui, ainsi que le

---

[49] Extrait de la résolution adoptée par le Conseil national du Parti socialiste français le 14 juillet 1919.

souligne Mme Brigitte Gros dans *L'Express*[50], les Francs-maçons (dont l'élément dynamique est constitué par les Juifs) étaient en majorité au Comité directeur du Parti socialiste parce qu'ils étaient en majorité dans le Parti. Et ce n'est qu'à la faveur de cette circonstance que Léon Blum a pu faire prendre, par un Congrès, — à une faible majorité, il est vrai — cette décision antisocialiste. Pour Léon Blum, il ne s'agissait plus de rechercher la justice entre les nations mais d'abattre Hitler, en raison de sa politique raciale, c'est-à-dire d'une idéologie au surplus totalement étrangère au débat.

Encore aurait-on compris Léon Blum, s'il avait été établi qu'il n'y avait plus aucune discussion possible avec Hitler. Mais, ce n'était pas le cas et, à ce sujet, il n'est pas indifférent de souligner que le Congrès de Royan du Parti socialiste, où il fit prendre cette décision, eut lieu en juin 1938 et qu'en septembre suivant la conférence de Munich fit la preuve qu'il pouvait sortir des compromis très acceptables des conversations qu'on voulait bien avoir avec lui.

Quelques jours après ce trop tristement célèbre Congrès de Royan du Parti socialiste, une conférence internationale qui eut lieu à Évian du 6 au 15 juillet 1938, avait fait la preuve qu'il était possible d'arriver à un compromis très acceptable avec Hitler... même sur les Juifs !

Un des buts de cet ouvrage est de montrer que des possibilités de règlement correct des problèmes européens en débat, par des négociations avec Hitler, ont existé jusqu'au 3 septembre 1939 et de désigner, documents à l'appui, ceux qui ont rendu ces négociations impossibles.

Mais il vise plus haut que les circonstances dans lesquelles ont été déclenchées les hostilités et qui ne sont jamais, comme dans toutes les guerres, qu'un assemblage mal ajusté de prétextes. Il faut prêter à son titre l'intention de mettre en cause toute une politique et de la présenter sous un jour tout autre que celui sous lequel on nous la présente depuis vingt ans. Il est, par exemple, impensable qu'on ne fasse plus figurer le Traité de Versailles et ceux qui l'ont conçu au premier rang des responsables de la seconde guerre mondiale : tout est venu de là,

---

[50] N° 796 du 19-25 septembre 1966.

l'auteur le démontre et l'on conçoit aisément qu'il ait voulu réparer cette omission, d'ailleurs préméditée. L'affaire est bien orchestrée : on passe sous silence les faits gênants et il arrive qu'on l'avoue ingénument. C'est ainsi que, dans le n° 188 d'octobre 1964 du *Bulletin de la Société des Professeurs d'histoire et de géographie de l'Enseignement public*, un M. René Rémond, professeur d'histoire contemporaine à la Sorbonne, présente, à l'intention des étudiants d'agrégation, une bibliographie de la guerre de 1939-1945 (p. 100 sq.) et a le front d'ajouter « qu'elle n'est que l'expression d'un choix personnel et d'une subjectivité ». Effectivement, on n'y trouve que ce qui est favorable aux thèses officielles du moment.

Alors, disons-le franchement, ce n'est plus de l'histoire, c'est de la politique et de la pire.

La règle d'or de l'histoire est l'objectivité, non la subjectivité, et il faut rompre avec ces méthodes déshonorantes.

C'est ce que l'auteur a fait. Les documents sur lesquels s'appuie la thèse qu'il soutient ne sont pas l'expression d'un choix : il a cité tous ceux qui se rattachent aux responsabilités de la guerre et qui ont été jusqu'ici rendus publics.

Quoi qu'ils disent et sans en écarter aucun.

Ainsi cet ouvrage reflète-t-il l'état de la question.

P.R.

Première Partie

Le Traité de Versailles, l'Allemagne hitlérienne et le désarmement général

Chapitre Premier – Le Traite de Versailles et l'Accession de Hitler au Pouvoir en Allemagne

1 - Les élections du 14 septembre 1930

C'est le 14 septembre 1930 que, pour la première fois, les milieux politiques allemands traditionnels qui s'étaient, dans leur ensemble, beaucoup plus passivement que par conviction, laissé orienter vers la forme républicaine des institutions par les conditions dans lesquelles s'était terminée, pour eux, la guerre de 1914-1918[51], prirent conscience du danger que le parti national-socialiste (N.S.D.A.P. ou *National- Sozialistische-Deutsche-ArbeiterPartei*) et son *Führer* Adolf Hitler, représentaient pour le régime.

---

[51] L'Allemagne était, constitutionnellement, une république parlementaire. Le mot « République » ne figurait pourtant pas dans sa constitution votée à Weimar le 11 août 1919. C'est, sur la proposition du Dr. Preuss chargé de la rédiger, le mot « *Reich* » qui lui avait été préféré par l'Assemblée spécialement élue pour l'élaborer. Et le mot « *Reich* » qui signifie « empire » était le nom de l'ancien régime : le 1er *Reich*. La République dite de Weimar était le second. D'essence républicaine l'Allemagne avait donc tenu à rester un « empire » et ses institutions avait donc gardé les noms qu'elles avaient dans l'Empire : *Reichstag* (Chambre d'empire), *Reichsrat* (Conseil d'empire), *Reichspräsident* (Président d'empire), *Reichskanzler* (Chancelier d'empire), etc. Ceci était lourd de signification politique en ce qu'ainsi se traduisait la nostalgie à peu près générale de l'ancien régime, — même chez les sociaux — démocrates. Quand ils fondèrent une ligue pour la défense des institutions contre le nazisme et le communisme à l'occasion des élections présidentielles, ils l'appelèrent « *Reichsbanner* » ou « Bannière d'Empire ». Le mot « République » n'apparut dans la Constitution allemande et dans les institutions qu'en 1945.

Des élections avaient eu lieu, ce jour-là, pour régler un différend brusquement surgi entre le chancelier Brüning (Centre catholique) et sa majorité, alors qu'il venait à peine de succéder (29 mars) au social-démocrate Müller.

À la surprise générale, y compris de Hitler lui-même, le parti national- socialiste recueillait 6 407 000 suffrages (18,3% du corps électoral) et se retrouvait au nouveau Reichstag avec un groupe parlementaire de 107 députés. Aux élections précédentes (20 mai 1928) il n'avait obtenu que 810 000 suffrages (2,6% du corps électoral) et 12 députés : le bond en avant était spectaculaire et ne pouvait manquer d'alerter les bons esprits.

Il y avait peu de bons esprits dans le monde de cette fin d'année 1930 — du moins parmi ses dirigeants politiques. À sa décharge, il avait d'autres soucis.

Un an avant, le 24 octobre 1929, s'était produit à New York un événement provoqué par un développement démesuré des forces productrices des U.S.A., une spéculation effrénée et une inflation de crédit si considérable que la consommation intérieure en était arrivée à ne plus pouvoir l'éponger : le krach de Wall Street qui faisait éclater au grand jour une crise nationale latente depuis quelques années et d'une ampleur sans précédent. D'une ampleur telle qu'elle s'était étendue au monde entier, notamment en Europe, et depuis, bien que tous ses efforts fussent tendus dans ce sens, le monde entier n'arrivait pas à la surmonter.

Le mécanisme en était simple : le chômage et la mévente avaient provoqué le krach de Wall Street parce que la masse de ceux dont les revenus se trouvaient diminués ou réduits à zéro ne pouvait plus rembourser les dettes contractées par le moyen du crédit et des ventes à tempérament. En Europe, l'équilibre déjà précaire entre les possibilités de la production et celles de la consommation en avait été plus gravement atteint qu'aux U.S.A. Ruinée par la guerre, l'Europe était forcément plus sensible à la crise que les États-Unis qu'elle avait enrichis et qui, non seulement n'avaient pas de dettes, mais disposaient encore d'importantes réserves de crédits un peu partout. La mévente qui, dans le monde entier, entraînait le chômage, lequel, dans un cercle vicieux infernal, aggravait encore la mévente, ne pouvait manquer d'y avoir des conséquences plus redoutables. On ne possède pas de statistiques très précises sur ce point, mais on parlait d'une trentaine de millions de chômeurs dans le monde industrialisé de l'époque, et les marxistes qui avaient le vent en poupe annonçaient triomphalement son proche écroulement dans une crise générale du capitalisme...

Dans cette atmosphère de catastrophe qui s'aggravait en chaîne, sauver le régime par des mesures d'ordre économique était devenu la préoccupation dominante. Malgré la montée en flèche du national-socialisme qu'elles accusaient, les élections allemandes du 14 septembre 1930 apparurent, au monde entier, comme un événement tout à fait secondaire en ce que, sur le moment, le monde entier ne fit pas de relation entre elles et le krach de Wall Street, qu'il les considéra comme un fait exclusivement politique et rigoureusement local, donc aisé à endiguer. L'expérience, d'ailleurs, était là qui encourageait à ne pas les prendre au tragique : le 4 mai 1924, le parti national-socialiste avait recueilli 1 918 000 suffrages (6,6% du corps électoral) ce qui lui avait donné trente-deux députés et, déjà, l'alerte avait été chaude. Le 7 décembre suivant, il n'en était pas moins tombé à 908 000 suffrages (3%) et quatorze députés, à 810 000 (2,6%) et douze députés le 20 mai 1928.

Les Allemands, seuls, ne partageaient pas cet optimisme : depuis dix ans, aux prises avec les difficultés économiques auxquelles le Traité de Versailles les avait affrontés, ils en connaissaient l'exacte nature et ils savaient qu'il n'y avait rien de comparable ou de commun, dans les situations, entre l'Allemagne de 1924 et celle de 1930. Pour bien comprendre leur appréciation des deux conjonctures, il faut remonter à 1914.

En 1914, l'Allemagne était un pays prospère et en pleine expansion. Son industrie qui était la première du monde, tant par l'importance que par la qualité de sa production, avait été choisie comme fournisseur à peu près exclusif par l'empire austro-hongrois et toute l'Europe centrale et balkanique, la Roumanie, la Bulgarie et l'Empire ottoman.

Elle s'était imposée dans une importante partie de l'Afrique et jusqu'en Extrême-Orient. Elle mordait sur les deux Amériques et venait provoquer jusque chez elles la France et son empire colonial, l'Angleterre et son *commonwealth*. La Russie s'ouvrait à elle. Un marché de plusieurs centaines de millions de consommateurs et qui ne cessait de s'étendre. Le niveau de vie allemand était le plus élevé du monde, ses lois sociales à la pointe du progrès et cela n'allait pas sans susciter beaucoup de jalousies.

Cet immense marché, le Traité de Versailles l'avait démantelé et fait passer tout entier dans le clan des vainqueurs, notamment dans le clan anglais qui s'y était taillé la part du lion avec la complicité des États-Unis. Épuisée par un effort de, guerre de plus de quatre années, l'Allemagne revenait à une économie de paix, ses possibilités de production diminuées, par le rapt de quelques-unes de ses zones riches en matières premières (Sarre), d'une importante partie de son équipement industriel (démontage d'usines que les Alliés s'étaient appropriées), et commercial (chemins de fer, flotte maritime et fluviale). Elle était, en outre, privée de tous ses clients et dans l'impossibilité d'exporter quoi que ce soit où que ce soit. Sa main-d'œuvre, à peu près intacte, était réduite au chômage par la fermeture de ses usines (sauf de celles qui travaillaient pour la réparation des dégâts de la guerre). Une dette de guerre astronomique[52] l'écrasait et la condamnait à emprunter à l'extérieur pour y faire face.

On ne prête qu'aux riches : dans les premières années, malgré le président Hoover qui avait vu le danger, elle ne trouva guère de prêteurs ou pas suffisamment pour éviter l'effondrement économique en 1923, quand ce qui lui restait de son stock d'or fut épuisé. La clientèle des Russes (comme elle réprouvés par le Traité de Versailles dont ils avaient été tenus à l'écart en raison de leur régime politique) que lui avait ramenée le Traité de Rapallo (16 avril 1922) n'avait pas non plus suffi à rétablir l'équilibre dans sa balance commerciale.

Alors, la peur du bolchevisme aidant, les Anglo-Américains

---

[52] Le 1er mai 1921, la Commission des réparations créée par le Traité de Versailles avait fixé le chiffre total de la dette allemande à 132 milliards de Marks-or.

comprirent ce que la France ne comprit jamais : ils volèrent au secours de l'Allemagne et investirent, dans son économie, les capitaux nécessaires à son relèvement. Surtout les Américains.

Les Américains étaient d'ailleurs les mieux placés pour le faire : ils étaient sortis les grands vainqueurs de la guerre. Leur réserve d'or était passée de 2 930 millions de dollars en 1913 à 4 283 en 1919 ; l'excédent de leurs exportations sur leurs importations de 691 millions à 4 milliards, et leur créance globale sur les autres pays qui était de 8 750 millions de dollars en 1919, n'avait cessé de s'améliorer ; l'Angleterre leur en devait 21 millions, la France 14,5, l'Italie 8 au titre de la guerre[53]. Ils étaient riches, très riches. C'est tout cet argent qui leur permit de développer leur équipement industriel, de devenir la première puissance économique du monde, d'instituer à grande échelle, chez eux, le mécanisme du crédit qui leur fut si dommageable en 1929, etc.

En sus, ils pouvaient prêter à l'extérieur. Ils prêtèrent donc à l'Allemagne. D'abord prudemment (1924) puis massivement à partir de 1928. Hantés par la même peur du bolchevisme, les Anglais les suivirent dans cette voie, mais, moins à l'aise qu'eux, de loin seulement.

En 1929, toujours privée de ses marchés extérieurs de 1914, l'Allemagne vivait à peu près exclusivement de ces prêts qui, s'additionnant depuis 1924, avaient fini par atteindre, à cette date, la somme énorme de 7 milliards de dollars[54].

---

[53] Pierre Renouvin, *La politique intérieure et la vie économique après la guerre*, Paris, Quillet 1927.
[54] W.L. Shirer, *Le IIIe Reich des origines à la chute*, t. 1, p. 133 (Paris, Stock). Depuis 1945, on prétend, M. W.L. Shirer notamment, qu'avec ces sommes, l'Allemagne aurait pu faire face à l'apurement de sa dette de guerre et que, si elle ne l'a pas fait, c'est qu'elle ne l'a pas voulu. Au lieu de cela, avec cet argent, elle a « développé ses services sociaux qui étaient le modèle du monde. Les administrations départementales et municipales finançaient, non seulement les améliorations nécessaires, mais aussi la construction d'aéroports, de stades et de somptueuses piscines. L'industrie qui, grâce à l'inflation, avait épongé ses dettes, refaisait son équipement et rationalisait ses méthodes de production. Celle-ci qui, en 1923, était tombée à 55% du chiffre de 1913, atteignait 127% en 1927. Pour la première fois depuis la guerre, le nombre des chômeurs tombait au-dessous du million : 650 000 en 1928. Pour la même année les ventes au détail marquaient une augmentation de 20% par rapport à 1925 et l'année suivante, les salaires réels atteignirent un chiffre supérieur de 10% à celui de 1925 également. Les petits bourgeois, tous les millions de boutiquiers et de petits salariés auprès

À la même date, les États-Unis avaient totalement utilisé en investissements intérieurs et en prêts extérieurs l'immense fortune amassée pendant la guerre. L'Angleterre, la France et l'Italie auprès desquelles l'Allemagne ne pouvait plus s'acquitter d'une dette de guerre d'ailleurs réduite à zéro ou presque, de plan Law en plan Dawes et finalement en plan Young, ne pouvaient, à leur tour, plus les rembourser de la leur. Enfin, le krach de Wall Street les mettait non seulement dans l'impossibilité de continuer à investir à l'extérieur, mais, pour faire face aux difficultés qu'il leur créait chez eux, dans l'obligation de rapatrier leurs investissements extérieurs.

L'Angleterre, que cet effondrement financier des Américains devait acculer à l'abandon de l'étalon-or en 1931, suivit le mouvement. L'Allemagne souffrit cruellement de ces retraits : le 1er juillet 1930, sa statistique officielle accusait, de nouveau, 1 061 000 chômeurs. Il n'y avait, au surplus, pas d'apparence que la conjoncture se retournât et que la prospérité revint aux États-Unis et en Angleterre. La manne dont elle avait vécu jusqu'alors lui échappait pour longtemps sinon pour toujours, l'ombre d'une nouvelle faillite se profilait sur son avenir.

Ici prit naissance, dans l'esprit de ses dirigeants politiques comme dans son opinion publique, pour la seconde fois, un courant dont la suite révéla qu'il était irréversible et selon lequel il fallait, au plus tôt, se libérer du Traité de Versailles dont les clauses économiques étaient responsables de cette situation.

De fait, la situation empira : les résultats des élections du 14 septembre n'y furent pas étrangers. À l'autre extrémité de l'éventail politique, faisant pendant aux 107 députés hitlériens, les communistes qui avaient gagné 1 250 000 suffrages (4 500 000 contre 3 250 000 le 20 mai 1928) revenaient au *Reichstag* avec 77 députés contre 64. Les sociaux-démocrates, par contre, perdaient 500 000 suffrages (8 500 000 contre 9 000 000) et ne s'y retrouvaient plus qu'à 143 contre 153. Le parti national-allemand (Hugenberg) un peu moins à droite que la

---

desquels Hitler devait chercher un soutien, profitaient de cette prospérité générale. » (W.L. Shirer, op. cit. p. 133). Question : totalement privée de débouchés extérieurs, qu'est-ce que l'Allemagne pouvait faire d'autre que de s'en créer un à l'intérieur pour occuper sa main d'œuvre qui, autrement, se fût trouvée en chômage ?

N.S.D.A.P., tombait de 4 000 000 à 2 000 000 de suffrages et n'avait plus qu'une trentaine de députés au lieu de 71. Seul le Centre catholique restait sur ses positions avec 3 750 000 suffrages et 69 députés. Le reste : une poussière de petits groupes, démocrates ou conservateurs divers, paysans, etc. et non-inscrits qui se défendaient mal contre l'attirance qu'en fonction des résultats du scrutin le national-socialisme exerçait sur eux.

Le nouveau Reichstag comprenait 491 membres.

Au regard des règles du jeu parlementaire, le parti désigné par le corps électoral pour former le nouveau gouvernement était le parti social-démocrate. Il l'était dans l'ancien Reichstag et, au lendemain des élections du 20 mai 1928, c'était lui qui l'avait formé autour de son leader, le chancelier Max Müller. Le 29 mars précédent, devant le retrait des capitaux anglo-américains et le chômage consécutif, les milieux politiques et économiques allemands, l'entourage du maréchal von Hindenburg, président du *Reich*, le Dr. Schacht, président de la Reichsbank et les grands chefs d'industrie, étaient arrivés à cette conclusion que la crise serait grave. Il ne serait possible de la surmonter que par des moyens classiques, non par ceux de la Social-démocratie férue de marxisme, subjuguée par la démagogie communiste et encline aux dépenses somptuaires pour la classe ouvrière, alors que la conjoncture commandait les économies.

Au Reichstag, le chancelier Müller avait été renversé par une coalition de fortune groupant le parti national de Hugenberg, le Centre catholique et les communistes. Le parti national et le parti communiste, conjonction étonnante des extrêmes, votaient systématiquement contre tous les gouvernements dans tous les scrutins. La faible représentation nazie et les députés non alignés avaient fourni l'appoint[55]. Le chef du

---

[55] La divergence entre la Social-démocratie et le Centre catholique, jusque-là dans la majorité du Chancelier Müller, s'était produite à propos de l'augmentation de l'assurance-chômage que les premiers proposaient tandis que les seconds, persuadés que tout commandait, alors, des économies se refusaient absolument à la voter. Il eût suffi que les Communistes, au programme desquels elle figurait pourtant, la votassent pour que le Chancelier Müller restât. Mais les Communistes, dont les Sociaux-démocrates étaient l'ennemi, pensaient, à l'époque, qu'en provoquant l'indignation de la rue par les crises gouvernementales répétées ils ne pouvaient manquer d'être, un

Centre catholique, Brüning, qui avait provoqué la crise, se trouvait désigné par les règles du jeu parlementaire pour prendre la relève.

Au lendemain de ces élections du 14 septembre 1930, il ne pouvait plus être question de faire appel à un social-démocrate pour former le gouvernement : d'entrée de jeu, cette fois, le nouveau Reichstag leur était plus hostile encore que l'ancien et, de surcroît, ils étaient en perte de vitesse dans l'opinion. Reconnaissant, en leur for intérieur, que la politique du chancelier Brüning était mieux adaptée aux circonstances que la leur — pour ne pas se déjuger ils ne pouvaient pas le reconnaître publiquement — ils s'étaient, le 29 mars précédent, très facilement fait une raison du mauvais coup du sort qui les frappait : ne tenant aucune rigueur au Centre catholique de ce qu'il les avait écartés du pouvoir, ils étaient très docilement entrés dans sa majorité, justifiant leur attitude, non par l'approbation de sa politique, mais par celle du parti communiste et le souci dans lequel ils étaient d'éviter la formation d'un gouvernement plus à droite (Hugenberg). Ils feraient de même cette fois.

Ayant choisi de ne pas faire trop de concessions aux sociaux-démocrates pour ne pas perdre les conservateurs et nationaux divers que Hitler n'avait pas encore irréversiblement séduits, de n'en pas faire trop non plus à ces derniers pour ne pas perdre les premiers, le chancelier Brüning reconduit dans ses fonctions avait trouvé une majorité dans le nouveau Reichstag. Une majorité très fragile : il suffisait du déplacement de 23 voix pour qu'elle devînt minorité. Compréhensive pourtant : dans la suite, le chancelier Brüning ayant dû,

---

jour, portés au pouvoir. Ils pensaient aussi, que si cette tactique arrivait à porter au pouvoir un gouvernement d'extrême- droite, il leur serait plus facile de soulever les masses contre lui que contre la Social-démocratie. Ainsi, de 1919 à 1933, repoussèrent-ils par cette méthode, la majorité parlementaire vers la droite et l'extrême-droite. Dans l'accession de Hitler au pouvoir, on devra, le jour où on en recherchera sereinement les responsabilités, faire figurer en premier lieu, celle du Parti communiste en dépit des mines, trop facilement prises au sérieux par trop de gens, qu'il se donne d'avoir été, en toutes occasions et en tous lieux, l'étalon-or des valeurs démocratiques. En l'occurrence, le 29 mars 1930, il a écarté du pouvoir le chancelier Max Müller au profit de Brüning plus à droite. Plus tard, en 1932, il écartera Brüning au profit de Papen, par le même procédé, puis Papen au profit de Schleicher et finalement Schleicher au profit de Hitler.

dans certaines circonstances difficiles, avoir recours à l'article 48 de la Constitution qui prévoyait l'état d'urgence et l'autorisait à gouverner par décret présidentiel, elle n'éleva jamais de protestation contre la méthode que dans des formes telle qu'elles ressemblaient étrangement à un assentiment tacite. Ceci s'est produit notamment quand les sociaux-démocrates qui ne pouvaient pas voter pour lui, ne voulaient pas voter contre et s'abstenaient.

Ainsi atteignit-on sans trop de peine l'année 1932...

2 - Les élections présidentielles.

L'année 1932 fut d'abord marquée par les élections présidentielles : le mandat du maréchal Paul von Hindenburg, président du *Reich*, arrivait à expiration. L'évolution de la situation voulut qu'elle le fût aussi par deux élections législatives qui eurent lieu à la suite de deux dissolutions du Reichstag.

Depuis 1930, la situation avait encore empiré. Les difficultés à eux créées par le krach de Wall Street s'étant aggravées, les Anglo-Américains avaient continué à rapatrier leurs capitaux. Les clauses économiques du Traité de Versailles étant intangibles — du fait de la France, surtout, à laquelle un vulgaire escroc du nom de Klotz avait réussi à imposer ses vues — l'Allemagne n'avait pas retrouvé le moindre de ses marchés d'avant-guerre : elle n'exportait guère que les produits qu'elle était seule à fabriquer (moteurs Diesel), dont la qualité n'avait pas de concurrent (lampe Osram) ou de luxe (porcelaines, verreries...). C'était insuffisant pour occuper sa main-d'œuvre et faire tourner ses usines, notamment son industrie lourde. Le marché russe apporté par le Traité de Rapallo, limité par les possibilités de la Russie, sévèrement contingenté par la dictature bolchevique, n'était qu'un faible appoint. Ses réserves d'or étaient de nouveau épuisées. Le chancelier Brüning supplia en vain qu'on lui redonnât le marché autrichien : les Autrichiens, aussi fortement atteints par la crise que les Allemands, étaient d'accord.

Le 24 mars 1931, les deux pays décidèrent de former une unité économique. La France poussa les hauts cris : elle y vit un premier pas vers la fusion des deux pays en un seul, vers l'*Anschluss*, qu'ils réclamaient tous deux depuis le 4 novembre 1918, et une Allemagne redevenue forte. Or, elle voulait, à ses côtés une Allemagne faible : éternellement faible pour se protéger à jamais d'une aventure du type de celle de 1914-1918. Elle traduisit l'Allemagne et l'Autriche devant la Société des Nations, invoquant l'article 88 du Traité de St-Germain qui déclarait inaliénable l'indépendance de l'Autriche et lui interdisait de s'incorporer directement ou indirectement à un autre État sans son consentement[56]. La S.D.N. embarrassée, renvoya l'affaire devant la cour de La Haye, mais avant même que celle-ci ne se soit prononcée[57], l'Allemagne et l'Autriche, renoncèrent à leur projet.

Alors, le président Hindenburg se tourna vers les États-Unis et les informa que l'Allemagne était dans l'impossibilité totale de payer ses dettes de guerre, même aménagées et considérablement diminuées par le plan Young. Prenant cette information au sérieux, le 20 juin 1931, le président Hoover saisit officiellement l'Angleterre, la France et les créanciers du *Reich* d'une proposition de moratoire d'un an, éventuellement renouvelable au bénéfice de l'Allemagne. Tout le monde fut d'accord, sauf la France qui en était toujours à la doctrine du triste Klotz : « Le Boche paiera ». Cette fois les États-Unis et l'Angleterre passèrent outre : le moratoire fut décidé mais cette mesure n'apporta pas à l'Allemagne l'argent frais dont elle avait besoin et la situation ne s'y améliora pas.

Le charbon s'entassait sur le carreau de ses mines : le 1er janvier 1932, sa statistique officielle accusait 5 392 248 chômeurs[58]. Dans la rue, encouragés par leur succès électoral du 14 septembre 1930 et excités par la misère grandissante, nationaux-socialistes et communistes

---

[56] Malgré cet article du Traité de St-Germain, l'article 61 de la constitution allemande de Weimar prévoyait « l'admission de représentants de l'Autriche au Reichstag et au Bundesrat, quand ce pays serait rattaché à l'Allemagne ». Les représentants de l'Allemagne à Versailles avaient refusé de l'en éliminer, ceux de l'Autriche, faisant contre mauvaise fortune bon cœur, s'étaient inclinés.
[57] La cour de la Haye se prononça pour la thèse de la France mais — tant le projet lui paraissait raisonnable ! — à une voix de majorité seulement.
[58] Contre 1061670 le 1er juillet 1930. (Cf. supra, p. 22).

se disputaient le haut du pavé à main armée — aveugles et inconscients du sens dans lequel évoluaient les événements, confiants dans la radicalisation des masses qui était leur doctrine de l'époque, et sûrs de leurs sentiments qui les portaient de préférence vers eux, les communistes avaient entrepris d'interdire par la force toute manifestation publique aux nationaux-socialistes, et non l'inverse comme on le croit communément[59]. Entre les deux extrêmes, d'une part, entre eux et la majorité gouvernementale, de l'autre, le ton grimpait dangereusement dans les hauteurs.

C'est dans cette atmosphère que, le 13 mars 1932, eurent lieu les élections présidentielles.

Le vieux maréchal Paul von Hindenburg (quatre-vingt-six ans) qui avait succédé au social-démocrate Ebert en 1925 était un Junker conservateur et monarchiste de l'Est (né à Posen). En 1925, il avait été élu par une coalition qui allait du Centre à l'extrême-droite, sous le signe du danger marxiste représenté par les sociaux-démocrates et les communistes entre lesquels si, au Centre, on considérait que les premiers pouvaient être un rempart contre les seconds, à droite et à l'extrême droite on ne faisait pas de différence, les premiers y étant considérés comme faisant le lit des seconds. Les sociaux-démocrates l'avaient alors violemment combattu, l'accusant notamment d'être un nostalgique de l'ancien régime et le pilier de la pire réaction. Ils n'en avaient pas, pour autant, gagné l'estime des communistes aux yeux desquels c'était eux qui étaient le pilier de la pire réaction et qui les traitaient rien moins que de traîtres à la classe ouvrière, de renégats, de social-fascistes etc.

En fait, ayant été porté à la présidence pour y être le gardien des institutions issues de la volonté populaire — au moins théoriquement — que le *Reich* s'était données, le maréchal Hindenburg, ce conservateur, ce monarchiste qui avait il est vrai, la nostalgie de l'ancien régime et ne les avait acceptées que par la force des choses, s'y comporta très correctement. Loin, par exemple, de garder rancune aux

---

[59] Tirant les conséquences de son échec du 9 novembre 1923 (Putsch de Munich) Hitler s'était rabattu sur la conquête du pouvoir par les moyens légaux.

sociaux-démocrates de la campagne à boulets rouges qu'ils avaient faite contre lui, leur parti restant, au lendemain de son élection, désigné pour le pouvoir, il fit très bon ménage avec leurs chanceliers successifs et il ne se sépara du dernier d'entre eux, Max Müller, que lorsque celui-ci ayant été mis en minorité au Reichstag (27 mars 1930) il ne lui fut plus possible, ni à aucun autre social-démocrate, d'y retrouver une majorité. Les sociaux-démocrates n'avaient pas été sans le remarquer.

Entre temps, l'opinion allemande s'étant portée sur les extrêmes, le danger que représentait, pour les institutions, le national-socialisme associé au communisme leur était clairement apparu. Et ils avaient acquis la conviction qu'il ne pourrait être enrayé que par une coalition de tous les partis qui leur étaient attachés.

Sous la pression des événements, l'idée leur vint que, si le maréchal Hindenburg qui s'était si bien comporté pendant son mandat, acceptait de se faire le rempart des institutions contre le national-socialisme et le bolchevisme comme il s'était fait, en 1925, leur rempart contre le marxisme-bolchevisme, il pourrait être le candidat de cette coalition. C'était, il l'avait prouvé, un homme d'honneur : s'il prenait un engagement, il le tenait, on pouvait avoir confiance en sa parole. Il accepta. Le malheureux ne savait pas à quoi il s'engageait, ni qu'un jour les événements plus forts que lui le contraindraient à manquer à sa parole.

Les sociaux-démocrates popularisèrent l'idée de sa candidature sous le signe d'une organisation que, pour les besoins de leur propagande dans les secteurs de l'opinion qui échappaient à leur influence, ils avaient créée avec des objectifs plus larges et plus souples que ceux de leur parti, mais qu'ils avaient conçue dans une forme telle que la direction leur en fût assurée : la Reichsbanner ou Bannière d'Empire[60]. Pour tout ce qui était modéré ou démocrate, pour le Centre catholique, il n'y eut pas de problème : le principe de la candidature unique en la personne de Hindenburg fut accepté.

Hitler fit, tout de suite et bruyamment, remarquer que, si les efforts de la Reichsbanner étaient officiellement dirigés contre lui et les

---

[60] Voir note 8.

communistes, il ne dépendait que des communistes d'y entrer et qu'alors, ils étaient surtout dirigés contre lui. Ils n'y entrèrent pas. Mais un très grand nombre d'électeurs hostiles aux communistes en découvrit les vertus du national-socialisme et, s'il ne fut pas plus grand, on ne le dût qu'au prestige du vieux maréchal.

Voici les résultats du scrutin du 13 mars :

Hindenburg	=	18 651 697 suffrages	=	49,6%
Hitler	=	11 339 446	—	=	39,1%
Thaelmann	=	4 983 341	—	=	13,2%
Duersterberg	=	2 447 729	—	=	6,8%

Il y avait ballottage : malgré tout son prestige, le maréchal avait manqué la majorité absolue de 0,41% et c'était inattendu. Au second tour, le 10 avril, il fut élu par 19 359 983 suffrages (53%) n'en gagnant que moins d'un million, tandis qu'avec 13 418 547, Hitler en gagnait plus de deux millions (approximativement ceux de Duersterberg qui s'était retiré en sa faveur). Entre les deux tours, Thaelmann qui avait maintenu sa candidature en perdait plus d'un million (approximativement ce que Hindenburg avait gagné).

Pour Hitler, c'était plus qu'un succès : un triomphe. Par rapport au scrutin du 14 septembre 1930, il avait doublé les suffrages du parti national-socialiste. Au Reichstag, les dispositions d'esprit en furent bouleversées dans tous les groupes, notamment dans le groupe du Centre catholique : le baron von Papen et le général Kurt von Schleicher, le premier député, le second, bras droit du général Groener, ministre de la Défense, tous deux ayant leurs entrées à la Présidence et y ayant une grande influence, furent très sensibles à ses attraits. L'idée qu'il faudrait, tôt ou tard, composer avec Hitler y fit, par voie de conséquence, de très rapides progrès.

Dès lors, les événements se précipitèrent. L'Allemagne ne pouvait sortir de la situation tragique dans laquelle elle se trouvait qu'avec l'aide de ses anciens ennemis. Or, malgré l'insistance du président Hoover et les bonnes dispositions de l'Angleterre ils la lui refusaient toujours, la France y ayant opposé son veto. Elle essaya pourtant de durer en s'en remettant à des expédients intérieurs et au jeu stérile de la politique, espérant contre tout espoir qu'un jour la France comprendrait qu'il s'agissait, non seulement de son sort mais de celui du vieux monde, et fléchirait.

La France ne fléchit pas. Des intrigues se nouèrent, fruits de contacts secrets entre Papen et Schleicher d'une part, Papen, Schleicher et Hitler de l'autre. Des problèmes se posèrent, notamment la dissolution des S.A. (*Schutzabteilung* = section de protection, soit quatre cent mille hommes chargés du maintien de l'ordre *manu militari*, dans les réunions du parti national-socialiste) et le rachat par l'État, pour être distribuées aux paysans sans terres, de celles de certains Junkers de l'Est en faillite, etc. Tout cela créa, entre le président du *Reich* et son chancelier, des dissentiments adroitement entretenus par Papen et Schleicher, tant et si bien qu'ils se traduisirent par la démission de Brüning (30 mai), après celle de Groener (13 mai), la nomination de Papen pour succéder à Brüning (1er juin), la dissolution du Reichstag (4 juin) et de nouvelles élections (31 juillet).

Ici commença contre les institutions le dernier et incoercible assaut du national-socialisme qui, en six mois jour pour jour, porta Hitler à la chancellerie du *Reich*.

Tel fut le premier résultat de l'entêtement de la France.

Le second fut la guerre. Car rien, jamais — même pas la guerre quand elle fut venue — ne réussit à faire prendre conscience à ses dirigeants, de la criminelle sottise de cet entêtement qu'en novembre suivant, l'élection de Roosevelt à la présidence des U.S.A. encouragea encore.

3 - *Les élections des 31 juillet et 6 novembre 1932*

Les élections du 31 juillet 1932 portèrent à 230 le nombre des députés nationaux-socialistes au Reichstag (au lieu de 107) et augmentèrent encore de plus de 300 000 le nombre de leurs suffrages par rapport au second tour des élections présidentielles (13 745 000 au lieu de 13 418 000). Les communistes y revenaient à 89 au lieu de 77 (gain de douze sièges), le Centre catholique à 73 au lieu de 69 (gain de quatre sièges) et les sociaux-démocrates à 133 au lieu de 143 (perte de dix sièges). Il y avait 608 députés dans le nouveau Reichstag[61]. Le reste, soit 83 députés, était réparti entre le parti national, les conservateurs démocrates ou modérés, etc. Hitler et ses adversaires s'y partageaient à peu près également les sympathies.

Goering en fut nommé président, le Centre catholique ayant voté pour lui dans l'espoir que ce respect des règles du jeu parlementaire amadouerait les nationaux- socialistes qui, ainsi, marquaient un point en faisant leur entrée dans les institutions : le loup dans la bergerie.

Les communistes votant systématiquement contre tout gouvernement, la caractéristique de ce nouveau Reichstag était que tout gouvernement hostile à Hitler était inconcevable, la conjonction des extrêmes (230 nationaux-socialistes + 89 communistes = 319 opposants) y dépassant largement la majorité absolue.

D'autre part, tout gouvernement constitué par Hitler y était tout aussi inconcevable (230 nationaux-socialistes + une trentaine de divers = environ 260 députés seulement) … Il lui eût fallu l'adhésion du Centre catholique (73 députés) qui eût porté sa majorité aux environs de 330 députés. Or, au Centre catholique, malgré les efforts de Schleicher et de Papen, les esprits n'étaient pas mûrs pour une telle adhésion.

Un Reichstag « introuvable » en somme.

Il y avait bien la proclamation de l'état d'urgence et l'application de l'article 48 de la Constitution qui permettait la formation d'un cabinet gouvernant par décrets présidentiels. Mais autant il avait été possible, sous Brüning, d'utiliser cet article 48 occasionnellement et dans des circonstances bien définies, sans mettre en cause les institutions parlementaires, autant il ne l'était pas de l'utiliser de façon

---

[61] Le nombre des députés au Reichstag n'était pas fixe : on votait à la proportionnelle et il dépendait du nombre des électeurs. Le 31 juillet 1932, il y avait quatre millions d'électeurs de plus que le 14 septembre 1930 : moins d'abstentionnistes, ceux qui avaient, entretemps, atteint l'âge, plus le flot ininterrompu de nouveaux électeurs qui venaient des 104 000 km2 que le Traité de Versailles avait distraits de l'Allemagne (de Pologne notamment) et qui recouvraient automatiquement la nationalité allemande, s'ils la réclamaient, dès qu'ils arrivaient dans le pays. De 491 le 14 septembre 1930, le nombre des députés était passé à 608 le 31 juillet 1932. Il passa à 640 le 5 mars 1933.

permanente — ce qui revenait à mettre les institutions en vacances : la fièvre entretenue dans les rues par les nationaux-socialistes était montée à un tel degré que c'était sûrement provoquer la guerre civile — une guerre civile que l'armée, très troublée par la démission du général Groener, très partagée sur la personne de Schleicher, n'était plus en état de mater.

D'autre part, si l'article 48 de la Constitution permettait de prendre des mesures par décret présidentiel, il disposait que ces mesures devaient « être immédiatement portées par le président à la connaissance du Reichstag » et qu'elles cessaient « d'être en vigueur à la demande de ce dernier » : jamais ce nouveau Reichstag n'approuverait le décret présidentiel.

Le chancelier Papen était donc condamné à l'immobilisme.

Ce que voyant, Schleicher, au surplus dépité de n'avoir pas été choisi comme chancelier, entra en contact avec Hitler. Le 5 août, aussitôt après les élections, ce dernier lui avait fait connaître ses exigences : la chancellerie et les pleins pouvoirs ou rien du tout. En sus : le poste de premier ministre de Prusse pour son parti, le ministère de l'Intérieur du *Reich* et de la Prusse, ceux de la Justice, de l'Économie et de l'Aviation, un ministère de la Culture populaire et de la Propagande pour Goebbels. Naturellement, Schleicher qui convoitait pour lui le poste de chancelier en cas de départ de Papen, refusa. Hitler s'obstina : il ne vit pas qu'au cas où il accepterait d'entrer dans un gouvernement de coalition qui gouvernerait avec l'assentiment du Reichstag, un accord pouvait être aisément scellé entre lui et le Centre catholique, que la chancellerie, il la pouvait aisément conquérir de l'intérieur. Le 13 août, il revint à la charge : Schleicher lui dit qu'au mieux, ce qu'il pouvait obtenir, c'était la vice-chancellerie et, comme Hitler haussait les épaules, il le fit le lendemain convoquer par le maréchal Hindenburg qui le reçut debout, lui renouvela la proposition, et même, lui offrit la chancellerie dans un gouvernement de coalition qui eût gouverné en accord avec le Reichstag, fit appel à son sens du sentiment national, etc. Hitler resta sur ses positions. Le soir même, la Présidence publia un communiqué qui prit l'appareil de propagande de Goebbels au dépourvu et, pour la première fois depuis longtemps, porta un coup à la cause de Hitler : il y était regretté que « Herr Hitler ne s'estimât pas en situation de soutenir un gouvernement national désigné avec la confiance du président ». Et, continuait le communiqué, « le président a exhorté Herr Hitler à diriger de façon chevaleresque l'attitude du parti national-socialiste dans l'opposition, à ne pas oublier sa responsabilité envers l'Allemagne et le peuple allemand[62] ».

C'était très adroit pour l'opinion, mais sans effet sur le Reichstag où, seule, la loi des nombres comptait. Papen resta chancelier, mais il était clair qu'une nouvelle dissolution du Reichstag était inévitable à brève échéance.

L'échéance arriva le 12 septembre sur une motion de censure déposée par le groupe communiste et que les nationaux-socialistes votèrent : ainsi mis en minorité par cette conjonction des extrêmes, Papen se résolut à démissionner avec l'accord du président Hindenburg[63]. Ce scrutin porta un second coup — et un rude — à la cause de Hitler en ce qu'il permit de parler de sa collusion avec les communistes.

Aux élections qui avaient été fixées au 6 novembre, il perdit, en effet, 2 000 000 de suffrages et 34 sièges au Reichstag, n'y revenant plus qu'avec 196 députés contre 230. Les communistes qui amélioraient

---

[62] Déclaration de Otto von Meissner, chef de la chancellerie présidentielle à Nuremberg (*Mémoires*).
[63] Sûrs que les Nationaux-socialistes s'associeraient aux Communistes pour renverser le Gouvernement, le Président du *Reich* et le Chancelier s'étaient mis d'accord pour dissoudre le Reichstag avant le vote, de telle sorte que le Centre catholique ne se présentât pas devant le corps électoral sur un échec devant cette assemblée. Le décret de dissolution avait donc été signé et remis à Papen avant l'ouverture de la séance, mais celui-ci l'avait oublié à la chancellerie. Il l'envoya quérir pendant la suspension de séance qui précéda le vote. Et, à la reprise, quand il voulut le lire, Goering, président du Reichstag, faisant semblant de ne pas le voir, ne lui donna pas la parole. On s'est beaucoup gaussé de cet incident excipant de la légèreté de von Papen et de l'abus de pouvoir de Goering. À tort en ce qui concerne l'abus de pouvoir de Goering : le vote ayant été annoncé avant la suspension de la séance, le règlement du Reichstag s'opposait à ce qu'on n'y procédât point et c'était parfaitement le droit de Goering de refuser la parole à von Papen, même en le voyant. Ce n'était pas très *fair play*, c'est tout. Mais, généralement, quand on fait une révolution, on ne s'inquiète pas trop des bons usages.

leurs positions de 750 000 suffrages, en gagnaient 11 et y revenaient à 100. Les sociaux-démocrates qui perdaient les 750 000 suffrages gagnés par les communistes et 12 sièges ne s'y retrouvaient plus qu'à 121 contre 133. Le parti national de Hugenberg gagnait près de 1 000 000 de suffrages, 15 sièges et revenait avec 52 députés contre 37. Le Centre catholique n'améliorait pas très sensiblement sa représentation : 79 sièges contre 73 (gain 6).

Au regard de la nécessité d'une majorité de gouvernement, la géographie politique du nouveau Reichstag n'était pourtant pas meilleure que l'ancienne : cette majorité y était tout aussi introuvable. Il n'y en avait toujours que deux possibles : une de gauche rassemblant sociaux-démocrates et communistes autour du Centre catholique qui s'y serait rallié, ou une d'extrême-droite, rassemblant autour du parti national-socialiste, le parti national de Hugenberg et le Centre catholique mais qu'au Centre catholique seuls Papen, Schleicher et une petite minorité qui leur était attachée eussent acceptée. En refusant la première, les communistes rendirent, à la longue, la seconde inévitable.

Ce qui frappait, dans ces élections, c'était le recul de Hitler. Léon Blum en conclut qu'il était « désormais exclu, non seulement du pouvoir mais de l'espérance même du pouvoir » (*Le Populaire*, 8 nov. 1932). Ce recul s'expliquait par son refus, le 14 août, d'accepter la vice-chancellerie ou la chancellerie sans les pleins pouvoirs, son association avec les communistes pour renverser le gouvernement au Reichstag, le 12 septembre, et par une troisième faute qu'il commit le 28 octobre, huit jours avant les élections : ce jour-là, le parti national-socialiste s'associa, une seconde fois, aux communistes qui avaient déclenché, contre l'avis des syndicats et des sociaux-démocrates, une grève dans les Transports à Berlin.

Aux yeux de ses bailleurs de fonds de la grosse industrie, la première de ces trois décisions le fit apparaître, par son intransigeance, comme ayant jeté l'Allemagne dans une impasse, et les deux autres comme ne voyant d'autre possibilité de l'en sortir qu'en la précipitant dans le chaos, de concert avec les communistes et dans le même style qu'eux. L'argent pour la propagande devint de plus en plus difficile, puis, dans la dernière semaine, à peu près impossible à trouver : ce fut une campagne électorale au rabais dans une atmosphère où, au recul de l'argent devant les conséquences de la politique de Hitler, correspondaient, dans l'opinion publique, les questions qu'on se posait à son sujet.

Le refus opposé par Hitler à la proposition de Hindenburg du 14 août avait, d'autre part, créé un profond mécontentement dans le parti national-socialiste : un courant y était né qui en avait pressenti les répercussions sur la politique du parti qu'il orientait vers la provocation au désordre et la collusion avec le parti communiste, sur sa caisse de propagande et, finalement, sur les résultats du scrutin. Au fur et à mesure que ses appréhensions se vérifiaient, ce courant grandit. À sa tête, Gregor Strasser, un des deux hommes qui, avec Joseph Goebbels, avaient le plus d'influence dans le parti après Hitler. Une importante fraction des cadres militants — on a dit un tiers[64] et c'est vraisemblable quoique non vérifié et donc conjectural — soutenait Gregor Strasser et, au Reichstag, une bonne soixantaine de députés.

La thèse des opposants était que le problème essentiel se ramenait à la prise du pouvoir quitte à ne pas tenir sa promesse, que Hitler pouvait s'engager soit à participer à un gouvernement, soit à en former un qui gouvernerait en accord avec le Reichstag et qu'on verrait bien après. De toutes façons, l'influence dont on disposait dans le pays permettrait, une fois qu'on serait tout ou partie du pouvoir, de s'y comporter comme on l'entendrait. Ce n'était pas si mal raisonné. Toujours est-il que le parti s'était présenté aux élections très divisé contre lui-même, une menace de scission pesant sur lui, que le manque d'allant qui résultait de cette situation s'était ajouté au manque d'argent, et que, finalement, tout cela s'était traduit par ce recul électoral tant redouté par Gregor Strasser et ses partisans, mais qui les avait encore affermis dans leurs convictions.

Avec un parti divisé à ce point et pas d'argent dans la caisse, s'étaient dit, chacun pour son propre compte, Papen, chancelier en titre, et Schleicher son rival, au lendemain des élections du 6 novembre, Hitler

---

[64] W.L. Shirer, Le IIIe Reich des origines à la chute, Paris (Stock)

ne peut pas provoquer une nouvelle dissolution du Reichstag et se mettre dans le cas d'avoir, de nouveau, le corps électoral à affronter. S'il s'obstine dans son intransigeance, de toutes façons, la soixantaine de députés qui, pensent-ils, l'abandonneront, suffira pour constituer une majorité de gouvernement qui permettra d'éviter la dissolution. Cet éclatement du national-socialisme ouvrait, au surplus, de larges fenêtres sur un avenir désormais sans embûches en ce que l'attrait déjà en baisse que Hitler exerçait sur l'opinion publique ne lui survivrait pas.

Là-dessus intervint Mgr Kaas, président du groupe parlementaire du Centre catholique. Mgr Kaas prisait assez peu la politique personnelle et d'intrigues dans la coulisse de Papen et Schleicher : en présence des résultats des élections du 6 novembre, il pensa que le moment était venu de lui substituer, au grand jour, une politique de groupe.

Dès la première réunion du groupe parlementaire dont il était le président, le 10 novembre, il procéda, devant lui, à une analyse de la géographie politique du nouveau Reichstag et conclut que, si l'on voulait éviter des troubles graves, il était urgent que l'Allemagne retrouvât la stabilité gouvernementale qu'elle avait perdue depuis le départ de Brüning, que tout autre moyen d'y arriver étant exclu par l'attitude des communistes, le seul qui restât était une collaboration loyale avec le national-socialisme. Le Centre catholique, pensait-il, se devait de préparer le climat favorable à cette collaboration loyale et, à peu près unanime ; son groupe parlementaire fit sienne cette manière de voir[65].

---

[65] On en conclut un peu hâtivement que Mgr Kaas exprimait l'opinion de la hiérarchie catholique allemande et du Vatican. En fait, il parlait en homme affronté à un problème de gouvernement et, dans la hiérarchie catholique, il était alors, à peu près seul de son avis : le 28 février suivant, à la veille des élections du 5 mars 1933, l'épiscopat catholique réuni à Fulda, excommuniait encore à l'unanimité les candidats nationaux-socialistes et recommandait au corps électoral de ne pas voter pour eux. Il n'est pas indifférent de souligner — surtout après *Le Vicaire* de M. Rolf Hochhuth — qu'on fît porter la responsabilité de la décision de Mgr Kaas, non sur Pie XI, alors pape, mais sur son secrétaire d'État, le cardinal Pacelli (futur Pie XII). En réalité, la décision de Mgr Kaas lui était dictée par l'attitude du parti communiste. La hiérarchie catholique ne vira de bord, à Fulda toujours, qu'après un discours prononcé par Hitler le 21 mars, dans des circonstances sur lesquelles nous reviendrons, et pas pour longtemps. Le 28 octobre 1933, elle était, de nouveau, dans l'Opposition.

À la suite de quoi, le 19 novembre, le président Hindenburg convoqua Hitler et lui renouvela sa proposition du 14 août en commençant par le poste de chancelier sous condition qu'il respectât les formes constitutionnelles : contre toute attente, Hitler refusa encore. Alors il lui offrit le poste de vice-chancelier dans un gouvernement qui, sous la direction de Papen, gouvernerait par décrets présidentiels si la nécessité s'en faisait sentir : Hitler refusa de même. On se retrouvait, si on voulait éviter une dissolution du Reichstag, devant la nécessité envisagée par Papen et Schleicher, de détacher Gregor Strasser de Hitler. Mais le lieutenant de Hitler atermoyait, ce qui permit à Schleicher de persuader le président Hindenburg que, si Papen n'arrivait pas à sortir de l'impasse, c'était que, n'ayant pas la confiance de Hitler, il n'avait pas davantage celle de Gregor Strasser, tandis que lui, Schleicher...

Le 2 décembre, il succédait à Papen, à la chancellerie du *Reich*. En vain celui-ci représenta-t-il au vieux maréchal qu'avec la proclamation de l'état d'urgence, il pourrait s'en tirer.

Le 23 janvier 1933, soit 52 jours après son accession au poste de chancelier du *Reich*, Schleicher en était au même point que Papen le 2 décembre. C'est que prenant soudain peur qu'il n'en vînt à instaurer une dictature militaire, Hitler avait enfin assoupli ses positions et laissé entendre que, sous certaines conditions, il pourrait accepter le poste de chancelier sans exiger les pleins pouvoirs. Alors, Gregor Strasser était rentré dans le rang. Le parti national-socialiste s'était retrouvé plus uni que jamais autour de son *Führer* qui l'avait repris en mains. La confiance des bailleurs de fonds était progressivement revenue, l'argent avait recommencé à tomber dans les caisses.

Hitler avait été bien inspiré.

Car, ce 23 janvier 1933, le chancelier Schleicher alla justement proposer au président Hindenburg la proclamation de l'état d'urgence dans une interprétation toute nouvelle de l'article 48 de la Constitution : dissolution du Reichstag, pleins pouvoirs pour éviter de nouvelles élections et permettre cette élimination qu'on dirait provisoire du Reichstag. Avec l'appui de l'armée dont il se disait assuré, Schleicher ajouta qu'il n'y avait aucune chance que l'opération ne fût pas rondement menée et dans l'ordre.

C'était demander au président Hindenburg beaucoup plus que ce qu'il avait refusé à Papen et que ce qu'il refusait à Hitler, à cette différence près qu'il s'agissait d'une dictature militaire au lieu d'être, comme dans le style de ce dernier, appuyée sur des formations paramilitaires : il refusa et, invoquant la constitution dont il était le gardien, pria Schleicher de tenter encore un essai dans le sens du gouvernement d'assemblée qu'il lui avait promis. Mais, doutant de sa réussite, en même temps, il chargea Papen d'une mission d'information sur les possibilités qu'il y avait de former un tel gouvernement avec Hitler comme chancelier, Papen comme Vice- chancelier et la garantie du respect des formes constitutionnelles, formule vers laquelle évoluait Hitler.

Non qu'il fût acquis à Hitler, bien au contraire : la veille encore, évoquant sa personne, il parlait avec mépris de « ce caporal de Bohème ». Mais parce qu'il y avait six mois que l'Allemagne n'était plus gouvernée, que la situation économique se dégradait, que le nombre des chômeurs continuait à monter, que la fièvre montait parallèlement dans les rues en faveur de Hitler, que la situation était devenue explosive, qu'il fallait en sortir et que, sur le moyen d'en sortir, il avait finalement faite sienne l'opinion de Mgr Kaas, président du groupe parlementaire du Centre catholique. Il n'avait, d'autre part, pas été insensible à l'évolution de Hitler, au moins en apparence, vers des positions politiques plus souples.

Cinq jours durant, Schleicher se débattit dans une atmosphère où tout jouait contre lui : le 28, il apprit que le cabinet Hitler-Papen était virtuellement formé et que des manifestations, dont tout disait qu'elles seraient monstres, étaient organisées dans toute l'Allemagne par le parti national-socialiste, pour le 30. Il n'y avait donc plus aucune chance que Hitler ne fût pas appelé par le président Hindenburg et désigné par lui pour le poste de chancelier. Il lui porta sa démission.

Tout se passa comme il l'avait prévu : le 30, en fin de matinée, Hitler était chancelier du *Reich* et, le soir, au balcon de la Chancellerie sous lequel la manifestation prévue à Berlin défila, il fut acclamé dans une explosion de joie de tout un peuple[66].

Et ici commence le vrai drame.

Sur onze membres, le cabinet Hitler-Papen ne comprenait que trois nationaux-socialistes. On voit jusqu'à quel point Hitler s'était assoupli en matière de concessions. C'était un cabinet créé et conçu pour gouverner dans les formes constitutionnelles. Hitler y était en minorité : à trois contre huit. Papen qui en avait été le *deus ex machina* pensait s'être mis en mesure d'y dominer et de tenir Hitler d'autant plus facilement en bride qu'il était assuré de l'appui du président Hindenburg. Ce fut Hitler qui y domina : dans les formes constitutionnelles, il obtint la dissolution du Reichstag, de nouvelles élections fixées au 5 mars suivant et qui, avec 43,7% du corps électoral, l'y ramenèrent avec 288 députés, son associé Papen obtenant 8,3% des suffrages et 52 députés. Total : 340. Il y avait 640 députés dans ce nouveau Reichstag : la majorité absolue largement dépassée. Et, dans l'opinion, 52% des suffrages, la majorité absolue largement dépassée aussi.

Un cabinet Hitler-Papen — où, cette fois, ce dernier était en minorité — se présenta devant le Reichstag le 21 mars : la déclaration de politique générale de Hitler y fut approuvée par 441 voix contre 94 (celles des sociaux-démocrates présents à la séance et de quelques isolés : le Centre catholique avait voté pour Hitler). Deux jours après, le 23 mars, sous le nom de *Gesetz zur Behebung der Not von Volk und Reich* (= Loi pour le soulagement de la détresse du peuple et du *Reich*) les pleins pouvoirs lui étaient accordés par 441 voix contre 84 (les sociaux-démocrates présents à la séance seulement).

Les communistes avaient été exclus du Reichstag et décrétés d'arrestation. Un certain nombre d'entre eux, déjà, étaient sous les verrous, les autres se cachaient ou s'enfuyaient à l'étranger. Une douzaine de sociaux-démocrates aussi avaient été soit arrêtés, soit décrétés d'arrestation et n'assistaient pas aux séances.

---

[66] Dans la foule on remarquait, au premier rang, le Pasteur aujourd'hui crypto-communiste et Éminence Grise des épurateurs de l'Allemagne fédérale, Martin Niemöller, accompagné de sa femme et d'un de ses fils. Il n'était pas le moins enthousiaste.

La dictature hitlérienne était en place.

4 - *Hitler chancelier*

Que la politique de Hitler ait été et soit encore très contestée, il n'y a là rien que de très naturel : d'abord parce que c'est un droit qu'en naissant on apporte, de tout contester et donc toutes les politiques, même les plus rationnelles, même les plus solidement assises sur les principes moraux les plus indiscutables dans notre conception de l'Humanisme ; ensuite, parce que, dans cette conception de l'Humanisme, celle-ci était éminemment contestable au regard des droits que nous considérons comme les plus sacrés et les plus imprescriptibles de la personne humaine. Pour donner tout son sens à cette étude, peut-être n'est-il pas indifférent de rappeler que son auteur figure parmi ceux qui l'ont contestée jusqu'à l'extrême limite — la déportation — et que, contrairement à ce que prétendent les adversaires de ses thèses, dans les campagnes de presse qu'ils déclenchent périodiquement contre lui, il n'a pas varié dans cette opinion.

Ce que, par contre, on ne peut pas contester, au moins dans un monde où il est à peu près universellement admis que le gouvernement des sociétés repose sur la règle de la majorité[67], c'est la légitimité de Hitler : il est arrivé au pouvoir, désigné pour le poste de chancelier du *Reich* par un minimum de 52% du corps électoral, à l'avance décidés à lui accorder inconditionnellement les pleins pouvoirs, étant seulement entendu que Papen serait son vice-chancelier[68].

---

[67] Les anarchistes sont seuls à ne pas l'admettre mais, ne connaissant ni Proudhon, ni Bakounine, ni Kropotkine, ni Élisée Reclus etc. leurs représentants actuels comptent pour si peu qu'on peut dire qu'il s'agit là d'un principe à peu près universellement admis.

[68] On peut même dire que Hitler fut désigné pour le poste de chancelier du *Reich* par beaucoup plus que 52% du corps électoral. Le 2 mars, deux jours avant le scrutin, Mgr Kaas, président du Centre catholique et de son groupe parlementaire, tint à Cologne, SOUS la présidence de celui qui fut plus tard le chancelier Adenauer, qui en était alors le bourgmestre et qui l'approuvait chaleureusement, une grande réunion publique au cours de laquelle il exposa le programme de son parti, et qu'étant donné

Du moins est-ce sur ce thème qu'il fit sa campagne et le corps électoral était prévenu. Au Reichstag, cette majorité se traduisait par 53,13% des députés (340 sur 640). De fait, il en obtint les pleins pouvoirs à une majorité de plus des deux tiers : par 441 voix sur 640 soit 68,9%. Il est vrai que la déclaration par laquelle il les réclamait (23 mars) contenait le passage suivant :

« Le gouvernement ne fera usage de ces pouvoirs que dans la mesure où ils sont essentiels pour prendre les décisions d'une nécessité vitale. Ni l'existence du Reichstag, ni celle du Reichsrat, ne sont menacées. La position et les droits du président demeurent inchangés. On ne touchera pas à l'existence individuelle des États de la Fédération. Les droits des Églises ne seront pas diminués et leurs relations avec l'État ne seront pas modifiées. Le nombre des cas où une nécessité interne exige d'avoir recours aux pleins pouvoirs est, en soi, limité ».

S'adressant plus spécialement au Centre catholique, il ajouta même que « la foi chrétienne [était] un élément essentiel de la sauvegarde de l'âme du peuple allemand », que son gouvernement « ambitionnait de parvenir à un accord entre l'Église et l'État » et « qu'il espérait améliorer ses bonnes relations avec le Saint- Siège[69] ».

On pourrait soutenir que, si la déclaration d'intentions de Hitler n'avait pas contenu ces assurances, le Centre catholique n'eût pas voté pour lui et il est hautement probable qu'on aurait raison. Pour qu'il fût mis en minorité au Reichstag et que sa légitimité devint contestable, il

---

l'attitude des communistes, il n'y avait pas d'autre chancelier possible que Hitler. Seulement, il ne lui accordait pas inconditionnellement les pleins pouvoirs : il disait avoir voir obtenu de lui des assurances sur 14 points qui équivalaient, dans leur ensemble au respect des règles parlementaires. Dans toute l'Allemagne, les candidats du Centre catholique tinrent le même langage au corps électoral le jour venu du vote des pleins pouvoirs au Reichstag, les députés du Centre catholique les lui accordèrent au bénéfice de sa déclaration qui ne les réclamait que limitativement.

[69] C'est à partir de ce désir publiquement formulé par Hitler que, par l'intermédiaire de Mgr Kaas et de Papen, la diplomatie allemande entreprit, au Vatican, les démarches qui devaient aboutir à la signature du Concordat. Cette précision est donnée à l'intention de ceux qui croient comme le prétend M. Rolf Hochhuth dans son *Vicaire* que l'initiative du Concordat a été prise par le Vatican et plus spécialement par le cardinal Pacelli (futur Pie XII) en son nom.

eût pourtant fallu que le groupe parlementaire de Papen votât aussi contre lui et, le 23 mars, cette hypothèse était totalement exclue, même si Hitler n'avait pas donné ces assurances : il ne faut, en effet, pas oublier que, le 1er décembre précédent, sans en donner tant, Papen avait demandé pour lui les pleins pouvoirs au président Hindenburg qui les lui avait refusés, que le 23 janvier Schleicher les avait demandés assortis de la mise en vacances du Reichstag, qu'ils étaient tous deux liés par cette attitude et que, même s'ils avaient su que Hitler ne tiendrait pas ses promesses, ils ne pouvaient lui refuser ce qu'ils avaient demandé pour eux. Papen faisait d'ailleurs partie du gouvernement au nom duquel Hitler les demandait.

En admettant même que la déclaration de Hitler n'eût pas contenu ces assurances et qu'alors le groupe parlementaire de Papen se fût joint au Centre catholique pour le mettre en minorité au Reichstag, il restait la volonté populaire, source de toute légitimité en régime démocratique. Le Reichstag n'ayant pas été dissous, il n'y fut pas fait référence : en Histoire, on n'a pas le droit de tirer des conclusions d'un événement qui ne s'est pas produit, donc de supposer quelles eussent été ses réactions. Il est cependant raisonnable de penser qu'ayant le vent en poupe, Hitler en serait sorti encore grandi... étant admis que des élections étaient encore possibles dans le calme, ce qui, étant donné l'atmosphère dans laquelle s'était déroulé le scrutin du 5 mars, était tout de même fort douteux.

Le 5 mars, il y avait plus de 6 millions de chômeurs[70] en Allemagne soit un minimum de 15% de la population active et, les économistes contemporains prétendant que 5% est le seuil des troubles sociaux, ce seuil était largement dépassé. Il y en eut d'ailleurs pendant la campagne électorale : le 27 février, le Reichstag fut incendié par un déséquilibré, ou un psychopathe, et Hitler fut assez adroit pour mettre ce crime, qui ne contribua pas peu à faire grimper la tension des esprits dans les hauteurs, au compte des communistes[71] ; la plupart des réunions

---

[70] La statistique officielle du 1er janvier 1933 disait 5 598 855.
[71] Les Communistes ne revinrent au Reichstag qu'à 81 contre 100. Il est vrai que le 3 février, d'ordre gouvernemental, toutes les réunions publiques leur avaient été interdites et que, le 28 février, lendemain de l'incendie du Reichstag, Hitler avait

publiques se transformaient en batailles rangées ; 51 militants anti-nazis et 18 nazis furent assassinés[72].

Il n'est donc pas très osé de prétendre que de nouvelles élections eussent signifié, dans la rue, une épreuve de force dans laquelle Hitler l'eût emporté de haute lutte. D'autant plus qu'il fût apparu, aux yeux d'une écrasante majorité de l'opinion publique, comme un chancelier désigné par le suffrage universel auquel le Reichstag eût refusé le poste : de nouvelles élections eussent alors pris les proportions d'une insurrection contre la décision du Reichstag.

Car, il ne faut pas se faire d'illusions : si les militants des partis (10 à 12% de la population comme dans tous les pays) étaient sensibles aux problèmes de politique intérieure évoqués dans les assurances données par Hitler, l'opinion publique y était totalement indifférente. Une seule chose la préoccupait : les six millions de chômeurs qu'elle mettait au compte du Traité de Versailles et, depuis 1930, toutes les élections se firent sur ce thème central. Aux yeux du plus grand nombre, Hitler apparaissait comme étant seul capable de la délivrer de cette servitude.

À ce sentiment à peu près général correspondaient, d'autre part, les dispositions d'esprit des grands hommes d'affaires. Le 20 février eut lieu, au palais du président du Reichstag (Goering) une réunion secrète à laquelle participaient, outre Goering et Hitler, le Dr. Schacht, président de la *Deutsche Bank*, Krupp von Bohlen, Bosch et Schnitzler (I.G. Farben), Voegler (*Vereinigte Stahlwerke*), Thyssen et une vingtaine d'autres grands magnats de l'industrie lourde : tous applaudirent, avec enthousiasme, Hitler, quand il leur déclara qu'il allait mettre un terme à ces élections infernales, à la démocratie, aux clauses économiques et autres du Traité de Versailles, au désarmement, etc. « Je fis passer un plateau, déposa le Dr. Schacht à Nuremberg, et je recueillis trois millions de marks[73]. »

---

obtenu, du Président Hindenburg, un Décret présidentiel qui interdisait le Parti communiste et lui permettait de faire arrêter tous les membres de l'opposition qu'il jugerait dangereux pour la sécurité de l'État.

[72] Chiffres donnés par W.L Shirer, *Le IIIe Reich des origines à la chute*, Ed. française p. 211 (chez Stock à Paris).

[73] C.R. des Débats de Nuremberg, Doc. P.S. 3726, t. V, p. 123 (Ed. française).

Cette conjonction des puissances d'argent et de l'opinion publique ne pouvait manquer d'assurer le triomphe de Hitler. Sans même le recours à l'armée dont l'appui lui était assuré par le général Kurt von Schleicher (l'ancien chancelier) et dont les seules préoccupations, l'unité du *Reich*, le retour à l'ordre intérieur et aux frontières de 1914 à l'Est, allaient dans le sens des siennes.

On sait que Hitler ne tint pas ses promesses. Dans les trois mois qui suivirent, l'Allemagne était enveloppée dans une toile d'araignée de *Gauleiter* et de *Kreisleiter* (chefs de région et, dans les régions, de cercles) ayant tous pouvoirs. L'opposition y était muselée par une police implacable, les camps de concentration ouverts, etc. Mais dès lors, elle se trouvait dans une situation telle qu'elle avait à sa tête un chancelier qui avait, moralement, perdu une légitimité que, politiquement, c'est-à-dire du seul point de vue qui compte socialement, elle n'avait, dans sa majorité, aucune intention de lui contester. À plusieurs reprises, on eut des preuves de l'assentiment donné par l'Allemagne à la dictature hitlérienne : le 1er avril 1933, lors des premières mesures (économiques) contre les juifs, il n'y eut aucune réaction populaire sinon, souvent d'approbation et il n'y en eut non plus aucune, le 14 juillet, lors de la proclamation du parti national-socialiste comme parti unique du peuple allemand, tous les autres étant interdits et dissous. Le 1er mai, lors de la célébration des fêtes du travail, les syndicats, alors opposants, se rallièrent à Hitler dans d'immenses démonstrations publiques.

Les opposants irréductibles se cachaient peureusement ou s'enfuyaient à l'étranger (où ils allaient donner des leçons de jacobinisme que leur incapacité à empêcher ce qui était arrivé en Allemagne ridiculisait, ou prêcher la guerre contre le nouveau régime pour pallier leur défaillance). Il n'y eut pas de député Baudin dans l'Allemagne de 1933, ou s'il y en eut, personne ne le sut. Hitler y était vraiment l'expression de la volonté populaire et sa légitimité devenait ainsi incontestable. Aussi bien, tous les gouvernements du monde reconnurent le sien.

Il a été dit aussi que, le scrutin du 5 mars 1933 s'étant déroulé sous le contrôle de Hitler, ses résultats n'étaient que ceux de la pression du pouvoir sur le corps électoral. Il n'est pas douteux qu'il y ait quelque chose de vrai dans cette accusation. Ce qu'il faut alors mesurer, c'est cette pression. Le 13 mars, aux élections présidentielles qui se firent sous le contrôle de Brüning, le parti national-socialiste avait obtenu 39,1% des suffrages, 37,3% aux élections législatives du 31 juillet suivant, et 33,1% à celle du 6 novembre. Moyenne des pourcentages de ces trois scrutins dont aucun n'eut lieu sous le contrôle de Hitler : 36,5%. Aux élections du 5 mars 1933, il obtint 43,7% soit une augmentation de 7,2%. Si, dans ces 7,2%, on pouvait faire la part de ceux qui, en vertu de la loi qui veut que l'eau aille à la rivière, que le pouvoir exerce un attrait, particulièrement sur les gens tout disposés à voler au secours de la victoire, ont voté pour les candidats de Hitler, sans qu'aucune pression soit exercée sur eux, je ne doute pas que, tous comptes faits, le pourcentage de ceux qui ont obéi à la pression, serait très minime.

Il ne paraît pas utile d'épiloguer plus longuement sur l'accession de Hitler au pouvoir en Allemagne : on a tout dit ou, du moins, l'essentiel a été dit, lorsqu'on a constaté qu'il y était et qu'il y était avec l'assentiment du peuple allemand lequel, pendant dix ans (jusqu'à Stalingrad) lui témoigna une extraordinaire confiance, quoi qu'il y fit. La seule question qui reste posée est la suivante : dans une démocratie, un peuple a-t-il le droit de renoncer démocratiquement à la démocratie ? À cette question, la réponse est, à la fois, simple et claire : « Et s'il me plait à moi d'être battue ? »

À ce moment du discours, une question subsidiaire se pose : aucun peuple ne prenant jamais aucune décision à l'unanimité, quels rapports doivent exister entre la majorité et la minorité ? À ma connaissance, il n'a jamais été répondu à cette question, au plan des principes et dans le cadre du respect qui est dû à la dignité de la personne humaine, que sur le papier et seulement par P.-J. Proudhon : *Du principe fédératif* qui est une sorte de *Contrat social* d'une autre élévation de pensée et d'une autre valeur que celui de Rousseau, quoique peut-être un peu plus touffu. Au niveau du gouvernement des sociétés, la majorité impose, pratiquement partout, sa loi à la minorité et lui fait violence. Entre les divers régimes, il n'y a toujours, en 1967, que des différences de nuances, et encore ne portent-elles pas sur le principe de la violence que la majorité fait à la minorité, mais sur son degré. Il est tacitement entendu qu'il y a un degré qu'il ne faut pas dépasser. Mais ce degré est assez mal défini puisqu'il n'est, nulle part, fixé dans aucune loi. Si vaguement fixé qu'il soit, l'Allemagne de 1933, pourtant, l'avait sûrement largement dépassé à l'égard de tous les opposants, communistes, sociaux-démocrates, juifs, etc.

Mais il s'agissait là d'un problème de politique intérieure et aucun peuple, jamais, n'a le droit de s'immiscer dans les affaires intérieures d'un autre. D'autant que, dans tous les autres Peuples, un phénomène semblable s'est produit à un moment ou à un autre de leur histoire et souvent, concomitamment : la France démocratique de 1944, par exemple, n'eut rien à envier à l'Allemagne de 1933. Et la Russie d'avant et d'après 1944 ? Et la Yougoslavie depuis ? Et la Chine ? Et Cuba ? Le moins que l'on puisse dire — tout en réprouvant la politique de la majorité du peuple allemand de ce temps-là —, c'est que les donneurs de leçons sont précisément ceux-là qui devraient commencer par balayer devant leur propre porte. Enfin, la pire de toutes les violences étant celle qu'on fait à l'homme à qui on ne donne pas de travail ou qu'on fait travailler pour un salaire indécent, au moins doit- on reconnaître qu'à aucun Allemand Hitler n'a fait celle-là : c'est, d'ailleurs, ce qui fit son succès.

Qu'au niveau de la spéculation intellectuelle ceci ne suffise pas pour faire admettre le reste de sa politique intérieure, est indiscutable. Mais il reste à savoir si, au plan pratique, il n'était pas acculé à ce reste par la situation que la politique des autres peuples avait créée en Allemagne, et s'il n'y aurait pas une responsabilité collective dont il serait exclu, n'ayant en rien contribué à la création de cette situation. Sans doute est-il encore trop tôt pour poser cette question : de toute évidence, la vague de germanophobie qui, depuis plus de vingt ans, déferle sur le monde et dont le prétexte est une imaginaire renaissance du nazisme, ne s'y prête pas. Il faut pourtant espérer que les historiens et les sociologues de l'avenir — les sociologues surtout — la pourront poser avec succès, le jour plus proche qu'on ne croit où, les esprits étant apaisés, la sérénité sera revenue.

Le problème posé par l'accession de Hitler au pouvoir en Allemagne étant ainsi dépouillé des principaux faux problèmes qui ont été greffés sur lui dans une intention de propagande, il est maintenant possible d'aborder le vrai, devant lequel tous les autres n'apparaissent plus, aux yeux du spectateur impartial, que comme des broutilles : la seconde guerre mondiale.

Près de trente ans après les événements, l'opinion qui prévaut toujours est que Hitler et le peuple allemand sont, seuls, responsables de cette guerre mondiale[74]. Raisonnons par l'absurde : nous vivons dans un tel état de délabrement intellectuel que, si cette opinion était de hasard fondée, ceux qui la professent ne s'aperçoivent même pas qu'alors la responsabilité de la guerre retomberait tout entière sur ceux qui ont porté Hitler au pouvoir, je veux dire ceux dont la politique a poussé le peuple allemand à cette solution extrême. Et qu'elle leur reviendrait sur la conscience à la façon d'un boomerang puisqu'ils sont précisément ceux qui ont fait ou encouragé cette politique : la poule est responsable de son œuf.

Au seuil de cette étude qui se propose de fixer les responsabilités réelles, il était donc indispensable de suivre pas à pas la montée de Hitler au pouvoir et de la mettre en parallèle avec la politique qui lui a servi de support. On pense avoir irréfutablement établi que ce support fut, sous la houlette de la France, l'intangibilité des clauses économiques du Traité de Versailles et que ce traité était inique. Il paraît évident que si, au moment où s'est produit le krach de Wall Street, au lieu de s'entêter sur cette iniquité, la France, l'Angleterre et les États-Unis avaient fait, à l'égard de l'Allemagne, la politique rationnelle de solidarité qui s'imposait, jamais Hitler ne serait arrivé au pouvoir.

---

[74] « ...l'affreuse hécatombe dont le peuple allemand tout entier, unanimement groupé autour du Chef qu'il a plébiscité avec enthousiasme, porte la seule responsabilité » (Vladimir Jankélévitch, Combat, 9 juin 1965). Il ne se passe pas de jour que, sous cette forme ou sous une autre et sous diverses signatures, cette opinion ne se retrouve dans toutes les publications de la grande presse.

Hitler étant arrivé au pouvoir, c'est parce que la France, l'Angleterre et les U.S.A. ont continué à faire la politique qui l'y avait porté, qu'à la fin il y a eu la guerre.

Pour qu'on pût faire grief au peuple allemand de s'en être remis à Hitler du soin de son destin quand toutes les autres solutions qu'il avait choisies eurent échoué, et accuser ce dernier d'être responsable de la seconde guerre mondiale, il eût fallu que cette politique fût soutenable.

Or, elle ne l'était pas et c'est alors sur elle, qui est la cause initiale, que se reportent toutes les responsabilités. On vient de démontrer qu'elle était responsable de l'accession de Hitler au pouvoir : il n'est pas moins aisément démontrable que, Hitler étant au pouvoir, la seconde guerre mondiale n'était pas pour autant inévitable.

Et c'est ce que, examinant dans le détail l'évolution des événements, nous allons faire.

Chapitre II – La politique étrangère de Hitler

1 - *Du traité de Versailles au désarmement général*

La politique étrangère de Hitler partait exactement des mêmes considérations et reposait sur les mêmes principes que celle de la République de Weimar — qui n'était, pourtant, pas nazie ! — dont elle fut, au plan pratique, le prolongement rigoureux. Avant toute chose donc, il importe de faire le point de cette politique au 30 janvier 1933, jour où, sous la pression des événements, provoqués en Allemagne par la politique des vainqueurs de la première guerre mondiale à son égard, le président Hindenburg désigna Hitler pour le poste de chancelier du *Reich*.

Lorsque, le 7 mai 1919, à la séance de la Conférence de la Paix qui avait spécialement été prévue à Versailles pour la remise solennelle du Traité aux vaincus, le comte Brockdorff-Rantzati, chef de la délégation allemande convoquée[75] à cet effet, prit connaissance de ses stipulations, il fut atterré. En Allemagne, ce fut une vraie panique. Les Allemands venaient de vivre les six mois, sans aucun doute, les plus sombres de leur histoire. À la fin du mois d'avril, certes, soit quelques jours auparavant, les mesures prises à leur égard depuis la signature de la

---

[75] Il fallut presque l'y ramener *manu militari*. Invité à envoyer une délégation à cette cérémonie, le gouvernement allemand, prétextant que les engagements pris au nom des Alliés par le président Wilson dans son message au Congrès américain du 8 janvier 1918 (14 points) et dans ses déclarations postérieures, notamment son discours du 27 septembre 1918, qui avaient décidé l'Allemagne à déposer les armes et selon lesquels « la paix devait être conclue et les termes du traité discutés par tous, sans discrimination entre vainqueurs et vaincus » n'avaient pas été tenus, que l'Allemagne avait, contrairement à toute attente, été mise à l'écart de la Conférence, qu'elle n'avait rien pu objecter et que, dans ces conditions, un simple courrier suffisait bien, avait décliné l'invitation. Aussitôt, dans le clan des Alliés on prit des dispositions militaires et le président de la Conférence envoya une note comminatoire à l'Allemagne qui céda.

Convention d'armistice, avaient été, grâce aux efforts du président Hoover, quelque peu assouplies[76] : l'Allemagne fut autorisée à exporter 29 milliards de marks-or, pour acheter des vivres, quelques-unes de ses créances dans les pays neutres avaient été débloquées et elle put acheter des conserves dans les pays scandinaves, du froment en Argentine, etc.

Mais, jusque-là, le blocus fut rigoureux : elle ne pouvait rien recevoir de l'extérieur, ni rien y exporter que sous contrôle des Alliés qui étaient, à la fois, très vigilants et très sévères. Aussi bien, cette mesure de blocus était inutile : l'embargo qui pesait sur ses réserves d'or et ses créances à l'étranger paralysait totalement son économie et, n'ayant rien à exporter, elle ne pouvait, non plus rien trouver à importer. Enfin, les Alliés avaient aussi mis l'embargo sur ses voies et moyens de communication, et exigé la livraison des cinq mille locomotives et des cent cinquante mille wagons prévus par la Convention d'armistice, si bien qu'à l'intérieur même de l'Allemagne, vivres et matières ne pouvaient être acheminés des régions productrices vers les régions consommatrices que dans une mesure à peu près nulle.

Pendant l'hiver, les foyers domestiques avaient cruellement souffert partout, sauf dans la Ruhr, de la pénurie des livraisons de charbon. Au total, près de quatre millions d'hommes qu'on démobilisait mais qu'on ne pouvait réintégrer dans aucun circuit de la vie économique, le chômage, la faim, le froid, une misère noire. Une révolution qu'on avait dû noyer dans le sang en janvier, qui sourdait toujours en mai, le bolchevisme à la porte...

Aux yeux des Allemands, le Traité ne pouvait manquer d'être dur, la Convention d'armistice et les conditions qui leur avait été faites, depuis, ne le laissaient que trop présager. Les mesures d'allègement prises à la fin du mois d'avril leur avaient pourtant laissé espérer que la situation qu'il créerait, pour difficile qu'elle soit, serait tout de même supportable. Or, voici que, non seulement le blocus n'était pas levé[77] ni l'embargo sur leurs réserves d'or et leurs créances à l'étranger, mais encore qu'aux

---

[76] Président de la Commission d'alimentation et de secours aux populations européennes en détresse alimentaire, créée par la Conférence.
[77] Il ne serait levé qu'en octobre suivant, mais la date n'était pas fixée.

livraisons de matériel ferroviaire on avait ajouté d'importantes livraisons de matériel industriel et agricole, et que, pour couronner le tout, on leur avait ravi tous leurs marchés extérieurs (empire austro-hongrois, empire ottoman, Afrique et Extrême-Orient).

Au surplus, ils auraient à payer, au titre d'indemnités et de réparations, des sommes dont le montant n'avait pu être fixé sur le moment, qu'on avait laissé à une commission des ambassadeurs le soin de fixer ultérieurement après étude, mais dont on pouvait être sûr qu'elles seraient à la mesure des conditions draconiennes du Traité[78]. Économistes nés et qui avaient le sens de l'image, les Allemands virent tout de suite que leur pays était transformé en une sorte de maison de commerce bien placée dans une des grandes rues passantes du monde, à la porte de laquelle on aurait mis des plantons pour interdire aux clients éventuels d'entrer et les prier d'aller se servir en Angleterre. Car tous les marchés qui leur avaient été pris avaient été donnés aux Anglais, à l'exception de quelques miettes attribuées à la France. Un pays de soixante-cinq millions d'habitants condamné à la mendicité dans un monde plein de ressentiments et qui n'aurait pas l'aumône généreuse, qui, par les clauses militaires dont il avait assorti le Traité, prétendait rester en mesure de lui imposer ses volontés à tout moment. Le chômage et la misère en permanence. Et la servitude par-dessus le marché !

Dans un livre de quatre cent quarante-trois pages qui est, encore aujourd'hui, considéré comme une étude économique d'une très grande valeur et un monument de bon sens, le gouvernement allemand, présidé par le social-démocrate Scheidemann, fit des contre-propositions : elles émurent la délégation anglaise, notamment Lloyd George, et la délégation américaine, surtout Lansing, le Secrétaire d'État du président Wilson. La délégation française présidée par Clemenceau resta intraitable : les autres, quoique de mauvaise grâce, s'alignèrent sur elle et le gouvernement allemand n'obtint rien.

---

[78] Le montant de la dette primitivement fixé à 212 milliards de Marks-Or, le 24 janvier 1921 par la Commission des ambassadeurs, fut ramené à 132 milliards de Marks-or le 1er mai. Les Allemands offraient 30 milliards (André François-Poncet, *De Versailles à Postdam*, p. 94, Flammarion, Paris).

Finalement, le 28 juin, il signa le traité en protestant véhémentement qu'il avait le couteau sous la gorge et ne pouvait faire autrement.

Il n'est pas indifférent de noter que, de ce traité, l'économiste anglais Keynes a dit qu'il était « un défi à la justice et au bon sens, une tentative pour réduire l'Allemagne en servitude, un tissu d'exégèses jésuitiques, cachant des desseins d'oppression et de rapine[79] ». Et que Lloyd George lui-même, qui voulait « promener le Kaiser, enfermé dans une cage dans les rues de Londres » et « presser l'orange jusqu'à ce que les pépins crissent » en pensait, nous dit André François-Poncet[80] « que les prétentions françaises étaient insensées et mal fondées, qu'elles étaient irréalisables, qu'elles cachaient des appétits rapaces ou des ambitions d'annexion territoriale, que, si l'on y donnait suite, on provoquerait la ruine totale de l'Allemagne et celle de l'Europe, la misère et le désespoir des Allemands qui se bolcheviseraient et installeraient la révolution au cœur du continent ». Quant aux Américains, ils le refusèrent et signèrent avec l'Allemagne un traité séparé un peu plus rationnel et un peu plus humain, le 25 août 1921.

C'est pourtant sur ses clauses militaires et non en s'autorisant des critiques plus générales et plus systématiques de Keynes et de Lloyd George, qu'entre les deux guerres les Allemands attaquèrent le traité de Versailles, le plus souvent avec succès auprès des Anglais, des Américains et d'une importante partie de l'opinion publique française.

C'est qu'en effet, sur ce point, il comportait des engagements réciproques précis et, au cas où ces engagements seraient tenus, il constituait, d'autre part, une excellente voie d'accès au fond du problème.

Les clauses militaires, armée de terre, marine, aviation, occupent toute la cinquième partie du traité. En gros, elles se ramènent à ceci : une armée de métier de cent mille hommes pour les trois armes ; démantèlement des fortifications et des usines de guerre ; livraison de matériel aux Alliés. En annexe, garanties d'exécution : occupation de la

---

[79] *Les conséquences économiques de la Paix*, Plon et Nourrit, décembre 1919.
[80] *De Versailles à Potsdam*, op. cit., p. 84. Voir aussi, Paul Rassinier, *Le Véritable Procès Eichmann ou les Vainqueurs incorrigibles* (Les Sept Couleurs, Paris 1962).

rive gauche du Rhin et des têtes de pont de Cologne, Coblence, Mayence et Kehl avec évacuation au fur et à mesure de l'exécution ; la Sarre à la France pour quinze ans au terme desquels il y aurait un plébiscite dans lequel elle aurait le choix entre la France et l'Allemagne ; prise d'autres territoires en gages au cas de non-exécution. L'engagement réciproque figure en tête de cette cinquième partie et il est ainsi conçu :

« En vue de rendre possible la préparation d'une limitation générale des armements de toutes les nations, l'Allemagne s'engage à observer strictement les clauses militaires, navales et aériennes ci-après stipulées. »

C'était clair : le désarmement allemand était conçu comme le prélude du désarmement général. C'était d'autant plus clair que la lettre de Clemenceau, en date du 16 juin 1919, accompagnant la remise officielle du Traité dans sa rédaction définitive, explicitait encore cet engagement et le précisait :

« Les principales Puissances alliées et associées tiennent à spécifier que leurs conditions concernant les armements de l'Allemagne n'ont pas seulement pour objet de la mettre dans l'impossibilité de reprendre sa politique d'agression militaire. Elles constituent également le premier pas vers cette réduction et cette limitation générale des armements que lesdites Puissances cherchent à réaliser comme le meilleur moyen de prévenir la guerre, réduction et limitation que la Société des Nations aura, parmi ses premiers devoirs, de réaliser. Il est juste, comme il est nécessaire, de commencer obligatoirement la limitation des armements par la nation qui porte la responsabilité de leur extension. »

Clemenceau, chef de la délégation française à la Conférence de la Paix, ne le dit pas et on ne peut prendre ce texte que pour ce qu'il dit, — ce que, d'ailleurs, firent les Allemands — mais son comportement dans la discussion autorise à penser qu'il savait parfaitement irréalisables les clauses économiques du Traité et que, s'il exigea des Anglais et des Américains qu'elles fussent imposées à l'Allemagne, ce n'était que pour avoir, le jour où cette dernière ne les pourrait plus exécuter, une raison juridique, non seulement d'échapper à l'évacuation de la rive gauche du Rhin et des têtes de ponts, mais encore de prendre d'autres territoires en gages. Du moins est-ce cela qu'il faut entendre par le « tissu d'exégèses jésuitiques, cachant des desseins d'oppression et de rapine » et « les appétits rapaces et les ambitions d'annexion territoriale » prêtés à la France, le premier par Keynes, les secondes par Lloyd George.

De fait, lorsque, en janvier 1923, l'Allemagne exsangue (sa monnaie qui s'échangeait encore, en octobre 1918, à la parité de quatre marks pour un dollar était tombée à sept mille deux cent soixante marks pour un dollar) ne put plus payer, Poincaré donna l'ordre (11 janvier) aux troupes françaises commandées par le général Degoutte, d'occuper le bassin minier de la Ruhr et d'en saisir la production. Contre l'avis des Anglais et à la grande indignation des Américains.

Bref, par application des articles 203 à 210 du traité de Versailles, une Commission militaire Interalliée de Contrôle (C.M.I.C.) est nommée qui, sous la présidence du général Nollet, s'installe à Berlin, le 16 septembre 1919 et répartit les trois cent quatre-vingt-trois officiers et les sept cent trente-sept sous-officiers et hommes de troupe qui la composent à travers toute l'Allemagne pour surveiller l'exécution de son désarmement[81].

Le 16 février 1927, faisant devant la commission de l'armée de la Chambre des députés, un exposé complet des résultats de ses travaux, le maréchal Foch qui les avait suivis et était allé vérifier sur place pour le compte de la S.D.N. affirmait qu'au 31 janvier 1927 le désarmement de l'Allemagne était effectif.

Le 28 février 1927, la C.M.I.C. quittait l'Allemagne.

Entre temps, le 25 septembre 1925, l'Assemblée générale de la S.D.N. avait décidé de créer une Commission préparatoire à la Conférence chargée de procéder à la réduction des armements nationaux au minimum compatible avec la sécurité nationale et avec l'exécution des obligations internationales imposées par une action

---

[81] Pour le détail de ses travaux, voir Benoist-Méchin, (*Histoire de l'Armée Allemande*, t. 11, p. 334-362, Albin Michel, Paris 1964)

commune. Pour long qu'il soit, c'était son titre et ses membres avaient été nommés le 12 décembre suivant[82]. Sa première réunion prévue pour le 15 février 1926, ne put avoir lieu que le 18 mai.

Et c'est ici que les difficultés commencèrent.

2 - La France contre le désarmement général

Pendant près de cinq années (18 mai 1926-24 janvier 1931) la Commission s'efforça en vain de résoudre le problème qui lui était posé. Les raisons de son échec tiennent dans sa composition et, relativement à la réduction des armements, aux préoccupations particulières de chacun des pays membres : les États-Unis raisonnent en fonction du différend qu'ils ont avec le Japon dans le Pacifique, l'Angleterre aussi ; le Japon est obnubilé par celui qui l'oppose à la Chine et la Chine par celui qui l'oppose à la Russie, etc. Or, tous ces différends ne peuvent, au pire, engendrer que des conflits locaux aisément évitables par des négociations : il était clair qu'une seconde guerre mondiale ne pouvait surgir que des problèmes européens, que ceux-ci étaient dominés par le problème allemand et qu'alors, il devait être placé au centre des débats.

Aussi bien, c'était lui seul qui était posé par l'engagement réciproque inscrit dans le Traité de Versailles et c'était encore lui qui avait motivé la création de la Commission.

Enfin, dans toutes les discussions et souvent après de longues digressions sur les problèmes de la politique mondiale, ce fut toujours à lui qu'en fin de circuit on revint, et sur lui que tout achoppa toujours. C'est donc uniquement de lui et des prises de position de la Commission en ce qui le concerne, qu'on discutera ici.

---

[82] En faisaient partie : la Grande-Bretagne, la France, l'Italie et le Japon, la Belgique, le Brésil, l'Espagne, la Suède, la Tchécoslovaquie, l'Uruguay, l'Argentine, la Bulgarie, le Chili, les États-Unis, la Finlande, les Pays-Bas, la Pologne, la Roumanie, la Yougoslavie, la Turquie, la Chine et la Russie (qui, comme les États-Unis ne faisait pas partie de la S.D.N. mais, peu après sa création, demanda à participer à ses travaux). L'Allemagne, non encore membre de la S.D.N. y avait été invitée et désigna, pour la représenter, le Comte Bernstorff, ancien ambassadeur du *Reich* à Washington.

On ne tiendra aucun compte de la position russe. Participant pour la première fois au débat, lors de la quatrième session de la Commission qui eut lieu du 30 novembre au 2 décembre 1927, par la voix de son chef Litvinoff, la délégation russe réclama « le licenciement et l'interdiction de tous les effectifs armés de terre, de mer et d'air... la destruction de toutes les armes... l'abolition de tout service militaire, etc. »

Il est bien évident qu'un monde totalement désarmé ne court aucun risque de guerre et que c'est là le but à atteindre. Mais, le sujet qui était proposé était la limitation des armements, non leur suppression. La proposition était vraiment trop facile à écarter. Au fond, c'était peut-être là le but poursuivi par les Russes.

La position allemande, par contre, était très forte. Benoist-Méchin qui, de tous ceux qui en ont écrit, est très probablement celui qui l'a le plus clairement exposée et commentée, résume ainsi l'intervention que le comte Bernstorff fit, en mai 1926, au cours de la première session de la Commission, quand le tour de parole de la délégation allemande fut venu pour la première fois :

« Les Alliés ont imposé au *Reich* une armée de cent mille hommes. Or, le Traité de Paix, le Pacte de la S.D.N. et, depuis lors, l'acte final de Locarno[83] s'accordent à reconnaître que le désarmement allemand doit

---

[83] Signé à Locarno le 16 octobre 1925 et paraphé à Londres le 1er décembre suivant. C'était l'Allemagne qui en avait pris l'initiative par une note adressée à la France en date du 9 février 1925 et ainsi conçue : « Si la France, l'Angleterre, la Belgique et l'Italie renonçaient à recourir à la guerre pour défendre leurs frontières respectives et se garantissaient mutuellement le *statu-quo* territorial, le *Reich* s'associerait volontiers à un engagement de cette nature ». Elle était soutenue par l'Angleterre. Tout le monde fut d'accord, sauf la France qui exigea que cet accord fût conclu dans le cadre de la S.D.N. et qu'il fût étendu à la Pologne et à la Tchécoslovaquie. L'Angleterre rétorqua qu'autant elle était prête à garantir les frontières belge, française et italienne, autant elle se refusait à s'engager à l'Est : elle avait fini par comprendre que les frontières de l'Est de l'Allemagne ne pouvaient pas être considérées comme définitives notamment en ce qui concernait la Pologne (couloir de Dantzig) et la Tchécoslovaquie (Sudètes). L'Italie fut de cet avis. Quant à la Belgique, elle ne pouvait prendre d'engagements qu'en ce qui la concernait. La France finit par se rallier de mauvaise grâce à ce point de vue, à condition que l'accord fût complété par des engagements bilatéraux de l'Allemagne vis-à-vis de la Pologne et de la Tchécoslovaquie, qui, dans sa politique constante d'encerclement de l'Allemagne avaient pris la relève de la Russie défaillante

ouvrir la voie au désarmement général. Il n'y a, pour y parvenir, que trois façons de procéder : ou bien abaisser vos armements au niveau assigné à l'Allemagne ; ou bien permettre à l'Allemagne de relever ses armements au niveau des vôtres ; ou enfin, en combinant les deux méthodes, abaisser vos armements et nous permettre de relever les nôtres, de sorte qu'ils se rencontrent à mi-chemin[84]. »

En Europe, tout le monde était prêt à désarmer sauf la France qui tenait à rester en mesure d'exiger l'exécution des clauses économiques du Traité de Versailles les armes à la main, et qui, par conséquent, tout en gardant la liberté de s'armer à son gré, voulait que l'Allemagne restât désarmée. Et la Russie qui se tenait dans l'expectative, la Russie n'était pas là. C'est donc à la France que ce discours s'adressait.

Le chef de la délégation française, M. Paul-Boncour qui jamais ne se départit d'une germanophobie à toute épreuve et qui guettait l'Allemagne au tournant, ne s'y méprit pas. Il fut cependant pris au dépourvu et sa réponse fut lamentable : « Ce que vous demandez là, répliqua-t-il, n'est rien moins que la permission de réarmer légalement ! »

Texte du discours en mains, les autres délégations furent bien obligées de reconnaître que ce n'était pas vrai. Car le discours du chef de la délégation allemande n'avait rien de commun avec cette interprétation et était, au surplus, d'une logique impeccable.

Et, comme il voyait qu'il avait indisposé la Commission, M. Paul-Boncour de se lancer, pour se rattraper, dans une longue digression sur la nécessité de mettre en place tout un système d'ententes, de pactes d'assistance mutuelle et d'arbitrage, pour assurer la sécurité collective avant de procéder à toute mesure de désarmement.

« Le chapitre de la sécurité est clos », lui répliqua vertement Lord

---

et étaient susceptibles de constituer éventuellement un deuxième front et d'autant plus qu'à leur tête se trouvaient deux germanophobes invétérés, Pildsuski et Benès. Ainsi les accords de Locarno comprirent deux parties ; le Pacte dit rhénan qui garantissait les frontières de l'Ouest que tout le monde signa, et deux accords, l'un germano-tchèque, l'autre germano-polonais qui ne comportait pas de garanties de frontières mais, en cas de différends sur ce point, des engagements des deux parties de recours à l'arbitrage.

[84] *Histoire de l'Armée allemande*, op. cit., t. II, p. 356.

Robert Cecil, chef de la délégation anglaise. « Vous avez le Pacte de la S.D.N. et le Traité de Locarno, la garantie de la Grande-Bretagne et de l'Italie, des accords avec la Pologne et la Tchécoslovaquie : que voulez-vous de plus ? »

M. Paul-Boncour ergota que ce n'était là qu'un commencement, que ce n'était pas suffisant, qu'il fallait pousser plus avant un système que les traités antérieurs n'avaient qu'ébauché, etc.

La Commission s'enlisa dans ce byzantinisme.

Le Traité de Locarno disposait (art. 10 du Pacte Rhénan qui en était l'ossature) qu'il entrerait en vigueur « dès que l'Allemagne serait devenue membre de la S.D.N. » Il fallait donc qu'elle y entrât : elle fit sa demande d'admission le 10 février 1926 et le 10 septembre suivant, au cours de la VIIe Assemblée générale, elle y était reçue solennellement. Cette admission fut un élément sérieux d'apaisement dans les relations internationales en Europe. Poursuivant dans cette voie, le 6 avril suivant, Briand entama, avec Kellog, secrétaire au département d'État américain, des pourparlers qui aboutirent, le 27 août 1928 au pacte de Paris dit Briand-Kellog, qui condamnait « le recours à la guerre pour le règlement des conflits internationaux et en tant qu'instrument de politique nationale », qui complétait dans une grande mesure le pacte de Locarno. Quatorze États, dont l'Allemagne, le signèrent le jour même et presque tous les États du monde dans la suite.

Mais, à partir de son admission à la S.D.N. l'Allemagne voulut en être membre à part entière c'est-à-dire avec les mêmes droits que les autres membres, et que les obligations qui étaient faites à tous, par le Traité de Versailles, notamment en matière désarmement, fussent imposées à tous, non à l'Allemagne seulement.

L'admission de l'Allemagne à la S.D.N. renforçait sa position d'un argument de poids : au moins dans le système démocratique qui était celui de cette organisation, tous les membres d'une société sont, par principe, égaux, il ne peut pas y avoir de mineurs ou alors, il n'y a pas de société, sinon féodale.

Cependant, chaque fois que l'égalité des droits vient en discussion, chacun fait son possible pour esquiver le débat. Par tactique, l'Allemagne elle-même ne dramatise pas. La controverse s'égare dans de vaines palabres sur le point de savoir s'il faut désarmer pour assurer la sécurité ou assurer d'abord la sécurité pour pouvoir désarmer. Comme personne n'est capable de dire comment on peut assurer la sécurité sans désarmer, on n'arrive pas à sortir de l'impasse. La France qui bouche toutes les issues avec sa thèse de « la sécurité d'abord » perd des sympathies, l'Allemagne en gagne et particulièrement dans les petites nations. Clopin-clopant, au terme de quatre années de discussions qui n'ont pas fait progresser la question d'un iota, on atteint le mois de novembre 1930 qui voit s'ouvrir la septième session de la Commission.

Soudain, un incident se produit : le général von Seckt, chef de la *Reichswehr*, brusque les choses. Dans une interview donnée à l'*United Press*, il déclare en substance que, s'il faut abandonner l'espoir de ramener toutes les grandes armées au niveau de l'armée allemande, il ne restera plus au *Reich* qu'à réarmer, puisque les autres ne désarment pas, et qu'il devra déterminer lui-même, librement, le niveau de son réarmement en fonction de l'importance de sa population et de sa situation géographique.

Feignant de ne pas voir le conditionnel, la France saute sur l'occasion et obtient facilement de la Commission, qui tombe dans le panneau, le vote d'une résolution proclamant l'intangibilité de la partie V du Traité de Versailles, que le désarmement allemand doit être considéré comme définitif et acquis une fois pour toutes, qu'il est la condition *sine qua non* du désarmement des autres nations… mais ne dit pas un mot des intentions de ces autres nations quant à leur désarmement.

Aussitôt, le comte Bernstorff se lève : il dit que la Partie V du Traité de Versailles n'est pas simplement une condition imposée à l'un des signataires mais une obligation morale et juridique faite à tous, qu'il ne peut pas y avoir deux poids et deux mesures, que la résolution est une interprétation unilatérale et restrictive, que l'Allemagne veut jouir de droits égaux à ceux des autres membres de la S.D.N. et il place la

Commission devant ses responsabilités si elle ne faisait pas sien ce point de vue.

Ni moralement, ni juridiquement, il n'y avait rien à opposer à ce raisonnement. Le président se borne à lui répliquer que sa revendication n'est pas de la compétence de la Commission mais de la Conférence qu'elle est chargée de préparer...

« Très bien, coupe le comte Bernstorff, alors, mon gouvernement en appelle dès à présent à la Conférence elle-même, et la délégation allemande ne participera plus, désormais, aux travaux de la commission. »

Puis, suivi de la délégation allemande, il quitta la salle des séances.

C'était l'échec. Toutes les délégations comprirent soudain qu'elles étaient allées trop loin. On raccrocha l'affaire comme on put : la Commission soumit le litige au conseil de la S.D.N. qui, le 24 janvier 1931, au lieu de prendre des sanctions contre l'Allemagne, convoqua quand même la Conférence du désarmement pour le 2 février 1932.

Le 2 février 1932, soixante-deux pays, et non plus vingt-six, se trouvent réunis autour du tapis vert et cette augmentation en nombre qui multiplie les points de vue n'est pas de nature à simplifier les choses. D'autre part, ils ne sont plus des délégués chargés d'une investigation par des gouvernements, mais chargés de prendre des décisions. Enfin, la commission préparatoire n'a rien préparé et ils se trouvent devant le vide.

D'entrée de jeu, le représentant du *Reich*, M. Nadolny, définit l'objet de la conférence : l'égalité des droits. Le représentant de l'Angleterre, M. Arthur Henderson, prétend qu'au lieu de discuter sur des principes, il vaut mieux se mettre d'accord sur des mesures de désarmement effectif, que c'est parce qu'on ne l'a pas fait, jusqu'ici, qu'on est arrivé à une impasse, et il propose de définir d'abord les armes offensives et les armes défensives, les premières étant à supprimer dès qu'elles auront été définies. M. André Tardieu, représentant de la France pense, lui, qu'il vaut mieux définir d'abord l'agresseur, que ce qu'il faut limiter, ce ne sont pas tellement les armements que les possibilités d'agression car, des armements, la S.D.N. en aura besoin pour châtier l'agresseur dès qu'il sera défini, s'il passe outre aux décisions de la conférence. On s'égare à nouveau dans des discussions sans fin sur des problèmes accessoires.

Ce que voyant, au nom du président Hoover, M. Gibson représentant les U.S.A. dépose, le 22 juin, le plan suivant qui lui paraît de nature à donner satisfaction à l'Allemagne et ramener la Conférence à des objectifs plus positifs :

« 1° Au point de vue terrestre : réduction d'un tiers des effectifs, chaque pays ayant droit, par ailleurs, à une force de police proportionnelle à la moyenne allouée à l'Allemagne par les traités de paix. Suppression totale des chars d'assaut et de l'artillerie lourde ;
2° Au point de vue naval : suppression d'un tiers du tonnage et du nombre des cuirassés, d'un quart du tonnage des porte-avions, des croiseurs et des contre-torpilleurs, d'un tiers du tonnage des sous-marins ;
3° Au point de vue aérien : suppression de tous les avions de bombardement et interdiction de tout bombardement aérien. »

Et il souligne l'importance des sacrifices auxquels consentirait son pays si ce plan était adopté : il s'obligerait à détruire trois cent mille tonnes de vaisseaux, mille pièces d'artillerie, neuf cents chars de combat et trois cents avions de bombardement.

C'est depuis six ans, la première proposition sérieuse.

L'Allemagne et l'U.R.S.S. la saluent avec enthousiasme, l'Italie l'accepte, l'Angleterre réserve sa position mais n'est pas hostile. Une fois encore, c'est la France qui la torpille : « ce projet séduisant est trop simple, dit M. Tardieu, il ne tient pas compte de la complexité des problèmes, et surtout il ne tient pas compte de la sécurité collective à laquelle la France est attachée avant tout ». C'est une fin de non-recevoir polie[85].

On prend cependant cette proposition en considération, car, étant donné l'immense prestige du président Hoover, on ne peut pas faire

---

[85] Benoist-Méchin, op. cit., t. III, p. 129.

autrement. Grâce aux efforts de la France, aidée en cela par le président Benès, le 22 juillet, elle est devenue :

« 1° Il sera effectué une réduction substantielle des armements mondiaux qui devra être appliquée dans son ensemble par une convention générale aux armements terrestres, navals et aériens ;
2° un but essentiel à atteindre est de réduire les moyens de l'agression. »

On parle au futur, on retombe dans les généralités, il faut nommer une commission chargée d'élaborer la convention, ce qui signifie qu'on retombe aussi dans le maquis de la procédure et qu'on se retrouve au point de départ. Tout le monde est déçu. On se tourne vers l'Allemagne dont on attend, avec inquiétude, la réaction : elle n'acceptera ce texte, qui lui paraît insignifiant, que si on y inclut une phrase lui reconnaissant l'égalité des droits. La France se cabre, personne ne l'approuve mais personne ne dit rien. La résolution est votée sans qu'il soit fait droit à la demande de l'Allemagne. Alors, M. Nadolny, son représentant, dépose la déclaration suivante sur le bureau de la Conférence :

« Le gouvernement allemand est prêt à collaborer aux travaux de la Conférence du désarmement pour contribuer de toute sa force aux efforts faits en vue de réaliser un pas réellement décisif vers le désarmement général, au sens de l'article 8 du Pacte. Cependant, sa collaboration n'est possible que si les travaux ultérieurs de la Conférence se poursuivent sur la base d'une reconnaissance claire et nette de l'égalité des droits entre les nations.
Le gouvernement allemand doit faire remarquer dès aujourd'hui, qu'il ne peut s'engager à continuer sa collaboration dans le cas où une solution satisfaisante de ce point, décisif pour l'Allemagne, ne serait pas intervenue d'ici la reprise des travaux de la Conférence. »

Quarante-huit heures plus tard, la délégation allemande a quitté Genève. Une fois encore, on se rend compte qu'on est allé trop loin, qu'à force de céder à la mauvaise foi de la France, on a poussé l'Allemagne à bout : dans la coulisse, les manœuvres commencent pour l'y ramener. Le 29 août, cédant aux instances des Anglais, des Italiens et des Américains qui, maintenant approuvent la thèse allemande, M. von Neurath, ministre des Affaires étrangères du *Reich*, consent à faire le premier pas : il adresse au gouvernement français une note ainsi conçue :

« 1° Les décisions prises par la Conférence du désarmement n'ont aucune signification pour l'Allemagne, du fait que la résolution du 22 juillet laisse complètement à l'écart la question de savoir si elles s'appliqueront aussi au *Reich* ;
2° La convention du désarmement élaborée par la Conférence doit remplacer, pour l'Allemagne, la partie V du Traité de Versailles qui deviendra ainsi caduque ;
3° L'Allemagne demande l'égalité des droits militaires, c'est-à-dire le droit de décider elle-même le statut de l'armée dont elle a besoin pour assurer sa sécurité. Agir autrement serait la maintenir dans la position de nation subalterne ;
4° L'Allemagne est prête à renoncer à toutes les armes auxquelles les autres puissances renonceront également. »

Le 11 septembre, la France repousse cette thèse. Le 14, M. von Neurath informe alors M. Henderson que l'Allemagne « ne pourra reprendre sa place à la Conférence aussi longtemps que la question de l'égalité des droits n'aura pas été résolue ». Le 28, la XIIIIe session de l'assemblée de la S.D.N. s'ouvre à Genève en l'absence de l'Allemagne... Enfin, sur les instances de sir John Simon et du baron Alors, la France consent à prendre une attitude plus réaliste : un communiqué commun de la Grande-Bretagne, de l'Italie et de la France déclare que « l'un des principes qui devait servir de guide à la Conférence du Désarmement devait être l'octroi à l'Allemagne, ainsi qu'aux autres Puissances, de l'égalité des droits », étant entendu que « les modalités d'une telle égalité des droits restent à discuter à la Conférence ». L'Allemagne décide de revenir.

Mais lorsque la Conférence du désarmement reprend ses travaux en mars 1933, deux événements se sont produits : Hitler est devenu chancelier du *Reich* et Roosevelt président des États-Unis.

3 - *Hitler propose le désarmement général*

Ceux qui ont été le plus fortement émus par l'accession de Hitler au pouvoir en Allemagne sont les Anglais. Non seulement en raison de son programme raciste[86], antidémocratique et dictatorial en politique intérieure, expansionniste (*Lebensraum*) en politique extérieure, mais surtout en raison de ses méthodes et de la façon catégorique dont il formule ses revendications. Avec lui, pensent-ils, si on atermoie comme avec la République de Weimar, ce sera inévitablement la guerre à plus ou moins longue ou brève échéance. Et ils sont d'autant plus convaincus qu'il faut lui faire des concessions que, pour le moment, il se borne à réclamer l'application du Traité de Versailles dans ses clauses militaires, sa révision qu'ils trouvent légitime (par application de l'art. 19 du Pacte) dans une certaine mesure, quant à ses clauses économiques et territoriales.

Il faut dire que si Hitler se montre très dur avec la France[87] c'est qu'il la rend responsable et du Traité de Versailles et de son interprétation. Il en va tout autrement de son attitude à l'égard de l'Angleterre : tous ses discours ont, jusqu'ici, comporté une ouverture en direction d'un arrangement germano-anglais en ce qui concerne l'Europe et, jamais, aucune de ses revendications n'a porté atteinte aux intérêts anglais[88]. Tout permet de penser qu'il n'y touchera pas. De toutes façons, s'il y touche et quand il y touchera, il sera toujours temps de voir.

---

[86] Élaboré à Munich en congrès du Parti le 25 février 1920 et contenu en vingt-cinq points dont aucun n'a subi aucune modification depuis.
[87] « Un règlement de comptes s'impose avec la France, inexorable et mortelle ennemie du peuple allemand et dont le but sera toujours de briser l'Allemagne et de la démembrer en un méli- mélo de petits États... Alors seulement nous pourrons considérer comme terminé le combat perpétuel et essentiellement stérile entre la France et nous, ce qui présuppose, évidemment, que l'Allemagne ne voit dans la destruction de la France qu'un moyen capable de donner ensuite à notre peuple l'expansion rendue possible ailleurs. » (*Mein Kampf*, p. 202.)
[88] Il y a bien le programme du parti national-socialiste dont le point III réclame des colonies : il faut remarquer que ce point III ne réclame pas les anciennes colonies allemandes, mais des colonies, donc pas forcément celles qui ont été prises à l'Allemagne et attribuées à l'Angleterre par le Traité de Versailles.

Dans la conjoncture du moment, les Anglais sont surtout préoccupés de ne pas laisser se créer, en Europe, les conditions d'une seconde guerre qui ne pourrait être, comme la précédente, que mondiale.

Pendant l'intersession, plusieurs plans ont été élaborés, dont un plan américain et un plan français. Le premier reprend une à une toutes les dispositions du plan Hoover à ceci près qu'il prévoit la nomination d'une Commission permanente qui se substituerait à la Conférence du désarmement et serait chargée, dans un délai de trois années, de mettre au point le problème de l'égalité des droits et celui de la sécurité. Il est dilatoire et n'a aucune chance d'être accepté par l'Allemagne. D'autre part, comme il reprend le plan Hoover qui a déjà été repoussé par la Conférence du désarmement, il n'a aucune chance non plus d'être accepté par les autres délégations. Quant au second, il met l'accent sur une question jusqu'ici considérée comme subséquente, le contrôle du désarmement, prévoit la nomination d'une commission dans ce but et, si après un certain délai qui n'est pas précisé, le résultat des investigations de cette Commission atteste de la bonne volonté de l'Allemagne, on pourra reprendre l'examen du problème de l'égalité des droits. C'est de nouveau, le maquis de la procédure en perspective. Aucune chance de succès non plus.

Ce que voyant, M. Mac Donald, le premier ministre anglais, met au point un plan précis qu'il vient lui-même exposer à la Conférence du désarmement le 16 mars 1933. En voici la substance :

« L'Allemagne se verra accorder le droit de doubler les effectifs de la *Reichswehr*, en les portant à 200 000 hommes. La France sera invitée à abaisser ses effectifs au même niveau. Mais aux 200 000 hommes qu'elle conservera dans la Métropole, s'en ajouteront 200 000 autres destinés à la défense de ses colonies. L'Italie aura 200 000 hommes pour sa métropole et 50 000 hommes pour ses possessions d'outre-mer. La Pologne — dont la population est pourtant moitié moins nombreuse que celle de l'Allemagne — aura droit elle aussi, à une armée de 200 000 hommes, la Tchécoslovaquie à 100 000 et l'U.R.S.S. à 500 000. En additionnant les forces de tous les pays alliés à la France, c'est-à-dire la Pologne, la Belgique et la Petite Entente, on arrive à un total de 1 025

000 hommes, opposés aux 200 000 de la nouvelle Wehrmacht. Cette disparité se trouvera encore accrue par le fait que l'Allemagne n'aura pas le droit de posséder une aviation, tandis que la France sera autorisée à disposer de 500 avions, la Pologne de 200, la Belgique de 150 et la Petite Entente (Tchécoslovaquie, Yougoslavie, Roumanie) de 550. Ce plan complété par un certain nombre de pactes régionaux d'assistance mutuelle, pourrait être réalisé par étapes, dans un délai de cinq ans[89]. »

Tout le monde approuve sans réserve sauf l'Italie qui, tout en s'y ralliant, trouve trop élevé le nombre des avions attribués à la Petite Entente et voudrait disposer d'un contingent colonial plus élevé, — tout le monde sauf la France qui, ainsi qu'on le verra dans un instant, y est farouchement opposée. Mais tout le monde aussi se demande comment Hitler réagira : il réagit le 17 mai 1933, dans un discours qu'il prononça devant le Reichstag spécialement convoqué à cet effet.

La veille, le président Roosevelt nouvellement installé à la Maison Blanche (depuis le 4 mars) et qui sait le profond écho que le plan Hoover a rencontré aux U.S.A. (c'est sur sa politique intérieure qu'il l'a attaqué, non sur sa politique extérieure, si unanimement et si chaleureusement approuvée que, dans sa campagne électorale, Roosevelt n'avait pas osé s'en dissocier) a justement adressé, aux chefs d'État de quarante-quatre nations, un vibrant message exposant les projets et les espoirs des U.S.A., en ce qui concernait le désarmement et la paix, demandant l'abolition de toutes les armes offensives (bombardiers, tanks, artillerie lourde mobile) et, au cas où on se rallierait à son point de vue, apportant la garantie des U.S.A. En même temps qu'à M. Mac Donald, Hitler répondit donc au président Roosevelt : ce fut une explosion de joie dans le monde anglo-saxon.

Voici ce qu'à l'intention de M. Mac Donald et donc de Conférence du désarmement, il déclara :

« Le gouvernement allemand considère le plan britannique comme une base de discussion très acceptable, pour la solution du Problème...

---

[89] Benoist-Méchin, op. cit., t. III, p. 139. Benoist-Méchin est souvent cité ici : il est un des très rares historiens qui, vérification faite, a toujours très exactement cité les textes et les a le mieux résumés et interprétés.

Le gouvernement allemand ne trouvera jamais aucune interdiction d'armer trop radicale, si elle s'applique à tous les pays indistinctement... »

Et à l'intention du président Roosevelt :

« La proposition du président Roosevelt dont j'ai eu connaissance hier au soir, mérite les plus chauds remerciements du gouvernement allemand. Celui-ci est disposé à donner son accord à ce moyen de surmonter la crise internationale. La proposition du président est un réconfort pour tous ceux qui souhaitent collaborer au maintien de la Paix. L'Allemagne est absolument prête à renoncer à toute arme offensive si les nations armées, de leur côté, détruisent leurs stocks d'armes offensives. L'Allemagne serait également disposée à démobiliser toutes ses forces militaires et à détruire la petite quantité d'armes qui lui reste, à condition que les pays voisins en fassent autant. L'Allemagne est prête à signer tout pacte solennel de non-agression, car elle ne songe pas à attaquer, mais seulement à acquérir la sécurité. »

Le tout agrémenté de, formules sur la guerre qui était « une folie sans limite » qui « causerait l'effondrement de l'ordre politique et social actuel » ... Un discours dont les accents pacifistes surprirent agréablement un monde mal à l'aise. Le Reichstag l'adopta par acclamations à l'unanimité, y compris les 81 sociaux- démocrates qui y siégeaient encore. Dans le monde anglo-saxon, le *Times* de Londres, déclara que la prétention du *Reich* à être mis sur le même pied que les autres nations était « irréfutable ». Le *Daily Herald* travailliste exigeait que « l'on prît Hitler au mot ». Le conservateur *Spectator* concluait que « Hitler avait tendu la main à Roosevelt » et que ce geste apportait un nouvel espoir au monde tourmenté. Aux U.S.A. les journaux déliraient de joie. Le porte-parole de la Maison Blanche déclara même : « Le président a été enthousiasmé par la façon dont Hitler a accepté ses propositions. »

Il y avait pourtant un avertissement dans le discours de Hitler :

« Si la demande de l'Allemagne relative à l'égalité de traitement avec les autres nations, notamment au plan des armements n'était pas satisfaite, elle préférerait se retirer, à la fois, de la Conférence du Désarmement et de la Société des Nations. »

Il était formulé au conditionnel et on trouvait qu'il allait de soi.

Ce discours a un effet heureux : il suggère à Mussolini et à notre ambassadeur à Rome, Henry de Jouvenel, l'idée de lancer le projet d'un Pacte à quatre (Italie, France, Grande-Bretagne et Allemagne) susceptible, par la solidarité des quatre Puissances, « d'affirmer la confiance dans la Paix ». L'Angleterre accepte d'emblée. Plus réticente, la France n'accepte que parce que Mussolini est alors hostile à Hitler qu'il accuse de le « singer maladroitement » et auquel il reproche ses projets d'*Anschluss* de l'Autriche, chasse gardée de l'Italie, et parce qu'un moment l'idée lui est venue de jouer, en Europe, Mussolini contre Hitler. Les pourparlers sont rondement menés : le 7 juin 1933, à 19 h 30, les ambassadeurs des Quatre réunis au Palazzo Venezia, apposent leurs signatures au bas du Pacte[90].

L'idée était bonne : elle n'eut malheureusement pas de suite, le Pacte ne fut jamais ratifié.

Car, M. Paul-Boncour veillait : ne pouvant s'attaquer au discours de Hitler qui était inattaquable, il s'en prit au plan Mac Donald dont il trouva qu'il n'offrait pas de garanties suffisantes pour la France, qu'il ne tenait pas compte des dizaines de milliers de S.A. et de S.S. qui gravitaient autour de la Reichswehr et qui étaient une masse de réserves instruites en ras de mobilisation, qu'il ne tenait aucun compte du désarmement naval... qu'enfin, il ne prévoyait aucune procédure de contrôle du désarmement ce qui était, aux yeux de la France, le problème capital.

Pour le neutraliser, l'Assemblée décide de charger un Comité de

---

[90] Depuis le 9 avril, sur initiative du *Reich*, le cardinal Pacelli, secrétaire d'État au Vatican et futur Pie XII était en pourparlers avec les envoyés de Hitler en vue de la signature d'un Concordat avec l'Allemagne. On a reproché au Cardinal Pacelli d'avoir accepté ces pourparlers qui conduisirent à la conclusion d'un Concordat le 10 juillet en excipant de sa « collusion avec le fascisme et le nazisme » et particulièrement dans les milieux juifs. On n'a jamais reproché la même collusion à l'Angleterre et à la France en vue de la signature du Pacte à quatre qui, quoique non ratifié, fut, lui aussi signé. À la même époque.

rédaction de « définir des méthodes de contrôle compatibles avec le respect des souverainetés nationales ». À son tour, ce Comité, dont les membres n'arrivent à se mettre d'accord sur rien, décide de soumettre le problème à un sous-comité de juristes. Le délégué allemand, M. Nadolny, se fâche devant cette procédure qui lui parait de diversion, et le 5 juin, fait remarquer qu'on s'égare fâcheusement, qu'il n'a rien contre un contrôle, qui va de soi s'il s'applique à tout le monde, mais que ce n'est pas là le problème fondamental, lequel est, aux yeux de l'Allemagne, l'égalité des droits à laquelle conduisait automatiquement le Plan Mac Donald. Si, dit-il en substance, cette égalité des droits n'est pas effective d'ici à un an, l'Allemagne reprendra sa pleine liberté d'action.

Pour sortir de cette impasse, le 29 juin, M. Henderson qui préside la Conférence, est approuvé par tout le monde lorsqu'il propose de l'ajourner au 16 octobre : on espère, ainsi, éviter un éclat public qui lui porterait, moralement, un coup fatal, et que, d'ici là, on aura trouvé une issue par des conversations entre les chancelleries.

Cette issue, on ne la trouve pas : la France s'obstine sur sa thèse du contrôle avant tout, dans laquelle l'Allemagne voit un moyen de repousser l'égalité des droits aux calendes grecques. On finit par lui céder encore et, le 12 octobre, quatre jours avant la date prévue pour la réunion de la Conférence, au nom des délégations anglaise, française et américaine, Sir John Simon, chef de la délégation anglaise, informe M. Nadolny, chef de la délégation allemande, de « l'impossibilité d'admettre un réarmement de l'Allemagne et de la nécessité de faire passer le fonctionnement du contrôle par une période d'essai » qui n'est pas fixée. Pas un mot, d'autre part, du Plan Mac Donald et du désarmement des autres nations.

Le surlendemain 14, au cours de la réunion du bureau de la Conférence qui précède son assemblée générale et la prépare, M. Henderson reçoit un télégramme par lequel le gouvernement allemand lui fait savoir qu'il se retire, à la fois, de la conférence du Désarmement et de la Société des Nations.

Le soir même, Hitler prononce un grand discours radiodiffusé pour justifier sa décision. En voici le passage essentiel :

« On a dit que le peuple et le gouvernement allemands ont demandé un surcroît d'armes : c'est absolument inexact. Ils ont seulement demandé l'égalité des droits. Si le monde décide de détruire les armes, jusqu'à la dernière mitrailleuse, nous sommes prêts à accepter une pareille convention. Si le monde décide que certaines armes sont à détruire, nous sommes prêts à y renoncer d'avance. Mais si le monde accorde à chaque peuple certaines armes, nous ne sommes pas disposés à nous laisser exclure de leur emploi, comme un peuple de second rang.

Nous sommes prêts à prendre part à toutes les conférences, nous sommes prêts à souscrire à toutes les conventions, mais seulement à condition de jouir de droits égaux à ceux des autres peuples. En tant qu'homme privé, je ne me suis jamais imposé à une société qui ne voulait pas de ma présence ou qui me considérait comme inférieur. Je n'ai jamais forcé personne à me recevoir et le peuple allemand n'a pas moins de fierté que moi. Ou bien nous disposerons de droits égaux à ceux des autres, ou bien le monde ne nous verra plus à aucune conférence.

Un plébiscite sera organisé pour que chaque citoyen allemand puisse dire si j'ai raison ou s'il me désapprouve. »

Le plébiscite eut lieu le 12 décembre 1933 : par 40 601 577 voix, soit 95% des électeurs inscrits[91], l'Allemagne se rangea derrière le chef qu'elle s'était donné. On a dit que ce résultat avait été obtenu sous la contrainte : « au camp de concentration de Dachau, 2 154 sur 2 242 détenus votèrent pour le gouvernement qui les avait incarcérés[92] ». Et ceux-là, pourtant, étaient des durs. Leur vote n'était, d'ailleurs, que la réplique populaire de celui des députés sociaux-démocrates qui, le 17 mai précédent, avaient approuvé le discours de Hitler à l'unanimité. Et sans qu'aucune pression eût été exercée sur eux par le pouvoir.

Ce scrutin fut la véritable intronisation, l'intronisation populaire solennelle, de Hitler au pouvoir en Allemagne. Le 5 mars précédent, il avait obtenu 43,7% des suffrages et il lui avait fallu l'appoint de Papen pour arriver à 52% ; c'était déjà énorme. Cette fois, il avait derrière lui

---

[91] Et non des votants, comme on l'a trop souvent dit.
[92] W.L. Shirer, op. cit., p. 233.

la quasi-unanimité du peuple allemand. On ne pouvait plus dire qu'il imposait sa volonté par la terreur à tout un peuple : il était « porté » dans l'enthousiasme par tout un peuple.

Tels sont, au seuil de 1934, les résultats de la politique des Alliés contre l'Allemagne : après avoir porté Hitler au pouvoir, elle l'y consolidait par les mesures mêmes que ses protagonistes décidaient pour l'y mettre en difficulté.

4 - *Le relèvement économique de l'Allemagne*

Entre temps, grâce au génie financier du Dr Schacht, président de la *Reichsbank* devenu ministre de l'économie et des finances, l'Allemagne avait pu être remise au travail. Il n'est pas question d'alourdir cette étude d'une analyse détaillée du système du Dr Schacht. Il suffira d'en énoncer le principe.

Comme toutes les innovations des hommes de génie et comme l'œuf de Christophe Colomb, il reposait sur une idée, au demeurant très simple : dans une Allemagne dont les ressources en devises étaient pratiquement épuisées, le problème revenait à créer artificiellement des liquidités par une utilisation ingénieuse du crédit et, si possible, à long terme. Si les ressources du pays étaient épuisées en devises, celles de certains particuliers et notamment de la haute finance et de la grosse industrie ne l'étaient pas, au moins en marks et peut-être aussi en devises cachées. La confiance était revenue dans la haute finance et la grosse industrie, désormais assurées de l'ordre et protégées contre la subversion communiste par le nouveau gouvernement. Le Dr Schacht put alors créer une société anonyme, la *Metallgesellschaftforschung* (Société industrielle de recherches sidérurgiques) dont le capital social fut immédiatement affecté à l'exécution d'un programme de grands travaux pour le compte de l'État (autoroutes, politique du logement, stades, équipement des campagnes, etc.) contre reconnaissances de dettes proportionnelles aux mises : les *effets Mefo*. Ce système qui entra en vigueur dès le début de l'année 1933, ne fut définitivement au point qu'en avril 1934. À cette date et à condition que l'Allemagne vécût sur ses exportations, la *Reichsbank* accepta d'escompter les effets Mefo et elle les escompta à quatre ans pour donner les coudées franches à l'industrie : le plan de quatre ans. Le Dr Schacht autorisait ainsi la *Metallgesellschaftforschung* à tirer des traites sur le travail de l'Allemagne dans les années à venir.

Mais l'escompte des effets *Mefo*, surtout à si lointaine échéance, nécessitait la mise en circulation d'une monnaie détachée de l'or et des devises qui aurait une valeur intérieure très haute et une valeur internationale très faible, au moins au début : le *Rentenmark*. Ainsi fut créé le double secteur de l'économie auquel eurent recours à peu près tous les États du monde, la guerre terminée, et dont le contrôle des changes, avec son clearing et son marché parallèle, n'est qu'un succédané. Il eut pour conséquence une politique des salaires à gros pouvoir d'achat à l'intérieur mais, en raison de la limitation draconienne des importations, l'autarcie et le plat unique — pas de beurre mais des canons — du travail pour tout le monde. Au 1er janvier 1934, l'Allemagne avait réintégré près de quatre millions de chômeurs dans les circuits de la production et de la consommation. Au 1er janvier 1935, le chômage y était pratiquement nul.

Mais n'anticipons pas : en novembre 1933, le bien-être revenant aussi spectaculairement dans les foyers ouvriers, la grosse industrie et la haute finance étant libérées de tout souci de trésorerie, la machine économique fonctionnant sans à-coup et dans l'ordre revenu, firent la preuve aux yeux de tous les Allemands que Hitler avait raison. Et cette conclusion qu'ils tirèrent de l'évolution des événements ne fut pas étrangère au succès du plébiscite. Même la politique du contingentement des importations et du plat unique ne porta aucune atteinte au crédit de Hitler : crainte ou sympathie, les États de l'Europe centrale, notamment la Hongrie, l'Autriche, la Roumanie et la Pologne continuèrent à entretenir avec son régime des relations politiques et économiques normales, le *Rentenmark* y était accepté à une valeur correcte et, comme d'autre part, l'Angleterre, la Suisse et même les U.S.A., au tout début, se montrèrent compréhensifs, ce plat qui était unique put très rapidement devenir abondant. Le *Rentenmark* ne tarda d'ailleurs pas à devenir une monnaie forte dans le monde entier et tout rentra dans l'ordre. Sur le marché mondial, l'Allemagne était devenue le concurrent le plus dangereux des États-Unis à un moment où leur économie était en perte de vitesse et cela n'allait pas sans inquiéter le président Roosevelt.

En conséquence de quoi, si la période qui suivit la rupture de Hitler avec la S.D.N. fut essentiellement caractérisée par les efforts de l'Angleterre pour sortir de l'impasse créée par la France, elle le fut aussi par le silence des U.S.A. qui se tenaient dans une expectative craintive sur le plan économique et hostile sur le plan idéologique.

5 - *La politique du président Roosevelt*

Aux U.S.A., F.D. Roosevelt avait battu le président Hoover aux élections de novembre 1932 et, selon la coutume, était entré en fonctions en mars 1933 : la veille du scrutin qui, en Allemagne, consacrait le triomphe du tandem Hitler-Papen. C'était, là encore, une des conséquences, et non la moindre pour l'avenir de la Paix, du krack de Wall Street de 1929 et de la crise qui suivit, laquelle était loin d'être résorbée. Républicain, le président Hoover prétendait en sortir par les moyens classiques, notamment la déflation, et fit campagne sur ce thème. Démocrate, Roosevelt fit la sienne sur le *New Deal* qui était un programme très voisin de celui du Front populaire en France en 1936 : une politique des hauts salaires qui permettrait d'éponger les stocks et de faire redémarrer l'économie, des indemnités substantielles aux chômeurs en attendant, une politique du crédit, le tout assorti d'une critique serrée et souvent démagogique de l'administration Hoover dont, disait-il, les vues rétrogrades paralysaient et étouffaient l'économie américaine. Ce programme sous-entendait l'inflation et la dévaluation du dollar mais, cette dévaluation qu'en cas de succès électoral il rendait inévitable, il se garda bien de l'annoncer : sitôt arrivé au pouvoir — ce qui ne pouvait manquer d'arriver avec un programme aussi séduisant pour la masse — il la fit, ce qui, en allégeant l'économie américaine et l'État de tout souci de trésorerie, permit le redémarrage des affaires, la résorption du chômage, et assura, dans la suite, sa popularité pour longtemps, en la renouvelant.

Démocrate, le président Roosevelt est aussi franc-maçon[93] et, par voie de conséquence, ses relations avec le monde juif américain sont, à la fois, nombreuses et intimes. Son entourage est juif, du moins le plus grand nombre de ses collaborateurs les plus importants. Morgenthau, son secrétaire d'État au Trésor est juif ; ses conseillers les plus influents, Baruch et Weizmann aussi ; Cordell Hull du *State department* est l'époux d'une juive ; est juif Herbert Freis, lui aussi du *State Department*, de même encore Lehman, gouverneur de l'État de New York, et La Guardia, maire de la ville ; Soi Bloom, président de la Commission des affaires étrangères de la Chambre des représentants ; les représentants Dickstein, Celler, etc. ; le leader syndicaliste Sidney Hillman, les journalistes Lippmann (toujours là), Lawrence, Meyer, Sulzberger, le commentateur de la radio Walter Winchell, etc.[94]. Tout ce monde a ses grandes et ses petites entrées à la Maison blanche.

D'autre part, et ceci explique cela, il y a aux U.S.A. une communauté juive de plus de cinq millions de personnes, qui s'accroît depuis 1880 et dispose de cent onze publications dont soixante-cinq en anglais, quarante et une en yiddish, trois en hébreu, deux en allemand, se décomposant ainsi : neuf quotidiens à gros tirage, soixante-huit hebdomadaires, dix-huit mensuels et seize autres, bimestriels, trimestriels ou semestriels[95]. Sans compter les participations financières souvent majoritaires dans la presse non juive : le journaliste Lippmann, par exemple, est imposé au *New York Herald Tribune* par les banquiers

---

[93] Le 22 juillet 1941, le ministre allemand de la propagande publia des documents photographiques qu'il avait découverts dans une loge norvégienne et qui montraient Roosevelt en tenue de franc-maçon. (Saül Friedländer, *Hitler et les États-Unis*, p. 286. Aux éditions du Seuil, Paris.) Dans la suite, on apprit qu'il avait été initié le 28 novembre 1911, à la *Holland Lodge* n° 8, qu'il était 33e du Rite écossais et Sublime Prince du Royal Secret. Toute une correspondance entre lui et les loges européennes fut publiée sous l'occupation par le Comité de surveillance des activités maçonniques. (Cf. *Lectures françaises*, numéro spécial de juin 1957 sur les origines secrètes de la guerre 1939-1945 par Jacques Béarn, p. 157 sq.)
[94] Noms cités d'après Saül Friedländer, op. cit., p. 289.
[95] Arthur Ruppin, *Les Juifs dans le monde moderne*, Payot, Paris 1934. Arthur Ruppin était juif et professeur de sociologie à l'Université hébraïque de Jérusalem.

juifs qui y font la pluie et le beau temps.

Son appartenance à la franc-maçonnerie était, certes, le signe que les sympathies du président Roosevelt allaient aux juifs qui en étaient la fraction la plus nombreuse et la plus dynamique, et qui déterminaient toutes ses prises de position politique. Mais, même s'il n'avait pas été franc-maçon, il ne lui eût guère été possible de ne pas tenir compte de l'influence que, par leur importance, leur presse et celle où ils avaient leurs entrées par leurs participations financières exerçaient sur l'opinion publique américaine et qui en faisaient des agents électoraux de première grandeur. Elles avaient d'ailleurs été un facteur non négligeable de son élection à la présidence des U.S.A. et il fallait songer aux élections futures. En fait, dès son élection, le président Roosevelt accepta, tacitement d'abord, puis ouvertement dans la suite, tous les postulats de la politique juive.

Peut-être le doit-on au fait qu'il était un grand malade et que sa maladie le plaçait dans la dépendance à peu près totale de sa femme, plus farouchement encore que lui acquise à la cause des juifs, politiquement inculte, visiblement survoltée et dont Ribbentrop pouvait dire qu'elle n'était qu'une « mégère »[96]. Sur la maladie de Roosevelt, on n'est pas encore fixé : en raison du rôle qu'il joua dans une guerre à laquelle on veut conserver son caractère sacré, le secret le plus absolu est gardé. On a parlé de poliomyélite. Le *Larousse du vingtième siècle* dit qu'il s'agit de paralysie généralisée ayant commencé par les jambes. Toujours est-il qu'en 1921, à l'âge de trente-neuf ans, ce solide gaillard fut pris d'un mal soudain qui l'obligea à ne se déplacer plus qu'en fauteuil à roulettes et, jusqu'à sa mort, le fit maigrir au point qu'en 1939 il n'était déjà plus que l'ombre de lui-même. En présence de certaines de ses bourdes diplomatiques et notamment de sa lettre à Hitler et à Mussolini du 14 avril 1939 par laquelle, à mots à peine couverts, il les accusait l'un et l'autre d'être les seuls fauteurs de guerre dans le monde, Goering n'hésita pas à dire que c'était là « l'effet d'une paralysie progressive » et Mussolini qu'elle traduisait un « début de

---

[96] Déclaration du 4 janvier 1941, à Filov, président du Conseil Bulgare. (Saül Friedländer, *op. cit.*, p. 179.)

maladie mentale ». Question : si le *Larousse du vingtième siècle* avait raison et si Roosevelt n'était arrivé au pouvoir qu'au moment où, après avoir ruiné son corps, sa maladie s'était mise à attaquer ses moyens intellectuels ?

Bien des choses s'expliqueraient alors, notamment son entente avec Churchill dont on sait, depuis la publication des *Mémoires* de son médecin, lord Morand, qu'il n'était qu'un autre malade presque aussi gravement atteint que lui, quoique sous une autre forme, et l'influence que sa femme et son entourage juif exerçaient sur lui[97]. L'histoire de ce temps prendrait les allures d'un roman noir, où le sort du monde serait tombé entre les mains de deux malades intellectuellement, parce que physiquement sur le déclin.

Mais revenons au fait.

Le programme du Parti nazi prévoyait que, dès son accession au pouvoir, les juifs ne seraient plus considérés en Allemagne que comme des étrangers, qu'ils n'y auraient pas plus de droits que les étrangers dans tous les pays du monde et que, notamment, ils en pourraient être expulsés, comme aussi dans tous les pays du monde le peuvent être les étrangers. Ainsi décidée par principe et visant collectivement tous les juifs sans autre raison que leur appartenance à leur race ou à leur religion, la mesure prenait le caractère d'une indiscutable et grave atteinte au droit des gens : dans les autres pays, on ne la prenait qu'individuellement contre les étrangers et seulement pour atteinte à la

---

[97] M. Saül Friedländer traduit : « L'hostilité immédiate que le nouveau régime allemand provoque outre-Atlantique s'explique par ce que l'on croit savoir de l'influence qu'y exercent les juifs. » (*Op. cit.*, p. 38.) En réalité, il ne s'agit encore, en 1933, que de l'hostilité du président Roosevelt et non de celle « d'outre-Atlantique » comme le prétend M. Saül Friedländer. Et il en sera longtemps encore ainsi : en septembre 1939, un sondage d'opinion de l'agence Roper qu'on trouvera plus loin établit que 2,8% seulement du peuple américain sont partisans d'une entrée en guerre immédiate des U.S.A. aux côtés de l'Angleterre et de la France. Comme quoi, cependant, l'influence exercée par les juifs, soit sur le président Roosevelt directement, soit sur l'opinion publique par la presse — donc dans l'évolution du monde vers la seconde guerre mondiale — n'est discutée par personne, même pas par les juifs : M. Saül Friedländer est un historien juif (communiste ou crypto-communiste, né à Prague et citoyen israélien mais préférant vivre en Suisse) qui se distingua récemment, en présentant un dossier tronqué et tendancieux de l'affaire Pie XII. (*Pie XII et le IIIe Reich*, aux Éditions du Seuil, Paris.)

sécurité intérieure de l'État. Les Allemands la justifièrent par le fait que les juifs étaient collectivement des parasites qui vivaient à peu près exclusivement du commerce de l'argent (à l'appui, ils produisaient la statistique des juifs allemands par profession) c'est-à-dire du travail des autres, désorganisaient tous les circuits économiques — ce qui mettait en danger l'existence de l'État (à l'appui, ils prétendaient que, par deux fois, ils avaient provoqué l'effondrement économique de la République de Weimar pour s'enrichir, mais n'avaient réussi que la première fois, en 1923) et, en somme, tendaient collectivement tous leurs efforts à mettre l'Allemagne en coupe réglée. Sur le plan politique, ils ajoutaient que leur prétention à ne considérer l'Allemagne que comme un pays d'accueil où ils étaient contraints de vivre, comme d'autres de leurs coreligionnaires étaient contraints de vivre dans d'autres pays, depuis que, disaient-ils, Titus et Hadrien les avaient chassés de Palestine et dispersés dans le monde[98], à vouloir rester un peuple distinct et à constituer dans le pays, de droit, la *minorité nationale* qu'ils constituaient illégalement de fait en utilisant toutes les failles des lois en vigueur, était inacceptable : s'ils y réussissaient, ils constitueraient alors un État dans

---

[98] La Diaspora, dans la version que nous en donnent les juifs, est un mythe. En réalité, de tout temps et de leur propre volonté, les juifs ont toujours été dispersés dans le monde et il n'y eut jamais qu'une minorité d'entre eux à vivre en Palestine. Dans *L'affaire Jésus* (Calmann-Lévy, Paris 1964) M. Michel Plault nous dit qu'au temps de Jésus, il y avait environ sept millions de Juifs dans le monde, dont moins de trois millions en Palestine. Mais, pour arriver à ces sept millions et à ces trois millions, il est obligé de considérer qu'étaient juifs tous les habitants de la Palestine qui comprenait alors la Syrie, l'Irak, la Jordanie, le territoire de Gaza et l'État d'Israël d'aujourd'hui et qui, nous dit l'historien juif Josèphe, était effectivement peuplée d'environ trois à quatre millions d'habitants. Plus modeste, M. Ben Gourion (*Le peuple de l'État d'Israël*, Éditions de Minuit, Paris 1959) dit trois à quatre millions de juifs dans le monde, dont moins d'un million vivant en Palestine au milieu de près de trois millions d'Arabes, et ajoute, d'après Josèphe, qu'il n'y avait « point de peuple dans le monde qui n'ait, en son sein, une communauté de nos frères » (p. 79). Le même phénomène se remarque aujourd'hui où il y a dix-sept à dix-huit millions de Juifs dans le monde — les Juifs disent treize à quatorze millions mais c'est faux (Voir *Le Drame des Juifs européens*, les Sept Couleurs, Paris) — et seulement deux millions et demi environ dans l'État d'Israël. Ils revendiquent la Palestine, mais ils n'y vont pas — heureusement, d'ailleurs car il n'y aurait alors guère de moyen d'éviter une troisième guerre mondiale. « Le sionisme, a dit quelqu'un, est une doctrine qui consiste, pour un juif, à en envoyer un autre en Palestine, au frais d'un troisième, s'il ne peut l'y envoyer aux frais d'un goy. »

l'État, et ceci ferait que la sécurité de l'État, unitaire par définition, se trouverait gravement menacée. Pour tout dire, ils trouvaient tout à fait normal de considérer les juifs comme des étrangers en Allemagne puisqu'eux-mêmes s'y considéraient comme des étrangers.

Prenant acte de cette doctrine qui soustrayait un peuple de soixante-dix millions d'habitants à leur marché financier, tous les juifs du monde, au lieu de rechercher un compromis d'autant plus aisé à trouver que Hitler en recherchait un, passionnèrent le débat en se déclarant aussitôt, et de leur propre aveu[99], en état de guerre, non seulement avec l'idéologie nazie, ce qui eût été parfaitement légitime et n'eût, au pis-aller, entraîné comme conséquence qu'une discussion académique, mais encore avec l'Allemagne, ce qui supposait une intervention militaire : ils cherchèrent, dans tous les pays où ils avaient quelque influence, à entraîner le monde dans cette voie. Le président Roosevelt ne pouvait pas les suivre sur ce terrain : le peuple américain était résolument hostile à une guerre en Europe, si les Américains, comme c'était le cas, n'étaient pas directement menacés dans leurs intérêts, et c'eût été compromettre sa réélection ou celle de celui que son parti choisirait pour lui succéder. Il ne pouvait non plus se prononcer contre eux, à la fois

« Depuis des mois le combat contre l'Allemagne est mené par chaque communauté juive, à chaque conférence, à chaque congrès, dans les syndicats et par chaque juif dans le monde. Il y a des raisons d'admettre que notre part à ce combat est de valeur générale. Nous déclencherons une guerre spirituelle et matérielle du monde entier contre l'Allemagne. L'ambition de l'Allemagne, c'est de redevenir une grande nation, de recouvrer ses territoires perdus et ses colonies. Mais nos intérêts juifs exigent la destruction totale de l'Allemagne. Collectivement et individuellement, la nation allemande est un danger pour nous autres juifs » (Wladimir Jabotinsky, fondateur de l'Irgoun, in

---

[99] « Les peuples juifs du monde entier déclarent la guerre financière et économique à l'Allemagne » (*Daily Express*, 24-3-1933). « Le Congrès mondial juif est, depuis sept ans, en guerre avec l'Allemagne » (*Toronto Evening Telegram*, 26-2-1940). « Nous sommes en guerre avec l'Allemagne depuis le premier jour de la prise du pouvoir par Hitler » (*Jewish Chronicle*, 8-5-1942).

Marcha Rjetsch, 1er janvier 1934).

Parce que c'était perdre un agent électoral précieux et parce qu'il partageait leur manière de voir. Il se tut et tandis que, sous le président Hoover, les U.S.A. proposaient des plans de paix à la Conférence du désarmement (Plan Hoover, Pacte Briand-Kellog), sous le président Roosevelt ils n'en proposèrent plus.

6 - *La note Barthou du 17 avril 1934*

La France vit dans cette attitude du président Roosevelt, une communion de pensée certaine avec son point de vue — elle ne se trompait pas — et se crut assurée du soutien de l'Amérique en cas de guerre avec l'Allemagne : elle ne se retrancha que plus fermement sur ses exigences, ne faisant rien pour favoriser la reprise du dialogue par le retour de l'Allemagne à la S.D.N. mais au contraire, tout pour l'en maintenir à l'écart et aggraver les rapports entre elle et la S.D.N. Visiblement, elle espérait assez sottement que si, un jour, il était brusquement placé devant un choix à faire entre la guerre ou s'incliner, Hitler s'inclinerait.

Plus pessimiste — et à bon droit, l'expérience l'a prouvé — l'Angleterre, pourtant, ne se découragea pas.

On passera sur l'intense échange de correspondance diplomatique qui suivit le départ de l'Allemagne de la S.D.N. et eut lieu entre l'Allemagne, l'Angleterre, la France et l'Italie (mémorandum allemand du 18 décembre 1933, réponse de la France sous la forme d'un aide-mémoire en date du 1er janvier 1934, réponse de l'Allemagne par un mémorandum en date du 19 janvier 1934, etc.) — il n'était qu'un dialogue de sourds entre la France et l'Allemagne. On ne retiendra que deux initiatives : la note anglaise du 29 janvier 1934 qui n'est, à la nuance près, qu'une reprise du Plan Mac Donald (cf. supra, p. 65) et la note française signée Barthou qui mit définitivement fin au dialogue.

Tout en affirmant qu'il était impossible de dissocier les questions de sécurité de celles du désarmement, la note anglaise du 29 janvier 1934 pose en principe qu'on « ne peut accorder certaines armes à certains États tout en les interdisant à d'autres » ; c'était une façon de reconnaître l'égalité des droits revendiquée par l'Allemagne. Au point de vue des effectifs allemands, elle proposait un chiffre intermédiaire entre les deux cent mille hommes proposés par M. Mac Donald et les trois cent mille demandés par Hitler. L'Angleterre, poursuivait la note, voudrait que l'on arrive à réaliser la parité entre les armées française, allemande, italienne et polonaise, que toutes ces armées fussent de type identique, formées de contingents appelés pour de courtes périodes. En ce qui concernait l'artillerie lourde et les chars, elle proposait partout une limitation à certains types. Délai de réalisation de ce programme : cinq années sauf en ce qui concerne l'aviation pour laquelle elle propose un délai de deux années pendant lesquelles on s'efforcera d'abolir partout l'aviation militaire. Si l'entreprise échoue, le *Reich* aura, dans deux ans, le droit de construire, lui aussi, une flotte aérienne.

Pour éviter toute cause de malentendu, M. Baldwin qui a succédé à M. Mac Donald pense qu'à l'échange froid de notes diplomatiques, il ne serait peut-être pas mauvais d'associer les contacts personnels : il charge M. Eden, lord du Sceau privé, de faire une tournée des capitales.

Le 17 février, M. Eden est à Paris où il est assez froidement accueilli par M. Barthou qui a succédé à M. Paul-Boncour[100] et qui est un germanophobe encore plus fanatique que lui. La France, lui dit M. Barthou, pense qu'avant de prendre toute mesure de désarmement, il faut créer un organisme de contrôle de ce désarmement éventuel — il le lui a d'ailleurs écrit le 14 février — et que cet organisme étant créé et mis en place, le délai de cinq années prévu par le Plan Mac Donald est tout à fait raisonnable, mais qu'il doit être suivi d'une période d'épreuve de trois années, au terme desquelles, le désarmement ne sera effectif et irrévocable que si le contrôle révèle que l'Allemagne a effectivement désarmé. Cela repoussait à huit années le désarmement effectif, — plus le délai d'installation du dispositif de contrôle sur la conception duquel

---

[100] Entre-temps, il y a eu en France, le 6 février 1934 qui a provoqué la chute du gouvernement de M. Daladier et son remplacement par le gouvernement Doumergue dont M. Barthou est le ministre des Affaires étrangères.

on n'avait encore procédé à aucun échange de vues. Il faisait en outre des réserves sur la parité des effectifs, arguant de l'existence des S.A. et des S.S. en sus de l'armée allemande proprement dite et prétendant qu'en tout état de cause, cette parité devait se limiter aux troupes métropolitaines à l'exclusion des troupes coloniales, sur la limitation générale et pour tout le monde, à certains types en ce qui concernait l'artillerie lourde et les chars, sur la suppression totale de l'aviation militaire dans tous les pays.

Le 21 février, M. Eden est à Berlin où le chancelier Hitler lui dit qu'il accepte le plan anglais sous la seule réserve de quelques modifications de détail, que les deux interlocuteurs sont d'accord pour trouver sans importance : par exemple, si on n'arrivait pas à supprimer partout l'aviation militaire, le *Reich* ne pouvait attendre deux années pour assurer sa sécurité aérienne. Sur ce point, un compromis est tout à fait possible. M. Eden ayant excipé du point de vue de la France sur les S.A. et les S.S., Hitler lui dit qu'il est prêt à les désarmer, voire à supprimer purement et simplement les S.A. Mais s'il accepte que les armements des autres nations ne soient ramenés au niveau des armements allemands que dans un délai de cinq années, il ne peut, en aucun cas, accepter le point de vue de la France qui prolonge ce délai de trois années et l'assortit du seul contrôle des armements allemands : le contrôle, il l'accepte aussi mais à condition que tout le monde s'y soumette, une fois le désarmement achevé et non avant, alors qu'il n'y a rien à contrôler.

Le 26 février, M. Eden est à Rome où le plan anglais est aussi accepté dans ses grandes lignes. Mais sans y être opposé Mussolini lui dit qu'il ne croit pas à la possibilité de la standardisation des armées allemande, française, anglaise et polonaise.

Une fois encore, seule la France...

Sur les conclusions du rapport que, de retour à Londres, M. Eden remit à M. Baldwin, lequel le transmit à toutes les chancelleries, la discussion s'engage. Au cours de la discussion, vu l'intransigeance de la France, l'Allemagne est amenée à dire, dans un mémorandum daté du 13 mars, qu'elle « ne saurait plus, en aucun cas, être astreinte à un statut militaire semblable à celui que prescrit le Traité de Versailles ». M. Barthou répond, le 17 mars, que « la partie V du traité de paix doit rester intangible et que nous sommes décidés à la maintenir quoi qu'il advienne ».

Et on en resta là jusqu'au 17 avril : dans l'intervalle, toutes les tentatives faites par l'Angleterre pour faire revenir M. Barthou sur ce point de vue, ou pour obtenir de lui quelles garanties il exigeait pour y revenir, restent vaines. Enfin, à une note anglaise du 10 avril, M. Barthou répond le 17 avril, sur un ton à la fois catégorique et excédé que « le gouvernement français se refuse solennellement à légaliser le réarmement allemand », que « celui-ci a rendu toutes les négociations inutiles » et que « la France assurera désormais sa sécurité, seule et par ses propres moyens ».

C'était la rupture définitive et irrémédiable avec toutes ses conséquences : d'une part, l'assurance que jamais l'Allemagne ne reviendrait à la S.D.N., de l'autre le nouveau départ qu'allait prendre la course aux armements dont il est clair qu'elle conduirait à la guerre.

Indépendamment de M. André Viénot qui qualifia cette note « une fin de non-recevoir et un coup de trique », de lord Lothian qui la dit « un non d'une portée historique fatale », de M. Paul Reynaud qui l'accusa d'avoir « fait paraître la France, aux yeux du monde, comme responsable de la course aux armements[101] », M. Lloyd George déclara, le 21 avril, devant la Chambre des communes qu'elle « était la suite logique du fait que, pendant des années et davantage, la France s'était refusée à tenir son engagement de désarmer (allusion au préambule de la partie V du Traité de Versailles) et que, même après Locarno, elle avait accru ses armements d'année en année ».

Même Léon Blum regrettera que M. Barthou ait pris cette initiative, condamnera sévèrement le gouvernement qui la lui a laissé prendre et soulignera la responsabilité de la France. « Croyez-vous, dira-t-il, que l'Allemagne, même hitlérienne, aurait eu la liberté de réarmement qu'elle a aujourd'hui, qu'elle aurait pu prendre cette initiative libre et délibérée, à la face du monde, si une convention équitable de

---

[101] Paul Reynaud, *La France a sauvé l'Europe*, Plon, Paris, t. 1, p. 294.

désarmement par une réduction générale avait été signée en temps utile[102] ? »

À l'époque, tous les peuples, en effet, attendaient dans l'espérance « cette convention équitable de désarmement par une réduction générale » et ce qui leur vint, ce fut la note Barthou qui l'empêcha, et, en permettant la reprise de la course aux armements, ouvrit toutes grandes les portes du monde à la guerre.

Les amateurs d'humour noir s'en consoleront à la pensée que si, grâce à la France représentée par M. Barthou, les relations étaient rompues au plan de l'humanisme, entre l'Allemagne et la S.D.N. d'une part, la France et l'Allemagne de l'autre, elles ne l'étaient pourtant pas entre les industriels de l'armement, de part et d'autre du Rhin. Dans ce secteur on s'entendait très bien entre Français et Allemands, avec la bénédiction des deux gouvernements. Le prouve cette réponse à une question du Sénateur Paul Laffont parue au Journal Officiel du 26 mars 1938 :

« Les quantités de minerai de fer (n· 204 du tarif des douanes) exportées de France à destination de l'Allemagne, au cours des années 1934, 1935, 1936 et 1937 sont consignées dans le tableau ci-après :

Année 1934	17 060 916	quintaux métriques
Année 1935	58 616 111	—
Année 1936	77 931 756	—
Année 1937	71 329 234	—

S'en consoleront aussi, ajoute Le Crapouillot[103],

« Tous les combattants français atteints dans leur chair au cours de la campagne 1939-40, en apprenant que les projectiles qui les mutilèrent avaient été fondus dans le minerai patriotiquement exporté en Allemagne par M. François de Wendel et ses confrères sidérurgistes de Meurthe-et-Moselle ».

Ces chiffres prouvent, en effet, que si le plan anglais avait été adopté,

---

[102] Discours à la Chambre des Députés, 14 juin 1934.
[103] *Histoire de la Seconde Guerre Mondiale*, Le Crapouillot, t. 1, p. 12 de Galtier-Boissière.

M. François de Wendel et ses confrères sidérurgistes de Meurthe-et-Moselle eussent été condamnés à continuer de végéter : l'Allemagne était leur plus important et, pour ainsi dire, leur seul client dans le secteur des matières premières qu'ils produisaient, et que l'état du marché, aussi bien que l'équipement de l'industrie française, ne leur permettait pas de transformer ou d'écouler ailleurs.

Question : M. Barthou était-il à la solde de M. François de Wendel et de ses confrères sidérurgistes de Meurthe-et-Moselle[104] ?

De toutes façons, tous ceux qui avaient quelque influence dans le monde étaient ligués contre la Paix : les Juifs par idéologie — du moins masquaient-ils au moyen d'une idéologie, des intérêts matériels certains —, le président Roosevelt à leur dévotion, les industriels des armements par intérêt, les politiciens français pour leur complaire ou par un nationalisme étroit et borné.

Et Hitler, dans tout cela ?

Il suivait le mouvement, définissant son attitude, au jour le jour, en fonction de celle que prenaient ses adversaires et leur faisant chaque fois la réponse de la bergère.

À ce jeu, si aucun renversement ne se produisait, on ne pouvait manquer de se trouver un jour devant une guerre qu'on ne pourrait éviter et c'est ce qui arriva.

---

[104] On a dit (François-Poncet, *Souvenirs d'une Ambassade à Berlin*, Flammarion, Paris, p. 175 et suivantes) que M. Barthou qui était, comme François-Poncet lui-même, partisan de ne pas rompre les pourparlers avec l'Allemagne, n'avait pris la responsabilité de cette note rédigée par Gaston Doumergue sur le conseil d'André Tardieu, que contraint et forcé par la solidarité ministérielle. Dans ce cas, ce serait de MM. André Tardieu et Gaston Doumergue qu'il faudrait se demander s'ils n'étaient pas à la solde des sidérurgistes de Meurthe-et-Moselle et de M. François de Wendel. On s'était déjà posé la même question au sujet de M. Tardieu, alors rédacteur au Temps, relativement à son attitude à la veille de la guerre de 1914.

Chapitre III – Vers la guerre

1 - *La course aux armements*

La note Barthou du 17 avril 1934, qui consacra l'échec de la Conférence du désarmement et mit fin à tout espoir d'entente, déclencha dans le monde un véritable vent de folie. En matière d'armements, tous les peuples avaient, désormais, les mains libres.

Assez paradoxalement, ce fut aux États-Unis que ce vent se leva : dans un discours qu'il prononça, le 23 juillet 1934, devant les équipages du croiseur Houston, le président Roosevelt déclara que « la flotte américaine sera poussée à l'extrême limite de sa puissance » et annonça « la mise en chantier de 360 000 tonnes d'unités nouvelles ». Dans le même temps, M. Newton Baker, président de la Commission de l'aviation du Département de la guerre, déclarait qu'« il faut à l'Amérique une flotte aérienne d'au moins 2 320 avions ». Ces déclarations étaient motivées par l'attitude du Japon qui avait quitté la S.D.N. le 26 mars 1933, s'était lancé à la conquête du Mandchoukuo qu'il avait créé, et s'attaquait présentement à la Mongolie extérieure et à la Chine, où il menaçait les intérêts américains. Les deux hommes laissaient entendre que l'évolution des événements d'Europe pouvait aussi menacer les intérêts américains de ce côté, ne serait-ce que si l'Allemagne s'entendait avec le Japon.

Le 19 août, le gouvernement britannique annonce son intention de créer quarante-deux escadres aériennes nouvelles.

En France, le maréchal Pétain prononce, le 22 août, un discours devant les officiers de réserve à Saint-Malo et pose le problème des effectifs militaires. Il y revient à Meaux le 9 septembre dans un discours qu'il prononce pour commémorer l'anniversaire de la victoire de la Marne et lance officiellement l'idée du service militaire de deux ans qui traînait dans toutes les revues militaires et dans tous les journaux depuis le mois de mal.

« L'idée de la guerre est dans l'air », dit Mussolini dans un discours qu'il prononce du balcon du palais de Venise, le 24 août, sur *La subordination nation de toute la vie de la nation aux nécessités militaires*. Ce n'est pourtant que le 11 avril 1935 qu'il fait annoncer par le *Popolo d'Italia* que l'Italie entend avoir une armée de 600 000 hommes dotée de l'armement le plus moderne, qu'elle va « accélérer le développement de sa flotte aérienne et navale » et met immédiatement en chantier deux cuirassés de 35 000 tonnes.

La Russie, elle aussi, prend des mesures militaires, mais rien n'en transpire. Ce n'est que le 1er janvier 1935, par un discours prononcé par le maréchal Toukhatchewski, commissaire du peuple adjoint à la Guerre, au VIIe Congrès des Soviets pan-russes, qu'on apprend que, dans le courant de l'année 1934, les effectifs militaires y sont passés de 600 000 à 940 000 hommes.

En Pologne, le 24 septembre 1934, le maréchal Pilsuski institue par décret le service militaire obligatoire auquel sont astreints tous les hommes de 17 à 60 ans, et même les femmes.

Il n'est pas jusqu'à la Suisse qui, le 6 décembre 1934, ne prolonge d'un mois la durée de son service militaire.

Quant à l'Allemagne, elle a, elle aussi, les mains libres. Il semble pourtant qu'elle n'en ait pas exagérément profité. Le *Führer* sait, certes, que sa rupture avec la S.D.N. est irréversible, l'évolution de l'opinion en France (discours du maréchal Pétain, le chœur de la presse, etc.) attestant au-delà de toute mesure qu'il n'y a aucune chance que le gouvernement revienne sur les positions prises par M. Barthou dans sa note du 17 avril. Dans le courant de l'année 1934, il met à l'étude la réorganisation de l'armée, la modernisation de son armement, ordonne la mise en chantier de prototypes d'avions, de chars et d'unités navales, mais ne prend aucune mesure spectaculaire. On dirait qu'il veut en laisser l'initiative à ses adversaires et ses discours menaçants restent des discours. Même l'institution du service militaire obligatoire en Pologne pour tous les hommes de 17 à 60 ans ne l'émeut pas et ne l'incite pas à remettre en cause le pacte de non-agression que, le 26 janvier 1934, il a signé — au grand dam de la France, d'ailleurs, alliée à la Pologne depuis

1921 — avec la Pologne et n'influe pas sur les mesures militaires qu'il est en train de prendre. À la fin de 1934, ses effectifs militaires se situent encore entre les 200 à 300 000 hommes prévus par le plan anglais. Des mesures spectaculaires, il en prendra en mars 1935 et il ne les mettra définitivement au point que par la loi du 21 mai 1935 relative à l'organisation de l'armée nationale destinée à remplacer la loi du 6 mars 1919 sur la *Reichswehr* provisoire et celle du 23 mars 1921 sur la *Reichswehr* de métier, c'est-à-dire, après tout le monde, après les États-Unis, l'Italie, la Pologne et même après l'Angleterre[105].

C'est qu'entre-temps deux graves événements s'étaient produits en Europe : le plébiscite de la Sarre qui, le 13 janvier 1935 avait eu une influence décisive sur le rétablissement du service militaire de deux ans en France et, en mai 1935, la mise en train du pacte franco-russe qui signifiait la reprise de la politique d'encerclement de l'Allemagne. Ces mesures prises par l'Allemagne ont été des répliques trop rapides, trop précises et trop complètes pour qu'on puisse penser qu'elles n'étaient pas prévues depuis longtemps — au moins depuis le 17 avril 1934. Mais on peut penser aussi que, depuis le 17 avril 1934, Hitler savait que la situation créée par la note Barthou était irréversible, qu'il serait un jour obligé de les prendre et s'y était préparé. De toutes façons, le service militaire porté à deux ans en France et la mise en route du pacte franco-russe lui servirent au moins d'alibi.

1. *Le plébiscite sarrois.* – Contrairement à l'avis de Clemenceau qui réclamait l'annexion immédiate de la Sarre à la France, arguant que « la grande majorité des Sarrois étaient français d'origine et que ceux qui ne l'étaient pas l'étaient de cœur », le Traité de Versailles avait disposé que la Sarre serait placée sous administration française pendant quinze ans au terme desquels les Sarrois devraient dire par voie de plébiscite s'ils voulaient être définitivement rattachés à la France, devenir autonomes ou faire retour au *Reich*.

En septembre 1934, le moment étant venu de prévoir l'organisation de ce plébiscite, les quinze ans étant écoulés, on en fixa la date au 13

---

[105] Le plan anglais de réarmement terrestre, naval et aérien, est daté, comme on le verra plus loin, du 10 mars 1935.

janvier 1935. Sur l'état de l'opinion publique en Sarre, le gouvernement français vivait encore sur l'idée qu'en avait Clemenceau en 1919, et il était d'autant plus solidement ancré dans cette idée que pendant quinze années il s'était livré à une intense propagande anti- allemande, assortie, depuis 1930 et plus particulièrement depuis 1933, d'une propagande anti-hitlérienne où rien n'avait été laissé dans l'ombre : ni la persécution des juifs ni les camps de concentration, ni les entraves apportées par Hitler à la liberté d'expression ni l'horreur qu'inspirait son régime à la conscience universelle, etc. Il tenait là, pensait-il, l'occasion unique de mettre Hitler en échec et de porter à son prestige en Allemagne un coup dont il ne se relèverait pas.

Hitler cependant se sentait en position de force et était sûr de son affaire — Hindenburg étant mort le 1er août, un Conseil de cabinet aussitôt réuni à la chancellerie avait décrété que « Les fonctions de président du *Reich* [seraient] fusionnées avec celles de chancelier d'Empire [et que] en conséquence toutes les attributions et prérogatives du président [seraient] transférées au chancelier Adolf Hitler ». Placardé immédiatement sur tous les bâtiments publics du *Reich* puis soumis à un référendum, ce décret avait, le 19 août, été approuvé par le corps électoral par 38 362 760 suffrages soit 88,9% des inscrits. C'était la preuve que Hitler avait toujours la confiance massive du peuple allemand. D'autre part, ses services de renseignements lui avaient remis un dossier d'où il résultait qu'en Sarre, comme dans tous les pays où il y avait des minorités de langue allemande, ces minorités réclamaient violemment leur retour à la mère-patrie.

Par malheur, dans le souci de ne pas déchaîner les passions que le plébiscite ne manquerait pas de susciter et qui ne pouvaient qu'aggraver ses rapports avec la France, dans les discussions préliminaires, il fit remettre à notre ambassadeur à Berlin, M. François-Poncet, une note proposant de régler l'affaire par un accord amiable entre les deux gouvernements : la Sarre redeviendrait allemande, mais un traité économique permettrait à l'industrie française de bénéficier de ses ressources dans les mêmes conditions que présentement. La proposition était sage. Elle créa en France un important courant favorable à la tête duquel se plaça Jules Romains, lequel fit en France, une série de conférences publiées plus tard sous le titre *Le Couple France-Allemagne* pour recommander de l'accepter.

Le gouvernement français, pourtant, la déclina : il y vit comme un aveu d'impuissance de Hitler qui ne la faisait que parce qu'il était sûr de l'hostilité du peuple sarrois à l'Allemagne et au régime national-socialiste.

Le plébiscite eut lieu et on en connut les résultats dans la nuit du 13 au 14 janvier : 90,8% des votants ont choisi le retour à l'Allemagne, 8,8% l'autonomie dans la forme du statu quo, 0,4% seulement le rattachement à la France. Pratiquement pas d'abstentions.

À Berlin, on pavoise.

À Londres, on s'y attendait, et dire qu'on y était fâché de ce coup dur pour la France, qui avait, jusqu'ici, fait échouer tous les plans de désarmement, serait exagéré.

À Paris, on est effondré : le plébiscite sarrois qui a eu lieu sous le contrôle de la S.D.N. donc sans que l'Allemagne puisse intervenir, soit dans les opérations de vote, soit dans la proclamation des résultats, a donné à Hitler le même pourcentage de suffrages que les plébiscites qui ont eu lieu en Allemagne même et on ne pourra plus dire que ceux-ci sont truqués. Il indique clairement que, si on veut éviter que d'autres minorités de langue allemande, qui sont sûrement dans les mêmes dispositions d'esprit que le peuple sarrois (Sudètes, Posnanie, Dantzig ou même des peuples comme l'Autriche), il n'y a plus d'autre moyen que la force et il faut se préparer à être fort [Note : il manque une partie de la phrase dans l'édition originale].

Le 1er mars 1935, l'administration de la Sarre est officiellement remise aux autorités allemandes et Hitler déclare au Reichstag : « L'Allemagne renonce solennellement à toute revendication sur l'Alsace-Lorraine : après le retour de la Sarre, la frontière franco-allemande peut être considérée comme définitivement fixée ». Le même jour, la *Revue des deux Mondes* publie un article du maréchal Pétain qui met l'accent sur la nécessité du retour au service militaire de deux ans, et M. Pierre-Étienne Flandin dépose sur le bureau de la chambre des députés un projet de loi qui l'institut. Ce projet est adopté le 16 mars après un débat passionné. Le soir même de ce 16 mars, le vote étant acquis à la chambre française, ou en voie de l'être, le tour qu'avait pris le débat ne laissant aucun doute à ce sujet, Hitler remet à son conseil des ministres un décret qui rétablit le service militaire obligatoire en Allemagne et annonce une loi plus détaillée sur son organisation. Il est ainsi conçu :

« 1° Le service dans la Wehrmacht est basé sur le service militaire obligatoire ;
2° L'armée allemande comprend, en temps de paix, 12 corps d'armées et 36 divisions ;
3° Les lois complémentaires réglant le service militaire obligatoire seront soumises au cabinet, à bref délai, par le ministre de la *Reichswehr.* »

Par ce décret, Hitler a déchiré tout ce qui subsistait encore de la partie V du Traité de Versailles et repris d'un seul coup sa liberté d'action, remarque Benoist-Méchin[106]. Et l'Allemand Paul Semmler :

« Ce jour-là, le *Führer* a brisé les chaînes imposées au *Reich* par le Traité de Versailles et rendu au peuple allemand son honneur et sa liberté[107]. »

On peut soutenir que, si la France n'avait pas rétabli le service militaire de deux ans, Hitler aurait quand même, tôt ou tard, pris ce décret : dans les apparences au moins, la succession chronologique des faits le permet difficilement et on peut également soutenir que, l'ayant préparé, il l'eût tenu en réserve.

2. *Le pacte franco-soviétique.* – L'encre de sa note du 17 avril 1934 était à peine sèche que M. Barthou commençait sa manœuvre d'encerclement de l'Allemagne par l'adhésion de la Russie à la S.D.N. Elle n'était pas facile. D'abord, parce que la Russie considérait la S.D.N. comme une « *Ligue de bandits* » et le Traité de Versailles comme « *un Diktat de haine et de rapines* » qu'il fallait déchirer au plus tôt. Ensuite

---
[106] *Histoire de l'armée allemande*, t. 111, p. 224.
[107] Wehrgesetz du 21 mai 1935, p. 7.

parce qu'elle était au plus mal avec certains de ses membres comme la Pologne, la Tchécoslovaquie et la Roumanie qu'elle accusait de n'être qu'un cordon sanitaire ou un fil barbelé dressé contre elle par la S.D.N. Enfin, M. Barthou n'était pas indiqué pour cette opération : le 29 novembre 1932, un traité d'amitié et d'assistance mutuelle avait été signé entre la France et la Russie pour deux ans par MM. Herriot et Dovgalewski, ambassadeur à Paris, et M. Barthou s'était prononcé contre, sous prétexte qu'on ne pactise pas avec le bolchevisme. Mais ce reniement de lui-même n'était pas de nature à arrêter M. Barthou.

Le 20 avril, il se mit au travail et son premier soin fut de se rendre à Prague et à Varsovie puis il sonda Bucarest, car il fallait d'abord raccommoder Prague, Varsovie et Bucarest avec Moscou. À Varsovie, il fut éconduit assez sèchement par le maréchal Pilsudski. Mais, le 9 juin, la Tchécoslovaquie par la voix de M. Benès et la Roumanie par celle de M. Titulesco reconnaissaient *de jure* la république des Soviets.

Ce résultat n'est pas pour déplaire à Staline qui se sent menacé à l'Ouest par le relèvement de l'Allemagne sous la férule d'un homme comme Hitler qui a déclaré la guerre au bolchevisme et à l'Est par les positions que le Japon a conquises au Mandchoukuo et en Mongolie : il ne serait pas fâché, pour se libérer à l'Est, de détourner sur l'Ouest le danger qui le menace venant de l'Allemagne. M. Barthou devient un grand homme. Aussi quand il lui suggère, par la voie diplomatique, de solliciter son adhésion à la S.D.N., le fait-il aussitôt.

Pour cacher son jeu, M. Barthou entreprend une seconde tournée en Europe centrale, le 20 juin, et y lance l'idée, qui n'a aucune chance de succès, d'un pacte de l'Est associant tous les pays de l'Europe centrale, l'Allemagne et la Russie, et serait une sorte de Locarno oriental complétant heureusement le Locarno occidental : de fait, le 10 septembre, l'Allemagne fait savoir qu'elle n'entend signer aucun traité qui l'obligerait à prêter assistance à l'U.R.S.S. et à défendre le régime soviétique, s'il se trouvait attaqué. Mais M. Barthou croit avoir fait la preuve que son effort n'est pas dirigé contre l'Allemagne et sauvé la face.

La demande d'adhésion de l'U.R.S.S. vient en discussion devant la

S.D.N. le 18 septembre 1934 et elle y est admise par 38 voix contre 3 et 7 abstentions. À partir de cette date, la S.D.N. n'est plus, pour les communistes du monde entier « une ligue de bandits » et à leurs yeux, le traité de Versailles devient un traité hautement estimable.

Le 9 octobre, M. Barthou qui est allé accueillir le roi Alexandre de Yougoslavie à Marseille y est assassiné par un terroriste croate qui ne manque pas non plus le roi. Les pourparlers qu'il a engagés sont poursuivis par Pierre Laval qui lui succède au Quai d'Orsay. Ils aboutissent, le 2 mai, en bonne et due forme et, pour procéder à l'échange des ratifications, M. Pierre Laval fait, le 14 juin 1935, un voyage à Moscou d'où il rapportera la célèbre déclaration de Staline qui désarme le parti communiste français dans sa lutte contre les budgets militaires et fait passer ceux du monde entier dans le clan des bellicistes anti-allemands : « La France a le devoir de porter ses armements au niveau des besoins de sa sécurité ». Le 15 juin, le pacte franco-soviétique est assorti d'un pacte russo-tchécoslovaque.

En réponse, le gouvernement allemand promulgue, le 21 mai, la loi annoncée dans le décret du 16 mars sur la reconstitution de la *Wehrmacht*. Les avions de bombardement lourds Junker 52, de bombardement légers Heinckel 70, de reconnaissance maritime Dornier 22, de chasse et d'observation Arado 65 font, dans la semaine qui suit, leur apparition dans le ciel. Le Grav von Spee, le Scharnhorst, et le Bismarck sont mis en chantier, ainsi que quatre torpilleurs et onze autres sous-marins[108]. Au 1er octobre 1935, les effectifs de la *Wehrmacht* atteignent 650 000 hommes.

Tels étaient les résultats acquis par la politique de la France en cette fin d'année 1935. Après, ce fut pire car elle continua de s'entêter et elle s'entêta d'autant plus qu'elle était, maintenant, assurée du soutien de la Tchécoslovaquie, de la Roumanie et de la Russie, qu'elle avait réalisé l'encerclement de l'Allemagne, qu'elle croyait la tenir dans un étau armé

---

[108] Il faut reconnaître que, dès avril 1934, des crédits figuraient au budget militaire de 1935 de l'Allemagne, pour la construction de ces engins. Mais, d'une part, c'est le 14 octobre 1933 qu'elle avait quitté la S.D.N. et repris sa liberté, de l'autre, dans le courant de l'année 1934, tous les pays avaient, comme on l'a vu, prévu ou même pris des mesures de réarmement terrestre, naval et aérien aussi ou plus importantes.

d'une solidité à toute épreuve et pouvoir la contraindre à capituler.

Car telle était aussi la confiance que des hommes tels que Barthou et Laval — qui l'eût cru ? — mettaient soudain dans le bolchevisme.

2 - *L'Angleterre se rapproche de l'Allemagne*

L'Angleterre, cependant, n'entra pas dans ce jeu.

Le 19 août 1934, elle avait bien annoncé l'augmentation de sa flotte aérienne de quarante-deux escadres nouvelles. Cette décision n'était pourtant pas motivée par le comportement de l'Allemagne mais par le fait qu'elle se sentait menacée dans ses intérêts en Extrême-Orient par la politique expansionniste du Japon et qu'elle ne voulait pas y laisser les mains libres aux États-Unis. Le 23 juillet, les États-Unis avaient annoncé la mise en chantier de 360 000 tonnes d'unités navales nouvelles puis, peu après, celle de 2 320 avions, et elle se sentait en concurrence avec eux dans cette région.

Le 1er mars 1935, M. Baldwin avait bien aussi proposé au gouvernement britannique un vaste plan de réarmement terrestre, naval et aérien pour la mise en chantier duquel, il avait obtenu des crédits presque illimités. Mais cette fois, c'était parce que les rapports entre l'Italie et l'Éthiopie s'étaient aggravés au point que l'état de guerre avait été déclaré entre les deux pays : le 6 février, l'Italie avait envoyé un corps d'armée en Éthiopie et deux divisions supplémentaires le 11. Les enrôlements volontaires se multipliaient dans le pays, la mobilisation générale était sur le point d'y être décrétée. Les sources du Nil — une autre S.D.N. disaient les humoristes — dont l'Égypte, protectorat anglais, était tributaire, s'en trouvaient menacées.

Hitler ne s'y était pas trompé.

L'Angleterre, certes, entretenait des rapports excellents avec l'Italie : ses hommes politiques les plus en vue ne tarissaient pas de louanges sur le *Duce*. La France aussi, d'ailleurs, qui nourrissait l'espoir de l'intégrer dans le front européen anti-allemand et de jouer Mussolini contre Hitler : le 4 janvier 1935, Pierre Laval avait été reçu en grande pompe à Rome par Mussolini et, le 7 au Palazzo Venezia, des accords franco-italiens[109] avaient été signés « destinés, disait le communiqué, à ouvrir une ère de collaboration étroite entre les deux pays ». Au grand dépit, il faut le dire, de Léon Blum qui écrivit dans *Le Populaire* du 6 janvier : « Pour la première fois, un ministre français est l'hôte de l'assassin de Mattéoti, pour la première fois, un représentant de la République française reconnaît le tyran de l'Italie comme un chef d'État[110] », mais dont la voix resta isolée, toute la presse française, sauf bien entendu *L'Humanité* et *Le Populaire*, ayant chaudement approuvé l'initiative de Pierre Laval.

Mais l'Éthiopie était un État membre de la S.D.N. et elle se trouvait attaquée par un autre membre de la S.D.N.[111] : outre la menace que l'Italie faisait peser sur les sources du Nil, cela posait des problèmes de Droit.

À l'époque, Mussolini était très sensible à l'amitié de l'Angleterre et de la France. Il avait reçu Hitler le 14 juin 1933 mais il l'avait pris pour un « fou, un dégénéré et un obsédé sexuel ».

Il avait été l'ami de Dollfuss et il avait été profondément heurté par son assassinat par les nazis autrichiens le 25 juillet 1934. Enfin, il était partisan de l'indépendance de l'Autriche et les projets d'*Anchluss* de l'Allemagne creusaient profondément le fossé entre Hitler et lui. Le 11 janvier 1935, une conférence réunie sur l'initiative de la France, et d'où sortira le front dit de Stresa parce qu'elle eut lieu à Stresa, rassemble l'Angleterre (Mac Donald et Sir John Simon), la France (Pierre Laval et Pierre-Étienne Flandin) et l'Italie (Mussolini) : à cette conférence qui est censée achever, par l'adhésion du sud de l'Europe, l'encerclement de l'Allemagne qui n'est encore qu'à l'état de projet, relativement à

---

[109] La France cédait à l'Italie les territoires en bordure de la Libye et de la Somalie, confirmait les privilèges des Italiens de Tunisie et prévoyait des consultations périodiques entre les deux gouvernements ainsi qu'entre les deux états-majors. La nécessité de l'indépendance autrichienne était confirmée.

[110] Ce n'était d'ailleurs pas exact : la France avait un ambassadeur à Rome.

[111] Il faut reconnaître qu'elle n'avait rien fait pour l'éviter : le 17 novembre, le Consulat italien de Gondar avait été envahi par les Éthiopiens qui, le 5 décembre, à Oual-Oual avaient attaqué les Italiens à la mitrailleuse et au canon ; incursions fréquentes des Éthiopiens en territoire italien, contestations de frontières etc.

l'adhésion de l'Est[112], Mussolini participe avec enthousiasme et en adopte de même les conclusions[113].

Mais l'Angleterre — et c'est ce que la France n'a pas vu — n'a aucune envie de se laisser entraîner dans un conflit pour l'Autriche, la Pologne ou la Tchécoslovaquie. Elle estime que la France a manqué le coche en n'acceptant pas le plan anglais de désarmement et que sa politique en Europe centrale est aventureuse. Au surplus, elle ne croit pas à la possibilité d'encerclement de l'Allemagne dont, par ailleurs, elle pense que ses propositions à la conférence du désarmement sont très correctes. Enfin, elle estime que le national-socialisme est une idée-force incoercible, que dans deux jours (13 janvier) la France recueillera une belle tape en Sarre et elle n'est pas hostile, à l'est de l'Europe, au retour de l'Allemagne à ses frontières de 1914. Aussi ne participe-t-elle à la Conférence et n'adhère-t-elle au front de Stresa que du bout des lèvres.

Dans cette disposition d'esprit, lorsque présentant sa loi sur la réorganisation de la *Wehrmacht* au Reichstag, le 21 mai 1935, Hitler

---

[112] L'adhésion de l'Est est en bonne voie puisque la Tchécoslovaquie et la Roumanie en ont accepté le principe le 9 juin 1934, et que la Russie fait partie de la S.D.N. depuis le 18 septembre 1934. Mais l'adhésion de la Russie n'est définitivement acquise que le 14 juin 1935 (cf. supra, p. 92).

[113] Le Front de Stresa n'aura qu'une vie éphémère : il ne résistera pas à la guerre italo-éthiopienne. Le 10 octobre 1935, à la requête de l'Angleterre, des sanctions économiques sont prises par cinquante voix contre quatre (Albanie, Hongrie, Autriche et Paraguay). Elles entreront en vigueur le 18 novembre. En cherchant un compromis entre l'Italie et l'Angleterre en compagnie de Sir Samuel Hoare, Laval n'a obtenu que... la démission du gouvernement de Sir Samuel Hoare (19 déc. 1935) et son remplacement par Eden, farouchement hostile à Mussolini, la sienne propre (23 janv. 1936) et son remplacement par un cabinet Sarraut-Flandin, car l'opinion française, à son tour, a pris le parti du Négus. Les États-Unis s'associent aux sanctions, mais l'Autriche, la Hongrie, et surtout l'Allemagne qui, malgré les sévères appréciations de Mussolini sur Hitler et sa politique, malgré aussi son opposition à l'*Anschluss* et son enthousiasme pour le Front de Stresa, a pris son parti, les rendent inopérantes. Non seulement le Front de Stresa vole en éclats mais encore, l'Italie quitte la S.D.N. et se rapproche de l'Allemagne. La guerre continue. Le 5 mai 1936, les troupes italiennes entrent dans Addis-Abeba le 7, Mussolini est fait Grand-Croix de l'Ordre militaire de Savoie ; le 9 le roi d'Italie prend le titre d'empereur d'Éthiopie : du balcon du Palais Venezia, Mussolini, devant une foule en « délire », salue, « après quinze siècles, la réapparition de l'Empire sur les collines sacrées de Rome ». Mais l'Italie est passée dans le clan de l'Allemagne.

prononce un discours qui contient un programme de reprise des relations internationales à Genève en 13 points, le Times reflète assez bien le point de vue du gouvernement britannique en écrivant, le lendemain 22 : « Aucun esprit non prévenu ne peut mettre en doute le fait que les 13 points de Hitler pourraient servir de base à un règlement définitif de nos relations avec l'Allemagne. » Pour permettre au lecteur de se faire une opinion, voici quels étaient ces treize points :

« 1. Le gouvernement allemand regrette la position prise à Genève le 17 mars 1934[114]. Il considère indispensable d'établir une séparation très nette entre le Traité de Versailles, basé sur une distinction entre vainqueurs et vaincus, et la Société des Nations, dont tous les membres doivent être investis de droits égaux dans tous les domaines de la vie internationale.

2. À la suite du refus de désarmer manifesté par les autres États, le gouvernement allemand s'est libéré des articles du Traité qui représentaient, pour la nation allemande, une discrimination d'une durée illimitée. Le gouvernement allemand déclare cependant d'une façon solennelle qu'il respectera les articles concernant la vie en commun des nations, y compris les prescriptions territoriales et ne réalisera les révisions inévitables qu'au moyen de négociations pacifiques avec les pays intéressés.

3. Le gouvernement allemand ne signera aucun traité qui lui paraîtrait inexécutable, mais il exécutera tout traité librement signé, même s'il a été conclu avant son arrivée au pouvoir.

4. Le gouvernement est prêt à participer, en tout temps, à un système de coopération collective ayant pour but d'assurer la paix européenne.

5. Le gouvernement allemand estime que l'organisation d'une coopération européenne ne peut s'effectuer dans le cadre de conditions unilatéralement définies et imposées.

6. Le gouvernement allemand est prêt, en principe, à conclure avec chacun des États voisins des pactes de non-agression.

7. Le gouvernement allemand est prêt, pour compléter le pacte de Locarno, à se rallier à une convention aérienne et à en discuter les clauses.

---

[114] Maintien des dispositions militaires de la partie V du Traité de Versailles, à la requête de M. Barthou.

8. Le gouvernement allemand a fait connaître le niveau auquel il entend porter la nouvelle armée allemande. Il ne s'en écartera en aucun cas. Il est prêt, à tout moment, à s'imposer, dans ses armements, les limitations que les autres États accepteraient eux aussi.

En ce qui concerne les armements navals, la limitation de la marine allemande à 35% de la flotte anglaise représente une proportion encore inférieure de 15% au déplacement total de la flotte française. Comme on a pu lire dans différents commentaires de presse que cette revendication n'était qu'un commencement et qu'elle s'enflerait inévitablement avec la possession de colonies, le gouvernement allemand tient à déclarer formellement que la fixation de ce niveau a un caractère définitif.

L'Allemagne n'a ni l'intention ni les moyens de se lancer dans une nouvelle course aux armements navals. Elle n'en éprouve d'ailleurs pas le besoin. Le gouvernement allemand reconnaît spontanément l'importance vitale et la légitimité de la prépondérance navale de l'Empire britannique, de même qu'il est décidé à faire tout ce qui est nécessaire pour assurer la protection de sa propre existence et de sa liberté sur le continent. Le gouvernement allemand a l'intention (le tout mettre en œuvre pour établir et maintenir, avec le Royaume-Uni, des relations de nature à empêcher à jamais, entre les deux peuples, le retour d'une lutte comme celle de 1914-1918, la seule jusqu'ici qui les ait vus aux prises.

9. Le gouvernement allemand est prêt à participer, d'une manière active, à tous les efforts tentés en vue d'une limitation pratique des armements. Il estime que le meilleur moyen d'y parvenir est de revenir aux principes de l'ancienne Convention de la Croix-Rouge de Genève.

10. Le gouvernement allemand est prêt à approuver toute limitation ayant pour but la suppression des armes lourdes de caractère offensif (artillerie et chars).

Étant donné les fortifications formidables érigées par la France le long de ses frontières (ligne Maginot) une telle suppression assurerait automatiquement, à la France, une sécurité absolue.

11. L'Allemagne se déclare prête à approuver toute limitation des calibres de l'artillerie des vaisseaux de ligne, des croiseurs et des torpilleurs. De même, le gouvernement allemand se déclare prêt à accepter toute limitation du volume de déplacement des torpilleurs et même leur suppression complète, dans le cas d'un règlement international égal pour toutes les Puissances.

12. Le gouvernement allemand est Persuadé qu'aucune détente

dans les rapports internationaux ne pourra être obtenue, aussi longtemps que les mesures nécessaires n'auront pas été prises pour empêcher l'opinion publique des peuples d'être empoisonnée par des discours, des écrits, des films ou des pièces de théâtre de caractère tendancieux.

13. Le gouvernement allemand est toujours prêt à s'associer à un accord international visant à arrêter ou à empêcher toute tentative d'ingérence dans les affaires intérieures d'un autre État, quel qu'il soit. Encore est-il en droit d'exiger qu'une telle réglementation soit internationale et s'applique à tous les États. Il importe également que la notion d'ingérence soit rigoureusement définie. »

On a beau condamner le national-socialisme le plus catégoriquement qu'il se puisse, être l'anti-nazi le plus farouche et le plus résolu, voire même considérer Hitler comme une émanation de l'enfer, on ne peut pas, si on est de bonne foi, ne pas rejoindre l'opinion du *Times*[115] et refuser de reconnaître qu'à part le point 12 (la mainmise de l'État sur la liberté d'expression dans tous les États) ce programme était des plus corrects et offrait une base sérieuse de reprise du dialogue avec l'Allemagne au sein de la S.D.N. et, pour le maintien de la paix, les perspectives les plus encourageantes par la limitation des armements et peut-être même un désarmement général et effectif.

La France refuse de reprendre les négociations sur ces bases : le pacte franco- soviétique et les espoirs qu'elle nourrissait du côté de l'Italie l'y encouragent.

Plus réalistes, les Anglais décident de saisir la perche qui leur est tendue : le 25 mai, ils invitent le gouvernement allemand à entamer des conversations bilatérales sur le réarmement naval et le 18 juin suivant, c'est-à-dire en un temps record, malgré les mises en garde et les protestations de la France, un accord est signé entre le *Reich* et la Grande-Bretagne, aux termes duquel le réarmement naval allemand est officiellement reconnu au niveau et dans la forme même où Hitler l'a revendiqué.

Fort de ce succès, Ribbentrop qui dirige la délégation allemande

---

[115] Cf. supra, p. 96.

pousse une pointe en direction d'une entente générale avec la Grande-Bretagne, entente qui garantissait l'intégrité territoriale de la Hollande, de la Belgique et de la France et comportait l'offre alléchante de la mise à la disposition de l'Angleterre de douze divisions allemandes pour l'aider à défendre son empire colonial en difficulté, notamment aux Indes. En vain : l'Angleterre ne veut pas aller plus loin et n'entend pas suivre l'Allemagne sur ce terrain. C'est d'armement naval qu'il s'agit et d'armement naval seulement.

Il n'en reste pas moins que, pour la première fois, un des signataires du traité de Versailles a admis les thèses de l'Allemagne sur le problème des armements. À Paris, les réactions sont des plus violentes : comment, désormais, blâmer l'Allemagne de répudier les clauses du traité de Versailles, quand l'Angleterre elle-même l'y aide ? Le gouvernement français accuse la décision britannique d'être « moralement inadmissible et juridiquement insoutenable. »

Juridiquement insoutenable ? Les sots qui dirigent la politique française d'alors oublient ou feignent d'oublier que si l'Allemagne viole les clauses militaires de la partie V du Traité de Versailles et si l'Angleterre l'y aide c'est uniquement parce qu'eux-mêmes en violent le préambule, au minimum depuis le 16 février 1926, date à laquelle le maréchal Foch reconnut que l'Allemagne avait désarmé : aux termes mêmes du traité, la France devait, alors, désarmer à son tour. Ils oublient aussi que la France refusa et torpilla toutes les initiatives de ceux, notamment les Anglais et les Américains, qui voulaient engager le monde dans la voie du désarmement. Ils oublient enfin que, lorsque ceux qui sont chargés de faire respecter la loi sont les premiers à la violer, ou lorsqu'il n'y a pas d'organisme qui puisse les obliger à la respecter, c'est la loi de la jungle, chacun fait ce qu'il veut et les plus forts triomphent.

Ces sots-là n'avaient pas non plus prévu que s'ils livraient le secteur des armements à la loi de la jungle, l'Allemagne serait rapidement en état de distancer tous ses rivaux. Exemple : le pacte naval germano-anglais venant d'autoriser la flotte allemande à porter son tonnage de 108 000 à 420 000 tonnes, si la France voulait maintenir, entre elle et l'Allemagne, le rapport existant des forces navales, il eût fallu qu'elle portât sa flotte de 628 000 à 940 000 tonnes. Or, elle était hors d'état de faire un pareil effort financier.

En accusant l'Angleterre d'avoir pris « une décision juridiquement insoutenable » la France était tout simplement ridicule. D'abord, c'était elle qui avait créé cette situation et elle était aussi mal venue de s'en plaindre que de refuser à l'Allemagne un droit qu'elle s'était arrogé à elle-même. Ensuite, il n'y avait plus de juridiction pour trancher le débat, ou celle qui existait, la S.D.N., s'était disqualifiée en s'avérant incapable de faire respecter une loi qu'elle avait elle-même inscrite dans le traité de Versailles. L'Allemagne refusait de comparaître devant elle en accusée et en seule accusée, et il n'y avait, dans l'état des choses, aucune force au monde capable de la contraindre à y comparaître. L'Angleterre avait très bien vu cela : ne pouvant empêcher l'Allemagne de prendre une décision qui lui paraissait raisonnable, elle en avait au moins limité les effets en ce sens que, pour l'avenir, elle avait limité le tonnage allemand à 35% du tonnage anglais.

Il ne restait plus à la France qu'à espérer qu'il y eût un jour, une juridiction devant laquelle elle pourrait contraindre l'Allemagne à comparaître et qui serait à sa dévotion.

Elle l'espérait.

3 - Le pacte franco-soviétique

Il existait encore une chance d'arrêter l'évolution des événements vers la guerre et c'est que le pacte franco-soviétique ne fût pas ratifié par le parlement français. Une chance très mince. Et pas vers n'importe quelle guerre, il est vrai : vers une guerre, seulement, dans laquelle l'ouest de l'Europe ne serait pas impliqué.

À l'Est, les choses se présentaient différemment : outre les juifs et les francs-maçons, écraser le bolchevisme qui, à ses yeux, est d'origine juive et maçonnique ou entretenu dans le monde par les juifs et les francs-maçons — les judéos-marxistes, les judéos-maçons, dit-il communément — est le postulat fondamental de la politique de Hitler et n'en a que plus résolument repris à son compte la politique du *Drang nach Osten* qui est la vocation naturelle du peuple germanique depuis les chevaliers teutoniques (1128) si ce n'est depuis Charlemagne.

On ne voit alors pas bien comment il pourrait faire passer, sans guerre, cette doctrine dans les faits, si ce n'est en soutenant, de l'extérieur, l'Ukraine violemment mais passivement antibolchevique : en 1917, Petlioura avait fait la preuve que les populations ukrainiennes étaient farouchement attachées à leur indépendance et hostiles au régime de Lénine. Hitler pense donc pouvoir les amener à se libérer de la tutelle de Staline et créer, à partir de là, un mouvement d'émancipation qui s'étendrait à la Russie blanche, à la Biélorussie tout aussi asservies et, finalement, provoquerait son effondrement. Les immenses espaces de l'est européen seraient ainsi ouverts à l'expansion allemande. On sait, notamment par *Mein Kampf*, que Hitler nourrit des espoirs de ce genre : le colosse bolchevique est un colosse aux pieds d'argile et il ne se maintient au pouvoir que par la terreur policière aidée par le fatalisme oriental. Mais il y a une chance que l'opération ne réussisse pas dans cette conception et que Hitler ait, un jour, militairement maille à partir avec la Russie soviétique : il est donc d'autant plus désireux de faire la paix à l'Ouest qu'il n'a aucune ambition de ce côté — il ne cesse de le répéter — et qu'au cas où il serait acculé à une intervention à l'Est, il juge nécessaire d'y avoir les mains libres, c'est-à-dire, de n'être pas obligé de faire la guerre sur deux fronts.

Contre cette politique à laquelle les signataires de Locarno — les Anglais et les Italiens notamment — avaient tenu à laisser la voie libre, le pacte franco-soviétique vient de surgir comme un obstacle qui, par le traité russo-tchèque dont il est assorti, non seulement installe le bolchevisme en Europe centrale, mais encore enlève à Hitler toute possibilité d'y soustraire l'Europe autrement que par la guerre et sur deux fronts. Les Russes l'accueillent comme un secours du ciel et une bénédiction.

Juridiquement, la position prise par l'Allemagne sur le pacte franco-soviétique était la suivante :

1. En s'engageant à intervenir — contre l'Allemagne, ceci ne faisait pas de doute puisque ce n'étaient ni la Pologne, ni les pays baltes, ni la Tchécoslovaquie (qui venait de s'allier à la Russie) qui l'attaqueraient — même si le conseil de la S.D.N. n'énonce aucune recommandation ou n'arrive pas à un vote unanime[116], la France a pris, vis-à-vis de l'Union soviétique, des engagements qui dépassent de beaucoup les obligations qui lui incombent en vertu du pacte de la S.D.N. car elle se réserve le droit de déterminer qui est l'agresseur, de sa propre autorité ce qui n'est, au regard de la loi internationale, pas valable.

2. Par le traité de Locarno, la France s'est engagée à ne pas entreprendre d'opérations militaires contre l'Allemagne sauf en cas de légitime défense ou si la Pologne et la Tchécoslovaquie se trouvaient attaquées par le *Reich*. En dehors de ces deux cas précis, la France a renoncé à tout recours aux armes à l'égard de l'Allemagne, en échange de la promesse similaire de la part du *Reich*, et la création d'une zone démilitarisée sur la rive gauche du Rhin.

3. En dehors des circonstances précisées dans le traité de Locarno[117], le pacte franco-soviétique introduit dans la législation internationale, de la seule volonté de deux de ses membres donc d'une infime minorité, un troisième cas : celui où l'Allemagne se trouverait aux prises avec l'Union soviétique en précisant que, dans ce cas, la France aurait non seulement le droit mais le devoir d'attaquer l'Allemagne.

Le 25 mai, le gouvernement du *Reich* adresse, en conséquence, une note à la France résumant cette position :

« Toute intervention de la France en application du pacte franco-soviétique serait contraire à l'article 16 du pacte de la S.D.N. et signifierait une violation du traité de Locarno. »

---

[116] Ce sont les termes mêmes du Traité.
[117] Dont Hitler disait qu'il était « le seul traité vraiment clair et précieux qui existe en Europe » (Discours au Reichstag du 21 mai 1935 pour présenter la loi sur la réorganisation de la *Wehrmacht*.)

Le 25 juin, la France rétorque que le pacte franco-soviétique n'est pas un engagement militaire, ce qui est ridicule et ne résiste pas à l'examen, son texte disant expressément : « Au cas... où la France ou l'U.R.S.S. seraient... l'objet d'une agression non provoquée de la part d'un État européen, l'U.R.S.S. et réciproquement la France se prêteront immédiatement aide et assistance. » Et elle consulte les garants du traité de Locarno sur cette réponse : le 5 juillet, après s'être beaucoup fait prier, l'Angleterre répond que « la signature du pacte franco-soviétique ne change rien aux obligations contractées par la Grande-Bretagne » mais n'approuve pas ; l'Italie le 15 juillet, la Belgique le 19 font la même réponse, comme si elles s'étaient concertées avec l'Angleterre. L'Allemagne n'en est que plus encouragée à maintenir son point de vue d'ailleurs juridiquement inattaquable : le 7 janvier 1936, la discussion sur le pacte étant annoncée comme devant venir prochainement à l'ordre du jour du parlement, elle fait savoir à la France par l'entremise de son chargé d'affaires à Paris, qu'elle considérera

« la ratification du pacte soviétique par le parlement français comme un acte inamical à l'égard de l'Allemagne, et incompatible avec les obligations de Locarno. »

Au parlement français, le débat sur la ratification commence le 12 février. Il dure quinze jours et se déroule dans une atmosphère passionnée entièrement dominée par la création, l'année précédente, du Front populaire et les élections législatives qui doivent avoir lieu en mai.

Il y avait encore une droite et une gauche nettement différenciées par des programmes bien précis et très significatifs de leurs doctrines respectives : le programme de la gauche s'inscrivait dans la doctrine de la gauche et celui de la droite dans celle de la droite. Sauf, toutefois, en matière de guerre où les prises de positions des partis de gauche appartenaient à ce qui eût dû être la doctrine de la droite et celles de la droite à ce qui était la doctrine de la gauche. C'est un fait que, depuis la Révolution française, toutes les guerres dans lesquelles la France a été impliquée furent déclarées par des gouvernements de gauche contre l'avis des partis de la droite. L'exemple le plus célèbre est celui de la guerre de 1870 déclarée à la Prusse par Émile Ollivier contre l'avis de Thiers. On pourrait encore citer la guerre de 1914-1918 (Viviani) et même les entreprises coloniales dont, à la fin du siècle dernier, le champion était Jules Ferry, dit le Tonkinois pour cette raison.

Entre la gauche qui avait le vent en poupe depuis la fin de la première guerre mondiale et la droite, la marge était bien mince. Toutes les législatures élues à gauche prenaient le départ sous des gouvernements de gauche et se terminaient régulièrement sous des gouvernements de droite ou d'union nationale qui reprenaient le programme de la droite (1924, 1932...) et arrivaient généralement au pouvoir au bout de deux ans de son exercice par la gauche. En 1926, le Cartel des Gauches ayant triomphé en 1924, Poincaré avait succédé à Herriot et, en 1934, Laval à Herriot qui l'avait emporté en 1932.

Le 23 janvier 1936, c'est l'inverse qui se produit : Laval que sa politique de déflation et sa prise de position en faveur de Mussolini, dans la guerre d'Éthiopie, ont rendu impopulaire est contraint de démissionner et de céder la place à un gouvernement Sarraut, radical bon teint, c'est-à-dire, selon la formule consacrée « *rouge de peau mais blanc à l'intérieur, comme les radis* ».

Au parlement français, Staline a, maintenant, besoin d'une majorité solide pour y soutenir le pacte franco-soviétique. Et les communistes n'y sont pas assez nombreux pour qu'elle le soit. Cela provient de ce qu'au second tour de chaque élection, ils maintiennent leurs candidats au lieu de les désister pour le parti de gauche le plus favorisé. C'est la tactique « *classe contre classe* » qui s'inspire de la célèbre formule de Jules Guesde « gauche ou droite, tous dans le même sac. » Elle fait passer les candidats de droite et ils ont peu d'élus parce que, lorsqu'ils arrivent en tête, les candidats de gauche ne se désistent pas non plus pour eux. Pour renverser cette situation, Staline rompt avec la tactique « *classe contre classe* » : désormais, au deuxième tour, les candidats communistes se désisteront pour les candidats de gauche, si ceux-ci le leur rendent.

Radicaux et socialistes ne demandent pas mieux : ils voient là l'occasion inespérée de porter à la chambre des députés une majorité de gauche très large, dès lors qu'elle comprendra le parti communiste.

Les démocrates-chrétiens entrent dans le jeu. L'opération est facilitée par la politique de déflation des gouvernements Laval et Sarraut. Elle aboutit au serment du 14 juillet 1935 que prêtèrent solennellement radicaux, socialistes et communistes auxquels s'étaient joints les démocrates chrétiens de M. Champetier de Ribes. Ainsi, en politique intérieure, le pacte franco- soviétique bénéficia-t-il, non à Laval qui l'avait signé, mais à ses adversaires.

Le mécanisme des prises de position de la gauche fut très simple. Pour ne pas compromettre le résultat des élections législatives en provoquant le départ du parti communiste dont il dépendait, radicaux, socialistes et démocrates chrétiens restèrent fidèles au serment du 14 juillet et adoptèrent la position du parti communiste sur le pacte franco-soviétique. Il est symptomatique de voir que, notamment au parti socialiste, ce n'est pas en fonction des propositions de Hitler sur le désarmement ou le réarmement qui appartenaient toutes à la politique étrangère que, jusque-là, il n'avait cessé d'affirmer et de réaffirmer, qu'on se prononça mais en fonction de sa politique générale et, plus particulièrement, à l'égard des juifs qui étaient très nombreux et très influents dans son sein. En fonction aussi de l'antifascisme, de l'antinazisme et, naturellement, de l'antiracisme ou autres « grues métaphysiques » selon l'expression encore empruntée à Jules Guesde.

Dès 1933, c'est-à-dire dès l'accession de Hitler au pouvoir en Allemagne, un Comité de vigilance des intellectuels antifascistes à la tête duquel était le communiste Jean Perrin, professeur à la Sorbonne, mit en circulation tous ces thèmes et rallia des sympathies jusque dans les milieux les plus résolument pacifistes. Au parti socialiste, on se racontait, de bouche à oreille, l'histoire suivante : un jour, Paul Faure qui était secrétaire général, qui avait laissé la direction de son journal *Le Populaire* à Léon Blum et qui n'y avait pas mis les pieds depuis longtemps, s'y présenta parce qu'il avait besoin de certaines informations pour un rapport qu'il devait soumettre à un congrès. Il n'y reconnut personne. Les rédacteurs se présentèrent alors : Lévy, Meyer, Bloch, etc. Soudain, il entend : Dupont. Alors, pince-sans-rire, Paul Faure de s'écrier : « Terrible ! Ces chrétiens, tout de même, ils arrivent à se fourrer partout ! »

Dans les partis de gauche ou chez les modérés qui soutenaient le gouvernement, il y eut pourtant des gens qui n'acceptèrent pas les décisions des états-majors. C'est ainsi que Jacques Doriot qui avait été le premier à lancer l'idée d'un Front populaire (février 1934) avait fini par voir clair dans le jeu de Staline, aussi bien d'ailleurs en politique générale qu'en politique extérieure, et préféré se faire exclure du parti communiste. Au parti radical, Jean Montigny. Chez les socialistes, Zoretti, Le Bail, etc. La droite unanime, nationaliste de doctrine pourtant, mais qui avait, de tout temps, reculé devant toutes les guerres et tout fait pour les éviter, voyant la guerre poindre à l'horizon, se prononça contre le pacte. À la tribune de l'Assemblée, l'opposition fut donc représentée par des hommes d'un peu tous les partis, ce qui était un début d'éclatement : Jacques Doriot, Jean Montigny, Pierre Taittinger, Philippe Henriot, Xavier Vallat, Oberkirch, Marcel Héraud, etc.

Les socialistes dissidents se turent par discipline de parti.

Voyant le tour que prenait la discussion, Hitler crut à la possibilité de faire basculer les modérés et les hésitants. Le 21 février, tentant un ultime effort, pour dissuader la France de ratifier ce pacte, il s'adresse directement à l'opinion française par le moyen d'une interview accordée à M. Bertrand de Jouvenel, de *Paris-Midi*.

M. Bertrand de Jouvenel, interrompant une période de Hitler sur sa personne et sur les raisons pour lesquelles le peuple allemand lui faisait confiance, posa brutalement deux questions qui situèrent le débat sur son véritable terrain. La première était celle-ci :

« – Nous autres Français, si nous lisons avec satisfaction vos déclarations pacifiques, n'en restons pas moins inquiets devant certains indices moins encourageants. Ainsi, dans *Mein Kampf*, vous disiez pis que pendre de la France. Or, ce livre est regardé à travers toute l'Allemagne comme une sorte de Bible politique. Et il circule sans que, dans les éditions qui se succèdent, vous ayez apporté la moindre correction d'auteur à ce que vous disiez de la France[118]. »

Réponse de Hitler :

« – J'étais en prison quand j'ai écrit ce livre. Les troupes françaises occupaient la Ruhr. C'était le moment de la plus grande tension entre nos deux pays. Oui, nous étions ennemis ! Et j'étais avec mon pays, comme il sied, contre le vôtre. Comme j'ai été avec mon pays contre le vôtre pendant quatre ans dans les tranchées ! Je me mépriserais si je n'étais pas avant tout Allemand quand vient le conflit... Mais aujourd'hui... il n'y a plus de raison de conflit. Vous voulez que je fasse des corrections dans mon livre, comme un écrivain qui prépare une nouvelle édition de ses œuvres ? Mais je ne suis pas un écrivain, je suis un homme politique. Ma rectification ? Je l'apporte tous les jours dans ma politique extérieure, toute tendue vers l'amitié de la France !

Si je réussis le rapprochement franco-allemand comme je le veux, ça ce sera une rectification digne de moi ! Ma rectification, je l'écris dans le grand livre de l'Histoire ! »

M. Bertrand de Jouvenel pose alors sa seconde question :

« – Vous désirez le rapprochement franco-allemand. Est-ce que le pacte franco- soviétique ne va pas le compromettre ? »

Réponse de Hitler :

« – Mes efforts personnels vers un tel rapprochement subsisteront toujours. Cependant, dans le domaine des faits, ce pacte plus que déplorable créerait naturellement une situation nouvelle.

Est-ce que vous vous rendez compte de ce que vous faites ? Vous vous laissez entraîner dans le jeu diplomatique d'une puissance qui ne désire que mettre dans les grandes nations européennes un désordre dont elle sera bénéficiaire. Il ne faut pas perdre de vue le fait que la Russie soviétique est un élément politique ayant à sa disposition une idée révolutionnaire explosive et des arguments gigantesques. Comme Allemand, j'ai le devoir de tenir compte d'une telle situation. Le bolchevisme n'a pas de chance de réussir chez nous. Mais il y a d'autres

---

[118] Voir les accusations de Hitler contre la France dans *Mein Kampf*, chap. II, note 13.

grandes nations qui sont moins prémunies que nous contre le virus bolcheviste.

Vous feriez bien de réfléchir sérieusement à mes offres d'entente. Jamais un dirigeant allemand ne vous a fait de telles ouvertures, ni de si répétées. Et ces offres émanent de qui ? D'un charlatan pacifiste qui s'est fait une réalité des relations internationales ? Non pas, mais du plus grand nationaliste que l'Allemagne ait eu à sa tête ! Moi, je vous apporte ce que nul autre n'aurait jamais pu vous apporter : une entente qui sera approuvée par 90% de la nation allemande, les 90% qui me suivent. Je vous prie de prendre garde à ceci : il y a, dans la vie des peuples, des occasions décisives. Aujourd'hui, la France peut, si elle le veut, mettre fin à tout jamais à ce péril allemand que vos enfants, de génération en génération, apprennent à redouter. Vous pouvez lever l'hypothèque redoutable qui pèse sur l'Histoire de France. Cette chance vous est donnée à vous. Si vous ne la saisissez point, songez à votre responsabilité vis-à-vis de vos enfants. Vous avez devant vous une Allemagne dont les neuf dixièmes font confiance à leur chef et ce chef vous dit : « *Soyons amis !* »[119]

Cette déclaration était très adroite et, apparemment, compte tenu de la politique extérieure de Hitler dans les faits jusque-là, très sincère. Elle était susceptible de modifier la décision du parlement. Mais personne ne la connut avant le vote qui eut lieu le 27 février, après deux discours de Herriot qui énuméraient l'un le 21 février même, toutes les raisons idéologiques qui militaient en faveur de la ratification sans tenir compte des propositions antérieures connues de Hitler, et un autre de la même facture, le 25 : 353 voix pour la ratification, 164 contre. Le lendemain 28, à la grande surprise des Français et à la grande fureur de Hitler qui apparaissait ainsi comme ayant cédé devant le vote, l'interview paraissait dans *Paris-Midi*. Dans *Histoire de la seconde guerre mondiale* (*op. cit.*) Galtier-Boissère soutient qu'il y eut une intervention du gouvernement auprès de la direction de *Paris-Midi* pour en faire repousser la publication jusqu'après le vote. C'est bien probable mais ce n'est pas certain. De toutes façons, si la manœuvre n'était pas

---

[119] « Le Chancelier Hitler nous dit... » (*Paris-Midi*, 28-2-1936). J'avais déjà cité ce texte sinon totalement inconnu, du moins totalement oublié des Français, dans *Le Véritable Procès Eichmann ou les Vainqueurs incorrigibles* (Les Sept Couleurs, Paris, 1962). P.R.

d'inspiration gouvernementale, c'est à la direction de *Paris-Midi* qu'il faudrait imputer l'initiative. De toutes façons aussi, en prévision d'une guerre contre l'Allemagne, le dispositif stratégique était en place : le même qui, en 1891, y avait été mis par le pacte franco-russe en prévision de la guerre franco-allemande qui, n'eût été la sagesse de Caillaux, aurait éclaté en 1907, puis en 1911 et finalement, n'éclata qu'en 1914. C'était, à tout le moins, inquiétant.

La réponse de Hitler arriva le 7 mars 1936 : la remilitarisation de la rive gauche du Rhin qui était indiscutablement une violation des dispositions de la partie V du traité de Versailles et du traité de Locarno, mais qui n'était que la réplique à une violation antérieure de ces deux traités par la France.

L'opinion la plus communément admise aujourd'hui est qu'une intervention des Puissances eût contraint Hitler à retirer les troupes qu'il avait envoyées prendre leur casernement dans la zone démilitarisée ; que Neurath, les généraux allemands le craignirent et s'y opposèrent violemment ; que Hitler lui-même la redouta au point qu'il avait envisagé de retirer ses troupes si elle se produisait. Cette opinion est fondée sur l'unique témoignage du Dr Paul Schmidt qui donne cette version des choses dans son livre *Statist auf Diplomatischer Bühne*. Mais le Dr Paul Schmidt est un témoin des plus suspects : nazi convaincu, il fut le fidèle et dévoué interprète de Hitler pendant douze ans et il avait pas mal de choses à se faire pardonner. Pour s'attirer la clémence des vainqueurs, il raconta n'importe quoi. Exemple :

« Hitler, écrit-il, a déclaré un jour en ma présence, que les vingt-quatre heures qui avaient suivi l'entrée des troupes allemandes en Rhénanie avaient été parmi les plus tendues de sa vie. Si les Français étaient entrés en Allemagne[120], comme je l'ai cru possible durant ces vingt-quatre heures, j'aurais été obligé de me retirer, à ma courte

---

[120] À Nuremberg, Keitel est venu déclarer qu'il nourrissait lui-même ces craintes et la plupart des généraux avec lui, Ce qui est vrai, c'est ceci que Paul Schmidt écrit : « Si la France tient le moins du monde à sa sécurité, elle doit agir à tout prix, tel était le raisonnement que nous faisions tous à la Wilhelmstrasse. » (*op. cit.*, p. 93). Il aurait pu ajouter : et à l'état-major. À ce niveau, oui. À celui de Hitler et de Ribbentrop pas.

honte. »

Or, s'il est exact que les généraux allemands et Neurath lui firent part de leurs craintes à ce sujet, ce ne fut pas dans la forme d'une opposition formelle, et il n'est pas exact que Hitler ait cru une intervention militaire de la France possible : Hitler savait, par la note anglaise du 5 juillet et par celle de l'Italie du 15 juillet[121], que ni l'une, ni l'autre de ces deux puissances n'interviendraient, que la France resterait seule en face de l'Allemagne et ne pourrait rien faire. De fait, l'heure venue, la France ne reçut de promesse d'assistance que de la Pologne, de la Tchécoslovaquie, de la Yougoslavie et de la Roumanie, et seulement si elle prenait l'initiative des opérations et si l'Angleterre et l'Italie suivaient.

L'Angleterre, où le pacte franco-soviétique a été vu d'un très mauvais œil, à la fois dans l'opinion, au parlement et au gouvernement, répond le 7 mars par la voix de lord Halifax que « le chancelier Hitler a proposé un ensemble de propositions dont quelques-unes au moins sont acceptables » puis, le même jour, sir Anthony Eden déclare à M. Flandin qu'il « a reçu mission du gouvernement anglais de presser le « gouvernement français de ne rien entreprendre à l'égard de l'Allemagne qui soit susceptible de créer un danger de guerre ». Le 12 mars, c'est M. Chamberlain, chancelier de l'Échiquier et bientôt premier ministre, qui dit à M. Flandin, que « l'opinion anglaise ne soutiendrait pas le gouvernement s'il s'engageait dans la voie des sanctions » et ajoute que le conseil de la S.D.N. convoqué pour le 14 mars décidera. À ce conseil qui se réunit à Londres, et qui a duré plusieurs jours, Eden déclare le 18 mars : « Il est évident que l'entrée des troupes allemandes en Rhénanie équivaut à une violation du traité de Versailles. Toutefois, cette action ne représente pas un danger pour la paix et n'exige pas la riposte directe, prévue dans certains cas, par le traité de Locarno. Sans doute la réoccupation de la Rhénanie compromet-elle la puissance de la France, mais elle ne compromet

---

[121] Réponse de l'Angleterre, de l'Italie et de la Belgique à la consultation de la France sur son projet de Pacte franco-soviétique (cf. supra, p. 103).

nullement sa sécurité. »

C'est un refus catégorique.

L'Italie s'aligne sur cette attitude en ajoutant qu'étant en posture d'accusée devant le conseil de la S.D.N. il ne lui est guère possible d'assumer, en même temps, le rôle de juge.

L'Allemagne, qui sent sa position très forte, pense que la tribune de la S.D.N. peut constituer pour elle un « excellent placard de publicité » et, comme elle a été invitée à comparaître devant le conseil, Hitler y envoie Ribbentrop qui arrive le 19 mars et fait la déclaration suivante :

« Le chancelier Hitler a formulé toute une série de propositions en faveur de la paix. On n'en a tenu aucun compte.

Il a proposé le désarmement général : on l'a repoussé.

Il a proposé un armement paritaire, basé sur des armées de 200 000 hommes : on l'a repoussé.

Il a proposé d'élever le chiffre à 300 000 hommes : on l'a repoussé. Il a proposé un pacte aérien : on l'a repoussé.

Le 21 mai 1935, il a proposé un ensemble de mesures destinées à assurer la paix en Europe : on n'en a rien retenu, en dehors des dispositions relatives au désarmement sur mer, qui ont servi de base à l'accord naval germano-anglais.

Le chancelier du *Reich* a réitéré sans cesse ses offres de paix et — qu'il me soit permis de le dire ici — lui-même et toute l'Allemagne ont espéré que le pacte franco-soviétique ne serait pas ratifié.

Lorsque, passant outre à ses offres et à ses mises en garde, le parlement français a ratifié ce pacte, le chancelier du *Reich*, conscient de ses lourdes responsabilités envers le peuple allemand, en a tiré la seule conclusion qui s'imposait. Il a rétabli la souveraineté allemande sur tout le territoire du *Reich*.

En agissant ainsi, le gouvernement allemand s'est fondé sur les faits suivants :

1. Par suite de l'action unilatérale de la France, l'esprit et la lettre du pacte de Locarno ont été si radicalement faussés, que le pacte lui-même a perdu sa validité.

2. Par suite de la nouvelle alliance militaire conclue entre la France et l'Union soviétique, l'Allemagne a été contrainte de recourir, sans délai, au droit élémentaire qu'a toute nation d'assurer la sécurité de son propre territoire.

C'est pourquoi le gouvernement du *Reich* rejette catégoriquement, comme dénuée de tout fondement, l'accusation d'avoir violé unilatéralement le traité de Locarno. Il est matériellement impossible de violer un accord que les agissements de l'autre signataire ont déjà rendu caduc.

Le contenu et la portée des propositions allemandes se passent de commentaires. Elles sont si larges et si complètes que tout homme d'État animé d'un amour sincère pour l'Europe ne peut que souhaiter leur mise en application rapide.

Puisse le Conseil, surmontant ses sentiments actuels, prendre conscience de leur signification historique, et reconnaître qu'il tient entre ses mains, les instruments grâce auxquels il est possible de repousser le spectre de la guerre et de mener l'Europe inquiète sur le chemin de la paix. »[122]

Moralement comme en droit, c'était irrécusable.

Il n'y a pas de discussion. Tous les membres du Conseil sont gênés par cette déclaration. En leur nom, le président, M. Bruce, en prend simplement acte et lève la séance. À la reprise, en l'absence de M. von Ribbentrop, le Conseil se borne à déclarer, sans discussion préalable et sans autres commentaires que « l'article 43 du traité de Versailles a été violé par l'Allemagne ». Il n'est question ni d'intervention militaire, ni de représailles, ni de sanctions d'aucune sorte.

Levant la séance, M. Bruce prononce une courte allocution qui contient cette phrase :

« Le chancelier Hitler a renouvelé sa volonté de coopération : elle nous a été confirmée ce matin même par son représentant personnel. Je suis convaincu, dans ces conditions, qu'une solution sera trouvée. »

C'était un satisfecit pour Hitler.

Dix jours après, le 29 mars, un referendum « approuvait l'œuvre accomplie par le *Führer* au cours des trois dernières années », par 44 411 911 voix soit 99% de l'ensemble des inscrits, la majorité la plus forte qu'il ait recueillie.

---

[122] *Revue de la Société des Nations*, 27 mars 1936.

Il avait gagné sur tous les tableaux mais les dés étaient jetés. Et ceci atténuait dans une certaine mesure l'indicible déconvenue du gouvernement français qui croit encore, malgré les sanctions décidées contre l'Italie au sujet de la guerre d'Éthiopie, à la possibilité de redonner vie au Front Stresa et, par-là, d'achever la manœuvre d'encerclement de l'Allemagne.

Chapitre IV – La question juive

1 - *Hitler et les juifs*

Les mesures prises contre les juifs par les autorités du IIIe *Reich* émurent l'opinion publique mondiale. Dans tous les pays où l'on ne rêvait que de l'effondrement du régime hitlérien, elles finirent par créer, autant par leur présentation dans la presse que par leur contenu réel, une psychose qui permit aux états-majors politiques de mettre en place, à l'abri de toute protestation sérieuse, le dispositif de la guerre contre l'Allemagne. Car, dans tous les pays qui lui étaient hostiles, les états-majors politiques étaient arrivés à cette conclusion que, les referendums organisés en Allemagne faisant la preuve de l'enthousiaste et indéfectible attachement du peuple allemand à Hitler, il n'y avait plus que ce moyen de provoquer cet effondrement.

Disons tout de suite que, même dépouillée de toutes les exagérations qui en ont faussé le sens, la politique de Hitler contre les juifs était une indiscutable atteinte au Droit des gens et, selon l'expression consacrée, « *plus qu'un crime, une faute* ». Mais reconnaissons que leur prétention à vouloir être, en Allemagne — comme dans tous les autres pays, d'ailleurs, qu'ils ne considéraient que comme des « *pays d'accueil* » — une minorité nationale, n'était guère soutenable non plus : c'était avouer eux-mêmes qu'ils étaient des étrangers en Allemagne et s'enlever tout droit de protester si, à son tour, Hitler les traitait comme des étrangers. Les autres États du monde étaient libres d'accepter cette prétention des juifs : c'était un problème de politique intérieure qui ne regardait pas Hitler. Que les juifs d'Allemagne aillent s'y installer, disait-il : le IIIe *Reich* était un État totalitaire et, dans son sein, il n'y avait pas de place pour une minorité nationale.

Mais les autres États n'en voulurent pas. En eussent-ils voulu que la politique de Hitler fût restée, sans doute aucun, une atteinte au Droit des gens, mais elle ne le fût restée qu'au plan des principes et, au plan des faits, n'eût pas pris ce tour inhumain : l'affaire eût pu se régler par le biais d'un transfert de population accompagné d'un transfert de biens, comme l'Histoire en offre maints exemples[123].

C'était ce que proposait Hitler.

Malheureusement, et aussi paradoxal que cela puisse paraître, il ne réussit à passer d'accord sur cette base qu'avec l'Agence juive : les juifs appelèrent cet accord *Haavarah* et les Allemands, *Chaïm-Arlossarof's Transfert Abkommen*. Il fut signé entre les parties le 6 août 1933 et il prévoyait l'immigration de juifs allemands en Palestine par application de la *Convention Balfour* du 2 novembre 1917. Encore, les Anglais en limitèrent-ils la portée pour ne pas déplaire aux Arabes qui ne voulaient pas des juifs : ne purent immigrer librement en Palestine que les juifs qui possédaient 1000 livres sterling[124], c'est-à-dire les « *capitalistes* ». Les autres, les « *travailleurs* », avaient besoin d'un certificat de travail et ne pouvaient y être admis qu'à raison de mille cinq cents par mois. Il y avait 540 000 juifs en Allemagne : trois cent soixante mois soit trente ans pour qu'ils soient tous en Palestine. D'ici là, le roi, l'âne ou Hitler...

D'autre part, à 1 000 livres sterling par juif, le transfert des 540 000 juifs allemands représentait 540 millions de livres sterling (environ 3 milliards de dollars de l'époque ou 15 milliards de marks) que l'Allemagne ne pouvait exporter que si lui étaient consentis des accords de compensation étendus sur plusieurs années. Et l'Angleterre n'avait pas autorisé le *Chaïm-Arlossarof's Transfert Abkommen* à prévoir de tels accords. Aucun pays au monde, d'ailleurs, n'aurait pu exporter d'un seul coup une pareille somme, qui était, au surplus bien supérieure à la fortune des juifs allemands évaluée à 3 milliards de marks par les

---

[123] Cf. *Les transferts internationaux de populations*, publié par l'Institut national de la statistique et des études économiques (*Études et Documents*, série 32. 1946, Presses Universitaires de France) qui en cite, rien qu'en Europe, 27 exemples de 1817 à 1944 (dont 14 avant 1939 et 13 après) tous contraires au droit des gens mais réalisés par des accords entre les pays intéressés.

[124] Cf. *Le Mouvement sioniste* par Israël Cohen (Ed. de la Terre retrouvée, Paris 1946) qui raconte (p. 212) comment ces 1000 livres sterling étaient transférées en Palestine par l'intermédiaire de la Banque anglo-palestinienne de Londres et les banques juives allemandes Wassermann et Warburg, et la contre-valeur remise à l'intéressé à son arrivée. En possession de son argent, celui-ci pouvait alors émigrer dans un autre pays, généralement les États-Unis.

services du Dr. Schacht.

Entre juifs et nationaux-socialistes, c'est-à-dire entre cette infime minorité (pas même 1%) et la presque unanimité du peuple allemand ainsi condamnées à vivre ensemble par la communauté des nations, le ton ne pouvait que monter. Si l'on avait une conscience claire du point où ce ton avait monté dans la discussion politique, on pouvait s'attendre à tout.

On connaît le point de vue de Hitler : il accusait les juifs d'avoir été les artisans de la défaite allemande dans la première guerre mondiale en ce sens qu'ils avaient été le facteur décisif de l'entrée en guerre des U.S.A. aux côtés des Alliés. C'était vrai mais, au demeurant, assez simpliste : dans le clan des Alliés, ils avaient aussi été les artisans de la Révolution bolchevique et de la défection de la Russie. Il les accusait encore :

— d'avoir été les principaux bénéficiaires du traité de Versailles et d'avoir réalisé des fortunes considérables sur les ruines de l'Allemagne ;
— d'avoir, toujours pour s'enrichir, provoqué l'effondrement économique et financier de 1923 et d'avoir voulu recommencer en 1930-1933 ;
— d'être des éléments de dissociation de l'esprit national ;
— des parasites qui vivaient du travail des autres et principalement du commerce, quand ce n'était pas, exclusivement, du commerce de l'argent[125].

Enfin, il prenait texte de leurs écrits pour démontrer qu'ils organisaient, dans le monde, une guerre contre l'Allemagne qu'ils voulaient détruire.

Physiquement, ils étaient des dégénérés qui prétendaient comiquement à la dignité de « peuple élu de Dieu ». Leurs

---

[125] Une statistique publiée par le professeur de sociologie de l'université juive de Jérusalem, donnait les pourcentages suivants des juifs par professions dans le monde en 1934 : commerce : 38,6% ; chefs d'industrie et artisans : 36,4% ; rentiers 12,7% ; professions libérales : 6,3% ; agriculteurs : 4% ; ouvriers 2%. (*Les Juifs dans le monde moderne*, op. cit.)

communautés étaient des réceptacles de toutes les maladies. Leur sang était vicié par la pratique des mariages consanguins et, comme tous les dégénérés, le vice et la perversion morale les habitaient. Il fallait les mettre hors d'état de pervertir le moral de l'Allemagne et de vicier le sang allemand par des unions qui ne pouvaient être que malsaines. Ces dernières considérations étaient l'origine de sa doctrine du racisme et, le 24 février 1920, il les avait résumées en inscrivant les deux articles suivants dans le programme du Parti national-socialiste :

1. « Seul, peut être citoyen un compatriote[126]. Celui-là seul qui est de sang allemand peut être un compatriote, indépendamment de sa confession. Un juif ne peut pas être un compatriote et donc pas un citoyen. » (Art. 4.)
2. « Celui qui n'est pas un citoyen ne peut vivre en Allemagne que comme étranger et se trouve soumis à la législation sur les étrangers. » (Art. 5.)

Les juifs rétorquaient à Hitler qu'il était un paranoïaque, un fou dangereux, un dégénéré, un obsédé sexuel etc. À partir du jour où il accéda au pouvoir, tous les matins en prenant leur petit déjeuner, le Français, l'Anglais, l'Américain etc. trouvèrent dans leur journal habituel les récits les plus détaillés et les plus horribles sur les exactions commises contre les juifs par le régime national-socialiste. Ces récits, souvent illustrés par des photographies, étaient généralement repris des journaux juifs. Ils étaient corroborés par les témoignages des nombreux juifs, sociaux-démocrates et communistes qui réussissaient à fuir l'Allemagne, clandestinement ou autrement. Ils reposaient tous sur un fond de vérité, mais étaient démesurément grossis en ce que l'exception qui, dans cette période révolutionnaire où tous les instincts étaient libérés, résultait, presque toujours, beaucoup plus d'une réaction

---

[126] Le mot employé ici est « *Volksgenosse* » et si, comme c'est l'usage, on traduit le mot « *Volk* » par « peuple » le mot « *volksgenosse* » signifie « compatriote ». Mais en allemand, le mot « *volk* » ne signifie pas seulement « peuple » : le sol est indissociable du peuple et la notion de « race » y est associée. Si bien que « *Volksgenosse* » qui signifie littéralement « compatriote » pour un étranger, signifie pour un Allemand : « qui est de race allemande ».

grégaire que d'une initiative gouvernementale, était toujours présentée dans la presse comme la règle générale. Exemple : le juif promené dans les rues de la ville sous les lazzis de la foule et portant sur sa poitrine l'écriteau : « *Ich bin Jude* ». Le 10 avril 1933, Goebbels avait décrété le boycottage de tous les magasins juifs et, à cette occasion, la scène se produisit sûrement. Tous les journaux en publièrent la photographie sous la légende : « Scène raciste en Allemagne. » Puis ils la reproduisirent périodiquement avec celle-ci : « Encore une scène raciste en Allemagne. » L'opinion publique en déduisit que tous les juifs allemands étaient en permanence promenés dans toutes les rues de toutes les villes allemandes. Seuls les esprits objectifs remarquèrent que c'était toujours le même juif, la même foule, et qu'en conséquence la scène n'avait pas dû se produire aussi souvent.

Quoi qu'il en soit, arrivé au pouvoir, Hitler devait mettre en application son programme raciste. Les premières mesures qui furent prises sont l'interdiction faite aux juifs d'exercer certaines professions (juges, fonctionnaires) le *numerus clausus* dans certaines autres (avocats, professions libérales, étudiants) et le boycott des magasins juifs (« N'achetez plus rien chez les commerçants juifs. ») Hitler pensait ainsi condamner au chômage 80 à 90% d'entre eux, les contraindre à se rabattre sur les métiers manuels ou à émigrer clandestinement puisque la communauté des nations leur en refusait la possibilité ouvertement : confiant dans leur génie, il était sûr qu'ils préféreraient la seconde solution à la première et trouveraient bien le moyen de la faire passer dans les faits. Et il donna l'ordre au service créé à Berlin par application du *Chaïm Arlossarof's Transfert Abkommen*[127] de faciliter cette émigration clandestine. C'est ainsi qu'alors que l'Angleterre avait limité l'immigration des juifs en Palestine à 1500 par mois soit 18 000 par an, 330 000 au lieu de 108 000 purent quitter l'Allemagne de 1933 à 1939[128].

C'est en 1935 seulement que Hitler fit un pas nouveau dans sa lutte

---

[127] *Jüdische Auswanderung Zentralstelle* (Office central d'émigration juive).
[128] Statistique du Centre mondial de documentation juive contemporaine. (Léon Poliakov, *Le IIIe Reich et les Juifs*, Calmann-Lévy, Paris).

contre les juifs.

2 - *Les lois raciales de septembre 1935*

En septembre 1935, a lieu comme tous les ans, le congrès de la N.S.D.A.P. à Nuremberg. Depuis que Hitler est au pouvoir, c'est une manifestation grandiose rehaussée par le fait que le Reichstag y transporte aussi, parallèlement, ses assises et y vote, sur le champ et sur place, les lois qui se déduisent des discussions du congrès. Cette année-là, le thème du Congrès est la nationalité allemande, c'est-à-dire la race, c'est-à-dire encore le sang. Le Reichstag vote donc les trois lois qu'impliquent les décisions du Congrès sur ce thème. L'une est anodine : elle concerne les couleurs du *Reich* et le drapeau à croix gammée — emblème national. Les deux autres sont une mise en application et une inscription dans les lois générales, des articles 4 et 5[129] du programme du parti élaboré à Münich le 24 février 1920 et auront des conséquences plus dramatiques.

La première est la loi sur la nationalité allemande. Elle est ainsi conçue :

Art. I. – Jouit de la nationalité allemande quiconque fait partie de l'Association pour la protection du *Reich* allemand.
Art. II. – Est citoyen du *Reich*, uniquement celui qui possède la nationalité allemande ou qui est de sang apparenté et qui prouve, par sa conduite ou par ses aptitudes, sa volonté de servir fidèlement le *Reich* et le peuple allemand.
Art. III. – Seul, celui qui est citoyen allemand jouit de la plénitude des droits politiques, tels qu'ils sont définis par la loi.

Ainsi les juifs se trouvent-ils exclus légalement de « la plénitude des droits politiques ».

La seconde loi sur la protection du sang et de l'honneur allemand se présente ainsi :

---

[129] Cf. supra, p. 117.

« Convaincu que la pureté du sang allemand est la condition essentielle de la survie du peuple allemand, et animé par la volonté inébranlable d'assurer la pérennité de la nation germanique, le Reichstag a adopté la loi suivante à l'unanimité :

Art. I. – Les mariages entre juifs et citoyens allemands ou d'un sang apparenté sont interdits. Les mariages contractés à l'étranger dans le but de tourner cette loi sont nuls et non avenus. L'introduction de la plainte en annulation incombe au procureur général.

Art. II. – Les relations extra-conjugales entre juifs et citoyens allemands ou d'un sang apparenté sont interdites.

Art. III. – Les juifs ne sont pas autorisés à employer comme domestiques des citoyennes allemandes, ou d'un sang apparenté, d'un âge inférieur à quarante-cinq ans.

Art. IV. – Il est interdit aux juifs d'arborer les couleurs allemandes ou de hisser le drapeau national du *Reich*. Ils ont le droit, en revanche, de hisser les couleurs judaïques. L'exercice de ce droit est placé sous la protection de l'état.

Art. V. – Toute infraction à l'art. 1 de la présente loi est punie de travaux forcés, toute infraction à l'art. 2 est punie de travaux forcés ou de prison, toute infraction aux art. 3 et 4 est punie d'une peine de prison pouvant aller jusqu'à un an et une amende, ou de l'une ou l'autre de ces deux peines.

Art. VI. – L'application de la présente loi incombe au ministre de l'Intérieur, en accord avec le représentant du *Führer* et le ministre de la Justice.

Art. VII. – Cette loi entre en vigueur le jour de sa publication, à l'exception de l'art. III, qui n'entrera en vigueur que le 1er janvier 1936. »

Jusque-là, n'étaient internés dans des camps de concentration que les juifs qui étaient pris en flagrant délit ou même simplement soupçonnés — les dénonciations affluaient dans tous les commissariats — d'une activité oppositionnelle quelconque ou d'un autre délit, notamment et surtout de marché noir. Désormais, le furent aussi ceux qui étaient pris en flagrant délit ou simplement soupçonnés — les dénonciations affluèrent de plus belle dans les commissariats — d'infraction à la nouvelle loi. Il faut encore ajouter que, si un non-juif pouvait arriver à faire la preuve qu'il était injustement accusé ou soupçonné, c'était à peu près impossible pour un juif.

Dans toutes les communautés juives du monde où l'on vit, en cette loi, un des derniers pas sur le chemin du retour aux ghettos du Moyen Âge, ce fut un tollé général. Sur sa mise en application, la grande presse de France, d'Angleterre et des États-Unis s'emplit de scènes les plus déchirantes et les plus sadiques. Ces scènes n'étaient plus seulement reprochées à Hitler et au national-socialisme, mais encore au peuple allemand qui, manifestement les approuvait et faisait apparaître l'Allemagne comme un pays de monstres.

La campagne de préparation psychologique à la guerre contre l'Allemagne avait fait un nouveau bond.

3 - La conférence d'Évian

C'est en 1938, année où, par ailleurs, l'*Anschluss* et les Sudètes apportèrent tant de troubles dans les esprits, que le problème juif fut porté à son paroxysme en Allemagne.

Un moment pourtant, il y eut une lueur d'espoir.

Depuis son entrée à la Maison blanche, le président Roosevelt n'est encore intervenu que deux fois dans les affaires européennes : la première pour apporter son soutien à la politique des sanctions décidées par la S.D.N. contre l'Italie (guerre d'Éthiopie) ; et la seconde, le 5 octobre 1937, par un discours prononcé à Chicago et dit « *de la Quarantaine* » parce qu'il préconisait « la mise en quarantaine des 10% de la population du globe (Allemagne, Italie et Japon) qui sont sur le point d'anéantir tout ordre international et toute équité, par les 90% attachés à la paix, à la sécurité et à la liberté, afin de préserver la collectivité de la contagion. » En juillet, sans doute pour se racheter, il prend l'initiative d'une « *Conférence Internationale d'étude des Problèmes politiques et économiques posés par l'expulsion des juifs du grand Reich* ».

En 1937, la presse française avait soudain découvert que l'île de Madagascar était une colonie sous-peuplée et sous-équipée au point qu'elle était à peu près inexploitée. Encouragée par le gouvernement, elle s'était mise à faire campagne sur la nécessité d'y envoyer des colons pour la mettre en valeur. Mais les Français mettaient peu d'empressement à y aller. Ce que voyant, le colonel Beck, président du Conseil et ministre des Affaires étrangères de Pologne, demanda tout crûment, en décembre 1937, à M. Yvon Delbos, ministre français des Affaires étrangères en visite à Varsovie « s'il serait d'accord que tous les juifs polonais émigrent à Madagascar ». M. Yvon Delbos se contenta de sourire. Informée, la diplomatie allemande qui nourrissait des espoirs dans cette direction, se le tint pour dit. Elle ne prit le projet ouvertement à son compte qu'après l'écrasement de la France en juin 1940. Pendant son court passage au gouvernement (décembre 1940-février 1941) Pierre-Étienne Flandin le fit échouer par son refus. Jusqu'au 7 décembre 1941 (date de l'entrée en guerre des États-Unis qui rendit le projet irréalisable) la diplomatie allemande s'obstina pourtant à ne pas croire que ce refus était définitif et irréversible. L'initiative du président Roosevelt relançait l'affaire sous une autre forme. La conférence eut lieu à Évian du 6 au 15 juillet 1938. Son but était de rechercher comment le principe du *Chaïm Arlossarof's Transfert Abkommen* relatif au transfert des biens des juifs allemands pouvait être étendu à d'autres nations et lesquelles. L'Allemagne qui, étant donné la position abrupte et sans aucun rapport avec les réalités prise sur ce point par l'Angleterre, n'espérait rien de la Conférence, n'y envoya qu'un observateur.

La thèse de l'Allemagne n'y fut pas exposée puisqu'elle n'y avait pas de représentant officiel. Mais on la connaît : expulsion globale de tous les juifs allemands et transfert de leurs biens globalement évalués — l'Allemagne avançait le chiffre de 3 milliards de marks comme base de discussion — à un organisme international qui répartirait la somme entre les pays intéressés, à la condition que des accords de compensation fussent conclus, qui en transposeraient le règlement dans le cadre des échanges de marchandises entre l'Allemagne et ces pays, et s'échelonneraient sur plusieurs années[130].

---

[130] Dans son livre : *La Mission*, M. Hans Habe, juif allemand naturalisé américain, soutient qu'à cette conférence d'Évian l'Allemagne fit proposer « l'échange des juifs allemands contre 250 dollars par tête ». La plupart des journaux juifs du monde et quelques autres qui ne le sont pas ont récemment vulgarisé cette thèse en la présentant

L'Angleterre exposa sa thèse : 1 000 livres sterling par juif expulsé, payables sur le champ ; pas d'accords de compensation. C'était insensé — 6 000 dollars ou 27 à 28 000 marks par juif, — au total 15 à 18 milliards de marks, le budget de l'Allemagne pour une année !

L'Amérique ne voulait pas rompre. Sur ses instances, la conférence désigna l'Américain M. Rublee comme son représentant chargé de négocier avec l'Allemagne.

Et puis, on n'en parla plus. Sauf une fois encore : le 23 décembre, le Dr. Schacht et M. Rublee renouèrent avec l'assentiment de Hitler, mais l'Angleterre restant sur ses positions torpilla l'opération pour la dernière fois.

4 - *La nuit de cristal*

Aussi bien, même si un compromis avait été possible, un événement qui se produisit à Paris le 7 novembre suivant fit tout échouer définitivement : l'assassinat du troisième secrétaire de l'ambassade du *Reich*, Rath, par le jeune juif polonais Grynspan, dont les parents vivaient en Allemagne.

On a beaucoup écrit sur cet assassinat et même qu'il s'agissait d'une banale affaire de mœurs. La thèse qui prévaut encore actuellement est que Grynspan a agi seul et de sa propre initiative. Dans l'état actuel de la documentation sur cette affaire, rien ne permet de l'infirmer. Je n'y crois guère : on a dit aussi de Prinzip et de ses deux complices qui assassinèrent l'héritier du trône d'Autriche à Sarajevo en 1914, qu'ils avaient agi seuls et de leur propre initiative et on l'a cru longtemps. Mais on sait aujourd'hui que le gouvernement serbe était impliqué dans l'affaire. C'est généralement la règle dans les assassinats politiques : ils sont, pour ainsi dire, toujours concertés et la main de l'assassin est

---

comme une vérité historique : jamais mensonge plus effronté n'a été mis en circulation dans l'opinion plus impudemment. L'Allemagne ne demandait pas d'argent : elle en offrait. Et si l'on veut calculer « par tête de Juif » comme le fait M. Hans Habe, 3 milliards de marks, cela fait 6 600 marks par tête, soit environ 1000 à 1200 dollars de l'époque.

dirigée par les groupes politiques, États ou partis, qui ont intérêt à envenimer les choses. La thèse de la banale affaire de mœurs est, en tout cas, et de l'aveu même de l'assassin, infirmé par le fait que ce n'était pas le troisième secrétaire de l'ambassade qui était visé, mais l'ambassadeur lui-même.

Mais alors, pourquoi les choses furent-elles envenimées par les juifs polonais plutôt que par les juifs allemands, et pourquoi par Grynspan ?

Les juifs polonais qui vivent en Allemagne sont nombreux : 56 500 fut-il dit au procès de Jérusalem qui jugea Eichmann[131]. Ils y vivent sous passeport polonais. C'est le cas du père de Grynspan qui, lui, vit en France chez un oncle et très difficilement parce qu'il n'a pas de certificat d'embauche. En avril 1938, le colonel Beck, ministre des Affaires étrangères de Pologne, a décidé de retirer la nationalité polonaise à tous les juifs qui vivent à l'étranger et de ne pas renouveler leur passeport. L'Allemagne annonça aussitôt que, leur passeport expiré, elle ne tolèrerait plus de juifs polonais chez elle. La situation de ceux-ci n'était pourtant pas devenue tragique : protégés contre les lois raciales de Hitler par leur passeport, tant qu'il était valable, ils pouvaient tous quitter très légalement l'Allemagne pour un autre pays que la Pologne et la plupart d'entre eux adoptèrent cette solution. La France fut, dans la période qui suivit immédiatement la décision du colonel Beck (été 1938), l'objet d'une véritable invasion de juifs polonais. En octobre 1938, le passeport de mille deux cents environ d'entre eux qui s'étaient obstinés à rester en Allemagne étant venu à expiration, ils furent arrêtés par les autorités allemandes et reconduits à la frontière polonaise à la fin du mois : dans le froid et même la neige le sort de ces malheureux coincés entre l'Allemagne qui ne les voulait plus et la Pologne qui ne voulait pas les reprendre fut tragique. La faim, le froid : beaucoup en moururent pendant les quelques jours que durèrent les pourparlers entre l'Allemagne et la Pologne. Finalement, le problème fut résolu par leur internement dans un camp de concentration. Parmi eux, le père et la famille de Grynspan...

Les conséquences de l'assassinat du troisième secrétaire de

---

[131] Léon Poliakov, *Le procès de Jérusalem*, (Calmann-Lévy, Paris.)

l'ambassade d'Allemagne à Paris furent terribles : l'Allemagne tout entière fut emportée par un vent d'une colère portée à son paroxysme contre les juifs et un incoercible besoin de représailles. De leur propre autorité, les responsables de la N.S.D.A.P. dans les différents *Gau* (régions) organisèrent des représailles dès que l'assassinat y fut connu, c'est-à-dire dès le matin du 8 novembre. La préparation de la riposte prit toute la journée du 8 et celle du 9. L'action commença dans la soirée du 9. Elle se solda par

« le pillage et la destruction de 815 magasins pendant la nuit du 9 au 10 novembre[132], de 171 maisons appartenant à des juifs, de 276 synagogues, de 14 autres monuments des communautés juives, l'arrestation de 20 000 juifs, 7 aryens, 3 étrangers, 36 morts et 36 blessés. »[133]

Les autorités responsables du IIIe *Reich* ont toujours soutenu n'avoir été pour rien dans l'organisation de ces manifestations et le tour qu'elles ont pris. Il faut reconnaître que les apparences, au moins, leur donnent raison. Historiquement, voici comment les choses se sont passées :

Le 9 novembre 1938, comme tous les ans à cette date, les chefs du parti et du gouvernement étaient réunis à Munich pour la commémoration du putsch de 1923. Tard dans la soirée, Goebbels fut téléphoniquement informé que de graves démonstrations anti-juives se déroulaient dans les provinces de Hesse, de Magdebourg et un peu partout dans toute l'Allemagne. Après un bref colloque entre les principaux dignitaires du parti, tous surpris, et le *Führer*, à 1 h 20 de la nuit, un télégramme fut envoyé par Heydrich à tous les bureaux de police de l'Allemagne[134] : il enjoignait à tous les commissaires de police de toute l'Allemagne d'entrer en rapport avec les cadres régionaux du

---

[132] Parce que les magasins juifs avaient été la première cible des manifestants et que leurs vitrines avaient été détruites dans 815 cas, on appela cette nuit la Kristallnacht (nuit de cristal).

[133] Rapport en date du 11 novembre 1938 de Heydrich à Goering (Document Nuremberg P.S. 3058, t. XXXII, p. 1 et 2 ; traduction française, t. IX, p. 554.) Reconnu exact par Goering et tous les accusés au procès des grands criminels de guerre.

[134] Doc. P.S. 3051, C.R. des débats, t. XXXI, p. 616 à 519.

parti pour que les juifs ne fussent pas molestés, leur vie ou leurs propriétés pas menacées, leurs magasins ou leurs appartements pas pillés, etc. En somme, pour que tout rentre dans l'ordre. Le plus fanatique des anti-juifs allemands, Julius Streicher, directeur du *Stürmer*, qui avait dû quitter Munich avant que Goebbels ne fût informé des manifestations, ne les apprit que le lendemain à son réveil. Étant donné le tour qu'elles avaient pris, 174 nationaux-socialistes, cadres du parti, policiers, commissaires etc. furent arrêtés pour y avoir commis des excès, déférés devant les tribunaux et envoyés dans des camps de concentration[135].

Le 12 novembre, sur ordre de Hitler, Goering réunit en une conférence interministérielle les représentants des principaux ministères impliqués dans l'affaire pour la tirer au clair : Goebbels (propagande), Heydrich (police et sécurité), Frick (intérieur), Funek (économie), Schwering-Krosigk (finances) etc. Dès l'ouverture de la séance, voici ce qu'il leur déclara :

« Messieurs, j'en ai assez de ces démonstrations qui ne font pas de mal aux juifs, mais à moi, la plus haute autorité pour l'économie allemande. Si, aujourd'hui, une boutique juive est détruite, si des biens sont jetés dans la rue, la compagnie d'assurances paiera le dommage au juif, de telle façon qu'il ne subira aucun préjudice. De plus, des biens de consommation, des biens qui appartiennent au peuple allemand sont détruits. Si, à l'avenir, de pareilles démonstrations sont nécessaires et se produisent, alors je demande qu'elles soient dirigées de façon à ne pas nous faire du tort. Et je veux que l'on agisse de sorte qu'on ne nuise pas à soi-même, car il serait fou de vider et d'incendier un magasin juif parce que cela nuirait à la compagnie d'assurances, de couvrir les dommages et de payer pour des marchandises dont j'ai besoin. Alors, je pourrais aussi bien prendre et incendier les matières premières en provenance de l'étranger, à leur arrivée en Allemagne. »[136]

Pour des raisons, soit matérielles comme celles de Goering, soit morales, tous les présents regrettèrent, non les manifestations elles-

---

[135] Doc. de Nuremberg P.S. 3063, du 13 février 1939, t. XXXII, p. 20 à 29.
[136] Doc. de Nuremberg. P.S. 1816, t. XXVIII, p. 499 à 540 et t. IXI 1). 561.

mêmes, mais le tour qu'elles avaient pris, tous sauf Goebbels qui les excusait.

Or voici comment l'Américain justice Jackson, présenta l'affaire au procès de Nuremberg, le 21 novembre 1945.

« La campagne antisémite devint forcenée en Allemagne, après l'assassinat à Paris du conseiller de la légation allemande von Rath. Heydrich, chef de la Gestapo, envoya un télégramme à tous les bureaux de la Gestapo et du S.D. ordonnant de diriger un soulèvement « spontané », fixé pour les nuits des 9 et 10 novembre 1938 [*sic*] afin d'aider à la destruction des biens juifs et de protéger seulement les biens allemands. »[137]

Telle est l'opinion qui prévaut toujours.

En fin de compte, la conférence arrêta le principe des trois décrets que prendrait Goering :

— le premier qui frapperait les juifs d'une amende d'un milliard de marks[138] ;
— le second qui les exclurait de la vie économique allemande[139] ;
— le dernier décidant que les compagnies d'assurances verseraient à l'État, non à l'intéressé juif, le remboursement du dommage à lui causé au cours de la *Nuit de cristal*[140].

L'assassinat du troisième secrétaire de l'ambassade d'Allemagne à Paris avait ainsi obtenu des résultats analogues à ceux qu'obtinrent plus tard, sous l'occupation allemande en France, ces singuliers résistants qui provoquaient seulement l'arrestation de centaines d'otages et une aggravation du statut d'occupation lorsqu'ils faisaient sauter une pharmacie ou un café au plastic — le plus souvent pour assouvir une vieille rancune personnelle — ou assassinaient un soldat allemand dans une rue sombre et déserte, etc. sous prétexte de combattre l'Allemagne

---

[137] C.R. des débats de Nuremberg, t. II., p. 130.
[138] P.S. 1412 et Reichsgesetzblatt, 1938, 1, 1579.
[139] P.S. 1875 et Reichsgesetzblatt, 1938, 1, 1580.
[140] P.S. 2694, Reichsgesetzblatt, 1938, 1, p. 1581.

ou le nazisme. Après le 7 novembre 1938, la vie des juifs allemands que des négociations internationales, sur des propositions raisonnables, eussent sauvée, fut rendue encore plus difficile par leur exclusion de la vie économique du pays, les camps de concentration, l'expropriation et la mise sous séquestre de leurs biens etc.

Mais, associées aux scènes d'horreur de la *Kristallnacht* dont, en France, en Angleterre et aux États-Unis, les journaux s'emplirent automatiquement, ces mesures y portèrent l'émotion à son comble. Le 15 novembre, l'ambassadeur de l'Allemagne à Washington, Dieckhoff, écrit au secrétaire d'État Weizsäcker :

« Vous aurez appris par mes rapports télégraphiques l'effet causé ici, sur l'opinion publique, par les mesures spontanées et légales adoptées en Allemagne en réponse au meurtre du secrétaire de légation von Rath. Il n'est pas étonnant que la presse nous soit encore plus hostile qu'auparavant (si, toutefois, cela est possible), mais ce qu'il y a de regrettable, c'est que les cercles modérés et responsables adoptent également une attitude hostile à notre égard — même les antisémites les plus farouches désirent se dissocier de méthodes de ce genre. »[141]

Puis, l'ambassadeur des U.S.A. en Allemagne ayant été rappelé le même jour, il l'est à son tour, le lendemain, par le gouvernement allemand. Entre les U.S.A. et l'Allemagne, les ponts sont rompus : ils ne se rétabliront pas. Plus question, pour commencer, de la Conférence d'Évian.

En France, on se réjouit de l'attitude du président Roosevelt.

En Angleterre, cependant, on garde la tête froide, malgré les hurlements de douleur de la presse juive. La campagne anti-allemande à laquelle les représailles de la Nuit de Cristal ont redonné de la vigueur n'affole pas le gouvernement. L'intervention de Churchill (26 septembre) opposant bruyamment, dans la récente crise tchécoslovaque, un projet de « Grande Alliance offensive et défensive entre la France, l'Angleterre et la Russie, qui irait hardiment de

---

[141] *Documents on Foreign German Policy*.

l'avant »[142] à la politique de conciliation de Chamberlain, n'a pas plus de succès. Et pas davantage celle de Clément Attlee, le même jour, qui, au nom du parti travailliste, veut lui aussi constituer un « front unique anglo-franco-russe ». Mais cette Nuit de Cristal a tout de même mis les nerfs à vif.

Telles furent les conséquences de l'assassinat du troisième secrétaire de l'ambassade d'Allemagne à Paris, von Rath, par le jeune juif Grynspan. Elles allaient trop dans le sens des buts poursuivis par les juifs pour que, même si, dans l'état actuel de la documentation sur cette affaire, rien ne permet d'affirmer qu'il s'agissait d'une action concertée dont Grynspan n'aurait été que l'instrument, cette hypothèse soit totalement exclue.

À un moment où, il n'est pas indifférent de le souligner, les accords de Münich qui venaient d'être conclus (29-30 septembre 1938) avaient replacé l'Europe sur la voie de la détente et autorisaient tous les espoirs.

---

[142] Le président Roosevelt qui a reconnu le gouvernement soviétique dès son entrée à la Maison blanche, qui a inclus l'U.R.S.S., « dans les 90% de la population mondiale attachée à la paix, à la liberté et à la sécurité » dans son discours da de la Quarantaine du 5 octobre 1937, qui est de plus en plus fasciné par Staline, s'il soutient la politique de conciliation de Chamberlain, encourage et soutient néanmoins le projet de Grande Alliance de Churchill dans une conférence de presse qu'il donne le 9 septembre 1938 : de ce temps, datent les premiers échanges de correspondance entre Churchill et Roosevelt et qui auront, une fois la guerre déclarée, une si grande influence sur son évolution.

Deuxième Partie
Entre la Guerre et la Paix

Introduction à la Deuxième Partie : l'année 1938

L'année 1938 fut marquée par deux événements qui modifièrent profondément l'équilibre européen : l'*Anschluss* au printemps, le rattachement des Sudètes au *Reich* à l'automne. Ils se produisirent au terme d'une évolution de la situation internationale caractérisée par un certain nombre d'autres événements indépendants du fait allemand ou n'ayant qu'un rapport indirect avec lui, mais qui étaient allés dans un sens favorable à ses vues : le départ du Japon de la S.D.N. (26 mars 1933) et le pacte antikomintern signé entre le Japon et l'Allemagne (25 novembre 1936) qui en fut la conséquence ; les sanctions votées par la S.D.N. contre l'Italie (11 octobre 1935), le rapprochement entre l'Italie et l'Allemagne (24-25 octobre 1936) qu'elles provoquèrent, puis l'adhésion de l'Italie au pacte antikomintern (6 novembre 1937) ; l'accession du Front populaire au pouvoir en France (26 avril-3 mai 1936) ; et enfin la guerre civile espagnole en cours (16 juillet 1936-31 mars 1939).

Assez curieusement, c'est par les dissentiments qui surgirent entre Américains et Japonais dans le Pacifique et en Chine, que la situation en Europe commença de s'aggraver sérieusement. En fait, ces dissentiments remontaient assez loin dans le passé. En 1914, le Japon était entré en guerre aux côtés des Alliés, moyennant promesse de la France et de l'Angleterre, que « toutes les possessions allemandes situées au nord de l'Equateur lui seraient concédées à condition qu'il s'en empare lui-même. » Le Japon déclara la guerre à l'Allemagne, conquit l'une après l'autre toutes les possessions allemandes en Extrême-Orient, chassa la flotte allemande du Pacifique et l'obligea à se réfugier dans l'Atlantique où elle fut détruite, fournit aux Alliés les bateaux nécessaires pour amener les contingents néo- zélandais et australiens en Egypte et aux Dardanelles, etc. Bref, sa contribution à la victoire des Alliés fut très importante — si importante même qu'il fut considéré comme un membre fondateur de la S.D.N. et qu'il fut une des quatre Puissances qui, avec la Grande-Bretagne, la France et l'Italie, y disposèrent d'un siège permanent au Conseil.

L'Allemagne fut si rondement chassée de Chine et du Pacifique par le Japon qu'en mai 1915 c'était fait. Dès cette date les U.S.A., qui considéraient la Chine comme leur territoire d'expansion, virent d'un assez mauvais œil la place qui y était ainsi conquise par le Japon, et d'autant plus que la rapidité avec laquelle il l'avait conquise faisait la preuve qu'il serait, dans l'avenir, un concurrent redoutable : ayant appris les promesses de la France et de l'Angleterre, ils déclarèrent que jamais ils n'accepteraient qu'elles fussent tenues. À la Conférence de la Paix (1919), Wilson n'en voulut pas démordre : les possessions insulaires de l'Allemagne furent bien attribuées au Japon mais sous mandat de la S.D.N. et les possessions continentales à la Chine (Shantung), certains ports ou îles (Hong-Kong, Shangaï...) restant sous contrôle anglais, américain ou anglo-américain. Ce manquement à la parole donnée fut le début d'une longue hostilité dont le souvenir n'est, encore aujourd'hui, pas perdu.

Le 18 septembre 1931, cent vingt mille soldats chinois se sont révoltés dans la région de Moukden (Mandchourie) alors que la république sombrait dans l'anarchie (il y avait deux gouvernements, l'un à Pékin, l'autre à Nankin), mettant le pays au pillage pour compenser les soldes qui ne leur étaient plus payées. Le Japon en profite pour intervenir sous le prétexte que les formations japonaises chargées de la garde des voies ferrées ont été molestées, rétablit l'ordre à la grande satisfaction des populations, conquiert toute la Mandchourie et l'affaire se termine, le 1er mars 1932, par la proclamation d'une Mandchourie indépendante sous le nom de Mandchoukuo et sous influence japonaise. La S.D.N. se saisit de l'incident, condamne le Japon comme agresseur par quarante-deux voix contre, le 24 février 1933, et le somme « d'évacuer dans les plus brefs délais toute la portion du territoire chinois qu'il occupe indûment. » Le 26 mars, le Japon annonce officiellement son retrait de la S.D.N. Puis il continue sa pénétration en Chine par la conquête du Jéhol et son annexion au Mandchoukuo. Le 29 décembre 1934, il dénonce l'accord naval du Pacifique et met en construction six cent cinquante mille tonnes de navires de guerre nouveaux.

Le président Roosevelt voit rouge et encore plus rouge lorsque, le 25 novembre 1936, le Japon que sa sortie de la S.D.N. devait fatalement rapprocher de l'Allemagne et d'autant plus qu'il justifiait sa politique en Chine par les étonnants progrès que le bolchevisme y faisait, signe avec elle le Pacte antikomintern. Sentant le vent venir, le président Roosevelt avait associé, le 3 janvier 1936, dans un message au Congrès, le Japon, l'Allemagne et l'Italie dans une même réprobation, leur reprochant d'être « retournés à la loi du sabre et à la conception fantastique qu'ils ont — et eux seuls ! — une mission à remplir »[143] Le 5 octobre 1937, les Japonais étant arrivés à contrôler 2 millions de km2 de la Chine et 200 millions de Chinois, il les menace tous trois de représailles économiques : *la quarantaine*[144].

Le Japon, on le comprend : il est son concurrent direct et il menace ses intérêts économiques en Chine. L'Allemagne, on le comprend encore : elle n'a jamais, le moins du monde, menacé les intérêts des U.S.A. nulle part, mais la franc-maçonnerie à laquelle appartient le président et son entourage juif entretiennent, chez lui, un état d'esprit hostile à l'Allemagne. L'Italie par contre, en janvier 1936, n'a pas encore esquissé son rapprochement avec l'Allemagne, elle ne menace aucunement les intérêts américains et elle n'a même pas tenu rigueur aux U.S.A. de leur prise de position en faveur des sanctions décidées contre elle par la S.D.N. Alors pourquoi ?

Le message du président Roosevelt au Congrès, le 3 janvier 1936, et le *discours de la quarantaine* du 5 octobre 1937 persuadèrent la France qu'en cas de conflit avec l'Allemagne, les U.S.A. sur lesquels il avait une grande influence jetteraient leurs forces et leurs immenses ressources dans la balance : bien que — ou, plus probablement, parce que le

---

[143] *Peace and war : United States Foreign Policy*, 1931-41, p. 304 à 307.
[144] Cf. supra, p. 129, n. 21.

gouvernement qui était à sa tête était un gouvernement de front populaire, porté au pouvoir par les communistes, qui avait besoin d'eux pour y rester, et qui avait la faveur du président Roosevelt, elle durcit ses positions à l'égard de l'Allemagne et c'est par là que la situation en Europe s'aggrava considérablement.

Ce n'est pas seulement à l'égard de l'Allemagne que le gouvernement français durcit sa position, mais aussi à l'égard de l'Italie : le thème central de sa politique est la lutte contre le fascisme. Dès son accession au pouvoir, les choses se gâtent entre la France et l'Italie. En mai 1936. Bertrand de Jouvenel se trouve à Rome et parce que son père, Henry de Jouvenel, a été ambassadeur à Rome et y a entretenu de bonnes relations avec Mussolini, réussit à se faire introduire au Palazzo Venezia :

–Que voulez-vous que je dise à un Français ? lui dit le Duce. Vous venez de vous donner un gouvernement dont le programme est la lutte contre le fascisme. Eh ! bien, luttez !

–Nos nouveaux dirigeants, lui fait remarquer Bertrand de Jouvenel, ne sont pas encore au pouvoir. Quand ils y seront, je ne doute pas qu'ils feront taire leurs préjugés de parti : s'ils vous proposent le rapprochement avec l'Italie, les repousserez-vous ?

–Non, répond le Duce. J'aime votre pays et je vous propose en échange quelque chose de concret. Par jactance et faiblesse, vous avez laissé les Allemands réoccuper la Rhénanie. Ils vont la fortifier. Vous ne pourrez plus intervenir en Europe centrale. Moi, je vous donne le moyen, le seul moyen que vous ayez encore d'y intervenir. En passant par le Piémont, avec le concours de l'armée italienne, vous pouvez aller défendre la Tchécoslovaquie et c'est la seule chance qui vous reste. Avec vous, je défendrai la Tchécoslovaquie, avec moi vous défendrez l'Autriche…

Cette proposition est si importante que Bertrand de Jouvenel en fait part à M. de Chambrun, ambassadeur à Rome et à Léon Blum qui fait répondre par M. Massigli, secrétaire général adjoint du Quai d'Orsay :

–Les engagements électoraux contractés par M. Blum envers les socialistes narbonnais (Léon Blum est député de Narbonne) ne permettront sans doute pas de prendre la chose en considération[145].

L'affaire n'eut pas de suite : en réponse à ses avances, la presse parisienne abreuva Mussolini d'injures telles qu'on put dire que la campagne déchaînée contre lui en France n'avait jamais été aussi violente.

Sur proposition de l'Angleterre et des membres du *commonwealth*, notamment du Canada et de l'Australie, la S.D.N. a bien décidé de lever les sanctions prises contre l'Italie (4 juillet 1936) mais ni l'Angleterre, ni les États-Unis n'ont encore reconnu la conquête de l'Ethiopie (l'Angleterre ne le fera que le 16 avril 1938, quand Mussolini aura changé de camp, et les U.S.A. ne le feront jamais) et la France le repousse.

Alors, Mussolini se tourne vers l'Allemagne qui a été seule ou presque à voler à son secours dans l'affaire d'Ethiopie : le 24 octobre 1936, le comte Ciano se rend à Berchtesgaden ; le 23 avril 1937, Goering vient à Rome ; le 24 septembre, c'est au tour de Mussolini de se rendre en Allemagne, à Munich et à Berlin où il est triomphalement accueilli et parle aux côtés du *Führer* devant des foules immenses. Six semaines après le 6 novembre 1937, l'Italie adhère au Pacte antikomintern. L'axe Berlin-Tokyo, devient l'axe Berlin-Rome-Tokyo qui est à cette époque, l'article fondamental de la politique extérieure de Hitler.

Quant au quatrième événement, la guerre civile espagnole, Italiens et Allemands y interviennent aux côtés des armées de Franco, séparément au début, puis de concert après la signature du Pacte antikomintern par l'Italie : parce qu'il s'agissait d'une réaction de Franco contre le gouvernement de front populaire de Madrid et ses excès ; parce que la Russie, et même en sous-main et clandestinement le gouvernement de front populaire de M. Léon Blum, y avaient envoyé les célèbres Brigades internationales, des armements, des avions, etc., au secours du gouvernement espagnol ; et parce que la réaction de

---

[145] Révélé par Bertrand de Jouvenel seulement le 13 mars 1938, dans *La Liberté*. Cité d'après Benoist-Méchin, *Histoire de l'Armée allemande*, op. cit., t. IV, p. 177-179.

Franco s'inscrivait, comme celle du Japon en Chine, tout naturellement dans la lutte contre les progrès du bolchevisme dans le monde.

L'importance stratégique de cette intervention n'échappa à personne : s'ils réussissaient à porter Franco au pouvoir en Espagne, ils auraient ainsi créé un second front qui pourrait prendre à revers la France sur sa frontière sud en cas de conflit, la puissance de l'Italie en Méditerranée s'en trouverait renforcée et affaiblie celle de l'Angleterre, ruinée même pour peu que l'Espagne la chassât de Gibraltar. Les choses n'allèrent pas jusque-là : hissé au pouvoir en Espagne, pour une importante part grâce à l'aide des Allemands et des Italiens, Franco se montra beaucoup plus réservé et beaucoup moins reconnaissant que ses bienfaiteurs ne l'espéraient. Mais cela, ils ne le savaient pas au départ : ils ne l'apprirent, à leur grande déception, qu'en 1940, Franco étant au pouvoir depuis mars 1939. De toutes façons, c'était une carte à jouer et ils la jouèrent. Avec succès, il faut en convenir, quelque déconvenue qu'elle leur ait apportée dans la suite.

Telle était la conjoncture en Europe et dans le monde au seuil de l'année 1938 quand se posa le problème de l'*Anschluss*.

L'Angleterre, pourtant, n'était pas entrée dans le jeu du gouvernement français de Front populaire et du président Roosevelt.

Elle n'y entra qu'en septembre 1938, au moment où se posa le problème du Rattachement des Sudètes à l'Allemagne, ce qui permit les Accords de Munich et recula la guerre d'un an.

Mais voyons comment les choses se sont passées.

Chapitre V – L'Anschluss

1 - La mission de l'Autriche, pays allemand

Lorsque la guerre de 1914-1918 éclata, l'empire austro-hongrois était un État bicéphale qui se composait, d'après la loi fondamentale du 21 décembre 1867, de deux États séparés par la Leitha, affluent gauche du Danube : l'empire d'Autriche (capitale Vienne) et le royaume de Hongrie (capitale Budapest). Le premier comprenait dix-sept royaumes ou principautés ayant à sa tête, chacun, un représentant de l'Empereur et jouissant d'une très large autonomie : Basse-Autriche, Haute-Autriche, Styrie, Carinthie, Carniola, Kustinland (Istrie et Trieste), Dalmatie, Tyrol, Vorarlberg, Salzburg, Bohème, Moravie, Silésie, Galicie et Bukovine. La Hongrie était divisée en 63 Comittats et 25 villes libres royales. Comittats et villes libres formaient des municipes à la tête desquels se trouvait un *Foïspan* (Préfet). Les deux États étaient indépendants l'un de l'autre, sauf pour les affaires qui leur étaient communes : Affaires étrangères, guerre et finances. Un parlement à Vienne (chambre des députés et chambre des Seigneurs) un autre à Budapest (chambre des députés et Chambre des magnats). En Hongrie, la Croatie-Slavonie avait obtenu son indépendance (1868) sauf les affaires communes : une Diète à Agram (Zagreb), 40 députés à la chambre hongroise. Depuis 1908, la Bosnie et l'Herzégovine, administrées jusque-là par un condominium austro-hongrois (les ministres communs) pour le compte du sultan, faisaient partie de la Double Monarchie et y jouissaient d'un régime analogue à celui de la Croatie-Slavonie, sauf que, si elles avaient une diète et un gouvernement provincial, le pouvoir suprême y était exercé par un gouverneur militaire pour le compte de l'empereur.

Ce puzzle d'États était le reflet d'une mosaïque de nationalités ou groupes ethniques d'origine raciale : l'Autriche, uniquement allemande, exerçait le pouvoir sur l'ensemble, la Hongrie, partagée entre Croates, Sorabes (Serbes), Slavons- Tchèques, Slovaques, Moraves, Magyars etc.

qui supportaient assez mal l'hégémonie autrichienne et aspiraient à l'indépendance, notamment, les Tchèques, les Slovaques et les Yougoslaves (Serbes, Croates et Slovènes). La cohésion de l'empire n'était maintenue que par l'union des Allemands et des Magyars, réalisée au lendemain de la révolution de 1848. Mais cette union n'existait qu'entre les classes dirigeantes des deux groupes ethniques : au niveau des peuples, le mécontentement suscité par l'hégémonie autrichienne (allemande) était permanent.

L'hégémonie de l'Autriche était due au fait que c'était elle qui, au long des siècles, par des guerres et des traités, avait rassemblé cette mosaïque de peuples dans cet étrange État, accomplissant une mission à laquelle elle était restée fidèle et qui lui avait été confiée dans la nuit des temps par Charlemagne : dans les années 800, c'était en effet Charlemagne qui, contenant au nord les Slaves qu'il avait repoussés sur la Vistule, l'avait érigée en État au sud (*Ostmarkt*, Puis *Oester Reich* francisé en Autriche) pour barrer la voie du Danube aux Slaves et aux Ottomans.

Non seulement, elle les avait contenus mais, depuis, constamment repoussés à l'Est. C'est en accomplissant cette mission, et en l'accomplissant courageusement, qu'elle avait créé le Saint Empire Romain et Germanique qui débordait largement sur la communauté des peuples germaniques et en était devenu l'âme. On peut même dire qu'elle avait réussi à réaliser le miracle de l'unité européenne malheureusement brisée par la politique de François 1er, la Réforme, Henri IV, Richelieu, Louis XIV, les rois de Prusse et le conflit franco-anglais dont les guerres napoléoniennes furent l'expression. Elle avait, néanmoins, continué à accomplir cette mission pour le compte des peuples germaniques à la communauté desquels elle avait conscience d'appartenir. Faisant peau de chagrin dans le grand mouvement de décomposition de l'Europe provoqué par la montée... des nationalismes à l'Ouest, elle était devenue l'Autriche-Hongrie, après son éviction de la présidence et de la communauté des peuples germaniques par Bismarck (Sadowa, 1866).

Mais elle n'en avait pas, pour autant, cessé de se considérer comme appartenant à cette communauté. Au lendemain de Sadowa, contre sa famille, contre tout son entourage et jusque contre le roi de Prusse, Bismarck lui-même avait renoncé à l'annexer purement et simplement à la Prusse. Il savait que c'eût été provoquer la dissidence des Magyars et des Slaves que l'Autriche avait disciplinés sous sa férule et qui ne voulaient pas entendre parler de la Prusse comme suzeraine. Celle-ci se serait alors trouvée directement affrontée à eux et Bismarck le redoutait.

Après la guerre de 1870-71, et la proclamation à Versailles (18 janvier 1871) de l'empire d'Allemagne, avec le roi de Prusse comme empereur, il s'était empressé de renouer avec elle par le truchement de l'*Entente des Trois Empereurs* (allemand, autrichien et russe, 1872). Il la reconnaissait comme peuple germanique avec la mission que lui avait confiée Charlemagne et dont elle n'avait jamais cessé de se considérer comme en étant chargée. Cette entente dura et ne cessa de se resserrer jusqu'en 1914 : tout en s'efforçant de conserver ses débouchés sur la mer Adriatique, la politique extérieure de l'Autriche s'était fixé pour but d'en obtenir aussi sur la Mer noire et la Méditerranée à l'Est.

La défaite des empires centraux dans la guerre de 1914-18, fit éclater l'Autriche-Hongrie entre les diverses nationalités qui la composaient : tour à tour, les Tchèques et les Slovaques, les Magyars (Hongrois) et les Yougoslaves s'érigèrent en États indépendants. Les Alliés, d'ailleurs, encourageaient et soutenaient ces mouvements. L'Autriche se retrouva donc seule en face d'elle-même avec la conviction qu'elle ne serait plus qu'un peuple allemand séparé des autres peuples allemands : dans son opinion publique, alors, se dessina un fort mouvement en faveur de sa réintégration dans la communauté des peuples allemands, c'est-à-dire de son rattachement à l'Allemagne, et d'autant plus fort qu'elle avait le sentiment que, seule, indépendante, isolée de l'Allemagne et désormais privée des ressources que lui apportaient les peuples jusque-là groupés autour d'elle, elle était économiquement inviable. Ainsi naquit l'idée de l'*Anschluss*. C'était une idée raisonnable et, dès le début, les socialistes en furent les plus chauds partisans. Elle reçut aussi l'adhésion à peu près unanime du peuple.

Le 21 octobre 1918, les quelques 200 députés allemands du Reichsrat autrichien se réunissent et constatent la dissolution de l'ancien État austro-hongrois. Le 30, ils se constituent en assemblée nationale provisoire. Le 10 novembre, le parti socialiste prend position en faveur de la proclamation de la république. Le 11, l'Empereur Charles abdique comme empereur d'Autriche, mais entend rester roi de Hongrie. Le 12, la république est proclamée sous cette forme :

« L'Autriche allemande est une république démocratique ; tous les pouvoirs y sont exercés par le peuple. L'Autriche est partie intégrante de la république allemande. »

Le lendemain 13 novembre, le Dr Karl Renner, socialiste qui assume les fonctions de président du gouvernement provisoire, déclare à l'assemblée :

« Notre grand peuple a sombré dans la détresse et le malheur — notre grand peuple allemand qui s'est toujours enorgueilli d'être nommé le peuple des penseurs et des poètes. Mais à cette heure précise où il serait commode, facile, voire même séduisant de présenter une note à part, pour tenter d'arracher quelques avantages à nos ennemis, notre peuple ne veut reconnaître qu'une chose, dans toutes ses régions : c'est que l'Allemagne et l'Autriche ne forment qu'une seule race et une seule communauté liée par le destin. »[146]

Le 21 novembre 1918, l'Assemblée nationale provisoire précise sa pensée de la façon suivante :

« L'État autrichien-allemand revendique la souveraineté sur tout le territoire peuplé par les Allemands et particulièrement sur le pays des Sudètes. L'État autrichien-allemand s'opposera à toute annexion, par d'autres nations, de territoires peuplés de paysans, d'ouvriers et de bourgeois allemands. »[147]

---

[146] *Diplomatische Aktenstücke des Osterreichich-ungarischen Ministeriums des Aussern*, Wien and Leipzig 1930. C.R. des débats de Nuremberg ; t. XV, p. 633 sq.
[147] *Ibid.*

Des élections eurent lieu le 16 février 1919 qui consacrèrent la victoire du Parti socialiste. Le 4 mars, la nouvelle assemblée se réunit mais, sur les 255 sièges prévus, 157 seulement furent occupés, les puissances alliées n'ayant pas admis les élections dans les territoires qu'elles se proposaient de distraire de la nouvelle Autriche (Sudètes notamment). D'autre part, le vœu unanime de ces 157 députés qui, par la bouche de leur doyen d'âge, avaient réclamé le rattachement au *Reich* allemand, ne fut pas exaucé : l'article 88 du traité de St-Germain (10-9-1919) déclarait inaliénable l'indépendance de l'Autriche et lui interdisait de s'incorporer, directement ou indirectement, à un autre État sans le consentement de la S.D.N. — contrairement, d'ailleurs, au droit des peuples à disposer d'eux-mêmes inclus dans les quatorze points du président Wilson. À la grande indignation du chancelier socialiste Karl Renner qui éleva une protestation enflammée contre cette décision et... s'inclina.

Mais les Allemands ne se laissèrent pas influencer. L'article 61 de la constitution de Weimar (11 août 1919) prévoyait, parallèlement, l'admission de représentants de l'Autriche dans le *Bundesrat* quand ce pays serait rattaché au *Reich*. Le 22-10-1919, on dit aux Allemands que cette disposition était contraire à l'article 88 du traité de Saint-Germain : ils rétorquèrent qu'il n'était pas question de sa mise en application sans le consentement de la S.D.N., laquelle ne pourrait pas manquer de respecter le droit des peuples à disposer d'eux-mêmes qui était un de ses principes fondamentaux. On dut se contenter de cette déclaration : la constitution de Weimar ne fut pas modifiée.

En Autriche, non seulement les socialistes, mais tous les partis étaient d'accord sur l'*Anschluss :* des hommes comme les futurs chanceliers Dollfuss[148] et Schussnigg en firent un article de foi jusqu'en 1933, date de l'accession de Hitler au pouvoir en Allemagne. Les sociaux-chrétiens dont ils furent des leaders la revendiquèrent toujours sauf pendant le court passage de Mgr Seipel à la présidence du parti et à la chancellerie (1922-1928) où ils la mirent en sommeil : pendant cette

---

[148] Il était en outre un disciple du raciste Karl Lueger qui fut bourgmestre de Vienne avant la guerre.

période, ils ne la revendiquèrent plus pour ne pas heurter Mgr Seipel qui était contre, mais à peu près seul de son avis. En 1931, le ministre des Affaires étrangères du *Reich* (successeur de Stresemann) Curtins et le vice-chancelier Schober essayèrent encore[149] de réaliser, entre les deux pays, une union économique qui n'eût pas manqué, quelles qu'aient été les intentions des deux hommes, d'aboutir à l'*Anschluss*, et il fallut l'intervention de la S.D.N. qui ne s'y laissa pas prendre, pour mettre le projet en échec. Lorsque, Hitler étant arrivé au pouvoir en Allemagne, les cadres du parti social-démocrate et du parti social-chrétien se prononcèrent contre le projet d'*Anschluss* qu'ils avaient soutenu jusque-là, l'idée en était si profondément ancrée dans l'opinion publique, qu'elle ne les suivit pas : de cette époque date la naissance de formations nationales-socialistes en Autriche et c'est sur le thème du rattachement au *Reich* qu'elles y firent tache d'huile.

À tel point que, le 12 mars 1938, les troupes allemandes purent entrer en Autriche l'arme à la bretelle et la fleur au fusil, les blindés décorés de verdure, les avions volant à basse altitude dans le ciel et lançant sur la foule non des bombes mais des tracts, et que, le 13 et le 14 elles poursuivirent leur route sur Vienne, venant de Salzburg, sous les acclamations de milliers de personnes massées de chaque côté de la route, les femmes et les jeunes filles leur lançant des fleurs ou leur envoyant des baisers. Au passage de Hitler, c'était du délire.

À tel point aussi que, le peuple autrichien ayant été appelé à se prononcer par voie de référendum sur l'*Anschluss*, l'approuva par 4 273 884 voix contre 9 852 sur 4 300 177 inscrits et 4 284 795 votants, soit par 99,75% des inscrits.

2 - *L'Autriche et le national-socialisme*

Il faut, maintenant, se pencher sur la suite des événements dont l'*Anschluss* ne fut que la conclusion et d'abord dire deux choses : non seulement la disposition d'esprit du peuple autrichien, mais encore la

---

[149] À l'initiative du Gouvernement autrichien.

crise économique qui sévissait en Autriche eu permanence depuis 1931 — encore une conséquence du krach de Wall-Street — et une conjoncture internationale qui résultait principalement de l'évolution des esprits en Italie, le rendirent inévitable.

À l'expérience, l'Autriche s'était révélée un État économiquement inviable : en 1933, son déficit budgétaire s'élevait à environ 5 milliards de couronnes et elle avait près d'un million de chômeurs (sur une population active de quatre millions de personnes soit près de 25%). Certes, la crise n'avait jamais été aussi grave mais, depuis la signature du traité de Saint-Germain, (10.9.1919) la situation économique y avait toujours été caractérisée par un déficit budgétaire constant et un chômage endémique. Les sociaux-démocrates qui s'étaient emparés de tous les leviers du pouvoir en 1919, n'avaient pas réussi à surmonter cette situation et pas davantage les sociaux-chrétiens qui leur avaient succédé, même en gouvernant avec le soutien des sociaux-démocrates. Puis il y avait eu la rupture entre les deux partis. Finalement un social-chrétien énergique, le Dr. Engelbert Dollfuss, arriva au pouvoir (21 mai 1932) et il crut possible d'en sortir par des moyens autoritaires : il mit le parlement en vacance (7 mars 1933) et supprima pour l'avenir les élections (11 mai 1933). C'était la dictature, — une dictature plus absolue encore que celle de Hitler en Allemagne, parce que les élections subsistèrent après l'accession de Hitler au pouvoir et que, jamais, Hitler ne prit aucune décision importante sans la soumettre à la ratification du peuple allemand.

Les choses non seulement n'allèrent pas mieux, mais encore s'aggravèrent. Et, tandis qu'elles s'aggravaient, la classe ouvrière avait sous les yeux les succès spectaculaires remportés par Hitler en Allemagne, dans sa lutte contre le chômage, le bien-être qui y revenait dans les foyers : les ouvriers autrichiens regardaient avec envie les ouvriers allemands. Il ne manqua, dès lors, plus de bons esprits pour leur expliquer que tous leurs malheurs venaient de ce que l'Autriche était séparée de l'Allemagne et que, si elle y était rattachée, les ouvriers autrichiens jouiraient automatiquement du même bien-être que les ouvriers allemands. Le national-socialisme, sa dictature, ses atteintes à la liberté, sa politique raciale ? Fables que tout cela — et pour empêcher la reconstitution totale de la communauté allemande. Par ailleurs, les atteintes à la liberté de Hitler étaient moindres que celles de Dollfuss, que les démocrates du monde entier, à la suite des socialistes autrichiens, fustigeaient à l'égal de Hitler. Et quant aux juifs, les sociaux-chrétiens autrichiens ne les avaient pas en odeur de sainteté : un des leurs, Karl Lueger, qui avait été bourgmestre de Vienne et qui s'était acquis la sympathie de toute l'Autriche avait, jadis, placé la lutte contre les juifs en tête de son programme. Ce qui comptait, c'était que Hitler et le national-socialisme avaient ramené la prospérité en Allemagne. Les Sarrois, d'ailleurs, n'avaient pas été si fous : en janvier 1935, malgré la propagande anti- hitlérienne, ils s'étaient prononcés à 90,8% pour le rattachement de la Sarre à l'Allemagne.

Ces arguments ne manquent pas de force. Sur l'opinion publique, ils n'ont cependant pas un effet aussi immédiat que ne le pensent les nationaux-socialistes autrichiens : le 25 juillet 1934, se croyant en mesure de prendre le pouvoir, ils organisent un putsch qui se termine malencontreusement par l'assassinat, non prévu par les organisateurs, du chancelier Dollfuss. L'affaire a été mal préparée : dans l'opinion publique, il n'y a aucune réaction favorable aux putschistes. Ils sont arrêtés et, pour la plupart passés par les armes. Le chancelier Kurt Schussnigg, autre chrétien-social, mais disciple de Salazar, lui succède : le parlement n'est pas rétabli dans ses prérogatives, les élections ne sont pas réenvisagées. Dès son accession au pouvoir, Schussnigg se trouve en butte à la même hostilité, sourde en Autriche et tout aussi déclarée dans le clan des démocraties, que Dollfuss. Il est, d'autre part, beaucoup plus maladroit que lui.

Pas mûre en Autriche, pour la prise du pouvoir par les nationaux-socialistes, la conjoncture ne l'était pas non plus sur le plan international : le 17 avril précédent avaient été signés entre l'Autriche, l'Italie et la Hongrie, les *Protocoles de Rome* par lesquels les trois pays avaient « décidé de pratiquer une politique commune et de se consulter sur les décisions à prendre chaque fois que l'un des trois gouvernements l'estimerait nécessaire ». De plus Mussolini était l'ami de Dollfuss, les deux familles se fréquentaient. Mme Dollfuss et ses enfants étaient justement chez Mussolini, à Riccione, le jour de l'assassinat de Dollfuss et c'est là qu'ils l'apprirent : le *Duce* envoya aussitôt sur le Brenner cinq divisions prêtes à toute éventualité et notamment à pénétrer en Autriche si des troupes allemandes y pénétraient.

Hitler réussit, cependant, à rétablir sa situation ainsi compromise auprès de Mussolini par ce qu'il appelait « une poignée d'exaltés » : courbant le dos sous l'averse, il envoya Papen à Vienne et « la poignée d'exaltés » fut non seulement désavouée mais encore sanctionnée. Les relations entre l'Allemagne et l'Italie n'en furent pas troublées et, l'année suivante, ainsi qu'on le sait, la politique des sanctions de la S.D.N. contre l'Italie les resserra. On en sait aussi les étapes qu'il n'est pas inutile de rappeler : 24 octobre 1936 (le comte Ciano à Berchtesgaden), 23 avril (Goering à Rome), 24 septembre (Mussolini à Munich et à Berlin), 6 novembre (signature du Pacte anti-Kominterm). À la longue, ce rapprochement germano-italien devait fatalement détacher Mussolini de l'Autriche. Lors de sa visite à Rome en avril 1937, Goering l'avait sondé du bout des lèvres sur le problème de l'*Anschluss* et il n'avait répondu que par un geste évasif.

Les maladresses de Schussnigg précipitèrent, autant que la signature du Pacte anti-Kominterm et l'axe Rome-Berlin qui en découla, l'évolution de Mussolini dans un sens favorable à l'*Anschluss*. Jamais, par exemple, malgré ses exhortations, Schussnigg n'avait recherché un *modus vivendi* acceptable avec Berlin. Le 11 juillet 1936, il avait signé, avec Papen, un protocole germano-autrichien aux termes duquel « la politique du gouvernement autrichien vis-à-vis du *Reich* allemand s'inspirera toujours de l'idée fondamentale que l'Autriche se considère comme un État allemand ». Suivait, en annexe, une promesse de « faire appel au gouvernement, à la collaboration de représentants de ce qu'il est convenu d'appeler l'opposition nationale en Autriche, afin de favoriser un apaisement véritable ». Or, non seulement il ne fit pas appel à ces représentants de l'opposition nationale, mais le 29 novembre suivant, il prononçait à Klagenfurth, un discours dans lequel il déclarait que « le front national [au nom duquel il gouvernait] avait trois ennemis : le communisme, le défaitisme et le national-socialisme. En conséquence, ajoutait-il, il faut considérer les nazis autrichiens comme les ennemis jurés du gouvernement et du peuple ».

Mussolini n'arrivait pas à concevoir qu'on pût être aussi maladroit. Des incidents éclatèrent un peu partout, à Linz, à Graz, à Salzburg, etc. entre militants du Front national de Schussnigg et militants nazis, puis entre ceux-ci et les gouvernements : ils créèrent un état de tension entre le gouvernement allemand et le gouvernement autrichien.

Mais la plus grave de ses maladresses, Schussnigg la commit au lendemain d'une entrevue qu'il eut avec Hitler à Berchtesgaden le 12 février 1938.

Ce jour-là, c'est sûr, Hitler voulait en finir avec l'Autriche et la politique de son gouvernement qui était une humiliation constante pour le *Reich*. Il savait que Mussolini n'avait pas d'estime pour Schussnigg et que les rapports entre les deux hommes étaient très froids. Il était sûr, d'autre part, que l'Angleterre n'interviendrait pas dans le différend, n'ayant jamais voulu prendre d'engagements internationaux en ce qui concernait l'intégralité territoriale de l'Autriche et les principaux hommes politiques de son gouvernement : Mac Donald, sir John Simon, Eden, Chamberlain, Halifax, etc. étaient convaincus qu'elle devait faire retour au *Reich*. Enfin, entre l'Allemagne et l'Angleterre, les relations étaient excellentes depuis la signature du Pacte naval anglo-allemand du 18 juin 1935. L'Angleterre n'intervenant pas, la France n'interviendrait pas non plus et pas davantage la Tchécoslovaquie. Avec la Pologne, ses relations étaient au mieux. Il pouvait tout se permettre.

Hitler eût de beaucoup, certes, préféré incorporer l'Autriche à l'Allemagne par d'autres méthodes : rallier l'opinion par des démonstrations de masse, emporter la majorité des sièges au parlement, hisser au pouvoir un chancelier qui proclamerait l'union de l'Autriche et de l'Allemagne en vertu du droit des peuples à disposer d'eux-mêmes, de telle sorte que les puissances étrangères ne puissent pas s'y opposer, ni les démocraties invoquer cet argument supplémentaire dans la campagne qu'elles menaient contre lui. Nul doute qu'il y eût réussi mais... il n'y avait pas d'élections en Autriche. Et les incidents qui s'y étaient produits au cours de l'année 1937 ne lui permettaient plus d'attendre.

Invité en Autriche, M. von Neurath y était arrivé le 22 février. Les nazis autrichiens avaient décidé de lui montrer leur puissance : aussitôt sortie de la gare, sa voiture s'était engagée dans les rues noires de monde. Des milliers et des milliers de personnes la contraignirent à n'avancer qu'au pas sous les acclamations de la foule qui scandait en chœur : *Heil Hitler ! Heil Deutschland ! Heil Hitler Anschluss !* Le service d'ordre était complètement débordé. Mortifié, Schussnigg décide de montrer au ministre des Affaires étrangères du *Reich* qu'il n'y a pas que des nazis à Vienne et, pour le lendemain, jour de son départ, il mobilise le Front national : les rues sont tout aussi noires de monde mais, cette fois, la voiture du ministre gagne la gare sous les vociférations d'une foule qui scande : *Heil Schussnigg ! Heil Oesterreich !* À bas Hitler !

Autre exemple : Schussnigg a finalement accepté, sous la pression de l'opinion publique, de faire entrer dans son gouvernement, les nationaux-socialistes, notamment Seyss-Inquart (février 1937) mais il ne cesse pas, pour autant, de pourchasser les nationaux-socialistes, de perquisitionner dans leurs bureaux, d'en arrêter, etc. Les incidents se multiplient entre les nazis et les militants du Front national. Les Nazis protestent et, depuis que Seyss-Inquart est ministre, la presse accueille leurs protestations. L'atmosphère s'envenime. Le 1er mai, les résidents allemands en Autriche reçoivent l'autorisation de pavoiser aux couleurs de leur pays : dans un petit village de Styrie, un policier donne l'ordre d'arracher le drapeau national allemand. C'est pour Hitler un outrage encore plus grand que la « *conduite de Grenoble* » qui a été faite à Neurath à Vienne en février.

En juillet, dans la petite ville de Wells, les fusils de la police partent « tout seuls » dans une bagarre qui l'a opposée à une manifestation d'anciens combattants qui crient : *Deutschland, Deutschland über alles !*

–C'est proprement scandaleux ! dit Hitler à Papen[150].

Et Neurath :

–M. Schussnigg croit-il qu'il peut continuer à persécuter les nationaux-socialistes autrichiens, tout en feignant de se mettre d'accord avec le *Reich* sur une politique commune ?[151]

Le 12 février 1938, les choses étant allées en s'aggravant, les incidents n'ayant cessé de se multiplier sans que Schussnigg fasse le moins du monde preuve d'un changement d'attitude, la patience de Hitler est à bout. L'entrevue est orageuse : Hitler remet à Schussnigg, sur la composition de son gouvernement, un véritable ultimatum qui en fait un gouvernement à sa dévotion et lui donne trois jours pour passer à l'exécution.

Pour un pays démocratique où le gouvernement est le reflet de l'opinion, c'était inacceptable. Mais l'Autriche n'est pas un pays démocratique : Schussnigg y a pris le pouvoir à la suite de Dollfuss qui s'y était installé par un coup de force et, le peuple n'y est jamais consulté. Les Nazis autrichiens prétendent que le chancelier n'a pas plus de 18% du corps électoral derrière lui et que, s'il réussit néanmoins à se maintenir au pouvoir il ne le doit qu'à l'apathie du peuple autrichien et au fait qu'eux, les nationaux-socialistes, pour ne pas mettre Hitler en difficulté sur le plan international, ne font pas la politique radicale qui l'en chasserait. C'est très probablement vrai : il apparaît bien qu'en cette affaire, les nationaux-socialistes autrichiens aient laissé l'initiative des opérations à Hitler.

Quoi qu'il en soit, Schussnigg s'est incliné : le 15 février, les mesures prévues dans l'accord germano-autrichien du 12 ont été prises. Mais le 5 mars, Hitler formule une exigence nouvelle : le ministère des finances qu'il a oublié de revendiquer, aux nazis. Il ne restera plus rien par quoi l'Autriche, ou du moins Schussnigg, pourra manifester son indépendance. Pratiquement, ce sera l'*Anchluss*. C'en est trop : le 9 mars,

---

[150] Papen, *Mémoires*.
[151] Id.

Schussnigg décide brusquement que la question de l'indépendance de l'Autriche sera soumise à un referendum qui aura lieu le 13. Trois jours pour mettre sur pied un referendum dans un pays où il n'y a pas même de listes électorales ! Au surplus, le règlement qui l'organise prévoit :

« 1. Seuls les membres du Front national auront le droit de se tenir dans les bureaux de vote pendant la durée du scrutin.
2. Comme il n'existe plus nulle part de listes, ni de cartes d'électeurs, chacun pourra voter en présentant une pièce quelconque précisant son identité : quittance de loyer, certificat de travail, livret de famille, livret de caisse d'épargne, carte de membre du Front national ou de la Ligue agraire, titre de permission, etc. On pourra même voter sans être muni de pièce d'identité, à condition d'être connu d'un des membres du bureau. Le fait de dresser une liste des personnes ayant voté est laissé à la discrétion des gouverneurs de provinces.
3. Il n'y aura, dans les bureaux de vote, que des bulletins marqués « oui ». Quiconque voudra voter « non » devra apporter de chez lui un bulletin du même format que les bulletins officiels, et portant le mot « non » écrit de sa propre main.
4. Le vote sera public. Toutefois, si un votant en exprime le désir, il lui sera remis une enveloppe dans laquelle il pourra glisser son bulletin. »[152]

Dans de telles conditions qui ouvraient toutes grandes les portes à la fraude, le plébiscite ne pouvait être que favorable à Schussnigg : il fallait être dépourvu de tout bon sens pour penser que Hitler l'accepterait. De fait, il somma Schussnigg de l'annuler et de le remplacer par un autre plébiscite qui serait organisé sur le modèle de celui de la Sarre et dont la préparation nécessitait des délais plus longs. Les Nazis autrichiens proposèrent le 10 avril.

Schussnigg refusa, puis se tourna vers Mussolini : celui-ci conseilla l'abandon du projet. Schussnigg refusa encore. Alors le Duce :

—Pas possible d'être aussi bête ! Dans ces conditions, l'Autriche ne

---

[152] Kurzbericht, *Herausgegeben im Auftrage des akademischen Autausebdienstes*, 28 mars 1938, p. 66. Cité dans la traduction de Benoist-Méchin, *Histoire de l'Armée allemande*, t. IV, p. 512.

m'intéresse plus.

On sait la suite[153].

3 - *Des polémistes sans scrupules*

Au cours de la controverse au vitriol et qui dure encore, provoquée par la pièce *Le Vicaire* de M. Rolf Hochhuth, protestant allemand, crypto-communiste, on a violemment reproché — et M. Rolf Hochhuth, lui-même — aux cardinaux et aux évêques autrichiens une déclaration publique en faveur de l'*Anschluss*, en l'interprétant comme une collusion de l'Église catholique avec le nazisme et en la portant au compte de Pie XII. Voici l'essentiel de ce que disait cette déclaration :

« Avec une conviction sincère et en toute liberté d'esprit, Nous soussignés, Evêques des diocèses autrichiens, tenons à déclarer ce qui suit, à l'occasion des grands événements historiques survenus en Autriche allemande :

Nous reconnaissons volontiers que le mouvement national-socialiste a accompli et accomplit encore des réalisations remarquables, tant dans le domaine de la reconstruction économique et populaire, que dans celui de sa politique sociale en faveur du *Reich* et du peuple allemand, notamment en ce qui concerne les couches les plus déshéritées de la population. Nous sommes également convaincus que l'action du mouvement national- socialiste a pour effet d'écarter de nous l'œuvre destructrice du bolchevisme athée.

Les évêques accompagnent de leurs vœux les plus fervents le développement de cette action dans l'avenir et le feront savoir à leurs ouailles.

Le jour du referendum, Nous, Evêques, considérons naturellement comme notre devoir de nous prononcer en tant qu'Allemands, en faveur du *Reich* allemand, et nous attendons de tous les chrétiens croyants qu'ils sachent, eux aussi, ce qu'ils doivent à leur peuple[154].

Vienne, le 12 mars 1938.

Signé : Th. Innitzer, Cardinal-Archevêque de Vienne ; Adam Hefter,

---

[153] Cf. supra, p. 144.
[154] *D.N.B.*, 28 mars 1938.

Prince- Évêque de Klagenfurth ; Ferd Pawlokowski, Prince-Évêque de Sankt-Pölten Michael Memelauer, Evêque de Soeckau-Graz S. Waitz, Prince-Archevêque de Salzburg ; Johannes Maria Gföllner, Évêque de Linz. »

Quelle que soit l'opinion qu'on ait de cette déclaration, on ne peut l'imputer ni à Pie XII, ni même au Vatican pour les raisons suivantes : le pape d'alors n'était pas Pie XII mais Pie XI, et Pie XI la désavoua, non pour l'ensemble de son contenu, mais seulement parce qu'elle faisait confiance au national-socialisme pour « écarter de nous l'œuvre destructrice du bolchevisme athée », la politique du Vatican postulant que, au plan des principes, le national-socialisme était autant à blâmer que le bolchevisme (les encycliques *Mit brennender Sorge* et *Divini Redemptoris*). Enfin, le désaveu de Pie XI fut transmis au cardinal-archevêque Th. Innitzer, primat d'Autriche, qui en avait pris l'initiative, par une lettre d'envoi du cardinal Pacelli, alors secrétaire d'État du Vatican et futur Pie XII, rédigée dans les mêmes termes.

Mais ce qu'on oublie généralement de dire, c'est que la déclaration des évêques catholiques autrichiens avait été précédée d'une autre des évêques de l'Église évangélique qui disait ceci :

« L'Église évangélique de l'Autriche allemande se rallie avec une joie unanime et sincère, au grand événement historique qui ramène le peuple allemand d'Autriche dans le sein de la communauté de destin du Grand *Reich* allemand.

Nous croyons fermement que cette heure a été bénie par Dieu.

Après des années de combat, nous réaffirmons notre volonté de servir fidèlement notre peuple et de revenir dans le giron de l'Église évangélique allemande, qui est l'Église mère de la Réforme et dont rien ne nous séparera plus[155].

Vienne, le 13 mars 1938.

Les surintendants du Consistoire : Beyer, Eder, Heinzelmann, Zwerne, Mann. »

---

[155] *D.N.B.*,14 mars 1938. (La déclaration des évêques catholiques est du 18 mars 1938 et elle n'a été rendue publique que le 27 mars.)

On n'a jamais entendu parler de la collusion de l'Église protestante autrichienne avec le nazisme et surtout pas par M. Rolf Hochhuth.

Les sociaux-démocrates eux-mêmes se sont ralliés à l'*Anschluss* par la voie de leur leader, le Dr Karl Renner qui, dans le *Neues Wiener Blatt*, publiait la déclaration suivante, le 2 avril 1938 :

« En tant que social-démocrate, et — à ce titre défenseur du droit des peuples à disposer d'eux-mêmes ; en tant que premier chancelier fédéral de l'Autriche allemande ; enfin en tant que président de la délégation autrichienne à la Conférence de la Paix de Saint-Germain, je voterai « oui » au referendum. »

On n'a, non plus, jamais entendu accuser le Dr Karl Renner de collusion avec le nazisme. Mieux : cette déclaration ne l'empêcha pas d'être élu premier président de la IIe République autrichienne, le 20 décembre 1945. Selon que vous serez...

Aucun de ces hommes, d'ailleurs, n'était à blâmer : ce n'était pas pour le national-socialisme qu'ils se prononçaient — la plupart l'ont prouvé dans la suite — mais pour l'*Anschluss* qui était, bien que présenté par le national-socialisme, une idée démocratique, juste et raisonnable.

Ralliant ainsi les cadres et les directeurs de conscience de tous les partis, le referendum ne pouvait qu'apporter à Hitler le succès qu'il lui a apporté.

Comme Hitler l'avait prévu, il n'y eut pas de réactions internationales. Le 10 mars, Schussnigg avait chargé son ambassadeur à Londres, le baron von Frankenstein, de tenter d'arracher la promesse d'une intervention armée à Downing Street : la seule chose qu'il obtint fut une fin de non-recevoir polie mais catégorique. À Paris, il n'y avait pas de gouvernement : le 10 mars, le gouvernement Chautemps avait démissionné. Chargé d'expédier les affaires courantes, le président du Conseil démissionnaire a tout de même prié M. Yvon Delbos de prendre contact avec Rome et Londres pour mettre au point les mesures militaires à prendre, au cas où Hitler envahirait l'Autriche : à Rome, il est éconduit, à Londres il apprend que l'Angleterre a conseillé à Schussnigg de céder.

La France et l'Angleterre n'attendirent même pas les résultats du plébiscite pour reconnaître *de facto* l'incorporation de l'Autriche au IIIe *Reich :* elles le firent, de concert, le 2 avril, soit huit jours avant.

Ironie du sort : le gouvernement français était alors présidé par Léon Blum !

Car telle était encore, en France, la puissance de l'opinion publique et sa volonté de paix[156].

---

[156] La majorité de Front populaire élue en 1936 était en plein désarroi : son aile droite effrayée par les exigences communistes devant lesquelles Léon Blum avait manqué de fermeté, avait fini par prendre ses distances du Socialisme, autant pour des raisons de politique extérieure que pour des raisons de politique intérieure. Au Parlement, Léon Blum n'avait réussi à constituer le ministère qui prit la suite de Chautemps qu'en promettant de n'intervenir ni en Autriche ni en Espagne, — contre son gré.

Chapitre VI – Les Sudètes

1 - *Un puzzle de minorités*

En 1938, la Tchécoslovaquie était un État d'Europe centrale installé sur un territoire de 12 1891 km^2 et qui comptait 13 836 000 habitants. D'après le recensement de 1921, ces habitants se décomposaient ainsi : 6 727 038 Tchèques, 3 122 390 Allemands, 2 010 295 Slovaques, 745 935 Hongrois ou Magyars, 459.346 Ruthènes, 180.332 juifs, 75 656 Polonais et 238 727 ressortissants étrangers. Pas davantage d'unité territoriale, pas de frontières naturelles : à l'Ouest, le quadrilatère de Bohême, que les Monts de Moravie séparent de la Slovaquie ; à l'Est, la Slovaquie étirée en boudin, que prolonge un morceau de l'Ukraine, la Ruthénie. « Le pays, disait Mussolini, a la forme répugnante d'un intestin. »

De fait, d'une longueur d'environ 650 km, sa largeur ne dépasse pas 80 à 120 km sur la plus grande partie de cette longueur. Les Alliés qui, en 1919, poursuivaient le démembrement de l'Autriche-Hongrie ont rassemblé en un État ces territoires et ces populations qui en faisaient jusque-là partie et ont inscrit le nouveau statut de cet État dans les traités de Versailles (art. 27 et 81 à 86), de Saint-Germain (art. 27 et 53 à 58) et de Trianon (art. 27 et 48 à 52). Ces traités précisaient tous que le nouvel État était de type fédéral, chaque nationalité devant jouir, dans son sein, de l'autonomie interne.

À cette décision, seuls les Tchèques et les Slovaques donnèrent leur accord. Non pas qu'il y eût la moindre affinité entre eux : le seul point commun qu'ils eussent était leur hostilité au régime austro-hongrois. Les premiers qui appartenaient à l'Autriche, avaient souffert du régime préférentiel dont jouissaient, en Bohême, les Autrichiens de souche allemande qui luttaient contre la culture et les traditions tchèques avec le soutien des autorités de Vienne et germanisaient progressivement le pays. Les seconds qui appartenaient, eux, au royaume de Hongrie, y avaient souffert de la magyarisation. Il y avait une importante émigration particulièrement en France, en Russie et aux États-Unis.

En 1914, quand la guerre éclata, Tchèques et Slovaques avaient pris le parti des Alliés, surtout les émigrés, non parce que leur cause leur paraissait juste, mais parce qu'ils espéraient de la guerre, l'écrasement complet de l'Autriche-Hongrie et leur indépendance. Malgré leur peu d'affinités entre eux, les émigrés des deux ethnies s'étaient réunis à Pittsburg, le 30 mai 1918, et avaient signé une convention fondant un État tchécoslovaque dans lequel les Slovaques auraient leur propre administration, leur propre parlement, leur propre langue et leur propre magistrature. Sous ces conditions, les Slovaques s'associèrent aux Tchèques et, plus tard, ils n'acceptèrent les traités de Versailles, de Saint-Germain et de Trianon que parce qu'elles y figuraient.

Des autres nationalités qui furent adjointes aux Tchèques et aux Slovaques dans l'État tchécoslovaque, il ne fut pas question à Pittsburg : on y parla de la Bohême, de la Moravie, de la Ruthénie sans en préciser les contours…

L'affaire avait été menée par les Tchèques, non sans des pensées plus précises et plus ambitieuses quant aux frontières du nouvel État, notamment par trois d'entre eux, tous trois émigrés, tous trois francs-maçons, austro-germanophobes fanatiques et non moins russophiles, surtout après la révolution russe de 1917 : Masaryk, Bénès et Stefanik. Ce dernier, un astronome de Meudon, s'était même fait naturaliser Français et était capitaine de l'armée française pendant la guerre.

Leur quartier général était Paris, mais les deux premiers faisaient de fréquents voyages en Suisse, en Angleterre, en Italie après son entrée en guerre, et aux États-Unis où, à partir de 1917, ils entretiennent des relations étroites avec le président Wilson. Les Alliés qui ont intérêt à créer une cinquième colonne en Autriche-Hongrie, encouragent leurs menées. En France, un Comité national tchécoslovaque est constitué qui a des ramifications aux É.U. et finit, le 29 juin 1918, sous les espèces d'une lettre de M. Pichon, ministre français des Affaires étrangères, par être reconnu « comme garant de tous les intérêts de la nation, base du futur gouvernement tchécoslovaque ». Cette lettre promet en outre que « le gouvernement français s'emploiera à faire valoir les aspirations du peuple tchécoslovaque à l'indépendance dans ses frontières historiques ». L'Angleterre, les États-Unis et l'Italie s'alignent sur cette déclaration.

« Les frontières historiques du peuple tchécoslovaque » est une formule qui n'a rien d'historique : il n'y a jamais eu de peuple ni d'État tchécoslovaques. Elle n'en est pas moins très précise dans l'esprit de MM. Masaryk, Bénès et Stefanik : elle englobe la Bohême, Allemands compris, et tout ce qu'ils pourront grappiller de l'empire austro-hongrois. Par ailleurs, ils n'ont promis l'autonomie interne aux Slovaques et ils n'ont accepté son inclusion dans les traités que pour obtenir leur adhésion au nouvel État qu'ils sont bien résolus à soumettre à leur hégémonie dictatoriale. Et s'ils y ont inclus les Allemands c'est, d'une part, parce que les régions occupées par eux sont fortement industrialisées et qu'autrement ils seraient réduits à un pays agricole, au surplus de forme et d'équipement arriérés ; d'autre part, pour être protégés des entreprises éventuelles du *Reich* allemand par les monts du Böhmerwald et de l'Erzgebirge qu'ils ont l'intention de fortifier.

Ayant la bénédiction des Alliés, les Tchèques de Paris s'érigent en gouvernement provisoire tchécoslovaque le 3 septembre 1918. Le 16 octobre, l'empereur Charles lance un manifeste annonçant que l'Autriche devient un État fédéral[157]. Le 18, un comité national qui se dit tchécoslovaque mais ne comprend que des Tchèques prend le pouvoir à Prague. Le 9 novembre, il se déclare Assemblée nationale après s'être élargi par cooptation. Le 14, il proclame la déchéance des Habsbourg et l'indépendance de la Tchéquie et de la Slovaquie. Puis il lance les Tchèques à la conquête de la Bohême allemande, — faisant fi de l'ordonnance du 21 mai 1918, de l'empereur Charles — de la Slovaquie, de la Hongrie, de la Pologne qui vient, elle aussi de proclamer son indépendance et vont même jusqu'en Ruthénie. Du côté de la Pologne et de la Hongrie, ils sont stoppés par les missions

---

[157] Le 21 mai 1918, des incidents graves s'étant produits entre Tchèques et Allemands de Bohême, il avait déjà pris une ordonnance séparant les districts allemands et tchèques et leur avait accordé une certaine autonomie interne.

militaires alliées, en Ruthénie par l'armée rouge qui occupe l'Ukraine.

Au moment où s'ouvre la Conférence de la paix (18 janvier 1919) leur autorité est reconnue de fait sur tout le pays qu'ils ont conquis. Et, à cette conférence, c'est par des Tchèques que le nouvel État tchécoslovaque sera représenté.

Si les Slovaques ne disent rien, tout en commençant à douter du type fédéral promis pour le nouvel État, il n'en va pas de même des autres nationalités : les Ruthènes voudraient bien être rattachés à l'Ukraine (ils ne se disent d'ailleurs pas Ruthènes mais Ukrainiens) mais l'Ukraine étant occupée par l'Armée rouge, ils acceptent à contrecœur d'être incorporés à l'État tchécoslovaque sous promesse de l'autonomie interne et dans l'espoir de temps meilleurs ; les Polonais veulent être rattachés à la Pologne, mais ils ne sont pas assez nombreux pour faire valoir cette revendication, et on passe outre ; quant aux Hongrois, ils ne veulent pas être séparés des autres Hongrois et, bien qu'ils soient près de 800 000, on passe outre aussi.

Ce sont les Allemands qui opposent la plus farouche résistance car ils veulent à toute force suivre le sort de l'Autriche et rejoindre, avec elle, le *Reich* allemand. Ils ont, au surplus, l'impression qu'à vouloir les incorporer à un État placé sous la tutelle des Tchèques dont la culture et la civilisation sont en retard de plusieurs siècles sur eux, les Alliés leur font une injure : un peu comme celle qu'on fait aujourd'hui aux blancs rhodésiens que, sous couvert de démocratie et d'antiracisme, la conscience universelle voudrait placer sous la tutelle des nègres.

Enfin, depuis la signature de l'armistice qui leur a donné blanc-seing, ils ont vu les Tchèques à l'œuvre.

Pour lutter plus efficacement contre cette incorporation, ces Allemands qui occupent, sur le pourtour de la Bohême, le *Deutschböhmen* (Bohême allemande) le *Südeninähren* (Moravie allemande) le *Böhmerwaldgau* (région de la forêt de Bohême) et le *Südetenland* (pays des monts Sudètes) se regroupent sous le vocable de *Südetendeutsche* (Allemands des Sudètes) qu'ils se donnent eux-mêmes, d'un commun accord, parce que c'est dans cette région qu'ils sont les plus actifs et les plus nombreux.

À la Conférence de la paix, le chancelier socialiste Karl Renner qui est le leader du rattachement de l'Autriche à l'Allemagne est, en même temps, le leader des Sudètes, d'ailleurs partie intégrante de l'Autriche. Il fait valoir le droit des peuples à disposer d'eux-mêmes qui est, relativement à la réorganisation de l'Europe, l'article capital des quatorze points du président Wilson et la doctrine même des Alliés : on lui répond que ce point ne s'applique pas aux vaincus. Le 16 février 1919, des élections générales doivent avoir lieu dans toute l'Autriche : les Alliés les interdisent dans le pays dit des Sudètes.

Jusqu'à la signature du traité de Saint-Germain, le chancelier Karl Renner luttera pour que, conformément à la doctrine des Alliés, le pays des Sudètes fût soumis à un referendum : en vain. On avait promis à MM. Masaryk et Bénès et on ne reculait pas devant la violation de sa propre loi. Les 3 122 390 Allemands furent incorporés à la Tchécoslovaquie. Aucun transfert de population ne fut prévu : ces 3 122 390 Allemands furent livrés à la vindicte des Tchèques qui ne se firent pas faute de leur faire payer, avec usure, l'autorité que l'Empire austro-hongrois avait exercée sur eux, quand ils en faisaient partie.

Les autres nationalités incorporées à l'État tchécoslovaque, le furent de même, de force et sans être davantage consultées. Rendons cette justice à l'Angleterre que M. Lloyd George s'insurgea contre Clemenceau qui, soutenu par le président Wilson, menait le jeu dans ce sens, sans doute par solidarité maçonnique[158] avec Masaryk et Bénès, mais finit par céder[159].

---

[158] Au congrès international de la franc-maçonnerie qui eut lieu à Zurich du 19 au 22 juin 1917, le problème de la paix était le morceau de résistance de l'ordre du jour. Le point de vue de Masaryk et de Bénès y avait été adopté. D'autre part, M. Philippe Berthelot, secrétaire général du Quai-d'Orsay et grand maître de la politique étrangère de la France, était lui-même franc-maçon. C'était lui qui avait présenté Masaryk et Bénès à M. Pichon, ministre des Affaires étrangères, et obtenu de lui la fameuse lettre du 29 juin 1918 à Bénès. C'est ainsi que la France s'était trouvée, lors du traité de Saint-Germain, le leader d'une des plus grandes injustices de l'histoire.

[159] Dans un discours prononcé au Guild Hall le 7 octobre 1928, M. Lloyd George explique comment il a été amené à céder : « Toute la documentation qui nous a été fournie par certains de nos alliés, pendant les négociations de Versailles, était mensongère et truquée. Nous avons décidé sur des faux. » (Cité par G. Champeaux, *La croisade des démocraties*, t. II, p. 9).

Contre la force, il n'y a pas de résistance ; tout le monde s'inclina, la mort dans l'âme et la révolte au cœur.

La Tchécoslovaquie n'était rien, quoiqu'à une échelle réduite, qu'une autre Autriche-Hongrie, destinée, un jour ou l'autre, au même éclatement, avec ou sans la guerre.

Le 15 juin 1919, le chancelier Karl Renner adressa au président Clemenceau, une longue lettre qui contenait cet avertissement prophétique :

« En persistant dans cette voie, les Puissances créeraient au centre de l'Europe, un foyer de guerre civile, dont le brasier pourrait devenir, pour le monde et pour son essor social, bien plus dangereux que ne le fut la fermentation continuelle dans les Balkans. »

En 1938, la Tchécoslovaquie fermentait depuis près de vingt ans, mais c'était un foyer de guerre mondiale, non seulement de guerre civile, qu'elle était devenue.

2 - *Hitler et le problème tchécoslovaque*

De ce qui précède, le lecteur a déjà sûrement déduit que, si la Tchécoslovaquie était sous pression depuis près de vingt ans, c'était uniquement parce que, s'abritant derrière les lois de la démocratie, les Tchèques qui y étaient les plus nombreux s'y étaient conduits comme en pays conquis.

Reniant leurs promesses et violant les traités de Versailles, de Saint-Germain et de Trianon auxquels ils avaient souscrit, ce n'est pas un État fédéral reconnaissant les droits des diverses nationalités qu'ils avaient instaurées, mais un État unitaire, fortement centralisé et dont les rouages étaient entre leurs mains : l'administration était tchèque et tchèques aussi la police, la gendarmerie, les cadres de l'armée, etc.

La seule originalité de ce système était l'existence, au sein du gouvernement, d'un ministère des Affaires slovaques : c'était la façon des Tchèques de leur reconnaître l'autonomie interne. Les Slovaques, doux et bons, naïfs et simples, s'en contentèrent longtemps : en 1938, les Tchèques avaient commis tant d'exactions à l'abri de ce ministère que les deux communautés étaient au point de rupture.

Les autres nationalités étaient inconnues de la constitution et, comme elles supportaient le fait beaucoup plus mal que les Slovaques, elles étaient plus étroitement surveillées et beaucoup plus brimées. Le budget comportait-il un poste pour le développement de l'Instruction publique ? C'était pour les écoles tchèques. Des indemnités de chômage ? C'était pour les Tchèques. Voter contre le gouvernement était un acte d'héroïsme : on y perdait son travail... Seules, abandonnées à elles-mêmes, aucun secours ne pouvant leur venir de nulle part, elles courbèrent le dos sous l'averse. Il y eut même, parmi ces populations, des courants favorables à une collaboration avec les Tchèques pour les amadouer.

Dans le cas des Sudètes qui est le mieux connu parce que, ayant été à l'origine du drame, il en a été beaucoup écrit, il n'y eut jamais, jusqu'en 1935, plus de 30% d'entre eux qui se prononcèrent pour le parti des Sudètes de Konrad Henlein qui prêchait l'opposition systématique. Tout changea quand Hitler accéda au pouvoir en Allemagne, en janvier 1933 et qu'il suggéra l'idée à toutes les nationalités de la Tchécoslovaquie, qu'un secours pouvait venir de l'extérieur : la remilitarisation de la Rhénanie avait fait la preuve qu'il était fort, et l'*Anschluss*, qu'il appliquait sa force à libérer les peuples opprimés par le traité de Versailles comme c'était leur cas. Parmi les Sudètes, l'opposition systématique gagna du terrain : 50% en 1935, 66% en 1936 et 83 170 en 1938, Aux élections de 1936, ils obtinrent quarante-quatre députés, le plus fort groupe parlementaire. Malgré la pression policière. Ils avaient même mordu sur les Tchèques.

Au parlement, le plus fort groupe après eux était celui du parti agrarien où les Slovaques étaient en majorité et dont le président était le Slovaque Hodza, favorable à l'autonomie interne dans le cadre d'un État fédéral, mais en sourdine seulement. M. Hodza fut désigné comme président du Conseil. Trois Allemands des Sudètes firent également partie de ce gouvernement : MM. Spina, chef du parti agrarien, Mayr-Harting, chrétien-social et Czech, social-démocrate.

Les choses traînèrent encore un peu, mais, en 1938 pendant la crise, la rupture était consommée entre Tchèques et Slovaques. La politique de rapprochement avec Moscou inaugurée par le traité russo-tchèque du 16 juin 1935, qui était celle de la franc-maçonnerie internationale dont M. Bénès était le porte-parole en Tchécoslovaquie et à laquelle les Slovaques et toutes les autres nationalités étaient foncièrement opposés avait gagné du terrain chez les Tchèques. Mais tous les Tchèques n'étaient pas communistes, ni francs-maçons. Les succès de Hitler avaient, parallèlement, persuadé bon nombre d'entre eux qu'une entente avec lui était plus susceptible de protéger leur indépendance qu'une lutte ouverte et de front, — qu'une politique plus compréhensive à l'égard des minorités s'imposait. Ceux-là partirent en dissidence, si bien que, président de la République, M. Bénès était en minorité[160]. Il ne désarma pas pour autant.

Et Hitler ?

Le 11 mars, la veille de l'entrée des troupes allemandes en Autriche, Goering assurait à M. Mastny, ambassadeur de Bénès à Berlin, que « la Tchécoslovaquie n'avait aucune raison d'éprouver le moindre motif d'inquiétude ». Convoqué au Hradjin le 13 mars, M. Eisenlohr, ambassadeur d'Allemagne à Prague, répétait le propos à M. Bénès. À la fin du mois d'août, pourtant, le problème qui était posé devant le monde par Hitler lui-même, était l'intervention des troupes allemandes en Tchécoslovaquie et on en tira la conclusion que Hitler ne tenait pas ses engagements. Une fois de plus, ajoutait-on, mais on aurait été bien en peine de citer un autre exemple où une attitude de Hitler non conforme à un engagement qu'il avait pris n'avait pas été provoquée par la rupture des engagements de l'un de ses adversaires.

En l'occurrence, le 11 mars 1938, la revendication des Sudètes était encore l'autonomie interne dans le cadre de l'État tchécoslovaque et, s'il soutenait ouvertement cette revendication, Hitler n'avait aucune

---

[160] Au Parlement la situation avait évolué depuis 1936 : sur 71 sièges occupés à la Chambre par des élus allemands, le Parti des Sudètes qui en avait 44 est monté à 55 en mars 1938 et il en détient 26 sur 37 au Sénat ; le plus grand parti après lui, celui de M. Hodza, en a 43 et 33 au Sénat ; les sociaux- démocrates Il et 6 au Sénat ; les communistes 5 et 6 au Sénat.

raison d'intervenir. À la fin d'août, la revendication des Sudètes n'était plus l'autonomie interne, mais le rattachement au *Reich* et ils lui demandaient son appui. D'autre part, un incident qui s'était produit le 21 mai n'avait pas été sans envenimer les choses entre la Tchécoslovaquie et l'Allemagne : prétendant que Hitler avait mobilisé contre la Tchécoslovaquie, M. Bénès mobilisa en retour. Or, Hitler n'avait pas mobilisé, toutes les légations étrangères et, notamment, M. François-Poncet et le capitaine Stehlin[161], notre attaché militaire à Berlin, le confirmèrent après avoir vérifié : ce n'était qu'un faux bruit que M. Bénès avait lancé pour avoir un prétexte et Hitler considéra ce fait comme une provocation.

On a aussi tiré argument du fait que, le 21 avril 1938, Hitler avait demandé à Keitel de mettre au point un plan d'intervention militaire, pour prétendre que, quelles que soient les circonstances, il s'apprêtait à envahir la Tchécoslovaquie avant l'automne sachant pertinemment qu'il déclencherait la guerre. La guerre, il l'appelait, disait-on, de ses vœux et la meilleure preuve en était qu'il s'y préparait. Or, une guerre générale supposait le démantèlement de ce bastion fortifié fiché dans son flanc et qui verrouillait les pétroles roumains, les blés de l'Ukraine et les immenses plaines de l'Est européen.

À l'appui de cette thèse, on a invoqué la conférence que Hitler tint devant ses généraux à la chancellerie de Berlin, le 5 novembre et dont le contenu nous est connu par le document dit Hossbach, du nom de l'aide de camp de Hitler qui en fit le compte rendu[162].

Que, le 21 avril 1938, Hitler ait demandé à Keitel de mettre au point un plan d'intervention militaire en Tchécoslovaquie, en prévoyant cette intervention au plus tard pour le 1er octobre, ne témoigne aucunement qu'il appelait la guerre de tous ses vœux et prévoyait qu'il réussirait à la provoquer pour cette date : il pensait bien, tous ses discours en témoignent, régler le problème tchécoslovaque comme la remilitarisation de la Rhénanie et comme l'*Anschluss*, c'est-à-dire sans guerre. Mais, c'est la doctrine de tous les États, il lui fallait être fort pour

---

[161] Paul Stehlin, Témoignages pour l'histoire, p. 79.
[162] C.R. des débats du Procès de Nuremberg, Doc. P.S. 386, t. XXV, p. 402-413.

décourager ses adversaires de lui faire la guerre et si, comme tout permettait de le penser, les Sudètes réussissaient à faire prévaloir la thèse du rattachement au *Reich* avant le 1er octobre, s'attendre, de la part de ses adversaires, à des réactions qui l'obligeraient à intervenir militairement. Donc y être prêt. Mais il ne cherchait nullement, comme on l'a dit, à précipiter les choses : la preuve en est faite par la déclaration qu'il fit à Jodl au lendemain de l'*Anschluss* et que Jodl consigne ainsi dans son journal :

« Après l'incorporation de l'Autriche, Hitler déclare qu'il n'est pas pressé de régler la question tchèque. »[163]

Que Hitler ait eu des vues sur les pétroles roumains, les blés de l'Ukraine, les immenses plaines de l'Est, ne fait pas de doute et ce n'est pas *Mein Kampf* qui y contredit. Qu'il ait pensé qu'il serait obligé de faire la guerre n'en fait pas davantage. Mais tout ce qu'on connaît de lui semble bien établir que jamais il ne pensa qu'il aurait à faire la guerre ni pour la Tchécoslovaquie (il était sûr, déclarations de Chamberlain, d'Eden, d'Halifax, etc. en mains, que l'Angleterre n'interviendrait pas, donc la France non plus), ni pour Dantzig et le couloir polonais (il était au mieux avec le colonel Beck), ni pour les pétroles roumains (qu'il pensait obtenir par des négociations en dressant la Roumanie contre l'Angleterre qui les possédait) ni pour Memel (la Lituanie ayant aligné sa politique sur celle de la Pologne). La guerre n'était donc, dans son esprit, que pour le jour où il aurait une frontière commune avec la Russie et serait directement affronté à elle. Encore pensait-il arriver à dissocier la Pologne de la Russie en cultivant et en soutenant ses sentiments bien connus d'hostilité au bolchevisme, provoquer l'effondrement de la Russie de l'extérieur et n'avoir recours à la guerre qu'en cas d'échec de ce projet.

Le document Hossbach, qu'on a monté en épingle et sur lequel on s'appuie pour soutenir la thèse d'un Hitler voulant la guerre à tout prix, est d'ailleurs un document très douteux et très probablement sollicité.

---

[163] Id., Doc. P.S. 1780, t. XXVIII, p. 346 à 390.

Son auteur lui-même n'a pu en garantir l'authenticité absolue : il l'avait écrit à la main et, ce qu'on a produit à Nuremberg, ce n'est pas ce texte original qu'on n'a jamais retrouvé, mais une copie dactylographiée non signée, qui n'était pas de lui et dont il a dit : « Je ne puis dire si le document est une reproduction absolument exacte et littérale de ma relation originale. » Sur les intentions de Hitler relativement à la guerre, voici ce qu'il ajoutait :

« Hitler, difficile à percer à jour, loin d'être toujours conséquent et qui, alors, n'était pas encore totalement imperméable aux conseils venus de l'extérieur, était-il réellement décidé, le 5 novembre 1937, à courir le risque d'une guerre pour réaliser ses idées fantastiques, qui étaient inconciliables avec les données et les possibilités effectives tant politiques que militaires ? La réponse à cette question occupera longtemps encore les historiens et les psychologues. »[164]

Ajoutons, pour notre part, que même si ce document établissait indiscutablement la volonté de guerre délibérée de Hitler dès le 5 novembre 1937, ce n'est, de toutes façons, pas à la guerre qu'il a été contraint de faire qu'il pensait, puisque le document dit expressément de cette guerre-là qu'elle se situait, dans son esprit, en 1943. D'autre part, non moins expressément, le document ne la présente que comme « *éventuelle* » et prête à Hitler l'espoir de pouvoir donner une solution politique au problème allemand.

Il semble bien enfin que cette conférence du 5 novembre 1937, n'ait eu d'autres buts que, de faire pression sur Fritsch pour hâter le réarmement. C'était l'opinion de Goering, de Raeder, de Blomberg, et de Fritsch lui-même. À l'appui : le document Hossbach (que le *Führer* refusa même de lire !) n'a jamais constitué une pièce de base dans la documentation de l'État-major allemand (où il ne fut jamais enregistré) et aucun plan ne fut jamais bâti par les généraux allemands sur son contenu. « Seuls, conclut M. J. de Launay dans l'analyse qu'il en fait, les

---

[164] Déclaration de l'historien belge J. de Launay, *in Les Grandes Controverses de l'histoire contemporaine*, Ed. Rencontre, Lausanne, 1964, p. 269-275.

juges de Nuremberg l'ont pris au sérieux. »[165] Ce n'est pas gentil pour les juges de Nuremberg.

Cette thèse de M. J. de Launay, qui est aujourd'hui celle de tous les historiens sérieux et objectifs, n'est pourtant pas celle qui prévaut dans l'opinion publique. S'il y a des historiens sérieux et objectifs, il y en a d'autres aussi qui sont orientés. Ils sont les plus nombreux et ils ont l'oreille du pouvoir et de la presse dans tous les pays du monde. On le doit à toute une littérature qui a monté en épingle en les grossissant démesurément, la résistance allemande à la politique de Hitler, ses exploits, le complot des généraux, etc. et qui s'appuie sur les témoignages d'hommes aussi douteux que les policiers allemands Gisevius[166] ou Schellenberg[167], le Dr. Paul Schmidt qui avait à se faire pardonner son long dévouement à Hitler[168] ou dont Hitler avait déjoué les plans comme le Dr. Schacht, son ministre des finances[169], et le général Halder, successeur du général Beck dont il a raconté l'histoire[170] au poste de chef d'état-major de l'O.K.W., etc.

Que les ratés des métiers académiques qui ont envahi la presse à la faveur de la victoire des Alliés aient accepté pour argent comptant les témoignages, écrits après coup, de toutes ces personnes qui en firent des plaidoyers *pro domo*, passe encore : tous ces besogneux, après tout, écrivent pour les gens qui les paient. Mais que des professeurs d'histoire ne les aient pas passés au crible de l'Histoire passe l'entendement.

Ah ! ces résistants allemands Il est de bon ton, par exemple, de soutenir que, lorsque se posa le problème tchécoslovaque et d'une intervention militaire éventuelle, Hitler rencontra une forte résistance parmi ses généraux. Or, s'il est exact que les généraux se révoltèrent contre Hitler en nombre imposant, ce ne fut que le 20 juillet 1944 ; après Stalingrad et le mécontentement que provoquèrent chez eux les

---

[165] Id., p. 274.
[166] Dont le témoignage, *Jusqu'à la lie* (Calmann-Levy, 1949), a été pris en flagrant délit d'imposture devant les tribunaux allemands.
[167] *Le Chef du contre-espionnage nazi parle...*, Julliard, 1967.
[168] *Témoin sur la scène internationale*, Plon, 1950.
[169] *Seul contre Hitler*, par le Dr. Schacht, Gallimard, 1950.
[170] Général Halder, *Hitler Seigneur de la Guerre*, Payot, 1960.

graves erreurs tactiques dont, pour la première fois, se rendit coupable Hitler : cette attaque en direction de Moscou puis, en pleine bataille sa dérivation en direction de Stalingrad était une incohérence. Aux yeux des généraux, il fallait, au départ, choisir Moscou ou Stalingrad et beaucoup d'entre eux pensaient que Stalingrad et le Caucase étaient préférables à Moscou, en ce sens que la manœuvre aurait coupé la Russie de son centre vital, le Caucase, tandis que, prononcée sur Moscou, elle ne pouvait atteindre qu'un effet purement politique, sans aucun effet économique.

Quand, après avoir fait échouer l'offensive sur Moscou par son changement d'objectif en pleine bataille, Hitler se décida, un an après, pour Stalingrad, il était trop tard, l'armée russe aidée des Américains avait repris son souffle. Le désastre (2 février 1943) frappa beaucoup l'ensemble des généraux qui se mirent à douter de ses capacités et à souhaiter, pour l'avenir, que la direction des opérations fût confiée à des hommes de métier. Le complot du 20 juillet 1944 ne s'explique que par le fait qu'ils ne réussirent pas, la lassitude d'une guerre qui durait depuis cinq ans à laquelle la présence de Hitler à la tête de la nation ne permettait pas d'entrevoir une issue, d'autres fautes tactiques qu'il commit dans la suite, etc. Mais on le sait aujourd'hui, en 1938, il n'y avait d'opposant parmi les généraux que le général Beck, chef d'état-major général : le 4 août 1938, à la demande de Beck, eut lieu à Berlin une réunion de tous les commandants d'armée et de groupes d'armée, hors la présence du *Führer* et, il fut seul, avec l'un de ses aides de camp, le général Adam, à se prononcer contre les projets de Hitler relatifs à la Tchécoslovaquie[171].

La thèse du général Beck était que, s'il fallait soutenir les Sudètes, il ne fallait pas aller jusqu'à l'intervention militaire qui entraînerait la guerre générale, comme elle avait été en 1936 qu'il ne fallait pas remilitariser la Rhénanie et quelques mois plus tôt qu'il ne fallait pas faire l'*Anschluss* pour la même raison. Étant donné les déclarations

---

[171] On ne possède sur cette réunion que le témoignage du général Adam, rédigé sept ans plus tard pour le Procès de Nuremberg. (C.R. (les débats, t. XXI, p. 407.) Il note que tous les généraux étaient « accablés » mais aussi qu'il fut le seul aux côtés du général Beck.

connues de l'Angleterre sur la politique de laquelle la France était contrainte de s'aligner, on le savait aussi par les déclarations publiques des ministres français, cette prise de position d'un homme aussi averti que le général Beck ne peut s'expliquer que par des arrière-pensées et, sur ce terrain, on est réduit aux hypothèses.

En voici une : le général Beck était un ami intime du Dr. Schacht. Le Dr. Schacht était franc-maçon. Le 2 janvier 1936, lorsque le président Roosevelt, autre franc-maçon, prononça l'anathème contre le Japon, l'Italie et l'Allemagne, tous les francs-maçons du monde s'alignèrent sur lui. Alors — coïncidence ? — commencèrent les difficultés entre le Dr. Schacht et Hitler. Le président Roosevelt était contre la remilitarisation de la Rhénanie en invoquant le respect des traités, le Dr. Schacht l'était en invoquant la prudence nécessaire et Beck suivait. L'hostilité à Hitler du président Roosevelt allait croissant, celle du Dr. Schacht aussi : en 1937, le 5 octobre, le premier prononça son célèbre discours de la Quarantaine à Chicago, le second informa Hitler, contre toute vraisemblance, qu'il ne lui serait plus possible de reconduire les effets Mefo, ce qui, au plan économique, privait l'Allemagne de ses liquidités financières et, le 8 décembre, il démissionnait de son poste de ministre. En février-mars 1938, il était contre l'*Anschluss* comme le président Roosevelt qui ne dit rien publiquement parce que M. Chamberlain l'avait prié de ne plus se mêler des affaires européennes (cf. infra, p. 171) mais qui n'en pensait pas moins tout haut devant ses intimes. Bien que n'étant plus ministre, il cherchait, ainsi qu'en témoignent ses mémoires, à créer une agitation dans les milieux militaires. Au moment de l'affaire tchécoslovaque de même, le général Beck suivait et il suivait encore Schacht au moment du complot de juillet 1944. Il semble bien que, dans toutes ces affaires, le franc-maçon Schacht ait été le cheval de Troie du franc-maçon Roosevelt en Allemagne. Aucun document n'atteste les relations des deux hommes, mais les coïncidences sont trop précises et trop systématiques pour que cette idée soit à rejeter *a priori*. Ce n'est qu'une hypothèse et elle ne vaut que ce qu'elle vaut.

Telles sont les conditions dans lesquelles Hitler affronta le problème tchécoslovaque. N'ayant pas réussi à dresser les généraux contre Hitler, Beck démissionna de son poste, espérant être suivi. Le général Halder qui écrivit tant de choses contre Hitler après la guerre mais qui était, à l'époque, d'accord avec lui, accepta de le remplacer. Le général Adam fut limogé et ce fut tout.

3 - Le combat de Chamberlain pour la paix

La conjoncture internationale ne fut pas moins favorable à Hitler qu'il ne l'avait prévu : l'Angleterre resta sur ses positions de non-intervention en Tchécoslovaquie et, chose qui étonna tout le monde, le président Roosevelt s'aligna publiquement sur elle. Aujourd'hui, on a l'explication de son attitude.

Le 11 janvier 1938, alors que les problèmes de l'*Anschluss* et des Sudètes commençaient à se poser, il avait informé Chamberlain, premier ministre anglais, qu'il projetait de convoquer une conférence internationale à Washington « afin de définir les grandes lignes d'une action en faveur de la paix ». Chamberlain considérait Roosevelt comme un impulsif et un brouillon qu'il valait mieux tenir à l'écart des affaires européennes, il redoutait de lui fournir une tribune d'où il reprendrait, contre le Japon, l'Allemagne et l'Italie, ses accusations du 3 janvier 1936 et du 5 novembre 1937. Enfin il pensait que les affaires européennes étaient l'affaire des Européens et il était partisan d'une conférence à quatre seulement : Angleterre, Italie, France et Allemagne. Voici sa réponse datée du 14 janvier 1938 :

« Il est probable que les gouvernements allemand et italien, auxquels nous aurons à demander des concessions, n'y consentiront qu'à condition que les sujets traités conservent un caractère limité et concret et ne soient pas noyés dans des problèmes plus vastes[172] que le président serait désireux de voir régler dans leur ensemble.

Il serait regrettable, à mon avis, qu'une action à laquelle le président

---

[172] Dans sa lettre, le président avait parlé du Japon, du Pacifique de la Chine, du fascisme et du nazisme.

entend donner un caractère parallèle à la nôtre, compromette les progrès que nous avons laborieusement accomplis au cours des derniers mois. Ceci m'amène à me demander s'il ne serait pas plus sage, pour le président, de s'abstenir de tout geste, jusqu'à ce que nous ayons pu mesurer les nouveaux progrès qu'il nous est possible de réaliser dans la discussion des problèmes que nous avons abordés. »[173]

Réponse du président Roosevelt, le 17 janvier :

« Compte tenu des opinions et considérations avancées par le premier ministre, je renonce volontiers à faire toute nouvelle proposition, jusqu'à ce que le gouvernement de Sa Majesté ait pu voir quel progrès il peut faire dans les négociations qu'il envisage.
J'espère qu'il sera assez bon pour me tenir au courant des développements que pourraient prendre ses négociations avec l'Allemagne et l'Italie. »[174]

Et il se l'était tenu pour dit. Ainsi fut, au cours de l'année 1938, interrompue provisoirement la croisade de Roosevelt contre les dictatures : dans l'affaire de l'*Anschluss* comme dans celle des Sudètes, il aligna ses positions sur celles de Chamberlain (son message du 9 septembre 1938 et ses deux interventions auprès de Hitler et Mussolini du 27) dont le concours lui était nécessaire dans le Pacifique contre le Japon.

Il faut, maintenant, expliquer la position de l'Angleterre. Le traité de Versailles était à peine signé qu'elle s'aperçut que le problème des minorités en Europe centrale avait été mal résolu, que c'était une lourde faute de n'avoir pas appliqué à l'Autriche, la Tchécoslovaquie, Dantzig, le couloir polonais, Memel, etc., le droit des peuples à disposer d'eux-mêmes qui était pourtant sa doctrine et celle du président Wilson. Tôt ou tard, ces minorités allemandes devaient, comme les impératifs de la justice l'imposaient, revenir à l'Allemagne, Hitler ou pas Hitler, et ce serait un facteur de paix. En 1925, à Locarno, elle n'avait pas voulu

---

[173] Lettre du premier ministre Chamberlain au Président Roosevelt, 14 janvier 1938. Dossier confidentiel M.S. Département d'État 740 00/264 A.
[174] Id., 17 janvier 1938, 740 00/264 B.

prendre d'engagements en ce qui concernait les États artificiels créés à Versailles. Depuis, le bolchevisme l'inquiétait et elle n'approuvait pas la politique de la France à l'est de l'Europe, notamment le pacte franco-soviétique. Depuis 1935, elle multipliait les conseils de modération au président Bénès à l'égard de Hitler et lui disait qu'en cas de conflit, elle ne serait pas à ses côtés. Enfin, depuis cette date, elle était au mieux avec l'Allemagne avec laquelle, le 18 juin 1935, elle avait signé un pacte naval et ni l'*Anschluss*, ni la position prise par l'Allemagne dans l'affaire des Sudètes n'avaient altéré ces relations amicales. Le 17 juillet 1938, à un envoyé de Hitler, le capitaine Wiedmann, lord Halifax avait encore assuré, alors que la tension était à son point de rupture entre l'Allemagne et la Tchécoslovaquie :

« Dites à votre *Führer* que j'espère assister, avant ma mort, à la réalisation de ce qui est le but de tous mes efforts : voir Hitler reçu par le roi d'Angleterre et acclamé par la foule londonienne au balcon du palais de Buckingham. »[175]

C'est dans ces dispositions d'esprit que, le 3 août 1938, les quelques 3 500 000 Allemands des Sudètes étant au bord de l'insurrection, leurs trois représentants au gouvernement de M. Hodza ayant démissionné, les incidents de rue se multipliant, l'arrestation de Konrad Henlein étant dans l'air et Hitler ayant annoncé que, de toutes façons, il interviendrait militairement au plus tard le 1er octobre à la demande du Parti des Sudètes[176], M. Chamberlain imposa à M. Bénès, contre son gré, l'envoi

---

[175] Wiedmann, *Der Nann der Feldherr werden wollte*. Wiedmann avait été, pendant la première guerre mondiale, le capitaine du caporal Hitler et était devenu un de ses hommes de confiance.
[176] Un rapport adressé à Hitler par Konrad Henlein le 19 novembre 1937 explique que, jusqu'en été 1938, le parti des Sudètes ait revendiqué seulement l'autonomie interne et non le rattachement au *Reich* qui fut, dès lors, sa position. On y peut lire : « Le Parti des Sudètes est obligé de camoufler sa foi dans le National-socialisme comme conception de la vie et principe politique. En tant que parti inclus dans le système démocratico-parlementaire de la Tchécoslovaquie, il a dû se servir de la terminologie et des méthodes démocratico-parlementaires dans ses manifestations extérieures, dans ses déclarations orales et écrites, dans ses démonstrations et dans la presse, au Parlement, dans sa propre structure et dans l'organisation du Germanisme sudète. C'est pourquoi il peut paraître ambigu et pas digne de confiance à certains

à Prague d'une mission d'enquête et de médiation présidée par lord Runciman. Le 10 septembre, l'intransigeance de M. Bénès avait fait échouer la mission. Il ne restait plus à M. Chamberlain, obsédé par la possibilité d'une guerre, qu'à rechercher directement avec Hitler, une solution raisonnable en faveur de laquelle il pourrait se prononcer et qu'il imposerait à M. Bénès, qu'il en fût d'accord ou non, que la France et la Russie, liées par le pacte franco-soviétique, en fussent, elles aussi, d'accord ou non. (Notons que, la France était au surplus, liée avec la Tchécoslovaquie par un traité signé le 25 janvier 1924, précisé le 16 octobre 1925 et que la Russie l'était aussi par le pacte russo-tchèque du 16 mai 1935.) C'est ainsi que naquit, dans son esprit, l'idée de se rendre personnellement auprès de Hitler, et qui aboutit aux entrevues de Berchtesgaden (14 septembre) et Godesberg (23 septembre).

Connaissant l'opposition à sa politique de Churchill qui s'était aligné sur celle des bellicistes français, Reynaud et Mandel, des travaillistes qui s'étaient ralliés à celle du Parti socialiste français[177], ne voulant pas que

---

milieux non avertis du *Reich*. Mais cette ambiguïté est inévitable aussi longtemps que subsiste pour lui, la nécessité d'être un parti légal, car l'existence d'un tel parti en Tchécoslovaquie présuppose l'adhésion aux principes démocratiques... (Mais) le Parti n'aspire à rien moins qu'à l'incorporation au *Reich* du territoire des Allemands des Sudètes, voir même de l'ensemble des territoires comprenant la Bohème, la Moravie et la Silésie. » (*Akten zur Deutschen Auswärtigen Politik* et Archives secrètes de la Wilhelmstrasse, Plon, Paris, 1960, t. 11, p. 32-46.)

[177] Au Congrès de Royan du Parti socialiste qui avait eu lieu à la Pentecôte de 1938, Léon Blum avait obtenu, à une faible majorité il est vrai, que fut inscrite, contre l'avis du secrétaire général Paul Faure — (L'auteur de cet ouvrage appartenait alors au parti socialiste : secrétaire de la Fédération socialiste du Territoire de Belfort, il y faisait partie de la tendance de Paul Faure) —, la phrase suivante dans la motion de politique extérieure : « Le Socialisme français veut la paix, même avec les impérialismes totalitaires, mais il n'est pas disposé à s'incliner devant toutes leurs entreprises. S'il était réduit à cette extrémité qu'il essaierait de prévenir par tous les moyens, il saurait défendre l'indépendance nationale et l'indépendance de toutes les nations couvertes par la signature de la France. » (Souligné par nous.) La signature de la France, c'était le Traité de Versailles auquel il s'était si violemment opposé en son temps pour les raisons invoquées par le Chancelier socialiste autrichien Karl Renner (cf. supra, p. 154 et 160 et discours du socialiste français Jean Longuet le 18 septembre 1919, à la Chambre des députés, J.O. Débats parlementaires du 19 septembre 1919). Et parmi les pays couverts par la signature de la France figurait la Tchécoslovaquie. En fait, cette politique belliciste inspirée du Front populaire dominé par les Communistes, Léon Blum la pratiqua au Gouvernement longtemps avant que cette

son entreprise s'ébruitât et provoquât une polémique qui risquait de la mettre en échec, il la prépara dans le silence de son cabinet, seul avec lord Halifax auquel il l'avait soumise et qui l'avait approuvée d'emblée.

Il ne prévint ses autres ministres que lorsque Hitler eût accepté la première rencontre (13 septembre) : dès qu'ils la connurent, tous félicitèrent Chamberlain.

Il faut avoir vécu cette période et suivi, pas à pas, les efforts de Chamberlain pour mesurer au prix de quelles difficultés surgissant de toutes parts, il réussit à conduire son entreprise à bon port : à ces Accords de Munich, (29-30 septembre) tant décriés depuis la fin de la guerre mais qui, il faut avoir le courage de le reconnaître, rétablirent la justice en Europe centrale, en redonnant à l'Allemagne des territoires et des populations qui n'auraient jamais dû en être séparés. Sans préjudice du fait qu'ils ressuscitaient le Pacte à Quatre qui, si on avait poursuivi dans cette voie, pouvait assurer la paix en Europe pour des siècles.

À Berchtesgaden, le 14 septembre, il s'était mis d'accord, non sans peine, avec Hitler sur les régions des Sudètes qui devaient revenir au *Reich* et les délais d'évacuation par l'administration, l'armée et la police tchèques, mais ce n'était qu'un accord personnel qu'il fallait soumettre au cabinet anglais et, si possible, auquel il fallait rallier le g Gouvernement français. Les deux hommes sont donc convenus de se revoir le 23 septembre.

Il était à peine de retour à Londres et reposé des fatigues du voyage qu'il trouvait sur son bureau une résolution votée par le Congrès juif mondial le 18 septembre et qui disait :

« Notre devoir est de vous informer de l'anxiété croissante éprouvée par des millions de juifs en face des tentatives de l'Allemagne pour acquérir de nouveaux territoires habités par des juifs[178].

Les juifs du monde entier n'ont pas oublié le traitement inhumain

---

motion fût votée par le Congrès socialiste (Guerre d'Espagne) qui ne fit que l'officialiser.

[178] Comme si c'était parce qu'ils étaient habités par des juifs et seulement par des juifs que Hitler les revendiquait.

infligé aux juifs de la Sarre et de l'Autriche[179].

L'exécutif du Congrès juif mondial vous prie en conséquence, de n'accepter aucun règlement qui ne sauvegarderait pas absolument les droits des juifs. »

Plus tard il avoua que, pendant toute cette période « les juifs ont exercé sur moi une forte pression pour me dissuader de conclure aucun arrangement avec le *Führer.* »[180]

Le 16 septembre, le Cabinet anglais s'était rallié à l'accord Chamberlain-Hitler à l'unanimité : restait à obtenir l'assentiment du gouvernement français. M. Georges Bonnet y était acquis par avance : le 15 septembre, avant même que M. Chamberlain soit de retour, il avait informé Londres que « le gouvernement français soutiendrait toutes les propositions que le premier ministre pourrait faire accepter à Hitler concernant la Tchécoslovaquie. » Et il avait prié M. Lacroix, notre ambassadeur à Prague, d'avertir Bénès que « au cas où l'Allemagne recourrait à la Guerre, il ne serait pas facile au gouvernement français d'avoir toute l'opinion derrière lui, si la France n'était pas attaquée et si elle n'avait pas la certitude d'avoir l'Angleterre à ses côtés »[181]. Daladier est plus réticent : il doit tenir compte que si, dans son cabinet, Chautemps, Queuille, Monzie, Pomaret, Marchandeau sont, avec Bonnet et lui, partisans de la conciliation, Reynaud, Mandel, Campinchi, Jean Zay, Chappedelaine et Champetier de Ribes y sont hostiles et le crient sur tous les toits.

Finalement, à Londres où ils ont été convoqués, le 18 septembre, par Chamberlain, Daladier et Bonnet se déclarent d'accord avec le Plan Chamberlain- Hitler sous deux réserves : la nouvelle frontière sera délimitée par une commission internationale dont fera partie la Tchécoslovaquie et elle sera garantie contre toute nouvelle agression par l'Angleterre. Puis ils rentrent à Paris : le 19 septembre, le Conseil des ministres français réuni à l'Elysée sous la présidence de M. Albert Lebrun, se rallie à son tour, à l'unanimité, à cette solution. Mais ce n'est

---

[179] Les lois raciales allemandes n'ont été introduites en Sarre et en Autriche que par une ordonnance de Himmler du 3 décembre 1938.
[180] *New Chronicle*, 16 janvier 1952.
[181] Georges Bonnet, *Le Quai d'Orsay sous trois républiques*, Fayard.

qu'une unanimité de façade : les uns ont approuvé le plan qui devenait ainsi le Plan franco- anglais, parce qu'ils y voyaient le seul moyen de sauver la paix, les autres parce qu'ils sont convaincus que Prague ne l'acceptera pas. Ils font d'ailleurs tout pour que Prague n'accepte pas : ce plan ayant été remis à M. Osusky, ambassadeur de Prague à Paris, le même jour dans l'après-midi, muni de la signature de la France et de l'Angleterre, M. Churchill qui tonne à Londres contre la politique de Chamberlain, bondit à Paris, le 20 septembre, pour alerter Mandel et Reynaud, et, encouragé par ses conseils, M. Mandel appelle Bénès à Prague et lui tient ce langage :

« Vous êtes à la tête d'une nation libre et indépendante, ni Paris, ni Londres n'ont à vous dicter votre conduite. Si votre territoire vient à être violé, vous ne devez pas hésiter une seconde à donner l'ordre à votre armée qui y est prête, de défendre votre Patrie. Ce faisant, vous sauverez l'Europe de l'Hitlérisme, car je puis vous dire que si vous tirez le premier coup de canon, l'écho s'en répercutera dans le monde de telle façon que les canons de la France, de l'Angleterre et aussi ceux de la Russie soviétique partiront à leur tour, et tout seuls. Vous serez suivi par tout le monde et l'Allemagne sera battue dans les six mois sans Mussolini, dans les trois mois avec Mussolini »[182].

De son vrai nom, M. Mandel est Jéroboam Rothschild quoique non apparenté aux Rothschild, et il est ministre. Noblesse oblige : à la place qu'il occupe il se doit d'inscrire son comportement dans la ligne tracée par la récente adresse du Congrès mondial juif à M. Chamberlain. Tous les coreligionnaires de M. Mandel partagent sa manière de voir, ou peu s'en faut : à ma connaissance, on n'a signalé qu'une exception de

---

[182] Conversation rapportée par M. Robert Bollack, ami et collaborateur de Mandel, qui y assistait, dit-il, dans *L'Intransigeant* du 10 mai 1948. Sans date précise pourtant. Mais, prenant texte de cette immixtion de Mandel dans les affaires étrangères qui n'étaient pas de son ressort, M. Bonnet protesta auprès de Daladier le 22 septembre, ce qui fait dire à M. Henri Noguères, dans *Munich ou la drôle de paix* (Laffont, p. 154) qu'elle eut lieu avant, donc le 21 ; Benoist-Mechin, d'autre part, assure qu'à Munich, Hitler a dit à Daladier qu'il en avait le disque à lui remis par ses services d'écoute sur le câble Paris-Prague qui traversait l'Allemagne de part en part. (*Histoire de l'Armée allemande*, op. cit., t. V, p. 404.)

marque en France : Emmanuel Berl.

Grâces lui en soient rendues.

Puis viennent les difficultés qui sont suscitées à M. Chamberlain par M. Bénès : le 21 septembre, il a bien accepté le Plan franco-anglais, mais, le 23 à 22 h 30, il décrète la mobilisation générale en Tchécoslovaquie... Visiblement, il a suivi le conseil de M. Mandel et cru qu'« au premier coup de canon qu'il tirerait, l'écho s'en répercuterait dans le monde de telle façon que les canons de la France, de l'Angleterre et de la Russie partiraient à leur tour, tout seuls ». De fait, la France mobilise aussitôt 600 000 hommes : il exulte. Il mise sur un courant d'opinion qui contraindrait l'équipe Daladier-Bonnet à céder la place à une équipe Mandel- Reynaud en France et, en Angleterre, Chamberlain à la céder à Churchill. Dans la nuit du 21 au 22 septembre, un de ses ministres s'est ouvert de cet espoir, par fil, au journaliste français Rosenfeld, ami et collaborateur de Léon Blum au pouvoir : celui-ci lui a répondu qu'« il ne fallait pas compter sur un revirement aussi rapide de la France et de son gouvernement »[183] mais, apparemment, il ne l'a pas cru.

Mussolini a mobilisé sa marine de guerre et concentré plusieurs divisions sur les Alpes, face à la France. La Belgique, la Pologne et la Hongrie prennent des mesures militaires. L'Europe est en armes : si Hitler insiste, il y aura la guerre. Un point noir seulement : malgré le Pacte franco-soviétique et le Traité russo-tchèque, la Russie n'a pas bougé, sous le prétexte, d'ailleurs justifié que, la Pologne et la Roumanie ayant interdit l'accès de leur territoire aux troupes russes, elle ne peut être d'aucune aide. Il y a bien aussi le fait que c'est contre la Tchécoslovaquie que la Pologne (pour Teschen) et la Hongrie (pour la Ruthénie) ont pris des mesures militaires.

Mais M. Bénès se charge des Polonais et des Hongrois. Il est sûr que Mussolini n'a pris de mesures militaires que pour la forme et qu'il n'interviendra pas. Quant à la défection de la Russie, si elle l'affecte, ce n'est pas outre mesure : la France et l'Angleterre suffiront pour abattre l'Allemagne et d'autant plus que, franc-maçon, il connaît la défection

---

[183] Henri Noguères, op. cit., p. 153.

de Schacht et de Beck, croit l'opinion allemande et l'armée pour la première fois divisées. Car il croit toujours aussi à une intervention de la France et de l'Angleterre : la France a déjà mobilisé, l'Angleterre y viendra, entraînée par la France. Mandel avait raison : il ne s'est trompé que sur la Russie mais, placée devant le fait accompli, elle sera entraînée à son tour, ne serait-ce que par les ambitions qu'elle nourrit du côté de la Pologne. Alors, il s'affermit sur ses positions.

Lorsqu'il apprend la mobilisation générale tchécoslovaque, M. Chamberlain est à Godesberg, chez Hitler. La discussion est très épineuse. D'entrée de jeu, M. Chamberlain lui a dit que le plan franco-anglais prévoyait l'établissement de la nouvelle frontière par une commission internationale dont ferait partie la Tchécoslovaquie et devrait, d'autre part, être garantie par les Puissances signataires de l'accord. Enfin des délais doivent être prévus pour l'évacuation de la zone des Sudètes par l'administration, la police, l'armée et éventuellement, des populations tchèques. Le *Führer* s'était, aussitôt hérissé : il ne veut pas entendre parler de commission internationale dont ferait partie la Tchécoslovaquie pour la fixation de la nouvelle frontière : il veut bien parler avec des Anglais, des Français, des Italiens mais ni avec des Tchèques, ni avec des Russes. Il ne veut pas garantir cette nouvelle frontière tant que la Tchécoslovaquie n'aura pas réglé ses différends avec la Pologne et la Hongrie. Enfin, les délais sont trop longs, c'est tout de suite, puisque M. Bénès a accepté le plan franco-anglais, qu'il faut évacuer la zone des Sudètes, sans quoi, M. Bénès trouvera le moyen de tout remettre en cause pendant les délais et l'Allemagne comme les Sudètes trouveront le moyen d'être, une fois de plus, bernés[184]. Chamberlain se cabre, on est au bord de la rupture. On lève la séance et on convient tout de même de se revoir le lendemain.

Mais le lendemain, Chamberlain n'est pas au rendez-vous. Entre temps, il a réfléchi et pose des conditions à la reprise des pourparlers. Finalement, tout s'arrange et les deux hommes se retrouvent en

---

[184] Le seul récit de l'entrevue par un témoin que nous possédions est *Statist auf diplomatischer Bühne* (Témoin sur la scène diplomatique) du Dr. Paul Schmidt, et le Dr. Paul Schmidt pour mettre en évidence l'intransigeance de Hitler et son désir de guerre, passe et se tait sur cet aspect des choses.

présence l'un de l'autre. Hitler tire de sa poche un plan des zones à évacuer dans les quarante-huit heures, d'autres zones, non prévues le 14 septembre, où aura lieu un plébiscite, et rédigé dans le style d'un ultimatum : c'est de nouveau la rupture quand, soudain, arrive le télégramme qui annonce la mobilisation générale tchécoslovaque. Les deux hommes se regardent atterrés : pas de doute, c'est la guerre. Silence de plomb. Hitler s'interroge. Tout à coup, au bout d'un moment qui paraît interminable, Hitler dit :

« Malgré cette provocation inouïe, je maintiens ma proposition de ne rien entreprendre contre la Tchécoslovaquie aussi longtemps que les négociations seront en cours, ou tout au moins, M. Chamberlain, aussi longtemps que vous vous trouverez sur le territoire allemand. »[185]

L'atmosphère se détend, la conversation reprend, Hitler accepte de discuter les délais, puis il ajoute : « Par égard pour vous, M. Chamberlain, je suis prêt à prolonger les délais. Vous êtes le premier homme à qui j'aie jamais fait une concession. Je consens à reporter la date limite de l'évacuation au 1er octobre »[186]. Puis il accepte encore quelques modifications de forme qui font de cet ultimatum quelque chose qui se rapproche du titre de *Memorandum* qu'il a donné à son plan, mais ne retire pas sa prétention au plébiscite dans les zones dont il ne prévoit pas l'évacuation dans les délais. Pour finir, sans s'engager sur son contenu, M. Chamberlain accepte de transmettre ce texte au gouvernement tchécoslovaque.

Les deux hommes se quittent alors. Hitler, enchanté, est très loquace : en raccompagnant le premier ministre anglais, il lui tient des propos très rassurants sur l'absence de motifs de frictions entre l'Allemagne et l'Angleterre, qui, la décision irrévocable de l'Allemagne de ne jamais faire obstacle aux intérêts extra-européens de l'Angleterre, la tranquillité d'esprit avec laquelle elle peut lui laisser les mains libres en Europe centrale et dans l'Est européen.

M. Chamberlain ne dit rien : visiblement, il est très préoccupé par la

---

[185] Dr. Paul Schmidt, op. cit., et Benoist-Mechin, op. cit., t. V, p. 346.
[186] Id.

promesse qu'il vient de faire de transmettre le *Memorandum* de Hitler au gouvernement tchécoslovaque mais, probablement, plus encore par l'accueil que lui feront M. Bénès — qui vient de mobiliser — et les gouvernements français et anglais.

4 - *Les accords de Munich*

Le dernier acte de la négociation est dramatique : M. Bénès à qui le *Memorandum* allemand a été remis le 24 septembre dans l'après-midi a chargé, le 25, son ambassadeur à Londres, M. Jan Masaryk (fils du premier président décédé de la République tchécoslovaque) de remettre à lord Halifax sa réponse qui est un refus motivé par des considérations de ce genre : « Nous n'avons accepté le Plan franco- anglais qu'à la suite de pressions extrêmes et sous la contrainte [sous-entendu de l'Angleterre et de la France] ... le *Memorandum* allemand est, en réalité, un ultimatum ... il va beaucoup plus loin que le plan franco-anglais... mon Gouvernement en a pris connaissance avec indignation... » et qui se termine ainsi :

« Mon Gouvernement tient à déclarer d'une façon solennelle que, sous leur forme actuelle, les exigences de M. Hitler sont totalement et absolument inacceptables. Il se sent tenu de leur opposer la résistance la plus farouche, ce que nous ne manquerons pas de faire avec l'aide de Dieu. La nation de saint Wenceslas, de Jean Huss et de Thomas Masaryk ne sera jamais une nation d'esclaves. En cette heure suprême, nous comptons sur l'assistance des deux grandes démocraties occidentales, dont nous avons suivi les conseils, bien à l'encontre de notre jugement personnel. »[187]

En possession de cette réponse que lui a aussitôt transmise lord Halifax, M. Chamberlain invite MM. Daladier et Bonnet à venir se concerter avec lui et convoque son conseil des ministres pour le mettre au courant : les membres du gouvernement britannique sont consternés par le *Memorandum* allemand et, à l'unanimité, décident de

---

[187] *Documents on British Foreign Policy*, t. 111, p. 1092.

ne pas le cautionner.

Mais, ayant eu connaissance de ce texte et y ayant lu que M. Bénès n'avait accepté le plan franco-anglais que contraint par la France et l'Angleterre, M. Churchill et les travaillistes ont pris feu : comment, on avait osé ?... Scandaleux ! Le 26 septembre, le premier se rend à Downing Street pour protester et plaider véhémentement en faveur de son projet de « *Grande Alliance* » (France, Angleterre, Russie) ; quant aux seconds, le même jour, leur commission exécutive vote une motion vengeresse dans le même sens.

Le 25 septembre à quinze heures, M. Daladier donne connaissance de ce *Memorandum* à son conseil des ministres réuni à l'Élysée et l'informe de l'invitation de M. Chamberlain. Tous sont d'accord pour ne pas le cautionner non plus sauf M. Georges Bonnet qui déclare que « si certains points lui paraissent inacceptables, d'autres pourraient peut-être faire l'objet d'une discussion » et M. de Monzie qui, ayant demandé à M. Daladier quelle réponse il ferait aux Anglais si ceux-ci l'interrogeaient « sur l'attitude de la France, au cas où l'Allemagne attaquerait la Tchécoslovaquie » s'est entendu répondre : « Je veux bien faire toutes les concessions possibles, mais, devant une agression non provoquée nos engagements jouent. Je leur reste fidèle. » Il a aussitôt rétorqué : « Nous sommes quelques-uns qui ne nous résignons pas à la guerre »[188]. Le conseil des ministres est partagé en deux comme le 19 septembre[189].

À 17 h 30, Daladier et Bonnet s'envolent pour Londres où ils sont reçus, vers 21 heures, à Downing Street par MM. Chamberlain, lord Halifax, sir John Simon, sir Samuel Hoare, sir Horace Wilson, sir Robert Vansittart et sir Alexander Cadogan.

La rencontre est dominée par des considérations qui posent un véritable cas de conscience. Français et Anglais ne peuvent pas conseiller à M. Bénès d'accepter le *Memorandum* allemand parce qu'ils ne sont pas d'accord sur l'étendue des zones à céder et pas davantage sur celles qui seront soumises à un plébiscite. Comme le plébiscite sera

---

[188] A. de Monzie, *Ci-devant*, p. 37, et Jean Zay, Carnets, p. Il sq.
[189] Cf. supra, p. 176.

favorable aux Allemands et que Polonais et Hongrois en réclament un aussi, ce serait une désarticulation totale de l'État tchécoslovaque qui équivaudrait à sa condamnation à mort et à sa disparition de la carte de l'Europe. Enfin, ils n'ont pas les moyens militaires de faire reculer Hitler ou de l'abattre par la guerre s'il se maintient sur ses positions et ils ne peuvent pas non plus conseiller à Bénès de refuser puisqu'ils ne pourraient pas l'aider sans se lancer dans une aventure où ils joueraient perdants au départ. Du moins est-ce l'opinion des Anglais.

Les Français sont divisés : Daladier croit qu'il est possible de battre Hitler avec l'aide des Anglais, s'il s'obstine, mais M. Bonnet, qui sait l'état d'impréparation de l'armée française et l'importance de l'aide que peut apporter l'Angleterre à la France si elle vole au secours de la Tchécoslovaquie — deux divisions non motorisées et cent cinquante avions pour les six premiers mois de la guerre[190] — est beaucoup plus sceptique.

Une troisième solution ? Il n'y en a qu'une : la poursuite des négociations qui permettrait d'amener Hitler à réduire ses exigences et M. Bénès à se montrer moins intransigeant.

Chamberlain n'a pas renoncé à la méthode. Apparemment, Daladier n'a pas pris garde à la faiblesse de l'aide que l'Angleterre pourrait apporter à la France, si elle se lançait dans l'aventure à la suite de Bénès. Chamberlain le lui rappelle. Puis il oriente la discussion de telle sorte que Daladier prenne à son tour conscience de l'impréparation de la France et s'associe à lui, dans son effort de négociation :

« J'ai recueilli, dit-il, les informations les plus alarmantes sur l'état de l'aviation française et l'incapacité de vos usines à remplacer les appareils perdus dans les premiers jours de la guerre. Si une pluie de bombes s'abat immédiatement sur Paris, sur les aérodromes, sur les gares, sur les centres ferroviaires, la France se trouvera-t-elle en mesure de se défendre et de contre-attaquer ? »[191]

---

[190] Réponse de Lord Halifax, le 12 septembre, à la question que lui a posé M. Georges Bonnet sur ce point. Georges Bonnet, *La Défense de la paix*, t. 1, p. 374.
[191] Georges Bonnet, *La Défense de la paix*, t. 1, p. 264 sq.

Appelé en consultation, le général Gamelin répond à Chamberlain en soulignant la force de l'infanterie française, les faiblesses de l'armée allemande, sa pénurie de cadres et de matières premières, sa ligne Siegfried inachevée, l'impossibilité pour l'Italie de soutenir l'Allemagne en guerre, la puissance de l'armée tchécoslovaque qui peut « tenir ferme », au nord et au sud de la Moravie, etc.[192].

M. Chamberlain n'est pas convaincu. Finalement, il suggère un moyen qui lui parait susceptible de relancer la négociation : sir Horace Wilson partira pour Berlin avec mission de remettre à Hitler un message par lequel il lui fera connaître que le gouvernement a repoussé son *Memorandum* et le pressera de recourir à la négociation plutôt qu'à la force. S'il refuse il lui lira la déclaration suivante :

« Le Gouvernement français nous a fait connaître qu'il tiendrait pleinement ses obligations en cas d'attaque allemande contre la Tchécoslovaquie. Si la France se trouvait entraînée à des hostilités contre l'Allemagne en exécution des obligations découlant des traités, le Royaume-Uni se sentirait tenu de lui venir en aide. »[193]

Français et Anglais, tous sont d'accord sur cette procédure.

Les Français quittent Londres et arrivent à Paris le 26 dans l'après-midi. Ils sont très sceptiques sur les résultats de la procédure à laquelle ils ont donné leur accord : « Je crains, à présent, dit M. Georges Bonnet aux journalistes qui l'attendent au Quai d'Orsay, que la guerre ne soit inévitable. »[194]

À Berlin, où il arrive dans la soirée en compagnie de sir Ivone Kirkpatrick et de sir Nevile Henderson, sir Horace Wilson est reçu à la chancellerie par Hitler en présence de Ribbentrop. Hitler est coléreux, irrité à un point qu'on ne saurait dire par la mobilisation tchécoslovaque dont son service de renseignements lui dit qu'elle bat son plein, par une déclaration faite, devant un groupe de diplomates étrangers, par M. Krofta, ministre des Affaires étrangères de M. Bénès, le 24 septembre,

---

[192] Général Gamelin, *Servir*, t. II. p. 351-352.
[193] Georges Bonnet, *La Défense de la paix*, t. 1. p. 271.
[194] Paris-Soir, 26 septembre 1938.

et par une information de Pologne qui lui est parvenue le matin même.
Voici la déclaration de M. Krofta :

« De nouvelles concessions de notre part sont impossibles, maintenant que notre mobilisation est en cours. Nous avons dépassé le stade dangereux et nous tenons la situation militaire bien en main. Nous nous attendions hier, à une première attaque de la *Luftwaffe*, destinée à empêcher la concentration de nos troupes. Elle n'a pas eu lieu. Il faut interpréter cette abstention comme un signe de faiblesse. Si notre mobilisation se poursuit normalement demain et après-demain, quarante divisions tchèques seront prêtes à faire face aux quatre-vingts divisions allemandes. »[195]

L'information qu'il a reçue de Pologne le matin même est la suivante : M. Mosciki, président de la République polonaise a reçu une lettre personnelle de Bénès lui proposant « le règlement des litiges frontaliers qui les opposent » et qui se termine sur « l'espoir d'une collaboration plus active entre les deux pays »[196]. Hitler soupçonne que cette initiative lui a été suggérée par Moscou qui voudrait bien obtenir le passage de ses troupes par la Pologne.

« La poursuite des négociations n'a plus aucun sens ! » rugit-il lorsque le Dr. Paul Schmidt lui a traduit la lettre de Chamberlain. Puis il se lance dans une litanie d'imprécations contre Bénès, les Tchèques, Moscou etc. Le Dr Schmidt dit qu'il ne l'a jamais vu dans un état pareil. Pour terminer, il lance : « Le 1er octobre, j'aurai amené les Tchèques où je veux. »

Finalement, sir Horace Wilson lui demande doucement — il a une voix fluette, paraît-il — de recevoir quand même les négociateurs tchèques.

Tout à coup, alors que personne ne s'attend à ce dénouement, Hitler dit, toujours coléreux :

« Eh, bien soit ! Je les reçois mais à deux conditions : que le Gouvernement tchèque accepte mon mémorandum et qu'il me livre les

---

[195] Fritz Berber, *Europäische Politik 1933-1938*, lm Spiegal der Prager Akten, p. 172.
[196] Colonel Beck, *Dernier Rapport*, p. 342 sq.

territoires sudètes le 1er octobre. J'attends sa réponse avant le 28 septembre à quatorze heures. »[197]

M. Chamberlain a marqué un point : il faut, maintenant, que les Tchèques soient au rendez-vous. Il va s'y employer. Qui sait ? Si opposés que soient les points de vue, les négociations peuvent reprendre ?

Le soir même, Hitler prononce au Sportpalast un discours incendiaire contre les Tchèques mais qui rend un hommage chaleureux à M. Chamberlain. Le premier ministre anglais saisit la balle au bond : tard dans la nuit il prononce à la radio de Londres un discours conciliant, qui rend sa politesse au chancelier allemand et qui l'assure que « les Sudètes pourraient être incorporés au *Reich* sans que coule une goutte de sang. » Puis il appelle sir Horace Wilson qui est encore à Berlin et le prie d'aller dès le lendemain 27, « dire à Hitler de sa part que l'Angleterre est prête à garantir l'exécution des promesses déjà faites par Prague à condition que l'Allemagne s'abstienne de recourir à la force. » C'était d'un fin psychologue mais hélas !...

Le 27 septembre, un peu avant midi, sir Horace Wilson est reçu par Hitler : très mal. Tout ce qu'il en tire, au milieu d'imprécations et de menaces plus terrifiantes encore que la veille, c'est qu'il n'y a plus qu'une alternative : ou bien Prague accepte son *Memorandum* ou bien il le rejette. Dans le premier cas, il attend la réponse pour le lendemain avant quatorze heures, dans le second, il entrera le 1er octobre dans le pays sudète à la tête de l'armée allemande.

« Alors, dit sir Horace Wilson, je n'ai plus qu'à m'acquitter de la dernière mission dont m'ait chargé le Premier ministre. » Et il lui lit le texte sur lequel, la veille à Londres, ministres français et anglais sont tombés d'accord :

« ... au cas où la France serait entraînée dans des hostilités contre l'Allemagne, en exécution des obligations découlant des traités, le Royaume-Uni se sentirait tenu de lui venir en aide. »

---

[197] Rapporté d'après Paul Schmidt, op. cit., p. 408 sq.

Sans effet. Hitler prend acte sur un ton cinglant, se déclare prêt à toute éventualité, indifférent à l'attitude de la France et de l'Angleterre et peu effrayé à l'idée que, selon ses propres termes « la semaine prochaine, nous serons tous en guerre les uns contre les autres. »

Sir Horace Wilson prend congé : le soir même, il est à Londres. M. Chamberlain mobilise sa flotte mais ne se décourage pas pour autant : il se tourne alors vers Bénès, l'informe que si, le lendemain à 14 heures, il n'a pas accepté les propositions allemandes, les troupes allemandes entreront en Tchécoslovaquie et qu'aucune puissance au monde ne peut épargner ce destin à son pays, qu'une guerre même, quelle qu'en soit l'issue, n'en évitera pas le démembrement, que de toutes façons les territoires sudètes devront revenir à l'Allemagne. Alors, pourquoi une guerre ?

Peine perdue : M. Bénès reste tout aussi inflexible que Hitler.

Le soir, Chamberlain prononce un nouveau discours à la radio de Londres. C'est un avertissement aussi bien aux Tchèques qu'aux Français. Aux premiers, il dit qu'il n'est pas pensable d'envisager une guerre « pour un pays lointain, peuplé par des gens dont nous ne savons rien. » Et aux seconds :

« Quelle que soit la sympathie que nous ayons pour un petit peuple aux prises avec un puissant voisin, il n'est pas question que nous entraînions l'empire britannique dans la guerre pour cette seule petite nation. »

À Prague, on est atterré, — atterré, mais M. Bénès n'en modifie pas son attitude pour autant : il croit aux assurances que lui a données M. Mandel, lequel aurait déclaré à M. Georges Bonnet qui lui rappelait que la France était dans un état d'infériorité : « Je le sais, mais les démocraties ne préparent jamais les guerres que lorsqu'elles les ont déclarées. Il faut donc commencer par déclarer la guerre »[198]. La guerre d'abord, après on verra...

À Paris, MM. Daladier et Bonnet sont soulagés : ils pourront invoquer l'attitude de l'Angleterre. Dans le clan Mandel-Reynaud, on

---

[198] Jean Montigny, *Complot contre la Paix*, Table Ronde.

n'est pas moins atterré qu'à Prague. À Londres, dans le clan de M. Churchill et chez les travaillistes, on est révolté.

De Berlin, le *Führer* remercie M. Chamberlain pour ses efforts en faveur de la paix : il peut continuer, lui dit-il, mais, quant à lui, il n'y croit plus et n'y peut plus rien. À New York, M. Roosevelt croit venu le moment de faire sa réapparition sur la scène du monde avec son projet de conférence internationale « élargie à toutes les nations directement intéressées à la controverse »[199], — à la controverse, non au problème, ce qui signifie que la Russie...

Déjà, le 26 septembre dans la nuit, après le discours de Hitler au *Sportpalast*, il lui a adressé un télégramme lui prêchant la modération et mettant l'accent sur les responsabilités qu'il prenait. Hitler l'avait assez mal pris et, sèchement, lui avait répondu que « c'était à Prague, non à lui, qu'il devait adresser ses admonestations. » Il revient à la charge dans la nuit du 27 au 28 septembre et, cette fois, il est un peu plus adroit :

« Si vous consentiez à une solution pacifique... des centaines de milliers d'hommes à travers le monde reconnaîtraient, j'en ai la conviction, que ce geste de votre part dépasse les services rendus dans l'histoire de l'humanité entière. »[200]

« Le monde entier, dit Georges Bonnet[201], accueille cette exhortation avec enthousiasme et reconnaissance. »

Dans le clan belliciste où l'on pense que Hitler ne cèdera pas à Roosevelt et où l'on se dit que, cette fois ça y est, le président des U.S.A. entrera en lice en cas de guerre, on se félicite.

De fait, ce n'est pas à Roosevelt que Hitler a cédé, mais à Mussolini qui, fort adroitement lui a coupé l'herbe sous le pied et l'a, une fois de plus, écarté des affaires d'Europe où, depuis janvier 1938, il brûlait d'intervenir.

Dans cette nuit du 27 au 28 septembre, le *Foreign Office* et le Quai d'Orsay ont déployé une activité fébrile en direction de Rome,

---

[199] *Foreign Relations of the United States*, 1938, t. 1, p. 675.
[200] Id.
[201] *La Défense de la paix*, t. I, p. 218.

Mussolini leur paraissant le seul homme susceptible d'avoir une influence sur Hitler. Roosevelt lui a envoyé un télégramme le priant humblement de tout mettre en œuvre pour obtenir la réunion d'une conférence. Tous les États d'Amérique latine en ont fait autant. Au matin du 28 septembre alors que tout le monde voyait avec terreur la pendule courir sur les quatorze heures fatidiques et croyait tout perdu, le Duce envoie son Ambassadeur à Berlin, dire à Hitler que « quoi qu'il décide, il est à ses côtés », lui demander de « repousser de vingt-quatre heures le délai fixé » et offrir sa médiation.

Au même moment, arrive sir Nevile Henderson, porteur d'un message de Chamberlain.

« L'essentiel des revendications allemandes, dit ce message, peut recevoir immédiatement satisfaction et sans guerre... Je suis prêt, ajoute Chamberlain, à venir à Berlin, sur-le-champ, pour m'entretenir avec vous des modalités du transfert, en même temps qu'avec les représentants de la France, de l'Italie et de la Tchécoslovaquie. »

Hitler a déjà accepté la proposition de Mussolini.

« Dites à M. Chamberlain qu'à la requête de mon grand allié le Duce, j'ai déjà accepté de retarder de vingt-quatre heures l'ordre de mobilisation générale. Je dois maintenant le consulter. »

La partie est gagnée : quelques heures plus tard, MM. Daladier et Chamberlain sont invités par Hitler à venir conférer avec lui et le Duce à Munich.

Et ce furent les accords de Munich.

Le mot de la fin

Si nous avons relaté l'affaire de l'*Anschluss* et celle des Sudètes avec un luxe de détails que, peut-être, on pourrait nous reprocher, c'est pour rendre à M. Chamberlain, l'hommage qui lui est dû : ce conservateur mit au service de ces deux idées essentiellement progressistes — au sens littéral du mot — que sont le droit des peuples à disposer d'eux-mêmes et la défense de la paix, un acharnement, une ténacité dignes d'éloges. Vieux et déjà malade, il fit, par ailleurs, preuve d'une étonnante vigueur intellectuelle autant que physique. C'est aussi pour mettre son comportement en parallèle avec celui de tant d'autres, progressistes par définition, qui se mirent si outrageusement en contradiction avec leurs propres principes et leur propre doctrine — les socialistes français et les travaillistes anglais, notamment. Ne parlons pas des communistes chez qui tout n'est que tactique et doctrine de façade.

En 1919, le 18 septembre, à la chambre des députés, Jean Longuet s'était prononcé contre la ratification du Traité de Versailles au nom du groupe parlementaire socialiste unanime. Son discours était d'une facture remarquable. Il citait Renan :

« Une nation est une grande solidarité constituée par le sentiment des sacrifices qu'on a faits et de ceux qu'on est disposé à faire encore. Elle suppose un passé, elle se résume pourtant dans le présent par un fait intangible, le consentement, le désir clairement exprimé de continuer la vie commune. L'existence d'une nation est un plébiscite de tous les jours, comme l'existence de l'individu est une affirmation perpétuelle de vie. Oh ! je le sais, cela est moins métaphysique que le droit divin, moins brutal que le prétendu droit historique. Dans l'ordre d'idées que je vous soumets, une nation n'a pas plus qu'un roi le droit de dire à une province : « Tu m'appartiens, je te prends. » Une province, pour nous, ce sont les habitants : si quelqu'un, dans cette affaire, a le droit d'être consulté, c'est l'habitant. Une nation n'a jamais un véritable intérêt à retenir un pays malgré lui. Le vœu des peuples est, en définitive, le seul critérium légitime, celui auquel il faut en revenir. »[202]

Par quoi l'on voit que, sans prononcer la formule, Ernest Renan avait inventé le droit des peuples à disposer d'eux-mêmes, bien avant le président Wilson.

Jean Longuet traduisait en langage littéraire une résolution votée par

---

[202] Ernest Renan, *Qu'est-ce qu'une nation ?* Calmann-Lévy, 1867. J.O. Débats parlementaires, 19-7-1919.

le conseil national du parti socialiste, les 13 et 14 juillet précédents, qui disait :

« Ce traité qui est né de l'abus le plus scandaleux qui ait jamais été fait de la diplomatie secrète, qui viole ouvertement le droit des peuples à disposer d'eux-mêmes, qui réduit en esclavage des nations entières, qui multiplie les nouveaux risques de guerre, qui s'accompagne, enfin de mesures de violence contre tous les mouvements de libération, non seulement en Russie, mais dans tous les pays de l'ancien empire habsbourgeois, en Hongrie, dans tout l'Orient et en Allemagne, ne peut, à aucun titre, recevoir un suffrage socialiste. »

Parce que c'était la justice, la démocratie et la paix, c'était le socialisme.

En 1938, au congrès de Royan du parti socialiste, Léon Blum faisait inscrire dans la motion de politique extérieure que « le socialisme saurait défendre l'indépendance nationale et l'indépendance de toutes les nations couvertes par la signature de la France ». Il faut rappeler que cette signature avait été apposée au bas d'un traité dont, en 1919, le parti socialiste et lui-même disaient avec raison qu'il ne pouvait « à aucun titre recevoir un suffrage socialiste ». L'homme du commun, s'il fait le rapprochement, dira sûrement que ce n'était pas la peine de faire tant de bruit en 1919. Nous dirons, nous, qu'on mesure par là l'effondrement intellectuel dont était victime le parti socialiste et que Léon Blum avait des préoccupations totalement étrangères aux principes et à la doctrine du socialisme.

Si nous ajoutons qu'elles lui étaient inspirées par les prises de position maintes fois réitérées du judaïsme mondial, nous ne serons, sans doute, pas très loin de la vérité. La coïncidence était trop frappante, le reniement trop gros, pour qu'il en fût autrement. Il ne défendait d'ailleurs cette politique personnellement que depuis 1933, c'est-à-dire depuis l'accession de Hitler au pouvoir en Allemagne. Après le vote du congrès de Royan, il put la défendre au nom du Parti socialiste.

Le plus pénible, pour le socialiste qu'est l'auteur de cet ouvrage, c'est d'être obligé de reconnaître qu'en 1938, dans le cas de l'*Anschluss* et des

Sudètes, c'est par Chamberlain, ce conservateur, et par Hitler, ce dictateur, ce raciste, etc. qu'étaient défendues les positions de principe du socialisme en matière de politique européenne.

Même observation pour le parti communiste. En 1923, au Ve Congrès de l'Internationale communiste réuni à Moscou, la motion de politique générale votée contenait le passage suivant :

« Le Congrès constate qu'il n'y a pas une nation tchécoslovaque : l'État tchécoslovaque, outre la nationalité tchèque, comprend des Slovaques, des Hongrois, des Ruthènes ukrainiens et des Polonais.
Le Congrès estime nécessaire que le parti communiste de Tchécoslovaquie, en ce qui concerne ces minorités, proclame et mette en pratique le droit des peuples à disposer d'eux-mêmes jusques et y compris celui de se séparer. »[203]

Dix ans plus tard, Hitler étant déjà au pouvoir en Allemagne, Gabriel Péri déclarait encore à la Chambre des députés, le 14 novembre 1933, à propos d'une adresse de sympathie que le gouvernement français proposait d'envoyer au gouvernement tchécoslovaque :

« La fraction communiste ne s'associe pas au vote qui vous est demandé. Notre sympathie va tout entière aux masses laborieuses de Tchécoslovaquie, aux minorités nationales slovaques, allemandes, juives, hongroises, ukrainiennes, opprimées par le pouvoir central de Prague. »[204]

Bien sûr, il n'était pas dans les intentions de Gabriel Péri d'envoyer une adresse de sympathie aux minorités russes opprimées par le pouvoir central de Moscou, ni dans celles de l'Internationale communiste de leur appliquer le droit des peuples à disposer d'eux-mêmes qu'elle revendiquait pour les minorités de Tchécoslovaquie mais... C'était toujours ça !

Le 17 mars 1938, Maxime Litvinov, ministre des Affaires étrangères

---

[203] *Le Ve Congrès de l'Internationale Communiste*, Ed. Sociales, Paris, 1924. Cité par G. Champeaux, La Croisade des démocraties, t 11, p. 25-26.
[204] *J.O.* Débats parlementaires, 16 novembre 1933.

de l'U.R.S.S., déclarait devant les correspondants de la presse étrangère accrédités à Moscou :

« Voilà quatre ans que l'Union Soviétique travaille au maintien de la paix dans le cadre de la sécurité collective, quatre ans durant lesquels elle n'a cessé de dénoncer les dangers d'une attitude passive devant les agresseurs. Le cas de l'Autriche démontre que nos avertissements, pour justifiés qu'ils aient été, n'ont pas été écoutés. Quand donc se décidera-t-on à faire échec aux dictatures ? Hier, c'était l'Autriche, demain ce sera la Tchécoslovaquie. Ces agressions répétées finiront par déclencher un nouveau conflit mondial. L'Union soviétique est disposée, pour sa part, à examiner avec les autres puissances, soit dans le cadre de la S.D.N., soit en dehors d'elle, toutes les mesures susceptibles d'assurer la sauvegarde de la paix. »[205]

À quoi bon commenter ? Il est trop clair qu'il s'agit là, non de principes, non d'une doctrine, mais seulement d'une politique en contradiction avec les principes et la doctrine, qui vise seulement à empêcher, entre le *Reich* et les démocraties occidentales, toute entente qui permettrait au *Reich* de se retourner contre la Russie et, le Japon la menaçant sur sa frontière orientale, la condamnerait, au jour du règlement des comptes, à se battre sur deux fronts.

L'esprit le moins averti sait bien que, dans le débat en cours, ce n'est pas « *de lutte contre les dictatures* » qu'il s'agit, mais de droit des peuples à disposer d'eux-mêmes, de paix ou de guerre, ce qui est une autre histoire. Mieux : en l'occurrence, la dictature, c'était par la S.D.N. qu'elle était exercée, dans le cas de l'Autriche, et par les Tchèques, dans celui des Sudètes.

On terminera en rapprochant trois citations de Churchill qui donneraient une allure clownesque à ce débat s'il ne s'était terminé de façon si tragique :

---

[205] *Documents on British Foreign Policy*, t. 1, p. 90. Le même jour, Léon Blum, Président du Conseil, déclare à la Chambre : « En cas de conflit européen, l'U.R.S.S. se trouvera certainement aux côtés de la France. » (J.O. Débats parlementaires, 18 mars 1938), ce qui prouve qu'il était aussi fin politique que socialiste sincère.

« 1. Le président Roosevelt me dit un jour qu'il allait demander publiquement que lui fut suggéré le nom qu'il convenait de donner à la guerre. Je lui fournis aussitôt cette réponse : la guerre qui n'était pas obligatoire. Car il n'exista jamais de guerre plus facile à éviter que celle qui vient de ravager ce qui subsistait du monde après le conflit précédent[206].

2. La seconde tragédie capitale de cette époque fut le complet démembrement de l'empire austro-hongrois par les traités de Saint-Germain et de Trianon. Pendant des siècles, cette vivante réincarnation du Saint-Empire romain germanique avait apporté, dans le cadre d'une vie commune, des avantages, tant au point de vue de l'économie que de la sécurité, à de nombreux peuples dont aucun n'avait, en notre temps, la puissance ou la vitalité pour résister par lui-même, à la pression d'une Allemagne ou d'une Russie ressuscitées. Il n'est pas une des nations, pas une des provinces ayant constitué l'empire des Habsbourg, à qui le recouvrement de l'indépendance n'ait apporté les tortures que les poètes et les théologiens de jadis réservaient aux damnés. Vienne, la noble capitale, le foyer d'une culture et d'une tradition longuement défendues, le point de rencontres de tant de routes, de cours d'eau et de voies ferrées, Vienne fut laissée en proie à la famine, comme un grand marché vide dans une région appauvrie, dont presque tous les habitants avaient été distraits[207].

3. Les clauses économiques du Traité de Versailles étaient vexatoires et si sottement conçues qu'elles en devenaient inopérantes... Et il ne se trouva personne en haut lieu, d'assez influent, d'assez préservé de la bêtise générale, pour dire ces vérités essentielles dans leur brutalité... Les Alliés triomphants continuèrent à prétendre qu'ils presseraient l'Allemagne « jusqu'à ce que les pépins crissent ». Or, tout cela eut un effet puissant et désastreux sur la prospérité du monde et sur l'attitude de la race germanique. »[208]

Non, il ne se trouva personne en haut lieu et pas même M. Churchill !

En somme : M. Churchill jugé, renvoyé par lui-même parmi les sots, dans l'immense cohorte de la bêtise générale.

---

[206] Churchill, *Mémoires*, t. 1. p. 7.
[207] Id., p. 8 et 9.
[208] Id., p. 6.

Il n'est, encore aujourd'hui, pas une des nations, pas une des provinces ayant constitué l'Empire des Habsbourg, à qui, sous couleur d'indépendance, la *Pax sovietica* qui a mis fin à la guerre, « n'ait apporté les tortures, dont parle Churchill, que les poètes et les théologiens de jadis réservaient aux damnés ».

Il n'est pas indifférent d'ajouter que, dans « ces tortures que les poètes et les théologiens réservaient aux damnés » on (Churchill, Roosevelt and Co) a fait mourir, disent les statistiques, cinquante millions de personnes pour arriver à ce résultat.

Et, qu'en ce bas monde, « il ne se trouve (toujours) personne en haut lieu, d'assez influent, d'assez préservé de la bêtise générale, pour dire ces vérités essentielles dans leur brutalité ».

TROISIÈME PARTIE
LA GUERRE

CHAPITRE VII – LE DÉMEMBREMENT DE LA TCHÉCOSLOVAQUIE

1 - Au lendemain de Munich

Retour de Munich, Chamberlain et Daladier sont accueillis à leur descente d'avion, l'un à Londres, l'autre à Paris, par des centaines de milliers de personnes en délire qui leur crient leur reconnaissance. À Rome, celle des Italiens monte vers Mussolini. À Munich, lors de son départ, la population a fait fête à Chamberlain en qui elle a vu, avec juste raison, l'artisan de la paix revenue. L'Europe est en liesse. Toutes les conditions y sont réunies dans l'opinion pour la résurrection du Pacte à Quatre (France, Allemagne, Angleterre et Italie) dont Mussolini avait eu l'heureuse idée en juin 1933. Chamberlain a rapporté de Munich un pacte de non-agression avec l'Allemagne, il invite la France à en faire autant et la France accepte[209] ; il a fait la paix avec l'Italie en avril 1938 (reconnaissance du roi d'Italie comme empereur d'Éthiopie) et la France peut en faire autant. Malheureusement les parlements et les états-majors ne sont, en France et en Angleterre, pas dans les mêmes dispositions d'esprit. En Allemagne et en Italie, malgré l'éclatante victoire qu'ils viennent de remporter, les deux dictateurs sont sur leurs gardes. Le Pacte à quatre ne ressuscitera pas.

En France, réuni le soir même du retour de Daladier, sous la

---

[209] Le Pacte de non-agression franco-allemand sera signé à Paris le 6 novembre 1938. En vain, le Parti communiste et la C.G.T. décident-ils une grève générale pour le 30 novembre, date primitivement prévue pour la signature ; cette signature est simplement repoussée au 6 novembre et le 6 novembre, il tente vainement d'alerter les foules contre la venue de Ribbentrop à Paris. Il n'y a aucun incident : l'opinion est pour le Pacte. La grève du 30 novembre fut d'ailleurs un échec.

présidence de M. Albert Lebrun, le Conseil des ministres unanime lui vote des félicitations auxquelles il associe Georges Bonnet. Le 5 octobre, la Chambre des députés ratifie les Accords de Munich par 535 voix contre 75 : 73 communistes plus 2 excités, l'un Jean Bouhey, député socialiste de la Côte d'Or et Henri de Kérillis. Le couple Mandel-Reynaud et son équipe, Léon Blum et la sienne, bien que déçus, n'ont pas jugé politique de heurter l'opinion publique. Les communistes, eux, n'ont pas de soucis de cet ordre : ils savent qu'en toutes occasions, ils peuvent s'aligner sur Moscou sans dommage et c'est pourquoi, unanimes, ils ont voté contre. Dans le rang, leurs militants, tels les professeurs Joliot-Curie et Langevin, les artistes Picasso et Chagall etc. renvoient leurs décorations ou démissionnent bruyamment de nos institutions nationales en signe de protestation. *L'Humanité* fait feu des quatre fers. Elle est imitée par *Esprit* du catholique crypto-communiste Emmanuel Mounier, *L'Ordre* d'Émile Buré, *Temps présent* de Gabriel Marcel et quelques autres qui, comme eux, n'ont que peu de prise sur l'opinion publique. Dans ce clan, on est assez étonné de trouver Montherlant qui, dans une interview parle de « fléchissement de l'énergie nationale »... Ces voix sont étouffées dans l'allégresse générale.

En Angleterre, c'est plus grave. Le 5 octobre, devant la Chambre des communes, Chamberlain commet une maladresse qui retentira gravement sur le comportement ultérieur de Hitler : il lie l'approbation des Accords de Munich à un programme de réarmement qui prévoit la construction de trois mille avions avant la fin de l'année et de huit mille autres dans le cours de l'année 1939, des crédits militaires qui sont portés de 400 à 800 millions de livres sterling, l'augmentation de la puissance de feu de la flotte, six divisions d'active dont deux blindées et treize divisions territoriales dans l'armée de terre.

Ce programme est accepté à l'unanimité, mais, quand il s'agit de prendre position sur les Accords de Munich, Churchill prend la parole contre, parle d'un « désastre de première grandeur que viennent de subir la France et l'Angleterre », de « la route qui descend la vallée du Danube ouverte à l'Allemagne jusqu'à la Mer Noire et en Turquie », de la nécessité d'abattre la puissance nazie par une alliance qui engloberait la France, l'Angleterre, la Russie et les États-Unis etc. Quand il se rassied, il est longuement applaudi par le groupe travailliste (137 députés) et quelques personnalités au centre et à droite. Au vote, les Accords de Munich sont ratifiés par 369 voix contre 150 : 137 travaillistes et 13 divers. Parmi ces divers figurent Churchill naturellement, Eden et Duff Cooper, premier lord de l'Amirauté [ministre de la marine] qui donne sa démission du Cabinet.

Ce qui s'est passé à la Chambre des Communes a mis Hitler en éveil. Le 9 octobre, il prononce à Sarrebrück, un discours dans lequel il en prend acte en ces termes :

« Les chefs de gouvernement qui nous font face affirment qu'ils veulent la paix et nous devons les croire. Mais ils gouvernent des pays dont la structure permet à tout instant de les remplacer par d'autres, qui ne la veulent pas. Il suffirait qu'un Duff Cooper, un Eden, ou un Churchill prenne la place de Chamberlain pour qu'ils déclenchent aussitôt une seconde guerre mondiale, car telle est leur intention. Ils ne s'en cachent pas : ils le proclament ouvertement. »

Le plan de réarmement proposé par Chamberlain et adopté à l'unanimité par la Chambre des communes, ne lui dit, d'autre part, rien qui vaille : est-ce une simple manœuvre destinée à désarmer son opposition, ou bien est-ce une mesure qui traduirait une certaine méfiance à l'égard de l'Allemagne ? À Munich, au cours des trois entrevues en tête à tête qu'il a eues avec Chamberlain, il a cru comprendre — surtout dans la dernière, au cours de laquelle fut signé le pacte germano-anglais de non-agression — que l'Angleterre lui laisserait les mains libres à l'Est, sur le continent, à condition qu'il lui laisse, à l'Ouest, l'empire des mers : Chamberlain prendrait-il des précautions pour être à même, en temps voulu, de contrecarrer sa politique à l'Est ? Ce sont là questions qui se posent.

Enfin, ce qui se passe dans la nouvelle Tchécoslovaquie l'inquiète au plus haut point. À Munich, il a fait des concessions : il a renoncé au plébiscite dans les zones douteuses pour éviter qu'encouragées par l'exemple, les autres minorités n'en demandent un aussi et que la

Tchécoslovaquie ne fût totalement désarticulée. De ce fait, il a obtenu moins que ce qu'il demandait primitivement et, environ trois cent mille Allemands sont restés sous le joug tchèque. Il est vrai aussi qu'environ deux cent mille Tchèques sont passés, avec les Sudètes, sous le joug allemand. Il s'ensuit, dans ces zones, des incidents entre Tchèques et Allemands. Et Hitler pense que, risquant la transposition de ces incidents entre le *Reich* et la nouvelle Tchécoslovaquie, cette situation ne peut s'éterniser.

Le président Bénès a bien démissionné pour se retirer dans sa propriété de Bohême, mais c'est le général Sirovy, chef de l'armée, qui a pris la situation en main et constitué un gouvernement provisoire en attendant que le pays se donne de nouvelles institutions. Hitler n'aime pas le général Sirovy : âme damnée de la politique de Bénès, il a fondé toute la politique de l'armée tchécoslovaque sur le Pacte russo-tchèque dont il avait été un des principaux artisans et sur le Pacte franco-soviétique. Au surplus, les services de renseignements du *Reich* accumulent sur son bureau des informations selon lesquelles les usines d'armements de Bohême (Skoda de Pilsen par exemple) continuent à tourner à plein, qu'aucune mesure de démobilisation n'a été annoncée, que l'armée se réorganise sur la base de ses anciens effectifs et que, selon toute probabilité, la Tchécoslovaquie nouvelle restera, selon la propre formule de Hitler « un porte-avions braqué sur l'Allemagne. »[210]

Il se donne pourtant le temps de la réflexion mais, Churchill ayant, le 16 octobre, repris la parole contre les Accords de Munich à la radio anglaise, il se dit que la situation ne peut manquer de se dégrader en Angleterre, que le doux Chamberlain finira par y être évincé du pouvoir, qu'alors l'Angleterre et le général Sirovy s'entendront et qu'il faut envisager des mesures : le 21 octobre, il décide de « renforcer la

---

[210] De fait, le 15 mars 1939, quand les troupes allemandes entreront en Tchécoslovaquie, elles y trouveront des documents qui établiront que les effectifs de l'armée se situaient encore à 150 000 hommes et que cette armée disposait de 1 582 avions, 501 canons antiaériens, 2 176 pièces d'artillerie, 785 lance-mines, 468 chars de combat, 43 876 mitrailleuses, 114 000 pistolets, 1 090 000 fusils, 1 milliard de cartouches et 3 millions d'obus, sans compter un énorme matériel. (Hitler, *Discours du Reichstag*, 28 avril 1939.)

sécurité aux frontières du *Reich* » et que « l'armée doit se tenir prête, à tout moment, à écraser ce qui reste de la Tchécoslovaquie, si elle fait mine de poursuivre une politique anti-allemande ». Ce ne sont là que des mesures préventives et à toutes fins utiles, justifiées par l'attitude de ses adversaires mais, dès qu'elles sont connues en Occident, elles y jettent la consternation : que sont devenues les promesses qu'à Berchtesgaden, à Godesberg et à Munich, il a réitérées trois fois à Chamberlain et selon lesquelles, avait-il dit, « les Sudètes sont la dernière revendication territoriale que j'ai à formuler en Europe » et « je ne veux d'aucun Tchèque à l'intérieur du *Reich* » ? On oublie trop facilement qu'elles sont la conséquence du réarmement anglais et de l'attitude du général Sirovy, non à l'inverse, le réarmement anglais et l'attitude du général Sirovy qui sont la conséquence de la politique de Hitler.

Là-dessus, Hitler commet une première faute très grave. Les Accords de Münich ont prévu :

« Les chefs des gouvernements des Quatre Puissances déclarent que le problème des minorités polonaise et hongroise en Tchécoslovaquie, s'il n'est pas réglé dans les trois mois par un accord entre les gouvernements intéressés, il fera l'objet d'une autre réunion des chefs de gouvernements des quatre Puissances aujourd'hui rassemblés. »[211]

Teschen a fait retour à la Pologne, mais le gouvernement polonais est plus ambitieux : pour mater les Ukrainiens de Ruthénie, frontaliers des Ukrainiens de Pologne chez lesquels ils entretiennent un perpétuel foyer d'agitation, il réclame leur rattachement à la Pologne, non à la Tchécoslovaquie comme le prévoient les Accords de Munich, et une frontière commune avec la Hongrie. La question reste donc pendante. Quant à la Tchécoslovaquie et à la Hongrie, les représentants des deux gouvernements s'étant rencontrés le 7 octobre ne sont pas tombés d'accord et tout dit qu'ils ne réussiront pas à régler le problème dans les trois mois car, manifestement, ils resteront chacun sur sa position. Alors, Hitler s'entend avec Mussolini qui veut continuer à jouer un rôle

---

[211] Texte de l'accord de Munich, annexe II.

en Europe centrale pour instituer une Commission d'arbitrage italo-allemande qui tranchera le différend sans consulter ni Londres, ni Paris. La Commission se réunit le 2 novembre à Vienne et restitue à la Hongrie une bande de terrain qui s'étire d'Est en Ouest le long de la Tchécoslovaquie et contient environ sept cent cinquante mille Hongrois (Magyars d'origine). Paris et Londres qui n'ont pas été consultés, considèrent, indépendamment du contenu de la sentence qui est très raisonnable, qu'il s'agit d'une violation caractérisée des Accords de Munich et protestent véhémentement.

Cinq jours après, le troisième secrétaire de l'ambassade d'Allemagne à Paris, Rath, est assassiné, rue de Lille, par le jeune juif Grynspan. Puis vient, en Allemagne la nuit de représailles, du 9 au 10 novembre[212]. Les Accords de Vienne se situent sous un autre éclairage : en France, en Angleterre et aux États-Unis, l'indignation est générale et, mettant les deux choses sur le même plan, on les associe dans la même réprobation. Personne ne s'avise que l'explosion de colère qui a secoué toute l'Allemagne et les représailles sont la conséquence de l'assassinat : pas un mot de blâme à l'adresse de l'assassin, c'est à peine si on enquête sur les circonstances du crime et, tout juste, si on ne le félicite pas. Les choses sont présentées de telle sorte dans la presse qu'en peu de temps, l'opinion est persuadée que le juif Grynspan a assassiné Rath pour venger ses coreligionnaires allemands des sévices dont ils ont été victimes, de la part des nazis, dans la nuit du 9 au 10 novembre.

Le front des démocraties est moralement reconstitué contre l'Allemagne. Celui qui en prend la tête est le président Roosevelt, trop heureux d'avoir un motif de s'immiscer dans les affaires européennes dont il a été écarté par Chamberlain, et sans que celui-ci puisse protester, à peine de heurter l'opinion : le 14 novembre, fondant publiquement sa décision sur ce qui vient de se passer en Allemagne, il rappelle son ambassadeur à Berlin et annonce que l'Amérique met immédiatement à l'étude un projet de construction de dix mille avions... Déchaîné, il demande aux Américains de boycotter tous les produits allemands et fait pression sur l'Angleterre pour qu'elle renonce à sa

---

[212] Cf. supra, p. 123 sq.

politique de conciliation avec l'Allemagne. Il demande même au Congrès de modifier la loi de neutralité qu'il a votée sur sa demande en 1936 et d'y remplacer la clause *cash and carry* par le système prêt et bail : le Congrès ne le suit pas. Quant à l'Angleterre, apparemment, elle ne cède pas à la pression. En février 1939, elle n'a pas encore cédé.

Le président Roosevelt ne se décourage pas pour autant en septembre 1939, dans les documents que les Allemands ont trouvés au ministère des affaires étrangères à Varsovie, une lettre de M. Lucasiewicz, ambassadeur de Pologne à Paris, dit à la date du 7 février 1939, que M. Bulitt, ambassadeur des É.U. à Paris a regretté, devant lui, l'attitude de l'Angleterre et a, aussitôt, ajouté : « Les États-Unis disposent de moyens de pression formidables à l'égard de l'Angleterre. La seule menace de leur emploi devrait suffire à empêcher le gouvernement britannique de poursuivre sa politique de conciliation »[213]. Ce qui signifie que, si le président Roosevelt ne l'a pas fait encore, il est bien décidé à employer ces moyens.

Ce texte est à rapprocher de cette lettre que, le 12 janvier 1939, le comte Potocki, ambassadeur de Pologne à Washington, écrit au colonel Beck :

« Les excès antisémites qui ont eu lieu récemment en Allemagne ont déclenché ici une campagne anti-allemande d'une rare violence. Y ont participé divers intellectuels et financiers juifs, Bernard Baruch, le juge à la Cour suprême Frankfurter, le secrétaire d'État au Trésor Morgenthau, et d'autres qui sont personnellement liés d'amitié avec Roosevelt. Ce groupe de personnes qui occupent les plus hautes situations dans le gouvernement américain se rattache par d'indissolubles liens à l'Internationale juive. »[214]

Désormais, l'Europe est irréversiblement engagée dans la voie de la guerre. Il a suffi qu'un jeune juif assassine un secrétaire d'ambassade allemand à Paris pour que, se développant en chaîne, les événements

---

[213] *Livre blanc allemand*, n° 3, publié par le ministère des Affaires étrangères du *Reich*, après la campagne de Pologne.
[214] Id., supra, p. 128, la lettre écrite à Weizsücker par Dieckhoff, ambassadeur allemand à Washington, le 13 novembre 1938.

aboutissent à ce résultat.

En mars 1939, dans l'affaire de Tchécoslovaquie qui a rebondi, Hitler commettra d'ailleurs une seconde faute, plus grave que la première, étant donné le climat, et qui favorisera l'entreprise.

2 - *Les Tchèques violent les accords de Munich*

Les Hongrois ayant été rétrocédés à la Hongrie par les Accords de Vienne du 2 novembre, la Tchécoslovaquie telle qu'elle sortait des Accords de Munich, comprenait encore trois grands groupes ethniques : les Tchèques qui étaient 6 727 038 ; les Slovaques qui étaient 2 010 295 et les Ruthènes qui étaient 459 346, disaient les statistiques. Il avait été convenu que le nouvel État serait de type fédéral et que chacun de ses trois groupes jouirait, dans son sein, de l'autonomie interne. Les Tchèques qui sont la majorité, ne montrent aucun empressement à se plier aux conditions de Munich : le général Sirovy a l'armée bien en main et il est Ministre de l'Intérieur ; la Slovaquie et la Ruthénie sont sous administration et police tchèques.

Le 6 octobre, des diètes provisoires se sont constituées à Bratislava pour la Slovaquie et à Uzhorod (transférée à Chust après les Accords de Vienne) en Ruthénie. De ces diètes sont sortis des gouvernements provisoires à la tête desquels sont portés Mgr Tizo pour la Slovaquie et Mgr Volozin pour la Ruthénie.

Les Tchèques ont très mal accepté cela et se comportent comme si ces institutions n'existaient pas. Ils y sont encouragés par M. Bénès qui s'est réfugié à Londres le 22 octobre et qui est resté en relations avec le général Sirovy, et par M. Gottwald, chef du P.C. tchécoslovaque qui s'est réfugié à Moscou. Des tracts sur lesquels on lit : « Tenez bon ! Le jour est proche où les armées françaises, anglaises et russes viendront vous délivrer » sont distribués dans les casernes, dans la police et dans les administrations.

Finalement, Mgr Tizo et Mgr Volozin ont l'idée de résister aux autorités tchèques en s'appuyant sur la volonté populaire : ils organisent des élections qui ont lieu le 2 février 1939 en Ruthénie où

92,4% des électeurs se prononcent pour l'autonomie, et le 23 février en Slovaquie où 98% des électeurs en font autant. Mgr Volozin et Mgr Tizo détiennent ainsi les pleins pouvoirs de la volonté populaire.

Le gouvernement de Prague est d'abord surpris. Puis, le 10 mars, il révoque Mgr Tizo et constitue un nouveau gouvernement slovaque contre lequel toute la population se dresse. En Ruthénie, il envoie l'armée...

Ce fut une belle pagaille dans tout le pays et même en Bohême-Moravie, chez les Tchèques, où environ 350 000 Allemands n'avaient pu être rattachés à la mère patrie par les Accords de Munich, soit que leur densité dans les régions qu'ils habitaient ait été trop faible, soit que la position géographique de ces régions ne l'ait pas permis. Depuis six mois, ceux-là sont en butte aux mesures discriminatoires les plus vexantes de la part des Tchèques : renvoi de l'usine, privation des allocations de chômage, surveillance policière, etc. Ils jugent le moment venu de relever la tête et des incidents se multiplient sans nombre.

Dans la nuit du 13 au 14 mars, vers 1 h 30, Mgr Volozin, entouré des membres de son gouvernement, se rend chez le consul d'Allemagne à Chust et l'informe que

« l'Ukraine subcarpathique (Ruthénie) a proclamé son indépendance et qu'elle se place sous la protection du *Reich*. »

Le 14 mars à 10 heures, la diète de Bratislava mandate Mgr Tizo pour envoyer à Goering un télégramme ainsi conçu :

« Je vous prie de porter ce qui suit à la connaissance du *Führer* et Chancelier du *Reich* :
En témoignage de l'entière confiance que vous lui témoignez, l'État slovaque se place sous votre protection. Il vous prie de bien vouloir assumer, à son égard, le rôle de Protecteur. »

Par retour, Hitler accepte.

Le gouvernement de Prague n'est plus maître de la situation. Le président de la République, M. Hacha, ne sachant plus où donner de la tête, demande à être reçu par Hitler qui accepte aussitôt pour le soir même. Arrivé à Berlin, accompagné de son ministre des Affaires étrangères, M. Schwalkowski, vers 23 heures, le président Hacha est reçu par Hitler à la Chancellerie vers 1 h. le 15 mars.

Pour y apprendre que le *Führer* a déjà décidé que les troupes allemandes feraient leur entrée en Tchécoslovaquie, justement ce 15 mars à 6 heures, soit dans cinq heures et qu'elles se dirigeront sur Prague. Il espère que l'armée tchécoslovaque ne fera aucune résistance et qu'il n'y aura pas d'incidents, sans quoi...

Le président Hacha et son ministre, M. Schwalkowski, en sont tout abasourdis : ils ne comprennent pas ou feignent de ne pas comprendre que c'est leur politique qui a amené Hitler à prendre cette décision et que c'est parce qu'ils ont violé les Accords de Munich qu'à la demande des Slovaques et des Ruthènes, il l'a prise. M. André François-Poncet qui ne peut être suspect de sympathies nazies a fixé, une fois pour toutes, les responsabilités :

« Les Slovaques, conduits par Mgr Tizo, écrit-il, avaient obtenu l'autonomie dans le cadre de l'État tchécoslovaque. Mais les Tchèques refusaient de les considérer comme un État émancipé et fédéré. Il suffisait à Hitler, pour exécuter son dessein, de prendre parti pour les Slovaques. Le 13 mars 1939[215], Prague ayant prétendu révoquer les ministres slovaques à cause de leur politique séparatiste, Mgr Tizo courut à Berlin et sollicita la protection du *Führer*. »[216]

Il est donc établi qu'en tout premier lieu, les Accords de Munich ont été violés par les Tchèques, non par Hitler. Mais Hitler n'en a pas moins commis sa seconde très grave faute.

Les Accords de Munich, on le sait, étaient doublés par un Pacte anglo- allemand (30 septembre 1938) et un Pacte franco-allemand (16 novembre 1938). Tous deux disaient : « Les deux gouvernements sont décidés, compte tenu des relations qu'ils peuvent avoir avec des tierces Puissances, à rester en contact pour régler toutes les questions d'intérêt

---

[215] Erreur de François-Poncet, le 10 mars.
[216] André François-Poncet, *De Versailles à Potsdam*, Flammarion, p. 247. André François- Poncet néglige le cas des Ruthènes et ne situe le différend qu'entre Tchèques et Slovaques.

mutuel et à se consulter au cas où l'évolution ultérieure de ces questions serait de nature à entraîner des complications internationales. » Or, s'il était une question « de nature à entraîner des complications internationales », c'était bien celle-là : Hitler était donc tenu par ses propres engagements de consulter la France et l'Angleterre.

Dès qu'il s'aperçut que la violation des Accords de Munich était téléguidée de Londres par Bénès et de Moscou par Gottwald, il devait saisir la France et l'Angleterre de l'affaire. Et dès que les Slovaques et les Ruthènes se placèrent sous sa protection, il devait leur faire remarquer que c'était sous celle des garants de Munich, non sous la sienne seulement qu'ils devaient se placer. On ne sait pas ce qu'il en serait advenu : une conférence des quatre Puissances de Munich auxquelles eussent été invitées la Pologne et la Hongrie intéressées par la Ruthénie ? De toutes façons, il eût été bien difficile aux Puissances occidentales de laisser s'éterniser cette situation et de ne pas prendre en considération les doléances de Hitler, des Slovaques et des Ruthènes, sans perdre la face devant l'opinion mondiale. Hitler fût apparu comme respectant ses engagements et désireux de consolider le Pacte à quatre, de collaborer avec les Puissances occidentales, de réparer la faute qu'il avait commise lors des Accords de Vienne (2 novembre 1938) et — qui sait ? — peut-être eût-il réussi à renverser le climat créé par le crime de Grynspan et les représailles qui suivirent en Allemagne.

Au lieu de cela, il agit seul et, de sa propre autorité, régla le problème à sa manière : les troupes allemandes entrèrent en Tchécoslovaquie le 15 mars à 6 heures du matin, occupèrent Prague et tout le pays dans la journée ; la Slovaquie fut érigée en État indépendant sous la protection du *Reich* ; la Ruthénie fut donnée à la Hongrie qui l'occupa aussitôt (si les Polonais ne l'obtenaient pas, du moins avaient-ils, avec la Hongrie, la frontière commune qu'ils réclamaient) ; le président Hacha et M. Shwalkowski avaient, au préalable, été contraints de déclarer qu'ils avaient, d'eux- mêmes, conseillé cette solution et « placé le peuple et le territoire tchèques sous la protection du *Reich* allemand » ; la Bohême-Moravie fut dotée d'un « *Staathalter* » (protecteur) en résidence à Prague (M. von Neurath) et les troupes allemandes ne la quittèrent plus.

En Angleterre, en France et aux États-Unis, ce fut un beau tollé d'articles indignés dans la presse : les représailles déclenchées en Allemagne dans la nuit du 9 au 10 novembre par le crime de Grynspan y furent associées à l'anéantissement de la Tchécoslovaquie par Hitler et rebondirent sur le devant de la scène. Dans le climat d'hostilité à l'Allemagne ainsi recréé, l'équipe Mandel-Reynaud et Léon Blum en France, Churchil-Eden, Duff Cooper et les travaillistes en Angleterre, l'entourage juif de Roosevelt et Roosevelt lui-même, aux États-Unis, reprirent du poil de la bête.

Tout d'abord, le 15 mars, le bon vieux Chamberlain se borne à déclarer, devant la Chambre des Communes :

« En proclamant son indépendance, la Slovaquie a provoqué l'effondrement intérieur de la République tchécoslovaque. De ce fait, la situation qui nous avait amenés à donner notre garantie aux frontières de cet État — situation que nous avions toujours considérée comme temporaire — a cessé d'exister. En conséquence, le gouvernement de sa Majesté ne se sent plus lié par cette obligation. Je déplore profondément ce qui vient de se passer, mais ce n'est pas une raison pour nous écarter de la route que nous avons suivie jusqu'ici. N'oublions pas que l'esprit de tous les peuples du monde reste toujours tourné vers les espoirs de Paix. »

Mais ce qui vient de se passer en Europe centrale a provoqué de profonds remous dans la majorité de M. Chamberlain. Lord Halifax lui-même, son plus fidèle et son plus sûr soutien dans le combat qu'il a mené en septembre, a changé de camp : il vient le prévenir que cette déclaration a fait une impression déplorable à la Chambre des communes et que, s'il ne veut pas que le gouvernement y soit renversé, il lui faut immédiatement se mettre à l'unisson de la réprobation générale. Alors, fortement impressionné par lord Halifax, le 17 septembre, il prononce, à Birmingham, un discours d'un tout autre sens. On y entend :

« À qui fera-t-on croire, en dehors de l'Allemagne, que la petite Tchécoslovaquie pouvait représenter un danger pour son puissant voisin ?... L'Allemagne nous a ménagé, ses temps derniers, une succession de surprises : l'occupation de la Rhénanie, l'*Anschluss* de l'Autriche, l'incorporation des Sudètes, qui ont dressé contre elle l'opinion du monde entier. Mais, même si les méthodes employées ont paru répréhensibles, certains arguments plaidaient en faveur de ces changements... Cependant les choses qui se sont passées cette semaine — au mépris total des principes que le *Reich*, lui-même, avait constamment invoqués — appartiennent à une autre catégorie et nous amènent à nous demander : est-ce la fin d'une vieille aventure ou le début d'une nouvelle ? Est-ce la dernière agression contre un petit État, ou d'autres vont-elles suivre ? Est-ce le premier pas vers la domination du monde par la force ?... Parce que nous considérons la guerre comme un fléau absurde et cruel, il ne faudrait pas en déduire que nous sommes émasculés au point de ne pas lutter, jusqu'à notre dernier souffle, contre une provocation de ce genre si elle devait se reproduire... Je sais pouvoir compter sur l'appui de toute la nation lorsque j'affirme que, si nous plaçons la Paix très haut, nous plaçons la Liberté plus haut encore. »[217]

C'est le glas de la politique de conciliation de l'Angleterre.

De Paris, le 17 septembre, M. Georges Bonnet, envoie à M. Coulondre, ambassadeur de France à Berlin (en remplacement de M. François-Poncet envoyé à Rome au lendemain des Accords de Munich) avec prière de communiquer au ministre des affaires étrangères du *Reich*, une note où l'on peut lire :

« Le gouvernement de la République considère qu'il se trouve placé, du fait de l'action dirigée par le gouvernement du *Reich*, contre la Tchécoslovaquie, en face d'une violation flagrante de la lettre et de l'esprit des accords signés à Munich le 29 septembre 1938. »

Les circonstances dans lesquelles l'accord du 15 mars a été imposé aux dirigeants de la République tchécoslovaque ne sauraient consacrer, en droit, aux yeux du gouvernement de la République, l'état de fait enregistré par cet accord.

L'Ambassadeur de France a l'honneur de faire savoir à son

---

[217] Extrait, comme la déclaration précédente de M. Chamberlain, du *Livre Bleu britannique*. Les deux déclarations sont plus complètement citées par Benoist-Méchin, *Histoire de l'Armée allemande*, op. cit., t. VI, p. 77 sq.

Excellence M. le Ministre des affaires étrangères du *Reich*, que le gouvernement de la République ne peut reconnaître, dans ces conditions, la légitimité de la situation nouvelle créée en Tchécoslovaquie par l'action du *Reich*. »[218]

Puis sans perdre un instant, il convoque M. Sourits, ambassadeur de l'U.R.S.S. à Paris pour lui dire que « le moment paraît opportun pour que Paris et Moscou se concertent et soient prêts à résister ensemble à toute nouvelle tentative d'agression de Hitler »[219]. Car M. Bonnet, peu suspect de sympathie pour le bolchevisme, en est lui-même arrivé à l'appeler au secours... C'est dire à quel point les hommes de ce temps-là, et jusqu'aux plus clairvoyants, étaient désorientés.

De Londres, lord Halifax donne les mêmes consignes à sir Nevile Henderson, ambassadeur d'Angleterre à Berlin.

À la Maison Blanche, dès le 16 mars, le département d'État publie le communiqué suivant :

« Le gouvernement des États-Unis, qui se fonde sur les principes de la liberté humaine et de la démocratie, ne peut s'abstenir de faire savoir qu'il condamne, de la façon la plus formelle, les événements qui ont abouti, ces jours derniers, à l'abolition des libertés d'une nation indépendante avec laquelle le peuple des États-Unis a entretenu des relations particulièrement étroites et amicales depuis la fondation de la Tchécoslovaquie. De tels actes, caractérisés par un usage arbitraire de la violence, menacent la paix du monde et les fondements de la civilisation. »[220]

Le chargé d'affaires allemand à Washington ayant informé, le même jour, le département d'État de l'instauration du protectorat de Bohême-Moravie se voit répondre, le 20 mars, par M. Cordell Hull :

« Le gouvernement des États-Unis a pris connaissance du fait que les territoires de la Bohême et de la Moravie sont placés *de facto* sous administration allemande. Le gouvernement des États-Unis ne

---

[218] *Livre Jaune français*, 17 mars 1938, n° 76, p. 99.
[219] Georges Bonnet, *La Défense de la Paix*, t. II, p. 154.
[220] *United States Foreign Policy* (Peace and War), 1943, n° 126.

reconnaît aucun fondement légal au statut en question. »[221]

Naturellement, le gouvernement allemand rejette cette argumentation comme non fondée.

Le dispositif de guerre qui se mettait progressivement en place, sur le plan psychologique, en se greffant sur le malheureux sort des juifs allemands, — qu'il eût été facile de faire immigrer dans les pays démocratiques comme le proposait Hitler[222] — l'était, dorénavant, sur le plan diplomatique.

Le 18 mars, M. Cordell Hull déclare au prince de Ligne envoyé spécial du gouvernement belge à Washington :

« Si une guerre éclate à vos frontières, dites-vous bien que nous interviendrons. Je ne puis vous dire si ce sera au bout de trois jours, trois semaines ou trois mois, mais nous interviendrons. »[223]

Il ne manque plus qu'un prétexte.

Et c'est alors que se pose le problème polonais.

3 - *Le revirement polonais*

Jusqu'ici, Allemands et Polonais s'entendaient très bien. Il y avait entre eux un pacte de non-agression et de consultation mutuelle datant du 26 janvier 1934, qui fonctionnait à merveille, et leurs relations étaient des plus cordiales.

C'est encore M. André François-Poncet qui nous le dit :

« Le colonel Beck est devenu un familier de Goering et celui-ci, chaque année, est invité à aller chasser dans les forêts polonaises. Au cours de ces cordiales rencontres, on a parlé, naturellement, de la question de Dantzig et du Corridor, qu'il faudra bien résoudre un jour, dans l'intérêt des bonnes relations entre les deux pays, et le colonel

---

[221] Id., n° 127.
[222] Cf. supra, p. 121 sq.
[223] *Livre Blanc allemand* publié après l'invasion de la Pologne en 1940 et qui reproduit les documents trouvés au Ministère de l'Intérieur à Bruxelles, III, n° 20.

Beck a donné à entendre que la Pologne ne refuserait pas de rendre Dantzig au *Reich*, pourvu qu'elle y conservât des privilèges économiques, et qu'elle s'accommoderait également de la création, à travers le Corridor, d'un couloir ex territorialisé, par lequel passeraient une autostrade et une voie ferrée qui feraient communiquer directement la Prusse occidentale avec la Prusse orientale[224]. »

Le 20 septembre 1938, M. Lipski, ambassadeur de Pologne à Berlin, est venu répéter ces choses à Hitler en lui demandant, pour plus de sécurité, s'il ne voyait toujours aucun inconvénient à ce que la Pologne profite de la crise des Sudètes pour récupérer le territoire de Teschen. Et le 24, il les a répétées à Ribbentrop. C'est donc tout ce qu'à l'époque, revendiquait Hitler et, ne pensant pas que le colonel changerait d'opinion, il était sincère lorsqu'il disait à Chamberlain que « les Sudètes étaient la dernière revendication territoriale qu'il ait à formuler en Europe. »

Sa position à l'égard de la Pologne est, par ailleurs, fort connue : il pense que, vouloir l'incorporer au *Reich* serait une absurdité, qu'elle doit subsister comme état-tampon entre l'Allemagne et la Russie, qu'elle n'est pas un État artificiel, que sa personnalité a résisté à trois partages au cours de l'histoire, que les problèmes de Dantzig et du Corridor devront, certes, être réglés un jour, mais que cela doit se faire à l'amiable. Sur ce dernier point, il nourrit l'espoir de pouvoir donner à la Pologne, une partie de l'Ukraine sous joug bolchevique, en compensation d'un arrangement bilatéral qui ne compromettrait en rien son développement économique. Tout cela, il l'a écrit dans *Mein Kampf* et il l'a répété à Karl Burckhardt, haut-commissaire de la S.D.N. à Dantzig[225].

Les deux parties sont donc d'accord.

Mais, lorsque le 21 mars, Ribbentrop propose à M. Lipski d'engager des conversations diplomatiques dans le dessein d'officialiser cet accord, celui-ci part pour Varsovie et en revient le 26 avec une réponse négative. Au surplus, comme pour donner tout son sens à cette réponse

---

[224] André François-Poncet, *De Versailles à Postdam*, op. cit., p. 249.
[225] *Ma Mission à Dantzig* par Karl Burckhardt.

négative, le 24 mars, Moltke, ambassadeur d'Allemagne à Varsovie, avertissait Berlin que des bruits alarmistes couraient relativement aux intentions de l'Allemagne à l'égard de la Pologne et, le lendemain 25, l'amiral Canaris signalait la mobilisation de trois classes de réservistes et des concentrations de troupes polonaises autour de Dantzig.

Que s'était-il donc passé ?

Ici se place une des plus sombres machinations de l'histoire. M. Tiléa, ambassadeur de Roumanie à Londres, a été chargé par son gouvernement de négocier avec l'Angleterre un emprunt de dix millions de livres sterling. C'est une tête folle et il ne sait pas comment s'y prendre. Des négociations se déroulent justement à Bucarest entre l'Allemagne et la Roumanie. Alors, le 16 mars, profitant de l'affolement général provoqué par l'invasion de la Tchécoslovaquie par l'Allemagne, il se présente à Downing Street pour informer le *Foreign Office*, bien que, précise-t-il, il n'en soit pas chargé par son gouvernement, que la délégation allemande a posé à la délégation roumaine des conditions telles et sur un ton si impératif qu'elles équivalent à un véritable ultimatum : il demande si, en cas d'agression de la part de l'Allemagne, l'Angleterre serait disposée à consentir à la Roumanie un prêt de dix millions de livres sterling pour lui permettre d'acheter des armes ailleurs qu'en Allemagne.

C'était idiot : l'Allemagne et la Roumanie, non seulement n'avaient pas de frontière commune, mais étaient séparées l'une de l'autre par plus de 400 kilomètres.

Lord Halifax, pourtant, prend l'affaire au sérieux : il sait à quel point la *City* qui a des participations majoritaires dans les pétroles roumains est sensible à tout ce qui se passe du côté de Bucarest et que, sur un tel thème, il lui serait facile d'alerter l'opinion anglaise.

Pour plus de sûreté, le 17 mars, il demande à M. Tiléa de venir lui confirmer ce qu'il a dit la veille : M. Tiléa confirme.

Le lendemain, 18 mars, le *Times* et le *Daily Telegraph* annoncent la nouvelle. On a dit que c'était sir Robert Vansittart qui, pour mettre de l'huile sur le feu, l'avait communiquée avec prière de la répandre, à leurs rédacteurs diplomatiques, MM. Mac Donald et Gordon Lennox. C'est possible, mais ce peut aussi bien être lord Halifax. De toutes façons, quelqu'un la leur a communiquée.

À Bucarest où elle fait sensation, M. Gafenco, ministre des Affaires étrangères dément officiellement :

« Les conversations germano-roumaines se poursuivent d'une façon absolument normale. Les nouvelles concernant un ultimatum allemand sont dénuées de tout fondement. De pareilles allégations sont simplement ridicules. »[226]

Sir Reginald Hoare, ambassadeur de Grande-Bretagne à Bucarest dément aussi[227]. M. Günther, ambassadeur des États-Unis télégraphie à M. Cordell Hull que « M. Gafenco est furieux » et que n'était « la crainte de déplaire à lord Halifax, il rappellerait volontiers M. Tilea qu'il a sévèrement réprimandé[228] ». À Paris, M. Georges Bonnet convoque M. Tataresco, ambassadeur de Roumanie qui lui dit que « les conversations germano-roumaines ont abouti à un accord commercial dont la signature est prochaine » et qu'il n'y a jamais eu d'ultimatum, tout au plus un petit accrochage au début[229].

Cette cascade de démentis n'est pas communiquée à la presse : les journaux du soir à Londres, ceux du lendemain matin, en France et aux États-Unis annoncent que « l'entrée des troupes allemandes en Roumanie est imminente ». Ils annoncent même, sur la foi d'une dépêche de M. Thierry, Ambassadeur de France à Bucarest, à M. Georges Bonnet que « la Roumanie qui s'attend d'un moment à l'autre à être envahie par la Wehrmacht est en train de mobiliser »[230]. Du lecteur moyen de *Paris-Soir*, du *Times*, du *Daily Telegraph* et du *New York Herald Tribune* au plus informé des hommes politiques, personne ne connaissant la géographie, tout le monde y croit.

M. Georges Bonnet écrit qu'il « a seulement reçu, en 1944, de M. Gafenco, l'assurance qu'il n'y a aucun ultimatum allemand à Bucarest ».

---

[226] *Documents on British Foreign Policy*, vol. IV, n, 399.
[227] Id., n° 397.
[228] *Foreign Relations of the United States*, 1939, vol. 1, p. 7409.
[229] Georges Bonnet, *La Défense de la Paix*, vol. II, p. 154.
[230] Id., p. 156-157.

On a tout de même peine à croire qu'il n'ait pas eu connaissance, en tant que ministre des Affaires étrangères, du démenti officiel de M. Gafenco, le 18 mars 1939[231].

Le soir même, sir Erich Phipps vient voir M. Daladier à la Chambre des députés et demande à lui parler de toute urgence. On ne sait pas ce que les deux hommes se sont dit, mais M. Daladier convoque ses ministres sur le champ et les informe que « la Grande-Bretagne a décidé de garantir les frontières de la Roumanie » puis leur explique les raisons qui la déterminent : « Le jour où l'Allemagne serait maîtresse des pétroles roumains, elle pourrait faire la guerre à l'Europe tout entière, car elle serait certaine de pouvoir tenir pendant des années »[232].

Le Conseil décide de s'aligner sur l'attitude anglaise. Ce n'était pas vrai : la Grande-Bretagne n'a jamais garanti les frontières roumaines, la Roumanie ne le lui a jamais demandé et, d'autre part, le Conseil des Ministres anglais, qui discuta de la question ne se réunit que le lendemain 19 mars.

À ce conseil, lord Halifax a pris acte de « la faillite de la politique de conciliation, enterrée à Prague », déclaré qu'il ne « devrait pas y avoir de Munich polonais » (alors que rien ne disait encore que la Pologne était menacée) qu'il fallait, maintenant, « prendre des engagements à l'Est et garantir les frontières de la Pologne et de la Roumanie, fût-ce en s'inspirant du projet de Grande Alliance de Churchill ». Le Conseil adopte ce point de vue.

Sans perdre de temps, lord Halifax envoie une note aux gouvernements de Paris, de Varsovie et de Moscou — pas à Bucarest : il sait sa supercherie et le sort que lui ferait le gouvernement roumain — pour les inviter « à se consulter sur les mesures à prendre, au cas où une nouvelle action serait entreprise contre l'indépendance politique d'un État européen »[233]. La veille, M. Litvinov a prononcé, à Moscou, un discours dans lequel il a préconisé « une conférence européenne qui réunirait la Grande-Bretagne, la France, la Russie, la Pologne, la

---

[231] Cf. ce télégramme, supra, p. 258.
[232] Georges Bonnet, *La Défense de la Paix*, vol. II, p. 165.
[233] W.L. Shirer, *Le IIIe Reich, Des Origines à la Chute*, vol. 1, p. 497.

Roumanie et la Turquie »[234].

Le lendemain 20 mars, lord Halifax déclare à la Chambre des lords que

> « le gouvernement de Sa Majesté, tirant la leçon des événements et décidé à barrer la route à des projets ambitieux de domination universelle, est entré en consultation avec plusieurs gouvernements, pour leur proposer de conclure un pacte en vertu duquel ils opposeront une résistance commune à toute nouvelle menace contre un pays européen »[235].

Le 21 mars, MM. Albert Lebrun, président de la République française et son ministre des Affaires étrangères, Georges Bonnet arrivent en visite officielle à Londres : lord Halifax leur présente son plan et M. Georges Bonnet qui en a présenté un, à peu près semblable, dès le 16 mars, à M. Souritz, ambassadeur d'U.R.S.S. à Paris ne peut qu'acquiescer. Il est curieux de constater à quel point l'accord est unanime pour réintroduire dans les affaires d'Europe l'U.R.S.S., qui en avait été écartée à Munich.

En Pologne, pourtant, on n'est pas d'accord. Au reçu de la note de lord Halifax, le colonel Beck a réuni son Conseil des ministres et tous ont été unanimes à déclarer que s'il n'y avait aucun inconvénient à entamer, avec l'Angleterre, des conversations qui pourraient conduire à un pacte analogue à celui que la Pologne a signé avec la France en 1921, en entamer dans le même but avec la Russie n'était pas concevable en raison des relations tendues qui existaient entre la Pologne et la Russie, d'une part et, de l'autre, parce que ce serait provoquer la colère de l'Allemagne qui pourrait donner, par représailles, un autre ton aux conversations qui allaient incessamment s'engager avec elle au sujet de Dantzig et du Corridor. Au cours d'une entrevue qu'il a eue avec Beck, à Berchtesgaden le 5 janvier précédent, Hitler lui a dit que, bientôt il faudrait songer à régler ce problème et, à l'approche de l'échéance, Beck a eu un mouvement de recul.

---

[234] *Documents on British Foreign Policy*, vol. 14.
[235] *Livre Bleu britannique*.

C'est dire que la garantie anglaise lui arrive fort à propos et il voit tout de suite les avantages qu'il peut en tirer : échapper aux conversations. Aussi, le 24 mars, charge-t-il M. Raczinsky, son ambassadeur à Londres, de dire à lord Halifax :

« Étant donné le cours rapide des événements et la perte de temps qu'entraînera inévitablement une négociation multilatérale, le gouvernement anglais ne pourrait-il envisager de parer au plus pressé en passant, sans délai, un pacte bilatéral avec la Pologne ? »[236]

Lord Halifax craint bien d'indisposer la Russie, mais poussé par Chamberlain qui ne met aucun empressement à se rapprocher de la Russie, il accepte.

Et, le 26 mars, M. Lipski, ambassadeur de Pologne à Berlin, qui est à Varsovie depuis le 21, repart pour Berlin avec une réponse négative...

Telle est l'explication du revirement du colonel Beck. Le temps d'échanger les signatures.

Le 31 mars, M. Chamberlain annonce à la Chambre des communes :

« Dans le cas d'une action quelconque, mettant nettement en danger l'indépendance polonaise et à laquelle le gouvernement polonais estimerait de son intérêt vital de résister avec ses forces nationales, le gouvernement de Sa Majesté se considérerait comme tenu de secourir immédiatement, par tous les moyens, le gouvernement polonais. »[237]

Le 6 avril, le colonel Beck était à Londres et l'accord était rendu public par un communiqué officiel...

Hitler tente, néanmoins mais sans grandes illusions, encore quelques démarches auprès du colonel Beck puis, le 28 avril, convaincu qu'il perd son temps, il prononce au Reichstag, un discours par lequel il dénonce, à la fois le Traité germano-polonais du 26 janvier 1934 et le Pacte naval anglo-allemand du 18 juin 1935.

Dans le même discours, il répond à une intervention des plus maladroites que le président Roosevelt a faite auprès de lui et de

---

[236] Grégoire Gafenco, *Derniers jour de l'Europe*, p. 58.
[237] *Documents on British Foreign Policy*, vol. IV, n° 417.

Mussolini le 14 avril, et qu'il a très mal prise.

Qu'a donc écrit le président Roosevelt à Hitler et à Mussolini ?

D'abord, la fin de non-recevoir opposée par l'Allemagne aux protestations des Anglais et des Français contre le démembrement de la Tchécoslovaquie a déchaîné sa colère. Ensuite, le 7 avril, Mussolini a envahi l'Albanie et en a offert la couronne au roi d'Italie : alors il ne se contient plus.

L'Albanie est un pays très pauvre : un pays de pâtres qui ne présente aucun intérêt économique. Mais c'est une position stratégique d'où l'on peut imposer sa volonté à la Yougoslavie, à la Bulgarie et à la Grèce. Qui tient l'Albanie tient les Balkans. Le roi Zog qui préside à ses destinées est une sorte de gangster qui, disait-on jusque-là, dans les journaux de gauche « s'était frayé une voie jusqu'au trône par un judicieux dosage de corruption, d'intrigues et d'assassinats ». Dès que l'arrivée des troupes italiennes lui est signalée, il s'enfuit en Grèce avec sa femme, la reine Géraldine. Les envahisseurs sont accueillis à bras ouverts par la population albanaise qui sait leur devoir ses routes, ses rares chemins de fer et ses rares industries. Le départ du roi Zog n'est pas considéré comme une perte par ses anciens sujets, au contraire.

Mais ce ne sont pas des mœurs. Mussolini a chassé un gangster et s'est approprié un pays par des méthodes de gangster.

Pie XII qui a été élu le 2 mars prononce sa première homélie pontificale, *Quoniam Paschalia*, le jour de Pâques et s'y dit « très préoccupé des dangers que font courir à l'Europe, le chômage, la misère, le manque de fidélité aux engagements souscrits, le mépris, dans certains pays, des droits imprescriptibles de la dignité humaine »[238]. C'est une intervention sur le plan moral. Tout le monde comprend que ces paroles sont prononcées à l'intention de Hitler et de Mussolini et, plus particulièrement des événements récents de Tchécoslovaquie et d'Albanie. Hitler et Mussolini ne s'y sont pas trompés.

Sur le plan diplomatique, la Yougoslavie n'a pas bronché. La Bulgarie et la Turquie non plus. La France et l'Angleterre n'ont protesté que pour la forme et dans des termes tels qu'ils ne compromettent pas

---

[238] *Acta Apostolicae Sedis*, XXXI, p. 145.

les espoirs qu'elles ont de détacher Mussolini de Hitler. Seuls les Russes et le président Roosevelt fulminent.

Si la lettre du président Roosevelt avait été une protestation contre ce qui venait de se passer en Tchécoslovaquie et en Albanie, on eût compris qu'il ne s'adressât qu'à Hitler et à Mussolini. Mais elle ne faisait état que « de rumeurs que nous espérons infondées et selon lesquelles de nouvelles agressions se prépareraient contre d'autres nations indépendantes ». Dans ce cas, « ne s'adresser qu'à deux seulement des parties en litige, dit Mgr Giovanetti de l'initiative du président Roosevelt, semblait vouloir les mettre à priori sur le banc des accusés »[239]. D'autant qu'il leur posait carrément la question et à eux seuls : « Êtes-vous disposés à me donner l'assurance que vos armées n'attaqueront ni les territoires, ni les possessions des nations énumérées ci-après ? » Et il en énumérait trente et une. En terminant, il formulait « l'espoir qu'une telle assurance pourrait représenter dix ans et même, peut-être, un quart de siècle de paix » et, en cas de réponse affirmative, il promettait « la participation américaine à des discussions à l'échelle mondiale, visant à soulager le monde du fardeau écrasant des armements »[240].

Plus qu'une entorse aux usages diplomatiques, c'était une grossièreté, sinon une provocation.

Depuis que j'ai lu M. Robert E. Sherwood qui fut un des familiers de Roosevelt, je n'ai plus de doute à ce sujet. M. Robert E. Sherwood prétend, en effet, que la pensée profonde du président était « que la frontière des États-Unis se trouvait sur le Rhin[241] » et que ce qu'il « redoutait le plus, on peut en être assuré, c'étaient des négociations de paix, un nouveau Munich »[242].

Mussolini était en conférence à Rome avec Goering et Ciano, quand cette lettre lui fut remise et c'est alors qu'il prononça son célèbre diagnostic : « Effet de la paralysie progressive... » à quoi Goering

---

[239] Mgr Giovanetti, *Le Vatican et la Paix*, Ed. Fleurus, p. 51.
[240] *Foreign Relations of the United States*, 1932, vol. 1, p. 129.
[241] Robert E. Sherwood, *Mémorial de Roosevelt d'après les papiers de Henry Hopkins*, Plon, 1, p. 32.
[242] Id., 1, p. 33.

répondit en écho : « Début de maladie mentale. »[243]

La réaction de Hitler fut cinglante.

Le 17 avril, il fit poser à tous les États cités par Roosevelt (à l'exception de la Pologne, naturellement, de la France, de la Russie et de la Grande-Bretagne dont il connaissait les intentions maintes fois réitérées publiquement) la double question suivante par Ribbentrop : avaient-ils l'impression d'être menacés par l'Allemagne et avaient-ils chargé Roosevelt de faire cette proposition dans cette forme ? À l'unanimité, les vingt-sept États interpellés répondirent par un double non. C'était, pour lui, un succès diplomatique sans précédent, que, dans son discours — d'une « rare éloquence » a dit W.L. Shirer — du 28 avril au Reichstag il exploita remarquablement en donnant, une à une, lecture des vingt-sept réponses au milieu des rires, sous des tonnerres d'applaudissements, et en renouvelant ses propositions de conférence internationale pour réviser le Traité de Versailles dans ce qui en subsistait encore. Le président Roosevelt ayant, dans sa lettre, justifié sa démarche dans la forme « la possibilité d'un conflit constitue un souci sérieux pour le peuple américain au nom duquel je parle », Hitler porta les rires et les applaudissements au délire en s'écriant ironique :

« Je déclare solennellement, que toutes les allégations répandues d'une façon quelconque au sujet d'une attaque ou d'une intervention projetée par l'Allemagne contre ou dans un territoire américain ne sont que lourde imposture ou grossiers mensonges.

Sans compter que toutes ces allégations ne peuvent, d'ailleurs, du point de vue militaire, que sortir de l'imagination d'un fou. »[244]

En France, en Angleterre et en Pologne, où les réactions n'étaient plus commandées que par la passion, on applaudit chaleureusement à l'initiative du président Roosevelt. En Russie, on ne dit rien : on ne pouvait pas l'approuver parce qu'elle était, diplomatiquement insoutenable, et on ne pouvait pas non plus la blâmer parce que l'heure n'avait pas encore sonné de révéler au monde les pourparlers renoués,

---

[243] *Journal du comte Ciano*, Cheval Ailé à la date du 16-4-1939.
[244] Adolf Hitler, *Discours du 28 avril 1939 au 4 mai 1941*, Denoël, Paris, p. 37.

depuis le 3 octobre 1938, entre l'Allemagne et la Russie, et qui devaient aboutir au Pacte germano-soviétique du 23 août suivant. Partout ailleurs et surtout dans les États cités par le président Roosevelt dans sa lettre, il se trouva enseveli dans un grand linceul de ridicule et de réprobation.

Effet quasi immédiat : le 6 mai 1939, Ribbentrop est en visite à Milan. La ville a été choisie par Mussolini pour une rencontre italo-allemande parce que la presse étrangère a évoqué, à plusieurs reprises, l'atmosphère anti-allemande de la capitale lombarde et pour prouver qu'il n'en est rien.

Après les premiers échanges de vues avec le comte Ciano, les deux ministres dînent à l'Hôtel Continental, le comte Ciano reçoit de Mussolini un coup de téléphone lui ordonnant de profiter de l'occasion pour solliciter de Ribbentrop la signature d'une alliance militaire avec l'Allemagne[245]. Entre les deux pays, les pourparlers sur une telle alliance n'ont jamais été engagés. Un an auparavant, lors de la visite de Hitler à Rome, au lendemain de l'*Anschluss* (3-10 mai 1938) Ribbentrop l'avait proposée au comte Ciano qui avait décliné l'offre au nom de Mussolini. Cette fois, c'était décidé : la lettre du président Roosevelt avait eu pour effet de rejeter vers Hitler, Mussolini que l'Angleterre et la France cherchaient à en détacher (visite de Chamberlain et lord Halifax à Rome, le 11 janvier 1939 ; mission de Paul Baudoin auprès de Mussolini, le 2 février 1939).

Le Pacte d'acier qui concrétise cette alliance militaire est signé à Berlin le 22 mai 1939. Son article 3 dit que « l'Allemagne et l'Italie s'engagent à se soutenir sans paix séparée, ni armistice, en cas de complications guerrières avec une ou plusieurs puissances, et ce, immédiatement, avec toutes leurs forces militaires ». Une seule restriction : la consultation réciproque des deux parties au préalable[246].

C'est seulement le 30 mai que Mussolini envoie à Hitler un message confidentiel ainsi conçu :

---

[245] Max Gallo, *L'Italie de Mussolini*, Librairie Académique Perrin, Paris, 1964, p. 375.
[246] *Archives diplomatiques italiennes.*

« Les deux Puissances européennes de l'Axe ont besoin d'une période de paix qui devrait s'étendre au moins sur trois ans. C'est seulement à partir de 1943 qu'un effort de guerre aura plus de chances de mener à la victoire. L'Italie fasciste, bien que convaincue que la guerre est inévitable, ne désire pas précipiter les événements. Elle peut mobiliser, proportionnellement, plus d'hommes que l'Allemagne, mais l'abondance de ses effectifs se trouve limitée, dans ses effets, par la déficience de son matériel. »[247]

Autrement dit, l'Italie ne sera prête à faire la guerre qu'en 1943 : c'est un frein. Mais dans sa conférence à ses chefs militaires du 5 mai 1937 (Document Hossbach) Hitler ne la prévoit pas non plus avant cette date.

À la fin de ce mois de mai 1939, la situation est donc la suivante : Hitler a rompu avec la Pologne et l'Angleterre (dénonciation du Pacte naval anglo-allemand du 18 juin 1935 et du Pacte germano-polonais du 26 janvier 1934) ; le 18 décembre 1938, Mussolini avait dénoncé le Traité franco-italien du 8 janvier 1935[248]), et, entre les deux dictateurs, le Pacte d'acier venait d'être conclu. D'un côté Hitler maintenant sûr du soutien de Mussolini et, étant donné l'évolution des pourparlers germano-russes en cours depuis le 3 octobre 1938, à peu près assuré de la neutralité de Staline ; de l'autre l'Angleterre et la France avec leur nouvelle alliée la Pologne assurées du soutien du président Roosevelt et du formidable potentiel américain, misant également sur Staline.

Compte tenu du tour que la lettre du président Roosevelt à Hitler et Mussolini avait donné à la discussion, il n'y avait plus guère de chances

---

[247] Id.
[248] Signé par Pierre Laval. La rupture est intervenue à la suite d'un incident qui avait eu lieu à la Chambre des députés italienne, en présence de M. François-Poncet, nouvel ambassadeur de France en Italie, le 30 novembre 1938 les députés s'étaient levés pendant un discours de Ciano, en criant « À nous Tunis, Djibouti, la Corse, Nice ! » À la suite des remontrances de la France, ses relations avec l'Italie s'étaient envenimées et, finalement, le Duce, non la France, avait dénoncé ce traité qui prévoyait un statut spécial des Italiens de Tunis, de Djibouti et de l'Afrique du Nord ; il enregistrait en outre la renonciation définitive de l'Italie à ses prétentions sur la Corse et Nice. En dénonçant ce traité, c'était sur ces dispositions concernant Tunis, Djibouti, la Corse et Nice que le Duce revenait et c'étaient les revendications de l'Italie sur ces régions qu'il reprenait.

d'un nouveau Munich : les vœux du président Roosevelt, d'après Robert E. Sherwood, étaient comblés — si c'était là le but qu'il poursuivait, il l'avait pleinement atteint.

La situation était devenue explosive.

4 - *Intervention de Pie XII*

Dans cette atmosphère de passions déchaînées, un homme pourtant, gardait tout son sang-froid et ne désespérait pas de la Paix : le Pape Pie XII.

La pensée profonde du président Roosevelt, selon laquelle « ce qu'il redoutait le plus était un nouveau Munich » n'ayant été révélée qu'après la guerre[249] sans doute Pie XII ne lui prête-t-il aucune intention machiavélique et ne considère-t-il pas son intervention dans le débat comme une provocation. Comme une maladresse, sûrement. Non seulement parce qu'il n'avait adressé sa lettre qu'à Hitler et à Mussolini en accusateur, mais encore parce que ses projets de conférence internationale étaient si vastes qu'ils mêlaient tous les problèmes du monde au problème européen dans lequel ils le noyaient. Et surtout, parce qu'ils étaient dominés par des soucis idéologiques (*Discours de la Quarantaine*) qui n'avaient rien à voir avec les problèmes de la Guerre et de la Paix.

Diplomate de carrière, il savait qu'il fallait sérier les questions. Et il savait aussi que c'était en Europe que se situaient les risques de guerre. D'où l'idée qui lui était venue de régler d'abord, tous les litiges européens entre Européens. Le discours prononcé par Hitler, le 28 avril, en réponse à Roosevelt l'avait, d'autre part, convaincu qu'il y avait urgence. Enfin, Père spirituel et chef de cinq cents millions d'hommes, il croyait à la fois qu'il était placé pour intervenir et qu'il en avait le devoir. Non comme le président Roosevelt, dans la crainte, mais en faveur d'un nouveau Münich, seul susceptible de protéger le monde contre une catastrophe qui signifiait, à ses yeux, la fin de la chrétienté

---

[249] Cf. supra, p. 219.

et de la civilisation.

Les États européens qui avaient, entre eux, des litiges à régler étaient au nombre de cinq : l'Angleterre, la France, l'Italie, l'Allemagne et la Pologne. L'Allemagne avec la Pologne, bien entendu ; l'Italie avec la France (revendications italiennes en Afrique du Nord, à Djibouti, en Corse et même à Nice) ; l'Angleterre avec l'Allemagne (dénonciation du Pacte naval de 1935, garantie donnée à la Pologne) et l'Italie (Canal de Suez) ; la France avec l'Allemagne (protestations contre sa politique en Europe centrale, garantie polonaise). L'Italie et l'Allemagne n'appartenaient plus à la S.D.N. ce qui excluait le règlement général par la S.D.N. puisqu'il l'eût supposé en dehors d'elles. Il ne restait donc que le règlement par une Conférence entre les cinq États.

Pourquoi pas la Russie ? ont demandé les adversaires de Pie XII, notamment M. Saül Friedländer à l'occasion de la récente polémique provoquée par Le Vicaire. Et de suggérer que c'était par « une aversion personnelle à l'égard du communisme qui datait de ses contacts (malheureux) avec les Soviets en Bavière, en 1919 »[250]. La réponse est, en réalité, bien plus simple : parce que la Russie n'était concernée par aucun des litiges en question et c'était déjà la raison pour laquelle elle avait été écartée des Accords de Munich. Que Pie XII ait été hostile au communisme ne fait pas de doute, l'encyclique *Divini Redemptoris* de Pie XI le dit clairement qui était sa loi. Mais eût-elle été impliquée dans les problèmes européens en discussion que, prétendre qu'il ne l'eût pas incluse dans son projet n'est qu'une hypothèse toute gratuite. Pour la même raison, il n'avait pas non plus pensé aux États-Unis. Il n'est pas inutile de souligner que, mettant son attitude au compte de son hostilité au communisme, les mêmes en profitaient pour l'accuser de sympathies nazies et de n'intervenir que parce qu'il avait peur que le nazisme, à ses yeux, seul rempart contre le communisme, ne fût écrasé par la gigantesque coalition, alors en bonne voie contre l'Allemagne. *O Sancta simplicitas !*

Avant de soumettre son projet aux intéressés, pour bien s'assurer qu'il ne heurterait personne, Pie XII fit procéder à des sondages par ses

---

[250] Saül Friedländer, *Pie XII et le Reich*, op. cit., p. 34.

services diplomatiques. Et voici comment les choses se sont passées :

1. Le 1er mai 1939, Mussolini reçoit le R.P. Tacchi Venturi, de la Compagnie de Jésus, qui est son ami personnel et qui vient lui demander son avis au nom du pape. Mussolini demande un jour de réflexion. Le 2 mai, comme promis, il répond par une approbation sans réserve. L'envoyé du Pape lui ayant alors demandé comment, selon lui, réagirait Hitler : « J'incline à penser, répond-il, que le *Führer* ne repoussera pas la proposition. » Il ajoute seulement que « dans la formule d'invitation, il serait bon de préciser qu'on se propose de résoudre pacifiquement les points de litige entre les cinq pays et les problèmes annexes »[251].

2. Muni de cet encouragement, le lendemain 3 mai, le secrétaire d'État du Vatican, Mgr Maglione, soumet la proposition du pape aux nonces de Berlin, de Paris, de Varsovie et de Londres. Le 5, Mgr Orsenigo, nonce à Berlin, est reçu par Hitler à Berchtesgaden, en compagnie de Ribbentrop. Du compte rendu de l'entrevue qu'il adresse à la secrétairerie d'État du Vatican, comme du *Mémorandum* allemand qui la résume[252], il résulte que Hitler « ne croyait pas qu'il y eût un danger de guerre, vu que la tension était due davantage à la propagande qu'aux faits » et qu'avant de donner sa réponse définitive il devait d'abord se mettre en rapport avec Mussolini car il ne ferait rien sans l'accord de celui-ci. Et il ajoute : « Le *Duce* et moi agirons toujours à l'unisson. »

À la date du 5 mai, donc, l'affaire se présente ainsi Mussolini a accepté la proposition du pape, et Hitler qui n'a formulé aucune objection contre, a dit qu'avant de répondre officiellement, il devait d'abord consulter Mussolini.

Du côté des dictatures, l'affaire est en bonne voie.

3. Le 6 mai, le nonce à Paris, Mgr Valerio Valeri, est reçu par M. Georges Bonnet, ministre des Affaires étrangères, qui lui dit d'abord qu'avant de lui donner une réponse, il doit consulter M. Daladier,

---

[251] Mgr Giovanetti, op. cit., p. 66. La chronologie de l'échec du projet de Pie XII est rapportée ici d'après Mgr Giovanetti qui y fut intimement mêlé.
[252] *Documents on German Foreign Policy*, vol. 1, p. 435, 1939.

président du Conseil, et M. Alexis Léger, secrétaire général du Quai d'Orsay[253]. Puis, le soir, il l'appelle à la nonciature et le fait venir au ministère pour lui dire que « le gouvernement français jugeait la démarche inopportune » et lui demander « de prier le cardinal secrétaire d'État de suspendre jusqu'à nouvel ordre, la publication du message ». Son opinion sur la démarche qu'il vient de faire, Mgr Valerio Valeri ne la communique à la secrétairerie d'État du Vatican que le 12, après l'échec de la tentative du pape :

« Il est évident que, dans l'ensemble, à l'heure présente, les États qu'il est convenu de désigner sous le nom de démocraties, ne souhaitent pas multiplier les contacts, mais bien plutôt, opposer une barrière à l'expansion des États totalitaires, à l'étendre et à la fortifier. Ils sont d'ailleurs persuadés, que d'ici peu de mois, la balance des forces en présence pèsera entièrement de leur côté. C'est ce qui m'a été dit par M. Bonnet et répété par M. Bullitt, ambassadeur des États-Unis à Paris, lequel ne m'a pas dissimulé sa satisfaction de savoir que la tentative du Saint-Siège n'aurait pas de lendemain. Pour lui aussi, en somme, il faut que les États totalitaires soient mis au pied du mur. Seulement après, quand ils auront donné les garanties auxquelles Roosevelt faisait allusion dans son message[254], on pour commencer à discuter. »

Le 7 mai, M. Alexis Léger, alias Saint John Perse, lui avait dit son opposition au principe d'une conférence, en des termes à peu près semblables.

4. Le nonce à Londres, Mgr Godfrey, est reçu le 5 mai par lord Halifax qui lui fait connaître la position du gouvernement anglais :

« Que Sa Sainteté offre ses bons offices successivement et séparément, à la Pologne et à l'Allemagne, à la France et à l'Italie[255]. »

---

[253] M. Alexis Léger, sans doute pas très fier du rôle qu'il a joué dans cette affaire — c'est lui qui a déconseillé à MM. Daladier et Bonnet d'accepter l'offre du Pape et, dans la suite, a toujours durci leur position dans les discussions internationales — publie, aujourd'hui, sous le nom de Saint John Perse, des poèmes que, par reconnaissance, tous les bellicistes du monde encensent. Et il a le Prix Nobel de littérature !
[254] Cf. supra, p. 219.
[255] Tél. de Halifax à Osborne, Ambassadeur d'Angleterre au Vatican, 6-5-1939.

Ici aussi, l'offre de médiation était déclinée.

5. Les réponses de Paris et de Londres, qui sont entre les mains de Mgr Maglione dès le 7 mai, anéantissent tous les espoirs que celles de l'Italie et de l'Allemagne avaient fait naître dans l'esprit du secrétaire d'État et du pape.

Le 8 mai arrive celle de la Pologne : elle est, évidemment alignée sur celle de la France et de l'Angleterre.

La réponse officielle et définitive des Puissances de l'Axe était commune. Elle arriva la dernière : le 9 mai. En connaissance de celles de la France, de l'Angleterre et de la Pologne, tirant les conclusions de leur caractère négatif, elle postulait

« qu'une conférence des cinq Puissances, destinée à redresser la situation internationale, semblait prématurée et pour le moment inutile, ne fût-ce que pour ne pas mettre en cause la haute autorité du Souverain Pontife »[256].

Sans le vouloir, Pie XII avait fait la preuve que ceux qui s'opposaient au règlement des litiges européens par des négociations internationales n'étaient ni Hitler, ni Mussolini, mais la France, l'Angleterre et la Pologne.

Cette preuve a marqué le début de l'hostilité dont, depuis, Pie XII n'a cessé d'être l'objet de la part des bellicistes à tous crins et on les comprend très bien : le but qu'ils poursuivaient n'était pas le règlement des litiges européens, mais l'effondrement du régime national-socialiste en Allemagne, et ils savaient qu'ils ne pourraient l'atteindre que par la guerre. C'est pourquoi ils ne voulaient à aucun prix d'un nouveau Munich. Mais ils voulaient pouvoir continuer à faire croire que c'était Hitler qui rendait impossible toute reprise des contacts internationaux. Or, après l'intervention de Pie XII, ils ne le pouvaient plus.

Dans la suite, ils utilisèrent d'autres aspects du comportement de Pie XII : son appel du 24 août, au lendemain de la signature de l'accord

---

Documents on British Foreign Policy, 3e série, vol. V, p. 435.
[256] Mgr Giovanetti, *Le Vatican et la Paix*, op. cit., p. 61, et *Akten zur Deutschen Auswärtigen Politik*, tél. du 9-5-1939 de Weizsäcker à Bergen (vol. VII).

germano-soviétique et sa dernière initiative, le 31 août, à 13 heures.

Le Pacte germano-soviétique du 23 août l'avait profondément ébranlé : la guerre générale dans toute son horreur lui parut inévitable. Dans l'allocution qu'il prononça ce jour-là il prit soin de mettre en parallèle, assez adroitement pour ne vexer personne « les aspirations des peuples et l'intelligence des gouvernants » :

« Ayant présentes dans la prière, tant d'âmes de bonne volonté qui, tout en vivant hors de l'Église, n'aspirent pas moins à la paix, Nous voulons implorer Dieu qui tient dans ses mains les cœurs comme les intelligences des gouvernements, de préserver tous les hommes du fléau de nouveaux conflits sanglants encore plus atroces... C'est par la force de la raison, non par la force des armes, que la justice fera son chemin. Les empires qui ne sont pas fondés sur la justice ne sont pas bénis de Dieu... Il est encore temps que les hommes recommencent à se comprendre, qu'ils recommencent à négocier... ils s'apercevront qu'un succès honorable n'est jamais exclu des négociations loyales... Rien n'est perdu avec la paix, tout peut l'être avec la guerre... »[257]

Le 31 août, à 13 heures, aucun plénipotentiaire polonais muni des pleins pouvoirs pour traiter ne s'étant encore présenté à la Wilhelmstrasse, alors que l'ultime délai fixé par Hitler — qu'il repoussait de jour en jour depuis le 26 août — expirait à minuit, Pie XII, voyant la guerre sur le point de déferler sur le monde, avait tenté une ultime démarche et fait remettre aux ambassadeurs d'Allemagne, de Pologne, de Grande-Bretagne, de France et d'Italie, la note suivante :

« Le Souverain Pontife ne veut pas renoncer à l'espoir que les négociations en cours puissent aboutir à une solution juste et pacifique telle que le monde entier ne cesse de l'implorer. Sa Sainteté supplie par conséquent au nom de Dieu les gouvernements d'Allemagne et de Pologne, de faire ce qui leur est possible, afin d'éviter tout incident et de s'abstenir de prendre toute mesure susceptible d'aggraver la tension actuelle. Elle prie les gouvernements d'Angleterre, de France et d'Italie

---

[257] *Actes de Pie XII*, Bonne Presse, t. 1, p. 178, et *Documents du Saint-Siège relatifs à la seconde guerre mondiale*, Librairia Vaticana, vol. 1, p. 270 sq.

d'appuyer sa demande. »[258]

À cette note était joint un projet qui prévoyait

« 1. Une trêve de dix à quatorze jours entre l'Allemagne et la Pologne.
2. Pendant cette trêve serait convoquée une conférence internationale à laquelle seraient invitées à participer la France, l'Angleterre, l'Italie, la Pologne, la Russie[259], la Belgique, la Hollande et la Suisse. Les États-Unis et le Vatican enverraient des observateurs.
3. Cette conférence aurait pour mission, non seulement de régler le différend germano-polonais, mais aussi de réviser le Traité de Versailles et de préparer un Pacte général de non-agression. »[260]

Aux yeux des bellicistes, c'était la preuve que Pie XII voulait éviter à tout prix, l'écrasement de l'Allemagne par la coalition des Puissances démocratiques, encore assez fortes, malgré le Pacte germano-soviétique et la défection de la Russie, que son geste lui était inspiré par ses sympathies pour le nazisme.

Quand la guerre fut là, cette opinion fut confirmée dans leur esprit par toute une série de faits : l'obstination de Pie XII à condamner toutes les atrocités de la guerre et non seulement les atrocités allemandes ; sa sollicitude pour toutes les victimes de la guerre, quelles que soient leur nationalité, leur race ou leur religion, qu'elles appartiennent ou non à l'Église (cette façon de s'exprimer dressa contre lui les juifs, qui lui reprochèrent de ne pas les avoir désignés *expressis verbis*) ; son hostilité à la thèse de la reddition inconditionnelle de l'Allemagne qui prolongea la guerre d'au moins deux années, etc.

Ce comportement, manifestement inspiré par un pacifisme authentique fut dénaturé à plaisir par les bellicistes qui de sollicitation en sollicitation des textes en sont arrivés, après la guerre et surtout

---

[258] *Documentation catholique*, 1945, col. 263 et *Documents du Saint-Siège*.
[259] C'était bien la preuve que contrairement à ce qu'a écrit M. Saül Friedländer (cf. supra, p. 223 sq.), Pie XII n'excluait pas la Russie par hostilité au Bolchevisme.
[260] Mussolini qui a lancé, le même jour, un projet de conférence à quatre (Angleterre, Italie, France et Allemagne) pour le 5 septembre, approuvait chaleureusement l'initiative du Pape.

depuis sa mort, à monter cette infamie que j'ai appelée *L'Opération « Vicaire »*[261] par laquelle ils ont tenté de faire de Pie XII un pape pronazi. Ne pouvant s'attaquer à l'œuvre sur le fond, sans découvrir leur jeu et heurter l'opinion publique, ils ont essayé de la déconsidérer indirectement en déconsidérant, l'homme par l'insulte et la calomnie.

5 - *Le pacte germano-soviétique*

Pendant ce temps les Russes...

Le 23 août 1939, tout le monde fut surpris par la signature du Pacte germano- soviétique : c'est que personne, en effet, sauf Boris Souvarine, dont à l'époque, le remarquable *Staline*[262] avait passé pour ainsi dire inaperçu, n'avait une claire notion de la véritable essence du bolchevisme et, par voie de conséquence, n'avait décelé les vraies raisons du Pacte germano-soviétique (2-14 mai 1935) et du Front populaire qui l'avait préparé.

À gauche, on croyait que l'attitude de Staline lui était dictée par des considérations doctrinales : le socialisme, le communisme, l'antinazisme, l'anti-racisme, la défense de la liberté, etc. Au fond, il était un démocrate et la dictature dite du prolétariat à laquelle il soumettait la Russie n'était qu'un phénomène passager commandé par les circonstances. Après tout, Marx lui-même avait reconnu la nécessité transitoire de la dictature du prolétariat[263].

À droite, on le crut aussi et, si on était contre, c'est parce qu'on était contre le marxisme. En plus, sur le plan pratique, dans ce Pacte franco-soviétique, on voyait une réédition de l'encerclement de l'Allemagne par l'Alliance franco-russe de 1891 et, comme en 1891, la mise en place d'un dispositif de guerre contre l'Allemagne. D'où le slogan : le Front populaire et le Pacte franco-soviétique, c'est la guerre ! Jamais, en tout cas, la droite ne pensa que l'aventure se terminerait par un accord entre les Allemands nazis et les Russes bolcheviques : elle aussi croyait aux

---

[261] Éditions de La Table Ronde.
[262] Boris Souvarine, *Staline*, Plon, 1935.
[263] Lettre à Kugelmann, 13 mai 1883.

impératifs des doctrines et des idéologies. Placée devant l'événement, elle y vit seulement un argument qui pourrait nous permettre d'éviter cette guerre dont elle ne voulait pas et, sans voir plus loin, elle ne se l'expliqua que par l'immoralité bien connue du bolchevisme.

Or, le Pacte était dans la logique des choses.

Ainsi que le soutenait Boris Souvarine, le comportement du bolchevisme au pouvoir ne s'inspira jamais de la moindre considération doctrinale qui eût quelque rapport que ce soit avec le communisme, ni en politique intérieure, ni en politique extérieure. Dans le premier cas, il substitua le capitalisme d'État à la féodalité qui était encore le régime de la Russie en 1917. Dans le second, il reprit à son compte la politique des tsars en Extrême-Orient (Chine) et en Europe (Pays baltes, Pologne, Balkans) : le panslavisme.

Ces intentions éclatèrent au grand jour dès le lendemain de la signature de l'Armistice du 11 novembre 1918, lorsque les populations de Russie Blanche, de Finlande, d'Esthonie, de Lettonie, de Lituanie, de Pologne et d'Ukraine, qui réclamaient déjà leur indépendance sous les tsars, la voulurent proclamer et se heurtèrent à l'Armée rouge qui réussit à leur imposer sa loi en Russie blanche, et dans une grande partie de l'Ukraine. Le bolchevisme prétendait maintenir sous sa botte tous les peuples qui avaient été sous celle des tsars : le droit des peuples à disposer d'eux-mêmes qui faisait partie de la doctrine communiste avait été, dès son accession au pouvoir, relégué dans les oubliettes de l'Histoire et il ne fut plus, dès lors, qu'un article d'exportation à usage externe. Un temps, l'Armée rouge eut même des visées sur la Roumanie et sur la Hongrie : l'entreprise échoua de justesse.

Mais à l'extérieur des frontières de l'ancien empire des tsars, le bolchevisme étendit ses tentacules par le truchement des partis communistes dont le rôle fut, à partir de 1920, la conquête du pouvoir par la conquête de l'opinion publique sous le couvert de la Révolution mondiale, la culture des troubles sociaux, de la violence, l'appel à l'insurrection, etc.

Entre les deux guerres, peu de gens s'aperçurent que les partis communistes n'étaient que des cinquièmes colonnes du panslavisme dans le monde libre. Peu nombreux sont, encore aujourd'hui, ceux qui s'en aperçoivent. Et pourtant, à la faveur de la seconde guerre mondiale, le panslavisme a fait des progrès spectaculaires : ses frontières sont maintenant à cinquante kilomètres de Hambourg, il a remis la main sur tout l'ancien empire des tsars, sur toute l'Europe centrale sauf l'Autriche, et balkanique sauf la Grèce.

Moscou souffrit toujours très cruellement de l'indépendance de la Lituanie, de la Lettonie, de l'Esthonie et de la Finlande : le seul débouché qu'elle gardait sur la Baltique par son port de Léningrad était, désormais, contrôlé à la sortie du golfe de Finlande, par la Finlande d'un côté, l'Esthonie de l'autre. Un nouveau Gibraltar. D'autre part, les communistes avaient perdu Riga qui était devenue Lettonne. Mais, plus que de cette hypothèque prise par le Traité de Versailles sur leur commerce maritime, ils souffraient des richesses naturelles soustraites à leur économie par l'érection en État polonais de l'ancien duché de Varsovie : quatre-vingt-dix millions annuels de tonnes de charbon, du fer, du zinc, de l'uranium, un complexe métallurgique dont le centre était Varsovie. Jamais ils ne s'étaient résignés à cette amputation non plus qu'à celle des Pays baltes.

De son côté, l'Allemagne ne s'était pas davantage résignée à l'amputation du Couloir polonais, de la Posnanie et d'une partie de la Silésie. Il y avait là un terrain d'entente : dès le début de l'année 1922, quand ils eurent acquis la certitude de l'échec de la Révolution allemande, les bolchevicks pratiquèrent une politique de rapprochement avec l'Allemagne dans l'espoir d'en faire naître l'occasion d'un nouveau partage de la Pologne. Et ce fut Rapallo, puis de fil en aiguille, les échanges de missions militaires.

Pendant toute cette période de compréhension mutuelle, assuré de la paix sur ses frontières de l'Ouest que, maintenue sous le joug par le Traité de Versailles, l'Allemagne n'aurait, au surplus pas pu menacer si elle en avait eu l'intention, Staline put, en toute tranquillité, se consacrer aux intérêts russes menacés en Extrême-Orient par le Japon.

Tout changea en 1933, quand Hitler arriva au pouvoir : celui-là était fort, il se moquait de Versailles et il avait déclaré la guerre au bolchevisme. En octobre, il quitta la S.D.N. en claquant les portes et Staline fut aussitôt sur ses gardes. Il comprit qu'un rapprochement entre l'Allemagne et le Japon, qui avait quitté la S.D.N. en mars précédent, était inévitable, et qu'alors il pourrait se trouver un jour, dans la situation d'avoir à se battre sur deux fronts.

Quand, le 26 janvier 1934, un Pacte de non-agression fut signé entre l'Allemagne et la Pologne, il n'eut plus de doute : le bloc germano-polonais avait une frontière commune avec la Russie. Staline prit donc en considération les avances qui lui étaient faites par la France, notamment par Barthou[264] non par amour de la paix, mais pour créer à Hitler des difficultés à l'Ouest et le mettre dans l'obligation d'avoir à se battre sur deux fronts le jour où il manifesterait l'intention de s'attaquer aux frontières de la Russie.

Telles sont les vraies raisons qui ont poussé Staline à la S.D.N. d'abord, à la signature du Pacte franco-soviétique ensuite : la hantise d'avoir à se battre sur deux fronts. Les tsars n'eussent pas réagi autrement. Il espérait bien, d'ailleurs, que ce pacte créerait, entre l'Allemagne hitlérienne et les démocraties occidentales, un tel état de tension que la situation évoluerait toute seule vers une guerre à l'Ouest et détournerait Hitler de la Russie, — une guerre où la Russie n'aurait pas à intervenir (elle n'avait pas de frontière commune avec le *Reich*) et à l'issue de laquelle, les deux adversaires étant épuisés, il serait l'homme fort de l'Europe.

Comme il l'avait prévu, en 1939, la situation était explosive entre l'Allemagne et les démocraties occidentales, et justement à propos de la Pologne. Il avait donc le choix : assortir le Pacte franco-soviétique d'une alliance militaire et, sous prétexte de défendre la Pologne, y faire entrer ses troupes avec l'assentiment des démocraties occidentales, auquel cas, il récupérerait le grand-duché de Varsovie, mais se trouverait affronté à l'Allemagne dans une guerre ; ou bien récupérer ce grand-duché de Varsovie par un accord avec l'Allemagne, c'est-à-dire sans guerre.

Il n'y avait pas à hésiter.

---

[264] Cf. supra. p. 91 sq.

Les circonstances le servirent. Il y eut d'abord la conférence de Munich dont Staline fut tenu à l'écart, ce qui distendait singulièrement les rapports franco- soviétiques. Ensuite, il y eut l'Angleterre qui fut hostile à une alliance soviétique jusqu'au 31 mars et ne s'y résigna que, faisant contre mauvaise fortune bon cœur, dans le courant du mois d'avril. Enfin, il y eut la Pologne qui, par principe, ne voulait pas entrer dans une alliance aux côtés du bolchevisme. Elle pensait, à juste raison d'ailleurs, qu'une telle alliance provoquerait son invasion immédiate par l'Allemagne à l'Ouest, tandis que, sous prétexte de la défendre, les troupes soviétiques l'envahiraient à l'Est avec son assentiment. Au terme de l'opération, tout se résoudrait par un partage amiable de la Pologne entre l'Allemagne et la Russie. Et il n'y aurait plus de Pologne.

Car, ayant récupéré le grand-duché de Varsovie, il ne faisait pas de doute, aux yeux du colonel Beck, qu'arrivé au contact des troupes allemandes, Staline traiterait avec Hitler. L'Allemagne se trouverait alors affrontée aux seules Puissances de l'Ouest et lui n'aurait plus à redouter d'avoir à se battre sur deux fronts. En sus, dans l'accord qu'il aurait passé avec Hitler, il aurait sûrement obtenu les mains libres dans les pays baltes, sauf peut-être la Lituanie (à cause de Memel), en Roumanie, dans les Balkans, régions sur lesquelles la Russie avait, de tous temps, eu des visées.

Telles étaient les supputations du colonel Beck et, à ce sujet, trois constatations curieuses s'imposent :

1. Ce sont là, les conditions mêmes qui figurent dans le Protocole additionnel secret annexé au Pacte germano-soviétique. En ce qui concerne le partage de la Pologne (l'expression y figure) la ligne de démarcation entre la zone allemande et la zone russe devait suivre « approximativement les rivières Narev, Vistule et San ». Les intérêts de la Russie en Bessarabie étaient reconnus.

2. C'est sur ces conditions que portèrent les discussions engagées le 14 avril 1939 entre la Russie, d'une part, l'Angleterre et la France de l'autre. La Russie avait réussi à les faire accepter, à ceci près que l'expression « partage de la Pologne » y était remplacée par « autorisation de passage des troupes soviétiques sur le territoire

polonais » : une fois en Pologne, on pouvait être assuré que les troupes russes n'en partiraient plus et c'était la même chose dans les deux cas. D'autre part, en admettant que la Pologne eût accepté, il est hautement probable qu'arrivé au contact des troupes allemandes, Staline aurait, comme il est dit plus haut, traité avec Hitler. Ainsi aurait-il atteint son but sans faire la guerre et jeté les Puissances occidentales contre l'Allemagne. Son calcul était que, la guerre terminée, il se fût retrouvé l'homme fort de l'Europe, indemne et à même d'imposer sa volonté aux belligérants épuisés.

3. On est étonné qu'ayant une conscience aussi claire de sa situation, le colonel Beck n'ait pas jugé préférable de traiter avec Hitler dont les propositions laissaient intacte l'intégrité territoriale de la Pologne : Hitler revendiquait seulement, en effet, Dantzig (qui était ville libre et non territoire polonais), une autostrade et un chemin de fer jouissant de l'exterritorialité à travers le Corridor[265].

On est étonné, mais on sait pourquoi : il croit l'armée polonaise capable de tenir l'armée allemande en échec, la souplesse de sa cavalerie supérieure à la rigidité des chars allemands et qu'en quelques jours il

---

[265] Voici quelles étaient ses propositions : I. Dantzig, en tant qu'État libre, rentre dans le cadre du *Reich* ; II. L'Allemagne obtient, à travers le Corridor, une route et une ligne de chemin de fer dont elle puisse disposer librement et qui ait le même caractère extraterritorial pour l'Allemagne que le Corridor pour la Pologne. En échange, l'Allemagne est prête : I. à reconnaître tous les droits économiques actuels de la Pologne à Dantzig ; II. à assurer à la Pologne un port franc à Dantzig dont les dimensions seraient déterminées par la Pologne elle-même et dont l'accès serait complètement libre ; III. à reconnaître et à accepter par là-même comme étant définitivement fixées les frontières entre l'Allemagne et la Pologne ; IV. à conclure, avec la Pologne, un Pacte de non-agression de vingt-cinq ans (Extrait du discours de Hitler au Reichstag le 28 avril 1939). Le colonel Beck ayant refusé, ces propositions n'avaient subi qu'une modification le 30 août : le Corridor serait soumis à plébiscite et, s'il se prononçait pour l'Allemagne, une route et une voie de chemin de fer jouissant de l'exterritorialité allant de Bromberg à Gdynia seraient accordées à la Pologne ; s'il se prononçait pour la Pologne, c'était à l'Allemagne qu'une route et une voie de chemin de fer jouissant du même privilège, et allant de Bütov à Dirschaü, c'est-à-dire reliant la Prusse orientale à la Prusse occidentale, seraient accordées. Le colonel Beck ayant encore refusé, voilà pourquoi on se battit. En admettant que la seconde proposition de Hitler fut discutable (en raison du plébiscite qui pouvait inciter les autres minorités polonaises à revendiquer le même privilège et aboutir à la dislocation de l'État polonais.

aura occupé la Prusse orientale. Par ailleurs, il est persuadé que l'armée allemande est en pleine révolte : les troupes polonaises gagneront Berlin comme dans une promenade. Son Ambassadeur à Berlin, M. Lipski, le dit à qui veut l'entendre :

« Voilà cinq ans et demi que je suis dans ce pays. Je sais fort bien ce qui s'y passe. Si une guerre éclate entre l'Allemagne et la Pologne, une révolution éclatera en Allemagne et nos troupes marcheront sur Berlin.[266] »

Le colonel Beck et son ambassadeur ne sont pas seuls à se faire de telles illusions : M. René Coulondre, notre ambassadeur à Berlin s'en fait l'écho dans une lettre qu'il adresse à M. Daladier par-dessus la tête de M. Georges Bonnet : « Hitler hésite... Le Parti flotte... Le peuple est mécontent... Hitler se demande comment sortir de l'impasse... L'épreuve de force tourne à notre avantage... Le poisson est ferré... Il faut tenir, tenir, tenir... »[267] Mme Geneviève Tabouis écrit que « cent cinquante généraux et chefs d'armées en révolte contre Hitler ont démissionné. »[268] Dans une conversation privée, le général Gamelin dit « C'est bien simple, le jour où la guerre sera déclenchée en Allemagne, Hitler s'effondrera. Au lieu de défendre les frontières du *Reich*, l'armée allemande devra marcher sur Berlin afin de réprimer les troubles qui y auront éclaté. Les troupes stationnées dans la ligne Siegfried n'offriront que peu de résistance. Nous entrerons alors en Allemagne comme dans du beurre. »[269] Aux yeux de tous, l'offre allemande à Moscou prouve que l'Allemagne est dans une situation désespérée.

En Angleterre, des bruits semblables dont l'origine est M. Raczinski, ambassadeur de Pologne à Londres, vraisemblablement corroborés par M. Richard Kordt, de l'ambassade d'Allemagne, qui est hostile à Hitler, sont répandus et parviennent sur le bureau de M. Chamberlain par les soins de Winston Churchill, sir Antony Eden, Duff Cooper, Duncan

---

[266] Déclaration à Dalhérus, Déposition de celui-ci à Nuremberg. C.R. des débats, t. IX, p. 500.
[267] Robert Coulondre, *De Staline à Hitler*, p. 299.
[268] *L'Œuvre*, 27 août 1939, titre sur cinq colonnes.
[269] Benoist-Méchin, *Histoire de l'Armée allemande*, t. VI, p. 332.

Sandys etc. On fait même état d'une résistance allemande à la tête de laquelle se trouvent les généraux Halder, Beck, Witzleben, le Dr Schacht, et qui n'attendrait qu'une aide extérieure sous forme d'une déclaration de guerre à l'Allemagne pour passer à l'action et déposer Hitler. Ils sont faux : jamais les généraux n'ont été aussi solidaires de Hitler que dans le cas polonais. Mais ils contribuent à mettre l'opinion publique en condition et à durcir les positions gouvernementales en France, en Angleterre et en Pologne.

Sans doute, ces bruits qu'on dit venir de bonne source, sont-ils aussi la raison pour laquelle ni l'Angleterre, ni la France ne prirent garde que la seule possibilité qu'elles avaient d'apporter une aide à la Pologne était une intervention indirecte sur la frontière ouest de l'Allemagne, que cette intervention ne se concevait qu'à la condition que la Russie intervienne sur ses frontières de l'Est, qu'autrement, le rapport des forces militaires entre l'Allemagne et elles l'interdisait et qu'alors elle n'était plus qu'un chèque tiré sur les nuages.

Ces considérations stratégiques n'étaient évidemment pas de mise : du moment qu'il suffisait de déclarer la guerre à l'Allemagne pour que son régime s'effondre, comme un château de cartes, il n'y aurait pas de guerre. C'est tout juste si on n'en était pas arrivé à penser que l'armée allemande aiderait les armées françaises, anglaises et polonaises à conquérir l'Allemagne ! On n'avait même pas besoin de la Russie !

Consternant.

Les mobiles de Staline étant ainsi analysés et les illusions des démocraties occidentales expliquées, peut-être n'est-il pas sans intérêt, maintenant, d'informer le lecteur sur la manière dont Staline s'y prit pour monter sa mystification : il n'y déploya pas beaucoup de génie. On peut même dire que les démocraties occidentales mirent beaucoup de bonne volonté à se laisser mystifier.

Le 3 octobre 1938, au lendemain de Munich, l'Ambassade d'Allemagne à Moscou, informait Berlin que, selon certains bruits recueillis par elle, « Staline avait tiré certaines conclusions du règlement de la question des Sudètes dont il avait été exclu et qu'il pourrait bien se montrer plus positif à l'égard de l'Allemagne »[270]. Il y avait justement, entre l'Allemagne et la Russie, un semblant d'accord commercial qui était tombé en désuétude et qui arrivait à expiration à la fin de l'année : le 4 novembre, Goering demanda qu'on en profitât pour « ressusciter le commerce avec la Russie, notamment dans la mesure où il s'agissait de matières premières »[271]. C'est à l'ombre de ce renouvellement que s'engagèrent les conversations secrètes qui aboutirent à la signature du Pacte germano-soviétique le 23 août suivant.

Le 12 janvier 1939, à la réception du Corps diplomatique venu présenter ses vœux à Hitler à la chancellerie, le *Führer* qui, en ces occasions, passait systématiquement devant l'ambassadeur soviétique, en se bornant à lui serrer la main sans prononcer un mot, l'honora ce jour-là, d'une longue conversation très amicale. Les diplomates présents en avaient été frappés et avaient aussitôt informé leurs gouvernements de ce changement d'attitude, à leurs yeux significatif. En vain : leurs gouvernements n'accordèrent aucune signification particulière à ces avertissements.

Le 10 mars, les conversations secrètes avaient dû faire des progrès car, devant le XVIIe Congrès du Parti communiste russe Staline prononçait un discours dans lequel les critiques habituelles contre les nazis étaient remplacées par des critiques contre les démocraties et qui contenait cette déclaration insolite : « L'Union soviétique n'a pas la moindre intention de tirer les marrons du feu pour les démocraties occidentales. Au contraire. Le gouvernement soviétique n'est pas opposé, en principe, à une amélioration de ses rapports avec le *Reich* »[272]. De quoi l'on peut conclure que, lorsqu'il décida d'entrer à Prague le 15 mars, Hitler savait qu'il n'avait rien à craindre des Russes. Les démocraties occidentales ne remarquèrent rien.

Le 28 avril, dans son discours au *Reichstag* par lequel il répond à Roosevelt et informe le monde qu'il a dénoncé le Pacte naval anglo-allemand du 18 juin 1935 et le Traité germano-polonais du 26 janvier

---

[270] *Documents on German Foreign Policy*, t. IV, p. 602 sq.
[271] Id., p. 609 sq.
[272] *Le XVIIIe Congrès du Parti communiste soviétique*, Ed. Sociales, Paris.

1934, Hitler rend sa politesse à Staline : pas un mot contre le bolchevisme.

Le 4 mai, Staline remplace Litvinov par Molotov au commissariat du peuple aux Affaires étrangères : Litvinov est juif. Après la guerre, divers auteurs ont prétendu que, quelques jours auparavant, dans une conversation privée, à quelqu'un qui lui faisait remarquer que l'Allemagne aurait intérêt à entamer des pourparlers diplomatiques avec la Russie, Goering aurait répondu : « Vous ne voyez tout de même pas Hitler s'entendre avec un juif ? » Les références sur lesquelles ils se fondent sont contradictoires, mais il est très vraisemblable qu'à cette date, Staline ait jugé le moment venu de donner un tour plus concret aux conversations avec l'Allemagne, de les transposer sur le plan diplomatique où il ne fait pas de doute, qu'étant juif, Litvinov était un obstacle insurmontable.

Léon Blum qui est juif ne s'y est pas trompé : dans *Le Populaire* du 5 mai, sans faire allusion à l'appartenance juive de M. Litvinov, il a manifesté son inquiétude et formulé « l'espoir que ce limogeage n'entraînerait aucune modification dans la politique, jusqu'ici suivie par l'Union soviétique. » À New York, l'entourage juif du président Roosevelt se rend compte qu'il a perdu quelqu'un qu'il avait dans la place. De Berlin, M. Coulondre envoie à M. Georges Bonnet un télégramme où il est dit :

« Ce remplacement a de toutes autres causes. M. Litvinov était trop rigide en matière de sécurité collective. De plus, il nourrissait pour la Pologne une antipathie trop marquée. Si on lui avait demandé de choisir entre Berlin et Varsovie, il aurait été capable de choisir Berlin ! Avec M. Molotov, membre du *Politburo* et dépositaire de la pensée de Staline, la politique extérieure soviétique ne pourra que gagner en précision et en clarté. La France et l'Angleterre n'auront pas à le regretter. »[273]

M. Coulondre est un fin diplomate.

À Londres, à New York et à Varsovie, les ambassadeurs russes répètent ce propos : on est rasséréné.

---

[273] George Bonnet, *La Défense de la Paix*, t. II, p. 192 sq.

En mai 1939, Londres et Paris sont en pourparlers avec Moscou depuis le 14 avril. On n'en est qu'au stade des conditions politiques de l'alliance : et ça traîne, ça traîne... Londres et Paris ne s'aperçoivent pas que Moscou ne cherche qu'une occasion de rompre. Les choses traîneront jusqu'au 24 juillet : chaque fois que les Russes obtiennent satisfaction sur un point ils en mettent en avant un autre dont ils espèrent que les Anglais et les Français ne pourront pas l'accepter et qu'ils pourront rejeter sur eux la responsabilité de l'échec des pourparlers. En vain : les Anglais et les Français ont tout accepté, jusqu'à englober les États baltes dans la sphère d'influence soviétique, jusqu'à la thèse russe de « l'agression indirecte »[274], jusqu'à la subordination de l'accord politique à un accord militaire, jusqu'à excepter la Hollande de la garantie commune ! Les Anglais tiquaient bien un peu et, à plusieurs reprises, lord Halifax fut sur le point de rompre : mais à chaque nouvelle exigence des Russes, M. Corbin, ambassadeur de France à Londres, le venait trouver, de la part de M. Georges Bonnet, pour le presser d'accepter. D'autre part, le président Roosevelt qui s'impatientait de voir ainsi traîner les choses, téléphonait tous les jours à son ambassadeur à Londres, M. Joseph Kennedy, qu'il devait « pousser le fer dans les reins de Chamberlain »[275]. M. Joseph Kennedy n'était pas d'accord mais il répétait ces choses à lord Halifax. Lord Halifax qui trouvait inadmissibles les exigences russes — et elles l'étaient, ô combien ! s'inclinait pour n'indisposer ni M. Georges Bonnet, ni surtout le président Roosevelt.

Le 24 juillet, les démocraties occidentales ayant avalé toutes leurs couleuvres, on en vient à la discussion de l'accord militaire par lequel les Russes auraient bien voulu commencer parce que, sur ce terrain, la

---

[274] Par « agression indirecte », les Russes entendaient, dans un pays, un coup d'État perpétré par une fraction hostile au Communisme et, ils étendaient la définition à une crise ministérielle qui aurait provoqué un changement de gouvernement dans le même sens. Une simple crise ministérielle dans les États baltes leur donnait donc le droit de prétendre qu'il s'agissait « d'une agression indirecte » et d'intervenir avec l'approbation de l'Angleterre et de la France. Autrement dit, à l'Est de l'Europe, on n'avait pas le droit de ne pas être communiste.
[275] Confidence de M. Joseph Kennedy à M. James Forrestal, ancien secrétaire d'État à la Défense des E.U. (*The Forrestal Diaries*, New York, 1951, p. 121).

rupture était plus facile à mettre sur le compte, sinon des démocraties occidentales, du moins sur celui de la Pologne et parce qu'elle aurait été plus rapidement consommée : ils savaient bien que jamais le colonel Beck n'accepterait le passage, pourtant nécessaire, des troupes soviétiques sur le territoire polonais. C'est ce qui arriva : la rupture se produisit le 19 août sur le refus catégorique opposé par le colonel Beck à une demande de lord Halifax et de M. Georges Bonnet qui le pressaient d'accepter et qu'aussitôt ils transmirent à Moscou.

Les Russes n'attendaient que cela : depuis le 15 août, ils s'étaient mis d'accord avec les Allemands sur le principe d'une visite de M. von Ribbentrop à Moscou. Si l'on veut avoir une idée de son objet, il suffira de consulter deux documents très significatifs : les comptes rendus de deux audiences accordées par M. Molotov à Schulenberg, ambassadeur d'Allemagne à Moscou[276].

Dans la première de ces audiences qui eut lieu le 4 août, M. von der Schulenberg avait dit à Molotov que l'Allemagne était prête à renverser ses rapports avec l'Union soviétique, si celle-ci s'abstenait de toute intervention dans ses affaires intérieures et si, dans sa politique extérieure, elle renonçait à toute attaque contre les intérêts du *Reich*. Il avait même ajouté qu'en cas d'accord il n'existait « de la mer Noire à la Baltique aucun problème qui ne pouvait être résolu » et suggéré « dès à présent, une entente sur le partage de la Pologne. » C'était bien la preuve que, pour en arriver là, les conversations étaient de longue date. Molotov se montra, dit Schulenburg, « extraordinairement réceptif. »

Dans la seconde qui eut lieu le 15 août, l'ambassadeur d'Allemagne, encouragé par l'accueil qu'il avait reçu à la première et après avoir pris conseil de son gouvernement, informa M. Molotov que M. von Ribbentrop était prêt à venir à Moscou pour discuter, avec lui, des problèmes qui avaient fait l'objet de leur entretien du 4 août. Il ajouta qu'il était autorisé à lui dire, en sus de ce qu'il lui avait dit le 4 août, que l'Allemagne était prête

---

[276] *Akten zur Deutschen Auswärtigen Politik*, vol. VII, et Documents relatifs aux relations germano-soviétiques publiés chez Plon à Paris par le Département d'État.

« à user de son influence auprès du Japon, pour amener une amélioration et une consolidation des relations russo-japonaises. »

Réponse de M. Molotov :

« Je serai enchanté de m'entretenir avec le ministre des Affaires étrangères du *Reich*. Je vais dès à présent, préparer sa venue. »

Mais Molotov n'avait pas encore en mains le refus du colonel Beck, c'est-à-dire pas encore de motif plausible de rompre avec la mission militaire franco- anglaise qui avait été envoyée à Moscou pour mettre l'accord au point avec une mission militaire russe et y était depuis le 12 août : le passage des troupes soviétiques en territoire polonais, sur lequel il était sûr que les conversations achopperaient, n'avait été mis que la veille, à l'ordre du jour de la réunion des trois délégations.

Le 19 août, quand le refus de Beck arriva, l'affaire fut vite bâclée : Staline réunit le *Politburo* pour l'informer qu'il avait décidé de signer un Pacte de non- agression avec l'Allemagne et sa proposition fut adoptée à l'unanimité.

Le soir même, un nouvel accord commercial était signé entre l'Allemagne et la Russie : la première prêtait à la seconde 200 millions de marks à 5% remboursables en sept ans, et celle-ci s'engageait à lui fournir, dès maintenant, pour 180 millions de marks de coton, de lubrifiants, de phosphates, de manganèse, d'amiante et de peaux brutes contre 125 millions de marks de machines-outils.

Le soir même aussi, M. Molotov priait M. von der Schulenburg de transmettre à M. von Ribbentrop, un projet de pacte germano-soviétique qu'il avait déjà rédigé...

Les deux ou trois jours qui suivent sont employés à mettre au point, par lettres et télégrammes, entre le ministère des Affaires étrangères du *Reich* et M. Molotov d'une part, Hitler et Staline de l'autre, la date de la rencontre et les termes du Pacte.

Le 23 août au matin, la nouvelle éclate comme un coup de tonnerre dans la presse du monde entier :

« Le gouvernement du *Reich* et le gouvernement soviétique ont décidé de conclure un Pacte de non-agression. M. von Ribbentrop, ministre des Affaires étrangères du *Reich*, est en route pour Moscou, où il va signer le traité. »

Le colonel Beck prétend que Staline a justifié sa décision, devant le *Politburo*, en ces termes :

« Si nous acceptons la proposition de l'Allemagne de conclure avec elle un Pacte de non-agression, l'Allemagne attaquera certainement la Pologne et l'intervention de l'Angleterre et de la France dans cette guerre deviendra inévitable. Dans ces circonstances nous avons beaucoup de chances de rester à l'écart du conflit et nous pourrons attendre avantageusement notre tour... Garantis sur notre frontière de l'Ouest par le Pacte, nous le serons au surplus, en Extrême-Orient, par l'influence que l'Allemagne, en reconnaissance, ne manquera pas d'exercer sur le Japon... Ainsi notre choix est clair : nous devons accepter la proposition allemande et renvoyer dans leurs pays, avec un refus courtois, les missions française et anglaise. »[277]

On ne trouve ce texte dans aucun document du Parti communiste russe, mais il reflète indiscutablement la pensée de Staline.

Tous les journaux communistes du monde ont, naturellement, présenté le Pacte germano-soviétique comme une importante contribution de l'U.R.S.S. à la paix et entonné le los du « génial Staline ».

---

[277] Colonel Beck, *Dernier Rapport*, p. 322

Chapitre VIII – Le calendrier des derniers jours

La défection de la Russie n'a amené ni l'Angleterre, ni la France, ni la Pologne à reconsidérer leur politique à l'égard de l'Allemagne, L'Angleterre sait, certes, qu'étant donné la situation géographique de la Pologne, ni elle, ni la France ne peuvent lui apporter la moindre aide directe. Sur ce point, tout le monde est d'accord : seule la Russie le pouvait. Pour les Anglais, le pacte qui lie la Russie à l'Allemagne est un pacte de non-agression, non d'assistance mutuelle et il n'est complété par aucun accord militaire. Donc elle restera neutre : elle n'interviendra pas aux côtés de l'Allemagne. Ils ignorent, ou font tout comme, qu'un protocole additionnel secret prévoit le partage de la Pologne entre l'Allemagne et la Russie, et que c'est par les deux puissances associées, non par la seule Allemagne que la Pologne est menacée. D'autre part, ils font confiance à la France pour une aide indirecte sur terre à l'Ouest : les 15, 16 et 17 mai 1939, le général Gamelin a eu des entretiens à Paris avec le général Kasprzycki, ministre de la Guerre de Pologne, et il lui a promis, en cas de guerre avec l'Allemagne, une action aérienne dès les premiers jours, des opérations offensives à objectifs limités dès le troisième, une action offensive avec le gros des forces de l'armée française dès le quinzième[278].

L'Angleterre croit que l'armée française est toujours la première du monde. À l'Est, le colonel Beck la rassure sur la qualité de l'armée polonaise qu'il dit supérieure à l'armée allemande. Enfin, sur mer, personne ne lui dispute la maîtrise. Il y a bien son aviation qui n'est pas brillante, mais enfin, elle est honnête et, depuis le 1er janvier, elle a fait d'étonnants progrès dans ce domaine.

Tout cela se tient : le malheur est seulement que toutes les données sur lesquelles repose ce raisonnement sont fausses. Comme l'Angleterre ne le sait pas, elle maintient la garantie qu'elle a donnée à

---

[278] Colonel Beck, *Dernier Rapport*, op. cit., p. 345.

la Pologne.

En France, le général Gamelin justifie ainsi les promesses qu'il a faites en mai au ministre polonais de la Guerre :

« La France a environ 120 divisions à opposer aux 200 divisions allemandes. Elle est donc en état de grande infériorité. C'est pourquoi elle doit conserver l'appui des 80 divisions polonaises... L'armée polonaise offrira une résistance honorable à l'armée allemande. Le froid et le mauvais temps arrêteront rapidement les hostilités, si bien qu'au printemps de 1940, la bataille se poursuivra encore à l'Est. À ce moment, l'armée française sera renforcée par de nombreuses divisions anglaises débarquées sur le continent... Au printemps de 1940, la France pourra donc, tout d'abord compter sur les 200 divisions que représenteront les forces françaises et polonaises, auxquelles s'ajouteront une quarantaine de divisions britanniques. Et, si l'Allemagne viole la neutralité hollandaise et belge, elle amènera à nos côtés 30 divisions supplémentaires hollandaises et belges, soit au total, 270 divisions contre 200. »[279]

Tout cela se tient bien aussi mais repose sur des données aussi fausses que le raisonnement anglais, les événements le prouveront : la guerre déclarée, l'armée française ne sera en état d'intervenir, ni dans l'air le premier jour (le procès de Riom a révélé que nous disposions de moins de 1 000 avions contre 12 000 avions allemands), ni le troisième, ni même le quinzième ; la campagne allemande en Pologne a été terminée en 17 jours et le mauvais temps n'a pas eu à arrêter les hostilités jusqu'au printemps ; enfin, au printemps de 1940, l'Angleterre n'avait pas débarqué 40 divisions en France, mais seulement 9.

Le général Gamelin a, cependant, réussi à persuader la plupart des ministres que son raisonnement est impeccable. Seuls, MM. Georges Bonnet et de Monzie ne partagent pas son optimisme. Parmi les députés, ils sont soutenus par Jean Montigny, Frot, Bergery, Xavier Vallat, L.O. Frossard, François Pietri et quelques autres.

Mandel connaît aussi l'état d'impréparation de l'armée française.

---

[279] Georges Bonnet, *La Défense de la Paix*, t. II, p. 304.

Mais on sait la réponse cynique qu'il a faite à M. Georges Bonnet qui le lui faisait remarquer : d'abord déclarer la guerre, la préparer ensuite[280].

Ce point de vue l'emporte.

En Pologne, c'est le comble : non seulement le colonel Beck est persuadé que l'armée polonaise est capable de tailler l'armée allemande en pièces, comme en 1410 à Tannenberg, mais il est certain que les généraux allemands n'attendent qu'une aide extérieure, sous forme d'une déclaration de guerre de l'Angleterre et de la France à l'Allemagne, pour déposer Hitler, ce qui mettra le désordre dans toute l'Allemagne. Comme le général Gamelin lui a promis une intervention de l'aviation française le premier jour de la déclaration de guerre, des interventions à objectifs limités dès le troisième et l'entrée en Allemagne du gros des forces françaises dès le quinzième, il voit déjà l'armée polonaise et l'armée française se rencontrant à Berlin.

Dans son esprit, Hitler n'a signé un pacte avec la Russie que parce qu'il était dans une situation désespérée. Il fonde son opinion sur ce que lui disent ses ambassadeurs à Berlin et à Londres. On sait que celui-ci est en relations étroites avec M. Richard Kordt, conseiller d'ambassade allemand à Londres, dont c'est l'opinion[281].

Alors, non seulement il ne répond pas aux offres de négociation directe que lui fait Hitler depuis le 5 janvier 1939 mais encore il le provoque : ultimatum à Dantzig, tirs de sa D.C.A. sur des avions allemands, etc. Il a bien redouté un partage de la Pologne entre l'Allemagne et la Russie, mais il ne croit pas que le Pacte germano-soviétique le prévoit et il ne pense naturellement pas que sa seule chance d'y échapper est une entente avec l'Allemagne.

Ce qui est grave, c'est que la garantie anglaise lui a été donnée dans cette forme : « Dans le cas d'une action quelconque, mettant nettement en danger l'indépendance polonaise et à laquelle le gouvernement polonais estimerait de son intérêt vital de résister avec ses forces nationales... » et le laisse seul maître de décider s'il y a lieu ou non de résister. Un chèque en blanc : il en profite et avec la belle inconscience

---

[280] Id., et Jean Montigny, *Complot contre la paix*.
[281] Cf. supra, p. 236.

dont il fait preuve, le monde n'a plus guère de chances d'échapper à la guerre, si l'Angleterre ne révise pas les termes de son engagement.

Tous les bruits relatifs à la situation désespérée dans laquelle se trouve Hitler sont sans fondement, on le sait, mais la campagne qui leur fait écho dans la presse, en France et en Angleterre, est si bien orchestrée, les milieux politiques y sont si disposés à prendre leurs désirs pour des réalités que, peu à peu, l'idée que c'est la politique de conciliation qui le maintient au pouvoir en Allemagne l'emporte.

On écrit couramment que, s'il y est encore, c'est uniquement parce qu'en ne déclarant pas la guerre à l'Allemagne lors de la remilitarisation de la Rhénanie (mars 1936), ni lors de l'*Anschluss* (mars-avril 1938), ni lors de l'affaire des Sudètes (septembre 1938, Munich), ni, enfin, lors de l'occupation et du démembrement de la Tchécoslovaquie (mars 1939), les gouvernements français et anglais n'ont pas fourni l'occasion de le déposer aux généraux allemands qui y étaient disposés de longue date et n'attendaient que cette aide pour passer aux actes. Les juifs ne sont pas les derniers à écrire ces choses dans leurs journaux et dans ceux où ils ont accès.

Lorsque, le 30 août, arrive à Paris la lettre de M. Coulondre, ambassadeur de France à Berlin[282], les derniers bastions de la résistance à la guerre s'écroulent : cette fois, on ne laissera pas passer l'occasion. D'ailleurs, il n'est plus question, maintenant, de rechercher une solution équitable au problème germano-polonais. M. Chamberlain l'avouera ingénument, le 1er septembre, dans le discours par lequel il annonce, à la Chambre des communes, la remise incessante d'un ultimatum à l'Allemagne : « Nous n'avons aucun motif de querelle avec le peuple allemand, si ce n'est qu'il se laisse gouverner par un régime nazi »[283]. Celui par lequel, le 2 septembre, M. Daladier annonce la remise de l'ultimatum français, à la Chambre des députés, rend le même son : « S'agit-il seulement d'un conflit germano-polonais ? Non, Messieurs ! Il s'agit d'un nouveau pas accompli par la dictature hitlérienne, dans la

---

[282] « Le Parti flotte... Le peuple est mécontent... Hitler se demande comment sortir de l'impasse... L'épreuve de force tourne à notre avantage... Le poisson est ferré... Il faut tenir, tenir, tenir... » (cf. supra, p. 235).
[283] *Livre Bleu anglais*.

voie de la domination de l'Europe et du monde »[284]. Le problème de la paix et de la guerre était passé au plan de l'idéologie.

Aux États-Unis, le président Roosevelt veut mettre les bouchées doubles et créer, tout de suite, une atmosphère de guerre mondiale : dès qu'il apprend la signature du Pacte germano-soviétique, le 23 août, prétextant que la sécurité des États-Unis et que leurs institutions démocratiques sont menacées, il demande une réunion extraordinaire du Congrès pour lever, au profit de la France, de l'Angleterre et de la Pologne, l'embargo sur les armes prescrit par la loi de neutralité. En même temps, le sénateur Vandenberg, leader de l'opposition, demande aussi une réunion d'urgence du Congrès mais « pour renforcer le contrôle du Congrès sur les décisions autocratiques du président » et éviter qu'il ne « profite des circonstances, pour se livrer à un de ses actes de provocation dont il est coutumier »[285]. La levée de l'embargo est repoussée à la quasi-unanimité et cette décision correspond au vœu de l'opinion publique américaine, si l'on en croit un sondage d'opinion effectué le 4 septembre par l'agence Roper de New York qui donne les résultats suivants :

– Pour l'entrée en guerre aux côtés de l'Angleterre, de la France et de la Pologne   2,5%

– Pour venir en aide à l'Allemagne   0,2%

– Pour se tenir complètement à l'écart du conflit mais vendre à tout le monde, *cash and carry*   37,5%

– Pour rester à l'écart, mais vendre uniquement à la France, à l'Angleterre, à la Pologne   8,9%

– Pour rester à l'écart aussi longtemps qu'il sera possible, mais entrer en guerre aux côtés de l'Angleterre, de la France et de la Pologne, si ces nations courent le risque d'être vaincues. Entre temps, pour les aider en leur fournissant vivres et matériel   14,7%

– Pour rester à l'écart, sans rien vendre à personne   29,9%

– Pro-alliés   0,6%

---

[284] *J.O.* de la République française, Débats parlementaires, 3 septembre 1939.
[285] *Livre Bleu anglais*, p. 169.

—Pro-allemands   néant[286]

Pour que l'Amérique change d'opinion, il faudra attendre jusqu'au 7 décembre 1941, que les Japonais attaquent Pearl Harbour et que l'Allemagne lui déclare la guerre : jusque-là, elle ne s'est jamais sentie menacée par l'Allemagne, ni dans sa sécurité, ni dans ses institutions démocratiques. Depuis son accession au pouvoir, Hitler ne cessait de répéter qu'il n'avait aucune ambition sur le continent américain et qu'il eût fallu, pour en avoir, qu'il fût fou : contre la politique de Roosevelt dont, depuis son élection, tous les actes témoignent, au contraire, d'une hostilité systématique à l'Allemagne, la contre-propagande des sénateurs Vadenberg, Borah, Clark et du célèbre colonel Lindberg n'avait aucune peine à l'emporter.

Mais Roosevelt est au pouvoir, ce qui lui donne plus de prise qu'à ses adversaires sur les événements. D'autre part, son entourage israélite a une très grosse influence sur la presse. Bien avait Pearl Harbour, ils ont obtenu, de concert, des modifications sensibles de l'opinion : le 3 novembre 1939, la levée de l'embargo sur les armes qui a été refusée à Roosevelt en août, lui est accordée par le Congrès et le 11 mars 1940, il en obtient la substitution de la loi « prêt et bail » à la clause *Cash and Carry*. Ces amendements lui permettent la livraison aux puissances occidentales de tout ce dont elles ont besoin.

En août, pourtant, il n'en est encore pas là : condamné à l'impuissance par le Congrès, il cherche par des lettres et des messages, au roi d'Italie, à Hitler, au président de la République polonaise, à ses ambassadeurs à Londres et à Paris, à s'immiscer dans les affaires européennes et à y être admis avec droit de parole, de manière à en influencer le cours. Aux trois premiers, il écrit que « le gouvernement des États-Unis serait prêt, en tous temps, à apporter sa contribution à la solution des problèmes qui menacent la paix du monde ». Il harcèle M. Joseph Kennedy, son ambassadeur à Londres, pour qu'il « pousse le fer dans les reins de Chamberlain »[287].

---

[286] *Mémorial de Roosevelt*, d'après les papiers de Harry Hopkins, par R.E. Sherwood, op. cit., p. 36.
[287] Cf. supra, p. 240.

Il n'a pas besoin de harceler William Bullitt, son ambassadeur à Paris : celui-ci, aussi empressé que lui, ne cesse de promettre l'aide des U.S.A. au gouvernement français et, dans tous ses rapports à Roosevelt, de lui répéter qu'il « faut stopper les Allemands dans l'affaire polonaise ».

Sur son activité pendant cette période, nous avons l'opinion de M. Joseph Kennedy qui nous est retransmise par James Forrestal, l'ancien secrétaire des États-Unis à la défense :

« Jamais la France ou l'Angleterre n'auraient fait un *casus belli* de la Pologne sans les perpétuels coups d'épingle de Washington... Chamberlain lui a affirmé [à Kennedy] que l'Amérique et les juifs du monde entier avaient contraint l'Angleterre à la guerre... Il y a indiscutablement quelque chose de fondé dans l'opinion de Kennedy selon laquelle l'attaque de Hitler aurait pu être détournée sur la Russie. »[288]

En Allemagne, sûr de son bon droit et sûr de sa force, Hitler attend que la Pologne réponde aux propositions de négociations bilatérales sur Dantzig et le Corridor qu'il lui a annoncées le 5 janvier précédent, puis remises en bonne forme, le 21 mars, et réitérées publiquement, le 28 avril[289] : si elle n'a pas répondu le 31 août à minuit, il l'envahira le 1er septembre à l'aube, avait-il décidé au début de mai puis, au début du mois, il a ramené le délai au 26 août. Nous sommes le 23 août et jusque-là, elle n'a répondu que pour se prononcer en faveur du statu quo et décliner l'invitation.

Son bon droit ne se discute pas : il revendique Dantzig et le Corridor, mais Dantzig et le Corridor réclament leur rattachement à l'Allemagne à laquelle ils ont conscience d'appartenir et de n'avoir été arrachés, contre leur gré, que par le traité de Versailles, comme tous les territoires qu'il a réincorporés au *Reich*. Encore, en ce qui concerne le Corridor, ne revendique-t-il, contre le vœu des habitants, qu'une autostrade et une voie ferrée jouissant de l'exterritorialité pour

---

[288] *The Forrestal Diaries*, New York, 1961. p. 122.
[289] Cf. supra, p. 234, note 57.

permettre à la Prusse occidentale de communiquer avec la Prusse orientale. On ne peut pas être plus raisonnable. Quant à sa force, ses services de renseignements l'ont convaincu qu'il est militairement plus fort que l'Angleterre, la France et la Pologne réunies. Et c'était vrai.

En Italie, on se félicite du maître-coup qu'avec le Pacte germano-soviétique, Hitler a réussi. Et on exulte : cette fois, les démocraties sont à genoux, c'en est fini de l'anti-fascisme triomphant.

De Moscou, enfin, on contemple le désarroi des démocraties occidentales acculées à la capitulation ou à la guerre : on est sûr d'avoir poussé avec elles le jeu assez loin pour qu'elles ne puissent plus reculer et choisissent la guerre. Et on exulte aussi.

Le climat qui règne, ce 23 août 1939, dans toutes les capitales intéressées, à Londres, à Paris, à Varsovie, à New York, à Berlin, à Rome et à Moscou, étant ainsi reconstitué, il ne semble pas qu'il y ait un meilleur moyen de mettre en lumière les ultimes responsabilités de la guerre, que de reconstituer dans leur chronologie exacte, les événements qui se sont produits pendant les dix derniers jours qui ont précédé sa déclaration.

23 août 1939

À 13 heures, sir Nevile Henderson, ambassadeur de Grande-Bretagne à Berlin, arrive à Berchtesgaden, porteur d'un message que Chamberlain a rédigé la veille, à l'intention de Hitler, dès qu'il a su que Moscou avait rompu les pourparlers avec la délégation militaire franco-anglaise. En termes émouvants parfois, Chamberlain propose à Hitler, de rechercher avec lui, « les conditions favorables à l'instauration de négociations directes entre l'Allemagne et la Pologne ». Il n'y met qu'une condition : « qu'il soit préalablement entendu que tout arrangement auquel on pourrait arriver soit, une fois conclu, garanti par d'autres Puissances. Et il l'informe que si nécessité est, le gouvernement de Sa Majesté est décidé et prêt à mettre en œuvre toutes les forces dont il dispose. » Puis une proposition très adroite qui peut fléchir Hitler : « l'élargissement des négociations à des problèmes plus vastes, affectant l'avenir des relations internationales, y compris les questions qui nous intéressent, vous et nous »[290]. L'amitié de l'Angleterre en somme.

À 18 heures, la réponse de Hitler est remise à sir Nevile Henderson. En huit points dont l'idée générale est : « L'Allemagne ne s'est jamais dressée contre les Anglais. Au contraire. Elle s'est efforcée — mais malheureusement en vain — de se concilier l'amitié de l'Angleterre. » Ceci pour répondre à l'offre de négociations élargies.

Puis il poursuit :

« L'Allemagne est prête à régler les questions de Dantzig et du Corridor par voie de négociations et sur des bases si magnanimes, qu'on en chercherait vainement l'équivalent ailleurs... la Pologne refuse et, ce qui la fait refuser, c'est l'assurance inconditionnelle donnée par l'Angleterre de lui prêter assistance en toutes circonstances et quelles que soient les raisons dont pourrait naître un conflit... L'Allemagne, si elle est attaquée par l'Angleterre, se trouvera prête et résolue... Le règlement des problèmes européens sur une base pacifique ne relève pas d'une décision de l'Allemagne : il incombe, au premier chef, à ceux qui, depuis le Diktat de Versailles, se sont obstinément et constamment opposés à toute révision pacifique de ce Traité »[291].

Sir Nevile Henderson n'a pas été très bien reçu, ni pour remettre le message de Chamberlain, ni pour en recevoir la réponse mais, telles qu'elles sont engagées entre les deux gouvernements, les conversations paraissent susceptibles d'heureux développements.

Le même jour, ne sachant trop comment se faire intégrer à part entière dans la discussion des problèmes européens, le président Roosevelt a écrit au roi d'Italie pour lui dire que « les États-Unis seraient heureux de prendre part à des conversations pacifiques » et lui suggérer « de formuler des propositions tendant à une solution pacifique de la crise actuelle »[292].

Le roi d'Italie n'a pas répondu : sans doute a-t-il vu, dans cette lettre, un moyen de créer des dissensions entre les Puissances de l'Axe.

---

[290] Sir Nevile Henderson, *Deux ans avec Hitler*, Plon, p. 322-325.
[291] Id.1 p. 325-328.
[292] *Livre Bleu anglais*, p. 169.

Tard dans la soirée, la B.B.C. annonce que le conseil des ministres de Sa Majesté

« a décidé, en raison de la situation créée par la signature du Pacte germano-russe, de convoquer les Chambres demain 24 août, pour leur demander de voter les pleins pouvoirs qui lui permettront de prendre toutes les mesures politiques et militaires qui s'imposent ».

À Dantzig, le Sénat décide à l'unanimité de déclarer le *Gauleiter* Forster, leader du Parti national-socialiste, chef de l'État de la ville libre de Dantzig[293].

24 août

Le président Roosevelt écrit à Hitler et à M. Mosciki, président de la République polonaise pour les adjurer de s'abstenir

« de toute agression durant une période donnée et de s'engager, suivant un accord mutuel, à régler les différends qui les opposent, en recourant à l'une des trois méthodes suivantes : des négociations directes, par voie de conciliation ou en soumettant leur litige à un tribunal d'arbitrage »[294].

En terminant, il leur offre, naturellement, ses bons offices. Il n'y a pas d'apparence que Hitler ait répondu.
Le président Mosciki, par contre, répond :

« L'arbitrage et les négociations directes sont sans conteste, les meilleurs moyens de régler les litiges internationaux... Comme, dans la crise actuelle, ce n'est pas la Pologne qui demande à un autre État de lui faire des concessions, il va sans dire qu'elle est prête à s'abstenir de tout acte hostile sous réserve que la partie adverse en fasse autant »[295].

---

[293] *Akten zur Deutschen Auswärtigen Politik*, vol. VII, n° 179.
[294] Id., n° 183.
[295] *Livre Blanc polonais*, n° 90.

Pas un mot de Dantzig et du Corridor.

Le pape Pie XII lance son appel au monde[296].

À Londres, Chamberlain prononce, aux Communes, le discours annoncé la veille : c'est une paraphrase de son message à Hitler dont il reprend les termes. Il y réaffirme la résolution de l'Angleterre de soutenir la Pologne, mais laisse la porte ouverte à des négociations.

À Berlin, Goering, à qui Hitler a communiqué le message de Chamberlain et la réponse qu'il lui a faite, pense que les choses ne se sont pas trop mal passées et que le ton de cet échange de correspondance autorise des espoirs. Une ombre au tableau : Ribbentrop. Göring a piètre opinion des vertus diplomatiques du ministre des Affaires étrangères du *Reich* et il ne croit pas, qu'avec ses manières brusques et sa rigidité d'adjudant, il soit l'homme d'une situation aussi délicate. Il ne le voit pas entretenir avec les Anglais les rapports étroits et *fair play* qu'il faudrait. Alors, il songe à entrer secrètement, en contact avec le gouvernement anglais : personnellement, il ne le peut pas, mais par personne interposée, peut-être pourrait-il pallier l'incompétence, voire la mauvaise volonté de Ribbentrop, et établir, lui, entre l'Angleterre et l'Allemagne, les contacts étroits et confiants qu'il juge indispensables.

Justement, il connaît depuis 1934, un industriel suédois du nom de Birger Dahlérus qui a de nombreuses relations dans les milieux politiques et d'affaires britanniques et allemands et qui s'efforce de les rapprocher en organisant entre eux, des rencontres fréquentes : la dernière a eu lieu le 7 août, dans une petite localité, à la frontière du Sleswig-Holstein et du Danemark. Y assistaient, outre Goering et le général Bodenschaft, deux ou trois autres personnalités allemandes, dont le conseiller d'État Dr. Körner. Du côté anglais on notait aussi diverses personnalités politiques, dont M. Spencer, membre influent du parti conservateur. L'atmosphère était des plus cordiales. Entre l'Angleterre et l'Allemagne, les contacts sont établis et Göring pense que nul n'est mieux placé que Birger Dahlérus pour les exploiter.

Le discours prononcé par Chamberlain à la Chambre des

---

[296] Cf. supra, p. 227.

communes, et qu'il a entendu, l'a encore renforcé dans la conviction que son idée est bonne.

Vers minuit, un avion spécial décolle de Tempelhof : il emporte à Londres Birger Dahlérus qui est chargé d'aller dire à Chamberlain, de la part de Goering, que son discours aux Communes est très attentivement étudié à Berlin, que tout n'est pas perdu tant que l'irréparable n'est pas accompli et que Goering fera tout ce qu'il pourra pour éviter la guerre.

25 août

L'invasion de la Pologne doit avoir lieu le lendemain, à l'aube : Hitler a ordonné qu'on la prépare de telle sorte qu'à tout moment, les ordres de marche puissent être stoppés jusqu'à la dernière minute. Il prévoit que, si le colonel Beck cède, ce sera à la dernière minute...

Aux premières heures de la matinée, il écrit à Mussolini une lettre qui est un rappel discret du Pacte d'acier : « Je voudrais vous assurer, Duce, que j'aurais une totale compréhension pour l'Italie, si elle se trouvait dans une situation analogue, et que le cas échéant, vous pourriez être certain de mon attitude »[297]. Après lui avoir dit que, la Pologne, multipliant les provocations à Dantzig, y avait créé une situation intolérable et que la guerre était, maintenant, inévitable.

Avant midi, il reçoit deux informations. La première vient du président Roosevelt qui l'informe que le président de la République polonaise était prêt à régler le différend par des négociations directes : ce n'était pas vrai[298] et il n'y prend pas garde. La seconde vient de l'ambassade allemande de Londres : elle l'informe que « le peuple britannique se tient en ordre serré derrière son gouvernement... il est prêt à toute éventualité et confiant en face d'une guerre qu'il n'a pas désirée, mais qu'il considère néanmoins, comme inévitable »[299]. Celle-ci le fait réfléchir : il ne comprend pas que l'Angleterre dont il n'a jamais

---

[297] *Akten zur Deutschen Auswärtigen Politik*, vol. VII, p. 239.
[298] Cf. la réponse du président polonais, supra, p. 253.
[299] *Akten zur Deutschen Auswärtigen Politik*, vol. VI, p. 242.

cessé de rechercher l'amitié, soit à ce point, dressée contre lui, il en souffre : les Anglais, un peuple qu'il considère comme aryen ! Soudain il a une idée : le ton de son échange de correspondance avec Chamberlain lui permet encore de lui faire une proposition si généreuse qu'il ne pourra pas la refuser.

Il fait convoquer sir Nevile Henderson pour 13 h. 30. Et il appelle Keitel :

« Surseoir jusqu'à quinze heures aux préparatifs d'invasion de la Pologne pour le lendemain. »

Et voici ce qu'il propose à sir Nevile Henderson : une Alliance avec l'Angleterre, subordonnée à l'aide qu'elle lui apportera pour récupérer Dantzig et le Corridor, la garantie de l'Allemagne aux nouvelles frontières de la Pologne, Un accord sur les colonies, des garanties pour les minorités allemandes de Pologne, l'aide de l'Allemagne pour la défense de l'Empire britannique sur tous les points du globe[300].

L'entrevue a été cordiale : sir Nevile Henderson décide de partir pour Londres. Un peu avant quinze heures, le correspondant à Londres de l'Agence allemande de presse D.N.B. téléphone à Berlin que le gouvernement anglais et le gouvernement polonais viennent de signer un pacte d'assistance mutuelle en cas d'agression de l'Allemagne, soit contre la Pologne, soit contre l'Angleterre. Les termes de ce pacte précisent que l'assistance est inconditionnelle[301].

Hitler, Ribbentrop, Goering en sont stupéfaits : le colonel Beck est, maintenant, maître de décider de la guerre ou de la paix, l'Angleterre est à sa merci. Impensable !

Réaction de Hitler : il appelle Keitel et lui dit de remettre immédiatement en route toutes les opérations d'invasion de la Pologne.

Puis il appelle M. Coulondre, ambassadeur de France à Berlin et le prie d'informer M. Daladier de sa part que les provocations sont devenues intolérables, qu'il va intervenir, qu'il n'a rien contre la France,

---

[300] Témoignage de Dahlérus au Procès de Nuremberg le 19 mars 1946, C.R. des débats, t. IX p. 495 (version française).
[301] Colonel Beck, *Dernier Rapport*, p. 349, et le Livre Blanc allemand.

qu'il déplorerait d'avoir à la combattre pour la Pologne mais que, si la France l'attaque, il est prêt à cette éventualité et répondra.

Il est 17 h. 30.

À 18 heures arrive la réponse de Mussolini : l'Italie n'est pas prête pour la guerre, elle ne le sera qu'en 1943 comme il l'a dit à Hitler au moment de la signature du Pacte d'acier et elle ne pourra pas intervenir à ses côtés. Elle le soutiendra seulement, autant qu'elle le pourra, mais restera neutre. Mussolini déplore qu'il en soit ainsi, mais l'Italie n'a ni les matières premières, ni les armes nécessaires. Ah ! si l'Allemagne pouvait lui donner ces armes et ces matières premières, il en irait tout autrement, elle pourrait intervenir sans délai[302].

Hitler est perplexe : conférence avec Ribbentrop et Goering.

À 19 h. 30, il ordonne à nouveau de stopper les préparatifs d'invasion de la Pologne : les généraux allemands n'y comprennent plus rien. Puis, à toutes fins utiles, il écrit à Mussolini pour lui demander la liste de tout ce dont il a besoin pour entrer en guerre sans délai.

26 août

À 7 h. 50, sir Nevile Henderson s'envole pour Londres.

À midi, la réponse de Mussolini à la demande de Hitler arrive à la chancellerie : « Nous avons dressé une liste de nos besoins capables d'assommer un taureau, si un taureau pouvait la lire » dit le comte Ciano[303]. C'est que Mussolini maintient sa décision de ne pas entrer en guerre. Mais elle se termine par cette offre :

« Si vous pensez qu'il y ait encore une possibilité quelconque de solution politique, je suis prêt — comme je l'ai fait en d'autres circonstances — à vous donner mon appui total et à prendre telle initiative que vous pourriez estimer utile pour atteindre le but envisagé. »[304]

---

[302] *Akten zur Deutschen Auswärtigen Politik*, n° 271, vol. VII.
[303] *Journal du comte Ciano*, Cheval Ailé, t. I, p. 138.
[304] *Akten zur Deutschen Auswärtigen Politik*, vol. VII.

À 15 heures, sir Ogilvie Forbes, chargé d'affaires à Berlin remet, en l'absence de l'ambassadeur qui est à Londres, la note suivante à M. von Weizsäcker, secrétaire aux Affaires étrangères allemandes :

« Le gouvernement de Sa Majesté étudie avec soin le message de M. Hitler, en consultation avec sir Nevile Henderson. La réponse du gouvernement de Sa Majesté est en préparation et sera examinée à une réunion plénière du Cabinet. Sir Nevile Henderson reprendra, dimanche 27 août dans l'après-midi, l'avion pour Berlin, avec le texte définitif de la réponse. »[305]

À la même heure, Birger Dahlérus arrive à Berlin, porteur d'une note manuscrite de lord Halifax pour Goering : « une excellente lettre dans laquelle il indiquait de façon claire et distincte le désir du gouvernement de Sa Majesté d'en arriver à un règlement pacifique » dit M. Dahlérus[306].

À 17 heures, les experts économiques allemands ayant achevé l'examen des demandes de Mussolini en matières premières et en armes, Hitler lui répond qu'il ne peut accéder à ses désirs et lui demande seulement

« d'essayer de fixer les forces anglo-françaises par une propagande active et des démonstrations militaires adéquates »[307].

Un peu avant 19 heures, la réponse de Mussolini à cette lettre arrive à la Chancellerie : Mussolini redit à Hitler sa tristesse « d'être contraint, par des forces indépendantes de sa volonté, de renoncer à lui manifester sa solidarité au moment de l'action » et il lui renouvelle sa conviction

« qu'une solution politique, pouvant donner pleine satisfaction morale et matérielle à l'Allemagne est toujours possible »[308].

De la perplexité, Hitler passe à l'irritation.

À 19 h. 30, M. Coulondre lui apporte la réponse de Daladier à son

---

[305] Id.
[306] *Déposition à Nuremberg*, op. cit., p. 493.
[307] *Akten zur Deutschen Auswärtigen Politik*, vol. VII.
[308] Id.

message oral de la veille : c'est un message écrit.

« Aucun homme de cœur, dit-il, ne pourrait comprendre qu'une guerre de destruction puisse être engagée, sans qu'une dernière tentative d'arrangement pacifique ait lieu entre l'Allemagne et la Pologne... Chef du gouvernement français, je suis prêt à faire tous les efforts qu'un honnête homme peut accomplir afin d'assurer le succès de cette tentative. »[309]

Hitler annonce à l'ambassadeur de France qu'il répondra par écrit.
La journée se termine par un incident qui met aux prises Goering et Ribbentrop : le service de décryptage des télégrammes et de surveillance des conversations téléphoniques a enregistré toutes les conversations de Dahlérus, reconstitué ses allées et venues et informé la Wilhelmstrasse, comme il en avait mission. Colère de Ribbentrop lorsqu'il s'aperçoit que Goering a envoyé quelqu'un à Londres dans son dos. Pour comble, en début d'après-midi, la direction de la Lufthansa a téléphoné à la Wilhelmstrasse que son avion de Londres arriverait à Tempelhof à 17 h. 30 ayant à son bord M. Dalhérus, « une personnalité du *Foreign Office* »[310]. Ribbentrop y voit la preuve que Dahlérus est un agent de l'Intelligence Service et va le dire à Hitler, sa preuve en main. Explication orageuse entre Hitler, Ribbentrop et Goering...

Vers minuit, deux agents de la Gestapo se présentent à l'hôtel de Dahlérus et le conduisent chez Hitler qui l'attend en compagnie de Goering, ce qui prouve que ce dernier l'a emporté sur Ribbentrop dans l'esprit du *Führer*. Discours de Hitler :

« La Pologne ne se conduit comme elle se conduit que parce qu'elle a la garantie inconditionnelle de l'Angleterre... Depuis six mois, je lui propose des négociations... J'ai fait une offre grandiose à l'Angleterre... Elle préfère la Pologne et la guerre. J'écraserai la Pologne... Je construirai des avions, encore des avions, toujours des avions... des sous- marins, des sous-marins et encore des sous-marins... »

---

[309] *Livre Blanc allemand*, n° 460.
[310] *Akten zur Deutschen Auswärtigen Politik*, vol. VII, n° 267.

Puis finalement :

« Partez immédiatement pour Londres, allez dire le fond de ma pensée au gouvernement britannique. Je crains que Henderson ne m'ait pas bien compris et je désire sincèrement aboutir à un accord. »[311]

27 août

L'événement qui marque cette journée est la rencontre à Londres, de Birger Dahlérus avec Chamberlain. Lord Halifax, sir Horace Wilson, sir Alexander Cadogan et sir Robert Vansittart, séparément d'abord, puis tous ensemble, dans une sorte de conseil de cabinet extraordinaire. L'élément qui domine ces rencontres est que la veille, 26 août, la Pologne n'a pas été envahie comme il était prévu dans le plan primitif de Hitler : on en conclut que c'est la politique de fermeté de l'Angleterre qui le fait reculer et on n'en est que plus disposé à se montrer plus ferme encore. Cependant, les Anglais sont réalistes : le fait que Hitler leur offre de mettre les forces armées de l'Allemagne au service de l'empire britannique pour le défendre au cas où il serait menacé les offusque et leur paraît humiliant pour leur prestige et leur amour-propre, mais sa proposition d'un règlement général anglo-allemand leur paraît comporter trop d'aspects positifs pour ne pas mériter un examen attentif. Ils en retiennent donc le principe.

Arrivé à Londres à midi, Dahlérus est de retour à Berlin à minuit : Goering l'attend à l'aérodrome. Il lui montre un aide-mémoire que lui ont remis les Anglais :

« 1. Le gouvernement de Sa Majesté renouvelle solennellement son désir de maintenir de bonnes relations avec l'Allemagne. Aucun membre du Cabinet ne pense autrement ;
2. La Grande-Bretagne se sent tenue par l'honneur, de respecter ses obligations envers la Pologne ;
3. Le différend polono-allemand doit donc être résolu

---

[311] Birger Dahlérus, *The Last Attempt* (Le dernier essai), et Déposition au tribunal de Nuremberg le 19 mars 1946, op. cit., p. 494.

pacifiquement. Si une telle solution peut être atteinte, de meilleures relations anglo-allemandes en résulteront immédiatement. »³¹²

À 2 heures du matin, dans la nuit du 27 au 28 août, Goering téléphone à Dahlérus que Hitler admet la manière de voir de l'Angleterre : il accepte naturellement de régler pacifiquement le problème de Dantzig et du Corridor par des négociations directes avec Varsovie puisque c'est ce qu'il a proposé au colonel Beck le 5 janvier 1939. Le problème est donc d'obtenir du colonel Beck qu'il l'accepte aussi.

Dahlérus transmet aussitôt par fil, à l'ambassade d'Angleterre à Berlin. Il assortit son information d'un long compte rendu des réactions de Goering et de Hitler d'après Goering, sur ce qu'il lui a dit de ses rencontres de Londres : d'après ce compte rendu, Goering et Hitler se sont montrés très compréhensifs à l'égard de la position anglaise. Une phrase mérite d'en être retenue :

« Il serait souhaitable que la réponse qu'apportera sir Nevile Henderson, fasse mention du fait que l'Angleterre s'engage à faire un geste pour convaincre Varsovie. »³¹³

De cela, il n'est, en effet, pas question dans l'aide-mémoire que Dalhérus a remis à Goering.

Les autres événements de la journée sont une sorte d'expédition des affaires courantes : Hitler écrit à Mussolini, puis à Daladier. Au premier, il demande seulement de lui envoyer de la main d'œuvre pour son agriculture et son industrie. Au second il réaffirme son horreur de la guerre et sa position dans le différend germano-polonais³¹⁴.

Deux autres petits faits méritent encore d'être notés une entrevue d'un Polonais, le comte Lubienski, chef du cabinet du colonel Beck avec Peter Kleist, secrétaire d'État allemand aux Affaires étrangères et une autre de M. Guariglia, ambassadeur d'Italie, avec M. Georges

---

³¹² C.R. de la réunion tenue au *Foreign Office* le 27 août 1939 entre le Premier Ministre, Lord Halifax et Birger Dahlérus. *Livre Bleu anglais*.
³¹³ Id.
³¹⁴ *Livre Blanc allemand*, II, n° 461.

Bonnet.

Le premier qui est un Polonais pondéré vient expliquer à Peter Kleist que le colonel Beck est prisonnier de l'armée et de son opinion publique, qu'il ne demande pas mieux que de traiter, mais qu'il faut lui laisser le temps de venir à bout de ceux qui l'entraînent : il faudrait faire comprendre cela à Ribbentrop et à Hitler. Ribbentrop transmet à Hitler qui ne donne pas suite[315].

De la conversation qu'il a eue avec M. Georges Bonnet, M. Guariglia a gardé l'impression que le ministre français des Affaires étrangères serait heureux que Mussolini intervienne en médiateur[316].

28 août

En début de matinée, le temps est au beau fixe dans toutes les chancelleries : à Varsovie, le chargé d'affaires allemand qui s'est rendu au ministère des Affaires étrangères pour se plaindre des attaques répétées de la D.C.A. polonaise contre des avions allemands, s'est entendu promettre que sa protestation serait attentivement examinée alors qu'il s'attendait qu'elle soit repoussée. L'atmosphère s'en est trouvée détendue dans toutes les capitales aussitôt informées.

À Londres, lord Halifax a été favorablement impressionné par les réactions de Hitler et de Goering à la proposition qui lui a été transmise par Dahlérus et dont il a eu connaissance, tard dans la nuit. Il a eu un entretien avec l'ambassadeur de Pologne : il lui a dit qu'il avait reçu des offres intéressantes de Hitler et que le colonel Beck ne devrait pas tout compromettre par une intransigeance excessive. Puis il a envoyé le télégramme suivant à sir Howard Kennard, ambassadeur d'Angleterre à Varsovie :

« Je vous envoie, dans mon prochain télégramme, les grandes lignes de notre réponse à Hitler. Dès que vous les aurez reçues, veuillez aller

---

[315] Peter Kleist, *Entre Hitler et Staline*, Plon, Paris.
[316] Télégramme de Brauer, Chargé d'affaires allemand à Paris, *Akten zur Deutschen Auswärtigen Politik*, vol. VII, n° 306.

trouver Beck et téléphonez- moi immédiatement sa réponse. Si elle est affirmative, nous dirons à Hitler que le gouvernement polonais est prêt à entrer en discussion avec le gouvernement du *Reich* sur les bases indiquées. »[317]

À 16 heures, la réponse du colonel Beck arrive :

« Le colonel Beck exprime sa reconnaissance au gouvernement de Sa Majesté pour le projet de réponse à M. Hitler, et l'autorise à informer le gouvernement du *Reich* que la Pologne est prête à entamer immédiatement des discussions directes avec l'Allemagne. »[318]

À la même heure, l'ambassade d'Angleterre à Berlin télégraphie au *Foreign Office* de la part de Dahlérus : l'invasion de la Pologne est prévue pour le 1er septembre à l'aube et il est urgent, conclut en substance le télégramme, que la réponse anglaise aux propositions de Hitler du 25 août et à celles de Dahlérus de la veille, lui arrive.

Il n'y a plus qu'à la mettre au point : à 17 heures, sir Nevile Henderson peut s'envoler pour Berlin. À 18 heures lord Halifax téléphone à sir Ogilvie Forbes, chargé d'affaires qui fait fonction d'ambassadeur à Berlin en l'absence de sir Nevile Henderson, que celui-ci se tiendra à la disposition du chancelier Hitler à partir de 21 heures et qu'il doit en informer la Wilhelmstrasse.

À son arrivée à Berlin, à 20 h 30, l'ambassadeur d'Angleterre est informé que Hitler l'attend à 22 heures, mais il fait reculer l'entrevue à 22 h 30 car il veut faire traduire la réponse anglaise en allemand avant de la remettre à Hitler.

À 22 h 30, il est reçu à la chancellerie avec les honneurs qui ne sont dus qu'aux chefs d'État, tant Hitler veut faire montre de sa bonne volonté et de l'importance qu'il attache à l'événement. Cette solennité exceptionnelle est aussi destinée à prouver qu'il ne doute pas que la réponse anglaise soit conforme à ses désirs et marque le début d'une ère nouvelle dans les rapports anglo-allemands.

---

[317] *Documents on British Foreign Policy*, vol. VII, p. 333. 41.
[318] Id., p. 328.

L'entretien qui dure une heure un quart se déroule, d'un bout à l'autre, dans une atmosphère de calme et de dignité[319].

Hitler étudiera très attentivement la note anglaise et donnera une réponse écrite le lendemain.

Dans la nuit, vers une heure du matin, Goering fait prévenir Dahlérus par un de ses officiers d'ordonnance que, retenu à la chancellerie par l'étude de la note anglaise, il n'a pu le rencontrer, comme prévu, dans la soirée. Il l'informe que les perspectives de paix sont excellentes et qu'il le verra dans la matinée[320].

Le temps est resté au beau toute la journée.

À Rome, Mussolini que son ambassadeur à Berlin, M. Attolico, tient au courant des événements, heure par heure, est de plus en plus enclin à entrer en scène dans le rôle de médiateur : dans la soirée, il l'envoie dire à la Wilhelmstrasse qu'il pense que les droits de l'Allemagne sur Dantzig doivent être reconnus *a priori* et que, pour le reste (colonies, matières premières, limitation des armements) il suggère une conférence à quatre ou à cinq.

29 août

La journée se déroule dans une atmosphère de mobilisation générale. En France, six cent mille hommes ont rejoint leurs casernements. En Italie, Mussolini a garni les frontières franco-italiennes et mis partout, en Libye, en Ethiopie, en Sardaigne et en Sicile, son aviation en état d'alerte. En Slovaquie, le gouvernement a mis son territoire à la disposition de la Wehrmacht. En Belgique, on a rappelé douze divisions. En Espagne, le général Franco fortifie la frontière des Pyrénées. En Hongrie, on mobilise contre la Roumanie et vice-versa. Il n'est pas jusqu'en Suisse où on rappelle les troupes de couverture des frontières.

Mais la mobilisation la plus grave est celle qui est décrétée en

---

[319] Nevile Henderson, *Deux ans avec Hitler*, op. cit.
[320] Déposition de Dahlérus à Nuremberg, op. cit., p. 498.

Pologne au début de l'après-midi : la veille, Beck a promis aux Anglais d'entamer des négociations directes avec Berlin et aujourd'hui... Les deux attitudes ne sont pas conciliables : c'est la preuve que les intentions du colonel Beck ne sont pas pures. Outrés, MM. Léon Noël, ambassadeur de France à Varsovie et sir Howard Kennard, ambassadeur d'Angleterre, viennent le lui dire et protestent véhémentement. En vain.

À Berlin, cette mobilisation générale produit une émotion d'autant plus intense que, durant toute la nuit, des rapports alarmants sur les attaques de la D.C.A. polonaise contre les avions allemands et les incidents de frontières entre Polonais et Allemands se sont entassés sur le bureau de Hitler. Les généraux allemands s'alarment : il faut agir tout de suite ou alors, repousser toute l'affaire au printemps. Ils penchent pour l'action immédiate : la Pologne ne s'inclinera pas. En tout cas, il ne faut pas donner un ordre qui serait éventuellement, comme pendant les cinq jours qui viennent de s'écouler, suivi d'un contre-ordre : l'hiver vient qui risque de stopper les opérations avant qu'elles soient menées à bonne fin. Pour une fois, Hitler qui ne tient jamais aucun compte des doléances de ses généraux, les écoute : si les négociations n'aboutissent pas dans les quarante-huit heures, il réglera le compte de la Pologne.

Les généraux repartent contents.

En début d'après-midi, le roi des Belges et la reine de Hollande offrent leur médiation.

À 16 h 40, Mussolini offre la sienne : « Si l'Allemagne désire que l'Italie entreprenne ou dise quelque chose à Londres, le Duce est entièrement à la disposition du *Führer* » écrit-il à Hitler[321].

À Berlin, sir Nevile Henderson est convoqué à la Chancellerie à 19 h 15 pour y prendre la réponse de Hitler à la note anglaise. Le ton en est conciliant mais ferme. Elle contient cette phrase : « Le gouvernement allemand compte sur l'arrivée du plénipotentiaire polonais demain mercredi 30 août 1939. »[322]

L'ambassadeur d'Angleterre sursaute : le délai est beaucoup trop

---

[321] *Akten zur Deutschen Auswärtigen Politik*, vol. VII, n° 372.
[322] *Livre Blanc allemand et Documents on British Foreign Policy*.

court, jamais l'Angleterre ne pourra décider, en vingt-quatre heures ou au maximum trente, le colonel Beck à envoyer un plénipotentiaire à Berlin.

Là-dessus, une discussion s'engage qui devient rapidement houleuse et se termine par un éclat. Hitler s'entête sur la date : le 29 août à 16 heures, le colonel Beck s'est déclaré « prêt à entamer immédiatement des discussions directes avec l'Allemagne »[323] et, s'il est de bonne foi, il doit s'être préparé. Sir Nevile Henderson s'entête de son côté. On échange des mots. Les deux hommes se quittent très en froid.

Bien que très abattu parce qu'il juge tout perdu, sir Nevile Henderson demande à M. Lipski de venir le voir : il lui raconte son entretien avec Hitler et il l'adjure de presser le colonel Beck d'envoyer un plénipotentiaire à Berlin dans le délai imparti. Il contacte ensuite M. Coulondre, ambassadeur de France, lui fait aussi le récit de son entretien avec Hitler et il l'adjure de même de recommander au gouvernement français d'intervenir à Varsovie. Puis c'est au tour de l'ambassadeur d'Italie, M. Attolico, qu'il presse de demander à Mussolini d'intervenir, lui aussi à Varsovie. Enfin, il envoie par télégramme, le compte-rendu de son entrevue avec Hitler à lord Halifax : tout en regrettant que le délai soit si court, il insiste sur le fait que la venue d'un plénipotentiaire polonais à Berlin, dans ce délai, est la seule chance d'éviter la guerre[324].

À 22 h 30, sir Ogilvie Forbes, de l'ambassade d'Angleterre, vient trouver Dahlérus à son hôtel pour l'informer que l'entrevue Hitler-Henderson a mal tourné et que les deux hommes se sont séparés après une violente discussion. Il est catastrophé et il lui demande ce qu'il pense qu'on pourrait faire pour réparer les dégâts. Au milieu de la conversation, coup de fil de Goering, qui demande à Dalhérus de partir immédiatement pour Londres et lui donne comme mission d'essayer d'expliquer ce malheureux incident au gouvernement britannique en insistant sur le fait que le *Führer* met au point des propositions qu'il fera le lendemain au plénipotentiaire polonais, s'il vient, et que ces

---

[323] Cf. supra, p. 234.
[324] *Documents on British Foreign Policy*, vol. VII.

propositions surprendront les Anglais par leur modération[325].

30 août

À 4 heures du matin, sir Nevile Henderson reçoit de lord Halifax un télégramme, daté de la veille à 22 h 25, qui lui dit que la note allemande est à l'étude mais qu'il ne faut pas compter que l'Angleterre pourra faire arriver un plénipotentiaire polonais à Berlin d'ici à 24 heures. Avertir les autorités du *Reich*[326].

À 5 heures, Dahlérus s'envole pour Londres et y arrive à 8 h 30.

À la Chancellerie du *Reich*, Hitler occupe toute la matinée à mettre au point, avec le concours d'une équipe de juristes et de diplomates, les conditions qu'il remettra au plénipotentiaire polonais. Il prolonge au 31 août à minuit leur acceptation par le gouvernement polonais. Elles sont modérées : il a renoncé à la province de Posen et accepté, sur conseil de Goering, un plébiscite dans le couloir[327].

Benoist-Méchin prétend que, quarante-huit heures après, lady Diana Duff Cooper, épouse de l'ancien premier lord de l'Amirauté qui a démissionné, « les trouvera si raisonnables que son mari est effrayé à la pensée que l'opinion britannique puisse partager l'opinion de sa femme »[328]. Il paraît exact que, si le peuple français et le peuple anglais avaient connu ces propositions, le 30 août, Paris et Londres n'eussent pas pu déclarer la guerre à l'Allemagne sans déclencher une vague de protestations qui eût imposé la paix.

À 10 heures, Dahlérus rencontre Chamberlain, lord Halifax, sir Horace Wilson et sir Alexander Cadogan au *Foreign Office*. Il leur dit que Hitler n'a pas pris au tragique l'incident qui l'a opposé, la veille, à sir Nevile Henderson. Eux non plus.

À partir de 12 h 30, sur demande de Lord Halifax qui veut confirmation officielle de ce que Dahlérus lui dit et a besoin de

---

[325] Déposition de Dahlérus à Nuremberg, op. cit., p. 498.
[326] *Documents on British Foreign Policy*, vol. VII.
[327] Cf. ces conditions, supra, note 57, p. 234.
[328] Benoist-Méchin, *Histoire de l'Armée allemande*, t. VI, n. 2, p. 64.

quelques précisions supplémentaires, Dahlérus a plusieurs entretiens téléphoniques avec Goering à Berlin. Lord Halifax est chaque fois satisfait des réponses.

À 13 heures, le chef du *Foreign Office* reçoit la réponse à un télégramme qu'il a envoyé la veille au soir à son ambassadeur à Varsovie, sir Howard Kennard, pour l'informer du délai imparti par Hitler pour l'arrivée à Berlin d'un plénipotentiaire polonais. En substance : sir Howard Kennard est certain que le colonel Beck préférera se battre et succomber plutôt que d'envoyer quelqu'un ou d'aller lui-même à Berlin subir le sort du président Hacha. Il suggère que la rencontre ait lieu dans un pays neutre ou en Italie pour qu'elle se déroule entre partenaires égaux en droits et que le délégué polonais soit assuré de sa sécurité[329]. Mais Hitler veut qu'elle ait lieu à Berlin.

Depuis midi, les conditions allemandes sont prêtes : toute la journée, Hitler attendra en vain qu'un émissaire polonais vienne en prendre connaissance.

C'est que la journée du 30 août est celle où les rumeurs sur la situation désespérée de Hitler ont atteint le plus d'ampleur. C'est ce jour-là que, l'ambassadeur de France a écrit à M. Daladier que « le poisson est ferré... »[330].

À Varsovie, le colonel Beck est persuadé que Hitler bluffait lorsqu'il menaçait d'envahir la Pologne le 26 août et que ce n'était qu'une manœuvre d'intimidation : nous sommes le 30 et il ne s'est rien passé. Il est persuadé qu'il bluffe encore en l'annonçant pour le 1er septembre à l'aube. En réalité, pense-t-il, Hitler doit surmonter une crise intérieure sans précédent : les nouvelles qui lui sont parvenues d'Allemagne font état du mécontentement des généraux, de la démission du chef d'état-major Halder, de l'opposition de Brauchitsch, d'une dépression nerveuse qu'aurait eue le *Führer*, du coup d'État que préparent les généraux et qu'ils déclencheront dès la déclaration de guerre de la France et de l'Angleterre etc. Un Allemand se disant membre de l'opposition est allé raconter ces choses à sir Nevile Henderson à

---

[329] *Documents on British Foreign Policy*, vol. VII.
[330] Cf. supra, p. 246, note 5.

Berlin[331] et celui-ci les a transmises à lord Halifax : le chef du *Foreign Office* en est lui-même ébranlé, bien que sir Nevile Henderson lui ait dit qu'il pouvait s'agir d'un provocateur.

Le colonel Beck pense qu'on touche au but et qu'il suffit de tenir encore 24 heures : il n'ira pas à Berlin et il n'y enverra personne.

À 23 heures, Ribbentrop pense qu'aucun plénipotentiaire polonais ne viendra plus. Il demande à sir Nevile Henderson de passer le voir. Rendez-vous est pris pour 23 h 30, mais, retenu par un empêchement de dernière minute, l'ambassadeur ne peut arriver qu'un peu après minuit.

Ribbentrop se montre d'une rare insolence. À un moment donné, les deux hommes dressés l'un contre l'autre comme deux coqs au combat sont sur le point d'en venir aux mains. Pour terminer, Ribbentrop, bien que, dit-il, sur un ton sarcastique, les délais impartis pour l'envoi d'un plénipotentiaire polonais soient écoulés, donne lecture à sir Nevile Henderson des conditions, rédigées en seize points, qui auraient été proposées par l'Allemagne à la Pologne pour le règlement du différend qui les oppose. Après lecture, l'ambassadeur d'Angleterre demande à Ribbentrop de lui remettre cette note pour qu'il puisse l'étudier à tête reposée et la transmettre à son gouvernement : fait jusque-là inconnu dans les annales diplomatiques, Ribbentrop refuse. Sir Nevile Henderson est si surpris qu'il en reste pantois, croit n'avoir pas bien entendu et répète sa demande : « d'ailleurs tout cela est dépassé puisqu'il est plus de minuit et qu'aucun négociateur polonais ne s'est présenté », répond, rageur, le ministre du *Reich*.

« C'était donc bien un ultimatum, dit alors sir Nevile Henderson outré. »[332]

Et c'est sur ces mots que se termine l'entretien. Sir Nevile Henderson se retire en silence, convaincu que le dernier espoir de paix vient de s'envoler.

---

[331] C'était en effet un provocateur dont le nom n'a pas été divulgué.
[332] Relaté d'après sir Nevile Henderson, *Deux ans avec Hitler*, op. cit., p. 290 sq.

À minuit, Dahlérus qui est rentré de Londres est chez Goering. Les deux hommes se congratulent et se félicitent mutuellement du ton des propositions de Hitler et de leur contenu : ça y est, la paix est sauvée !

Dahlérus qui veut faire partager sa joie à sir Ogilvie Forbes, l'appelle au téléphone et c'est alors qu'il apprend ce qui vient de se passer entre sir Nevile Henderson et Ribbentrop. Il est catastrophé. Mis au courant, Goering ne l'est pas moins : d'autorité, il décide que Dahlérus doit lire la note, au téléphone, à sir Ogilvie Forbes, ce qui est fait immédiatement. Espérons que tout n'est pas perdu, se disent les deux hommes.

Aussitôt informé de l'incident par Goering, Hitler le félicite. Il est deux heures du matin.

Mais lorsque sir Ogilvie Forbes veut lui remettre le texte de la note, sir Nevile Henderson est introuvable : il a quitté l'ambassade sans rien dire à personne. Sir Ogilvie Forbes n'a d'autre ressource que de la poser sur son bureau.

Il faut rendre un hommage spécial à sir Nevile Henderson : si déprimé qu'il fût par l'algarade qu'il avait eue avec Ribbentrop, par acquit de conscience, bien que sans illusions, il s'était rendu chez l'ambassadeur de Pologne pour lui dire qu'autant qu'il avait pu comprendre, les propositions allemandes ne prévoyaient que la cession de Dantzig et un plébiscite dans le Corridor, qu'à son sens, elles n'étaient pas trop déraisonnables mais qu'étant donné la gravité de la situation, il devrait proposer une rencontre Goering-Ridz-Smigly à son gouvernement. À son sens, avait-il ajouté, une négociation quelconque n'avait aucune chance d'aboutir si elle était engagée sous l'égide de Ribbentrop[333].

M. Lipski promet de transmettre.

Sir Nevile Henderson était un homme consciencieux et un grand ambassadeur, comparé à M. Coulondre...

---

[333] Id.

31 août

Les journaux du matin annoncent que le pape Pie XII a adressé un appel pathétique à Hitler et au président Mosciki pour les adjurer, l'un et l'autre, de faire tout ce qui est en leur pouvoir pour éviter les incidents et s'abstenir de tout acte susceptible d'accroître la tension actuelle. Ils annoncent aussi que Mussolini s'est offert en médiateur entre l'Allemagne et la Pologne.

À 9 heures, sir Nevile Henderson arrivant à son bureau trouve la note que sir Ogilvie Forbes y a déposée à deux heures du matin : il téléphone à Dahlérus pour le remercier. Pour que cette note arrive plus vite aux Polonais, il lui suggère d'aller la porter à l'ambassade de Pologne.

À 10 heures, Dahlérus se rend à l'ambassade de Pologne accompagné de sir Ogilvie Forbès : ça ne m'intéresse pas : leur répond M. Lipski, si une guerre a lieu, une révolution éclatera en Allemagne et les troupes polonaises marcheront sur Berlin, alors[334]... M. Lipski a, visiblement, reçu la visite du membre de l'opposition allemande qui s'était rendu chez sir Nevile Henderson, mais lui, ne s'est pas demandé s'il s'agissait d'un provocateur : il l'a cru sur parole.

Entre Paris, Londres, Rome et Varsovie, le téléphone ne chôme pas. De Berlin, M. Coulondre qui a perdu son optimisme de la veille, informe M. Bonnet qu'il serait bon qu'il exerçât une pression sur Varsovie. De Rome, M. François Poncet fait la même, suggestion en ajoutant que, si on obtenait que la Pologne cédât Dantzig, Mussolini pourrait faire une intervention à Berlin et qu'il serait, peut-être, encore possible d'éviter la guerre. M. Georges Bonnet transmet à Londres et il obtient l'accord de Lord Halifax : tous deux téléphonent dans ce sens aux deux ambassadeurs français et anglais à Varsovie.

À 11 heures, MM. Léon Noël et Howard Kennard se rendent chez le colonel Beck : après une discussion serrée, celui-ci consent à ce que M. Lipski se rende à la Wilhelmstrasse. La nouvelle est aussitôt

---

[334] Déposition de Dahlérus à Nuremberg, op. cit., p. 500.

transmise dans toutes les capitales. Elle arrive chez Hitler à 13 h 30, au moment précis où il s'apprêtait à signer la directive n° 1 pour la conduite de la guerre, il pose sa plume et décide d'attendre encore jusqu'à la fin de la journée.

À la même heure, M. François-Poncet appelle M. Georges Bonnet au téléphone et l'informe que, si la France et l'Angleterre acceptent, Mussolini offre d'inviter l'Allemagne à une conférence qui aurait lieu le 5 septembre et aurait pour but d'examiner les clauses du Traité de Versailles qui sont à l'origine de la crise. Bonnet acquiesce. Les Anglais consultés pensent qu'il s'agit d'un piège, qu'il serait sans doute maladroit de refuser mais qu'il ne faut accepter que si au préalable Hitler accepte la démobilisation générale de toutes les armées dans tous les pays, ce que, pense-t-il, Hitler refusera. M. Bonnet répond que le Conseil des ministres français tranchera[335].

À la même heure encore, arrive dans toutes les Chancelleries la proposition de Pie XII[336].

À 14 heures, les instructions du colonel Beck sont entre les mains de l'ambassadeur de Pologne à Berlin : elles comportent, par malheur un paragraphe secret ainsi rédigé :

« Ne vous laissez entraîner, en aucun cas, à des discussions techniques, Si le gouvernement du *Reich* vous fait des propositions orales ou écrites, vous déclarerez que vous ne possédez nullement les pleins pouvoirs pour recevoir ou discuter ces propositions, que vous êtes seulement habilité à les transmettre à votre gouvernement et à solliciter de nouvelles instructions »[337].

Les services de décryptage des télégrammes et de surveillance des communications téléphoniques du *Reich* ont intercepté ces instructions : au moment où M. Lipski se présentera à la Wilhelmstrasse, Ribbentrop sait donc déjà qu'il recevra un simple facteur au lieu de la délégation habilitée à traiter qu'il attendait. Le

---

[335] Georges Bonnet, *La Défense de la Paix*, vol. II. p. 335.
[336] Cf. supra, p. 228.
[337] Déposition de Dahlérus à Nuremberg, op. cit., p. 500.

gouvernement polonais veut faire traîner les choses et les enliser dans le maquis de la procédure, en conclut-il. Et il ne se trompe pas.

À 16 heures, M. Lipski demande une audience à Ribbentrop : on lui donne rendez-vous à 18 h 30.

À 18 heures, le Conseil des ministres français réuni à l'Élysée sous la présidence de M. Albert Lebrun, décide d'envoyer le télégramme suivant à Mussolini :

« Le gouvernement français observe qu'une conversation directe germano- polonaise étant engagée, c'est seulement en cas d'échec de cette conversation que la conférence devrait se réunir. »[338]

Mais avant de l'envoyer à Rome, M. Georges Bonnet décide d'en soumettre les termes à M. Chamberlain pour que les deux gouvernements synchronisent leur action : l'accord de M. Chamberlain n'arrivera jamais. Et la réponse française ne partira pour Rome que le lendemain et pas en ces termes car, entre-temps, les événements auront évolué. L'Angleterre d'autre part, ne s'y associera pas.

À 18 h 30, M. Lipski est reçu par Ribbentrop. Le ministre des Affaires étrangères du *Reich* le reçoit debout. L'entrevue ne dure que quelques minutes et se limite à une question et une réponse : Ribbentrop demande à l'Ambassadeur polonais s'il a les pleins pouvoirs et, aussitôt qu'il en a reçu une réponse négative, le fait reconduire par un huissier[339].

Cette fois, tout est fini.

À 19 heures, M. Attolico vient demander à Hitler s'il estime que le Duce doit poursuivre ses efforts dans le sens d'une médiation et il n'en obtient qu'une réponse négative.

À 21 h 15, la Radio du *Reich* diffuse les conditions faites à la Pologne et les accompagne du commentaire suivant :

« Le *Führer* et le gouvernement du *Reich* ont attendu pendant deux jours, la venue d'un plénipotentiaire polonais. En vain. De ce fait, le

---

[338] Georges Bonnet, *La Défense de la Paix*, vol. II, p. 342, n° 1.
[339] Paul Schmidt, *Statist auf diplomatischer Bühne*, p. 460.

gouvernement du *Reich* considère ses conditions comme pratiquement repoussées, bien qu'à son avis, elles étaient, non seulement plus qu'équitables, mais acceptables dans la forme où elles avaient été rédigées et portées à la connaissance du gouvernement britannique. »[340]

À 21 h 15, sir Nevile Henderson est convoqué à la Wilhelmstrasse et M. Coulondre à 21 h 25 : à chacun M. von Weizsäcker remet « pour information », les conditions allemandes.

À 21 h 30, Hitler signe la Directive n° 1 pour la conduite de la Guerre : les troupes allemandes envahiront la Pologne demain 1er septembre, à 4 h 45.

1er septembre

À 4 h 45, donc, les troupes allemandes se mettent en mouvement. Elles attendaient sur tous les fronts : en Prusse-Orientale, en Poméranie, en Silésie et jusque dans les Beskides. À 8 heures, le front polonais a craqué partout, l'aviation pilonne systématiquement les dépôts de munitions, les aérodromes, les gares, les nœuds ferroviaires et routiers. Le *Führer* n'a attaqué qu'avec 53 divisions sur les 120 qu'il possède : il ne croit pas à une intervention franco-anglaise à l'Ouest mais, par précaution, il a affecté le reste à cette éventualité. À midi, elles s'enfoncent en Pologne, selon l'expression du général Gamelin, « comme dans du beurre »... Les 80 divisions polonaises n'offrent qu'une résistance de principe.

À Londres, à Paris et à Varsovie, on est doublement surpris : d'abord, on n'aurait jamais cru que Hitler aurait osé, ensuite que les armées polonaises offriraient si peu de résistance. Sur le coup d'État des généraux allemands, il faut bien vite déchanter : les généraux allemands, même les plus hostiles à Hitler, sont unanimes à vouloir régler le cas polonais, plutôt par la guerre que par la négociation. Pourquoi ? Parce que, dans le souci de ne pas compromettre la négociation, Hitler a abandonné la province de Posen aux Polonais et

---

[340] *Livre Blanc allemand*, vol. II, n° 469.

ils le lui reprochent : par la guerre, ils pourront la récupérer. Ils sont enchantés. Tous : chez eux l'intérêt national l'emporte sur l'idéologie.

Cet aspect des choses échappe totalement à Paris et à Londres : on y constate seulement que le coup d'État n'a pas eu lieu, on ne se demande pas pourquoi, on l'espère toujours et on n'en est pas moins résolu à secourir la Pologne.

À 8 heures, le Sénat de Dantzig proclame le rattachement au *Reich*, de la ville libre et du territoire qui l'entoure : l'enthousiasme est indescriptible aussi bien dans les rues qu'au Sénat.

À 10 heures, discours de Hitler au Reichstag : il annonce sa décision et en fait l'historique. Le Reichstag est tout aussi enthousiaste.

Pendant ce temps, l'activité diplomatique s'est transposée sur l'axe Paris- Londres. À Paris, MM. Daladier et Bonnet sont réunis au ministère de la Guerre, chez M. Daladier : ils décident de réunir le Conseil des ministres pour approuver la mobilisation générale, les Chambres pour examiner la conduite à tenir, et d'envoyer la réponse française à l'Italie.

Sur cette réponse, Paris et Londres ne sont pas d'accord. Londres estime que le projet est dépassé, que la conférence prévue par Mussolini n'est plus possible qu'à la condition préalable que Hitler cesse les hostilités et retire ses troupes en arrière des frontières polonaises.

À 11 heures, M. Corbin, ambassadeur de France à Londres, le dit à M. Bonnet de la part de Lord Halifax. Il ajoute que le Parlement britannique doit se réunir à 16 heures pour approuver « un ultime avertissement » adressé à l'Allemagne dans ce sens.

À 11 h 50, M. Bonnet informe M. François-Poncet à Rome que la France accepte le projet italien.

À 17 heures, Lord Halifax lui téléphone : il n'est plus question de la réponse anglaise à Mussolini, mais uniquement de « l'ultime avertissement » que le Parlement britannique vient d'approuver. Lord Halifax en lit les termes à M. Bonnet et il suggère que l'ambassadeur de France aille le porter à M. Ribbentrop, dans la soirée, en même temps que l'ambassadeur d'Angleterre puis, que tous deux demandent leur passeport. Il ne prononce pas le mot mais, dans son esprit, cet

« ultime avertissement » est un ultimatum qui doit être suivi de la rupture des relations diplomatiques.

M. Bonnet n'accepte pas que l'ambassadeur de France demande son passeport sans que le Parlement français, qui doit se réunir le lendemain à 15 heures, se soit prononcé. La Constitution de la France l'impose. Mais il accepte les termes de l'avertissement. Les deux hommes tombent difficilement d'accord, mais ils y tombent : ils feront remettre une « note ». Il ne semble pas que M. Bonnet se soit rendu compte qu'après la remise de cette « note », la conférence projetée par Mussolini ne serait plus possible et que ce dont il s'agissait maintenant, c'était d'un Armistice entre l'Allemagne et la Pologne, seul susceptible de la rendre possible. Or, la « note » ne va pas dans ce sens.

D'autre part, le colonel Beck n'était pas disposé à proposer un armistice à l'Allemagne et rien ne pouvait être fait sans son accord. M. Bonnet ne le savait pas encore mais, lorsque M. Noël vint, vers 20 heures, parler à Beck de la conférence projetée par Mussolini, il avait répondu :

« Nous sommes en guerre comme suite à une agression non provoquée. La question qui se pose n'est pas celle d'une conférence, mais celle de l'action que les Alliés doivent mener en commun pour repousser cet assaut. »[341]

Le télégramme de M. Léon Noël qui donnait cette information, n'était parti de Varsovie qu'à 21 h 41 et arrivé à Paris qu'à 2 h 15 le 2 septembre.

Enfin, dans l'histoire des guerres, il n'y a pas d'exemple que celui à qui un Armistice est demandé, qui est généralement le plus fort et dont les troupes progressent sur le territoire adverse, ait retiré ses troupes sur ses frontières avant que les conversations ne soient engagées : la cessation des hostilités ne se fait jamais que les troupes immobilisées sur place, et elles ne se retirent que la Convention d'Armistice signée, selon un plan qu'elle prévoit. C'est une règle qui n'a jamais souffert aucune exception : en 1940, lorsque le Maréchal Pétain a sollicité

---

[341] *Livre Jaune français*, p. 388, n° 343.

l'Armistice, il ne lui serait jamais venu à l'idée de demander, qu'au préalable, les troupes allemandes se replient sur le Rhin. Et cela se conçoit : un Armistice n'est pas la paix, on peut ne pas s'entendre et la guerre peut reprendre.

Si donc le retrait des troupes allemandes sur leurs positions de départ était la condition préalable à toute reprise des discussions, il était exclu que l'on aboutisse car il était exclu que Hitler accepte cette condition absolument inacceptable. Autant dire qu'on ne voulait pas ou plus négocier. Les choses se seraient présentées sous un tout autre jour si, au lieu de cette « note » qui était, au fond, un ultimatum, la France et l'Angleterre avaient, tout en protestant, remis une proposition de cessation des hostilités sur place, assortie de la conférence projetée par Mussolini et suggérée par Pie XII dans une forme à peine différente.

À 21 h 30, sir Nevile Henderson remet la « note » anglaise à Ribbentrop. À 22 heures, M. Coulondre lui remet la française. Elles se terminent toutes deux ainsi :

« À moins que le gouvernement allemand ne soit disposé à donner des assurances satisfaisantes qu'il a suspendu toute action agressive contre la Pologne et est prêt à retirer promptement ses forces du territoire polonais, le gouvernement français[342] remplira sans hésitation ses obligations à l'égard de la Pologne. »[343]

On peut soutenir qu'il ne s'agit pas d'un ultimatum, mais c'est jouer sur les mots : il manque seulement un délai de réponse pour qu'il en soit un.

À l'un et à l'autre, Ribbentrop se borne à répondre qu'il transmettra au *Führer* et qu'il leur fera parvenir sa réponse dès qu'il sera en sa possession.

---

[342] La note anglaise dit, ici, « le Gouvernement anglais ».
[343] *Livre Jaune français*, p. 390, n° 345.

2 septembre

La situation de la Pologne est désespérée : ses fortifications sont démantelées, son système ferroviaire et son aviation à moitié détruits. Ses ambassadeurs à Londres et à Paris exigent l'aide promise « dès la déclaration de guerre ». Le colonel Beck lui-même multiplie les appels.

À 8 heures, l'Agence Havas publie le communiqué suivant :

« Le gouvernement français, comme plusieurs autres gouvernements, a été saisi, hier, d'une proposition italienne, visant au règlement des difficultés européennes. Après en avoir discuté, il a donné une réponse positive. »

La nouvelle vient de Rome et elle est fondée sur l'acceptation donnée à M. François-Poncet par M. Bonnet la veille à 11 h 50.

À 8 h 30, le comte Ciano a téléphoné à son ambassadeur à Paris, M. Guariglia, pour savoir si la note remise la veille au soir à Ribbentrop avait le caractère d'un ultimatum : non.

À 10 heures, Mussolini charge son ambassadeur à Berlin, M. Attolico, d'aller porter le message suivant à Hitler :

« À titre d'information et tout en laissant la décision au *Führer*, l'Italie fait savoir qu'elle aurait encore la possibilité de faire accepter par la France, l'Angleterre et la Pologne, une conférence fondée sur les propositions suivantes :
1. Un Armistice qui laisserait les armées sur les positions qu'elles occupent actuellement ;
2. La convocation d'une conférence qui se tiendrait dans un délai de deux ou trois jours ;
3. Une solution du conflit germano-polonais qui ne pourrait être que favorable à l'Allemagne, étant donné l'état actuel des choses.

La France s'est déclarée, aujourd'hui, particulièrement favorable à cette idée du Duce.

Dantzig est déjà retourné à l'Allemagne et le *Reich* détient, d'ores et déjà, des gages suffisants pour assurer la réalisation de la plupart de ses revendications. De plus, il a obtenu une satisfaction morale. Si le *Führer* acceptait le projet de conférence, il atteindrait la totalité de ses objectifs, tout en évitant une guerre qui apparaît, dès à présent, comme devant être longue et généralisée.

Sans vouloir exercer la moindre pression, le Duce n'en attache pas moins la plus grande importance à ce que la communication ci-dessus soit immédiatement portée à la connaissance de M. von Ribbentrop et du *Führer*. »[344]

À 12 h 30, lorsque M. Attolico se présente à la Wilhelmstrasse, Ribbentrop est justement sur le point de donner une réponse négative aux notes qui lui ont été remises la veille par les ambassadeurs de France et d'Angleterre : il veut bien surseoir, mais il lui faut, pour cela, l'assurance que ces notes ne sont pas des ultimatums. Si elles en sont, il répondra par la négative.

M. Attolico va lui chercher ces assurances chez sir Nevile Henderson et les lui rapporte à 12 h 50.

À 14 h 15, le comte Ciano téléphone à M. Bonnet : il l'informe que Hitler n'a pas refusé de prendre le projet italien en considération, que la Pologne sera invitée et il le prie de lui confirmer que la note française n'était pas un ultimatum. M. Bonnet confirme mais, pour la conférence, étant donné l'évolution des événements depuis hier, il doit consulter M. Daladier et le gouvernement anglais avant de donner une réponse définitive. Il rappellera le comte Ciano, dès qu'il sera fixé. Tout ce qu'il peut dire, c'est que, personnellement, il acquiesce de tout cœur au projet italien.

À 14 h 45, le comte Ciano est en communication avec Londres. Informé de la réponse de Ribbentrop et des espoirs qu'elle autorise, ainsi que de l'assentiment de M. Bonnet, lord Halifax répond que « l'offre du Duce ne pourrait être retenue que si les troupes allemandes reculaient jusqu'à la frontière et évacuaient jusqu'à la dernière parcelle du territoire polonais. » Toutefois, il en parlera au premier ministre, lequel soumettra, sans aucun doute, la proposition au Conseil de Cabinet convoqué pour 16 heures. Ensuite de quoi, il rappellera le comte Ciano pour lui donner la réponse définitive de l'Angleterre[345].

---

[344] *Akten zur Deutschen Auswärtigen Politik*, p. 425.
[345] *Documents on British Foreign Policy*, n° 710.

À 15 heures, réunion du parlement français. Il s'agit d'en obtenir l'envoi d'un ultimatum dans les formes à l'Allemagne. Du côté du Sénat, M. Daladier ne nourrit aucune inquiétude : la décision y est acquise à une majorité voisine de l'unanimité. En ce qui concerne la Chambre, c'est différent. Ce qu'il redoute, ce n'est pas de n'y pas trouver de majorité, mais de s'y heurter à une forte minorité. Il pense que tous ceux qui, dans la précédente législature, ont voté contre le Pacte franco-soviétique, parce que, disaient-ils, ce Pacte c'était la guerre, ne se déjugeront pas, maintenant que la guerre est là. Or, ils étaient 164, le 27 février 1936 et, environ 130 de ceux-là ont survécu aux élections législatives de mai 1936. Sur une question de politique intérieure, il aurait donc une forte majorité. Sur une question aussi grave qu'un ultimatum à l'Allemagne et que la guerre, c'est une forte minorité et elle témoigne de la division de la nation.

En plus, il y a les Communistes : depuis la signature du Pacte germano- soviétique, ils sont pour une politique de conciliation avec l'Allemagne et ils font campagne pour que la France s'associe à l'Allemagne et à la Russie pour sauver la paix. Ils voteront contre, et ils sont 72 : portée aux environs de 200, la minorité devient catastrophique. Il faut donc trouver un moyen d'éviter un vote.

Il faut aussi trouver un moyen d'éviter un débat car, dans les opposants, il y a de fortes têtes : Gaston Bergery, François Piétri, Jean Montigny, Frot, Xavier Vallat. Le gouvernement, certes, n'a rien laissé filtrer de la proposition italienne dans la presse[346]. L'Agence Havas a même démenti son communiqué du matin sur son acceptation par le gouvernement français, mais ceux-là savent. Si l'opinion l'apprend par eux, un fort courant d'hostilité à un ultimatum à l'Allemagne risque d'y faire des dégâts. Car, les conditions dans lesquelles se fait la mobilisation attestent qu'elle n'est pas très chaude pour une guerre, l'opinion publique : on rejoint les centres de mobilisation, mais c'est

---

[346] On se souvient que, lors de la ratification du Pacte franco-soviétique, une interview donnée par Hitler à Bertrand de Jouvenel, le 21 février 1936, n'avait été publiée par *Paris-Midi* que le 28 février, le vote ayant été acquis à la Chambre, la veille. Ici, la presse française ne parlera de la proposition italienne, que le 3 septembre, le vote étant aussi acquis à la Chambre de la veille.

surtout parce qu'on ne croit pas à la guerre. Les Renseignements généraux font parvenir au ministère de l'Intérieur des informations qui attestent l'existence d'un fort courant pacifiste...

Pour éviter le débat, le président Herriot a obtenu de la Conférence des présidents des groupes parlementaires qu'il n'y en aurait pas ; et, pour éviter le vote, que la question qui serait mise en discussion ne serait pas l'ultimatum à l'Allemagne, mais « un crédit de 75 milliards de francs pour faire face aux obligations résultant de nos alliances », que le président Herriot ferait adopter à mains levées, dans un vote Pour sans contre-épreuve.

MM. Frot et François Piétri qui décèlent le piège, demandent à Daladier de promettre qu'il

« ne considère pas ce vote comme une autorisation de déclarer la guerre et qu'il ne la déclarera, éventuellement, qu'après avoir, de nouveau, consulté le Parlement. »[347]

Il promet.

L'opération se déroule comme prévu après un discours de Daladier qui ne laisse aucun doute sur ses intentions. « La guerre fut votée, sans l'être, tout en l'étant, anonymement et à la sauvette », écrit Jean Montigny[348]. La formulation de la question posée, permettra aux Communistes qui veulent la guerre, parce que Staline la veut, de lever la main avec la majorité : dans la suite, ils prétendront qu'ils ont voté des crédits militaires, comme leur patriotisme le leur commandait, non un ultimatum ou la guerre.

Dans la suite aussi, Daladier prétendra, oubliant ou reniant sa promesse, que ce vote l'autorisait à remettre un ultimatum à l'Allemagne et à lui déclarer la guerre. Le débat reste ouvert : l'auteur de cet ouvrage est de ceux qui prétendent que la guerre n'a pas été déclarée à l'Allemagne dans les formes prévues par la Constitution et qu'elle n'a pu l'être que parce que le gouvernement avait soigneusement caché la proposition italienne à une opinion publique qui se serait

---

[347] *Journal officiel*, Débats parlementaires, 3 septembre 1939.
[348] Jean Montigny, Complot contre la Paix.

violemment opposée à la guerre. C'est une opinion subjective, mais la procédure employée par le gouvernement pour obtenir l'assentiment du Parlement par un moyen détourné prouve qu'il était aussi dans cette conviction, d'ailleurs corroborée par les informations de son service des Renseignements généraux. Et, d'autre part, au matin de ce 2 septembre, les journaux parurent avec d'énormes blancs qu'on retrouva encore dans leurs commentaires quand, le 3 septembre, ils furent enfin autorisés à en parler !

À 17 heures, sir Alexander Cadogan informe M. Georges Bonnet que

« le gouvernement de Sa Majesté ne peut accepter la conférence proposée par Mussolini qu'à la condition que l'Allemagne commence par évacuer tous les territoires polonais qu'elle détient, y compris Dantzig ».

Sir Alexander Cadogan ajoute que

« Le gouvernement de Sa Majesté se propose de remettre, le soir même, un ultimatum à l'Allemagne, la sommant de retirer immédiatement ses troupes de Pologne, faute de quoi les hostilités commenceraient à minuit. »[349]

M. Georges Bonnet a levé les bras au ciel et a rétorqué que le général Gamelin lui avait dit, le matin même, qu'il ne pourrait faire face à l'ouverture des hostilités, qu'à partir du lundi 4 septembre à 21 heures.

À 18 h 38, cette décision est communiquée au comte Ciano par lord Halifax[350].

À 20 h 30, M. Georges Bonnet téléphone, à son tour, au comte Ciano pour lui donner la réponse définitive du gouvernement français : retrait préalable de toutes les troupes allemandes du territoire polonais, y compris Dantzig. D'un ton désabusé, le comte Ciano lui répond que, dans ces conditions, le Duce estime qu'il ne peut transmettre une telle

---

[349] *Documents on British Foreign Policy*, n° 718.
[350] Id., n° 728.

proposition à Hitler.

Il n'y aura pas de conférence.

Les événements suivent leur cours inexorable.

3 septembre

Paris et Londres ont passé la nuit au téléphone. Motif le délai de réponse à fixer à l'Allemagne dans l'ultimatum à lui envoyer.

Lorsque sir Alexander Cadogan, après la conversation téléphonique qu'il a eue avec M. Georges Bonnet, la veille à 17 heures, a informé les membres du Cabinet anglais que la France avait besoin d'un délai de 48 heures et qu'elle ne pourrait faire face à l'ouverture des hostilités qu'à partir du lundi 4 septembre à 21 heures, les bras leur en sont tombés. Voilà bien une éventualité avec laquelle ils n'avaient pas compté : la France ne s'alignant pas sur une décision de l'Angleterre, on n'avait pas vu cela depuis l'Entente Cordiale (1904). C'était une révolution.

Ils s'y attendaient si peu que leur Parlement était convoqué à 18 heures et qu'ils avaient déjà décidé de lui annoncer, pour 21 heures, la remise à l'Allemagne, d'un ultimatum commun expirant à minuit. Quelle figure allaient-ils y faire ? D'autant que le Parlement anglais était déchaîné, comme assoiffé de carnage, qu'il redoutait que Chamberlain ne fit ou ne laissât traîner les choses que dans l'espoir d'un nouveau Munich. La guerre, il lui fallait la guerre, et le plus tôt possible, pour être le plus tôt possible, assuré qu'il n'y aurait pas de nouveau Munich. Tous les témoignages que nous possédons sur cette époque attestent qu'il n'y avait qu'une infime minorité de parlementaires britanniques qui ne pensaient pas ainsi.

Dans une telle ambiance, Chamberlain réussit pourtant, non sans peine, à faire admettre à la Chambre des Communes, que s'il n'était pas en mesure de lui donner lecture de l'ultimatum qui serait remis à l'Allemagne, c'était uniquement, parce que la France et l'Angleterre, ayant décidé de le remettre ensemble et de le faire expirer à la même heure, pour lui donner plus de force, la France n'était pas encore exactement fixée sur le délai d'expiration. Il attendait sa réponse d'un moment à l'autre et, si l'honorable Assemblée acceptait de se renvoyer au lendemain à 11 heures (aujourd'hui 3 septembre, donc) il ne faisait pas de doute qu'alors, il serait en possession de la réponse de la France et que les deux pays pourraient, comme prévu, agir ensemble.

C'est, du moins, ce qu'il espérait. En quittant la Chambre des Communes, Chamberlain et Lord Halifax ont la certitude que si, le 3 septembre à 11 heures du matin, ils ne lui apportent pas l'ultimatum en bonne et due forme, le Cabinet sera balayé. Las ! À l'aube, ils n'ont obtenu de la France que la fixation au 4 septembre à 5 heures du matin de l'expiration de l'ultimatum.

Les arguments de la France sont solides : la mobilisation ne peut pas être terminée avant, les gares et les routes, encombrées par l'évacuation des civils de la zone frontalière et de ceux qui fuient les grandes agglomérations exposées, la ralentissent encore ; des populations entières menacées d'un massacre, en cas d'attaque aérienne...

Chamberlain et Lord Halifax voient bien qu'il ne s'agit pas d'une dérobade de la France, mais seulement d'une précaution. Alors, assurés que l'ultimatum de la France suivra celui de l'Angleterre à moins de 24 heures, ils décident de faire cavalier seul : l'ultimatum anglais sera remis à l'Allemagne à 9 heures et son délai d'expiration fixé à 11 heures. Les Anglais qui trouvaient qu'en donnant 24 heures à la Pologne pour lui envoyer un plénipotentiaire qu'elle lui avait demandé presque six mois auparavant, l'Allemagne fixait un délai trop court, ne trouvent pas anormal de ne lui laisser que deux heures pour répondre : à peine le temps matériel pour rédiger la réponse !

La France remettra son ultimatum à midi. À la dernière minute, le général Gamelin informe Daladier que la mobilisation se fait mieux, que les routes et les gares sont moins encombrées que prévu, et que l'heure d'ouverture des hostilités peut être fixée à 17 heures le jour même.

À 9 heures, sir Nevile Henderson se présente à la Wilhelmstrasse. Impolitesse rare, Ribbentrop le fait recevoir par le Dr. Schmidf, comme un laquais. L'ambassadeur d'Angleterre lui remet son ultimatum. Le Dr. Schmidt le porte au bureau du *Führer* qui l'attend, en compagnie de

Ribbentrop. Sir Nevile Henderson est aussitôt convoqué à 11 h 30 pour recevoir la réponse.

À 11 h 30, Ribbentrop lui remet alors une longue note rédigée sur un ton violent et qui débute ainsi :

« Ni le gouvernement du *Reich*, ni le peuple allemand ne sont disposés à recevoir de l'Angleterre des notes ayant un caractère d'ultimatum, et encore moins à y obtempérer... »

L'entretien est très bref : sir Nevile Henderson se borne à dire que l'histoire jugera de quel côté se trouvent les véritables responsabilités.

Et Ribbentrop : que l'histoire a déjà jugé, que personne n'a travaillé avec plus d'acharnement que Hitler à l'établissement de bonnes relations entre l'Allemagne et l'Angleterre, mais que celle-ci a préféré rejeter toutes ses propositions, pourtant très raisonnables.

Sur quoi, sir Nevile Henderson demande ses passeports et se retire[351].

À 11 h 15, devant la Chambre des Communes, Chamberlain lit l'ultimatum à l'Allemagne et l'Assemblée est unanime à l'approuver, — dans l'enthousiasme. Même le vieux Lloyd George qui a donné depuis vingt ans, tant de preuves de son pacifisme, lui apporte son appui.

À 11 h 30, Chamberlain annonce à la Radio que

« La Grande-Bretagne et l'Allemagne se trouvent en état de guerre, du fait que le gouvernement du *Reich* n'a pas répondu à l'ultimatum anglais avant 11 heures... »

À 12 h 30, M. Coulondre est reçu par Ribbentrop en personne. Le ministre des Affaires étrangères du *Reich* lui déclare d'entrée et en substance que le retard apporté à répondre à la note qui lui a été remise la veille à 22 heures est dû à l'initiative italienne à laquelle la France était favorable ; que l'Angleterre lui a remis, à 9 heures un ultimatum inacceptable qui a été repoussé et que, si la France croit devoir suivre l'exemple de l'Angleterre, il ne pourra que le regretter.

---

[351] Sir Nevile Henderson, *Deux ans avec Hitler*, op. cit., p. 304.

Alors, M. Coulondre :

« Puisque le gouvernement allemand refuse de suspendre toute action agressive contre la Pologne et de retirer ses forces du territoire polonais, j'ai la pénible mission de vous notifier qu'à partir d'aujourd'hui, 3 septembre à 17 heures, le gouvernement français se trouvera dans l'obligation de remplir les engagements que la France a contractés avec la Pologne et qui sont connus du gouvernement allemand. »[352]

Puis il demande ses passeports.
Ribbentrop lui répond seulement qu'alors la France sera l'agresseur à quoi M. Coulondre rétorque que l'histoire jugera. Sur quoi, les deux hommes se séparent.

Si l'on en croit Dahlérus, une ultime tentative pour arriver à un compromis avec l'Angleterre sur la base de la cessation des hostilités sur place, aurait été faite, sur son initiative entre 10 heures et 11 heures : Goering aurait obtenu l'accord du *Führer* pour aller, en personne, négocier un compromis sur cette base avec le Cabinet anglais. Il aurait même donné l'ordre de fréter un avion, mais le gouvernement anglais aurait répondu qu'il

« ne pouvait pas donner suite à sa suggestion, tant qu'il ne serait pas en possession de la réponse allemande, (et que) c'était seulement lorsqu'il en connaîtrait les termes qu'il serait en mesure de dire si la venue de Goering à Londres était souhaitable ou non »[353].

Les dés sont jetés.
À 13 heures le *Führer* signe la Directive n° 2 pour la conduite de la guerre...

---

[352] Robert Coulondre, *De Staline à Hitler*, p. 313-315.
[353] Déposition de Dahlérus à Nuremberg, op. cit., p. 502.

Déjà parus

Les œuvres de Paul Rassinier

Le mensonge d'Ulysse & Ulysse trahi par les siens

Le Mensonge d'Ulysse fut en effet l'occasion d'une violente campagne de presse dont le départ fut donné à la Tribune même de l'Assemblée Nationale...

J'avais pensé que, sur un sujet aussi délicat, il convenait d'administrer la vérité à petites doses

Les œuvres de Paul Rassinier

Le discours de la dernière chance & Le véritable procès Eichmann

Des hordes aux empires, il y a deux domaines, au moins, dans lesquels la civilisation est restée rigoureusement semblable à elle-même : la structure des groupes humains, dans ses justifications, les circonstances des révolutions et des guerres.

La Civilisation, une dans sa conception, est cependant multiple et très diverse

Omnia Veritas Ltd présente :

Pierre-Antoine Cousteau
Lucien Rebatet

Dialogues de "vaincus"

«Pour peu qu'on décortique un peu le système, on retrouve toujours la vieille loi de la jungle, c'est-à-dire le droit du plus fort.»

Le Droit et la Justice sont des constructions métaphysiques

www.ingramcontent.com/pod-product-compliance
Lightning Source LLC
Chambersburg PA
CBHW060312230426
43663CB00009B/1673